2016

CHINA LABOUR STATISTICAL YEARBOOK

中国劳动统计年鉴

Compiled by
Department of Population and Employment Statistics
National Bureau of Statistics
Department of Planning and Finance,
Ministry of Human Resources and Social Security

国家统计局人口和就业统计司
人力资源和社会保障部规划财务司 编

中国统计出版社
China Statistics Press

图书在版编目（CIP）数据

中国劳动统计年鉴. 2016 : 汉英对照 / 国家统计局人口和就业统计司, 人力资源和社会保障部规划财务司编. -- 北京 : 中国统计出版社, 2017.2
ISBN 978-7-5037-8107-0

Ⅰ. ①中… Ⅱ. ①国… ②人… Ⅲ. ①劳动经济－统计资料－中国－2016－年鉴－汉、英 Ⅳ. ①F249.2-54

中国版本图书馆 CIP 数据核字（2017）第 025197 号

中国劳动统计年鉴—2016

作　　者 / 国家统计局人口和就业统计司，人力资源和社会保障部规划财务司编
责任编辑 / 徐　涛
封面设计 / 李雪燕　王　芳
出版发行 / 中国统计出版社
通信地址 / 北京市丰台区西三环南路甲 6 号　邮政编码/100073
电　　话 / 邮购（010）63376909　书店（010）68783171
网　　址 / http://www.zgtjcbs.com/
印　　刷 / 河北鑫宏源印刷包装有限责任公司
经　　销 / 新华书店
开　　本 / 880×1230 毫米　1/16
字　　数 / 928 千字
印　　张 / 29
版　　别 / 2017 年 2 月第 1 版
版　　次 / 2017 年 2 月第 1 次印刷
定　　价 / 260.00 元

本书附同版本 CD-ROM 一张，光盘内容以书面文字为准。
中国统计版图书，如有印装错误，本社发行部负责调换。

《中国劳动统计年鉴-2016》
编委会和编辑工作人员

CHINA LABOUR STATISTICAL YEARBOOK-2016

Editorial Board and Staff

编 辑 说 明

《中国劳动统计年鉴—2016》是一部全面反映中华人民共和国劳动经济情况的资料性年刊。本刊收集了2015年全国和各省、自治区、直辖市的有关劳动统计数据。主要指标还编有历年统计数据。

全书共分为13个部分：1.综合；2.就业与失业；3.城镇单位就业人员和工资总额；4.国有单位就业人员和工资总额；5.城镇集体单位就业人员和工资总额；6.其他单位就业人员和工资总额；7.职业培训与技能鉴定；8.劳动关系；9.社会保障；10.工会工作；11.香港资料；12.澳门资料；13.台湾资料。书末还附有国外有关资料和主要统计指标解释。

参与本书编辑或提供资料的单位除国家统计局、人力资源和社会保障部外，还有全国总工会。

本书资料的取得形式主要有国家和部门的报表统计、行政记录和抽样调查。全国劳动力、就业人员等资料是运用有关资料推算的，有的资料分项相加不等于总计。望读者使用时予以注意。

恳请广大读者对本书提出宝贵意见。

《中国劳动统计年鉴》编辑部

二〇一六年十月

PREFACE

China Labour Statistical Yearbook 2016 is an annual statistics publication, which is comprehensively reported the labour economic situation for 2015 and some main indicators series for historically years at nation and provinces, autonomous regions and municipalities levels and parts of cities.

The book is organized into 14 parts, which are:1.General Survey; 2.Employment and Unemployment; 3.Employment and Tatal Wages in Urban Units; 4.Employment and Tatal Wages in State-owned Units; 5.Employment and Tatal Wages in Urban Collective-owned Units; 6.Employment and Tatal Wages in Other Ownership Units; 7. Vocational Training and Skill Appraisal; 8.Labour Relation; 9.Social Security; 10.Trade Union Works; 11.Main Indicators of Hong Kong; 12.Main Indicators of Macao; 13.Main Indicators of Taiwan. In addition, Main Indicators of Other Countries and Explanatory Notes on Main Statistical Indicators are provided in the end of the book.

Besides National Bureau of Statistical and Ministry of Human Resources and Social Security, All-China Federation of Trade Unions also participate in the compiling work of this book.

Data resources of this book mainly come from state and departments reporting system, administration records and sampling surveys. Since the information of labor resources and employment for the whole country are calculated according to relevant data, they are not equal to the add-results of all sub-items.

China Labour Statistical Yearbook—2016 Editorial Staff

October 2016

图1　人口及就业情况

POPULATION AND EMPLOYMENT

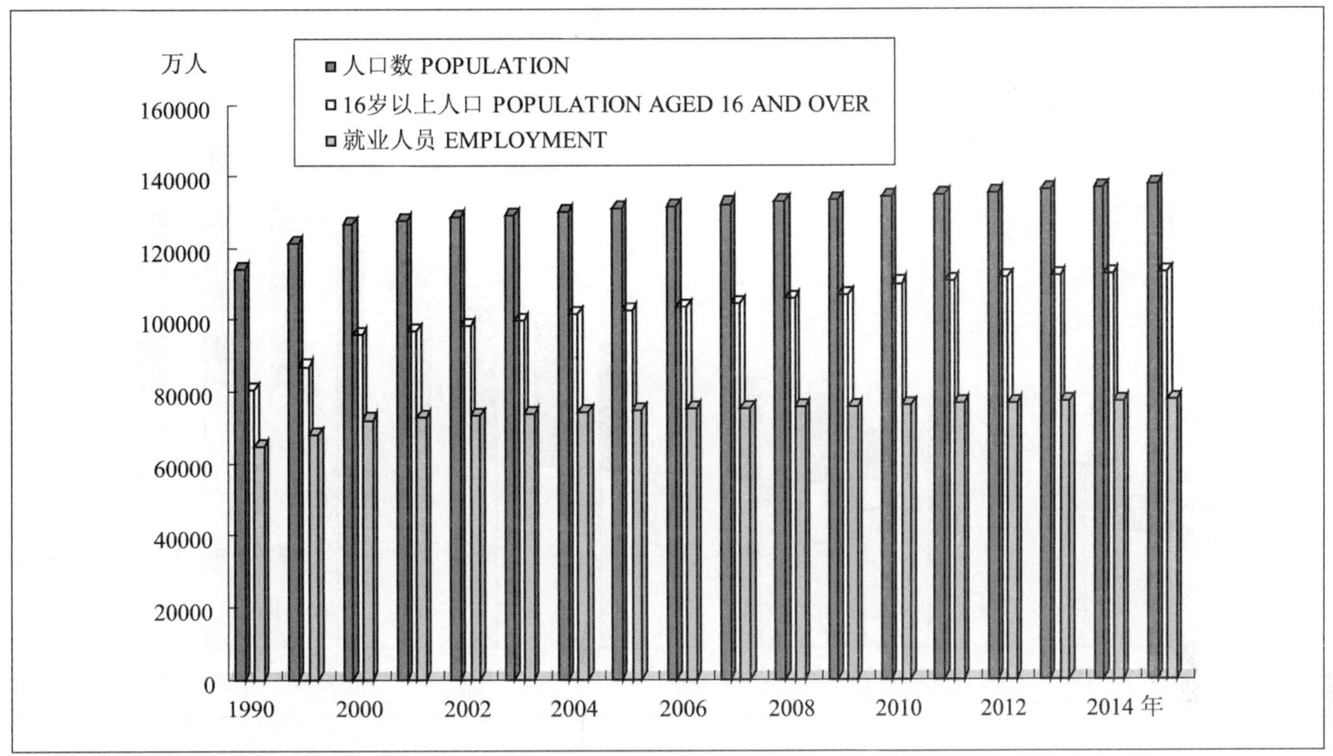

图2　就业人员产业构成

COMPOSITION OF EMPLOYMENT BY INDUSTRY

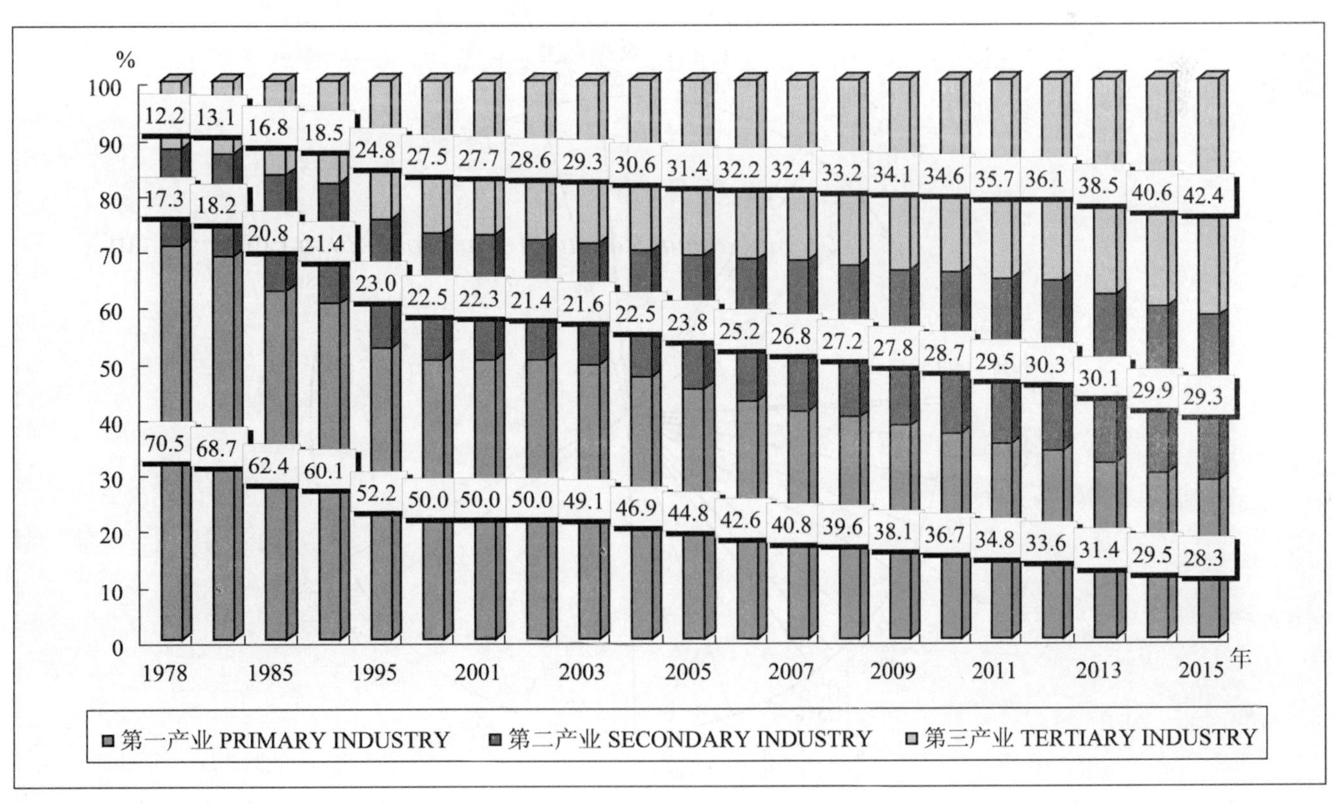

图3　城镇就业人员登记注册类型构成
COMPOSITION OF URBAN EMPLOYMENT BY OWNERSHIP

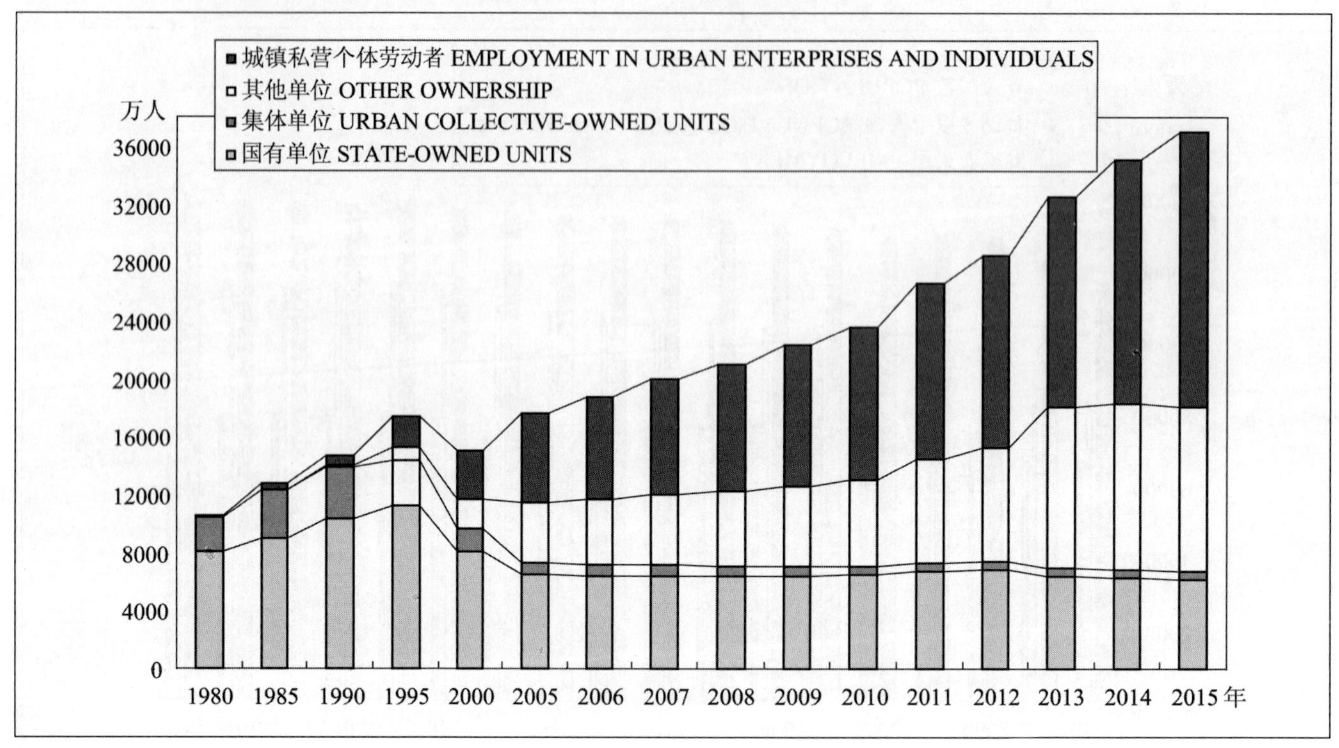

图4　2015年城镇单位就业人员行业构成
COMPOSITION OF EMPLOYMENT IN URBAN UNITS (2015)

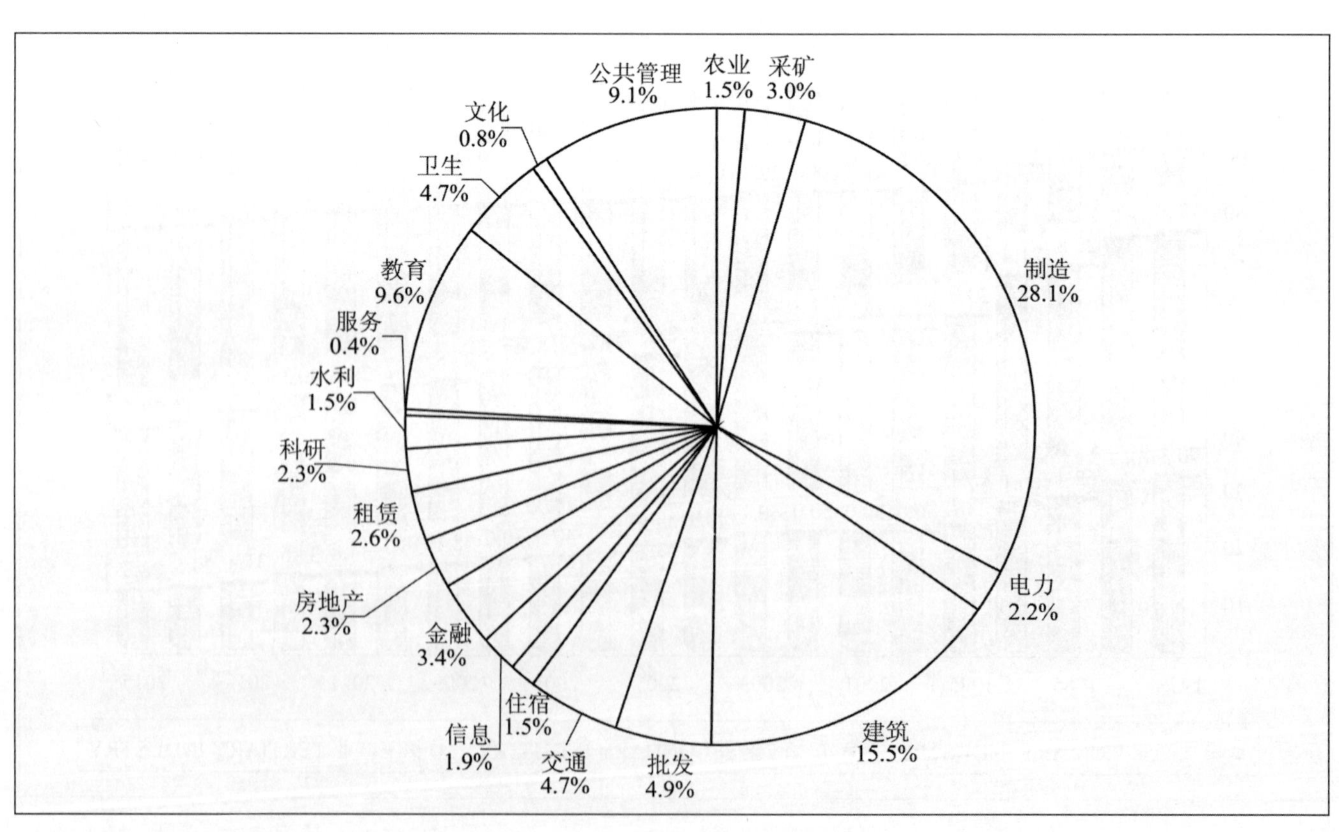

图5 2015年城镇单位女性就业人员占就业人员比重
PROPORTION OF FEMALE EMPLOYMENT IN URBAN UNITS BY SECTOR (2015)

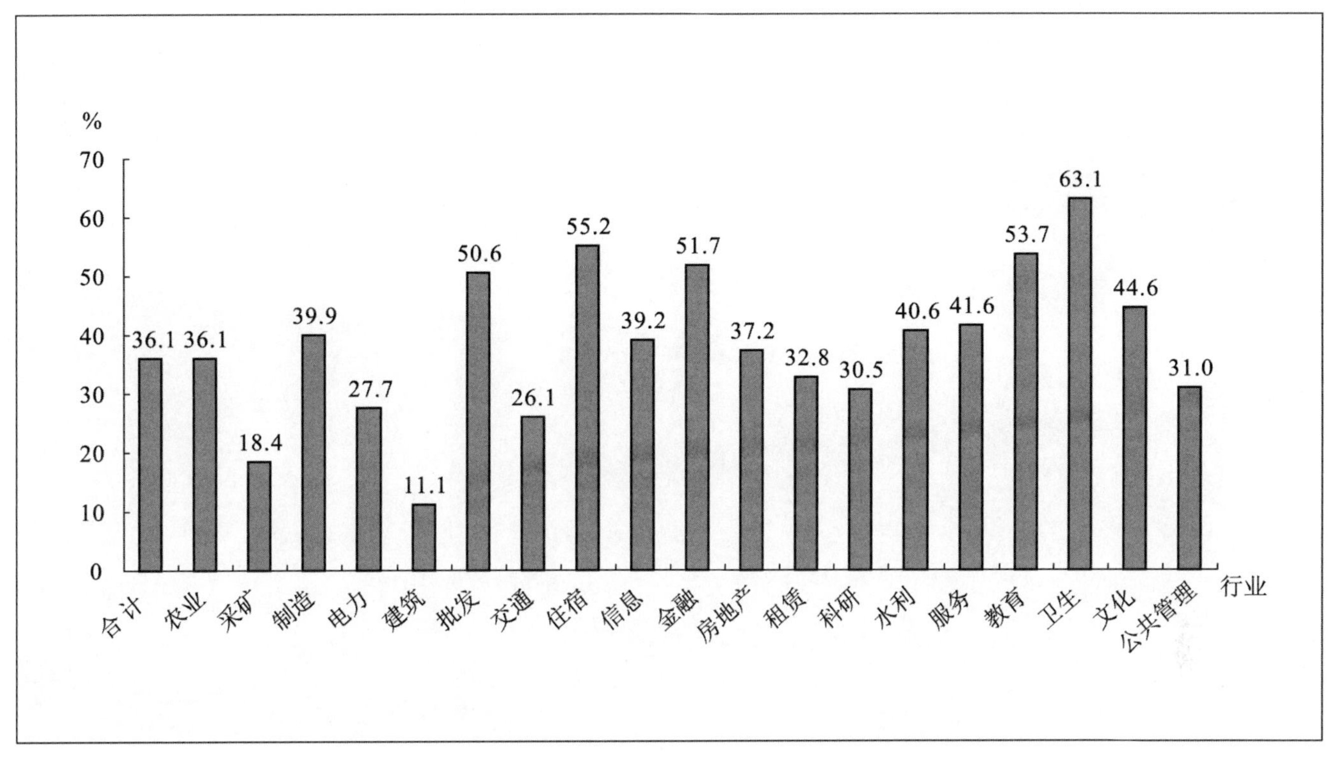

目　　录

CONTENTS

一、综　合
GENERAL SURVEY

二、就业与失业
EMPLOYMENT AND UNEMPLOYMENT

三、城镇单位就业人员和工资总额
EMPLOYMENT AND TOTAL WAGES IN URBAN UNITS

四、国有单位就业人员和工资总额
EMPLOYMENT AND TOTAL WAGES IN STATE-OWNED UNITS

五、城镇集体单位就业人员和工资总额
EMPLOYMENT AND TOTAL WAGES IN URBAN COLLECTIVE-OWNED UNITS

六、其他单位就业人员和工资总额
EMPLOYMENT AND TOTAL WAGES IN OTHER OWNERSHIP UNITS

七、职业培训与技能鉴定
VOCATIONAL TRAINING AND SKILL APPRAISAL

八、劳动关系
LABOUR RELATION

九、社会保障
SOCIAL SECURITY

十、工会工作
TRADE UNION WORKS

十一、香港资料
MAIN INDICATORS OF HONG KONG

十二、澳门资料
MAIN INDICATORS OF MACAO

十三、台湾资料
MAIN INDICATORS OF TAIWAN

附录一、国外有关资料
MAIN INDICATORS OF OTHER COUNTRIES

一、综　合

GENERAL SURVEY

1-1 全国劳动统计主要指标
MAIN INDICATORS OF NATIONAL LABOUR STATISTICS

指　标	Item	2014	2015	2015年比上年增长 % Increase Rate (2014=100)
总人口(万人)	**Total Population (10 000 persons)**	**136782**	**137462**	**0.5**
16岁以上人口数(万人)	**Population Above 16(10 000 persons)**	**112825**	**113296**	**0.4**
经济活动人口(万人)	**Economically Active Population(10 000 persons)**	**79690**	**80091**	**0.5**
全国就业人员年末人数(万人)	**Employment (end of year, 10 000 persons)**	**77253**	**77451**	**0.3**
城镇就业人员	Urban Employment	39310	40410	**2.8**
城镇单位就业人员	Urban Unit Employment	18277.8	18062.5	**-1.2**
#国有单位	State-owned Units	6312.3	6208.3	**-1.6**
城镇集体单位	Urban Collective-owned Units	536.7	481.4	**-10.3**
其他单位	Other Ownership Units	11428.8	11372.8	**-0.5**
城镇私营和个体就业人员	Employment in Urban Private Enterprises and Individuals	16866	18980	**12.5**
乡村就业人员	Rural Employment	37943	37041	**-2.4**
城镇单位就业人员工资总额(亿元)	**Total Wages of the Urban Units Employment (100 million yuan)**	**102817.2**	**112007.8**	**8.9**
#国有单位	State-owned Units	36106.6	40387.9	**11.9**
城镇集体单位	Urban Collective-owned Units	2302.7	2239.4	**-2.7**
其他单位	Other Ownership Units	64408.0	69380.5	**7.7**
城镇单位就业人员平均工资(元)	**Average Wage of the Urban Units Employment (yuan)**	**56360**	**62029**	**10.1**
#国有单位	State-owned Units	57296	65296	**14.0**
城镇集体单位	Urban Collective-owned Units	42742	46607	**9.0**
其他单位	Other Ownership Units	56485	60906	**7.8**
在岗职工平均工资(元)	**Average wage of staff and workers**	**57361**	**63241**	**10.3**
#国有单位	State-owned Units	58992	68450	**16.0**
城镇集体单位	Urban Collective-owned Units	43631	48003	**10.0**
其他单位	Other Ownership Units	57092	62714	**9.8**
城镇登记失业人员年末人数(万人)	**Urban Registered Unemployment (10 000 persons)**	**952**	**966**	**1.5**
非经济活动人口(万人)	**Noneconomically Active Population (10 000 persons)**	**33135**	**33205**	**0.2**

注:1)自2009年始,"城镇单位就业人员工资总额"和"城镇单位就业人员平均工资"即为2008年及以前的"城镇单位就业人员劳动报酬"和"城镇单位就业人员平均劳动报酬"。往年本年鉴及相关资料中1994-2008年城镇单位就业人员劳动报酬和平均劳动报酬指标与此指标统计口径相同。

2)2013年部分经济类型单位、部分行业就业人员数、工资总额变动较大,系将原属于乡镇企业的规模以上法人单位纳入劳动工资统计范围所致(以下相关表同)。

a)Since 2009, "Total wages of the urban units employment" and "Average wage of the urban units employment" refer to "Earnings of the urban units employment" and "Average earning of the urban units employment" before 2008. Statistical coverage of "Earnings of the urban units employment" and "Average earning of the urban units employment" in this previous yearbook and relevant books from 1994 to 2008 are the same with the indicators above.

b)In 2013, some units by status of registration, some employment by industry, total wages bill changed greatly, because legal persons above designated size originally belonged to township enterprises were taken into statistics of labour wages. The same applies to the relevant tables following.

1-2 人口数及构成(年末数)
POPULATION AND COMPOSITION (End of Year)

单位：万人，% (10 000 persons,%)

年份 Year	总人口 Total Population	按性别分 Grouped by Sex				按城乡分 Grouped by Residence			
		男 Male		女 Female		城镇 Urban		乡村 Rural	
		人口数 Population	比重 Proportion	人口数 Population	比重 Proportion	人口数 Population	比重 Proportion	人口数 Population	比重 Proportion
1952	57482	29833	51.9	27649	48.1	7163	12.5	50319	87.5
1957	64653	33469	51.8	31184	48.2	9949	15.4	54704	84.6
1962	67295	34517	51.3	32778	48.7	11659	17.3	55636	82.7
1965	72538	37128	51.2	35410	48.8	13045	18.0	59493	82.0
1970	82992	42686	51.4	40306	48.6	14424	17.4	68568	82.6
1971	85229	43819	51.4	41410	48.6	14711	17.3	70518	82.7
1972	87177	44813	51.4	42364	48.6	14935	17.1	72242	82.9
1973	89211	45876	51.4	43335	48.6	15345	17.2	73866	82.8
1974	90859	46727	51.4	44132	48.6	15595	17.2	75264	82.8
1975	92420	47564	51.5	44856	48.5	16030	17.3	76390	82.7
1976	93717	48257	51.5	45460	48.5	16341	17.4	77376	82.6
1977	94974	48908	51.5	46066	48.5	16669	17.6	78305	82.4
1978	96259	49567	51.5	46692	48.5	17245	17.9	79014	82.1
1979	97542	50192	51.5	47350	48.5	18495	19.0	79047	81.0
1980	98705	50785	51.5	47920	48.6	19140	19.4	79565	80.6
1981	100072	51519	51.5	48553	48.5	20171	20.2	79901	79.8
1982	101654	52352	51.5	49302	48.5	21480	21.1	80174	78.9
1983	103008	53152	51.6	49856	48.4	22274	21.6	80734	78.4
1984	104357	53848	51.6	50509	48.4	24017	23.0	80340	77.0
1985	105851	54725	51.7	51126	48.3	25094	23.7	80757	76.3
1986	107507	55581	51.7	51926	48.3	26366	24.5	81141	75.5
1987	109300	56290	51.5	53010	48.5	27674	25.3	81626	74.7
1988	111026	57201	51.5	53825	48.5	28661	25.8	82365	74.2
1989	112704	58099	51.6	54605	48.5	29540	26.2	83164	73.8
1990	114333	58904	51.5	55429	48.5	30195	26.4	84138	73.6
1991	115823	59466	51.3	56357	48.7	31203	26.9	84620	73.1
1992	117171	59811	51.0	57360	49.0	32175	27.5	84996	72.5
1993	118517	60472	51.0	58045	49.0	33173	28.0	85344	72.0
1994	119850	61246	51.1	58604	48.9	34169	28.5	85681	71.5
1995	121121	61808	51.0	59313	49.0	35174	29.0	85947	71.0
1996	122389	62200	50.8	60189	49.2	37304	30.5	85085	69.5
1997	123626	63131	51.1	60495	48.9	39449	31.9	84177	68.1
1998	124761	63604	51.0	61157	49.0	41608	33.4	83153	66.6
1999	125786	64126	51.0	61660	49.0	43748	34.8	82038	65.2
2000	126743	65437	51.6	61306	48.4	45906	36.2	80837	63.8
2001	127627	65672	51.5	61955	48.5	48064	37.7	79563	62.3
2002	128453	66115	51.5	62338	48.5	50212	39.1	78241	60.9
2003	129227	66556	51.5	62671	48.5	52376	40.5	76851	59.5
2004	129988	66976	51.5	63012	48.5	54283	41.8	75705	58.2
2005	130756	67375	51.5	63381	48.5	56212	43.0	74544	57.0
2006	131448	67728	51.5	63720	48.5	58288	44.3	73160	55.7
2007	132129	68048	51.5	64081	48.5	60633	45.9	71496	54.1
2008	132802	68357	51.5	64445	48.5	62403	47.0	70399	53.0
2009	133450	68647	51.4	64803	48.6	64512	48.3	68938	51.7
2010	134091	68748	51.3	65343	48.7	66978	49.9	67113	50.1
2011	134735	69068	51.3	65667	48.7	69079	51.3	65656	48.7
2012	135404	69395	51.3	66009	48.7	71182	52.6	64222	47.4
2013	136072	69728	51.2	66344	48.8	73111	53.7	62961	46.3
2014	136782	70079	51.2	66703	48.8	74916	54.8	61866	45.2
2015	137462	70414	51.2	67048	48.8	77116	56.1	60346	43.9

注：1.1981年及以前数据为户籍统计数；1982、1990、2000、2010年数据为当年人口普查数据推算数；其余年份数据为年度人口抽样调查推算数据(下相关表同)。

2.总人口和按性别分人口中包括现役军人，按城乡分人口中现役军人计入城镇人口。

a)Figures 1981 (inclucive) are from household registrations;for the year 1982,1990,2000 and 2010 are the census year estimate;the rest of the data covered in those tables have been estimated on the basis of the annual nationall sample surveys of population.The same applies to the relevant tables following.

b)Total population and population by sex include the military personnel of the Chinese People's Liberation Army, the military personnel are classified as urban population in the item of population by residence.

1-3 国内生产总值及构成
GROSS DOMESTIC PRODUCT AND COMPOSITION

年 份 Year	国内生产总值 Gross Domestic	第一产业 Primary Industry	第二产业 Secondary Industry	第三产业 Tertiary Industry
一、绝对数(亿元) Value (100 million yuan)				
1978	3678.7	1018.5	1755.2	905.1
1980	4587.6	1359.5	2204.7	1023.4
1985	9098.9	2541.7	3886.5	2670.7
1986	10376.2	2764.1	4515.2	3096.9
1987	12174.6	3204.5	5274.0	3696.2
1988	15180.4	3831.2	6607.4	4741.8
1989	17179.7	4228.2	7300.9	5650.6
1990	18872.9	5017.2	7744.3	6111.4
1991	22005.6	5288.8	9129.8	7587.0
1992	27194.5	5800.3	11725.3	9668.9
1993	35673.2	6887.6	16473.1	12312.6
1994	48637.5	9471.8	22453.1	16712.5
1995	61339.9	12020.5	28677.5	20641.9
1996	71813.6	13878.3	33828.1	24107.2
1997	79715.0	14265.2	37546.0	27903.8
1998	85195.5	14618.7	39018.5	31558.3
1999	90564.4	14549.0	41080.9	34934.5
2000	100280.1	14717.4	45664.8	39897.9
2001	110863.1	15502.5	49660.7	45700.0
2002	121717.4	16190.2	54105.5	51421.7
2003	137422.0	16970.2	62697.4	57754.4
2004	161840.2	20904.3	74286.9	66648.9
2005	187318.9	21806.7	88084.4	77427.8
2006	219438.5	23317.0	104361.8	91759.7
2007	270232.3	27788.0	126633.6	115810.7
2008	319515.5	32753.2	149956.6	136805.8
2009	349081.4	34161.8	160171.7	154747.9
2010	413030.3	39362.6	191629.8	182038.0
2011	489300.6	46163.1	227038.8	216098.6
2012	540367.4	50902.3	244643.3	244821.9
2013	595244.4	55329.1	261956.1	277959.3
2014	643974.0	58343.5	277571.8	308058.6
2015	685505.8	60870.5	280560.3	344075.0

注：1)实施研发支出核算方法改革后，对各年度GDP数据进行了系统修订(以下相关表同)。

a)As methodology of R&D expenditure accounting is reformed, data of GDP of all years are adjusted systematically. The same applies to the relevant tables following.

1-3　续表　continued

年　份 Year	国内生产总值 Gross Domestic Product	第一产业 Primary Industry	第二产业 Secondary Industry	第三产业 Tertiary Industry
二、构成(%) Composition (%)				
1978	100.0	27.7	47.7	24.6
1980	100.0	29.6	48.1	22.3
1985	100.0	27.9	42.7	29.4
1986	100.0	26.6	43.5	29.8
1987	100.0	26.3	43.3	30.4
1988	100.0	25.2	43.5	31.2
1989	100.0	24.6	42.5	32.9
1990	100.0	26.6	41.0	32.4
1991	100.0	24.0	41.5	34.5
1992	100.0	21.3	43.1	35.6
1993	100.0	19.3	46.2	34.5
1994	100.0	19.5	46.2	34.4
1995	100.0	19.6	46.8	33.7
1996	100.0	19.3	47.1	33.6
1997	100.0	17.9	47.1	35.0
1998	100.0	17.2	45.8	37.0
1999	100.0	16.1	45.4	38.6
2000	100.0	14.7	45.5	39.8
2001	100.0	14.0	44.8	41.2
2002	100.0	13.3	44.5	42.2
2003	100.0	12.3	45.6	42.0
2004	100.0	12.9	45.9	41.2
2005	100.0	11.6	47.0	41.3
2006	100.0	10.6	47.6	41.8
2007	100.0	10.3	46.9	42.9
2008	100.0	10.3	46.9	42.8
2009	100.0	9.8	45.9	44.3
2010	100.0	9.5	46.4	44.1
2011	100.0	9.4	46.4	44.2
2012	100.0	9.4	45.3	45.3
2013	100.0	9.3	44.0	46.7
2014	100.0	9.1	43.1	47.8
2015	100.0	8.9	40.9	50.2

1-4 国内生产总值指数、城镇单位就业人员平均工资和城镇居民消费价格指数

INDICES OF GROSS DOMESTIC PRODUCT, AVERAGE WAGE IN URBAN UNITS AND URBAN CONSUMER PRICE INDEX

(上年=100) (preceding year=100)

年 份 Year	国内生产总值指数 Indices of Gross Domestic Product	城镇单位就业人员平均工资指数 Index of Average Wage of the Urban Units Employment		城市居民消费价格指数 Urban Consumer Price Index
		货币工资 Money Wage	实际工资 Real Wage	
1979	107.6	108.6	106.7	101.9
1980	107.8	114.1	106.1	107.5
1981	105.1	101.3	98.9	102.5
1982	109.0	103.4	101.5	102.0
1983	110.8	103.5	101.4	102.0
1984	115.2	117.9	114.7	102.7
1985	113.4	117.9	105.3	111.9
1986	108.9	115.8	108.3	107.0
1987	111.7	109.8	101.0	108.8
1988	111.2	119.7	99.2	120.7
1989	104.2	110.8	95.2	116.3
1990	103.9	110.6	109.2	101.3
1991	109.3	109.3	104.0	105.1
1992	114.2	115.9	106.7	108.6
1993	113.9	124.3	107.1	116.1
1994	113.0	134.6	107.7	125.0
1995	111.0	118.9	101.8	116.8
1996	109.9	111.8	102.8	108.8
1997	109.2	107.8	104.5	103.1
1998	107.8	115.5	116.2	99.4
1999	107.7	111.7	113.2	98.7
2000	108.5	112.2	111.3	100.8
2001	108.3	116.1	115.3	100.7
2002	109.1	114.2	115.4	99.0
2003	110.0	112.9	111.9	100.9
2004	110.1	114.0	109.7	103.3
2005	111.4	114.3	112.5	101.6
2006	112.7	114.6	112.9	101.5
2007	114.2	118.5	113.4	104.5
2008	109.7	116.9	110.7	105.6
2009	109.4	111.6	112.6	99.1
2010	110.6	113.3	109.8	103.2
2011	109.5	114.4	108.6	105.3
2012	107.9	111.9	109.0	102.7
2013	107.8	110.1	107.3	102.6
2014	107.3	109.5	107.2	102.1
2015	106.9	110.1	108.5	101.5

1-5 全国就业人员年末人数
NUMBER OF EMPLOYMENT AT THE YEAR-END

单位：万人，% (10 000 persons,%)

年 份 Year	就业人员 Employment 合 计 Total	就业人员 Employment 占人口比重 Percentage of Total Population	城镇就业人员 Urban Employment	乡村就业人员 Rural Employment	按三次产业分 Group by Industry 第一产业 Primary Industry	第二产业 Secondary Industry	第三产业 Tertiary Industry	构成(以合计为100) Percentage(total=100) 第一产业 Primary Industry	第二产业 Secondary Industry	第三产业 Tertiary Industry
1952	20729	36.1	2486	18243	17317	1531	1881	83.5	7.4	9.1
1953	21364	36.3	2754	18610	17747	1715	1902	83.1	8.0	8.9
1954	21832	36.2	2744	19088	18151	1882	1799	83.1	8.6	8.3
1955	22328	36.3	2802	19526	18592	1913	1823	83.3	8.6	8.1
1956	23018	36.6	2993	20025	18544	2468	2006	80.6	10.7	8.7
1957	23771	36.8	3205	20566	19309	2142	2320	81.2	9.0	9.8
1958	26600	40.3	5300	21300	15490	7076	4034	58.2	26.6	15.2
1959	26173	38.9	5389	20784	16271	5402	4500	62.2	20.6	17.2
1960	25880	39.1	6119	19761	17016	4112	4752	65.7	15.9	18.4
1961	25590	38.9	5336	20254	19747	2856	2987	77.2	11.2	11.6
1962	25910	38.5	4537	21373	21276	2059	2575	82.1	8.0	9.9
1963	26640	38.5	4603	22037	21966	2038	2636	82.5	7.6	9.9
1964	27736	39.3	4828	22908	22801	2183	2752	82.2	7.9	9.9
1965	28670	39.5	5136	23534	23396	2408	2866	81.6	8.4	10.0
1966	29805	40.0	5354	24451	24297	2600	2908	81.5	8.7	9.8
1967	30814	40.3	5446	25368	25165	2661	2988	81.7	8.6	9.7
1968	31915	40.6	5630	26285	26063	2743	3109	81.7	8.6	9.7
1969	33225	41.2	5825	27400	27117	3030	3078	81.6	9.1	9.3
1970	34432	41.5	6312	28120	27811	3518	3103	80.8	10.2	9.0
1971	35620	41.8	6868	28752	28397	3990	3233	79.7	11.2	9.1
1972	35854	41.1	7200	28654	28283	4276	3295	78.9	11.9	9.2
1973	36652	41.1	7388	29264	28857	4492	3303	78.7	12.3	9.0
1974	37369	41.1	7687	29682	29218	4712	3439	78.2	12.6	9.2
1975	38168	41.3	8222	29946	29456	5152	3560	77.2	13.5	9.3
1976	38834	41.4	8692	30142	29443	5611	3780	75.8	14.5	9.7
1977	39377	41.5	9127	30250	29340	5831	4206	74.5	14.8	10.7
1978	40152	41.7	9514	30638	28318	6945	4890	70.5	17.3	12.2
1979	41024	42.1	9999	31025	28634	7214	5177	69.8	17.6	12.6
1980	42361	42.9	10525	31836	29122	7707	5532	68.7	18.2	13.1
1981	43725	43.7	11053	32672	29777	8003	5945	68.1	18.3	13.6
1982	45295	44.6	11428	33867	30859	8346	6090	68.1	18.4	13.5
1983	46436	45.1	11746	34690	31151	8679	6606	67.1	18.7	14.2
1984	48197	46.2	12229	35968	30868	9590	7739	64.0	19.9	16.1
1985	49873	47.1	12808	37065	31130	10384	8359	62.4	20.8	16.8

1-5 续表 continued

单位：万人，% (10 000 persons,%)

年 份 Year	就业人员 Employment		城镇就业人员 Urban Employment	乡村就业人员 Rural Employment	按三次产业分 Group by Industry			构成(以合计为100) Percentage(total=100)		
	合计 Total	占人口比重 Percentage of Total Population			第一产业 Primary Industry	第二产业 Secondary Industry	第三产业 Tertiary Industry	第一产业 Primary Industry	第二产业 Secondary Industry	第三产业 Tertiary Industry
1986	51282	47.7	13292	37990	31254	11216	8811	60.9	21.9	17.2
1987	52783	48.3	13783	39000	31663	11726	9395	60.0	22.2	17.8
1988	54334	48.9	14267	40067	32249	12152	9933	59.3	22.4	18.3
1989	55329	49.1	14390	40939	33225	11976	10129	60.1	21.6	18.3
1990	64749	56.6	17041	47708	38914	13856	11979	60.1	21.4	18.5
1991	65491	56.5	17465	48026	39098	14015	12378	59.7	21.4	18.9
1992	66152	56.5	17861	48291	38699	14355	13098	58.5	21.7	19.8
1993	66808	56.4	18262	48546	37680	14965	14163	56.4	22.4	21.2
1994	67455	56.3	18653	48802	36628	15312	15515	54.3	22.7	23.0
1995	68065	56.2	19040	49025	35530	15655	16880	52.2	23.0	24.8
1996	68950	56.3	19922	49028	34820	16203	17927	50.5	23.5	26.0
1997	69820	56.5	20781	49039	34840	16547	18432	49.9	23.7	26.4
1998	70637	56.6	21616	49021	35177	16600	18860	49.8	23.5	26.7
1999	71394	56.8	22412	48982	35768	16421	19205	50.1	23.0	26.9
2000	72085	56.9	23151	48934	36043	16219	19823	50.0	22.5	27.5
2001	72797	57.0	24123	48674	36399	16234	20165	50.0	22.3	27.7
2002	73280	57.0	25159	48121	36640	15682	20958	50.0	21.4	28.6
2003	73736	57.1	26230	47506	36204	15927	21605	49.1	21.6	29.3
2004	74264	57.1	27293	46971	34830	16709	22725	46.9	22.5	30.6
2005	74647	57.1	28389	46258	33442	17766	23439	44.8	23.8	31.4
2006	74978	57.0	29630	45348	31941	18894	24143	42.6	25.2	32.2
2007	75321	57.0	30953	44368	30731	20186	24404	40.8	26.8	32.4
2008	75564	56.9	32103	43461	29923	20553	25087	39.6	27.2	33.2
2009	75828	56.8	33322	42506	28890	21080	25857	38.1	27.8	34.1
2010	76105	56.8	34687	41418	27931	21842	26332	36.7	28.7	34.6
2011	76420	56.7	35914	40506	26594	22544	27282	34.8	29.5	35.7
2012	76704	56.6	37102	39602	25773	23241	27690	33.6	30.3	36.1
2013	76977	56.6	38240	38737	24171	23170	29636	31.4	30.1	38.5
2014	77253	56.5	39310	37943	22790	23099	31364	29.5	29.9	40.6
2015	77451	56.3	40410	37041	21919	22693	32839	28.3	29.3	42.4

注：全国就业人员1990年及以后的数据根据劳动力调查、人口普查推算，2001年及以后数据根据第六次人口普查数据重新修订(下表同)。

a) From 1990 to 2000, the total number of employed persons were estimated according to Labour Force Survey and Population Census, since 2001, were revised according to the 6th National Population Census. The same applies to the following tables.

1-6 各地区分登记注册类型城镇就业人员年末人数及构成(2015年)

URBAN EMPLOYMENT AND COMPOSITION AT THE YEAR-END BY REGISTRATION STATUS AND REGION(2015)

单位：万人 (10 000 persons)

地区	Region	合计 Total	国有单位 State-owned Units	城镇集体单位 Urban Collective-owned Units	其他单位 Other Ownership Units	私营企业个体 Private Enterprises, Individuals	构成（以合计为100） Composition(Total=100) 国有单位 State-owned Units	城镇集体单位 Urban Collective-owned Units	其他单位 Other Ownership Units	私营企业个体 Private Enterprises Individuals
全国总计	**National**	**40410.0**	**6208.3**	**481.4**	**11372.8**	**18979.6**	**16.8**	**1.3**	**30.7**	**51.2**
北京	Beijing	1415.7	182.9	16.9	577.5	638.4	12.9	1.2	40.8	45.1
天津	Tianjin	453.5	72.4	6.5	215.9	158.7	16.0	1.4	47.6	35.0
河北	Hebei	1073.5	288.2	14.4	341.0	429.9	26.8	1.3	31.8	40.0
山西	Shanxi	712.6	201.9	17.6	220.7	272.3	28.3	2.5	31.0	38.2
内蒙古	Inner Mongolia	714.6	168.0	5.9	124.3	416.3	23.5	0.8	17.4	58.3
辽宁	Liaoning	1195.1	280.2	28.5	309.7	576.7	23.4	2.4	25.9	48.3
吉林	Jilin	766.2	163.9	6.3	154.9	441.1	21.4	0.8	20.2	57.6
黑龙江	Heilongjiang	687.0	267.8	14.1	151.6	253.5	39.0	2.1	22.1	36.9
上海	Shanghai	1222.9	102.7	13.3	521.3	585.7	8.4	1.1	42.6	47.9
江苏	Jiangsu	3529.8	294.3	33.7	1224.1	1977.7	8.3	1.0	34.7	56.0
浙江	Zhejiang	2578.5	219.6	15.5	848.3	1495.1	8.5	0.6	32.9	58.0
安徽	Anhui	1268.9	189.1	14.7	310.0	755.1	14.9	1.2	24.4	59.5
福建	Fujian	1329.6	155.2	11.4	496.5	666.5	11.7	0.9	37.3	50.1
江西	Jiangxi	997.6	196.2	14.6	269.7	517.1	19.7	1.5	27.0	51.8
山东	Shandong	2142.1	390.9	47.4	798.3	905.4	18.3	2.2	37.3	42.3
河南	Henan	1838.6	366.3	39.0	720.5	712.7	19.9	2.1	39.2	38.8
湖北	Hubei	1564.9	277.6	13.8	420.8	852.6	17.7	0.9	26.9	54.5
湖南	Hunan	1496.7	244.6	18.5	316.0	917.6	16.3	1.2	21.1	61.3
广东	Guangdong	4498.9	388.8	50.3	1508.9	2550.9	8.6	1.1	33.5	56.7
广西	Guangxi	785.9	202.4	13.3	189.8	380.5	25.7	1.7	24.1	48.4
海南	Hainan	244.0	43.3	1.8	55.3	143.6	17.7	0.8	22.6	58.9
重庆	Chongqing	1141.7	119.5	8.8	287.2	726.1	10.5	0.8	25.2	63.6
四川	Sichuan	1922.0	344.1	26.2	425.1	1126.5	17.9	1.4	22.1	58.6
贵州	Guizhou	500.2	168.8	5.2	133.4	192.7	33.8	1.0	26.7	38.5
云南	Yunnan	611.9	185.4	12.1	217.2	197.2	30.3	2.0	35.5	32.2
西藏	Tibet	98.5	27.8	0.3	5.3	65.1	28.2	0.3	5.4	66.1
陕西	Shaanxi	916.5	237.7	16.2	258.0	404.7	25.9	1.8	28.1	44.2
甘肃	Gansu	472.1	153.9	10.2	97.7	210.3	32.6	2.2	20.7	44.5
青海	Qinghai	119.4	34.2	1.1	27.4	56.7	28.6	0.9	23.0	47.5
宁夏	Ningxia	166.7	35.4	0.7	37.0	93.6	21.2	0.4	22.2	56.1
新疆	Xinjiang	576.4	205.2	2.8	109.2	259.2	35.6	0.5	18.9	45.0

注：全国城镇就业人员根据年度劳动力抽样调查推算，故不等于分登记注册类型城镇就业人员总计。

a) The total number of urban employed persons was estimated according to Labour Force Survey and was not equal to the sum of urban employed persons by registration status.

1-7 分登记注册类型城镇单位就业人员年末人数及构成
EMPLOYMENT AND COMPOSITION IN URBAN UNITS BY REGISTRATION STATUS(End of Year)

单位：万人 (10 000 persons)

年 份 Yesr	合 计 Total	国有单位 State-owned Units	城镇集体单位 Urban Collective-owned Units	其他单位 Other Owner-ship Units	构成(以合计为100) Composition(Total=100)		
					国有单位 State-owned Units	城镇集体单位 Urban Collective-owned Units	其他单位 Other Owner-ship Units
1971	6787	5318	1469		78.4	21.6	
1975	8198	6426	1772		78.4	21.6	
1980	10444	8019	2425		76.8	23.2	
1981	10940	8372	2568		76.5	23.5	
1982	11281	8630	2651		76.5	23.5	
1983	11515	8771	2744		76.2	23.8	
1984	11890	8637	3216	37	72.6	27.0	0.3
1985	12358	8990	3324	44	72.7	26.9	0.4
1986	12809	9333	3421	55	72.9	26.7	0.4
1987	13214	9654	3488	72	73.1	26.4	0.5
1988	13608	9984	3527	97	73.4	25.9	0.7
1989	13742	10108	3502	132	73.5	25.5	1.0
1990	14059	10346	3549	164	73.6	25.2	1.2
1991	14508	10664	3628	216	73.5	25.0	1.5
1992	14792	10889	3621	282	73.6	24.5	1.9
1993	14849	10920	3393	536	73.5	22.9	3.6
1994	14849	10890	3211	747	73.3	21.6	5.0
1995	15301	11261	3147	894	73.6	20.6	5.8
1996	15221	11244	3016	962	73.9	19.8	6.3
1997	15036	11044	2883	1109	73.5	19.2	7.4
1998	12696	9058	1963	1675	71.3	15.5	13.2
1999	12130	8572	1712	1846	70.7	14.1	15.2
2000	11612	8102	1499	2011	69.8	12.9	17.3
2001	11166	7640	1291	2235	68.4	11.6	20.0
2002	10985	7163	1122	2700	65.2	10.2	24.6
2003	10970	6876	1000	3094	62.7	9.1	28.2
2004	11099	6710	897	3492	60.5	8.1	31.5
2005	11404	6488	810	4106	56.9	7.1	36.0
2006	11713	6430	764	4519	54.9	6.5	38.6
2007	12024	6424	718	4882	53.4	6.0	40.6
2008	12193	6447	662	5084	52.9	5.4	41.7
2009	12573	6420	618	5535	51.1	4.9	44.0
2010	13052	6516	597	5938	49.9	4.6	45.5
2011	14413	6704	603	7106	46.5	4.2	49.3
2012	15236	6839	590	7808	44.9	3.9	51.2
2013	18108	6365	566	11177	35.1	3.1	61.7
2014	18278	6312	537	11429	34.5	2.9	62.5
2015	18062	6208	481	11373	34.4	2.7	63.0

注:1994年及以前为职工数(以下各表同)。
a)Data before 1994 are staff and workers figures(The same as in the following tables).

1-8 分行业城镇单位就业人员年末人数
EMPLOYMENT IN URBAN UNITS BY SECTOR(End of Year)

单位：万人 (10 000 persons)

年 份 Year	合 计 Total	农、林、牧、渔业 Farming, Forestry, Animal Husbandry and Fishery	采掘业 Mining and Quarrying	制造业 Manufacturing	电力、煤气及水的生产和供应业 Production and Supply of Electricity, Gas and Water	建筑业 Construction	地质勘查业、水利管理业 Geological Prospecting and Water Conservancy	交通运输、仓储及邮电通信业 Transport, Storage,Post and Tele-communications
1994	14848.7	679.7	904.2	5433.6	244.5	1072.4	137.5	835.1
1995	15300.8	669.4	921.4	5493.1	257.9	1090.1	134.6	848.5
1996	15221.1	631.3	891.8	5344.0	272.8	1069.7	128.9	853.2
1997	15036.2	629.2	856.8	5129.9	283.3	1037.4	129.0	850.5
1998	12695.7	562.5	707.3	3826.1	282.9	878.1	116.2	721.5
1999	12130.2	536.5	655.2	3554.3	285.0	814.8	111.4	704.2
2000	11612.5	516.4	585.2	3300.7	283.8	780.1	110.2	680.4
2001	11165.8	483.2	548.2	3070.1	287.8	774.0	104.9	651.6
2002	10985.2	455.2	542.7	2980.7	289.6	803.2	97.7	639.5

1-8 续表 continued

单位：万人 (10 000 persons)

年 份 Year	批发和零售贸易、餐饮业 Wholesale and Retail Trade & Catering Services	金融、保险业 Finance and Insurance	房地产业 Real Estate Trade	社会服务业 Social Services	卫生、体育和社会福利业 Health Care, Sporting and Social Welfare	教育、文化艺术和广播电影电视业 Education, Culture and Arts, Radio, Film and Television	科学研究和综合技术服务业 Scientific Research and Polytechnical Services	国家机关政党机关和社会团体 Government Agencies, Party Agencies and Social Organizations	其 他 Others
1994	1832.7	260.8	72.1	446.6	427.5	1248.8	174.0	1016.5	62.6
1995	1855.9	276.3	79.6	461.4	444.3	1476.1	181.9	1041.7	68.8
1996	1830.0	291.9	84.3	472.1	457.5	1512.6	182.7	1092.6	105.8
1997	1796.1	308.2	86.9	494.3	471.1	1556.7	185.8	1093.1	127.8
1998	1286.6	313.5	93.7	470.4	477.7	1573.3	177.5	1096.5	111.9
1999	1141.5	328.5	96.6	476.0	482.0	1567.8	173.6	1102.1	100.9
2000	1009.5	326.8	100.4	483.5	488.1	1565.8	174.5	1103.8	103.1
2001	874.2	335.9	107.5	491.4	493.0	1567.9	165.0	1100.9	110.1
2002	774.5	339.8	118.4	521.0	493.2	1565.1	162.7	1074.7	127.0

1-9 分行业城镇单位就业人员(国有单位)

EMPLOYMENT IN URBAN UNITS BY SECTOR(State-owned Units,End of Year)

单位：万人 (10 000 persons)

年 份 Year	合 计 Total	农、林、牧、渔业 Farming, Forestry, Animal Husbandry and Fishery	采掘业 Mining and Quarrying	制造业 Manufacturing	电力、煤气及水的生产和供应业 Production and Supply of Electricity, Gas and Water	建筑业 Construction	地质勘查业、水利管理业 Geological Prospecting and Water Conservancy	交通运输、仓储及邮电通信业 Transport, Storage,Post and Tele-communications
1994	10890.1	653.2	820.1	3320.9	229.6	629.2	135.4	677.4
1995	11260.5	642.6	839.0	3347.9	238.3	627.9	132.5	699.1
1996	11243.6	605.5	813.6	3238.6	251.2	616.1	126.7	705.6
1997	11044.2	605.1	776.8	3028.2	258.0	598.0	125.9	706.1
1998	9058.1	541.1	600.7	1900.7	243.2	462.8	114.0	601.5
1999	8572.1	517.2	529.0	1665.2	240.1	419.0	109.2	585.8
2000	8101.9	496.2	451.3	1432.1	234.1	391.7	108.0	566.5
2001	7639.9	464.5	404.6	1210.0	231.9	357.6	102.8	536.2
2002	7162.9	433.4	350.4	994.9	223.5	320.6	95.6	518.2

1-9 续表 continued

单位：万人 (10 000 persons)

年 份 Year	批发和零售贸易、餐饮业 Wholesale and Retail Trade & Catering Services	金融、保险业 Finance and Insurance	房地产业 Real Estate Trade	社 会 服务业 Social Services	卫生、体育和社会福利业 Health Care, Sporting and Social Welfare	教育、文化艺术和广播电影电视业 Education, Culture and Arts, Radio, Film and Television	科学研究和综合技术服务业 Scientific Research and Polytechnical Services	国家机关政党机关和社会团体 Government Agencies, Party Agencies and Social Organizations	其 他 Others
1994	1053.7	196.3	58.6	307.6	367.9	1227.4	165.2	1007.4	40.2
1995	1072.2	204.8	62.9	321.0	383.2	1443.0	170.0	1033.1	43.1
1996	1064.7	210.7	64.6	335.4	394.8	1486.2	168.7	1084.3	76.9
1997	1045.7	217.6	65.3	352.6	407.6	1502.7	170.2	1087.2	97.2
1998	706.0	217.5	65.1	331.7	417.0	1519.7	159.5	1091.1	86.4
1999	620.3	226.5	64.0	330.7	422.6	1512.9	157.0	1097.2	75.4
2000	544.0	223.4	63.3	326.7	427.3	1508.4	151.2	1098.9	78.7
2001	460.6	221.7	63.4	322.6	433.4	1507.7	141.9	1097.0	83.9
2002	380.4	216.2	61.3	327.4	437.8	1497.2	139.1	1071.0	96.0

1-10 分行业城镇单位就业人员(城镇集体单位)
EMPLOYMENT IN URBAN UNITS BY SECTOR
(Urban Collective-owned Units,End of Year)

单位：万人 (10 000 persons)

年 份 Year	合 计 Total	农、林、牧、渔业 Farming, Forestry, Animal Husbandry and Fishery	采掘业 Mining and Quarrying	制造业 Manufacturing	电力、煤气及水的生产和供应业 Production and Supply of Electricity, Gas and Water	建筑业 Construction	地质勘查业、水利管理业 Geological Prospecting and Water Conservancy	交通运输、仓储及邮电通信业 Transport, Storage,Post and Tele-communications
1994	3211.3	23.9	80.9	1514.6	8.9	426.9	2.0	148.8
1995	3146.7	23.7	78.3	1438.3	9.2	440.3	2.0	139.5
1996	3015.8	21.8	73.8	1364.8	10.8	424.0	2.1	135.7
1997	2882.7	19.9	73.1	1261.3	11.3	404.1	3.0	127.0
1998	1963.2	16.2	49.3	758.4	10.8	321.4	2.1	81.3
1999	1711.8	14.6	42.5	636.8	9.7	291.2	2.0	69.1
2000	1499.3	13.9	35.1	531.7	9.4	272.5	1.9	58.4
2001	1291.0	11.8	30.9	437.1	8.4	255.2	1.6	49.1
2002	1122.0	10.9	30.7	357.1	7.1	231.3	1.4	41.4

1-10 续表 continued

单位：万人 (10 000 persons)

年 份 Year	批发和零售贸易、餐饮业 Wholesale and Retail Trade & Catering Services	金融、保险业 Finance and Insurance	房地产业 Real Estate Trade	社会服务业 Social Services	卫生、体育和社会福利业 Health Care, Sporting and Social Welfare	教育、文化艺术和广播电影电视业 Education, Culture and Arts, Radio, Film and Television	科学研究和综合技术服务业 Scientific Research and Polytechnical Services	国家机关政党机关和社会团体 Government Agencies, Party Agencies and Social Organizations	其 他 Others
1994	716.1	62.2	6.3	102.3	59.2	20.8	7.4	9.1	21.7
1995	707.3	67.5	6.7	99.3	60.7	32.1	8.7	8.7	24.3
1996	678.5	73.2	7.7	90.3	62.1	25.0	10.4	8.4	27.5
1997	647.6	77.4	7.9	90.4	62.8	52.6	10.5	5.9	27.8
1998	424.5	72.1	7.2	72.4	59.6	51.7	9.7	5.3	21.2
1999	355.0	71.8	7.5	68.9	58.2	52.2	8.3	4.8	19.2
2000	292.5	70.4	6.8	64.2	59.4	53.3	7.9	4.9	17.0
2001	223.2	69.1	6.9	59.1	57.7	55.2	5.3	3.9	16.6
2002	174.7	66.9	8.0	52.9	52.5	58.3	4.8	3.4	20.5

1-11 分行业城镇单位就业人员(其他单位)
EMPLOYMENT IN URBAN UNITS BY SECTOR
(Other Ownership Units,End of Year)

单位：万人 (10 000 persons)

年 份 Year	合 计 Total	农、林、牧、渔业 Farming, Forestry, Animal Husbandry and Fishery	采掘业 Mining and Quarrying	制造业 Manufacturing	电力、煤气及水的生产和供应业 Production and Supply of Electricity, Gas and Water	建筑业 Construction	地质勘查业、水利管理业 Geological Prospecting and Water Conservancy	交通运输、仓储及邮电通信业 Transport, Storage,Post and Tele-communications
1994	747.4	2.6	3.2	598.1	6.0	16.3	0.1	9.0
1995	893.6	3.2	4.0	706.8	10.3	22.0		9.8
1996	961.7	4.0	4.4	740.5	10.8	29.5		12.0
1997	1109.4	4.2	6.9	840.4	14.1	35.3		17.4
1998	1674.5	5.2	57.3	1167.1	28.9	93.8	0.1	38.7
1999	1846.3	4.8	83.7	1252.2	35.2	104.6	0.2	49.2
2000	2011.3	6.4	98.8	1336.9	40.4	115.9	0.3	55.6
2001	2234.9	6.9	112.7	1423.0	47.5	161.2	0.5	66.2
2002	2700.3	10.9	161.6	1628.7	58.9	251.3	0.7	79.8

1-11 续表 continued

单位：万人 (10 000 persons)

年 份 Year	批发和零售贸易、餐饮业 Wholesale and Retail Trade & Catering Services	金融、保险业 Finance and Insurance	房地产业 Real Estate Trade	社会服务业 Social Services	卫生、体育和社会福利业 Health Care, Sporting and Social Welfare	教育、文化艺术和广播电影电视业 Education, Culture and Arts, Radio, Film and Television	科学研究和综合技术服务业 Scientific Research and Polytechnical Services	国家机关政党机关和社会团体 Government Agencies, Party Agencies and Social Organizations	其 他 Others
1994	62.9	2.3	7.2	36.6	0.4	0.7	1.4		0.8
1995	76.3	3.9	9.9	41.2	0.4	0.9	3.1		1.4
1996	86.8	8.0	12.0	46.4	0.5	1.4	3.6		1.5
1997	102.8	13.3	13.7	51.3	0.6	1.5	5.1		2.7
1998	156.1	23.9	21.3	66.3	1.1	1.9	8.3		4.4
1999	166.3	30.2	25.1	76.4	1.2	2.7	8.3		6.3
2000	173.0	33.0	30.3	92.6	1.4	4.1	15.3		7.4
2001	190.4	45.1	37.2	109.7	1.9	5.0	17.8		9.7
2002	219.4	56.8	49.0	140.7	3.0	9.6	18.8		11.0

1-12 分行业城镇单位就业人员年末人数(2003-2011年)
URBAN UNITS EMPLOYMENT BY SECTOR(2003-2011)

单位：万人 (10 000 persons)

登记注册类型 Registration Status 年 份 Year	合 计 Total	农、林、牧、渔业 Agriculture, Forestry, Farming of Animals and Fishery	采矿业 Mining	制造业 Manufacturing	电力、燃气及水的生产和供应业 Production and Distribution of Electricity, Gas and Water	建筑业 Construction
全 国 National						
2003	10969.7	484.5	488.3	2980.5	297.6	833.7
2004	11098.9	466.1	500.7	3050.8	300.6	841.0
2005	11404.0	446.3	509.2	3210.9	299.9	926.6
2006	11713.2	435.2	529.7	3351.6	302.5	988.7
2007	12024.4	426.3	535.0	3465.4	303.4	1050.8
2008	12192.5	410.1	540.4	3434.3	306.5	1072.6
2009	12573.0	373.7	553.7	3491.9	307.7	1177.5
2010	13051.5	375.7	562.0	3637.2	310.5	1267.5
2011	14413.3	359.5	611.6	4088.3	334.7	1724.8
国有单位 State-owned Units						
2003	6875.6	457.7	264.3	870.7	224.1	299.3
2004	6709.9	439.4	268.8	746.3	219.3	281.2
2005	6488.2	423.5	241.3	614.0	209.5	272.5
2006	6430.5	414.2	241.7	554.0	208.8	262.8
2007	6423.5	406.3	232.8	518.1	202.4	271.3
2008	6447.0	392.1	242.9	485.5	203.1	267.7
2009	6420.2	356.1	243.7	437.8	198.6	262.7
2010	6516.4	357.4	234.1	416.5	203.9	278.7
2011	6704.2	340.9	250.3	397.8	215.0	333.2
城镇集体单位 Urban Collective-owned units						
2003	999.9	14.1	27.7	296.6	7.0	217.3
2004	897.2	12.5	27.1	259.6	6.6	198.1
2005	809.9	9.1	24.8	221.9	6.1	186.9
2006	763.6	7.1	25.1	203.9	6.0	184.9
2007	718.4	6.0	23.2	182.1	5.6	181.5
2008	661.8	4.9	22.2	165.2	5.1	169.2
2009	618.1	4.9	17.6	148.5	5.1	163.7
2010	597.5	4.4	18.8	134.4	5.2	161.7
2011	603.1	4.0	20.4	124.1	5.5	187.4
其他单位 Other Ownership units						
2003	3094.3	12.7	196.3	1813.2	66.5	317.1
2004	3491.8	14.1	204.8	2044.9	74.7	361.7
2005	4105.9	13.7	243.1	2374.9	84.4	467.2
2006	4519.1	13.9	262.9	2593.7	87.8	540.9
2007	4882.4	14.1	279.0	2765.2	95.4	598.0
2008	5083.7	13.1	275.3	2783.6	98.4	635.6
2009	5534.7	12.6	292.4	2905.6	103.9	751.2
2010	5937.6	14.0	309.1	3086.2	101.4	827.1
2011	7106.0	14.6	340.9	3566.4	114.2	1204.2

1-12 续表 1 continued

单位：万人 (10 000 persons)

登记注册类型 Registration Status 年 份 Year	交通运输、仓储和邮政业 Traffic, Transport, Storage and post	信息传输、计算机服务和软件业 Information Transfer, Computer and Software	批发和零售业 Wholesale and Retail Trade	住宿和餐饮业 Accommodation and Restaurants	金融业 Finance	房地产业 Real Estate	租赁和商务服务业 Tenancy and Business Services
全 国 National							
2003	636.5	116.8	628.1	172.1	353.3	120.2	183.5
2004	631.8	123.7	586.7	177.1	356.0	133.4	194.4
2005	613.9	130.1	544.0	181.2	359.3	146.5	218.5
2006	612.7	138.2	515.7	183.9	367.4	153.9	236.7
2007	623.1	150.2	506.9	185.8	389.7	166.5	247.2
2008	627.3	159.5	514.4	193.2	417.6	172.7	274.7
2009	634.4	173.8	520.8	202.1	449.0	190.9	290.5
2010	631.1	185.8	535.1	209.2	470.1	211.6	310.1
2011	662.8	212.8	647.5	242.7	505.3	248.6	286.6
国有单位 State-owned Units							
2003	492.8	72.0	301.0	73.4	208.1	52.2	106.0
2004	473.4	74.1	259.6	70.5	196.4	50.9	107.9
2005	443.3	65.8	214.7	67.5	177.5	47.5	114.6
2006	433.0	65.6	186.7	63.8	165.1	45.0	121.0
2007	432.0	62.5	174.1	58.6	161.4	45.2	120.5
2008	424.5	63.0	160.7	56.6	155.4	43.5	125.9
2009	413.9	64.6	144.2	55.2	146.0	43.5	125.4
2010	403.3	62.5	137.3	54.6	144.3	45.4	131.5
2011	415.9	67.0	145.7	56.3	146.3	47.6	127.9
城镇集体单位 Urban Collective-owned units							
2003	38.7	1.8	128.6	16.2	67.0	7.4	30.2
2004	34.1	1.3	108.9	15.0	66.6	7.8	30.7
2005	30.6	1.4	89.9	13.7	63.8	8.2	35.2
2006	27.2	1.1	77.4	12.7	62.1	8.0	34.1
2007	24.6	0.9	69.0	11.6	61.3	7.7	34.4
2008	22.2	0.8	58.6	11.0	60.1	7.4	33.1
2009	20.6	1.1	52.5	10.4	53.1	8.7	36.7
2010	19.8	1.0	48.0	9.6	52.1	9.2	37.6
2011	17.5	1.3	46.8	10.0	50.2	8.6	31.8
其他单位 Other Ownership units							
2003	105.0	43.0	198.6	82.5	78.3	60.6	47.3
2004	124.4	48.3	218.3	91.6	93.1	74.7	55.8
2005	140.0	62.8	239.4	100.1	117.9	90.9	68.7
2006	152.6	71.5	251.6	107.3	140.2	101.0	81.6
2007	166.4	86.8	263.8	115.7	167.0	113.6	92.3
2008	180.6	95.7	295.0	125.6	202.0	121.8	115.7
2009	199.9	108.1	324.2	136.5	249.9	138.7	128.4
2010	208.0	122.3	349.9	145.1	273.7	157.1	140.9
2011	229.4	144.5	455.0	176.5	308.9	192.4	126.9

1-12 续表 2 continued

单位：万人 (10 000 persons)

登记注册类型 Registration Status 年 份 Year	科学研究、技术服务和地质勘查业 Scientific Research, Technical Service and Geologic Perambulation	水利、环境和公共设施管理业 Management of Water Conservancy, Environment and Public Establishment	居民服务和其他服务业 Resident Services and Other Services	教 育 Education	卫生、社会保障和社会福利业 Sanitation, Social Security and Social Welfare	文化体育和娱乐业 Culture, Sports and Entertainment	公共管理和社会组织 Public Management and Social Organization
全 国 National							
2003	221.9	172.5	52.8	1442.8	485.8	127.8	1171.0
2004	222.1	176.1	54.2	1466.8	494.7	123.4	1199.0
2005	227.7	180.4	53.9	1483.2	508.9	122.5	1240.8
2006	235.5	187.0	56.6	1504.4	525.4	122.4	1265.6
2007	243.4	193.5	57.4	1520.9	542.8	125.0	1291.2
2008	257.0	197.3	56.5	1534.0	563.6	126.0	1335.0
2009	272.6	205.7	58.8	1550.4	595.8	129.5	1394.3
2010	292.3	218.9	60.2	1581.8	632.5	131.4	1428.5
2011	298.5	230.3	59.9	1617.8	679.1	135.0	1467.6
国有单位 State-owned Units							
2003	185.1	155.3	22.1	1378.3	430.9	117.0	1165.1
2004	188.6	158.0	24.2	1409.7	437.9	111.9	1191.8
2005	188.5	161.0	24.9	1424.9	452.4	110.5	1234.3
2006	193.0	165.4	27.7	1448.0	466.8	110.1	1257.5
2007	197.5	169.8	28.7	1462.9	483.2	111.3	1285.0
2008	201.6	172.8	28.8	1481.9	501.2	110.9	1328.8
2009	209.4	178.3	28.3	1490.6	529.9	111.9	1380.0
2010	219.6	189.9	28.9	1517.4	562.6	113.1	1415.6
2011	218.2	198.0	30.7	1540.9	606.0	113.8	1452.7
城镇集体单位 Urban Collective-owned units							
2003	4.8	10.7	15.2	57.1	51.2	3.2	5.0
2004	4.5	10.2	13.5	43.1	50.0	2.8	4.8
2005	3.8	9.6	10.3	40.2	48.3	2.5	3.5
2006	3.5	10.0	9.8	36.0	48.8	2.3	3.6
2007	3.4	10.2	8.9	34.3	48.7	2.3	2.9
2008	3.4	10.8	8.8	24.6	49.8	2.3	2.4
2009	4.2	10.5	8.2	17.4	49.9	2.2	2.7
2010	4.2	10.5	7.8	17.5	51.4	2.2	2.2
2011	3.7	10.8	6.0	19.1	51.5	2.0	2.4
其他单位 Other Ownership units							
2003	32.0	6.5	15.6	7.4	3.6	7.5	0.8
2004	29.0	7.9	16.5	14.0	6.8	8.7	2.5
2005	35.5	9.8	18.7	18.1	8.2	9.6	3.0
2006	38.9	11.6	19.0	20.4	9.8	10.0	4.4
2007	42.5	13.5	19.8	23.7	11.0	11.5	3.3
2008	52.0	13.7	19.0	27.5	12.6	12.7	3.8
2009	59.0	16.8	22.3	42.3	16.0	15.4	11.6
2010	68.6	18.5	23.5	46.8	18.6	16.2	10.7
2011	76.5	21.5	23.1	57.7	21.6	19.2	12.5

1-13 分行业城镇单位就业人员年末人数(2012-2015年)
URBAN UNITS EMPLOYMENT BY SECTOR(2012-2015)

单位：万人 (10 000 persons)

登记注册类型 Registration Status 年份 Year	合计 Total	农、林、牧、渔业 Agriculture, Forestry, Animal Husbandry and Fishery	采矿业 Mining	制造业 Manufacturing	电力、热力、燃气及水生产和供应业 Production and Supply of Electricity,Heat, Gas and Water	建筑业 Construction
全国						
National						
2012	15236.4	338.9	631.0	4262.2	344.6	2010.3
2013	18108.4	294.8	636.5	5257.9	404.5	2921.9
2014	18277.8	284.6	596.5	5243.1	403.7	2921.2
2015	18062.5	270.0	545.8	5068.7	396.0	2796.0
国有单位						
State-owned Units						
2012	6839.0	320.5	256.2	369.5	218.3	345.8
2013	6365.1	280.3	97.2	232.6	199.0	267.5
2014	6312.3	262.9	71.6	207.8	192.9	237.1
2015	6208.3	248.4	54.8	180.8	178.8	192.9
城镇集体单位						
Urban Collective-owned units						
2012	589.7	5.0	20.6	113.7	5.1	185.0
2013	566.2	2.5	15.8	97.4	4.2	181.6
2014	536.7	2.6	13.3	87.9	4.0	173.7
2015	481.4	2.1	10.7	74.4	3.8	154.7
其他单位						
Other Ownership units						
2012	7807.7	13.4	354.2	3779.0	121.1	1479.4
2013	11177.2	12.1	523.4	4927.9	201.4	2472.8
2014	11428.8	19.1	511.7	4947.4	206.8	2510.3
2015	11372.8	19.4	480.3	4813.6	213.4	2448.4

1-13 续表 1 continued

单位：万人 (10 000 persons)

登记注册类型 Registration Status 年 份 Year	批发和零售业 Wholesale and Retail Trades	交通运输、仓储和邮政业 Transport, Storage and Post	住宿和餐饮业 Hotels and Catering Services	信息传输、软件和信息技术服务业 Information Software and Information Technology	金融业 Financial Inter-mediation	房地产业 Real Estate	租赁和商务服务业 Leasing and Business Services
全 国 National							
2012	711.8	667.5	265.1	222.8	527.8	273.7	292.3
2013	890.8	846.2	304.4	327.3	537.9	373.7	421.9
2014	888.6	861.4	289.3	336.3	566.3	402.2	449.4
2015	883.3	854.4	276.1	349.9	606.8	417.3	474.0
国有单位 State-owned Units							
2012	148.5	419.5	57.6	65.8	151.9	46.7	116.7
2013	110.1	410.3	45.7	49.5	147.9	37.1	123.6
2014	99.9	395.2	41.8	37.5	146.1	36.5	126.0
2015	90.8	373.4	37.4	35.5	146.6	33.1	120.6
城镇集体单位 Urban Collective-owned units							
2012	40.9	17.7	9.3	1.3	50.1	8.7	33.7
2013	38.3	19.0	10.0	0.9	48.7	8.3	38.1
2014	35.0	17.4	6.7	0.8	47.0	8.9	36.0
2015	31.7	14.8	5.4	0.7	46.5	8.0	31.8
其他单位 Other Ownership units							
2012	522.4	230.3	198.1	155.7	325.7	218.3	141.8
2013	742.4	417.0	248.7	276.9	341.3	328.3	260.2
2014	753.6	448.9	240.8	298.0	373.3	356.8	287.4
2015	760.9	466.2	233.3	313.6	413.7	376.2	321.7

1-13 续表 2 continued

单位：万人 (10 000 persons)

登记注册类型 Registration Status 年 份 Year	科学研究和技术服务业 Scientific Research, and Technical Services	水利、环境和公共设施管理业 Management of Water Conservancy, Environment and Public Facilities	居民服务、修理和其他服务业 Service to Households, Repair and Other Services	教 育 Education	卫生和社会工作 Health and Social Service	文化、体育和娱乐业 Culture, Sports and Enter-tainment	公共管理、社会保障和社会组织 Public Management, Social Security and social Organization
全 国 National							
2012	330.7	243.8	62.1	1653.4	719.3	137.7	1541.5
2013	387.8	259.2	72.3	1687.2	770.0	147.0	1567.0
2014	408.0	269.1	75.4	1727.3	810.4	145.5	1599.3
2015	410.6	273.3	75.2	1736.5	841.6	149.1	1637.8
国有单位 State-owned Units							
2012	232.5	208.9	30.4	1567.2	639.5	115.0	1528.6
2013	223.7	207.7	22.9	1573.8	672.7	109.9	1553.6
2014	224.8	211.9	22.5	1602.7	703.9	106.3	1585.1
2015	213.2	210.7	22.0	1607.3	733.1	104.4	1624.4
城镇集体单位 Urban Collective-owned units							
2012	5.4	10.6	6.1	19.0	52.6	2.5	2.3
2013	5.5	10.7	5.4	21.8	54.0	2.0	2.1
2014	5.4	11.2	5.7	22.2	54.9	1.9	2.1
2015	4.8	10.9	4.9	20.9	51.5	1.8	2.0
其他单位 Other Ownership units							
2012	92.8	24.3	25.7	67.2	27.3	20.2	10.6
2013	158.5	40.8	44.1	91.6	43.3	35.0	11.3
2014	177.8	46.1	47.3	102.4	51.6	37.3	12.1
2015	192.6	51.7	48.3	108.3	57.0	42.8	11.4

1-14 各地区分登记注册类型城镇单位女性就业人员年末人数
FEMALE EMPLOYMENT IN URBAN UNITS BY REGISTRATION STATUS AND REGION(End of Year)

单位：万人 (10 000 persons)

年份 Year	地区 Region	合计 Total	国有单位 State-owned Units	城镇集体单位 Urban Collective-owned Units	其他单位 Other Ownership Units
2011		5227.7	2522.4	195.9	2509.4
2012		5458.9	2590.1	188.4	2680.4
2013		6338.3	2472.3	179.1	3686.9
2014		6546.2	2509.0	173.1	3864.1
2015		6527.0	2531.9	156.5	3838.7
北　京	Beijing	314.8	80.9	6.8	227.0
天　津	Tianjin	102.8	28.7	1.7	72.5
河　北	Hebei	236.1	129.1	5.6	101.3
山　西	Shanxi	149.6	85.6	7.3	56.7
内蒙古	Inner Mongolia	107.7	68.1	2.6	37.0
辽　宁	Liaoning	209.3	108.8	8.3	92.1
吉　林	Jilin	116.0	63.7	2.6	49.7
黑龙江	Heilongjiang	154.5	102.1	4.9	47.5
上　海	Shanghai	254.9	45.6	4.8	204.5
江　苏	Jiangsu	529.3	123.2	14.6	391.5
浙　江	Zhejiang	356.4	98.8	4.5	253.1
安　徽	Anhui	170.2	70.9	5.0	94.4
福　建	Fujian	245.1	64.7	4.4	176.1
江　西	Jiangxi	172.4	72.5	3.3	96.6
山　东	Shandong	441.3	157.3	14.1	269.9
河　南	Henan	413.0	154.6	14.1	244.2
湖　北	Hubei	243.7	103.5	4.5	135.6
湖　南	Hunan	196.7	94.7	4.6	97.5
广　东	Guangdong	795.9	162.3	16.0	617.7
广　西	Guangxi	154.1	90.0	3.6	60.5
海　南	Hainan	40.1	17.9	0.5	21.7
重　庆	Chongqing	137.3	48.5	2.2	86.6
四　川	Sichuan	278.7	135.7	7.7	135.3
贵　州	Guizhou	103.7	65.6	1.4	36.7
云　南	Yunnan	148.7	77.1	3.4	68.1
西　藏	Tibet	11.8	9.8	0.1	1.9
陕　西	Shaanxi	179.2	93.2	4.0	82.0
甘　肃	Gansu	86.3	57.0	2.1	27.2
青　海	Qinghai	23.0	14.2	0.4	8.4
宁　夏	Ningxia	27.6	15.4	0.2	11.9
新　疆	Xinjiang	126.8	92.3	1.1	33.4

1-15 各地区分行业城镇单位女性就业人员年末人数(2015年)
FEMALE EMPLOYMENT IN URBAN UNITS BY SECTOR AND REGION(2015)

单位：万人 (10 000 persons)

地 区	Region	合 计 Total	农、林、牧、渔业 Agriculture, Forestry, Animal Husbandry and Fishery	采矿业 Mining	制造业 Manufacturing	电力、热力、燃气及水生产和供应业 Production and Supply of Electricity, Heat,Gas and Water	建筑业 Construction	批发和零售业 Wholesale and Retail Trades
全 国	**National**	**6527.0**	**97.5**	**100.6**	**2021.0**	**109.7**	**309.5**	**447.0**
北 京	Beijing	314.8	1.6	0.9	32.1	2.3	8.7	35.5
天 津	Tianjin	102.8	0.2	2.0	39.1	1.2	3.9	8.8
河 北	Hebei	236.1	1.4	4.2	44.9	4.8	8.9	14.9
山 西	Shanxi	149.6	0.5	16.5	20.4	3.6	4.9	6.9
内蒙古	Inner Mongolia	107.7	7.7	2.6	13.7	4.1	2.9	4.6
辽 宁	Liaoning	209.3	9.1	6.1	42.4	3.7	11.1	13.6
吉 林	Jilin	116.0	3.9	2.9	26.5	2.9	4.0	5.3
黑龙江	Heilongjiang	154.5	21.9	7.3	19.0	4.8	5.1	8.5
上 海	Shanghai	254.9	0.7		73.7	1.1	4.3	44.2
江 苏	Jiangsu	529.3	2.3	2.5	260.1	4.4	33.8	33.0
浙 江	Zhejiang	356.4	0.1	0.1	141.0	2.7	22.4	21.5
安 徽	Anhui	170.2	1.5	2.8	45.6	2.4	10.6	12.2
福 建	Fujian	245.1	1.4	0.5	110.1	2.5	22.5	13.7
江 西	Jiangxi	172.4	1.3	1.3	65.4	4.1	11.1	8.3
山 东	Shandong	441.3	0.5	14.4	158.4	6.3	18.2	31.9
河 南	Henan	413.0	0.8	8.8	148.0	8.3	22.6	25.8
湖 北	Hubei	243.7	3.8	1.4	73.3	4.8	15.6	21.3
湖 南	Hunan	196.7	0.8	1.3	42.2	5.1	10.8	10.5
广 东	Guangdong	795.9	1.8	0.6	437.0	7.3	16.4	47.1
广 西	Guangxi	154.1	3.1	0.7	31.4	3.8	5.8	6.4
海 南	Hainan	40.1	3.4	0.2	3.3	0.7	0.8	2.6
重 庆	Chongqing	137.3	0.3	0.8	34.0	2.1	12.3	11.9
四 川	Sichuan	278.7	0.9	3.8	58.8	8.0	18.6	15.9
贵 州	Guizhou	103.7	0.3	1.9	14.3	3.4	4.7	5.1
云 南	Yunnan	148.7	2.2	2.3	23.3	3.1	10.0	12.8
西 藏	Tibet	11.8	0.1	0.1	0.5	0.3	0.4	0.5
陕 西	Shaanxi	179.2	0.7	6.2	33.7	4.2	8.7	13.8
甘 肃	Gansu	86.3	1.6	2.0	10.5	3.8	5.2	4.3
青 海	Qinghai	23.0	0.5	1.0	3.2	0.6	1.0	1.2
宁 夏	Ningxia	27.6	0.5	1.0	3.9	1.1	0.7	1.4
新 疆	Xinjiang	126.8	22.5	4.5	11.0	2.4	3.7	3.4

1-15 续表 1 continued

单位：万人 (10 000 persons)

地 区	Region	交通运输、仓储和邮政业 Transport, Storage and Post	住宿和餐饮业 Hotels and Catering Services	信息传输、软件和信息技术服务业 Information Transmission, Software and Information Technology	金融业 Finance Intermediation	房地产业 Real Estate	租赁和商务服务业 Leasing and Business Services
全 国	**National**	**223.1**	**152.3**	**137.1**	**313.7**	**155.3**	**155.5**
北 京	Beijing	15.2	15.4	25.3	25.9	16.0	32.0
天 津	Tianjin	3.4	2.8	1.9	4.2	2.8	2.5
河 北	Hebei	7.5	3.3	3.6	15.6	4.6	3.6
山 西	Shanxi	5.8	2.4	2.5	9.3	1.4	2.5
内蒙古	Inner Mongolia	5.3	2.3	2.5	6.2	2.4	1.4
辽 宁	Liaoning	8.1	3.7	6.2	14.0	5.0	3.2
吉 林	Jilin	3.5	1.8	2.6	6.1	2.3	1.7
黑龙江	Heilongjiang	6.3	2.2	2.9	8.7	2.1	2.0
上 海	Shanghai	12.3	11.8	9.1	15.3	9.0	19.2
江 苏	Jiangsu	13.1	10.2	11.1	18.8	9.3	10.8
浙 江	Zhejiang	8.1	7.4	6.8	24.4	7.5	7.4
安 徽	Anhui	6.2	3.5	3.0	10.1	3.9	2.0
福 建	Fujian	6.3	5.5	3.3	9.4	5.5	3.9
江 西	Jiangxi	5.3	2.8	2.3	6.4	2.3	1.5
山 东	Shandong	12.7	7.7	7.5	20.6	9.1	7.3
河 南	Henan	12.1	6.5	4.8	11.8	7.7	5.4
湖 北	Hubei	9.7	6.0	4.3	10.0	4.9	2.9
湖 南	Hunan	6.7	5.1	2.8	13.1	4.5	3.1
广 东	Guangdong	23.1	18.8	12.3	23.6	19.9	21.3
广 西	Guangxi	5.3	2.9	1.6	7.2	3.0	3.9
海 南	Hainan	1.7	3.1	0.6	2.1	2.9	0.8
重 庆	Chongqing	6.4	3.8	1.8	6.5	5.2	3.0
四 川	Sichuan	12.4	5.8	7.3	13.7	7.2	3.7
贵 州	Guizhou	3.0	1.8	1.3	4.0	3.2	1.3
云 南	Yunnan	5.2	4.7	1.9	5.0	4.2	2.3
西 藏	Tibet	0.3	0.2	0.2	0.2	0.1	0.1
陕 西	Shaanxi	7.8	6.9	4.1	9.5	4.2	2.3
甘 肃	Gansu	3.5	2.1	1.2	3.7	1.7	0.9
青 海	Qinghai	1.4	0.4	0.4	1.1	0.3	0.2
宁 夏	Ningxia	1.2	0.4	0.4	2.2	0.7	0.6
新 疆	Xinjiang	4.1	1.3	1.3	5.2	2.2	2.7

1-15 续表 2 continued

单位：万人 (10 000 persons)

地 区	Region	科学研究和技术服务业 Scientific Research and Technical Services	水利、环境和公共设施管理业 Management of Water Conservancy, Environment and Public Establishment	居民服务、修理和其他服务业 Services to Household, Repair and Other Services	教 育 Education	卫生和社会工作 Health and Social Service	文化、体育和娱乐业 Culture, Sports and Entertainment	公共管理、社会保障和社会组织 Public Management, Social Security and Social Organization
全 国	**National**	**125.1**	**111.0**	**31.3**	**931.7**	**531.4**	**66.6**	**507.7**
北 京	Beijing	20.8	3.5	4.5	28.9	19.3	9.0	18.0
天 津	Tianjin	2.9	1.3	3.2	10.8	6.2	0.9	4.8
河 北	Hebei	4.1	4.7	0.7	55.7	23.5	2.4	27.4
山 西	Shanxi	2.4	4.4	0.2	32.0	13.1	2.1	18.7
内蒙古	Inner Mongolia	2.0	3.5	0.4	20.2	9.2	1.6	15.0
辽 宁	Liaoning	4.9	6.3	0.9	31.9	19.5	2.3	17.1
吉 林	Jilin	2.4	3.2	1.0	21.2	11.7	1.5	11.4
黑龙江	Heilongjiang	3.0	4.1	2.0	25.1	14.3	1.7	13.7
上 海	Shanghai	7.3	2.9	3.0	18.7	13.0	2.5	6.8
江 苏	Jiangsu	6.7	6.6	1.1	51.9	30.6	3.6	19.5
浙 江	Zhejiang	4.8	4.5	1.1	43.6	29.1	3.4	20.4
安 徽	Anhui	2.4	3.2	0.3	28.7	17.7	1.4	12.8
福 建	Fujian	2.6	2.1	0.8	27.9	14.1	1.9	11.2
江 西	Jiangxi	1.5	3.0	0.3	26.2	14.0	1.5	13.7
山 东	Shandong	5.4	5.8	1.1	59.1	38.1	2.9	34.0
河 南	Henan	5.3	5.3	1.2	66.2	32.7	3.3	36.5
湖 北	Hubei	4.2	4.4	0.7	31.2	24.4	2.6	18.2
湖 南	Hunan	3.2	3.3	0.8	33.6	23.8	2.4	23.7
广 东	Guangdong	10.3	7.4	3.0	70.6	39.3	5.1	31.0
广 西	Guangxi	3.1	4.7	0.3	33.8	20.5	1.5	15.1
海 南	Hainan	0.7	1.5	0.3	6.8	3.9	0.5	4.1
重 庆	Chongqing	2.4	2.9	0.8	21.3	11.5	1.1	9.2
四 川	Sichuan	6.4	6.1	0.8	47.8	29.0	2.8	30.0
贵 州	Guizhou	2.1	2.6	0.6	25.5	12.4	0.9	15.3
云 南	Yunnan	3.0	3.3	0.6	29.7	17.3	1.7	16.2
西 藏	Tibet	0.4	0.1	0.2	2.4	1.0	0.3	4.5
陕 西	Shaanxi	5.5	3.7	0.7	30.6	16.5	2.3	17.8
甘 肃	Gansu	2.0	2.5	0.1	17.3	8.4	1.1	14.4
青 海	Qinghai	0.7	0.5		4.0	2.2	0.4	3.8
宁 夏	Ningxia	0.5	1.0		4.9	3.0	0.5	3.7
新 疆	Xinjiang	2.1	2.5	0.4	24.0	12.3	1.4	19.5

1-16 分登记注册类型城镇单位就业人员工资总额及指数
TOTAL WAGES AND INDEX OF EMPLOYED PERSONS BY REGISTRATION STATUS

年 份 Year	工资总额(亿元) Total Wages (100 million yuan)				指数(以上年为100) Index (preceding year=100)			
	合 计 Total	国有单位 State-owned Units	城镇集体单位 Urban Collective-owned Units	其他单位 Other Owner-ship Units	合 计 Total	国有单位 State-owned Units	城镇集体单位 Urban Collective-owned Units	其他单位 Other Owner-ship Units
1965	282.3	235.3	47.0		107.1	105.0	118.4	
1970	334.3	277.5	56.8		103.6	105.5	95.3	
1975	463.5	386.1	77.4		104.9	104.1	109.0	
1980	772.4	627.9	144.5		119.4	118.6	123.3	
1981	820.0	660.4	159.6		106.2	105.2	110.4	
1982	882.0	708.9	173.1		107.6	107.3	108.5	
1983	934.6	748.1	186.5		106.0	105.5	107.7	
1984	1133.4	875.8	254.0	3.6	121.3	117.1	136.2	
1985	1383.0	1064.8	312.3	5.9	122.0	121.6	123.0	163.9
1986	1659.7	1288.5	362.8	8.4	120.0	121.0	116.2	142.4
1987	1881.1	1459.3	409.1	12.7	113.3	113.3	112.8	151.2
1988	2316.2	1807.1	487.6	21.5	123.1	123.8	119.2	169.3
1989	2618.5	2050.2	534.4	33.9	113.1	113.5	109.6	157.7
1990	2951.1	2324.1	581.0	46.0	112.7	113.4	108.7	135.7
1991	3323.9	2594.9	658.6	70.4	112.6	111.7	113.4	153.0
1992	3939.2	3090.4	743.2	105.6	118.5	119.1	112.8	150.0
1993	4916.2	3812.7	849.9	253.6	124.8	123.4	114.4	240.2
1994	6656.4	5177.4	1023.3	455.6	135.4	135.8	120.4	179.7
1995	8055.8	6172.6	1210.6	672.6	119.0	117.4	115.6	142.2
1996	8964.4	6893.3	1269.4	801.7	111.3	111.7	104.9	119.2
1997	9602.4	7323.9	1283.9	994.5	107.1	106.2	101.1	124.0
1998	9540.2	6934.6	1054.9	1550.7	99.4	94.7	82.2	155.9
1999	10155.9	7289.9	995.8	1870.1	106.5	105.1	94.4	120.6
2000	10954.7	7744.9	950.7	2259.1	107.9	106.2	95.5	120.8
2001	12205.4	8515.2	898.5	2791.7	111.4	109.9	94.5	123.6
2002	13638.1	9138.0	863.9	3636.2	111.7	107.3	96.1	130.3
2003	15329.6	9911.9	867.1	4550.6	112.4	108.5	100.4	125.1
2004	17615.0	11038.2	876.2	5700.6	114.9	111.4	101.0	125.3
2005	20627.1	12291.7	906.4	7429.0	117.1	111.4	103.4	130.3
2006	24262.3	13920.6	983.8	9357.9	117.6	113.3	108.5	126.0
2007	29471.5	16689.1	1108.1	11674.3	121.5	119.9	112.6	124.8
2008	35289.5	19487.9	1203.2	14598.4	119.7	116.8	108.6	125.0
2009	40288.2	21862.7	1273.3	17152.1	114.2	112.2	105.8	117.5
2010	47269.9	24886.4	1433.7	20949.7	117.3	113.8	112.6	122.1
2011	59954.7	28954.8	1737.4	29262.4	126.8	116.3	121.2	139.7
2012	70914.2	32950.0	1990.4	35973.8	118.3	113.8	114.6	122.9
2013	93064.3	33359.6	2195.8	57508.9	131.2	101.2	110.3	159.9
2014	102817.2	36106.6	2302.7	64408.0	110.5	108.2	104.9	112.0
2015	112007.8	40387.9	2239.4	69380.5	108.9	111.9	97.3	107.7

1-17　分行业城镇单位就业人员工资总额（1995-2002年）
TOTAL WAGES OF EMPLOYED PERSONS IN URBAN UNITS BY SECTOR (1995-2002)

单位：亿元　　(100 million yuan)

登记注册类型 Registration Status / 年份 Year	合计 Total	农、林、牧、渔业 Farming, Forestry, Animal Husbandry and Fishery	采掘业 Mining and Quarrying	制造业 Manufacturing	电力、煤气及水的生产和供应业 Production and Supply of Electricity, Gas and Water	建筑业 Construction	地质勘查业、水利管理业 Geological Prospecting and Water Conservancy	交通运输、仓储及邮电通信业 Transport, Storage, Post and Telecommunications
全　国 National								
1995	8055.8	234.1	519.0	2804.2	197.5	629.2	80.2	577.7
1996	8964.4	251.3	568.8	2984.0	235.6	668.3	84.4	659.8
1997	9602.4	269.7	577.9	3044.6	269.8	696.9	92.0	719.1
1998	9540.2	257.8	517.6	2792.1	294.8	659.6	92.7	708.5
1999	10155.9	260.4	498.6	2836.4	325.6	662.2	98.0	768.5
2000	10954.7	268.9	498.4	2966.7	363.3	699.1	108.4	837.7
2001	12205.4	278.5	531.1	3088.5	416.7	750.9	115.4	918.9
2002	13638.1	289.9	597.6	3343.9	470.8	838.0	118.6	1016.7
国有单位 State-owned Units								
1995	6172.6	225.2	489.6	1764.3	180.0	412.0	79.3	518.4
1996	6893.3	240.4	538.2	1855.7	214.1	436.0	83.4	593.4
1997	7323.9	258.9	544.5	1813.7	243.0	451.5	90.1	644.3
1998	6934.6	247.9	457.1	1368.3	249.6	388.4	91.1	619.8
1999	7289.9	250.1	415.6	1293.4	267.5	377.5	96.4	659.0
2000	7744.9	255.7	382.5	1260.0	291.0	389.0	106.6	711.9
2001	8515.2	265.7	387.7	1190.5	325.2	378.9	113.6	762.7
2002	9138.0	272.7	372.5	1098.9	349.0	365.1	115.9	821.9
城镇集体单位 Urban Collective-owned units								
1995	1210.6	6.8	27.4	523.7	6.7	202.5	0.8	49.0
1996	1269.4	8.0	28.3	534.1	8.9	212.1	1.0	52.1
1997	1283.9	7.7	29.8	513.5	9.9	218.8	1.9	51.0
1998	1054.9	7.0	22.3	389.3	10.1	188.7	1.5	42.0
1999	995.8	7.0	19.3	343.6	9.5	183.9	1.5	39.6
2000	950.7	7.7	17.5	309.3	9.9	188.7	1.4	34.5
2001	898.5	6.8	17.5	270.6	10.5	188.0	1.2	31.4
2002	863.9	7.0	18.6	244.8	9.1	179.0	1.4	28.8
其他单位 Other Ownership units								
1995	672.6	2.2	2.0	516.1	10.7	14.7		10.3
1996	801.7	2.8	2.3	594.3	12.6	20.2		14.3
1997	994.5	3.0	3.7	717.4	16.9	26.6		23.8
1998	1550.7	3.0	38.2	1034.5	35.0	82.5		46.7
1999	1870.1	3.4	63.7	1199.5	48.5	100.9	0.2	69.9
2000	2259.1	5.5	98.4	1397.3	62.4	121.4	0.4	91.3
2001	2791.7	6.1	125.8	1627.4	81.0	184.0	0.6	124.8
2002	3636.2	10.2	206.6	2000.2	112.7	293.9	1.4	166.1

1-17 续表 continued

单位：亿元 (100 million yuan)

登记注册类型 Registration Status 年 份 Year	批发和零售贸易、餐饮业 Wholesale and Retail Trade & Catering Services	金融、保险业 Finance and Insurance	房地产业 Real Estate Trade	社 会 服务业 Social Services	卫生、体育和社会福利业 Health Care, Sporting and Social Welfare	教育、文化艺术和广播电影电视业 Education, Culture and Arts, Radio, Film and Television	科学研究和综合技术服务业 Scientific Research and Polytechnical Services	国家机关政党机关和社会团体 Government Agencies, Party Agencies and Social Organizations	其 他 Others
全 国 National									
1995	771.9	199.6	56.8	274.2	256.0	727.1	123.4	563.1	41.5
1996	835.9	243.4	69.2	317.3	306.1	849.0	145.3	676.8	69.3
1997	864.0	295.3	78.7	372.0	351.6	970.0	165.6	748.6	86.7
1998	768.0	332.4	95.5	399.6	400.3	1106.7	179.1	840.8	94.8
1999	745.6	388.5	110.4	446.6	460.6	1275.0	200.6	977.5	101.5
2000	742.8	434.3	124.7	502.5	525.4	1435.9	233.7	1097.5	115.3
2001	732.5	524.7	149.0	587.9	629.3	1746.1	267.7	1325.6	142.4
2002	745.5	612.4	180.5	701.0	718.7	2033.7	304.5	1485.9	180.4
国有单位 State-owned Units									
1995	477.8	152.3	42.1	188	226.3	714.2	115.5	558.6	28.9
1996	514.2	181.5	49.7	220.7	271.2	836.2	134.0	672.7	52.2
1997	530.3	213.9	54.8	258.0	311.9	946.4	152.1	745.0	65.4
1998	438.9	235.3	60.4	269.8	358.0	1080.8	161.7	837.1	70.3
1999	417.5	267.0	65.5	296.6	413.4	1244.3	181.0	973.6	71.8
2000	410.0	300.4	72.1	319.0	473.6	1401.5	199.5	1093.1	78.9
2001	384.4	350.2	80.9	358.4	571.2	1699.0	229.6	1322.0	95.3
2002	365.8	398.1	86.2	392.6	658.0	1970.7	261.0	1482.1	127.7
城镇集体单位 Urban Collective-owned units									
1995	239.6	42.6	4.3	45.2	29.3	12.0	4.9	4.5	11.1
1996	254.8	49.4	5.0	44.1	34.3	11.6	6.6	4.1	15.0
1997	249.9	58.1	5.9	50.1	38.9	22.1	6.6	3.6	16.3
1998	196.0	58.4	6.3	44.6	40.4	23.6	6.2	3.7	15.0
1999	174.8	64.2	7.9	46.3	45.0	27.3	6.4	3.8	15.7
2000	154.6	67.4	7.1	46.6	49.4	29.6	7.0	4.3	15.5
2001	125.5	74.3	7.2	47.3	54.6	39.2	4.6	3.7	16.2
2002	107.9	81.9	9.0	46.5	56.0	46.3	4.6	3.4	19.6
其他单位 Other Ownership units									
1995	54.5	4.7	10.4	41.0	0.4	0.8	3.0		1.5
1996	67.0	12.5	14.5	52.5	0.6	1.3	4.7		2.1
1997	83.8	23.3	17.9	63.9	0.8	1.5	6.8		5.0
1998	133.1	38.7	28.8	85.2	1.9	2.3	11.3		9.5
1999	153.3	57.2	37.1	103.7	2.2	3.4	13.1		13.9
2000	178.3	66.5	45.5	136.8	2.4	4.8	27.2		21.0
2001	222.6	100.3	60.8	182.2	3.6	7.9	33.6		31.0
2002	271.8	132.4	85.3	261.9	4.7	16.7	38.8		33.5

1-18　分行业城镇单位就业人员工资总额（2003-2011年）
TOTAL WAGES OF EMPLOYED PERSONS IN URBAN UNITS BY SECTOR (2003-2011)

单位：亿元　　　(100 million yuan)

登记注册类型 Registration Status / 年份 Year	合计 Total	农、林、牧、渔业 Agriculture, Forestry, Farming of Animals and Fishery	采矿业 Mining	制造业 Manufacturing	电力、燃气及水的生产和供应业 Production & Distribution of Electricity Gas & Water	建筑业 Construction	交通运输、仓储和邮政业 Traffic, Transport, Storage and post
全　国 National							
2003	15329.6	335.8	662.9	3772.7	552.0	965.9	1008.0
2004	17615.0	351.2	831.8	4316.4	646.8	1081.3	1144.7
2005	20627.1	368.7	1031.2	5056.6	741.8	1324.7	1279.5
2006	24262.3	403.3	1259.6	6035.8	858.0	1612.1	1471.5
2007	29471.5	464.6	1500.5	7241.2	1012.7	1946.2	1727.9
2008	35289.5	516.4	1847.3	8498.9	1180.4	2313.6	2006.3
2009	40288.2	537.4	2089.1	9302.2	1283.5	2837.9	2234.9
2010	47269.9	627.1	2458.8	11140.8	1468.3	3471.5	2541.9
2011	59954.7	697.7	3174.2	15031.4	1755.7	5596.4	3074.1
国有单位 State-owned Units							
2003	9911.9	314.4	368.5	1111.8	403.8	384.3	793.0
2004	11038.2	327.6	463.2	1082.7	459.1	404.6	853.6
2005	12291.7	346.5	500.3	1048.1	505.4	442.4	918.3
2006	13920.6	378.8	588.6	1126.3	586.1	488.3	1024.3
2007	16689.1	437.1	675.5	1231.2	673.6	571.1	1185.9
2008	19487.9	486.8	854.8	1353.5	781.8	643.8	1329.6
2009	21862.7	505.1	932.2	1391.9	836.7	731.9	1446.8
2010	24886.4	590.0	1041.5	1525.7	974.9	892.2	1612.6
2011	28954.8	654.1	1333.5	1720.5	1141.3	1218.4	1939.6
城镇集体单位 Urban Collective-owned units							
2003	867.1	8.6	19.9	227.8	10.2	180.2	31.6
2004	876.2	8.6	23.4	224.9	11.1	181.2	30.1
2005	906.4	7.2	27.9	215.6	11.1	188.9	30.3
2006	983.8	6.8	34.6	225.5	11.8	210.8	30.3
2007	1108.1	7.0	40.1	237.9	13.0	246.5	32.4
2008	1203.2	6.6	44.4	259.6	13.9	265.6	33.8
2009	1273.3	7.6	35.4	265.4	15.1	284.9	36.4
2010	1433.7	8.0	44.5	281.1	17.7	327.7	39.6
2011	1737.4	8.8	61.1	313.4	19.8	471.8	43.7
其他单位 Other Ownership units							
2003	4550.6	12.8	274.5	2433.0	138.0	401.4	183.4
2004	5700.6	15.0	345.3	3008.8	176.6	495.5	261.0
2005	7429.0	15.0	503.1	3792.9	225.4	693.3	330.9
2006	9357.9	17.7	636.3	4683.9	260.2	913.0	416.9
2007	11674.3	20.5	784.9	5772.0	326.1	1128.6	509.6
2008	14598.4	23.0	948.0	6885.9	384.7	1404.2	643.0
2009	17152.1	24.7	1121.5	7644.9	431.6	1821.1	751.7
2010	20949.7	29.1	1372.8	9334.0	475.7	2251.6	889.8
2011	29262.4	34.7	1779.6	12997.5	594.7	3906.2	1090.7

1-18 续表 1 continued

单位：亿元 (100 million yuan)

登记注册类型 Registration Status 年 份 Year	信息传输、计算机服务和软件业 Information Transfer, Computer and Software	批发和零售业 Wholesale and Retail Trade	住宿和餐饮业 Accommodation and Restaurants	金融业 Finance	房地产业 Real Estate	租赁和商务服务业 Tenancy and Business Services	科学研究、技术服务和地质勘查业 Scientific Research, Technical Service & Geologic Perambulation
全 国 National							
2003	356.0	696.3	190.9	734.4	202.7	305.2	454.4
2004	404.3	770.5	221.2	866.7	243.3	351.4	514.6
2005	491.8	832.0	249.8	1047.7	293.0	449.8	614.0
2006	587.4	920.0	280.0	1292.9	338.4	565.6	736.9
2007	699.1	1061.8	314.6	1670.3	426.2	668.9	923.9
2008	862.8	1323.9	371.2	2202.9	520.8	893.7	1154.6
2009	996.2	1509.2	418.9	2658.8	607.8	1021.4	1350.6
2010	1171.7	1783.0	484.6	3219.0	745.6	1198.5	1619.3
2011	1475.6	2594.8	655.2	4007.0	1052.5	1325.3	1879.6
国有单位 State-owned Units							
2003	179.0	338.0	76.6	447.4	82.2	157.7	368.5
2004	200.6	336.7	85.5	497.2	87.3	174.9	426.6
2005	193.8	338.2	90.2	542.1	92.2	213.0	488.3
2006	212.6	349.9	95.5	573.8	96.0	246.3	575.5
2007	223.9	376.0	96.6	697.9	112.0	281.2	713.0
2008	242.5	423.6	108.8	805.6	121.6	344.3	850.4
2009	273.2	451.6	117.4	822.5	132.6	380.2	980.1
2010	289.8	499.6	130.8	940.3	152.9	435.3	1151.7
2011	336.9	607.8	161.8	1077.7	205.1	498.8	1294.2
城镇集体单位 Urban Collective-owned units							
2003	2.3	87.0	13.8	93.9	8.8	32.5	6.2
2004	2.3	80.8	14.1	107.8	9.9	35.2	6.1
2005	3.4	74.6	13.8	118.6	11.0	45.3	6.8
2006	2.9	71.8	14.6	134.8	12.4	47.9	8.2
2007	2.6	74.0	14.8	157.7	14.0	54.6	8.4
2008	2.2	76.4	16.8	187.1	15.3	57.1	10.4
2009	3.5	78.3	17.4	197.1	19.5	69.3	14.1
2010	3.8	80.9	18.1	228.3	22.7	77.8	15.5
2011	5.3	93.1	23.4	263.5	25.2	77.7	17.7
其他单位 Other Ownership units							
2003	174.7	271.3	100.5	193.2	111.7	115.1	79.7
2004	201.4	353.1	121.6	261.7	146.0	141.2	82.0
2005	294.5	419.2	145.8	386.9	189.8	191.5	118.8
2006	372.0	498.3	170.0	584.3	230.0	271.3	153.2
2007	472.6	611.8	203.1	814.8	300.2	333.1	202.6
2008	618.2	823.9	245.7	1210.3	383.9	492.3	293.9
2009	719.5	979.3	284.0	1639.2	455.7	571.9	356.4
2010	878.1	1202.5	335.7	2050.4	570.0	685.4	452.1
2011	1133.4	1893.8	470.0	2665.8	822.3	748.8	567.7

1-18 续表 2 continued

单位：亿元 (100 million yuan)

登记注册类型 Registration Status 年 份 Year	水利、环境和公共设施管理业 Management of Water Conservancy, Environment & Public Establishment	居民服务和其他服务业 Resident Services and Other Services	教 育 Education	卫生、社会保障和社会福利业 Sanitation, Social Security and Social Welfare	文化体育和娱乐业 Culture, Sports and Entertainment	公共管理和社会组织 Public Management and Social Organization
全 国 National						
2003	202.6	66.4	2035.9	782.1	217.9	1787.6
2004	226.1	71.8	2346.2	902.3	251.5	2072.7
2005	257.3	85.1	2690.8	1047.8	275.8	2489.6
2006	289.8	102.5	3127.8	1226.1	314.9	2839.7
2007	352.2	115.8	3917.2	1496.6	378.1	3553.8
2008	413.8	132.1	4556.1	1789.3	429.3	4276.0
2009	474.3	146.8	5338.6	2095.3	488.5	4896.8
2010	555.9	168.4	6136.5	2506.4	543.7	5428.8
2011	659.8	197.9	6938.8	3078.6	642.1	6118.1
国有单位 State-owned Units						
2003	182.5	32.6	1970.1	717.2	202.5	1781.7
2004	202.3	37.4	2274.2	827.5	233.2	2064.1
2005	229.0	43.3	2604.2	962.0	253.6	2480.9
2006	254.4	57.4	3027.3	1121.2	288.9	2829.5
2007	308.0	62.5	3782.4	1371.4	345.6	3544.3
2008	360.7	75.8	4416.4	1637.6	386.9	4263.5
2009	411.9	81.7	5154.6	1910.9	432.3	4869.2
2010	481.2	92.6	5919.7	2277.1	478.5	5400.2
2011	566.0	113.8	6651.3	2803.9	550.1	6079.9
城镇集体单位 Urban Collective-owned units						
2003	10.6	13.1	53.0	59.4	3.0	5.2
2004	10.5	12.1	45.2	64.3	3.1	5.5
2005	10.4	11.3	50.8	71.3	3.4	4.6
2006	11.8	12.2	55.1	83.9	3.2	5.1
2007	13.4	12.8	71.6	98.6	4.0	5.0
2008	16.5	14.2	55.6	118.6	4.6	4.7
2009	17.8	15.2	48.0	136.2	5.0	7.1
2010	19.4	16.4	54.7	166.3	5.4	5.9
2011	22.5	14.9	68.2	192.9	6.1	8.4
其他单位 Other Ownership units						
2003	9.5	20.7	12.8	5.4	12.3	0.7
2004	13.3	22.4	26.8	10.4	15.3	3.1
2005	17.9	30.5	35.8	14.5	18.8	4.1
2006	23.6	33.0	45.4	21.0	22.7	5.1
2007	30.8	40.6	63.2	26.6	28.6	4.5
2008	36.6	42.1	84.1	33.1	37.9	7.8
2009	44.6	50.0	136.1	48.1	51.1	20.6
2010	55.3	59.5	162.1	63.0	59.9	22.7
2011	71.3	69.2	219.3	81.8	85.9	29.8

1-19 分行业城镇单位就业人员工资总额(2012-2015年) TOTAL WAGES OF EMPLOYED PERSONS IN URBAN UNITS BY SECTOR (2012-2015)

单位：亿元 (100 million yuan)

登记注册类型 Registration Status / 年份 Year	合计 Total	农、林、牧、渔业 Agriculture, Forestry, Animal Husbandry and Fishery	采矿业 Mining	制造业 Manufacturing	电力、热力、燃气及水生产和供应业 Production and Supply of Electricity,Heat, Gas and Water	建筑业 Construction
全国 National						
2012	70914.2	760.8	3600.7	17668.1	1999.6	7392.7
2013	93064.3	758.0	3833.2	24566.6	2715.3	12315.1
2014	102817.2	808.9	3728.2	27011.4	2965.8	13389.4
2015	112007.8	862.6	3318.2	28341.6	3137.4	13619.3
国有单位 State-owned Units						
2012	32950.0	713.5	1513.3	1765.0	1278.7	1422.7
2013	33359.6	709.9	550.2	1288.9	1361.9	1166.2
2014	36106.6	730.5	433.6	1313.8	1454.0	1133.0
2015	40387.9	776.4	332.0	1207.7	1442.2	951.5
城镇集体单位 Urban Collective-owned units						
2012	1990.4	10.8	73.6	339.3	20.3	550.6
2013	2195.8	6.6	60.6	342.2	18.9	610.8
2014	2302.7	7.9	55.5	342.1	19.7	648.0
2015	2239.4	8.4	45.4	316.9	20.6	605.8
其他单位 Other Ownership units						
2012	35973.8	36.5	2013.8	15563.7	700.7	5419.4
2013	57508.9	41.4	3222.4	22935.5	1334.5	10538.1
2014	64408.0	70.4	3239.0	25355.6	1492.1	11608.4
2015	69380.5	77.8	2940.8	26817.0	1674.6	12062.0

1-19 续表 1 continued

单位：亿元 (100 million yuan)

登记注册类型 Registration Status 年 份 Year	批发和零售业 Wholesale and Retail Trades	交通运输、仓储和邮政业 Transport, Storage and Post	住宿和餐饮业 Hotels and Catering Services	信息传输、软件和信息技术服务业 Information Software and Information Technology	金融业 Financial Inter-mediation	房地产业 Real Estate	租赁和商务服务业 Leasing and Business Services
全 国 National							
2012	3271.3	3531.5	824.4	1769.4	4669.0	1271.3	1531.2
2013	4451.9	4834.6	1038.3	2957.7	5269.0	1882.3	2629.4
2014	4931.4	5435.4	1079.1	3375.8	6017.4	2220.5	2985.9
2015	5324.6	5898.0	1130.0	3912.7	6730.1	2493.0	3399.9
国有单位 State-owned Units							
2012	708.9	2258.7	192.5	372.4	1237.8	204.3	517.8
2013	622.7	2388.4	168.0	298.3	1288.8	168.3	580.9
2014	643.0	2585.2	169.7	239.0	1374.5	183.7	617.3
2015	631.1	2671.5	164.5	252.9	1453.6	184.9	662.7
城镇集体单位 Urban Collective-owned units							
2012	94.4	50.4	25.8	4.8	305.6	30.0	98.2
2013	99.9	60.4	40.3	3.5	339.3	31.2	127.2
2014	101.7	60.9	23.7	3.5	359.9	36.1	132.5
2015	100.0	55.9	20.4	3.7	383.3	35.4	128.5
其他单位 Other Ownership units							
2012	2467.9	1222.3	606.2	1392.2	3125.6	1037.0	915.2
2013	3729.3	2385.8	830.1	2655.9	3640.9	1682.8	1921.3
2014	4186.8	2789.2	885.8	3133.3	4283.0	2000.7	2236.0
2015	4593.5	3170.6	945.1	3656.1	4893.2	2272.8	2608.7

1-19 续表 2 continued

单位：亿元 (100 million yuan)

登记注册类型 Registration Status 年 份 Year	科学研究和技术服务业 Scientific Research, and Technical Services	水利、环境和公共设施管理业 Management of Water Conservancy, Environment and Public Facilities	居民服务、修理和其他服务业 Service to Households, Repair and Other Services	教 育 Education	卫生和社会工作 Health and Social Service	文化、体育和娱乐业 Culture, Sports and Enter-tainment	公共管理、社会保障和社会组织 Public Management, Social Security and social Organization
全 国 National							
2012	2259.4	784.6	217.1	7851.0	3718.5	735.4	7058.3
2013	2940.3	933.7	277.2	8721.1	4397.8	867.8	7675.0
2014	3339.7	1049.9	312.9	9722.5	5057.8	936.8	8448.6
2015	3665.8	1177.7	336.1	11492.1	5941.3	1086.0	10141.4
国有单位 State-owned Units							
2012	1477.6	669.0	113.9	7486.8	3373.4	624.6	7019.0
2013	1546.2	728.4	96.4	8193.9	3924.3	651.4	7626.4
2014	1664.7	803.2	102.8	9093.1	4490.5	683.3	8391.6
2015	1717.5	894.5	108.9	10780.4	5309.9	767.4	10078.4
城镇集体单位 Urban Collective-owned units							
2012	24.9	25.7	16.6	77.3	224.3	8.2	9.5
2013	28.6	29.5	16.5	102.7	260.4	7.7	9.6
2014	30.9	34.9	21.3	112.6	293.1	8.1	10.4
2015	28.3	35.6	20.8	115.7	294.6	9.1	11.0
其他单位 Other Ownership units							
2012	756.8	89.9	86.6	286.8	120.7	102.6	29.9
2013	1365.5	175.7	164.3	424.6	213.1	208.7	39.0
2014	1644.1	211.8	188.7	516.8	274.2	245.4	46.6
2015	1920.0	247.6	206.4	596.0	336.8	309.4	52.1

1-20 分登记注册类型城镇单位就业人员平均工资及指数
AVERAGE WAGE AND INDEX OF EMPLOYED PERSONS BY REGISTRATION STATUS

年 份 Year	平均工资(元) Average Wage (yuan)				指数（以上年为100） Index (preceding year=100)			
	合 计 Total	国有单位 State-owned Units	城镇集体单 位 Urban Collective-owned Units	其他单位 Other Ownership Units	合 计 Total	国有单位 State-owned Units	城镇集体单 位 Urban Collective-owned Units	其他单位 Other Ownership Units
1965	590	652	398		100.7	98.6	111.2	
1970	561	609	405		97.6	98.5	92.3	
1975	580	613	453		99.3	98.6	102.7	
1980	762	803	623		114.1	113.9	114.9	
1981	772	812	642		101.3	101.1	103.0	
1982	798	836	671		103.4	103.0	104.5	
1983	826	865	698		103.5	103.5	104.0	
1984	974	1034	811	1048	117.9	119.5	116.2	
1985	1148	1213	967	1436	117.9	117.3	119.2	137.0
1986	1329	1414	1092	1629	115.8	116.6	112.9	113.4
1987	1459	1546	1207	1879	109.8	109.3	110.5	115.3
1988	1747	1853	1426	2382	119.7	119.9	118.1	126.8
1989	1935	2055	1557	2707	110.8	110.9	109.2	113.6
1990	2140	2284	1681	2987	110.6	111.1	108.0	110.3
1991	2340	2477	1866	3468	109.3	108.5	111.0	116.1
1992	2711	2878	2109	3966	115.9	116.2	113.0	114.4
1993	3371	3532	2592	4966	124.3	122.7	122.9	125.2
1994	4538	4797	3245	6302	134.6	135.8	125.2	126.9
1995	5348	5553	3934	7728	118.9	117.3	121.1	119.9
1996	5980	6207	4312	8521	111.8	111.8	109.6	110.3
1997	6444	6679	4516	9092	107.8	107.6	104.7	106.7
1998	7446	7579	5314	9241	115.5	113.5	117.7	101.6
1999	8319	8443	5758	10142	111.7	111.4	108.4	109.8
2000	9333	9441	6241	11238	112.2	111.8	108.4	110.8
2001	10834	11045	6851	12437	116.1	117.0	109.8	110.7
2002	12373	12701	7636	13486	114.2	115.0	111.5	108.4
2003	13969	14358	8627	14843	112.9	113.0	113.0	110.1
2004	15920	16445	9723	16519	114.0	114.5	112.7	111.3
2005	18200	18978	11176	18362	114.3	115.4	114.9	111.2
2006	20856	21706	12866	21004	114.6	114.4	115.1	114.4
2007	24721	26100	15444	24271	118.5	120.2	120.0	115.6
2008	28898	30287	18103	28552	116.9	116.0	117.2	117.6
2009	32244	34130	20607	31350	111.6	112.7	113.8	109.8
2010	36539	38359	24010	35801	113.3	112.4	116.5	114.2
2011	41799	43483	28791	41323	114.4	113.4	119.9	115.4
2012	46769	48357	33784	46360	111.9	111.2	117.3	112.2
2013	51483	52657	38905	51453	110.1	108.9	115.2	111.0
2014	56360	57296	42742	56485	109.5	108.8	109.9	109.8
2015	62029	65296	46607	60906	110.1	114.0	109.0	107.8

1-21　分行业城镇单位就业人员平均工资（1995-2002年）
AVERAGE WAGE OF EMPLOYED PERSONS IN URBAN UNITS BY SECTOR (1995-2002)

单位：元　　　　(yuan)

登记注册类型 Registration Status / 年份 Year	合计 Total	农、林、牧、渔业 Farming, Forestry, Animal Husbandry and Fishery	采掘业 Mining and Quarrying	制造业 Manufacturing	电力、煤气及水的生产和供应业 Production and Supply of Electricity, Gas and Water	建筑业 Construction	地质勘查业、水利管理业 Geological Prospecting and Water Conservancy	交通运输、仓储及邮电通信业 Transport, Storage, Post and Telecommunications
全　国 National								
1995	5348	3516	5743	5199	7829	5755	5953	6910
1996	5980	4045	6477	5673	8803	6242	6571	7833
1997	6444	4306	6825	5979	9641	6652	7147	8527
1998	7446	4532	7228	7118	10457	7434	7916	9714
1999	8319	4808	7507	7874	11487	7945	8793	10825
2000	9333	5142	8317	8836	12801	8668	9590	12170
2001	10834	5676	9541	9891	14471	9415	10904	13987
2002	12373	6314	10992	11152	16296	10212	12226	15818
国有单位 State-owned Units								
1995	5553	3520	5933	5347	7720	6453	5977	7511
1996	6207	4031	6709	5792	8686	6961	6601	8482
1997	6679	4297	7086	6006	9527	7363	7166	9189
1998	7579	4525	7485	6950	10298	8129	7934	10180
1999	8443	4787	7718	7578	11210	8686	8815	11141
2000	9441	5087	8258	8513	12419	9431	9617	12418
2001	11045	5633	9426	9550	14001	10189	10952	14099
2002	12701	6234	10580	10825	15636	11139	12219	15758
城镇集体单位 Urban Collective-owned units								
1995	3934	2926	3675	3730	7438	4673	4283	3593
1996	4312	3805	3956	4018	8315	5103	4780	3977
1997	4516	3939	4160	4134	9045	5476	6343	4067
1998	5314	4359	4577	5004	9434	5940	6966	5130
1999	5758	4863	4556	5326	9795	6279	7555	5682
2000	6241	5529	4867	5726	10680	6822	7464	5807
2001	6851	5626	5515	6101	12233	7225	7622	6311
2002	7636	6434	6036	6757	12912	7698	9579	6895
其他单位 Other Ownership units								
1995	7728	7264	5221	7483	10740	6862	5503	10825
1996	8521	7514	5238	8175	12036	7044	5870	12240
1997	9092	7192	5385	8640	12204	7617	5961	14095
1998	9241	5817	6745	8797	12179	8988	7070	12077
1999	10142	6877	7646	9592	13843	9508	8953	14366
2000	11238	8600	9827	10450	15513	10330	13483	16399
2001	12437	8649	11087	11361	17192	11120	11583	18826
2002	13486	9392	12846	12338	19212	11291	18115	20900

1-21 续表 continued

单位：元 (yuan)

登记注册类型 Registration Status / 年 份 Year	批发和零售贸易、餐饮业 Wholesale and Retail Trade & Catering Services	金融、保险业 Finance and Insurance	房地产业 Real Estate Trade	社 会 服务业 Social Services	卫生、体育和社会福利业 Health Care, Sporting and Social Welfare	教育、文化艺术和广播电影电视业 Education, Culture and Arts, Radio, Film and Television	科学研究和综合技术服务业 Scientific Research and Polytechnical Services	国家机关政党机关和社会团体 Government Agencies, Party Agencies and Social Organizations	其 他 Others
全 国 National									
1995	4260	7357	7351	6037	5831	4999	6818	5484	6250
1996	4674	8402	8405	6839	6758	5699	7981	6286	7143
1997	4872	9665	9269	7642	7566	6332	8953	6939	6862
1998	5884	10595	10402	8523	8445	7101	10112	7721	8497
1999	6436	11901	11579	9393	9625	8188	11501	8920	10153
2000	7188	13178	12551	10386	10832	9224	13374	9978	11205
2001	8207	15628	14074	11996	12821	11210	16220	12061	12862
2002	9439	18023	15384	13582	14652	13073	18792	13844	14212
国有单位 State-owned Units									
1995	4567	7558	6861	5932	5980	5026	6807	5486	6827
1996	4941	8638	7861	6676	6932	5714	7941	6296	7563
1997	5141	9904	8554	7406	7757	6402	8921	6943	6854
1998	6132	10801	9368	8142	8651	7182	10061	7725	8178
1999	6647	11865	10374	8975	9856	8278	11440	8925	9635
2000	7364	13215	11462	9709	11156	9341	13059	9983	10049
2001	8162	15678	12897	11130	13243	11339	16048	12071	11293
2002	9371	18313	14144	12067	15121	13237	18792	13858	13258
城镇集体单位 Urban Collective-owned units									
1995	3461	6432	6643	4659	4869	3722	5871	5213	4848
1996	3838	6858	6740	4979	5602	4609	6738	5009	5667
1997	3901	7570	7654	5676	6264	4226	6805	6166	5761
1998	4530	8074	9056	6195	6846	4556	7000	6952	7049
1999	4820	8941	10391	6640	7775	5310	7921	7922	8124
2000	5110	9571	10270	7221	8347	5642	9198	8811	9007
2001	5450	10707	10516	7902	9474	7192	9522	9304	9638
2002	6017	12283	11315	8849	10680	8042	10228	10199	9642
其他单位 Other Ownership Units									
1995	7403	13035	10996	10189	9518	9149	10080		11629
1996	7976	16495	12426	11708	12182	9592	13372		14185
1997	8264	18194	13726	12747	13914	10386	14659		18939
1998	8492	16419	14142	13012	16691	12367	14773		22038
1999	9137	19375	15021	13777	18281	13477	16240		22977
2000	10235	20904	15402	15086	18158	12413	18916		28972
2001	11634	23300	16791	16839	18482	16449	19523		32267
2002	12349	23772	17613	18947	16114	17854	20879		31279

1-22 分行业城镇单位就业人员平均工资（2003-2011年）
AVERAGE WAGE OF EMPLOYED PERSONS IN URBAN UNITS BY SECTOR (2003-2011)

单位：元 (yuan)

登记注册类型 Registration Status / 年 份 Year	合 计 Total	农、林、牧、渔业 Agriculture, Forestry, Farming of Animals and Fishery	采矿业 Mining	制造业 Manufacturing	电力、燃气及水的生产和供应业 Production & Distribution of Electricity, Gas & Water	建筑业 Construction	交通运输、仓储和邮政业 Traffic, Transport, Storage and post
全 国 National							
2003	13969	6884	13627	12671	18574	11328	15753
2004	15920	7497	16774	14251	21543	12578	18071
2005	18200	8207	20449	15934	24750	14112	20911
2006	20856	9269	24125	18225	28424	16164	24111
2007	24721	10847	28185	21144	33470	18482	27903
2008	28898	12560	34233	24404	38515	21223	32041
2009	32244	14356	38038	26810	41869	24161	35315
2010	36539	16717	44196	30916	47309	27529	40466
2011	41799	19469	52230	36665	52723	32103	47078
国有单位 State-owned Units							
2003	14358	6819	13819	12520	18030	12495	15973
2004	16445	7417	17198	14374	20933	14076	17938
2005	18978	8122	20843	16831	24105	16032	20716
2006	21706	9145	24827	20117	28145	18166	23723
2007	26100	10706	29177	23671	33355	20963	27606
2008	30287	12384	35564	27471	38567	23394	31259
2009	34130	14160	38626	31142	42160	27750	34976
2010	38359	16522	44904	36386	47724	31777	40097
2011	43483	19253	53387	43031	53333	36071	47318
城镇集体单位 Urban Collective-owned units							
2003	8627	6127	7194	7594	14774	8311	8100
2004	9723	7027	8628	8581	16898	9111	8777
2005	11176	8042	11067	9671	18323	10071	9920
2006	12866	9789	13626	10978	19880	11428	11062
2007	15444	11490	17131	12985	23237	13611	13102
2008	18103	13546	19813	15455	27603	15641	15062
2009	20607	15392	20075	17620	29369	17565	17538
2010	24010	18156	23791	20841	33851	20210	19882
2011	28791	21887	30114	25031	36122	25027	24927
其他单位 Other Ownership units							
2003	14843	10077	14285	13596	20805	12227	17573
2004	16519	10332	17308	14944	23757	13271	21165
2005	18362	10952	21044	16294	26822	14593	23968
2006	21004	12677	24513	18394	29663	16780	27578
2007	24271	14686	28291	21210	34314	18825	30892
2008	28552	17400	34246	24401	38968	21767	36041
2009	31350	19456	38640	26617	41931	24325	37883
2010	35801	21359	44907	30609	47164	27522	43176
2011	41323	23851	52703	36360	52377	32097	48362

1-22 续表 1 continued

单位：元 (yuan)

登记注册类型 Registration Status 年份 Year	信息传输、计算机服务和软件业 Information Transfer, Computer and Software	批发和零售业 Wholesale and Retail Trade	住宿和餐饮业 Accommodation and Restaurants	金融业 Finance	房地产业 Real Estate	租赁和商务服务业 Tenancy and Business Services	科学研究、技术服务和地质勘查业 Scientific Research, Technical Service & Geologic Perambulation
全　国 National							
2003	30897	10894	11198	20780	17085	17020	20442
2004	33449	13012	12618	24299	18467	18723	23351
2005	38799	15256	13876	29229	20253	21233	27155
2006	43435	17796	15236	35495	22238	24510	31644
2007	47700	21074	17046	44011	26085	27807	38432
2008	54906	25818	19321	53897	30118	32915	45512
2009	58154	29139	20860	60398	32242	35494	50143
2010	64436	33635	23382	70146	35870	39566	56376
2011	70918	40654	27486	81109	42837	46976	64252
国有单位 State-owned Units							
2003	24969	10937	10482	21267	15749	15042	19775
2004	27389	12724	12137	25063	17215	16470	22711
2005	29935	15492	13428	30396	19449	19076	25989
2006	32747	18444	14851	34727	21324	20804	30023
2007	36277	21450	16432	43465	25073	23800	36456
2008	38947	25983	19091	52309	27683	27418	42643
2009	42379	30908	21177	56719	30800	30431	47277
2010	46402	35814	23864	66014	33967	33680	53235
2011	50401	41337	28756	74650	43814	39447	60316
城镇集体单位 Urban Collective-owned units							
2003	12486	6610	8356	14023	12002	10896	12962
2004	17633	7312	9311	16209	12793	11639	13441
2005	24524	8261	10145	18560	13259	13230	18053
2006	24058	9256	11453	21694	15625	14204	23058
2007	24875	10686	12897	25881	18557	16329	24823
2008	27892	12906	15149	31358	20856	17547	29988
2009	30904	14777	16569	37453	22516	19276	33025
2010	37576	16816	18808	44154	24617	20981	37538
2011	40344	19982	23327	52984	29661	24499	47764
其他单位 Other Ownership units							
2003	41911	13665	12425	25374	18898	25742	25591
2004	43474	16265	13553	28513	19933	27581	29233
2005	48602	17709	14692	33307	21331	29040	34523
2006	53807	19959	15922	42687	23181	34514	40707
2007	56392	23594	17780	51553	27004	37443	48861
2008	65686	28358	19800	62044	31556	43406	57827
2009	68067	30717	21064	67574	33311	45078	61697
2010	74178	35109	23505	77445	37102	50179	67716
2011	81005	42596	27313	88882	43183	60406	76446

1-22 续表 2 continued

单位：元 (yuan)

登记注册类型 Registration Status 年份 Year	水利、环境和公共设施管理业 Management of Water Conservancy, Environment and Public Establishment	居民服务和其他服务业 Resident Services and Other Services	教　育 Education	卫生、社会保障和社会福利业 Sanitation, Social Security and Social Welfare	文化体育和娱乐业 Culture, Sports and Entertainment	公共管理和社会组织 Public Management and Social Organization
全　国 National						
2003	11774	12665	14189	16185	17098	15355
2004	12884	13680	16085	18386	20522	17372
2005	14322	15747	18259	20808	22670	20234
2006	15630	18030	20918	23590	25847	22546
2007	18383	20370	25908	27892	30430	27731
2008	21103	22858	29831	32185	34158	32296
2009	23159	25172	34543	35662	37755	35326
2010	25544	28206	38968	40232	41428	38242
2011	28868	33169	43194	46206	47878	42062
国有单位 State-owned Units						
2003	11782	14419	14371	16741	17340	15382
2004	12850	16366	16217	19061	20955	17406
2005	14254	17323	18388	21500	23110	20270
2006	15517	20548	21027	24298	26374	22608
2007	18293	21744	25997	28719	31210	27790
2008	21000	26443	29925	33075	34993	32350
2009	23161	28874	34678	36575	38749	35491
2010	25478	32417	39166	41112	42367	38387
2011	28812	36923	43436	47185	48690	42230
城镇集体单位 Urban Collective-owned units						
2003	10030	8683	9330	11610	9424	10293
2004	10433	8910	10559	12869	10953	11454
2005	11051	10690	12670	14826	13635	12906
2006	11948	12170	15338	17325	14169	14129
2007	13312	14476	21010	20442	17414	17002
2008	15413	16412	22645	24028	19686	18941
2009	16891	18509	27515	27618	22177	26039
2010	18551	20818	31486	32645	24796	26957
2011	20987	24834	36355	37853	30051	35277
其他单位 Other Ownership units						
2003	14392	14038	17986	15110	16565	8763
2004	16645	13893	19964	15789	18002	12617
2005	18681	16502	20664	18084	19926	14036
2006	20388	17410	23099	21225	22712	11765
2007	23390	21014	27494	24600	25384	13994
2008	26869	20566	31211	28831	29567	21586
2009	27154	22877	32663	30579	32898	17849
2010	30217	25536	35282	34672	37107	21392
2011	33331	30287	38912	38803	44958	23891

1-23 分行业城镇单位就业人员平均工资(2012-2015年)
AVERAGE WAGE OF EMPLOYED PERSONS IN URBAN UNITS BY SECTOR (2012-2015)

单位：元 (yuan)

登记注册类型 Registration Status 年 份 Year	合 计 Total	农、林、牧、渔业 Agriculture, Forestry, Animal Husbandry and Fishery	采矿业 Mining	制造业 Manufacturing	电力、热力、燃气及水生产和供应业 Production and Supply of Electricity,Heat, Gas and Water	建筑业 Construction
全 国						
National						
2012	46769	22687	56946	41650	58202	36483
2013	51483	25820	60138	46431	67085	42072
2014	56360	28356	61677	51369	73339	45804
2015	62029	31947	59404	55324	78886	48886
国有单位						
State-owned Units						
2012	48357	22484	58534	47367	58589	40116
2013	52657	25444	56317	54094	68146	43849
2014	57296	27782	59765	61600	74914	46409
2015	65296	31374	59673	64931	80066	49544
城镇集体单位						
Urban Collective-owned units						
2012	33784	22592	35953	29538	39587	29607
2013	38905	26754	39007	34689	45082	33893
2014	42742	30809	41092	38350	49023	36932
2015	46607	39049	42900	42026	54395	39276
其他单位						
Other Ownership units						
2012	46360	27612	57001	41453	58293	36476
2013	51453	34310	61475	46297	66489	42476
2014	56485	35689	62481	51163	72330	46367
2015	60906	38153	59729	55162	78327	49442

1-23 续表 1 continued

单位：元 (yuan)

登记注册类型 Registration Status 年 份 Year	批发和零售业 Wholesale and Retail Trades	交通运输、仓储和邮政业 Transport, Storage and Post	住宿和餐饮业 Hotels and Catering Services	信息传输、软件和信息技术服务业 Information Software and Information Technology	金融业 Financial Inter-mediation	房地产业 Real Estate	租赁和商务服务业 Leasing and Business Services
全 国 National							
2012	46340	53391	31267	80510	89743	46764	53162
2013	50308	57993	34044	90915	99653	51048	62538
2014	55838	63416	37264	100845	108273	55568	67131
2015	60328	68822	40806	112042	114777	60244	72489
国有单位 State-owned Units							
2012	47377	54342	33376	57056	82040	43464	44875
2013	55980	59516	36298	60182	87732	45435	46542
2014	64186	65417	40103	63629	94943	50597	49286
2015	69300	70908	43621	69858	100672	55922	55016
城镇集体单位 Urban Collective-owned units							
2012	23096	28474	27535	38770	61756	34365	29583
2013	26200	31772	39491	40268	70249	37155	33296
2014	29069	35018	34925	42253	77236	40429	36833
2015	31804	37461	37197	50901	82944	44062	40731
其他单位 Other Ownership units							
2012	47882	53592	30827	90839	97706	47983	65637
2013	50700	57720	33400	96618	109161	52052	74632
2014	55971	62749	36830	105724	117537	56459	78859
2015	60433	68138	40436	117076	123640	60976	82287

1-23 续表 2 continued

单位：元 (yuan)

登记注册类型 Registration Status 年 份 Year	科学研究和技术服务业 Scientific Research, and Technical Services	水利、环境和公共设施管理业 Management of Water Conservancy, Environment and Public Facilities	居民服务、修理和其他服务业 Service to Households, Repair and Other Services	教 育 Education	卫生和社会工作 Health and Social Service	文化、体育和娱乐业 Culture, Sports and Enter-tainment	公共管理、社会保障和社会组织 Public Management, Social Security and social Organization
全 国 National							
2012	69254	32343	35135	47734	52564	53558	46074
2013	76602	36123	38429	51950	57979	59336	49259
2014	82259	39198	41882	56580	63267	64375	53110
2015	89410	43528	44802	66592	71624	72764	62323
国有单位 State-owned Units							
2012	64206	32152	37642	47995	53653	54398	46207
2013	69501	35155	41416	52283	59200	59437	49371
2014	73844	38008	45242	56974	64631	64245	53230
2015	80409	42705	49144	67442	73490	73447	62452
城镇集体单位 Urban Collective-owned units							
2012	46890	24432	27415	41061	43265	33433	41285
2013	52204	27855	31005	47610	48990	37715	45859
2014	56711	31291	37642	51166	54122	41647	48465
2015	58849	33262	41566	55810	57917	49577	55179
其他单位 Other Ownership units							
2012	83362	37466	33992	43473	45020	51217	28113
2013	87590	43213	37738	47194	50173	60288	34486
2014	93884	46682	40752	51494	54309	65926	38391
2015	100210	49130	43131	55937	60027	72093	45462

1-24 分行业城镇单位就业人员平均货币工资指数（1995-2002年）
INDICES OF MONEY AVERAGE EARNING OF EMPLOYED PERSONS IN URBAN UNITS BY SECTOR (1995-2002)

上年=100 (preceding year=100)

登记注册类型 Registration Status 年份 Year	合计 Total	农、林、牧、渔业 Farming, Forestry, Animal Husbandry and Fishery	采掘业 Mining and Quarrying	制造业 Manufacturing	电力、煤气及水的生产和供应业 Production and Supply of Electricity, Gas and Water	建筑业 Construction	地质勘查业、水利管理业 Geological Prospecting and Water Conservancy	交通运输、仓储及邮电通信业 Transport, Storage, Post and Telecommunications
全国 National								
1995	118.9	124.5	123.2	121.2	127.3	118.1	109.5	121.9
1996	111.8	115.0	112.8	109.1	112.4	108.5	110.4	113.4
1997	107.8	106.5	105.4	105.4	109.5	106.6	108.8	108.9
1998	115.5	105.2	105.9	119.1	108.5	111.8	110.8	113.9
1999	111.7	106.1	103.9	110.6	109.8	106.9	111.1	111.4
2000	112.2	106.9	110.8	112.2	111.4	109.1	109.1	112.4
2001	116.1	110.4	114.7	111.9	113.0	108.6	113.7	114.9
2002	114.2	111.2	115.2	112.7	112.6	108.5	112.1	113.1
国有单位 State-owned Units								
1995	117.3	124.6	122.4	118.8	126.3	118.3	109.4	121.6
1996	111.8	114.5	113.1	108.3	112.5	107.9	110.4	112.9
1997	107.6	106.6	105.6	103.7	109.7	105.8	108.6	108.3
1998	113.5	105.3	105.6	115.7	108.1	110.4	110.7	110.8
1999	111.4	105.8	103.1	109.0	108.9	106.9	111.1	109.4
2000	111.8	106.3	107.0	112.3	110.8	108.6	109.1	111.5
2001	117.0	110.7	114.1	112.2	112.7	108.0	113.9	113.5
2002	115.0	110.7	112.2	113.4	111.7	109.3	111.6	111.8
城镇集体单位 Urban Collective-owned units								
1995	121.1	116.2	131.5	121.1	129.9	118.7	115.9	115.5
1996	109.6	130.0	107.6	107.7	111.8	109.2	111.6	110.7
1997	104.7	103.5	105.2	102.9	108.8	107.3	132.7	102.3
1998	117.7	110.7	110.0	121.0	104.3	108.5	109.8	126.1
1999	108.4	111.6	99.5	106.4	103.8	105.7	108.5	110.8
2000	108.4	113.7	106.8	107.5	109.0	108.6	98.8	102.2
2001	109.8	101.8	113.3	106.5	114.5	105.9	102.1	108.7
2002	111.5	114.4	109.4	110.8	105.6	106.5	125.7	109.3
其他单位 Other Ownership units								
1995	119.9	129.2	123.1	120.8	131.6	116.0	126.2	120.3
1996	110.3	103.4	100.3	109.2	112.1	102.7	106.7	113.1
1997	106.7	95.7	102.8	105.7	101.4	108.1	101.6	115.2
1998	101.6	80.9	125.3	101.8	99.8	118.0	118.6	85.7
1999	109.8	118.2	113.4	109.0	113.7	105.8	126.6	119.0
2000	110.8	125.1	128.5	108.9	112.1	108.6	150.6	114.2
2001	110.7	100.6	112.8	108.7	110.8	107.6	85.9	114.8
2002	108.4	108.6	115.9	108.6	111.7	101.5	156.4	111.0

1-24 续表 continued

上年=100 (preceding year=100)

登记注册类型 Registration Status 年 份 Year	批发和零售贸易、餐饮业 Wholesale and Retail Trade & Catering Services	金融、保险业 Finance and Insurance	房地产业 Real Estate Trade	社 会服务业 Social Services	卫生、体育和社会福利业 Health Care, Sporting and Social Welfare	教育、文化艺术和广播电影电视业 Education, Culture and Arts, Radio, Film and Television	科学研究和综合技术服务业 Scientific Research and Polytechnical Services	国家机关政党机关和社会团体 Government Agencies, Party Agencies and Social Organizations	其 他 Others
全 国 National									
1995	120.3	109.9	117.1	119.3	114.4	111.2	111.3	111.5	120.5
1996	109.7	114.2	114.3	113.3	115.9	114.0	117.1	114.6	114.3
1997	104.2	115.0	110.3	111.7	112.0	111.1	112.2	110.4	96.1
1998	120.8	109.6	112.2	111.5	111.6	112.1	112.9	111.3	123.8
1999	109.4	112.3	111.3	110.2	114.0	115.3	113.7	115.5	119.5
2000	111.7	110.7	108.4	110.6	112.5	112.7	116.3	111.9	110.4
2001	114.2	118.6	112.1	115.5	118.4	121.5	121.3	120.9	114.8
2002	115.0	115.3	109.3	113.2	114.3	116.6	115.9	114.8	110.5
国有单位 State-owned Units									
1995	118.5	108.3	115.0	116.7	114.1	111.4	110.1	111.4	119.3
1996	108.2	114.3	114.6	112.5	115.9	113.7	116.7	114.8	110.8
1997	104.0	114.7	108.8	110.9	111.9	112.0	112.3	110.3	90.6
1998	119.3	109.1	109.5	109.9	111.5	112.2	112.8	111.3	119.3
1999	108.4	109.9	110.7	110.2	113.9	115.3	113.7	115.5	117.8
2000	110.8	111.4	110.5	108.2	113.2	112.8	114.2	111.9	104.3
2001	110.8	118.6	112.5	114.6	118.7	121.4	122.9	120.9	112.4
2002	114.8	116.8	109.7	108.4	114.2	116.7	117.1	114.8	117.4
城镇集体单位 Urban Collective-owned units									
1995	122.2	114.0	126.8	125.7	115.6	109.1	125.5	120.8	120.1
1996	110.9	106.6	101.5	106.9	115.1	123.8	114.8	96.1	116.9
1997	101.6	110.4	113.6	114.0	111.8	91.7	101.0	123.1	101.7
1998	116.1	106.7	118.3	109.1	109.3	107.8	102.9	112.7	122.4
1999	106.4	110.7	114.7	107.2	113.6	116.5	113.2	114.0	115.3
2000	106.0	107.0	98.8	108.8	107.4	106.3	116.1	111.2	110.9
2001	106.7	111.9	102.4	109.4	113.5	127.5	103.5	105.6	107.0
2002	110.4	114.7	107.6	112.0	112.7	111.8	107.4	109.6	100.0
其他单位 Other Ownership Units									
1995	112.2	120.7	113.3	115.7	130.8	111.0	125.3		117.6
1996	107.7	126.5	113.0	114.9	128.0	104.8	132.7		122.0
1997	103.6	110.3	110.5	108.9	114.2	108.3	109.6		133.5
1998	102.8	90.2	103.0	102.1	120.0	119.1	100.8		116.4
1999	107.6	118.0	106.2	105.9	109.5	109.0	109.9		104.3
2000	112.0	107.9	102.5	109.5	99.3	92.1	116.5		126.1
2001	113.7	111.5	109.0	111.6	101.8	132.5	103.2		111.4
2002	106.1	102.0	104.9	112.5	87.2	108.5	106.9		96.9

1-25 分行业城镇单位就业人员平均货币工资指数（2004-2011年）
INDICES OF MONEY AVERAGE EARNING OF EMPLOYED PERSONS IN URBAN UNITS BY SECTOR (2004-2011)

上年=100 (preceding year=100)

登记注册类型 Registration Status 年 份 Year	合 计 Total	农、林、牧、渔业 Agriculture, Forestry, Farming of Animals and Fishery	采矿业 Mining	制造业 Manufacturing	电力、燃气及水的生产和供应业 Production & Distribution of Electricity, Gas & Water	建筑业 Construction	交通运输、仓储和邮政业 Traffic, Transport, Storage and post
全 国 National							
2004	114.0	108.9	123.1	112.5	116.0	111.0	114.7
2005	114.3	109.5	121.9	111.8	114.9	112.2	115.7
2006	114.6	112.9	118.0	114.4	114.8	114.5	115.3
2007	118.5	117.0	116.8	116.0	117.8	114.3	115.7
2008	116.9	115.8	121.5	115.4	115.1	114.8	114.8
2009	111.6	114.3	111.1	109.9	108.7	113.8	110.2
2010	113.3	116.4	116.2	115.3	113.0	113.9	114.6
2011	114.4	116.5	118.2	118.6	111.4	116.6	116.3
国有单位 State-owned Units							
2004	114.5	108.8	124.5	114.8	116.1	112.7	112.3
2005	115.4	109.5	121.2	117.1	115.2	113.9	115.5
2006	114.4	112.6	119.1	119.5	116.8	113.3	114.5
2007	120.2	117.1	117.5	117.7	118.5	115.4	116.4
2008	116.0	115.7	121.9	116.1	115.6	111.6	113.2
2009	112.7	114.3	108.6	113.4	109.3	118.6	111.9
2010	112.4	116.7	116.3	116.8	113.2	114.5	114.6
2011	113.4	116.5	118.9	118.3	111.8	113.5	118.0
城镇集体单位 Urban Collective-owned units							
2004	112.7	114.7	119.9	113.0	114.4	109.6	108.4
2005	114.9	114.4	128.3	112.7	108.4	110.5	113.0
2006	115.1	121.7	123.1	113.5	108.5	113.5	111.5
2007	120.0	117.4	125.7	118.3	116.9	119.1	118.4
2008	117.2	117.9	115.7	119.0	118.8	114.9	115.0
2009	113.8	113.8	113.8	113.8	113.8	113.8	113.8
2010	116.5	118.0	118.5	118.3	115.3	115.1	113.4
2011	119.9	120.5	126.6	120.1	106.7	123.8	125.4
其他单位 Other Ownership units							
2004	111.3	102.5	121.2	109.9	114.2	108.5	120.4
2005	111.2	106.0	121.6	109.0	112.9	110.0	113.2
2006	114.4	115.8	116.5	112.9	110.6	115.0	115.1
2007	115.6	115.8	115.4	115.3	115.7	112.2	112.0
2008	117.6	118.5	121.0	115.0	113.6	115.6	116.7
2009	109.8	111.8	112.8	109.1	107.6	111.8	105.1
2010	114.2	109.8	116.2	115.0	112.5	113.1	114.0
2011	115.4	115.4	115.4	115.4	115.4	115.4	115.4

1-25 续表 1 continued

上年=100 (preceding year=100)

登记注册类型 Registration Status 年 份 Year	信息传输、计算机服务和软件业 Information Transfer, Computer and Software	批发和零售业 Wholesale and Retail Trade	住宿和餐饮业 Accommodation and Restaurants	金融业 Finance	房地产业 Real Estate	租赁和商务服务业 Tenancy and Business Services	科学研究、技术服务和地质勘查业 Scientific Research, Technical Service & Geologic Perambulation
全 国 National							
2004	108.3	119.4	112.7	116.9	108.1	110.0	114.2
2005	116.0	117.2	110.0	120.3	109.7	113.4	116.3
2006	111.9	116.6	109.8	121.4	109.8	115.4	116.5
2007	109.8	118.4	111.9	124.0	117.3	113.5	121.5
2008	115.1	122.5	113.3	122.5	115.5	118.4	118.4
2009	105.9	112.9	108.0	112.1	107.1	107.8	110.2
2010	110.8	115.4	112.1	116.1	111.3	111.5	112.4
2011	110.1	120.9	117.6	115.6	119.4	118.7	114.0
国有单位 State-owned Units							
2004	109.7	116.3	115.8	117.8	109.3	109.5	114.8
2005	109.3	121.8	110.6	121.3	113.0	115.8	114.4
2006	109.4	119.1	110.6	114.2	109.6	109.1	115.5
2007	110.8	116.3	110.6	125.2	117.6	114.4	121.4
2008	107.4	121.1	116.2	120.3	110.4	115.2	117.0
2009	108.8	119.0	110.9	108.4	111.3	111.0	110.9
2010	109.5	115.9	112.7	116.4	110.3	110.7	112.6
2011	108.6	115.4	120.5	113.1	129.0	117.1	113.3
城镇集体单位 Urban Collective-owned units							
2004	141.2	110.6	111.4	115.6	106.6	106.8	103.7
2005	139.1	113.0	109.0	114.5	103.6	113.7	134.3
2006	98.1	112.0	112.9	116.9	117.8	107.4	127.7
2007	103.4	115.4	112.6	119.3	118.8	115.0	107.7
2008	112.1	120.8	117.5	121.2	112.4	107.5	120.8
2009	110.8	114.5	109.4	119.4	108.0	109.9	110.1
2010	121.6	113.8	113.5	117.9	109.3	108.8	113.7
2011	107.4	118.8	124.0	120.0	120.5	116.8	127.2
其他单位 Other Ownership units							
2004	103.7	119.0	109.1	112.4	105.5	107.1	114.2
2005	111.8	108.9	108.4	116.8	107.0	105.3	118.1
2006	110.7	112.7	108.4	128.2	108.7	118.8	117.9
2007	104.8	118.2	111.7	120.8	116.5	108.5	120.0
2008	116.5	120.2	111.4	120.3	116.9	115.9	118.4
2009	103.6	108.3	106.4	108.9	105.6	103.9	106.7
2010	109.0	114.3	111.6	114.6	111.4	111.3	109.8
2011	109.2	121.3	116.2	114.8	116.4	120.4	112.9

1-25 续表 2 continued

上年=100 (preceding year=100)

登记注册类型 Registration Status 年份 Year	水利、环境和公共设施管理业 Management of Water Conservancy, Environment and Public Establishment	居民服务和其他服务业 Resident Services and Other Services	教育 Education	卫生、社会保障和社会福利业 Sanitation, Social Security and Social Welfare	文化体育和娱乐业 Culture, Sports and Entertainment	公共管理和社会组织 Public Management and Social Organization
全国 National						
2004	109.4	108.0	113.4	113.6	120.0	113.1
2005	111.2	115.1	113.5	113.2	110.5	116.5
2006	109.1	114.5	114.6	113.4	114.0	111.4
2007	117.6	113.0	123.9	118.2	117.7	123.0
2008	114.8	112.2	115.1	115.4	112.3	116.5
2009	109.7	110.1	115.8	110.8	110.5	109.4
2010	110.3	112.1	112.8	112.8	109.7	108.3
2011	113.0	117.6	110.8	114.8	115.6	110.0
国有单位 State-owned Units						
2004	109.1	113.5	112.8	113.9	120.8	113.2
2005	110.9	105.8	113.4	112.8	110.3	116.5
2006	108.9	118.6	114.4	113.0	114.1	111.5
2007	117.9	105.8	123.6	118.2	118.3	122.9
2008	114.8	121.6	115.1	115.2	112.1	116.4
2009	110.3	109.2	115.9	110.6	110.7	109.7
2010	110.0	112.3	112.9	112.4	109.3	108.2
2011	113.1	113.9	110.9	114.8	114.9	110.0
城镇集体单位 Urban Collective-owned units						
2004	104.0	102.6	113.2	110.8	116.2	111.3
2005	105.9	120.0	120.0	115.2	124.5	112.7
2006	108.1	113.8	121.1	116.9	103.9	109.5
2007	111.4	118.9	137.0	118.0	122.9	120.3
2008	115.8	113.4	107.8	117.5	113.0	111.4
2009	109.6	112.8	121.5	114.9	112.7	137.5
2010	109.8	112.5	114.4	118.2	111.8	103.5
2011	113.1	119.3	115.5	116.0	121.2	130.9
其他单位 Other Ownership units						
2004	115.7	99.0	111.0	104.5	108.7	144.0
2005	112.2	118.8	103.5	114.5	110.7	111.2
2006	109.1	105.5	111.8	117.4	114.0	83.8
2007	114.7	120.7	119.0	115.9	111.8	118.9
2008	114.9	97.9	113.5	117.2	116.5	154.3
2009	101.1	111.2	104.7	106.1	111.3	82.7
2010	111.3	111.6	108.0	113.4	112.8	119.8
2011	110.3	118.6	110.3	111.9	121.2	111.7

1-26　分行业城镇单位就业人员平均货币工资指数(2013-2015年)
INDICES OF MONEY AVERAGE EARNING OF EMPLOYED PERSONS IN URBAN UNITS BY SECTOR (2013-2015)

上年=100　　(preceding year=100)

登记注册类型 Registration Status 年　份 Year	合　计 Total	农、林、牧、渔业 Agriculture, Forestry, Animal Husbandry and Fishery	采矿业 Mining	制造业 Manufacturing	电力、热力、燃气及水生产和供应业 Production and Supply of Electricity,Heat, Gas and Water	建筑业 Construction
全　国						
National						
2013	110.1	113.8	105.6	111.5	115.3	115.3
2014	109.5	109.8	102.6	110.6	109.3	108.9
2015	110.1	112.7	96.3	107.7	107.6	106.7
国有单位						
State-owned Units						
2013	108.9	113.2	96.2	114.2	116.3	109.3
2014	108.8	109.2	106.1	113.9	109.9	105.8
2015	114.0	112.9	99.8	105.4	106.9	106.8
城镇集体单位						
Urban Collective-owned units						
2013	115.2	118.4	108.5	117.4	113.9	114.5
2014	109.9	115.2	105.3	110.6	108.7	109.0
2015	109.0	126.7	104.4	109.6	111.0	106.3
其他单位						
Other Ownership units						
2013	111.0	124.3	107.8	111.7	114.1	116.4
2014	109.7	104.0	101.6	110.5	108.8	109.2
2015	107.8	106.9	95.6	107.8	108.3	106.6

1-26 续表 1 continued

上年=100 (preceding year=100)

登记注册类型 Registration Status 年 份 Year	批发和零售业 Wholesale and Retail Trades	交通运输、仓储和邮政业 Transport, Storage and Post	住宿和餐饮业 Hotels and Catering Services	信息传输、软件和信息技术服务业 Information Software and Information Technology	金融业 Financial Inter-mediation	房地产业 Real Estate	租赁和商务服务业 Leasing and Business Services
全 国 National							
2013	108.6	108.6	108.9	112.9	111.0	109.2	117.6
2014	111.0	109.4	109.5	110.9	108.7	108.9	107.3
2015	108.0	108.5	109.5	111.1	106.0	108.4	108.0
国有单位 State-owned Units							
2013	118.2	109.5	108.8	105.5	106.9	104.5	103.7
2014	114.7	109.9	110.5	105.7	108.2	111.4	105.9
2015	108.0	108.4	108.8	109.8	106.0	110.5	111.6
城镇集体单位 Urban Collective-owned units							
2013	113.4	111.6	143.4	103.9	113.8	108.1	112.6
2014	111.0	110.2	88.4	104.9	109.9	108.8	110.6
2015	109.4	107.0	106.5	120.5	107.4	109.0	110.6
其他单位 Other Ownership units							
2013	105.9	107.7	108.3	106.4	111.7	108.5	113.7
2014	110.4	108.7	110.3	109.4	107.7	108.5	105.7
2015	108.0	108.6	109.8	110.7	105.2	108.0	104.3

1-26 续表 2 continued

上年=100 (preceding year=100)

登记注册类型 Registration Status 年 份 Year	科学研究和技术服务业 Scientific Research, and Technical Services	水利、环境和公共设施管理业 Management of Water Conservancy, Environment and Public Facilities	居民服务、修理和其他服务业 Service to Households, Repair and Other Services	教 育 Education	卫生和社会工作 Health and Social Service	文化、体育和娱乐业 Culture, Sports and Enter-tainment	公共管理、社会保障和社会组织 Public Management, Social Security and social Organization
全 国 National							
2013	110.6	111.7	109.4	108.8	110.3	110.8	106.9
2014	107.4	108.5	109.0	108.9	109.1	108.5	107.8
2015	108.7	111.0	107.0	117.7	113.2	113.0	117.3
国有单位 State-owned Units							
2013	108.2	109.3	110.0	108.9	110.3	109.3	106.8
2014	106.2	108.1	109.2	109.0	109.2	108.1	107.8
2015	108.9	112.4	108.6	118.4	113.7	114.3	117.3
城镇集体单位 Urban Collective-owned units							
2013	111.3	114.0	113.1	115.9	113.2	112.8	111.1
2014	108.6	112.3	121.4	107.5	110.5	110.4	105.7
2015	103.8	106.3	110.4	109.1	107.0	119.0	113.9
其他单位 Other Ownership units							
2013	105.1	115.3	111.0	108.6	111.4	117.7	122.7
2014	107.2	108.0	108.0	109.1	108.2	109.4	111.3
2015	106.7	105.2	105.8	108.6	110.5	109.4	118.4

1-27　分行业城镇单位就业人员平均实际工资指数（1995-2002年）
INDICES OF REAL AVERAGE WAGE OF EMPLOYED PERSONS IN URBAN UNITS BY SECTOR (1995-2002)

上年=100　　(preceding year=100)

登记注册类型 Registration Status / 年份 Year	合计 Total	农、林、牧、渔业 Farming, Forestry, Animal Husbandry and Fishery	采掘业 Mining and Quarrying	制造业 Manufacturing	电力、煤气及水的生产和供应业 Production and Supply of Electricity, Gas and Water	建筑业 Construction	地质勘查业、水利管理业 Geological Prospecting and Water Conservancy	交通运输、仓储及邮电通信业 Transport, Storage, Post and Telecommunications
全国 National								
1995	101.8	106.6	105.5	103.8	109.0	101.1	93.8	104.3
1996	102.8	105.7	103.7	100.3	103.3	99.7	101.5	104.2
1997	104.5	103.3	102.2	102.2	106.2	103.4	105.5	105.6
1998	116.2	105.9	106.5	119.8	109.1	112.4	111.4	114.6
1999	113.2	107.5	105.2	112.1	111.3	108.3	112.5	112.9
2000	111.3	106.1	109.9	111.3	110.6	108.2	108.2	111.5
2001	115.3	109.6	113.9	111.2	112.3	107.9	112.9	114.1
2002	115.4	112.4	116.4	113.9	113.7	109.6	113.3	114.2
国有单位 State-owned Units								
1995	100.4	106.7	104.8	101.7	108.1	101.2	93.7	104.1
1996	102.7	105.3	103.9	99.6	103.4	99.1	101.5	103.8
1997	104.4	103.4	102.4	100.6	106.4	102.6	105.3	105.1
1998	114.2	105.9	106.3	116.4	108.7	111.1	111.4	111.5
1999	112.9	107.2	104.5	110.5	110.3	108.3	112.6	110.9
2000	110.9	105.4	106.1	111.4	109.9	107.7	108.2	110.6
2001	116.2	110.0	113.4	111.4	112.0	107.3	113.1	112.7
2002	116.2	111.8	113.4	114.5	112.8	110.4	112.7	112.9
城镇集体单位 Urban Collective-owned units								
1995	103.7	99.5	112.6	103.7	111.3	101.6	99.2	98.8
1996	100.7	119.5	98.9	99.0	102.7	100.4	102.6	101.7
1997	101.6	100.4	102.0	99.8	105.5	104.1	128.7	99.2
1998	118.4	111.3	110.7	121.8	104.9	109.1	110.5	126.9
1999	109.8	113.0	100.9	107.8	105.2	107.1	109.9	112.2
2000	107.5	112.8	106.0	106.7	108.2	107.8	98.0	101.4
2001	109.0	101.0	112.5	105.8	113.7	105.2	101.4	107.9
2002	112.6	115.5	110.6	111.9	106.6	107.6	126.9	110.4
其他单位 Other Ownership units								
1995	102.6	110.6	105.4	103.4	112.7	99.3	108.1	103.0
1996	101.3	95.1	92.2	100.4	103.0	94.3	98.0	103.9
1997	103.5	92.8	99.7	102.5	98.3	104.9	98.5	111.7
1998	102.3	81.4	126.0	102.4	100.4	118.7	119.3	86.2
1999	111.2	119.8	114.9	110.5	115.2	107.2	128.3	120.5
2000	109.9	124.1	127.5	108.1	111.2	107.8	149.4	113.2
2001	109.9	99.9	112.0	108.0	110.1	106.9	85.3	114.0
2002	109.5	109.7	117.0	109.7	112.9	102.6	158.0	112.1

1-27 续表 continued

上年=100 (preceding year=100)

登记注册类型 Registration Status 年份 Year	批发和零售贸易、餐饮业 Wholesale and Retail Trade & Catering Services	金融、保险业 Finance and Insurance	房地产业 Real Estate Trade	社会服务业 Social Services	卫生、体育和社会福利业 Health Care, Sporting and Social Welfare	教育、文化艺术和广播电影电视业 Education, Culture and Arts, Radio, Film and Television	科学研究和综合技术服务业 Scientific Research and Polytechnical Services	国家机关政党机关和社会团体 Government Agencies, Party Agencies and Social Organizations	其他 Others
全国 National									
1995	103.0	94.1	100.3	102.1	97.9	95.2	95.3	95.4	103.1
1996	100.8	105.0	105.1	104.1	106.5	104.8	107.6	105.4	105.0
1997	101.1	111.6	107.0	108.4	108.6	107.8	108.8	107.1	93.2
1998	121.5	110.3	112.9	112.2	112.3	112.8	113.6	111.9	124.6
1999	110.8	113.8	112.8	111.7	115.5	116.8	115.2	117.1	121.1
2000	110.8	109.9	107.5	109.7	111.6	111.8	115.4	111.0	109.5
2001	113.4	117.8	111.4	114.7	117.5	120.7	120.4	120.0	114.0
2002	116.2	116.5	110.4	114.4	115.4	117.8	117.0	115.9	111.6
国有单位 State-owned Units									
1995	101.5	92.7	98.4	100.0	97.7	95.4	94.3	95.3	102.1
1996	99.4	105.0	105.3	103.4	106.5	104.5	107.2	105.5	101.8
1997	100.9	111.2	105.5	107.6	108.5	108.7	109.0	107.0	87.9
1998	120.0	109.7	110.2	110.6	112.2	112.9	113.5	111.9	120.0
1999	109.8	111.3	112.2	111.7	115.4	116.8	115.2	117.1	119.4
2000	109.9	110.5	109.6	107.3	112.3	111.9	113.2	111.0	103.5
2001	110.1	117.8	111.7	113.8	117.9	120.5	122.0	120.1	111.6
2002	116.0	118.0	110.8	109.5	115.3	117.9	118.3	116.0	118.6
城镇集体单位 Urban Collective-owned units									
1995	104.6	97.6	108.6	107.6	99.0	93.4	107.5	103.4	102.8
1996	101.9	98.0	93.3	98.2	105.7	113.8	105.5	88.3	107.4
1997	98.6	107.1	110.1	110.6	108.5	88.9	98.0	119.4	98.6
1998	116.8	107.3	119.0	109.8	110.0	108.5	103.5	113.4	123.1
1999	107.8	112.2	116.3	108.6	115.1	118.1	114.6	115.5	116.8
2000	105.2	106.2	98.1	107.9	106.5	105.4	115.2	110.3	110.0
2001	105.9	111.1	101.7	108.7	112.7	126.6	102.8	104.9	106.3
2002	111.5	115.9	108.7	113.1	113.9	112.9	108.5	110.7	101.1
其他单位 Other Ownership Units									
1995	96.0	103.4	97.0	99.0	112.0	95.0	107.3		100.7
1996	99.0	116.3	103.9	105.6	117.6	96.4	121.9		112.1
1997	100.5	107.0	107.1	105.6	110.8	105.0	106.3		129.5
1998	103.4	90.8	103.7	102.7	120.7	119.8	101.4		117.1
1999	109.0	119.6	107.6	107.3	111.0	110.4	111.4		105.6
2000	111.1	107.0	101.7	108.6	98.5	91.4	115.6		125.1
2001	112.9	110.7	108.3	110.8	101.1	131.6	102.5		110.6
2002	107.2	103.1	106.0	113.7	88.1	109.6	108.0		97.9

1-28 分行业城镇单位就业人员平均实际工资指数（2004-2011年）
INDICES OF REAL AVERAGE EARNING OF EMPLOYED PERSONS IN URBAN UNITS BY SECTOR (2004-2011)

上年=100 (preceding year=100)

登记注册类型 Registration Status 年 份 Year	合 计 Total	农、林、牧、渔业 Agriculture, Forestry, Farming of Animals and Fishery	采矿业 Mining	制造业 Manufacturing	电力、燃气及水的生产和供应业 Production & Distribution of Electricity, Gas & Water	建筑业 Construction	交通运输、仓储和邮政业 Traffic, Transport, Storage and post
全 国 National							
2004	110.3	105.4	119.2	108.9	112.3	107.5	111.1
2005	112.5	107.7	120.0	110.0	113.1	110.4	113.9
2006	112.9	111.3	116.3	112.7	113.2	112.9	113.6
2007	113.4	112.0	111.8	111.0	112.7	109.4	110.8
2008	110.7	109.7	115.0	109.3	109.0	108.7	108.7
2009	112.6	115.3	112.1	110.8	109.6	114.8	111.2
2010	109.8	112.8	112.6	111.7	109.5	110.4	111.0
2011	108.6	110.6	112.2	112.6	105.8	110.7	110.5
国有单位 State-owned Units							
2004	110.9	105.3	120.5	111.1	112.4	109.1	108.7
2005	113.6	107.8	119.3	115.2	113.3	112.1	113.7
2006	112.7	111.0	117.4	117.8	115.1	111.7	112.9
2007	115.1	112.0	112.5	112.6	113.4	110.4	111.4
2008	109.8	109.5	115.4	109.9	109.5	105.7	107.2
2009	113.7	115.3	109.5	114.3	110.3	119.6	112.9
2010	108.9	113.1	112.6	113.2	109.7	111.0	111.1
2011	107.7	110.7	112.9	112.3	106.1	107.8	112.1
城镇集体单位 Urban Collective-owned units							
2004	109.1	111.0	116.1	109.4	110.7	106.1	104.9
2005	113.1	112.6	126.2	110.9	106.7	108.8	111.2
2006	113.4	120.0	121.3	111.9	106.9	111.8	109.9
2007	114.8	112.3	120.3	113.2	111.9	114.0	113.4
2008	111.0	111.6	109.5	112.7	112.5	108.8	108.9
2009	114.8	114.8	114.8	114.8	114.8	114.8	114.8
2010	112.9	114.3	114.8	114.6	111.7	111.5	109.9
2011	113.9	114.5	120.2	114.1	101.3	117.6	119.1
其他单位 Other Ownership units							
2004	107.7	99.3	117.3	106.4	110.5	105.1	116.6
2005	109.4	104.3	119.7	107.3	111.1	108.2	111.5
2006	112.7	114.1	114.8	111.2	109.0	113.3	113.4
2007	110.6	110.9	110.5	110.4	110.7	107.4	107.2
2008	111.4	112.2	114.6	108.9	107.5	109.5	110.5
2009	110.8	112.8	113.8	110.0	108.5	112.7	106.0
2010	110.7	106.4	112.6	111.4	109.0	109.6	110.4
2011	109.6	109.6	109.6	109.6	109.6	109.6	109.6

1-28 续表 1 continued

上年=100 (preceding year=100)

登记注册类型 Registration Status 年 份 Year	信息传输、计算机服务和软件业 Information Transfer, Computer and Software	批发和零售业 Wholesale and Retail Trade	住宿和餐饮业 Accommo-dation and Restaurants	金融业 Finance	房地产业 Real Estate	租赁和商务服务业 Tenancy and Business Services	科学研究、技术服务和地质勘查业 Scientific Research, Technical Service & Geologic Perambulation
全 国 National							
2004	104.8	115.6	109.1	113.2	104.6	106.5	110.6
2005	114.2	115.4	108.2	118.4	107.9	111.6	114.5
2006	110.3	115.0	108.2	119.7	108.2	113.8	114.8
2007	105.1	113.3	107.1	118.7	112.3	108.6	116.2
2008	109.0	116.0	107.3	116.0	109.3	112.1	112.1
2009	106.8	113.8	108.9	113.0	108.0	108.8	111.1
2010	107.4	111.9	108.6	112.5	107.8	108.0	108.9
2011	104.5	114.8	111.6	109.8	113.4	112.8	108.2
国有单位 State-owned Units							
2004	106.2	112.6	112.1	114.1	105.8	106.0	111.2
2005	107.6	119.8	108.9	119.4	111.2	114.0	112.6
2006	107.8	117.3	109.0	112.6	108.0	107.5	113.8
2007	106.0	111.3	105.9	119.8	112.5	109.5	116.2
2008	101.7	114.7	110.0	114.0	104.6	109.1	110.8
2009	109.7	120.0	111.9	109.4	112.2	111.9	111.8
2010	106.1	112.3	109.2	112.8	106.9	107.2	109.1
2011	103.2	109.6	114.4	107.4	122.5	111.2	107.6
城镇集体单位 Urban Collective-owned units							
2004	136.7	107.1	107.9	111.9	103.2	103.4	100.4
2005	136.9	111.2	107.2	112.7	102.0	111.9	132.2
2006	96.7	110.4	111.2	115.2	116.1	105.8	125.8
2007	98.9	110.5	107.8	114.2	113.7	110.0	103.0
2008	106.2	114.4	111.2	114.7	106.4	101.8	114.4
2009	111.8	115.5	110.4	120.5	108.9	110.9	111.1
2010	117.8	110.3	110.0	114.2	105.9	105.5	110.1
2011	102.0	112.8	117.8	114.0	114.4	110.9	120.8
其他单位 Other Ownership units							
2004	100.4	115.2	105.6	108.8	102.1	103.7	110.6
2005	110.0	107.2	106.7	115.0	105.3	103.6	116.2
2006	109.1	111.1	106.8	126.3	107.1	117.1	116.2
2007	100.3	113.1	106.9	115.6	111.5	103.8	114.9
2008	110.3	113.8	105.5	114.0	110.7	109.8	112.1
2009	104.5	109.3	107.3	109.9	106.5	104.7	107.6
2010	105.6	110.8	108.1	111.1	107.9	107.9	106.4
2011	103.7	115.2	110.4	109.0	110.5	114.3	107.2

1-28　续表 2　continued

上年=100　(preceding year=100)

登记注册类型 Registration Status 年　份 Year	水利、环境和公共设施管理业 Management of Water Conservancy, Environment and Public Establishment	居民服务和其他服务业 Resident Services and Other Services	教　育 Education	卫生、社会保障和社会福利业 Sanitation, Social Security and Social Welfare	文化体育和娱乐业 Culture, Sports and Entertainment	公共管理和社会组织 Public Management and Social Organization
全　国 National						
2004	105.9	104.6	109.7	110.0	116.2	109.5
2005	109.4	113.3	111.7	111.4	108.7	114.6
2006	107.5	112.8	112.9	111.7	112.4	109.8
2007	112.6	108.1	118.5	113.2	112.7	117.7
2008	108.7	106.3	109.0	109.3	106.3	110.3
2009	110.7	111.1	116.8	111.8	111.5	110.3
2010	106.9	108.6	109.3	109.3	106.3	104.9
2011	107.3	111.7	105.3	109.1	109.8	104.5
国有单位 State-owned Units						
2004	105.6	109.9	109.2	110.2	117.0	109.5
2005	109.2	104.2	111.6	111.0	108.5	114.6
2006	107.3	116.9	112.7	111.4	112.5	109.9
2007	112.8	101.3	118.3	113.1	113.3	117.6
2008	108.7	115.2	109.0	109.1	106.2	110.2
2009	110.7	111.1	116.8	111.8	111.5	110.3
2010	106.6	108.8	109.4	108.9	105.9	104.8
2011	107.4	108.2	105.3	109.0	109.1	104.5
城镇集体单位 Urban Collective-owned units						
2004	100.7	99.3	109.6	107.3	112.5	107.7
2005	104.3	118.1	118.1	113.4	122.5	110.9
2006	106.5	112.2	119.3	115.1	102.4	107.9
2007	106.6	113.8	131.1	112.9	117.6	115.2
2008	109.6	107.4	102.1	111.3	107.1	105.5
2009	110.6	113.8	122.6	116.0	113.7	138.7
2010	106.4	109.0	110.9	114.5	108.3	100.3
2011	107.4	113.3	109.7	110.1	115.1	124.3
其他单位 Other Ownership units						
2004	112.0	95.8	107.5	101.2	105.2	139.4
2005	110.5	116.9	101.9	112.7	108.9	109.5
2006	107.6	104.0	110.2	115.7	112.3	82.6
2007	109.8	115.5	113.9	110.9	107.0	113.8
2008	108.8	92.7	107.5	111.0	110.3	146.1
2009	102.0	112.2	105.6	107.0	112.3	83.4
2010	107.8	108.2	104.7	109.9	109.3	116.1
2011	104.8	112.6	104.7	106.3	115.1	106.1

1-29 分行业城镇单位就业人员平均实际工资指数(2013-2015年)
INDICES OF REAL AVERAGE EARNING OF EMPLOYED PERSONS IN URBAN UNITS BY SECTOR (2013-2015)

上年=100 (preceding year=100)

登记注册类型 Registration Status 年 份 Year	合 计 Total	农、林、牧、渔业 Agriculture, Forestry, Animal Husbandry and Fishery	采矿业 Mining	制造业 Manufacturing	电力、热力、燃气及水生产和供应业 Production and Supply of Electricity,Heat, Gas and Water	建筑业 Construction
全 国						
National						
2013	107.3	110.9	102.9	108.7	112.3	112.4
2014	107.2	107.6	100.4	108.4	107.1	106.6
2015	108.5	111.0	94.9	106.1	106.0	105.2
国有单位						
State-owned Units						
2013	106.1	110.3	93.8	111.3	113.4	106.5
2014	106.6	106.9	103.9	111.5	107.7	103.7
2015	112.3	111.3	98.4	103.8	105.3	105.2
城镇集体单位						
Urban Collective-owned units						
2013	112.2	115.4	105.7	114.5	111.0	111.6
2014	107.6	112.8	103.2	108.3	106.5	106.7
2015	107.4	124.9	102.9	108.0	109.3	104.8
其他单位						
Other Ownership units						
2013	108.2	121.1	105.1	108.9	111.2	113.5
2014	107.4	101.9	99.5	108.2	106.5	106.9
2015	106.2	105.3	94.2	106.2	106.7	105.1

1-29 续表 1 continued

上年=100 (preceding year=100)

登记注册类型 Registration Status 年份 Year	批发和零售业 Wholesale and Retail Trades	交通运输、仓储和邮政业 Transport, Storage and Post	住宿和餐饮业 Hotels and Catering Services	信息传输、软件和信息技术服务业 Information Software and Information Technology	金融业 Financial Inter-mediation	房地产业 Real Estate	租赁和商务服务业 Leasing and Business Services
全 国							
National							
2013	105.8	105.9	106.1	110.1	108.2	106.4	114.7
2014	108.7	107.1	107.2	108.6	106.4	106.6	105.1
2015	106.4	106.9	107.9	109.5	104.4	106.8	106.4
国有单位							
State-owned Units							
2013	115.2	106.7	106.0	102.8	104.2	101.9	101.1
2014	112.3	107.7	108.2	103.6	106.0	109.1	103.7
2015	106.4	106.8	107.2	108.2	104.5	108.9	110.0
城镇集体单位							
Urban Collective-owned units							
2013	110.6	108.8	139.8	101.2	110.9	105.4	109.7
2014	108.7	107.9	86.6	102.8	107.7	106.6	108.3
2015	107.8	105.4	104.9	118.7	105.8	107.4	108.9
其他单位							
Other Ownership units							
2013	103.2	105.0	105.6	103.7	108.9	105.7	110.8
2014	108.1	106.5	108.0	107.2	105.5	106.2	103.5
2015	106.4	107.0	108.2	109.1	103.6	106.4	102.8

1-29 续表 2 continued

上年=100 (preceding year=100)

登记注册类型 Registration Status 年份 Year	科学研究和技术服务业 Scientific Research, and Technical Services	水利、环境和公共设施管理业 Management of Water Conservancy, Environment and Public Facilities	居民服务、修理和其他服务业 Service to Households, Repair and Other Services	教育 Education	卫生和社会工作 Health and Social Service	文化、体育和娱乐业 Culture, Sports and Entertainment	公共管理、社会保障和社会组织 Public Management, Social Security and social Organization
全国							
National							
2013	107.8	108.9	106.6	106.1	107.5	108.0	104.2
2014	105.2	106.3	106.7	106.7	106.9	106.3	105.6
2015	107.1	109.4	105.4	116.0	111.5	111.4	115.6
国有单位							
State-owned Units							
2013	105.5	106.6	107.2	106.2	107.5	106.5	104.1
2014	104.1	105.9	107.0	106.7	106.9	105.9	105.6
2015	107.3	110.7	107.0	116.6	112.0	112.6	115.6
城镇集体单位							
Urban Collective-owned units							
2013	108.5	111.1	110.2	113.0	110.4	109.9	108.3
2014	106.4	110.0	118.9	105.3	108.2	108.2	103.5
2015	102.2	104.7	108.8	107.5	105.4	117.3	112.2
其他单位							
Other Ownership units							
2013	102.4	112.4	108.2	105.8	108.6	114.7	119.6
2014	105.0	105.8	105.8	106.9	106.0	107.1	109.0
2015	105.2	103.7	104.3	107.0	108.9	107.7	116.7

1-30　各地区全国就业人员受教育程度构成
EDUCATIONAL ATTAINMENT COMPOSITION OF EMPLOYMENT BY REGION

单位：%　　(%)

地　区	Region	合　计 Total	男 Male	女 Female	未上过学 Illiterate	小　学 Primary School	初　中 Junior School	普通高中 Senior School	中等职业教育 Medium Vocational Education	高等职业教育 High Vocational Education	大学专科 College	大学本科 University	研究生 Graduate
全　国	**National**	**100.0**	**58.1**	**41.9**	**2.8**	**17.8**	**43.3**	**12.5**	**4.8**	**1.4**	**9.2**	**7.5**	**0.7**
北　京	Beijing	100.0	60.5	39.5	0.2	3.0	21.5	13.6	7.3	1.9	19.8	26.8	6.1
天　津	Tianjin	100.0	58.0	42.0	0.5	8.4	33.5	12.1	9.8	1.3	14.8	17.3	2.3
河　北	Hebei	100.0	57.6	42.4	1.3	13.6	49.4	13.6	5.2	1.1	9.2	6.0	0.5
山　西	Shanxi	100.0	61.8	38.2	1.3	11.6	47.5	13.0	4.9	0.9	10.9	9.1	0.8
内蒙古	Inner Mongolia	100.0	61.8	38.2	2.4	17.7	45.2	12.5	3.4	0.8	10.2	7.6	0.3
辽　宁	Liaoning	100.0	58.1	41.9	0.5	12.7	50.3	10.1	5.1	1.4	9.8	9.3	0.9
吉　林	Jilin	100.0	57.1	42.9	1.2	20.9	43.1	13.9	3.7	1.4	7.6	7.8	0.4
黑龙江	Heilongjiang	100.0	60.5	39.5	0.9	14.0	49.8	12.7	3.3	1.3	9.4	8.1	0.5
上　海	Shanghai	100.0	58.8	41.2	0.8	4.9	29.3	12.9	6.6	1.6	17.1	22.0	4.8
江　苏	Jiangsu	100.0	56.8	43.2	2.0	13.1	40.6	13.6	5.6	2.1	12.0	10.0	0.9
浙　江	Zhejiang	100.0	57.3	42.7	2.7	16.5	37.6	13.7	3.5	1.3	12.4	11.5	0.8
安　徽	Anhui	100.0	59.1	40.9	7.4	20.6	45.2	8.9	3.9	0.8	7.3	5.6	0.4
福　建	Fujian	100.0	58.8	41.2	3.0	20.3	41.0	11.2	5.6	1.1	8.8	8.5	0.6
江　西	Jiangxi	100.0	58.9	41.1	2.7	20.6	44.8	14.1	4.1	1.2	7.2	5.0	0.4
山　东	Shandong	100.0	57.7	42.3	2.7	14.0	47.9	13.1	6.1	1.5	8.3	5.9	0.5
河　南	Henan	100.0	57.0	43.0	2.4	14.6	51.2	13.8	4.0	1.3	7.6	4.8	0.4
湖　北	Hubei	100.0	56.6	43.4	3.4	17.4	41.9	13.7	5.8	1.5	8.7	6.8	0.8
湖　南	Hunan	100.0	58.6	41.4	2.2	17.9	44.7	15.2	3.9	1.1	8.2	6.2	0.4
广　东	Guangdong	100.0	59.4	40.6	0.9	12.8	42.7	17.4	6.6	2.3	9.8	6.9	0.6
广　西	Guangxi	100.0	56.4	43.6	1.7	19.2	50.0	9.3	5.1	1.3	8.1	5.0	0.4
海　南	Hainan	100.0	56.5	43.5	2.5	14.1	50.8	12.1	5.3	1.3	7.7	5.9	0.3
重　庆	Chongqing	100.0	57.4	42.6	2.9	24.7	35.7	12.4	4.4	1.3	10.1	7.5	0.9
四　川	Sichuan	100.0	56.7	43.3	4.2	29.8	39.0	10.0	3.7	1.2	7.0	4.6	0.4
贵　州	Guizhou	100.0	55.4	44.6	8.7	32.2	40.3	5.6	3.0	0.7	5.3	4.0	0.2
云　南	Yunnan	100.0	54.4	45.6	6.1	34.3	39.7	5.7	3.5	0.8	4.9	4.6	0.4
西　藏	Tibet	100.0	57.3	42.7	30.5	40.7	13.6	3.0	1.8	0.3	5.9	4.0	0.1
陕　西	Shaanxi	100.0	60.3	39.7	2.7	14.7	45.5	13.8	3.9	1.8	10.0	6.8	0.8
甘　肃	Gansu	100.0	58.5	41.5	5.6	27.7	36.9	11.8	3.7	1.0	6.8	6.2	0.4
青　海	Qinghai	100.0	57.2	42.8	7.2	27.5	35.0	8.9	2.8	0.7	9.9	7.8	0.2
宁　夏	Ningxia	100.0	58.8	41.2	6.1	19.8	38.8	11.5	3.7	0.9	10.7	8.3	0.4
新　疆	Xinjiang	100.0	58.1	41.9	2.2	16.9	41.0	10.6	5.1	1.3	12.3	9.9	0.8

注：劳动力调查自2015年开始使用新的受教育程度分类(下同)。
资料来源：2015年劳动力调查资料(下同)。
a)The new classification of education attaiment has been used since 2015 in the Labour Force Survey (same as below).
Data Resource: 2015 Labour Force Survey (the same as below).

1-31　各地区全国男性就业人员受教育程度构成
EDUCATIONAL ATTAINMENT COMPOSITION OF MALE EMPLOYMENT BY REGION

单位：%　　(%)

地　区	Region	合　计 Total	未上过学 Illiterate	小　学 Primary School	初　中 Junior School	高　中 Senior School	中等职业教育 Medium Vocational Education	高等职业教育 High Vocational Education	大学专科 College	大学本科 University	研究生 Graduate
全　国	**National**	**100.0**	**1.5**	**15.3**	**45.7**	**14.2**	**4.9**	**1.4**	**9.0**	**7.2**	**0.8**
北　京	Beijing	100.0	0.1	3.1	22.9	15.2	7.3	2.0	18.3	25.4	5.8
天　津	Tianjin	100.0	0.4	8.6	35.3	13.7	10.3	1.5	13.5	14.8	1.9
河　北	Hebei	100.0	0.7	11.6	52.1	15.1	5.4	0.8	8.7	5.1	0.5
山　西	Shanxi	100.0	0.8	9.9	51.1	13.9	4.9	0.9	10.0	7.7	0.7
内蒙古	Inner Mongolia	100.0	1.2	15.8	48.0	13.7	3.5	1.0	9.9	6.6	0.2
辽　宁	Liaoning	100.0	0.4	11.4	52.6	11.0	5.2	1.4	9.3	8.1	0.6
吉　林	Jilin	100.0	1.1	18.5	45.1	15.1	4.0	1.5	7.0	7.4	0.4
黑龙江	Heilongjiang	100.0	0.5	14.0	51.2	13.6	3.2	1.2	8.8	7.1	0.3
上　海	Shanghai	100.0	0.3	3.9	30.0	15.3	7.6	1.6	16.1	19.8	5.4
江　苏	Jiangsu	100.0	1.0	10.6	41.9	15.4	6.2	2.4	12.1	9.5	1.1
浙　江	Zhejiang	100.0	1.5	15.9	39.0	15.4	3.8	1.4	11.3	10.9	0.8
安　徽	Anhui	100.0	3.4	18.0	49.3	10.8	4.2	0.8	7.3	5.8	0.4
福　建	Fujian	100.0	1.6	17.9	44.7	12.9	5.3	0.9	8.1	8.1	0.6
江　西	Jiangxi	100.0	1.2	16.6	47.5	16.5	4.0	1.3	7.3	5.3	0.2
山　东	Shandong	100.0	1.3	11.1	49.9	15.1	6.1	1.7	8.3	6.0	0.5
河　南	Henan	100.0	1.4	12.4	52.6	15.3	3.9	1.4	8.0	4.6	0.3
湖　北	Hubei	100.0	1.6	14.2	44.6	15.8	5.8	1.6	8.7	6.8	0.8
湖　南	Hunan	100.0	1.3	15.3	46.6	17.3	3.8	1.1	7.9	6.3	0.5
广　东	Guangdong	100.0	0.4	10.0	43.5	19.4	6.8	2.4	9.8	7.0	0.7
广　西	Guangxi	100.0	0.9	15.8	52.6	10.7	5.2	1.4	8.0	4.9	0.4
海　南	Hainan	100.0	0.9	10.8	51.8	14.9	5.4	1.3	8.2	6.4	0.3
重　庆	Chongqing	100.0	1.7	23.2	37.3	13.6	4.7	1.5	9.7	7.4	0.9
四　川	Sichuan	100.0	2.8	26.6	41.7	11.4	3.9	1.2	7.1	4.7	0.5
贵　州	Guizhou	100.0	3.8	29.5	46.7	7.0	2.9	0.7	5.4	3.9	0.2
云　南	Yunnan	100.0	3.2	31.8	44.4	6.4	3.5	1.0	4.9	4.4	0.4
西　藏	Tibet	100.0	19.4	47.7	17.5	3.0	1.4	0.3	7.3	3.2	0.3
陕　西	Shaanxi	100.0	1.7	12.0	48.9	14.8	3.8	1.7	9.7	6.5	0.8
甘　肃	Gansu	100.0	3.2	23.7	40.5	14.5	3.3	0.8	7.1	6.4	0.5
青　海	Qinghai	100.0	4.2	26.3	39.4	9.4	2.8	0.6	9.9	7.3	0.2
宁　夏	Ningxia	100.0	4.1	16.4	43.4	13.0	3.7	1.0	9.7	8.2	0.4
新　疆	Xinjiang	100.0	1.7	15.9	42.4	11.5	5.1	1.2	11.8	9.6	0.7

1-32　各地区全国女性就业人员受教育程度构成
EDUCATIONAL ATTAINMENT COMPOSITION OF FEMALE EMPLOYMENT BY REGION

单位：%　　(%)

地　区	Region	合　计 Total	未上过学 Illiterate	小　学 Primary School	初　中 Junior School	高　中 Senior School	中等职业教育 Medium Vocational Education	高等职业教育 High Vocational Education	大学专科 College	大学本科 University	研究生 Graduate
全　国	**National**	**100.0**	**4.6**	**21.0**	**40.1**	**10.3**	**4.6**	**1.3**	**9.4**	**7.9**	**0.7**
北　京	Beijing	100.0	0.4	2.8	19.3	11.2	7.3	1.6	22.1	28.9	6.5
天　津	Tianjin	100.0	0.6	8.0	31.1	9.8	9.2	1.0	16.6	20.8	2.9
河　北	Hebei	100.0	2.1	16.5	45.7	11.5	4.9	1.4	9.9	7.4	0.5
山　西	Shanxi	100.0	2.1	14.3	41.4	11.6	4.9	1.0	12.3	11.3	1.0
内蒙古	Inner Mongolia	100.0	4.0	20.5	40.8	10.6	3.4	0.6	10.5	9.0	0.5
辽　宁	Liaoning	100.0	0.7	14.4	47.0	9.0	5.0	1.4	10.4	10.9	1.1
吉　林	Jilin	100.0	1.2	24.0	40.6	12.4	3.4	1.3	8.4	8.2	0.4
黑龙江	Heilongjiang	100.0	1.5	14.0	47.7	11.5	3.4	1.4	10.4	9.5	0.7
上　海	Shanghai	100.0	1.4	6.4	28.3	9.5	5.2	1.5	18.6	25.2	3.8
江　苏	Jiangsu	100.0	3.4	16.4	39.1	11.3	4.8	1.8	11.8	10.6	0.8
浙　江	Zhejiang	100.0	4.3	17.3	35.7	11.3	3.1	1.1	13.9	12.3	0.8
安　徽	Anhui	100.0	12.8	24.2	39.5	6.2	3.6	0.8	7.4	5.2	0.3
福　建	Fujian	100.0	5.1	23.9	35.4	8.8	6.1	1.2	9.9	9.0	0.6
江　西	Jiangxi	100.0	4.6	26.0	41.2	10.7	4.2	1.2	7.0	4.5	0.6
山　东	Shandong	100.0	4.6	17.8	45.3	10.4	6.0	1.2	8.3	5.8	0.6
河　南	Henan	100.0	3.6	17.3	49.4	12.0	4.1	1.1	7.1	5.0	0.5
湖　北	Hubei	100.0	5.6	21.4	38.4	11.0	5.8	1.3	8.8	6.9	0.8
湖　南	Hunan	100.0	3.5	21.6	42.0	12.4	4.0	1.2	8.7	6.2	0.4
广　东	Guangdong	100.0	1.5	16.5	41.5	14.8	6.2	2.1	9.9	6.9	0.5
广　西	Guangxi	100.0	2.8	23.5	46.6	7.6	4.9	1.1	8.1	5.0	0.4
海　南	Hainan	100.0	4.5	18.3	49.4	8.6	5.2	1.2	7.0	5.4	0.4
重　庆	Chongqing	100.0	4.5	26.7	33.6	10.9	4.1	1.1	10.5	7.7	0.8
四　川	Sichuan	100.0	5.9	33.7	35.8	8.4	3.5	1.2	6.7	4.6	0.2
贵　州	Guizhou	100.0	14.6	35.5	32.7	4.0	3.1	0.8	5.2	4.1	0.1
云　南	Yunnan	100.0	9.6	37.1	34.1	4.9	3.5	0.6	5.0	4.8	0.3
西　藏	Tibet	100.0	44.2	32.1	8.8	3.1	2.3	0.3	4.1	5.1	
陕　西	Shaanxi	100.0	4.0	18.5	40.7	12.4	4.0	1.9	10.6	7.2	0.7
甘　肃	Gansu	100.0	8.6	32.7	32.3	8.4	4.1	1.2	6.4	5.9	0.4
青　海	Qinghai	100.0	11.4	29.1	29.1	8.3	2.8	0.9	9.9	8.5	0.1
宁　夏	Ningxia	100.0	8.8	24.3	32.5	9.3	3.6	0.6	12.1	8.4	0.4
新　疆	Xinjiang	100.0	2.7	18.3	39.2	9.5	5.0	1.3	12.9	10.3	0.8

1-33 按年龄、性别分的全国就业人员受教育程度构成

EDUCATIONAL ATTAINMENT COMPOSITION OF EMPLOYMENT BY AGE AND SEX

单位：% (%)

年 龄 Age	合 计 Total	未上过学 Illiterate	小 学 Primary School	初 中 Junior School	高 中 Senior School	中等职业教育 Medium Vocational Education	高等职业教育 High Vocational Education	大学专科 College	大学本科 University	研究生 Graduate
总计 Total	**100.0**	**2.8**	**17.8**	**43.3**	**12.5**	**4.8**	**1.4**	**9.2**	**7.5**	**0.7**
16-19	100.0	0.5	5.1	61.9	17.7	10.9	1.4	2.1	0.4	
20-24	100.0	0.3	3.7	39.2	16.9	9.5	2.9	17.0	10.3	0.1
25-29	100.0	0.4	4.5	39.4	14.3	7.3	2.3	16.5	14.1	1.2
30-34	100.0	0.7	6.2	42.5	12.5	6.9	1.6	13.5	14.0	1.9
35-39	100.0	0.9	10.3	46.4	12.7	6.7	1.6	10.6	9.5	1.2
40-44	100.0	1.3	16.1	50.4	12.2	4.2	1.2	8.0	6.1	0.6
45-49	100.0	2.0	21.1	50.9	11.3	2.5	0.9	6.1	4.6	0.5
50-54	100.0	2.6	23.0	47.3	14.8	1.9	0.8	5.3	3.9	0.4
55-59	100.0	6.3	35.4	37.4	13.9	1.6	0.6	3.0	1.6	0.2
60-64	100.0	11.2	53.8	28.5	4.8	0.6	0.2	0.6	0.3	0.0
65+	100.0	20.9	58.7	17.3	2.0	0.4	0.1	0.4	0.2	0.0
男 Male	**100.0**	**1.5**	**15.3**	**45.7**	**14.2**	**4.9**	**1.4**	**9.0**	**7.2**	**0.8**
16-19	100.0	0.4	5.5	64.8	17.5	8.7	1.2	1.6	0.3	
20-24	100.0	0.2	3.9	42.4	17.9	9.7	3.0	14.0	8.7	0.1
25-29	100.0	0.3	4.1	41.2	15.7	7.5	2.3	15.5	12.3	1.0
30-34	100.0	0.5	5.6	43.6	13.4	7.1	1.7	13.0	13.2	1.8
35-39	100.0	0.7	8.3	47.1	13.5	7.0	1.6	10.9	9.5	1.3
40-44	100.0	0.8	13.2	51.7	13.3	4.2	1.3	8.4	6.5	0.7
45-49	100.0	1.1	16.7	53.4	12.7	2.6	1.1	6.4	5.3	0.7
50-54	100.0	1.1	16.5	49.6	18.2	2.2	0.9	6.3	4.7	0.5
55-59	100.0	2.5	26.8	42.6	18.3	2.2	0.8	4.3	2.2	0.2
60-64	100.0	5.3	48.6	36.8	7.1	0.7	0.2	0.9	0.4	0.0
65+	100.0	11.4	61.3	22.9	3.0	0.6	0.1	0.5	0.3	0.0
女 Female	**100.0**	**4.6**	**21.0**	**40.1**	**10.3**	**4.6**	**1.3**	**9.4**	**7.9**	**0.7**
16-19	100.0	0.7	4.5	58.0	17.9	13.9	1.7	2.7	0.7	
20-24	100.0	0.5	3.3	34.9	15.5	9.1	2.9	21.2	12.5	0.2
25-29	100.0	0.6	5.0	37.2	12.5	7.0	2.3	17.8	16.3	1.4
30-34	100.0	1.0	7.1	41.2	11.4	6.8	1.6	14.0	15.1	2.0
35-39	100.0	1.2	12.9	45.5	11.7	6.4	1.5	10.3	9.5	1.1
40-44	100.0	2.0	19.7	48.7	10.8	4.1	1.1	7.6	5.5	0.4
45-49	100.0	3.1	26.5	47.7	9.7	2.4	0.8	5.7	3.8	0.3
50-54	100.0	4.9	33.2	43.7	9.4	1.5	0.6	3.7	2.8	0.3
55-59	100.0	12.8	50.0	28.7	6.5	0.5	0.3	0.7	0.5	0.0
60-64	100.0	19.2	60.8	17.2	1.9	0.3	0.1	0.3	0.1	0.0
65+	100.0	35.5	54.8	8.7	0.5	0.2	0.0	0.2	0.0	

1-34 按受教育程度、性别分的全国就业人员年龄构成

AGE COMPOSITION OF EMPLOYMENT BY EDUCATIONAL ATTAINMENT AND SEX

单位：% (%)

年 龄 Age	合 计 Total	未上过学 Illiterate	小 学 Primary School	初 中 Junior School	高 中 Senior School	中等职业教育 Medium Vocational Education	高等职业教育 High Vocational Education	大学专科 College	大学本科 University	研究生 Graduate
总计 Total	**100.0**	**100.0**	**100.0**	**100.0**	**100.0**	**100.0**	**100.0**	**100.0**	**100.0**	**100.0**
16-19	1.6	0.3	0.5	2.3	2.3	3.6	1.7	0.4	0.1	
20-24	8.1	1.0	1.7	7.3	10.9	15.9	17.3	14.9	11.1	1.5
25-29	13.1	2.0	3.3	11.9	15.0	19.9	21.6	23.5	24.5	20.9
30-34	12.3	3.2	4.3	12.1	12.3	17.8	14.9	18.0	23.1	31.2
35-39	11.3	3.6	6.6	12.2	11.5	15.9	13.0	13.1	14.4	18.8
40-44	14.8	7.0	13.4	17.2	14.4	12.8	12.9	12.9	11.9	11.6
45-49	13.0	9.2	15.4	15.3	11.8	6.9	9.0	8.6	8.0	8.9
50-54	10.4	9.4	13.4	11.3	12.2	4.1	6.1	6.0	5.4	5.5
55-59	6.3	14.1	12.6	5.4	7.0	2.1	2.7	2.0	1.3	1.3
60-64	5.1	20.1	15.4	3.3	2.0	0.6	0.6	0.4	0.2	0.2
65+	4.1	30.0	13.4	1.6	0.7	0.4	0.2	0.2	0.1	0.1
男 Male	**100.0**	**100.0**	**100.0**	**100.0**	**100.0**	**100.0**	**100.0**	**100.0**	**100.0**	**100.0**
16-19	1.6	0.5	0.6	2.3	2.0	2.9	1.4	0.3	0.1	
20-24	8.2	1.3	2.1	7.6	10.4	16.1	17.1	12.7	9.9	1.2
25-29	12.9	2.6	3.5	11.7	14.4	19.8	20.4	22.3	22.0	17.5
30-34	12.0	4.3	4.4	11.4	11.4	17.2	14.5	17.3	21.8	28.4
35-39	11.0	5.0	6.0	11.4	10.5	15.7	12.6	13.3	14.5	19.2
40-44	14.2	7.3	12.2	16.1	13.4	12.3	12.6	13.3	12.8	13.4
45-49	12.6	9.4	13.8	14.7	11.3	6.8	9.4	9.0	9.2	11.0
50-54	11.1	7.9	11.9	12.0	14.3	4.9	7.3	7.8	7.2	6.9
55-59	6.9	11.5	12.1	6.5	9.0	3.2	3.7	3.3	2.1	2.0
60-64	5.1	17.8	16.3	4.1	2.6	0.8	0.8	0.5	0.3	0.3
65+	4.3	32.4	17.2	2.2	0.9	0.5	0.3	0.2	0.2	0.1
女 Female	**100.0**	**100.0**	**100.0**	**100.0**	**100.0**	**100.0**	**100.0**	**100.0**	**100.0**	**100.0**
16-19	1.6	0.2	0.3	2.3	2.7	4.7	2.1	0.4	0.1	
20-24	7.9	0.8	1.3	6.9	11.8	15.5	17.6	17.7	12.5	1.8
25-29	13.3	1.7	3.2	12.3	16.1	20.1	23.4	25.0	27.5	25.7
30-34	12.8	2.7	4.3	13.2	14.1	18.7	15.5	19.0	24.5	35.1
35-39	11.8	3.0	7.2	13.4	13.3	16.2	13.6	12.8	14.2	18.2
40-44	15.5	6.9	14.5	18.9	16.3	13.7	13.4	12.5	10.9	9.2
45-49	13.5	9.1	17.0	16.1	12.6	7.0	8.5	8.2	6.5	6.1
50-54	9.4	10.1	14.9	10.2	8.5	3.0	4.3	3.7	3.3	3.5
55-59	5.4	15.3	13.0	3.9	3.4	0.5	1.2	0.4	0.4	0.3
60-64	5.0	21.1	14.6	2.2	0.9	0.4	0.3	0.2	0.1	0.2
65+	3.7	29.0	9.7	0.8	0.2	0.2	0.1	0.1	0.0	

1-35 按行业、性别分的全国就业人员受教育程度构成
EDUCATIONAL ATTAINMENT COMPOSITION OF EMPLOYMENT BY SECTOR AND SEX

单位：% (%)

受教育程度	Educational Attainment	合计 Total	农、林、牧、渔业 Farming, Forestry, Animal Husbandry and Fishery	采矿业 Mining	制造业 Manufacturing	电力、热力、燃气及水生产和供应业 Production and Supply of Electricity, Heat, Gas and Water	建筑业 Construction	批发和零售业 Wholesale and Retail Trades
总　计	**Total**	**100.0**	**100.0**	**100.0**	**100.0**	**100.0**	**100.0**	**100.0**
未上过学	Illiterate	2.8	7.4	0.7	1.0	0.1	1.4	0.8
小　学	Primary School	17.8	38.4	7.9	10.2	3.9	18.4	8.2
初　中	Junior School	43.3	47.3	44.9	49.5	26.5	58.2	43.5
高　中	Senior School	12.5	5.3	17.1	15.8	19.5	10.8	20.2
中等职业教育	Medium Vocational Education	4.8	0.7	8.4	6.7	9.6	2.5	7.4
高等职业教育	High Vocational Education	1.4	0.1	2.1	1.7	2.8	0.8	2.2
大学专科	College	9.2	0.6	11.9	9.2	20.5	4.7	11.5
大学本科	University	7.5	0.1	6.8	5.4	15.8	3.1	5.7
研究生	Graduate	0.7	0.0	0.3	0.5	1.3	0.1	0.3
男	**Male**	**100.0**	**100.0**	**100.0**	**100.0**	**100.0**	**100.0**	**100.0**
未上过学	Illiterate	1.5	4.1	0.7	0.5	0.1	1.2	0.5
小　学	Primary School	15.3	34.9	8.6	8.0	4.0	17.6	7.7
初　中	Junior School	45.7	51.8	47.5	47.8	29.6	60.2	42.5
高　中	Senior School	14.2	7.2	16.5	17.9	20.2	11.2	20.6
中等职业教育	Medium Vocational Education	4.9	0.9	7.9	7.6	8.7	2.3	6.9
高等职业教育	High Vocational Education	1.4	0.2	2.0	1.9	2.5	0.8	2.5
大学专科	College	9.0	0.8	10.6	9.9	19.1	4.1	12.1
大学本科	University	7.2	0.2	5.9	5.8	14.8	2.5	6.8
研究生	Graduate	0.8	0.0	0.3	0.6	1.0	0.1	0.4
女	**Female**	**100.0**	**100.0**	**100.0**	**100.0**	**100.0**	**100.0**	**100.0**
未上过学	Illiterate	4.6	10.6	0.3	1.7	0.3	3.0	1.0
小　学	Primary School	21.0	41.7	4.3	13.3	3.5	24.0	8.7
初　中	Junior School	40.1	43.0	33.0	52.1	17.7	44.8	44.5
高　中	Senior School	10.3	3.6	20.1	12.7	17.4	7.7	19.9
中等职业教育	Medium Vocational Education	4.6	0.5	10.9	5.5	12.4	3.5	7.9
高等职业教育	High Vocational Education	1.3	0.1	2.2	1.4	3.5	0.9	2.0
大学专科		9.4	0.4	17.7	8.2	24.5	9.0	11.0
大学本科	University	7.9	0.1	10.9	4.7	18.6	6.9	4.8
研究生	Graduate	0.7	0.0	0.6	0.4	2.1	0.2	0.2

1-35　续表 1　continued

单位：%　　(%)

受教育程度	Educational Attainment	交通运输、仓储和邮政业 Transport, Storage and Post	住宿和餐饮业 Hotels and Catering Services	信息传输、软件和信息技术服务业 Information Transmission, Software and Information Technology	金融业 Finance Inter-mediation	房地产业 Real Estate	租赁和商务服务业 Leasing and Business Services	科学研究和技术服务业 Scientific Research and Technical Services
总　计	**Total**	**100.0**	**100.0**	**100.0**	**100.0**	**100.0**	**100.0**	**100.0**
未上过学	Illiterate	0.7	1.0	0.2	0.2	0.7	0.6	0.2
小　学	Primary School	8.1	11.8	1.0	0.9	6.4	5.2	1.3
初　中	Junior School	50.4	54.8	12.5	9.6	29.0	30.5	13.5
高　中	Senior School	17.9	16.9	11.8	12.8	18.0	15.5	11.2
中等职业教育	Medium Vocational Education	6.1	5.8	7.3	5.5	8.7	6.7	6.7
高等职业教育	High Vocational Education	1.8	1.5	2.6	2.2	2.8	2.5	1.3
大学专科	College	9.3	5.8	27.6	30.2	19.6	19.6	24.4
大学本科	University	5.3	2.4	33.0	35.4	14.0	17.6	33.2
研究生	Graduate	0.3	0.1	4.0	3.3	0.9	1.8	8.2
男	**Male**	**100.0**	**100.0**	**100.0**	**100.0**	**100.0**	**100.0**	**100.0**
未上过学	Illiterate	0.6	0.5	0.3	0.1	0.5	0.4	0.3
小　学	Primary School	8.4	8.5	0.9	1.0	6.3	5.3	1.4
初　中	Junior School	53.1	54.2	12.5	10.2	31.0	34.4	14.8
高　中	Senior School	18.4	18.9	12.1	13.8	19.4	17.1	12.4
中等职业教育	Medium Vocational Education	5.8	7.3	7.2	5.4	8.9	6.6	7.7
高等职业教育	High Vocational Education	1.8	1.7	2.5	2.2	2.3	2.7	1.0
大学专科	College	7.8	6.3	26.6	29.9	18.4	16.5	24.1
大学本科	University	4.0	2.5	33.6	33.4	12.6	15.4	30.1
研究生	Graduate	0.2	0.1	4.3	4.1	0.7	1.7	8.2
女	**Female**	**100.0**	**100.0**	**100.0**	**100.0**	**100.0**	**100.0**	**100.0**
未上过学	Illiterate	1.0	1.5	0.1	0.2	1.1	0.9	
小　学	Primary School	6.8	14.8	1.1	0.7	6.5	5.1	1.1
初　中	Junior School	35.2	55.3	12.5	9.0	25.7	24.8	10.9
高　中	Senior School	15.0	15.1	11.3	11.7	15.7	13.1	8.8
中等职业教育	Medium Vocational Education	7.8	4.4	7.5	5.7	8.4	6.8	4.9
高等职业教育	High Vocational Education	2.0	1.3	2.7	2.2	3.6	2.3	1.8
大学专科		18.5	5.3	29.2	30.4	21.7	24.1	25.0
大学本科	University	13.2	2.2	32.1	37.5	16.1	20.9	39.3
研究生	Graduate	0.6	0.1	3.4	2.5	1.1	1.9	8.2

1-35 续表 2 continued

单位：% (%)

受教育程度	Educational Attainment	水利、环境和公共设施管理业 Management of Water Conservancy, Environment and Public Establishment	居民服务、修理和其他服务业 Services to Household, Repair and Other Services	教育 Education	卫生和社会工作 Health and Social Service	文化、体育和娱乐业 Culture Sports and Entertainment	公共管理、社会保障和社会组织 Public Management, Social Security and Social Organization	国际组织 International Organizations
总　计	**Total**	**100.0**	**100.0**	**100.0**	**100.0**	**100.0**	**100.0**	**100.0**
未上过学	Illiterate	2.8	2.1	0.3	0.6	0.5	0.5	
小　学	Primary School	16.6	13.9	1.8	2.8	4.2	2.5	17.8
初　中	Junior School	34.1	49.3	9.7	11.8	28.1	13.4	5.2
高　中	Senior School	14.4	16.7	7.6	8.6	15.0	14.4	8.8
中等职业教育	Medium Vocational Education	5.0	6.1	7.0	14.1	8.6	6.2	
高等职业教育	High Vocational Education	1.7	1.5	2.6	3.1	2.9	2.2	
大学专科	College	13.9	7.0	24.8	29.8	19.9	28.1	38.8
大学本科	University	10.4	3.2	39.7	26.0	19.1	30.5	29.5
研究生	Graduate	1.0	0.2	6.6	3.3	1.7	2.3	
男	**Male**	**100.0**	**100.0**	**100.0**	**100.0**	**100.0**	**100.0**	**100.0**
未上过学	Illiterate	1.8	1.1	0.2	0.7	0.3	0.3	
小　学	Primary School	13.6	11.6	2.1	2.6	3.8	2.2	
初　中	Junior School	34.6	50.8	9.1	15.7	26.4	14.4	8.4
高　中	Senior School	16.9	18.7	8.2	11.0	17.7	15.5	14.3
中等职业教育	Medium Vocational Education	6.0	6.4	5.7	11.4	10.0	6.2	
高等职业教育	High Vocational Education	2.0	1.6	2.0	2.3	2.5	2.3	
大学专科	College	13.6	6.6	23.4	24.4	18.8	27.7	63.3
大学本科	University	10.3	3.2	41.0	26.9	19.2	29.2	13.9
研究生	Graduate	1.1	0.1	8.2	4.9	1.3	2.2	
女	**Female**	**100.0**	**100.0**	**100.0**	**100.0**	**100.0**	**100.0**	**100.0**
未上过学	Illiterate	4.6	3.4	0.3	0.6	0.8	0.8	
小　学	Primary School	22.1	16.8	1.6	2.8	4.6	3.0	46.0
初　中	Junior School	33.3	47.4	10.1	9.5	30.2	11.6	
高　中	Senior School	10.0	14.3	7.2	7.2	11.8	12.3	
中等职业教育	Medium Vocational Education	3.2	5.7	7.8	15.7	6.9	6.0	
高等职业教育	High Vocational Education	1.2	1.4	2.9	3.5	3.3	1.9	
大学专科		14.4	7.6	25.6	33.0	21.3	29.0	
大学本科	University	10.6	3.3	38.9	25.5	19.0	32.9	54.0
研究生	Graduate	0.7	0.2	5.6	2.3	2.2	2.5	

1-36　按职业、性别分的全国就业人员受教育程度构成
EDUCATIONAL ATTAINMENT COMPOSITION OF EMPLOYMENT BY OCCUPATION AND SEX

单位：%　　(%)

受教育程度	Educational Attainment	合　计 Total	单　位负责人 Unit Heads	专业技术人员 Professional and Technical Personnel	办事人员和有关人员 Clerk and Related Workers	商业、服务业人员 Business Service Personnel	农林牧渔水利业生产人员 Agriculture and Water Conservancy Labors	生产运输设备操作人员及有关人员 Production, Transport Equipment Operators and Related Workers	其　他 Others
总　计	**Total**	**100.0**	**100.0**	**100.0**	**100.0**	**100.0**	**100.0**	**100.0**	**100.0**
未上过学	Illiterate	2.8	0.4	0.7	0.4	1.2	7.5	1.2	1.1
小　学	Primary School	17.8	4.1	4.2	4.0	10.4	38.6	13.7	12.4
初　中	Junior School	43.3	29.4	19.2	20.4	46.7	47.2	57.6	51.8
高　中	Senior School	12.5	18.4	10.6	16.4	18.3	5.3	14.0	17.2
中等职业教育	Medium Vocational Education	4.8	5.5	7.8	7.3	6.8	0.7	5.0	3.8
高等职业教育	High Vocational Education	1.4	2.4	2.3	2.5	2.0	0.1	1.2	1.5
大学专科	College	9.2	19.9	23.4	24.4	9.7	0.5	5.0	7.2
大学本科	University	7.5	17.9	27.9	22.9	4.7	0.1	2.2	4.8
研究生	Graduate	0.7	2.1	3.9	1.8	0.2	0.0	0.1	0.2
男	**Male**	**100.0**	**100.0**	**100.0**	**100.0**	**100.0**	**100.0**	**100.0**	**100.0**
未上过学	Illiterate	1.5	0.3	0.5	0.3	0.7	4.2	0.8	0.8
小　学	Primary School	15.3	3.9	4.8	4.7	9.1	35.2	12.4	10.3
初　中	Junior School	45.7	29.6	23.5	23.1	46.6	51.7	57.4	50.3
高　中	Senior School	14.2	18.8	12.2	17.6	19.3	7.1	15.1	20.4
中等职业教育	Medium Vocational Education	4.9	5.3	7.0	7.0	6.8	0.9	5.3	4.5
高等职业教育	High Vocational Education	1.4	2.3	2.1	2.4	2.1	0.2	1.3	1.4
大学专科	College	9.0	20.0	20.3	22.1	10.1	0.6	5.4	6.5
大学本科	University	7.2	17.5	25.5	21.0	5.0	0.2	2.2	5.4
研究生	Graduate	0.8	2.3	4.1	1.7	0.2	0.0	0.1	0.4
女	**Female**	**100.0**	**100.0**	**100.0**	**100.0**	**100.0**	**100.0**	**100.0**	**100.0**
未上过学	Illiterate	4.6	0.5	0.9	0.5	1.7	10.6	2.0	1.5
小　学	Primary School	21.0	4.7	3.5	2.9	11.8	41.9	17.4	15.4
初　中	Junior School	40.1	28.9	14.4	15.7	46.7	42.9	57.9	53.9
高　中	Senior School	10.3	17.2	8.8	14.3	17.3	3.6	11.1	12.7
中等职业教育	Medium Vocational Education	4.6	6.0	8.7	7.7	6.9	0.5	4.3	2.8
高等职业教育	High Vocational Education	1.3	2.7	2.6	2.6	1.8	0.1	1.0	1.7
大学专科	College	9.4	19.4	26.8	28.3	9.3	0.3	4.2	8.1
大学本科	University	7.9	18.8	30.6	26.0	4.3	0.1	2.0	3.8
研究生	Graduate	0.7	1.8	3.7	2.0	0.2	0.0	0.1	0.1

1-37 按受教育程度、性别分的全国就业人员职业构成
OCCUPATION COMPOSITION OF EMPLOYMENT BY EDUCATIONAL ATTAINMENT AND SEX

单位：%　　(%)

受教育程度	Educational Attainment	合计 Total	单位负责人 Unit Heads	专业技术人员 Professional and Technical Personnel	办事人员和有关人员 Clerk and Related Workers	商业、服务业人员 Business Service Personnel	农林牧渔水利业生产人员 Agriculture and Water Conservancy Labors	生产运输设备操作人员及有关人员 Production, Transport Equipment Operators and Related Workers	其他 Others
总计	**Total**	**100.0**	**2.0**	**11.7**	**9.5**	**24.7**	**28.3**	**23.4**	**0.4**
未上过学	Illiterate	100.0	0.2	3.0	1.2	10.5	75.3	9.6	0.2
小学	Primary School	100.0	0.5	2.7	2.2	14.5	61.7	18.1	0.3
初中	Junior School	100.0	1.3	5.2	4.5	26.6	30.8	31.1	0.4
高中	Senior School	100.0	2.9	9.9	12.4	36.1	12.0	26.2	0.5
中等职业教育	Medium Vocational Education	100.0	2.2	19.1	14.5	35.3	4.1	24.4	0.4
高等职业教育	High Vocational Education	100.0	3.5	19.8	17.2	35.6	2.8	20.7	0.4
大学专科	College	100.0	4.2	29.8	25.2	26.2	1.4	12.9	0.4
大学本科	University	100.0	4.6	43.5	29.0	15.3	0.5	6.7	0.3
研究生	Graduate	100.0	5.6	60.5	23.1	6.7	0.2	3.7	0.2
男	**Male**	**100.0**	**2.5**	**10.7**	**10.5**	**21.9**	**24.0**	**29.9**	**0.4**
未上过学	Illiterate	100.0	0.5	3.9	2.1	10.5	66.3	16.3	0.3
小学	Primary School	100.0	0.7	3.4	3.3	13.0	55.2	24.2	0.3
初中	Junior School	100.0	1.6	5.5	5.3	22.3	27.2	37.6	0.4
高中	Senior School	100.0	3.4	9.3	13.0	29.8	12.1	31.9	0.5
中等职业教育	Medium Vocational Education	100.0	2.7	15.2	15.0	30.1	4.4	32.1	0.4
高等职业教育	High Vocational Education	100.0	4.2	15.7	17.6	32.1	2.8	27.3	0.4
大学专科	College	100.0	5.7	24.2	25.7	24.6	1.7	17.8	0.4
大学本科	University	100.0	6.2	37.9	30.6	15.2	0.6	9.2	0.4
研究生	Graduate	100.0	7.6	57.3	23.7	6.7	0.3	4.1	0.3
女	**Female**	**100.0**	**1.2**	**13.0**	**8.2**	**28.5**	**34.0**	**14.8**	**0.4**
未上过学	Illiterate	100.0	0.1	2.6	0.8	10.5	79.2	6.6	0.2
小学	Primary School	100.0	0.3	2.2	1.1	16.0	68.0	12.3	0.2
初中	Junior School	100.0	0.8	4.7	3.2	33.1	36.4	21.3	0.4
高中	Senior School	100.0	1.9	11.0	11.4	47.6	11.9	15.9	0.4
中等职业教育	Medium Vocational Education	100.0	1.5	24.5	13.7	42.5	3.7	13.7	0.4
高等职业教育	High Vocational Education	100.0	2.5	25.9	16.7	40.7	2.8	11.1	0.4
大学专科	College	100.0	2.4	36.8	24.6	28.2	1.0	6.6	0.4
大学本科	University	100.0	2.8	50.4	27.1	15.5	0.3	3.7	0.2
研究生	Graduate	100.0	2.9	64.8	22.3	6.7	0.2	3.0	0.1

1-38　按年龄、性别分的全国就业人员就业身份构成
COMPOSITION OF EMPLOYMENT STATUS BY AGE AND SEX

单位：%　　(%)

年龄　Age	合　计 Total	雇　员 Employee	雇　主 Employer	自营劳动者 Self-employed	家庭帮工 Unpaid Familial Worker
总计　Total	**100.0**	**56.2**	**3.1**	**37.8**	**2.9**
16-19	100.0	73.3	0.5	22.3	3.8
20-24	100.0	78.3	1.5	17.2	3.0
25-29	100.0	72.6	2.7	21.9	2.7
30-34	100.0	67.5	3.8	26.3	2.4
35-39	100.0	61.4	4.4	32.2	2.1
40-44	100.0	57.0	4.1	36.3	2.6
45-49	100.0	52.2	3.6	41.6	2.6
50-54	100.0	47.2	3.2	46.7	3.0
55-59	100.0	36.8	2.2	57.8	3.3
60-64	100.0	21.6	1.3	72.8	4.3
65+	100.0	11.3	0.8	82.4	5.5
男　Male	**100.0**	**59.0**	**3.8**	**35.7**	**1.5**
16-19	100.0	71.9	0.7	23.7	3.7
20-24	100.0	77.4	1.8	18.0	2.8
25-29	100.0	73.4	3.2	21.7	1.7
30-34	100.0	68.3	4.6	26.1	1.0
35-39	100.0	62.3	5.5	31.5	0.7
40-44	100.0	58.7	5.2	35.2	1.0
45-49	100.0	55.7	4.6	38.7	1.0
50-54	100.0	55.3	4.0	39.5	1.2
55-59	100.0	48.0	2.6	48.0	1.4
60-64	100.0	29.0	1.8	66.5	2.7
65+	100.0	14.8	1.1	80.5	3.7
女　Female	**100.0**	**52.6**	**2.2**	**40.6**	**4.7**
16-19	100.0	75.3	0.4	20.4	4.0
20-24	100.0	79.4	1.1	16.2	3.2
25-29	100.0	71.6	2.1	22.2	4.0
30-34	100.0	66.5	2.8	26.5	4.1
35-39	100.0	60.2	3.1	33.0	3.7
40-44	100.0	54.9	2.8	37.7	4.5
45-49	100.0	47.8	2.4	45.1	4.6
50-54	100.0	34.4	2.1	57.8	5.7
55-59	100.0	17.9	1.4	74.3	6.4
60-64	100.0	11.6	0.7	81.3	6.4
65+	100.0	6.0	0.5	85.3	8.3

1-39 按就业身份、性别分的全国就业人员年龄构成
AGE COMPOSITION OF EMPLOYMENT BY EMPLOYMENT STATUS AND SEX

单位：% (%)

年龄 Age	合计 Total	雇员 Employee	雇主 Employer	自营劳动者 Self-employed	家庭帮工 Unpaid Familial Worker
总计 Total	**100.0**	**100.0**	**100.0**	**100.0**	**100.0**
16-19	1.6	2.1	0.3	0.9	2.1
20-24	8.1	11.2	3.9	3.7	8.4
25-29	13.1	16.9	11.5	7.6	12.5
30-34	12.3	14.8	15.1	8.6	10.4
35-39	11.3	12.4	16.0	9.7	8.2
40-44	14.8	15.0	19.7	14.2	13.2
45-49	13.0	12.1	15.2	14.3	11.9
50-54	10.4	8.7	10.8	12.8	10.7
55-59	6.3	4.1	4.4	9.6	7.2
60-64	5.1	2.0	2.1	9.8	7.6
65+	4.1	0.8	1.1	8.8	7.8
男 Male	**100.0**	**100.0**	**100.0**	**100.0**	**100.0**
16-19	1.6	2.0	0.3	1.1	4.1
20-24	8.2	10.8	3.9	4.1	15.3
25-29	12.9	16.1	10.9	7.9	14.9
30-34	12.0	13.9	14.5	8.7	8.0
35-39	11.0	11.6	15.8	9.7	5.4
40-44	14.2	14.2	19.5	14.0	9.1
45-49	12.6	11.9	15.3	13.7	8.2
50-54	11.1	10.4	11.6	12.3	8.6
55-59	6.9	5.6	4.7	9.3	6.6
60-64	5.1	2.5	2.4	9.5	9.2
65+	4.3	1.1	1.2	9.7	10.5
女 Female	**100.0**	**100.0**	**100.0**	**100.0**	**100.0**
16-19	1.6	2.2	0.3	0.8	1.3
20-24	7.9	11.9	4.1	3.2	5.4
25-29	13.3	18.1	12.8	7.3	11.4
30-34	12.8	16.2	16.5	8.4	11.4
35-39	11.8	13.5	16.5	9.6	9.4
40-44	15.5	16.2	20.1	14.5	15.0
45-49	13.5	12.3	15.0	15.0	13.4
50-54	9.4	6.1	8.9	13.4	11.6
55-59	5.4	1.9	3.5	10.0	7.4
60-64	5.0	1.1	1.6	10.1	6.9
65+	3.7	0.4	0.8	7.8	6.6

1-40　按受教育程度、性别分的全国就业人员就业身份构成
COMPOSITION OF EMPLOYMENT STATUS BY EDUCATIONAL ATTAINMENT AND SEX

单位：%　　(%)

受教育程度	Educational Attainment	合　计 Total	雇　员 Employee	雇　主 Employer	自营劳动者 SelfEmployed	家庭帮工 Unpaid Familial Worker
总　计	**Total**	**100.0**	**56.2**	**3.1**	**37.8**	**2.9**
未上过学	Illiterate	100.0	15.9	0.7	77.9	5.5
小　学	Primary School	100.0	26.9	1.6	67.3	4.2
初　中	Junior School	100.0	49.8	3.4	43.5	3.2
高　中	Senior School	100.0	67.7	4.8	24.8	2.6
中等职业教育	Medium Vocational Education	100.0	80.9	3.5	13.7	1.8
高等职业教育	High Vocational Education	100.0	80.5	4.9	12.6	2.0
大学专科	College	100.0	89.1	3.3	6.7	1.0
大学本科	University	100.0	94.2	2.2	3.2	0.4
研究生	Graduate	100.0	96.7	1.7	1.5	0.1
男	**Male**	**100.0**	**59.0**	**3.8**	**35.7**	**1.5**
未上过学	Illiterate	100.0	23.3	1.2	72.6	2.9
小　学	Primary School	100.0	32.1	2.0	63.6	2.3
初　中	Junior School	100.0	52.3	4.0	42.1	1.5
高　中	Senior School	100.0	67.0	5.4	26.0	1.6
中等职业教育	Medium Vocational Education	100.0	79.7	4.1	15.1	1.1
高等职业教育	High Vocational Education	100.0	78.9	5.8	14.1	1.1
大学专科	College	100.0	87.3	4.1	7.8	0.8
大学本科	University	100.0	92.9	2.8	3.8	0.4
研究生	Graduate	100.0	95.6	2.5	1.9	
女	**Female**	**100.0**	**52.6**	**2.2**	**40.6**	**4.7**
未上过学	Illiterate	100.0	12.7	0.5	80.2	6.6
小　学	Primary School	100.0	21.9	1.2	71.0	6.0
初　中	Junior School	100.0	46.1	2.6	45.6	5.8
高　中	Senior School	100.0	69.1	3.8	22.6	4.5
中等职业教育	Medium Vocational Education	100.0	82.8	2.8	11.7	2.8
高等职业教育	High Vocational Education	100.0	82.7	3.6	10.3	3.4
大学专科	College	100.0	91.3	2.2	5.2	1.2
大学本科	University	100.0	95.8	1.4	2.4	0.4
研究生	Graduate	100.0	98.2	0.6	1.0	0.2

1-41 按就业身份、性别分的全国就业人员受教育程度构成
EDUCATIONAL ATTAINMENT COMPOSITION BY EMPLOYMENT STATUS AND SEX

单位：% (%)

受教育程度	Educational Attainment	合 计 Total	雇 员 Employee	雇 主 Employer	自营劳动者 SelfEmployed	家庭帮工 Unpaid Familial Worker
总 计	**Total**	**100.0**	**100.0**	**100.0**	**100.0**	**100.0**
未上过学	Illiterate	2.8	0.8	0.7	5.8	5.4
小 学	Primary School	17.8	8.5	9.0	31.6	25.9
初 中	Junior School	43.3	38.3	48.0	49.8	48.8
高 中	Senior School	12.5	15.1	19.3	8.2	11.5
中等职业教育	Medium Vocational Education	4.8	6.9	5.5	1.7	3.1
高等职业教育	High Vocational Education	1.4	2.0	2.2	0.5	1.0
大学专科	College	9.2	14.6	9.7	1.6	3.2
大学本科	University	7.5	12.6	5.3	0.6	1.1
研究生	Graduate	0.7	1.3	0.4	0.0	0.0
男	**Male**	**100.0**	**100.0**	**100.0**	**100.0**	**100.0**
未上过学	Illiterate	1.5	0.6	0.5	3.1	2.9
小 学	Primary School	15.3	8.3	8.1	27.3	23.3
初 中	Junior School	45.7	40.5	48.4	53.9	47.1
高 中	Senior School	14.2	16.1	20.0	10.3	15.1
中等职业教育	Medium Vocational Education	4.9	6.7	5.3	2.1	3.8
高等职业教育	High Vocational Education	1.4	1.9	2.2	0.6	1.0
大学专科	College	9.0	13.3	9.7	2.0	4.9
大学本科	University	7.2	11.4	5.4	0.8	2.0
研究生	Graduate	0.8	1.2	0.5	0.0	
女	**Female**	**100.0**	**100.0**	**100.0**	**100.0**	**100.0**
未上过学	Illiterate	4.6	1.1	1.1	9.0	6.5
小 学	Primary School	21.0	8.7	11.2	36.7	27.1
初 中	Junior School	40.1	35.1	47.1	45.1	49.5
高 中	Senior School	10.3	13.6	17.8	5.7	10.0
中等职业教育	Medium Vocational Education	4.6	7.3	5.9	1.3	2.8
高等职业教育	High Vocational Education	1.3	2.0	2.1	0.3	0.9
大学专科	College	9.4	16.4	9.7	1.2	2.5
大学本科	University	7.9	14.4	4.9	0.5	0.7
研究生	Graduate	0.7	1.4	0.2	0.0	0.0

1-42　按年龄、性别分的城镇就业人员就业身份构成
COMPOSITION OF URBAN EMPLOYMENT STATUS BY AGE AND SEX

单位：%　　　　(%)

年龄 Age	合计 Total	雇员 Employee	雇主 Employer	自营劳动者 SelfEmployed	家庭帮工 Unpaid Familial Worker
总计 Total	**100.0**	**73.7**	**4.3**	**19.4**	**2.6**
16-19	100.0	86.6	1.1	7.8	4.5
20-24	100.0	86.6	1.8	8.7	2.9
25-29	100.0	81.7	3.4	12.4	2.4
30-34	100.0	78.2	4.6	15.2	2.0
35-39	100.0	74.3	5.4	18.4	1.8
40-44	100.0	72.4	5.4	20.1	2.1
45-49	100.0	70.1	5.1	22.2	2.5
50-54	100.0	68.1	4.7	24.3	2.9
55-59	100.0	61.2	3.8	31.4	3.7
60-64	100.0	39.9	2.8	50.7	6.6
65+	100.0	27.2	1.8	62.3	8.6
男 Male	**100.0**	**73.7**	**5.1**	**19.9**	**1.3**
16-19	100.0	84.8	1.4	9.4	4.3
20-24	100.0	84.8	2.0	10.1	3.0
25-29	100.0	80.6	4.1	13.5	1.8
30-34	100.0	76.9	5.5	16.7	0.9
35-39	100.0	73.0	6.5	19.9	0.6
40-44	100.0	71.2	6.5	21.6	0.7
45-49	100.0	70.5	6.1	22.6	0.8
50-54	100.0	72.6	5.1	21.2	1.1
55-59	100.0	70.1	3.9	24.7	1.3
60-64	100.0	47.9	3.3	45.5	3.4
65+	100.0	33.2	2.4	58.6	5.7
女 Female	**100.0**	**73.7**	**3.3**	**18.7**	**4.3**
16-19	100.0	88.8	0.6	5.7	4.8
20-24	100.0	88.9	1.4	6.9	2.8
25-29	100.0	83.1	2.6	11.0	3.2
30-34	100.0	79.9	3.5	13.3	3.3
35-39	100.0	76.0	4.1	16.6	3.3
40-44	100.0	74.0	3.9	18.3	3.8
45-49	100.0	69.7	3.8	21.8	4.7
50-54	100.0	58.9	3.9	30.6	6.6
55-59	100.0	36.6	3.5	49.7	10.2
60-64	100.0	25.8	2.0	59.9	12.4
65+	100.0	16.6	0.8	68.8	13.8

1-43 按就业身份、性别分的城镇就业人员年龄构成
AGE COMPOSITION OF URBAN EMPLOYMENT BY EMPLOYMENT STATUS AND SEX

单位：% (%)

年龄 Age	合计 Total	雇员 Employee	雇主 Employer	自营劳动者 SelfEmployed	家庭帮工 Unpaid Familial Worker
总计 Total	**100.0**	**100.0**	**100.0**	**100.0**	**100.0**
16-19	1.2	1.4	0.3	0.5	2.1
20-24	8.6	10.1	3.5	3.9	9.8
25-29	14.9	16.5	11.8	9.5	14.0
30-34	15.0	16.0	16.0	11.8	11.5
35-39	13.3	13.5	16.7	12.7	9.2
40-44	16.0	15.7	19.8	16.6	12.9
45-49	13.1	12.5	15.4	15.0	12.7
50-54	9.6	8.9	10.4	12.1	10.8
55-59	4.6	3.8	4.0	7.4	6.5
60-64	2.3	1.2	1.5	6.0	5.9
65+	1.4	0.5	0.6	4.5	4.7
男 Male	**100.0**	**100.0**	**100.0**	**100.0**	**100.0**
16-19	1.2	1.4	0.3	0.6	3.8
20-24	8.4	9.6	3.3	4.3	19.0
25-29	14.2	15.5	11.5	9.7	18.8
30-34	14.3	14.9	15.4	12.0	9.3
35-39	12.8	12.7	16.5	12.8	5.4
40-44	15.4	14.9	19.6	16.8	8.5
45-49	12.8	12.2	15.3	14.6	7.8
50-54	11.1	10.9	11.2	11.9	8.9
55-59	5.8	5.5	4.4	7.2	5.6
60-64	2.5	1.6	1.6	5.7	6.3
65+	1.5	0.7	0.7	4.6	6.6
女 Female	**100.0**	**100.0**	**100.0**	**100.0**	**100.0**
16-19	1.2	1.5	0.2	0.4	1.4
20-24	8.9	10.7	3.9	3.3	5.8
25-29	15.8	17.8	12.4	9.3	11.9
30-34	16.1	17.5	17.0	11.5	12.4
35-39	14.1	14.5	17.3	12.5	10.9
40-44	16.8	16.8	20.0	16.4	14.7
45-49	13.5	12.8	15.7	15.7	14.8
50-54	7.5	6.0	8.8	12.3	11.6
55-59	2.9	1.5	3.1	7.8	7.0
60-64	2.0	0.7	1.2	6.3	5.7
65+	1.2	0.3	0.3	4.5	3.9

1-44 按受教育程度、性别分的城镇就业人员就业身份构成
COMPOSITION OF URBAN EMPLOYMENT STATUS BY EDUCATIONAL ATTAINMENT AND SEX

单位：%　　　　(%)

受教育程度	Educational Attainment	合计 Total	雇员 Employee	雇主 Employer	自营劳动者 SelfEmployed	家庭帮工 Unpaid Familial Worker
总　计	**Total**	**100.0**	**73.7**	**4.3**	**19.4**	**2.6**
未上过学	Illiterate	100.0	34.6	2.7	54.5	8.1
小　学	Primary School	100.0	44.8	3.6	45.8	5.8
初　中	Junior School	100.0	63.0	5.2	28.2	3.5
高　中	Senior School	100.0	74.4	5.8	17.3	2.6
中等职业教育	Medium Vocational Education	100.0	83.2	3.9	11.0	1.8
高等职业教育	High Vocational Education	100.0	81.3	5.5	11.3	1.8
大学专科	College	100.0	89.7	3.4	6.0	0.9
大学本科	University	100.0	94.4	2.2	3.0	0.4
研究生	Graduate	100.0	96.8	1.7	1.4	0.1
男	**Male**	**100.0**	**73.7**	**5.1**	**19.9**	**1.3**
未上过学	Illiterate	100.0	42.8	3.9	48.4	4.9
小　学	Primary School	100.0	48.9	4.2	44.4	2.5
初　中	Junior School	100.0	63.7	5.9	28.8	1.6
高　中	Senior School	100.0	73.4	6.4	18.5	1.6
中等职业教育	Medium Vocational Education	100.0	82.0	4.4	12.4	1.2
高等职业教育	High Vocational Education	100.0	80.2	6.4	12.6	0.8
大学专科	College	100.0	88.2	4.2	6.9	0.8
大学本科	University	100.0	93.0	2.9	3.7	0.3
研究生	Graduate	100.0	95.6	2.6	1.8	
女	**Female**	**100.0**	**73.7**	**3.3**	**18.7**	**4.3**
未上过学	Illiterate	100.0	30.5	2.1	57.7	9.7
小　学	Primary School	100.0	40.5	2.9	47.4	9.2
初　中	Junior School	100.0	62.1	4.2	27.3	6.4
高　中	Senior School	100.0	76.0	4.6	15.1	4.3
中等职业教育	Medium Vocational Education	100.0	85.0	3.1	9.1	2.7
高等职业教育	High Vocational Education	100.0	82.9	4.3	9.4	3.4
大学专科	College	100.0	91.6	2.5	4.8	1.1
大学本科	University	100.0	96.0	1.4	2.2	0.4
研究生	Graduate	100.0	98.3	0.6	0.8	0.2

1-45 按就业身份、性别分的城镇就业人员受教育程度构成

EDUCATIONAL ATTAINMENT COMPOSITION OF URBAN EMPLOYMENT BY EMPLOYMENT STATUS AND SEX

单位：% (%)

受教育程度	Educational Attainment	合计 Total	雇员 Employee	雇主 Employer	自营劳动者 SelfEmployed	家庭帮工 Unpaid Familial Worker
总计	**Total**	**100.0**	**100.0**	**100.0**	**100.0**	**100.0**
未上过学	Illiterate	1.1	0.5	0.7	3.0	3.3
小学	Primary School	8.3	5.0	6.8	19.7	18.7
初中	Junior School	34.5	29.5	41.7	50.3	47.1
高中	Senior School	16.6	16.8	22.1	14.8	16.7
中等职业教育	Medium Vocational Education	7.2	8.1	6.4	4.1	5.1
高等职业教育	High Vocational Education	2.1	2.3	2.7	1.2	1.5
大学专科	College	15.4	18.8	12.1	4.7	5.6
大学本科	University	13.4	17.1	6.9	2.1	1.9
研究生	Graduate	1.4	1.8	0.6	0.1	0.1
男	**Male**	**100.0**	**100.0**	**100.0**	**100.0**	**100.0**
未上过学	Illiterate	0.6	0.4	0.5	1.5	2.3
小学	Primary School	7.3	4.8	6.0	16.2	13.8
初中	Junior School	35.7	30.8	41.5	51.8	43.1
高中	Senior School	18.1	18.1	22.9	16.9	21.6
中等职业教育	Medium Vocational Education	7.2	8.0	6.2	4.5	6.4
高等职业教育	High Vocational Education	2.2	2.4	2.7	1.4	1.2
大学专科	College	14.8	17.7	12.2	5.2	8.5
大学本科	University	12.7	16.1	7.3	2.4	3.2
研究生	Graduate	1.4	1.8	0.7	0.1	
女	**Female**	**100.0**	**100.0**	**100.0**	**100.0**	**100.0**
未上过学	Illiterate	1.7	0.7	1.1	5.1	3.8
小学	Primary School	9.7	5.4	8.6	24.7	20.8
初中	Junior School	32.9	27.7	42.0	48.0	48.8
高中	Senior School	14.5	15.0	20.3	11.7	14.7
中等职业教育	Medium Vocational Education	7.2	8.3	6.8	3.5	4.6
高等职业教育	High Vocational Education	2.0	2.3	2.6	1.0	1.6
大学专科	College	16.3	20.2	12.1	4.1	4.4
大学本科	University	14.3	18.6	6.2	1.7	1.3
研究生	Graduate	1.4	1.9	0.3	0.1	0.1

1-46 按年龄、性别分的城镇就业人员行业构成
SECTOR COMPOSITION OF URBAN EMPLOYMENT BY AGE AND SEX

单位：% (%)

年龄 Age	合 计 Total	农、林、牧、渔业 Farming, Forestry, Animal Husbandry and Fishery	采矿业 Mining	制造业 Manufacturing	电力、热力、燃气及水生产和供应业 Production and Supply of Electricity, Heat, Gas and Water	建筑业 Construction	批发和零售业 Wholesale and Retail Trades
总计 Total	**100.0**	**7.8**	**1.8**	**20.7**	**1.5**	**7.2**	**17.9**
16-19	100.0	5.7	0.3	29.2	0.1	4.1	19.6
20-24	100.0	3.5	0.9	25.0	0.9	6.1	19.6
25-29	100.0	3.3	1.4	22.4	1.3	6.3	20.7
30-34	100.0	3.5	1.6	21.8	1.5	6.1	20.1
35-39	100.0	4.3	1.9	21.0	1.6	6.7	20.0
40-44	100.0	6.1	2.4	21.3	1.9	8.1	17.8
45-49	100.0	8.4	2.4	20.4	1.7	8.2	16.4
50-54	100.0	11.7	2.5	17.7	1.9	8.7	13.9
55-59	100.0	20.9	1.5	14.8	1.6	8.4	11.9
60-64	100.0	40.7	0.5	11.2	0.7	8.2	10.3
65+	100.0	54.9	0.4	8.4	0.3	4.6	8.5
男 Male	**100.0**	**6.6**	**2.5**	**21.8**	**1.9**	**10.6**	**14.5**
16-19	100.0	6.5	0.4	30.9	0.1	6.8	13.1
20-24	100.0	3.6	1.3	28.4	1.1	9.0	16.6
25-29	100.0	2.9	2.0	24.7	1.6	9.6	17.0
30-34	100.0	3.1	2.2	23.4	1.9	9.3	16.0
35-39	100.0	3.6	2.5	21.8	1.9	9.9	15.8
40-44	100.0	5.2	3.3	21.2	2.2	12.3	14.0
45-49	100.0	6.8	3.4	20.4	2.1	12.2	13.3
50-54	100.0	8.0	3.3	18.8	2.5	11.6	12.4
55-59	100.0	13.5	1.9	16.4	2.1	10.7	10.9
60-64	100.0	33.3	0.8	12.9	1.0	12.4	10.5
65+	100.0	49.3	0.6	9.5	0.5	6.9	8.8
女 Female	**100.0**	**9.5**	**0.9**	**19.3**	**1.0**	**2.5**	**22.6**
16-19	100.0	4.6	0.1	26.9	0.2	0.7	28.2
20-24	100.0	3.5	0.3	20.6	0.7	2.3	23.6
25-29	100.0	3.9	0.7	19.4	0.9	2.2	25.3
30-34	100.0	4.0	0.8	19.8	1.0	2.2	25.1
35-39	100.0	5.3	1.1	20.1	1.1	2.6	25.3
40-44	100.0	7.3	1.3	21.3	1.4	2.9	22.6
45-49	100.0	10.6	1.2	20.4	1.2	3.1	20.5
50-54	100.0	19.5	0.7	15.4	0.8	2.7	17.0
55-59	100.0	41.2	0.5	10.7	0.3	2.0	14.5
60-64	100.0	53.8	0.2	8.2	0.1	0.9	9.9
65+	100.0	64.7	0.0	6.4	0.1	0.6	8.1

1-46 续表 1 continued

单位：% (%)

年龄 Age	交通运输、仓储和邮政业 Transport, Storage and Post	住宿和餐饮业 Hotels and Catering Services	信息传输、软件和信息技术服务业 Information Transmission, Software and Information Technology	金融业 Finance Inter-mediation	房地产业 Real Estate	租赁和商务服务业 Leasing and Business Services	科学研究和技术服务业 Scientific Research and Technical Services
总计 Total	**5.9**	**5.3**	**2.0**	**2.6**	**1.5**	**2.1**	**0.9**
16-19	2.7	13.1	1.9	0.8	0.8	1.5	0.6
20-24	3.9	6.9	3.8	3.3	1.8	3.1	1.1
25-29	5.3	5.5	3.3	4.1	1.7	2.8	1.1
30-34	5.6	5.4	3.3	3.1	1.7	2.3	1.1
35-39	6.8	5.0	2.1	2.2	1.5	2.0	0.7
40-44	7.1	5.2	1.2	2.4	1.2	1.6	0.7
45-49	6.7	5.2	0.9	2.4	1.5	1.7	0.7
50-54	6.3	4.4	0.7	2.0	1.6	1.7	0.8
55-59	5.8	4.0	0.5	1.4	1.9	1.6	0.5
60-64	2.3	3.6	0.2	0.4	1.5	1.3	0.2
65+	1.1	1.5	0.1	0.1	0.8	1.5	0.2
男 Male	**8.4**	**4.3**	**2.2**	**2.3**	**1.6**	**2.1**	**1.0**
16-19	3.8	13.2	2.3	1.1	1.0	1.9	1.1
20-24	5.3	7.0	4.1	2.8	2.0	2.8	1.1
25-29	7.4	5.0	3.5	3.4	1.7	2.8	1.1
30-34	8.3	5.0	3.7	2.5	1.8	2.2	1.3
35-39	10.2	4.2	2.4	1.9	1.5	2.1	0.9
40-44	10.3	3.7	1.4	2.1	1.2	1.6	0.8
45-49	9.9	3.4	1.0	2.2	1.5	1.9	0.8
50-54	8.5	2.9	0.8	2.0	1.7	1.9	0.9
55-59	7.4	2.9	0.5	1.6	2.3	1.9	0.7
60-64	3.3	3.0	0.2	0.4	1.9	1.4	0.3
65+	1.7	1.4	0.2	0.2	1.1	1.6	0.3
女 Female	**2.3**	**6.6**	**1.8**	**3.1**	**1.4**	**2.1**	**0.7**
16-19	1.1	13.0	1.3	0.4	0.6	1.1	
20-24	2.1	6.8	3.5	4.0	1.6	3.5	1.0
25-29	2.6	6.2	3.0	4.9	1.7	2.9	1.0
30-34	2.2	5.9	2.8	3.7	1.6	2.4	0.9
35-39	2.4	6.1	1.8	2.5	1.5	2.0	0.5
40-44	2.9	7.1	1.0	2.7	1.2	1.6	0.6
45-49	2.5	7.6	0.7	2.7	1.5	1.5	0.6
50-54	1.7	7.4	0.5	2.0	1.3	1.1	0.6
55-59	1.3	7.0	0.2	0.8	1.0	0.8	0.2
60-64	0.6	4.6	0.1	0.3	0.7	1.1	0.0
65+	0.1	1.7		0.1	0.2	1.2	0.1

1-46 续表 2 continued

单位：% (%)

年龄 Age	水利、环境和公共设施管理业 Management of Water Conservancy Environment and Public Establishment	居民服务、修理和其他服务业 Services to Household, Repair and Other Services	教 育 Education	卫生和社会工作 Health and Social Service	文化、体育和娱乐业 Culture Sports and Entertainment	公共管理、社会保障和社会组织 Public Management, Social Security and Social Organization	国际组织 International Organizations
总计 Total	**0.8**	**5.5**	**5.3**	**3.1**	**1.1**	**7.0**	**0.0**
16-19	0.5	10.5	2.9	2.1	1.8	1.9	
20-24	0.5	5.6	4.0	4.2	1.9	3.8	0.0
25-29	0.5	5.2	4.4	3.4	1.5	5.8	
30-34	0.6	4.8	6.1	3.5	1.3	6.7	0.0
35-39	0.7	4.8	6.7	3.0	1.0	7.8	
40-44	0.7	5.2	5.5	2.9	0.9	7.8	0.0
45-49	0.9	5.7	5.3	2.5	0.8	7.9	0.0
50-54	1.2	6.1	5.9	2.8	0.9	9.4	0.0
55-59	1.4	6.6	4.5	2.5	0.8	9.4	0.0
60-64	1.6	8.9	1.9	2.0	0.5	4.1	
65+	1.7	9.0	1.4	2.4	0.3	2.8	
男 Male	**0.9**	**5.2**	**3.5**	**1.9**	**1.1**	**7.8**	**0.0**
16-19	0.6	11.6	0.6	0.4	2.4	2.4	
20-24	0.5	5.7	1.2	1.5	1.9	4.0	0.0
25-29	0.6	5.5	2.1	1.5	1.6	6.0	
30-34	0.8	4.8	3.2	1.9	1.2	7.4	
35-39	0.7	4.6	4.4	2.1	0.9	8.5	
40-44	0.8	4.5	3.8	2.0	0.8	8.7	0.0
45-49	0.9	4.8	4.0	1.7	0.7	8.8	0.0
50-54	1.2	5.2	5.1	2.1	0.8	10.4	0.0
55-59	1.5	5.9	5.0	2.3	0.8	11.6	0.0
60-64	1.5	7.4	2.1	2.2	0.4	5.2	
65+	1.8	7.9	1.6	2.7	0.4	3.7	
女 Female	**0.7**	**6.0**	**7.7**	**4.7**	**1.2**	**5.8**	**0.0**
16-19	0.4	9.1	5.9	4.3	1.0	1.1	
20-24	0.4	5.5	7.5	7.8	1.9	3.6	
25-29	0.4	4.9	7.4	5.8	1.4	5.4	
30-34	0.5	4.7	9.7	5.4	1.5	5.9	0.0
35-39	0.6	5.1	9.6	4.3	1.1	7.0	
40-44	0.7	6.1	7.5	4.0	1.1	6.6	0.0
45-49	0.8	6.9	7.0	3.5	1.0	6.6	
50-54	1.3	7.8	7.4	4.3	1.0	7.5	
55-59	1.2	8.3	3.1	3.0	0.6	3.4	
60-64	1.8	11.4	1.6	1.7	0.8	2.2	
65+	1.7	11.0	1.0	1.8	0.1	1.1	

1-47 按行业、性别分的城镇就业人员年龄构成
AGE COMPOSITION OF URBAN EMPLOYMENT BY SECTOR AND SEX

单位：% (%)

年龄 Age	合 计 Total	农、林、牧、渔业 Farming, Forestry, Animal Husbandry and Fishery	采矿业 Mining	制造业 Manufacturing	电力、热力、燃气及水生产和供应业 Production and Supply of Electricity, Heat, Gas and Water	建筑业 Construction	批发和零售业 Wholesale and Retail Trades
总计 Total	**100.0**	**100.0**	**100.0**	**100.0**	**100.0**	**100.0**	**100.0**
16-19	1.2	0.9	0.2	1.7	0.1	0.7	1.3
20-24	8.6	3.9	4.2	10.4	5.2	7.3	9.4
25-29	14.9	6.3	11.5	16.1	12.6	13.1	17.2
30-34	15.0	6.7	13.4	15.8	14.9	12.8	16.8
35-39	13.3	7.4	13.8	13.5	14.0	12.5	14.9
40-44	16.0	12.5	21.4	16.4	19.7	18.1	15.9
45-49	13.1	14.1	17.5	12.9	15.2	15.0	12.0
50-54	9.6	14.4	13.1	8.2	12.2	11.6	7.4
55-59	4.6	12.2	3.9	3.3	4.8	5.4	3.0
60-64	2.3	11.8	0.7	1.2	1.0	2.6	1.3
65+	1.4	9.8	0.3	0.6	0.3	0.9	0.7
男 Male	**100.0**	**100.0**	**100.0**	**100.0**	**100.0**	**100.0**	**100.0**
16-19	1.2	1.2	0.2	1.7	0.1	0.8	1.1
20-24	8.4	4.5	4.5	10.9	4.9	7.1	9.6
25-29	14.2	6.3	11.2	16.2	12.1	13.0	16.6
30-34	14.3	6.7	12.8	15.3	14.3	12.5	15.7
35-39	12.8	7.0	12.8	12.8	13.3	12.1	14.0
40-44	15.4	12.1	20.6	15.0	18.1	17.9	14.9
45-49	12.8	13.1	17.4	12.0	14.6	14.7	11.7
50-54	11.1	13.4	14.8	9.6	14.6	12.2	9.5
55-59	5.8	11.7	4.5	4.3	6.3	5.9	4.3
60-64	2.5	12.6	0.8	1.5	1.3	2.9	1.8
65+	1.5	11.5	0.4	0.7	0.4	1.0	0.9
女 Female	**100.0**	**100.0**	**100.0**	**100.0**	**100.0**	**100.0**	**100.0**
16-19	1.2	0.6	0.2	1.7	0.2	0.4	1.6
20-24	8.9	3.3	3.0	9.5	5.9	8.2	9.3
25-29	15.8	6.4	13.0	15.9	13.7	14.1	17.7
30-34	16.1	6.7	15.8	16.5	16.6	14.4	17.9
35-39	14.1	7.8	17.5	14.6	15.8	14.9	15.8
40-44	16.8	12.8	24.4	18.5	23.7	19.4	16.8
45-49	13.5	15.0	18.0	14.3	16.9	16.8	12.2
50-54	7.5	15.4	6.2	6.0	5.8	8.3	5.7
55-59	2.9	12.6	1.7	1.6	0.9	2.4	1.9
60-64	2.0	11.1	0.3	0.8	0.3	0.8	0.9
65+	1.2	8.2	0.0	0.4	0.1	0.3	0.4

1-47 续表 1 continued

单位：% (%)

年龄 Age	交通运输、仓储和邮政业 Transport, Storage and Post	住宿和餐饮业 Hotels and Catering Services	信息传输、软件和信息技术服务业 Information Transmission, Software and Information Technology	金融业 Finance Inter-mediation	房地产业 Real Estate	租赁和商务服务业 Leasing and Business Services	科学研究和技术服务业 Scientific Research and Technical Services
总计 Total	**100.0**	**100.0**	**100.0**	**100.0**	**100.0**	**100.0**	**100.0**
16-19	0.6	3.0	1.1	0.4	0.6	0.9	0.9
20-24	5.8	11.2	16.3	10.9	10.0	12.8	10.7
25-29	13.4	15.6	24.1	23.1	16.5	20.1	19.0
30-34	14.4	15.4	24.5	17.6	16.6	16.5	20.2
35-39	15.5	12.7	14.1	11.1	13.0	12.9	11.6
40-44	19.3	15.8	9.8	14.6	12.2	12.5	13.8
45-49	15.1	13.0	5.6	12.1	12.6	10.8	11.1
50-54	10.3	7.9	3.2	7.2	9.9	7.6	9.0
55-59	4.5	3.4	1.0	2.5	5.7	3.5	2.9
60-64	0.9	1.5	0.2	0.3	2.2	1.4	0.5
65+	0.3	0.4	0.1	0.1	0.7	1.0	0.3
男 Male	**100.0**	**100.0**	**100.0**	**100.0**	**100.0**	**100.0**	**100.0**
16-19	0.5	3.6	1.2	0.6	0.7	1.0	1.3
20-24	5.3	13.7	15.8	10.4	10.1	11.1	9.6
25-29	12.6	16.7	23.1	21.1	14.9	18.5	17.0
30-34	14.2	16.5	24.4	15.9	15.8	15.0	19.9
35-39	15.6	12.5	14.0	10.7	11.7	12.6	12.5
40-44	18.9	13.3	10.0	14.4	11.1	11.8	13.2
45-49	15.1	10.2	5.7	12.6	11.7	11.6	10.6
50-54	11.3	7.5	3.9	9.6	11.8	10.2	10.7
55-59	5.1	3.8	1.5	4.2	8.1	5.2	4.1
60-64	1.0	1.7	0.3	0.5	2.9	1.7	0.7
65+	0.3	0.5	0.1	0.1	1.1	1.2	0.4
女 Female	**100.0**	**100.0**	**100.0**	**100.0**	**100.0**	**100.0**	**100.0**
16-19	0.6	2.4	0.9	0.1	0.5	0.6	
20-24	8.2	9.1	17.2	11.5	9.7	15.2	12.8
25-29	17.5	14.7	25.8	25.2	19.0	22.2	22.6
30-34	15.4	14.4	24.7	19.4	17.8	18.5	20.9
35-39	14.8	12.9	14.2	11.6	14.9	13.4	9.9
40-44	21.1	18.0	9.4	14.8	13.9	13.5	15.0
45-49	14.8	15.5	5.4	11.7	13.9	9.7	12.0
50-54	5.5	8.3	2.0	4.8	6.9	3.9	5.9
55-59	1.6	3.1	0.3	0.7	2.0	1.1	0.6
60-64	0.5	1.4	0.1	0.2	1.0	1.1	0.1
65+	0.1	0.3		0.0	0.2	0.7	0.1

1-47 续表 2 continued

单位：% (%)

年龄 Age	水利、环境和公共设施管理业 Management of Water Conservancy Environment and Public Establishment	居民服务、修理和其他服务业 Services to Household, Repair and Other Services	教育 Education	卫生和社会工作 Health and Social Service	文化、体育和娱乐业 Culture Sports and Entertainment	公共管理、社会保障和社会组织 Public Management, Social Security and Social Organization	国际组织 International Organizations
总计 Total	**100.0**	**100.0**	**100.0**	**100.0**	**100.0**	**100.0**	**100.0**
16-19	0.8	2.3	0.7	0.8	1.9	0.3	
20-24	5.0	8.7	6.5	11.8	14.5	4.7	32.3
25-29	9.2	14.0	12.5	16.5	20.1	12.2	
30-34	12.0	12.9	17.6	17.0	17.3	14.4	14.9
35-39	11.5	11.6	17.1	13.2	11.5	14.9	
40-44	15.2	15.1	16.6	14.9	12.9	17.7	32.6
45-49	15.0	13.5	13.3	10.7	9.6	14.7	8.5
50-54	15.1	10.5	10.7	8.9	7.6	12.9	6.5
55-59	8.4	5.4	3.9	3.7	3.2	6.2	5.2
60-64	4.8	3.6	0.8	1.5	1.0	1.3	
65+	3.1	2.3	0.4	1.1	0.4	0.6	
男 Male	**100.0**	**100.0**	**100.0**	**100.0**	**100.0**	**100.0**	**100.0**
16-19	0.8	2.6	0.2	0.2	2.6	0.4	
20-24	4.8	9.2	3.0	6.7	15.1	4.3	52.7
25-29	9.6	15.1	8.4	11.2	21.3	10.9	
30-34	12.6	13.0	13.3	14.4	15.8	13.5	
35-39	10.3	11.3	16.4	14.2	10.8	13.8	
40-44	14.6	13.4	17.0	16.5	10.9	17.1	14.3
45-49	14.0	11.8	14.9	12.0	8.5	14.4	13.9
50-54	15.5	11.1	16.3	12.5	8.8	14.7	10.6
55-59	10.3	6.6	8.3	7.1	4.6	8.6	8.4
60-64	4.4	3.5	1.5	3.0	0.9	1.7	
65+	3.2	2.3	0.7	2.2	0.6	0.7	
女 Female	**100.0**	**100.0**	**100.0**	**100.0**	**100.0**	**100.0**	**100.0**
16-19	0.7	1.9	1.0	1.1	1.1	0.2	
20-24	5.3	8.1	8.7	14.6	13.7	5.5	
25-29	8.5	12.8	15.1	19.3	18.6	14.7	
30-34	10.9	12.8	20.2	18.4	19.2	16.2	38.6
35-39	13.6	11.9	17.5	12.6	12.4	16.8	
40-44	16.3	17.2	16.4	14.0	15.2	18.9	61.4
45-49	16.7	15.5	12.3	10.0	10.8	15.3	
50-54	14.4	9.8	7.2	6.9	6.1	9.6	
55-59	5.2	4.1	1.2	1.9	1.5	1.7	
60-64	5.4	3.8	0.4	0.7	1.2	0.7	
65+	3.1	2.2	0.2	0.5	0.1	0.2	

1-48　按受教育程度、性别分的城镇就业人员行业构成
SECTOR COMPOSITION OF URBAN EMPLOYMENT BY EDUCATIONAL ATTAINMENT AND SEX

单位：%　　(%)

受教育程度	Educational Attainment	合　计 Total	农、林、牧、渔业 Farming, Forestry, Animal Husbandry and Fishery	采矿业 Mining	制造业 Manufacturing	电力、热力、燃气及水生产和供应业 Production and Supply of Electricity, Heat, Gas and Water	建筑业 Construction	批发和零售业 Wholesale and Retail Trades
总　计	**Total**	**100.0**	**7.8**	**1.8**	**20.7**	**1.5**	**7.2**	**17.9**
未上过学	Illiterate	100.0	47.7	0.8	10.2	0.2	6.5	10.5
小　学	Primary School	100.0	31.3	0.9	17.7	0.3	11.5	14.0
初　中	Junior School	100.0	11.0	1.9	24.8	0.8	10.5	19.7
高　中	Senior School	100.0	3.7	2.2	23.4	1.9	6.1	23.8
中等职业教育	Medium Vocational Education	100.0	1.4	2.8	25.1	2.3	4.1	21.2
高等职业教育	High Vocational Education	100.0	1.0	2.4	21.6	2.1	4.5	22.9
大学专科	College	100.0	0.9	1.8	17.1	2.3	4.3	16.3
大学本科	University	100.0	0.4	1.2	12.3	2.1	3.4	9.7
研究生	Graduate	100.0	0.1	0.6	11.7	1.8	1.4	4.7
男	**Male**	**100.0**	**6.6**	**2.5**	**21.8**	**1.9**	**10.6**	**14.5**
未上过学	Illiterate	100.0	37.7	2.0	10.4	0.4	13.2	11.0
小　学	Primary School	100.0	26.5	1.6	16.3	0.5	18.7	11.9
初　中	Junior School	100.0	9.6	2.8	23.7	1.2	15.7	14.8
高　中	Senior School	100.0	3.8	2.7	25.0	2.2	8.6	18.2
中等职业教育	Medium Vocational Education	100.0	1.7	3.7	28.5	2.6	5.6	15.8
高等职业教育	High Vocational Education	100.0	0.8	3.2	24.7	2.3	6.4	20.0
大学专科	College	100.0	1.0	2.4	19.7	2.8	5.7	14.5
大学本科	University	100.0	0.4	1.6	14.4	2.7	4.4	9.8
研究生	Graduate	100.0	0.2	0.8	14.0	1.8	1.9	4.5
女	**Female**	**100.0**	**9.5**	**0.9**	**19.3**	**1.0**	**2.5**	**22.6**
未上过学	Illiterate	100.0	52.9	0.1	10.1	0.0	3.0	10.3
小　学	Primary School	100.0	36.3	0.2	19.1	0.1	4.1	16.2
初　中	Junior School	100.0	13.1	0.6	26.4	0.4	2.7	27.2
高　中	Senior School	100.0	3.6	1.4	20.8	1.2	1.7	33.5
中等职业教育	Medium Vocational Education	100.0	1.2	1.5	20.5	2.0	1.9	28.5
高等职业教育	High Vocational Education	100.0	1.2	1.2	17.0	1.8	1.7	27.3
大学专科	College	100.0	0.7	1.1	13.8	1.6	2.4	18.5
大学本科	University	100.0	0.4	0.8	9.8	1.5	2.1	9.6
研究生	Graduate	100.0	0.0	0.4	8.5	1.7	0.8	5.0

1-48 续表 1 continued

单位：% (%)

受教育程度	Educational Attainment	交通运输、仓储和邮政业 Transport, Storage and Post	住宿和餐饮业 Hotels and Catering Services	信息传输、软件和信息技术服务业 Information Transmission Software and Information Technology	金融业 Finance Inter-mediation	房地产业 Real Estate	租赁和商务服务业 Leasing and Business Services	科学研究和技术服务业 Scientific Research and Technical Services
总　计	**Total**	**5.9**	**5.3**	**2.0**	**2.6**	**1.5**	**2.1**	**0.9**
未上过学	Illiterate	3.0	5.2	0.4	0.3	1.0	1.0	0.1
小　学	Primary School	4.2	6.1	0.2	0.2	0.9	1.0	0.1
初　中	Junior School	7.2	7.5	0.5	0.6	1.2	1.6	0.3
高　中	Senior School	7.4	6.4	1.3	1.9	1.7	2.1	0.6
中等职业教育	Medium Vocational Education	6.2	5.1	2.1	1.9	1.9	2.0	0.8
高等职业教育	High Vocational Education	6.5	5.0	2.3	2.5	2.2	2.7	0.6
大学专科	College	4.8	2.6	3.8	5.3	2.1	2.9	1.4
大学本科	University	3.2	1.3	5.4	7.3	1.8	3.1	2.2
研究生	Graduate	1.7	0.4	6.5	6.8	1.0	3.2	5.6
男	**Male**	**8.4**	**4.3**	**2.2**	**2.3**	**1.6**	**2.1**	**1.0**
未上过学	Illiterate	6.9	2.8	1.0	0.2	1.2	1.1	0.2
小　学	Primary School	7.1	4.0	0.2	0.2	1.0	1.3	0.1
初　中	Junior School	10.7	5.7	0.5	0.5	1.3	1.7	0.3
高　中	Senior School	10.1	5.3	1.4	1.6	1.7	2.2	0.7
中等职业教育	Medium Vocational Education	8.5	5.1	2.3	1.6	2.1	2.0	0.9
高等职业教育	High Vocational Education	8.9	4.4	2.4	2.2	1.9	2.9	0.5
大学专科	College	6.1	2.5	4.0	4.8	2.2	2.6	1.6
大学本科	University	3.7	1.2	6.2	6.4	1.9	2.9	2.5
研究生	Graduate	2.0	0.4	7.8	7.3	0.8	3.2	6.4
女	**Female**	**2.3**	**6.6**	**1.8**	**3.1**	**1.4**	**2.1**	**0.7**
未上过学	Illiterate	1.0	6.5	0.1	0.4	0.9	0.9	
小　学	Primary School	1.1	8.2	0.2	0.2	0.8	0.8	0.1
初　中	Junior School	2.0	10.3	0.5	0.6	1.0	1.3	0.2
高　中	Senior School	2.8	8.3	1.3	2.4	1.6	1.9	0.4
中等职业教育	Medium Vocational Education	2.9	5.1	1.9	2.3	1.5	1.9	0.5
高等职业教育	High Vocational Education	2.9	5.8	2.3	3.1	2.7	2.6	0.7
大学专科	College	3.1	2.9	3.4	6.0	2.0	3.3	1.1
大学本科	University	2.5	1.4	4.5	8.6	1.8	3.3	2.0
研究生	Graduate	1.3	0.4	4.7	6.1	1.3	3.3	4.4

1-48 续表 2 continued

单位：% (%)

受教育程度	Educational Attainment	水利、环境和公共设施管理业 Management of Water Conservancy Environment and Public Establishment	居民服务、修理和其他服务业 Services to Household, Repair and Other Services	教 育 Education	卫生和社会工作 Health and Social Service	文化、体育和娱乐业 Culture Sports and Entertainment	公共管理、社会保障和社会组织 Public Management, Social Security and Social Organization	国际组织 International Organizations
总 计	**Total**	**0.8**	**5.5**	**5.3**	**3.1**	**1.1**	**7.0**	**0.0**
未上过学	Illiterate	1.6	7.9	1.1	1.0	0.3	1.5	
小 学	Primary School	1.1	7.4	0.7	0.6	0.5	1.2	0.0
初 中	Junior School	0.7	7.2	1.1	0.7	0.7	2.0	0.0
高 中	Senior School	0.8	6.4	2.1	1.5	1.1	5.7	0.0
中等职业教育	Medium Vocational Education	0.6	5.8	4.3	5.4	1.4	5.9	
高等职业教育	High Vocational Education	0.8	4.7	5.0	4.3	1.7	7.1	
大学专科	College	0.9	3.3	8.6	6.4	1.6	13.7	0.0
大学本科	University	0.8	1.9	17.4	6.9	1.9	17.7	0.0
研究生	Graduate	0.7	0.9	29.4	8.8	1.7	12.8	
男	**Male**	**0.9**	**5.2**	**3.5**	**1.9**	**1.1**	**7.8**	**0.0**
未上过学	Illiterate	1.3	7.4	0.9	1.3	0.1	1.2	
小 学	Primary School	1.1	6.6	0.7	0.5	0.4	1.3	
初 中	Junior School	0.7	6.7	0.7	0.5	0.6	2.3	0.0
高 中	Senior School	0.9	6.1	1.3	1.0	1.1	6.2	0.0
中等职业教育	Medium Vocational Education	0.8	5.9	2.3	2.5	1.6	6.5	
高等职业教育	High Vocational Education	0.9	4.5	2.5	2.0	1.4	8.2	
大学专科	College	1.0	2.9	5.4	3.4	1.5	15.9	0.0
大学本科	University	0.9	1.9	12.4	4.8	1.9	20.3	0.0
研究生	Graduate	0.9	0.8	23.8	8.4	1.3	13.7	
女	**Female**	**0.7**	**6.0**	**7.7**	**4.7**	**1.2**	**5.8**	**0.0**
未上过学	Illiterate	1.7	8.1	1.2	0.8	0.4	1.6	
小 学	Primary School	1.0	8.3	0.8	0.8	0.6	1.1	0.0
初 中	Junior School	0.6	8.0	1.6	1.1	0.9	1.6	
高 中	Senior School	0.5	7.1	3.3	2.3	1.1	4.8	
中等职业教育	Medium Vocational Education	0.3	5.6	7.0	9.3	1.1	5.0	
高等职业教育	High Vocational Education	0.5	5.0	8.6	7.8	2.1	5.6	
大学专科	College	0.8	3.7	12.7	10.2	1.7	10.9	
大学本科	University	0.6	1.8	23.5	9.5	1.9	14.5	0.0
研究生	Graduate	0.5	1.1	37.2	9.2	2.3	11.7	

1-49 按行业、性别分的城镇就业人员受教育程度构成
EDUCATIONAL ATTAINMENT COMPOSITION OF URBAN EMPLOYMENT BY SECTOR AND SEX

单位：% (%)

受教育程度	Educational Attainment	合计 Total	农、林、牧、渔业 Farming, Forestry, Animal Husbandry and Fishery	采矿业 Mining	制造业 Manufacturing	电力、热力、燃气及水生产和供应业 Production and Supply of Electricity, Heat, Gas and Water	建筑业 Construction	批发和零售业 Wholesale and Retail Trades
总　计	**Total**	**100.0**	**100.0**	**100.0**	**100.0**	**100.0**	**100.0**	**100.0**
未上过学	Illiterate	1.1	6.4	0.4	0.5	0.1	1.0	0.6
小　学	Primary School	8.3	33.2	4.2	7.1	1.8	13.3	6.5
初　中	Junior School	34.5	48.5	36.5	41.3	19.4	50.5	38.0
高　中	Senior School	16.6	7.9	20.1	18.8	20.6	14.1	22.1
中等职业教育	Medium Vocational Education	7.2	1.3	11.0	8.7	11.0	4.1	8.5
高等职业教育	High Vocational Education	2.1	0.3	2.8	2.2	3.0	1.3	2.7
大学专科	College	15.4	1.7	15.5	12.7	23.6	9.2	14.0
大学本科	University	13.4	0.7	9.1	8.0	18.9	6.3	7.2
研究生	Graduate	1.4	0.0	0.5	0.8	1.6	0.3	0.4
男	**Male**	**100.0**	**100.0**	**100.0**	**100.0**	**100.0**	**100.0**	**100.0**
未上过学	Illiterate	0.6	3.5	0.5	0.3	0.1	0.8	0.5
小　学	Primary School	7.3	29.2	4.7	5.4	1.9	12.9	5.9
初　中	Junior School	35.7	51.9	39.5	38.9	22.1	52.9	36.3
高　中	Senior School	18.1	10.4	19.4	20.8	21.6	14.8	22.7
中等职业教育	Medium Vocational Education	7.2	1.8	10.5	9.3	9.8	3.8	7.8
高等职业教育	High Vocational Education	2.2	0.3	2.8	2.5	2.7	1.3	3.0
大学专科	College	14.8	2.2	14.1	13.4	22.3	8.0	14.8
大学本科	University	12.7	0.8	8.1	8.4	18.1	5.3	8.6
研究生	Graduate	1.4	0.0	0.4	0.9	1.3	0.3	0.4
女	**Female**	**100.0**	**100.0**	**100.0**	**100.0**	**100.0**	**100.0**	**100.0**
未上过学	Illiterate	1.7	9.2	0.2	0.9	0.1	2.0	0.8
小　学	Primary School	9.7	37.2	2.0	9.6	1.5	16.1	7.0
初　中	Junior School	32.9	45.2	24.6	44.9	12.3	36.1	39.5
高　中	Senior School	14.5	5.5	22.8	15.6	18.1	10.3	21.5
中等职业教育	Medium Vocational Education	7.2	0.9	12.7	7.6	14.2	5.6	9.1
高等职业教育	High Vocational Education	2.0	0.3	2.8	1.8	3.7	1.4	2.5
大学专科	College	16.3	1.2	21.2	11.6	26.9	16.0	13.3
大学本科	University	14.3	0.6	13.1	7.3	21.0	12.1	6.1
研究生	Graduate	1.4	0.0	0.7	0.6	2.4	0.5	0.3

1-49 续表 1 continued

单位：%　　　　(%)

受教育程度	Educational Attainment	交通运输、仓储和邮政业 Transport, Storage and Post	住宿和餐饮业 Hotels and Catering Services	信息传输、软件和信息技术服务业 Information Transmission, Software and Information Technology	金融业 Finance Inter-mediation	房地产业 Real Estate	租赁和商务服务业 Leasing and Business Services	科学研究和技术服务业 Scientific Research and Technical Services
总　计	**Total**	**100.0**	**100.0**	**100.0**	**100.0**	**100.0**	**100.0**	**100.0**
未上过学	Illiterate	0.5	1.0	0.2	0.1	0.7	0.5	0.1
小　学	Primary School	5.9	9.6	0.7	0.7	5.0	4.0	1.1
初　中	Junior School	42.5	49.3	8.6	7.3	26.2	25.9	10.4
高　中	Senior School	21.0	20.1	11.0	12.1	18.4	16.5	11.1
中等职业教育	Medium Vocational Education	7.5	6.9	7.6	5.2	8.7	6.7	6.4
高等职业教育	High Vocational Education	2.3	2.0	2.4	2.1	3.1	2.8	1.4
大学专科	College	12.6	7.7	28.9	31.3	21.1	21.5	25.1
大学本科	University	7.2	3.3	36.0	37.6	16.0	19.9	35.2
研究生	Graduate	0.4	0.1	4.5	3.6	1.0	2.2	9.1
男	**Male**	**100.0**	**100.0**	**100.0**	**100.0**	**100.0**	**100.0**	**100.0**
未上过学	Illiterate	0.5	0.4	0.3	0.1	0.5	0.3	0.1
小　学	Primary School	6.2	6.7	0.5	0.7	4.7	4.3	1.1
初　中	Junior School	45.4	47.7	8.7	7.9	28.0	29.1	11.4
高　中	Senior School	21.7	22.3	11.6	13.0	19.6	18.6	12.4
中等职业教育	Medium Vocational Education	7.3	8.4	7.6	5.0	9.5	6.9	7.0
高等职业教育	High Vocational Education	2.3	2.2	2.4	2.1	2.5	2.9	1.2
大学专科	College	10.7	8.6	27.7	31.2	19.8	18.2	25.0
大学本科	University	5.6	3.5	36.3	35.6	14.6	17.5	32.6
研究生	Graduate	0.3	0.1	5.0	4.4	0.7	2.1	9.3
女	**Female**	**100.0**	**100.0**	**100.0**	**100.0**	**100.0**	**100.0**	**100.0**
未上过学	Illiterate	0.7	1.6	0.1	0.2	1.0	0.7	
小　学	Primary School	4.6	12.1	0.9	0.8	5.4	3.6	1.1
初　中	Junior School	27.7	50.7	8.3	6.8	23.3	21.3	8.6
高　中	Senior School	17.4	18.2	10.2	11.2	16.3	13.6	8.7
中等职业教育	Medium Vocational Education	8.8	5.5	7.7	5.3	7.3	6.5	5.3
高等职业教育	High Vocational Education	2.6	1.8	2.6	2.0	3.9	2.5	2.0
大学专科	College	21.9	7.0	31.0	31.4	23.2	26.2	25.5
大学本科	University	15.5	3.0	35.5	39.5	18.2	23.3	40.0
研究生	Graduate	0.8	0.1	3.7	2.8	1.3	2.3	8.8

1-49 续表 2 continued

单位：% (%)

受教育程度	Educational Attainment	水利、环境和公共设施管理业 Management of Water Conservancy Environment and Public Establishment	居民服务、修理和其他服务业 Services to Household, Repair and Other Services	教 育 Education	卫生和社会工作 Health and Social Service	文化、体育和娱乐业 Culture Sports and Entertainment	公共管理、社会保障和社会组织 Public Management, Social Security and Social Organization	国际组织 International Organizations
总 计	**Total**	**100.0**	**100.0**	**100.0**	**100.0**	**100.0**	**100.0**	**100.0**
未上过学	Illiterate	2.1	1.5	0.2	0.3	0.3	0.2	
小 学	Primary School	11.6	11.1	1.2	1.7	3.5	1.4	17.8
初 中	Junior School	30.2	44.8	6.9	8.4	22.9	10.1	5.2
高 中	Senior School	16.5	19.4	6.5	7.9	15.5	13.5	8.8
中等职业教育	Medium Vocational Education	5.5	7.5	5.8	12.6	8.8	6.0	
高等职业教育	High Vocational Education	2.0	1.8	2.0	3.0	3.2	2.2	
大学专科	College	17.4	9.2	25.3	32.1	21.7	30.2	38.8
大学本科	University	13.3	4.5	44.3	30.0	22.1	33.9	29.5
研究生	Graduate	1.3	0.2	7.8	4.0	2.1	2.6	
男	**Male**	**100.0**	**100.0**	**100.0**	**100.0**	**100.0**	**100.0**	**100.0**
未上过学	Illiterate	0.9	0.9	0.2	0.4	0.0	0.1	
小 学	Primary School	9.5	9.2	1.4	2.0	2.6	1.2	
初 中	Junior School	29.5	45.6	7.3	10.1	21.2	10.7	8.4
高 中	Senior School	19.6	21.2	6.9	9.7	18.0	14.3	14.3
中等职业教育	Medium Vocational Education	6.5	8.1	4.7	9.6	10.5	6.0	
高等职业教育	High Vocational Education	2.3	1.9	1.6	2.3	2.9	2.3	
大学专科	College	16.9	8.4	22.9	27.1	20.9	30.1	63.3
大学本科	University	13.3	4.7	45.5	32.7	22.3	33.0	13.9
研究生	Graduate	1.5	0.2	9.5	6.2	1.6	2.4	
女	**Female**	**100.0**	**100.0**	**100.0**	**100.0**	**100.0**	**100.0**	**100.0**
未上过学	Illiterate	4.2	2.2	0.3	0.3	0.6	0.5	
小 学	Primary School	15.2	13.5	1.0	1.6	4.6	1.8	46.0
初 中	Junior School	31.6	43.7	6.7	7.5	24.9	8.9	
高 中	Senior School	11.0	17.2	6.3	6.9	12.6	12.0	
中等职业教育	Medium Vocational Education	3.7	6.8	6.5	14.2	6.6	6.2	
高等职业教育	High Vocational Education	1.6	1.7	2.3	3.3	3.6	1.9	
大学专科	College	18.3	10.2	26.7	34.8	22.6	30.4	
大学本科	University	13.4	4.4	43.5	28.6	21.9	35.5	54.0
研究生	Graduate	1.0	0.3	6.8	2.7	2.6	2.8	

1-50 按年龄、性别分的城镇就业人员职业构成
OCCUPATION COMPOSITION OF URBAN EMPLOYMENT BY AGE AND SEX

单位：% (%)

年龄 Age	合计 Total	单位负责人 Unit Heads	专业技术人员 Professional and Technical Personnel	办事人员和有关人员 Clerk and Related Workers	商业、服务业人员 Business Service Personnel	农林牧渔水利业生产人员 Agriculture and Water Conservancy Labors	生产运输设备操作人员及有关人员 Production, Transport Equipment Operators and Related Workers	其他 Others
总计 Total	**100.0**	**3.1**	**17.2**	**15.4**	**33.0**	**7.5**	**23.3**	**0.5**
16-19	100.0	0.7	10.0	8.4	43.5	5.7	31.1	0.6
20-24	100.0	1.4	19.5	14.2	36.7	3.3	24.3	0.6
25-29	100.0	2.4	20.5	16.1	35.3	3.2	22.1	0.4
30-34	100.0	3.4	21.0	16.4	33.9	3.3	21.6	0.4
35-39	100.0	4.0	18.9	16.0	33.8	4.1	22.7	0.5
40-44	100.0	3.5	16.7	14.8	32.9	5.8	25.8	0.5
45-49	100.0	3.7	14.7	14.9	32.3	8.1	25.9	0.5
50-54	100.0	3.7	14.2	17.3	29.0	11.3	23.9	0.6
55-59	100.0	3.1	10.7	17.9	27.4	20.2	20.0	0.6
60-64	100.0	1.6	5.8	9.9	26.2	40.0	15.9	0.6
65+	100.0	1.0	5.2	6.7	22.7	54.1	10.0	0.4
男 Male	**100.0**	**3.9**	**15.0**	**16.5**	**28.4**	**6.3**	**29.3**	**0.5**
16-19	100.0	0.8	8.5	9.1	37.1	6.5	37.6	0.4
20-24	100.0	1.6	15.7	12.8	33.6	3.3	32.4	0.6
25-29	100.0	2.8	17.0	15.1	32.0	2.9	29.8	0.5
30-34	100.0	4.1	17.7	16.4	30.4	2.9	28.1	0.4
35-39	100.0	5.1	16.6	16.8	29.1	3.4	28.6	0.5
40-44	100.0	4.7	14.9	16.2	27.1	4.9	31.7	0.5
45-49	100.0	4.9	13.4	16.8	26.3	6.4	31.7	0.5
50-54	100.0	4.6	13.7	20.3	24.3	7.6	29.0	0.7
55-59	100.0	3.8	12.2	22.4	24.2	12.9	23.8	0.7
60-64	100.0	2.3	6.8	13.6	23.0	32.5	21.2	0.6
65+	100.0	1.4	6.7	9.1	21.7	48.3	12.4	0.4
女 Female	**100.0**	**2.0**	**20.2**	**13.9**	**39.3**	**9.2**	**14.9**	**0.5**
16-19	100.0	0.5	12.0	7.5	51.7	4.8	22.7	0.8
20-24	100.0	1.1	24.5	16.0	40.9	3.3	13.8	0.5
25-29	100.0	1.8	24.8	17.3	39.5	3.7	12.5	0.4
30-34	100.0	2.6	25.0	16.4	38.1	3.7	13.8	0.4
35-39	100.0	2.6	21.9	14.9	39.7	5.1	15.3	0.5
40-44	100.0	2.0	19.0	13.0	40.2	7.0	18.4	0.5
45-49	100.0	2.2	16.3	12.3	40.1	10.3	18.2	0.6
50-54	100.0	1.8	15.3	11.3	38.8	19.0	13.4	0.4
55-59	100.0	1.4	6.6	5.7	36.4	40.0	9.4	0.4
60-64	100.0	0.5	4.0	3.4	32.0	53.0	6.5	0.6
65+	100.0	0.3	2.7	2.4	24.4	64.2	5.7	0.3

1-51 按职业、性别分的城镇就业人员年龄构成
AGE COMPOSITION OF URBAN EMPLOYMENT BY OCCUPATION AND SEX

单位：% (%)

年龄 Age	合计 Total	单位负责人 Unit Heads	专业技术人员 Professional and Technical Personnel	办事人员和有关人员 Clerk and Related Workers	商业、服务业人员 Business Service Personnel	农林牧渔水利业生产人员 Agriculture and Water Conservancy Labors	生产运输设备操作人员及有关人员 Production, Transport Equipment Operators and Related Workers	其他 Others
总计 Total	**100.0**	**100.0**	**100.0**	**100.0**	**100.0**	**100.0**	**100.0**	**100.0**
16-19	1.2	0.3	0.7	0.7	1.6	0.9	1.6	1.7
20-24	8.6	3.7	9.8	7.9	9.6	3.7	9.0	10.9
25-29	14.9	11.3	17.7	15.5	15.9	6.4	14.1	12.3
30-34	15.0	16.5	18.4	16.0	15.4	6.5	14.0	12.0
35-39	13.3	17.0	14.7	13.8	13.7	7.3	13.0	13.3
40-44	16.0	17.9	15.5	15.3	15.9	12.3	17.7	16.1
45-49	13.1	15.7	11.2	12.7	12.8	14.0	14.6	13.7
50-54	9.6	11.4	8.0	10.8	8.5	14.4	9.9	9.2
55-59	4.6	4.6	2.9	5.3	3.8	12.2	3.9	6.8
60-64	2.3	1.2	0.8	1.5	1.8	12.1	1.6	3.0
65+	1.4	0.4	0.4	0.6	1.0	10.1	0.6	1.2
男 Male	**100.0**	**100.0**	**100.0**	**100.0**	**100.0**	**100.0**	**100.0**	**100.0**
16-19	1.2	0.2	0.7	0.7	1.5	1.2	1.5	1.2
20-24	8.4	3.4	8.8	6.5	9.9	4.4	9.3	10.3
25-29	14.2	10.2	16.1	13.0	16.0	6.5	14.4	11.5
30-34	14.3	14.9	16.8	14.1	15.3	6.6	13.6	11.5
35-39	12.8	16.5	14.2	13.0	13.1	6.9	12.5	12.3
40-44	15.4	18.3	15.4	15.2	14.7	11.9	16.7	15.7
45-49	12.8	15.8	11.4	13.1	11.8	12.9	13.8	12.3
50-54	11.1	13.0	10.2	13.7	9.5	13.3	11.0	11.4
55-59	5.8	5.6	4.7	7.9	4.9	11.8	4.7	9.1
60-64	2.5	1.5	1.1	2.1	2.0	12.8	1.8	3.3
65+	1.5	0.5	0.7	0.8	1.2	11.8	0.7	1.4
女 Female	**100.0**	**100.0**	**100.0**	**100.0**	**100.0**	**100.0**	**100.0**	**100.0**
16-19	1.2	0.3	0.7	0.7	1.6	0.6	1.9	2.4
20-24	8.9	4.7	10.8	10.2	9.3	3.2	8.3	11.8
25-29	15.8	14.2	19.4	19.5	15.9	6.3	13.2	13.5
30-34	16.1	21.0	20.0	19.0	15.6	6.5	14.9	12.6
35-39	14.1	18.2	15.3	15.0	14.2	7.7	14.5	14.6
40-44	16.8	16.7	15.7	15.6	17.1	12.8	20.7	16.6
45-49	13.5	15.2	10.9	12.0	13.8	15.0	16.5	15.7
50-54	7.5	6.9	5.7	6.1	7.4	15.4	6.8	5.9
55-59	2.9	2.0	1.0	1.2	2.7	12.7	1.9	3.3
60-64	2.0	0.5	0.4	0.5	1.6	11.3	0.9	2.5
65+	1.2	0.2	0.2	0.2	0.8	8.4	0.5	1.0

1-52 按受教育程度、性别分的城镇就业人员职业构成
OCCUPATION COMPOSITION OF URBAN EMPLOYMENT BY EDUCATIONAL ATTAINMENT AND SEX

单位：%　　(%)

受教育程度	Educational Attainment	合 计 Total	单 位 负责人 Unit Heads	专业技术人员 Professional and Technical Personnel	办事人员和有关人员 Clerk and Related Workers	商业、服务业人员 Business Service Personnel	农林牧渔水 利 业生产人员 Agriculture and Water Conservancy Labors	生产运输设备操作人员及有关人员 Production, Transport Equipment Operators and Related Workers	其 他 Others
总 计	**Total**	**100.0**	**3.1**	**17.2**	**15.4**	**33.0**	**7.5**	**23.3**	**0.5**
未上过学	Illiterate	100.0	0.8	3.3	3.9	28.0	46.9	16.6	0.4
小 学	Primary School	100.0	1.3	3.5	4.6	32.2	30.7	27.3	0.4
初 中	Junior School	100.0	2.2	6.1	7.4	39.2	10.6	34.0	0.6
高 中	Senior School	100.0	3.4	10.6	15.1	41.4	3.5	25.5	0.5
中等职业教育	Medium Vocational Education	100.0	2.6	18.9	16.1	36.8	1.4	23.8	0.4
高等职业教育	High Vocational Education	100.0	3.9	19.1	18.3	38.7	0.9	18.8	0.3
大学专科	College	100.0	4.4	29.6	26.7	26.2	0.6	12.0	0.4
大学本科	University	100.0	4.9	43.4	29.7	15.1	0.2	6.4	0.3
研究生	Graduate	100.0	5.5	61.0	23.4	6.8	0.1	3.0	0.2
男	**Male**	**100.0**	**3.9**	**15.0**	**16.5**	**28.4**	**6.3**	**29.3**	**0.5**
未上过学	Illiterate	100.0	1.3	4.7	7.1	24.0	37.1	25.3	0.4
小 学	Primary School	100.0	1.7	4.2	6.5	27.0	25.8	34.3	0.4
初 中	Junior School	100.0	2.6	6.4	8.7	31.7	9.2	40.8	0.6
高 中	Senior School	100.0	4.0	9.8	15.9	34.6	3.6	31.5	0.6
中等职业教育	Medium Vocational Education	100.0	3.2	15.2	16.6	31.7	1.6	31.2	0.4
高等职业教育	High Vocational Education	100.0	4.6	15.8	19.1	34.8	0.8	24.6	0.3
大学专科	College	100.0	6.0	24.0	27.4	24.8	0.7	16.7	0.4
大学本科	University	100.0	6.5	38.0	31.3	15.0	0.3	8.6	0.3
研究生	Graduate	100.0	7.4	58.1	24.2	6.8	0.2	3.1	0.3
女	**Female**	**100.0**	**2.0**	**20.2**	**13.9**	**39.3**	**9.2**	**14.9**	**0.5**
未上过学	Illiterate	100.0	0.6	2.6	2.2	30.1	51.9	12.1	0.4
小 学	Primary School	100.0	0.8	2.7	2.6	37.6	35.8	20.0	0.4
初 中	Junior School	100.0	1.5	5.7	5.3	50.4	12.7	23.8	0.6
高 中	Senior School	100.0	2.4	12.1	13.6	53.1	3.4	15.0	0.5
中等职业教育	Medium Vocational Education	100.0	1.8	24.0	15.4	43.9	1.2	13.4	0.4
高等职业教育	High Vocational Education	100.0	3.0	23.9	17.1	44.4	0.9	10.3	0.3
大学专科	College	100.0	2.5	36.8	25.8	27.9	0.4	6.1	0.4
大学本科	University	100.0	3.0	50.1	27.8	15.2	0.1	3.6	0.3
研究生	Graduate	100.0	2.9	65.0	22.4	6.8		2.8	0.1

1-53 按职业、性别分的城镇就业人员受教育程度构成
EDUCATIONAL ATTAINMENT COMPOSITION OF URBAN EMPLOYMENT BY OCCUPATION AND SEX

单位：% (%)

受教育程度	Educational Attainment	合计 Total	单位负责人 Unit Heads	专业技术人员 Professional and Technical Personnel	办事人员和有关人员 Clerk and Related Workers	商业、服务业人员 Business Service Personnel	农林牧渔水利业生产人员 Agriculture and Water Conservancy Labors	生产运输设备操作人员及有关人员 Production, Transport Equipment Operators and Related Workers	其他 Others
总　计	**Total**	**100.0**	**100.0**	**100.0**	**100.0**	**100.0**	**100.0**	**100.0**	**100.0**
未上过学	Illiterate	1.1	0.3	0.2	0.3	0.9	6.5	0.8	0.7
小　学	Primary School	8.3	3.4	1.7	2.5	8.1	33.8	9.7	8.2
初　中	Junior School	34.5	23.9	12.3	16.5	41.0	48.5	50.5	45.1
高　中	Senior School	16.6	18.3	10.3	16.2	20.8	7.8	18.2	18.2
中等职业教育	Medium Vocational Education	7.2	6.0	7.9	7.5	8.0	1.4	7.3	8.5
高等职业教育	High Vocational Education	2.1	2.7	2.3	2.5	2.5	0.2	1.7	1.1
大学专科	College	15.4	22.0	26.6	26.7	12.2	1.2	8.0	11.3
大学本科	University	13.4	21.0	33.8	25.7	6.1	0.4	3.7	6.5
研究生	Graduate	1.4	2.5	4.9	2.1	0.3	0.0	0.2	0.4
男	**Male**	**100.0**	**100.0**	**100.0**	**100.0**	**100.0**	**100.0**	**100.0**	**100.0**
未上过学	Illiterate	0.6	0.2	0.2	0.3	0.5	3.6	0.5	0.4
小　学	Primary School	7.3	3.2	2.0	2.9	6.9	29.6	8.5	6.7
初　中	Junior School	35.7	23.6	15.3	18.9	39.9	51.9	49.7	43.8
高　中	Senior School	18.1	18.5	11.8	17.5	22.1	10.4	19.5	20.4
中等职业教育	Medium Vocational Education	7.2	5.9	7.2	7.2	8.0	1.8	7.6	9.6
高等职业教育	High Vocational Education	2.2	2.5	2.3	2.5	2.6	0.3	1.8	1.0
大学专科	College	14.8	22.5	23.7	24.6	12.9	1.7	8.4	10.7
大学本科	University	12.7	21.0	32.1	24.1	6.7	0.6	3.7	6.8
研究生	Graduate	1.4	2.6	5.3	2.0	0.3	0.0	0.1	0.6
女	**Female**	**100.0**	**100.0**	**100.0**	**100.0**	**100.0**	**100.0**	**100.0**	**100.0**
未上过学	Illiterate	1.7	0.5	0.2	0.3	1.3	9.4	1.4	1.3
小　学	Primary School	9.7	3.9	1.3	1.8	9.3	37.8	13.1	10.2
初　中	Junior School	32.9	24.8	9.3	12.6	42.2	45.3	52.7	47.0
高　中	Senior School	14.5	17.6	8.7	14.1	19.6	5.4	14.6	14.8
中等职业教育	Medium Vocational Education	7.2	6.4	8.5	7.9	8.0	0.9	6.5	6.9
高等职业教育	High Vocational Education	2.0	3.1	2.4	2.5	2.3	0.2	1.4	1.1
大学专科	College	16.3	20.7	29.6	30.1	11.5	0.8	6.7	12.3
大学本科	University	14.3	21.2	35.5	28.4	5.5	0.2	3.4	6.1
研究生	Graduate	1.4	2.0	4.5	2.3	0.2		0.3	0.2

1-54 城镇就业人员调查周平均工作时间
WEEKLY WORKING HOURS IN URBAN AREA

单位：小时／周 (hours/per week)

分 组	Group	2010	2011	2012	2013	2014	2015
全 部	**Total**	**47.0**	**46.2**	**46.3**	**46.6**	**46.6**	**45.5**
一、按年龄分组	**By Age**						
	16-19	49.1	48.0	47.7	49.3	49.3	48.4
	20-24	47.8	46.8	47.1	47.6	47.7	46.2
	25-29	47.1	46.6	46.8	47.0	47.2	45.8
	30-34	47.5	47.0	46.9	47.2	47.0	45.7
	35-39	47.8	47.2	47.3	47.6	47.5	45.9
	40-44	47.6	46.9	47.1	47.6	47.5	46.1
	45-49	46.8	46.0	46.2	46.8	46.7	45.7
	50-54	45.8	44.8	45.2	45.5	45.6	44.9
	55-59	44.7	43.4	43.6	43.8	44.1	43.9
	60-64	42.6	40.1	41.4	41.2	41.2	42.4
	65+	38.5	35.0	35.7	35.7	35.6	37.2
二、按职业分组	**By Occupation**						
单位负责人	Unit Head	47.1	47.7	48.2	48.4	48.4	46.9
专业技术人员	Professional and Technical Personnel	43.1	43.7	43.7	43.9	43.9	42.9
办事人员和有关人员	Clerk and Related Workers	44.0	43.9	44.0	44.0	43.8	43.1
商业、服务业人员	Business Service Personnel	49.8	49.5	49.6	49.9	49.9	47.7
农林牧渔水利业生产人员	Agrecultrre and Water Conservancy Labor	41.5	38.2	38.3	38.2	37.6	38.9
生产、运输设备操作人员及有关人员	Production, Transport Equipment Operators and Related Workers	49.7	48.7	48.8	49.5	49.5	47.9
其 他	Others	47.8	47.7	49.8	49.2	44.0	44.6
三、按受教育程度分组	**By Educational Attaiment**						
未上过学	Illiterate	43.5	40.1	39.8	39.6	40.1	42.1
小 学	Primary School	47.2	45.0	44.5	44.8	44.6	45.3
初 中	Junior School	48.9	48.1	48.2	48.8	48.7	48.1
高 中	Senior School	47.2	47.1	47.4	47.6	47.8	46.2
中等职业教育	Medium Vocational Education						45.6
高等职业教育	High Vocational Education						44.6
大 专	College	43.7	43.8	44.0	44.3	44.5	43.2
大学本科	University	42.1	42.4	42.4	42.5	42.6	41.7
研究生	Graduate	41.1	41.7	41.6	41.8	41.4	41.0

1-55 城镇男性就业人员调查周平均工作时间
MALE WEEKLY WORKING HOURS IN URBAN AREA

单位：小时／周 (hours/per week)

分　组	Group	2010	2011	2012	2013	2014	2015
全 部	**Total**	**47.7**	**47.0**	**47.1**	**47.5**	**47.5**	**46.1**
一、按年龄分组	**By Age**						
	16-19	49.3	48.0	47.9	49.5	49.8	49.1
	20-24	48.5	47.5	47.7	48.5	48.5	46.9
	25-29	47.9	47.4	47.7	47.8	48.1	46.6
	30-34	48.2	47.8	47.6	47.9	47.8	46.4
	35-39	48.4	48.0	48.0	48.3	48.2	46.5
	40-44	48.3	47.9	47.9	48.4	48.3	46.7
	45-49	47.5	46.8	47.1	47.7	47.7	46.2
	50-54	46.6	45.5	46.0	46.4	46.5	45.3
	55-59	45.7	44.8	45.2	45.4	45.5	44.6
	60-64	44.4	42.1	44.0	43.8	43.8	44.2
	65+	40.1	37.4	38.0	38.3	37.9	39.0
二、按职业分组	**By Occupation**						
单位负责人	Unit Head	47.0	47.7	48.2	48.5	48.5	47.0
专业技术人员	Professional and Technical Personnel	43.6	44.2	44.2	44.6	44.5	43.4
办事人员和有关人员	Clerk and Related Workers	44.6	44.4	44.5	44.6	44.4	43.6
商业、服务业人员	Business Service Personnel	50.2	50.1	50.1	50.3	50.3	48.2
农林牧渔水利业生产人员	Agrecultrre and Water Conservancy Labor	43.3	40.6	40.8	40.8	40.5	40.9
生产、运输设备操作人员及有关人员	Production, Transport Equipment Operators and Related Workers	49.9	48.9	48.9	49.7	49.6	47.9
其　他	Others	48.2	49.2	50.2	48.9	45.6	45.2
三、按受教育程度分组	**By Educational Attaiment**						
未上过学	Illiterate	45.2	42.6	43.7	42.9	43.3	44.3
小　学	Primary School	48.4	46.8	46.3	46.8	46.3	46.3
初　中	Junior School	49.6	48.9	49.1	49.7	49.8	48.7
高　中	Senior School	47.6	47.4	47.8	48.1	48.2	46.5
中等职业教育	Medium Vocational Education						46.2
高等职业教育	High Vocational Education						45.1
大　专	College	44.0	44.5	44.4	44.7	44.9	43.7
大学本科	University	42.4	42.6	42.8	42.9	43.0	42.0
研究生	Graduate	41.3	41.8	41.9	42.4	41.5	41.2

1-56 城镇女性就业人员调查周平均工作时间
FEMALE WEEKLY WORKING HOURS IN URBAN AREA

单位：小时／周 (hours/per week)

分 组	Group	2010	2011	2012	2013	2014	2015
全 部	**Total**	**46.1**	**45.2**	**45.2**	**45.5**	**45.5**	**44.7**
一、按年龄分组	**By Age**						
	16-19	48.8	48.1	47.4	49.2	48.5	47.6
	20-24	47.0	46.1	46.3	46.7	46.7	45.4
	25-29	46.1	45.8	45.7	46.0	46.1	44.8
	30-34	46.6	46.1	46.0	46.3	46.2	44.8
	35-39	46.9	46.2	46.4	46.6	46.6	45.2
	40-44	46.7	45.8	46.2	46.6	46.6	45.2
	45-49	45.8	45.0	45.0	45.6	45.5	45.1
	50-54	44.2	43.1	43.5	43.7	44.0	44.0
	55-59	42.2	40.1	40.1	40.2	40.8	42.0
	60-64	39.3	36.6	37.2	36.9	37.0	39.1
	65+	35.3	31.2	31.8	31.4	31.9	33.9
二、按职业分组	**By Occupation**						
单位负责人	Unit Head	47.2	47.8	48.2	48.1	48.2	46.7
专业技术人员	Professional and Technical Personnel	42.7	43.2	43.2	43.3	43.4	42.3
办事人员和有关人员	Clerk and Related Workers	42.8	43.0	43.1	43.0	42.8	42.3
商业、服务业人员	Business Service Personnel	49.5	49.0	49.1	49.4	49.5	47.2
农林牧渔水利业生产人员	Agrecultrre and Water Conservancy Labor	39.6	35.7	35.8	35.6	34.9	37.1
生产、运输设备操作人员及有关人员	Production, Transport Equipment Operators and Related Workers	49.5	48.4	48.6	49.0	49.1	47.7
其 他	Others	47.1	44.9	49.2	49.6	42.0	43.9
三、按受教育程度分组	**By Educational Attaiment**						
未上过学	Illiterate	42.6	38.9	37.7	38.0	38.4	41.0
小 学	Primary School	45.9	43.1	42.6	42.9	42.9	44.3
初 中	Junior School	47.9	47.1	46.9	47.5	47.3	47.3
高 中	Senior School	46.5	46.5	46.7	46.8	47.3	45.6
中等职业教育	Medium Vocational Education						44.7
高等职业教育	High Vocational Education						43.8
大 专	College	43.2	43.0	43.6	43.8	44.0	42.7
大学本科	University	41.7	42.0	42.0	42.1	42.0	41.2
研究生	Graduate	40.7	41.4	41.1	41.0	41.2	40.8

1-57 按行业、性别分的城镇就业人员调查周平均工作时间
WEEKLY WORKING HOURS IN URBAN AREA BY SECTOR AND SEX

单位：小时／周 (hours/per week)

行业	Sector	2015	男 Male	女 Female
总计	**National Total**	**45.5**	**46.1**	**44.7**
农、林、牧、渔业	Farming,Forestry,Animal Husbandry and Fishery	39.1	41.1	37.2
采矿业	Mining	45.5	46.3	42.4
制造业	Manufacturing	47.1	47.1	47.2
电力、热力、燃气及水生产和供应业	Production and Supply of Electricity,Heat,Gas and Water	42.9	43.3	41.9
建筑业	Construction	47.3	47.8	44.3
批发和零售业	Wholesale and Retail Trades	48.3	48.7	47.9
交通运输、仓储和邮政业	Transport,Storage and Post	46.9	47.6	43.7
住宿和餐饮业	Hotels and Catering Services	49.9	50.8	49.1
信息传输、软件和信息技术服务业	Information Transmission, Software and Information Technology	42.7	42.9	42.5
金融业	Financial Intermediation	42.1	42.4	41.7
房地产业	Real Estate	45.1	46.0	43.6
租赁和商务服务业	Leasing and Business Services	44.2	44.8	43.4
科学研究和技术服务业	Scientific Research and Technical Service	41.8	41.9	41.6
水利、环境和公共设施管理业	Management of Water Conservancy,Environment and Public Establishment	43.9	44.4	43.0
居民服务、修理和其他服务业	Services to Household,Repair and Other Services	46.8	47.9	45.6
教育	Education	41.2	41.5	41.0
卫生和社会工作	Health and Social Service	43.4	44.0	43.1
文化体育和娱乐业	Culture, Sports and Entertainment	44.7	45.0	44.3
公共管理、社会保障和社会组织	Public Management,Social Security and Social Organization	41.5	41.8	40.8
国际组织	International Organizations	42.6	44.2	40.0

1-58　按年龄、性别分的城镇就业人员工作时间构成
COMPOSITION OF URBAN EMPLOYMENT WORKING HOURS BY AGE AND SEX

单位：%　　　　(%)

年龄　Age	合　计 Total	1-8小时 1-8 Hours	9-19小时 9-19 Hours	20-39小时 20-39 Hours	40小时 40 Hours	41-48小时 41-48 Hours	48小时以上 48 Hours+
总计　Total	**100.0**	**1.5**	**1.4**	**6.5**	**42.8**	**17.3**	**30.4**
16-19	100.0	1.7	1.2	5.7	26.7	22.3	42.3
20-24	100.0	1.4	1.2	5.0	39.6	21.2	31.6
25-29	100.0	1.5	1.0	4.4	44.7	18.9	29.5
30-34	100.0	1.4	0.9	4.7	46.4	17.9	28.7
35-39	100.0	1.4	1.0	5.0	45.2	17.1	30.4
40-44	100.0	1.5	1.1	5.6	43.5	16.5	31.9
45-49	100.0	1.5	1.4	6.6	42.8	16.3	31.4
50-54	100.0	1.5	1.7	8.5	43.5	14.9	29.8
55-59	100.0	1.6	2.4	11.9	39.8	15.3	28.9
60-64	100.0	2.4	4.3	20.5	26.3	15.6	31.0
65+	100.0	4.4	9.9	26.7	22.8	14.0	22.3
男　Male	**100.0**	**1.4**	**1.2**	**5.8**	**42.1**	**17.0**	**32.4**
16-19	100.0	1.4	0.7	6.2	25.8	21.4	44.6
20-24	100.0	1.6	1.1	4.7	37.0	20.9	34.7
25-29	100.0	1.4	0.9	4.2	42.5	18.5	32.5
30-34	100.0	1.3	0.9	4.4	44.1	17.7	31.6
35-39	100.0	1.4	0.9	4.5	44.0	16.4	32.8
40-44	100.0	1.3	1.0	4.7	42.9	16.1	34.0
45-49	100.0	1.4	1.2	5.6	42.7	16.1	32.9
50-54	100.0	1.5	1.2	6.7	45.8	15.2	29.6
55-59	100.0	1.5	1.5	9.1	44.1	15.0	28.8
60-64	100.0	1.7	3.3	16.8	27.4	16.4	34.4
65+	100.0	3.5	8.6	24.0	23.5	14.8	25.6
女　Female	**100.0**	**1.7**	**1.6**	**7.5**	**43.8**	**17.8**	**27.6**
16-19	100.0	2.2	1.9	5.2	27.9	23.4	39.4
20-24	100.0	1.1	1.2	5.6	42.9	21.6	27.6
25-29	100.0	1.7	1.1	4.7	47.4	19.5	25.6
30-34	100.0	1.5	1.0	5.1	49.2	18.2	25.1
35-39	100.0	1.3	1.1	5.8	46.6	18.0	27.2
40-44	100.0	1.7	1.2	6.7	44.2	16.9	29.3
45-49	100.0	1.5	1.6	8.0	42.9	16.7	29.3
50-54	100.0	1.7	2.7	12.2	38.9	14.3	30.2
55-59	100.0	2.0	4.8	19.8	28.1	16.0	29.3
60-64	100.0	3.5	6.1	27.1	24.2	14.1	25.0
65+	100.0	5.9	12.1	31.5	21.4	12.5	16.5

1-59 按受教育程度、性别分的城镇就业人员工作时间构成
COMPOSITION OF URBAN EMPLOYMENT WORKING HOURS BY EDUCATIONAL ATTAINMENT AND SEX

单位：% (%)

受教育程度	Educational Attainment	合　计 Total	1-8小时 1-8 Hours	9-19小时 9-19Hours	20-39小时 20-39 Hours	40小时 40 Hours	41-48小时 41-48 Hours	48小时以上 48 Hours+
总　计	**Total**	**100.0**	**1.5**	**1.4**	**6.5**	**42.8**	**17.3**	**30.4**
未上过学	Illiterate	100.0	3.0	5.9	22.1	21.4	13.1	34.5
小　学	Primary School	100.0	2.4	4.1	15.4	22.6	15.8	39.7
初　中	Junior School	100.0	1.5	1.8	7.3	27.3	18.2	43.9
高　中	Senior School	100.0	1.8	1.0	4.9	40.5	19.4	32.4
中等职业教育	Medium Vocational Education	100.0	1.5	0.8	4.2	45.8	20.6	27.2
高等职业教育	High Vocational Education	100.0	2.0	0.8	4.0	49.9	20.6	22.7
大学专科	College	100.0	1.1	0.4	4.0	61.7	17.2	15.6
大学本科	University	100.0	1.0	0.5	4.3	72.0	12.7	9.5
研究生	Graduate	100.0	0.6	0.5	5.4	76.9	9.4	7.2
男	**Male**	**100.0**	**1.4**	**1.2**	**5.8**	**42.1**	**17.0**	**32.4**
未上过学	Illiterate	100.0	2.6	5.1	17.0	22.3	12.3	40.7
小　学	Primary School	100.0	2.4	3.6	13.7	22.5	15.2	42.6
初　中	Junior School	100.0	1.4	1.6	6.6	27.4	17.7	45.4
高　中	Senior School	100.0	1.8	0.9	4.6	40.2	18.6	33.9
中等职业教育	Medium Vocational Education	100.0	1.3	0.7	4.0	45.0	19.3	29.7
高等职业教育	High Vocational Education	100.0	2.2	0.8	3.0	49.4	19.9	24.6
大学专科	College	100.0	1.2	0.4	3.8	60.0	17.1	17.6
大学本科	University	100.0	1.0	0.5	4.0	70.7	13.1	10.8
研究生	Graduate	100.0	0.5	0.6	4.8	76.9	9.2	8.0
女	**Female**	**100.0**	**1.7**	**1.6**	**7.5**	**43.8**	**17.8**	**27.6**
未上过学	Illiterate	100.0	3.2	6.3	24.7	20.9	13.6	31.3
小　学	Primary School	100.0	2.5	4.6	17.1	22.7	16.3	36.7
初　中	Junior School	100.0	1.8	2.2	8.5	27.0	18.9	41.6
高　中	Senior School	100.0	1.8	1.1	5.4	41.1	20.9	29.8
中等职业教育	Medium Vocational Education	100.0	1.7	0.8	4.6	46.9	22.3	23.7
高等职业教育	High Vocational Education	100.0	1.5	0.7	5.4	50.7	21.8	19.8
大学专科	College	100.0	1.1	0.5	4.2	63.8	17.3	13.1
大学本科	University	100.0	1.2	0.5	4.7	73.7	12.1	7.9
研究生	Graduate	100.0	0.6	0.2	6.4	76.9	9.8	6.1

1-60 按户口性质、性别分的城镇就业人员工作时间构成
COMPOSITION OF URBAN EMPLOYMENT WORKING HOURS BY REGISTRATION TYPE AND SEX

单位：% (%)

户口性质	Registration Type	合 计 Total	1-8小时 1-8 Hours	9-19小时 9-19Hours	20-39小时 20-39 Hours	40小时 40 Hours	41-48小时 41-48 Hours	48小时以上 48 Hours+
总 计	**Total**	**100.0**	**1.5**	**1.4**	**6.5**	**42.8**	**17.3**	**30.4**
农业	Agriculture	100.0	1.8	2.6	10.6	24.5	18.5	41.9
非农业	Non-Agriculture	100.0	1.4	0.8	4.6	51.5	16.8	24.9
男	**Male**	**100.0**	**1.4**	**1.2**	**5.8**	**42.1**	**17.0**	**32.4**
农业	Agriculture	100.0	1.6	2.1	8.9	24.4	18.1	44.9
非农业	Non-Agriculture	100.0	1.4	0.8	4.2	50.9	16.5	26.2
女	**Female**	**100.0**	**1.7**	**1.6**	**7.5**	**43.8**	**17.8**	**27.6**
农业	Agriculture	100.0	2.1	3.4	13.1	24.7	19.2	37.5
非农业	Non-Agriculture	100.0	1.5	0.9	5.0	52.4	17.2	23.1

注：农业人口是指本人户口所在家庭拥有农村土地承包权的人口。
Agricultural population refer to the people who register in the families which own farmland contracts.

1-61 按就业身份、性别分的城镇就业人员工作时间构成
COMPOSITION OF URBAN EMPLOYMENT WORKING HOURS BY EMPLOYMENT STATUS AND SEX

单位：% (%)

就业身份	Employment Status	合 计 Total	1-8小时 1-8 Hours	9-19小时 9-19Hours	20-39小时 20-39 Hours	40小时 40 Hours	41-48小时 41-48 Hours	48小时以上 48 Hours+
总 计	**Total**	**100.0**	**1.5**	**1.4**	**6.5**	**42.8**	**17.3**	**30.4**
雇 员	Employee	100.0	1.4	0.6	4.5	49.2	18.6	25.7
雇 主	Employer	100.0	1.2	1.3	4.3	31.1	13.9	48.3
自营劳动者	Self-Employed	100.0	2.1	3.9	13.6	23.6	13.8	42.9
家庭帮工	Unpaid Familial Worker	100.0	2.0	4.3	15.6	24.7	12.5	40.9
男	**Male**	**100.0**	**1.4**	**1.2**	**5.8**	**42.1**	**17.0**	**32.4**
雇 员	Employee	100.0	1.4	0.7	4.2	48.2	18.1	27.6
雇 主	Employer	100.0	1.1	1.2	4.2	31.1	13.8	48.7
自营劳动者	Self-Employed	100.0	1.7	3.0	11.4	23.7	14.2	46.0
家庭帮工	Unpaid Familial Worker	100.0	2.0	4.9	15.8	25.2	13.4	38.6
女	**Female**	**100.0**	**1.7**	**1.6**	**7.5**	**43.8**	**17.8**	**27.6**
雇 员	Employee	100.0	1.4	0.6	4.8	50.7	19.4	23.1
雇 主	Employer	100.0	1.3	1.6	4.5	31.0	14.2	47.5
自营劳动者	Self-Employed	100.0	2.7	5.2	16.9	23.4	13.3	38.5
家庭帮工	Unpaid Familial Worker	100.0	2.0	4.1	15.5	24.5	12.1	41.8

1-62 按行业、性别分的城镇就业人员工作时间构成

单位：%

项 目	Item	合 计 Total
总 计	**National Total**	**100.0**
农、林、牧、渔业	Farming,Forestry,Animal Husbandry and Fishery	100.0
采矿业	Mining	100.0
制造业	Manufacturing	100.0
电力、热力、燃气及水生产和供应业	Production and Supply of Electricity,Heat,Gas and Water	100.0
建筑业	Construction	100.0
批发和零售业	Wholesale and Retail Trades	100.0
交通运输、仓储和邮政业	Transport,Storage and Post	100.0
住宿和餐饮业	Hotels and Catering Services	100.0
信息传输、软件和信息技术服务业	Information Transmission, Software and Information Technology	100.0
金融业	Financial Intermediation	100.0
房地产业	Real Estate	100.0
租赁和商务服务业	Leasing and Business Services	100.0
科学研究和技术服务业	Scientific Research and Technical Service	100.0
水利、环境和公共设施管理业	Management of Water Conservancy,Environment and Public Establishment	100.0
居民服务、修理和其他服务业	Services to Household,Repair and Other Services	100.0
教育	Education	100.0
卫生和社会工作	Health and Social Service	100.0
文化体育和娱乐业	Culture, Sports and Entertainment	100.0
公共管理、社会保障和社会组织	Public Management,Social Security and Social Organization	100.0
国际组织	International Organizations	100.0
男	**Male**	**100.0**
农、林、牧、渔业	Farming,Forestry,Animal Husbandry and Fishery	100.0
采矿业	Mining	100.0
制造业	Manufacturing	100.0
电力、热力、燃气及水生产和供应业	Production and Supply of Electricity,Heat,Gas and Water	100.0
建筑业	Construction	100.0
批发和零售业	Wholesale and Retail Trades	100.0
交通运输、仓储和邮政业	Transport,Storage and Post	100.0
住宿和餐饮业	Hotels and Catering Services	100.0
信息传输、软件和信息技术服务业	Information Transmission, Software and Information Technology	100.0
金融业	Financial Intermediation	100.0

COMPOSITION OF URBAN EMPLOYMENT WORKING HOURS BY SECTOR AND SEX

(%)

1-8小时 1-8 Hours	9-19小时 9-19 Hours	20-39小时 20-39 Hours	40小时 40 Hours	41-48小时 41-48 Hours	48小时以上 48 Hours+
1.5	**1.4**	**6.5**	**42.8**	**17.3**	**30.4**
3.4	7.1	25.0	23.5	14.9	26.1
1.0	0.6	2.6	53.0	14.7	28.1
1.4	0.7	3.8	37.2	23.3	33.6
1.1	0.3	4.5	65.6	12.5	16.0
1.4	1.3	7.5	31.9	16.7	41.2
1.4	1.2	4.4	33.3	18.8	40.8
1.7	1.0	5.3	39.5	16.2	36.2
1.6	1.3	4.8	28.8	16.8	46.9
1.1	0.6	4.5	64.2	15.9	13.7
0.8	0.4	4.7	69.0	14.0	11.1
1.2	0.5	3.2	51.9	20.2	23.0
1.3	0.8	5.9	53.2	16.7	22.1
1.1	0.8	5.3	68.6	13.0	11.1
1.2	1.0	5.1	53.2	16.7	22.8
1.5	1.6	7.5	34.7	17.2	37.4
1.4	0.7	5.6	71.9	10.2	10.2
1.4	0.5	4.5	56.9	19.0	17.7
1.6	0.6	5.8	52.4	15.8	23.9
1.1	0.3	5.7	74.0	9.3	9.6
			67.7	32.3	
1.4	**1.2**	**5.8**	**42.1**	**17.0**	**32.4**
2.7	5.5	22.0	24.2	15.2	30.4
0.9	0.6	2.5	49.2	15.2	31.7
1.4	0.7	3.5	38.3	22.6	33.5
1.1	0.4	4.3	63.5	13.0	17.7
1.3	1.3	7.1	30.1	16.6	43.5
1.4	1.3	4.1	33.5	17.5	42.2
1.7	1.1	5.2	37.1	15.9	39.0
1.5	1.2	3.8	28.3	15.9	49.3
1.3	0.7	4.3	62.7	16.3	14.7
0.7	0.3	4.5	68.4	13.7	12.3

1-62 续表

单位：%

项　　目	Item	合　计 Total
房地产业	Real Estate	100.0
租赁和商务服务业	Leasing and Business Services	100.0
科学研究和技术服务业	Scientific Research and Technical Service	100.0
水利、环境和公共设施管理业	Management of Water Conservancy,Environment and Public Establishment	100.0
居民服务、修理和其他服务业	Services to Household,Repair and Other Services	100.0
教育	Education	100.0
卫生和社会工作	Health and Social Service	100.0
文化体育和娱乐业	Culture, Sports and Entertainment	100.0
公共管理、社会保障和社会组织	Public Management,Social Security and Social Organization	100.0
国际组织	International Organizations	100.0
女	**Female**	**100.0**
农、林、牧、渔业	Farming,Forestry,Animal Husbandry and Fishery	100.0
采矿业	Mining	100.0
制造业	Manufacturing	100.0
电力、热力、燃气及水生产和供应业	Production and Supply of Electricity,Heat,Gas and Water	100.0
建筑业	Construction	100.0
批发和零售业	Wholesale and Retail Trades	100.0
交通运输、仓储和邮政业	Transport,Storage and Post	100.0
住宿和餐饮业	Hotels and Catering Services	100.0
信息传输、软件和信息技术服务业	Information Transmission, Software and Information Technology	100.0
金融业	Financial Intermediation	100.0
房地产业	Real Estate	100.0
租赁和商务服务业	Leasing and Business Services	100.0
科学研究和技术服务业	Scientific Research and Technical Service	100.0
水利、环境和公共设施管理业	Management of Water Conservancy,Environment and Public Establishment	100.0
居民服务、修理和其他服务业	Services to Household,Repair and Other Services	100.0
教育	Education	100.0
卫生和社会工作	Health and Social Service	100.0
文化体育和娱乐业	Culture, Sports and Entertainment	100.0
公共管理、社会保障和社会组织	Public Management,Social Security and Social Organization	100.0
国际组织	International Organizations	100.0

continued

(%)

1-8小时 1-8 Hours	9-19小时 9-19 Hours	20-39小时 20-39 Hours	40小时 40 Hours	41-48小时 41-48 Hours	48小时以上 48 Hours+
1.1	0.4	3.0	48.4	20.4	26.7
1.3	0.9	5.7	51.4	15.9	24.7
1.4	0.7	5.6	66.9	13.9	11.5
1.0	1.0	3.7	54.2	16.2	23.9
1.4	1.4	6.0	33.5	17.5	40.2
1.5	0.8	5.4	70.0	10.6	11.6
1.6	0.6	4.4	55.0	17.9	20.5
1.5	0.5	6.1	51.0	15.9	25.0
1.1	0.3	5.1	73.0	9.5	11.0
			47.3	52.7	
1.7	**1.6**	**7.5**	**43.8**	**17.8**	**27.6**
4.0	8.7	28.0	22.7	14.7	21.9
1.7	0.5	3.3	68.2	12.9	13.4
1.3	0.7	4.4	35.5	24.3	33.8
1.3	0.1	5.0	71.0	11.2	11.5
1.7	1.6	9.6	42.3	17.0	27.8
1.5	1.2	4.6	33.1	19.9	39.7
1.9	0.8	6.3	51.8	17.4	21.8
1.6	1.3	5.7	29.2	17.5	44.7
0.8	0.4	4.8	66.6	15.3	12.1
0.9	0.5	4.9	69.6	14.2	9.9
1.3	0.5	3.7	57.4	20.0	17.0
1.4	0.5	6.1	55.6	17.9	18.4
0.6	1.1	4.8	71.6	11.5	10.5
1.6	1.0	7.5	51.4	17.7	20.7
1.7	1.9	9.4	36.1	16.8	34.1
1.3	0.7	5.7	73.1	9.9	9.3
1.3	0.4	4.6	57.9	19.7	16.2
1.7	0.6	5.3	54.0	15.7	22.6
1.1	0.4	6.7	75.8	9.1	7.0
			100.0		

1-63 按职业、性别分的城镇就业人员工作时间构成
COMPOSITION OF URBAN EMPLOYMENT WORKING HOURS BY OCCUPATION AND SEX

单位：% (%)

职 业	Occupation	合 计 Total	1-8小时 1-8 Hours	9-19小时 9-19 Hours	20-39小时 20-39 Hours	40小时 40 Hours	41-48小时 41-48 Hours	48小时以上 48 Hours+
合 计	**Total**	**100.0**	**1.5**	**1.4**	**6.5**	**42.9**	**17.3**	**30.4**
单位负责人	Unit Heads	100.0	0.7	1.1	3.2	47.4	15.8	31.8
专业技术人员	Professional and Technical Personnel	100.0	1.2	0.7	4.8	62.2	15.3	15.8
办事人员和有关人员	Clerk and Related Workers	100.0	1.3	0.4	4.4	63.7	14.7	15.6
商业、服务业人员	Business Service Personnel	100.0	1.5	1.3	5.5	34.3	18.3	39.1
农林牧渔水利业生产人员	Agriculture and Water Conservancy Labors	100.0	3.4	7.3	25.3	23.2	15.1	25.7
生产运输设备操作人员及有关人员	Production,Transport Equipment Operators and Related Workers	100.0	1.4	0.9	5.1	32.5	20.2	39.8
其 他	Others	100.0	0.2	0.7	9.7	30.1	26.9	32.4
男	**Male**	**100.0**	**1.4**	**1.2**	**5.8**	**42.2**	**17.0**	**32.4**
单位负责人	Unit Heads	100.0	0.6	0.9	3.0	47.1	16.4	32.0
专业技术人员	Professional and Technical Personnel	100.0	1.2	0.7	4.6	59.6	15.2	18.7
办事人员和有关人员	Clerk and Related Workers	100.0	1.3	0.4	4.2	61.6	14.5	18.0
商业、服务业人员	Business Service Personnel	100.0	1.5	1.3	4.9	34.4	17.4	40.5
农林牧渔水利业生产人员	Agriculture and Water Conservancy Labors	100.0	2.8	5.7	22.3	24.2	15.5	29.7
生产运输设备操作人员及有关人员	Production,Transport Equipment Operators and Related Workers	100.0	1.4	1.0	4.9	32.9	19.4	40.3
其 他	Others	100.0	0.2	0.4	7.4	30.6	29.2	32.2
女	**Female**	**100.0**	**1.6**	**1.6**	**7.5**	**43.8**	**17.8**	**27.6**
单位负责人	Unit Heads	100.0	0.8	1.7	3.8	48.2	14.2	31.3
专业技术人员	Professional and Technical Personnel	100.0	1.2	0.6	5.0	64.9	15.4	12.9
办事人员和有关人员	Clerk and Related Workers	100.0	1.3	0.4	4.6	67.1	15.0	11.5
商业、服务业人员	Business Service Personnel	100.0	1.6	1.3	6.0	34.3	19.1	37.7
农林牧渔水利业生产人员	Agriculture and Water Conservancy Labors	100.0	4.0	8.8	28.2	22.3	14.7	22.0
生产运输设备操作人员及有关人员	Production,Transport Equipment Operators and Related Workers	100.0	1.4	0.9	5.6	31.3	22.5	38.4
其 他	Others	100.0	0.2	1.1	12.8	29.5	23.5	32.9

1-64　按年龄、性别分的城镇失业人员未工作原因构成
UNEMPLOYED REASON COMPOSITION OF URBAN UNEMPLOYMENT BY AGE AND SEX

单位：%　　(%)

年龄 Age	合　计 Total	正在上学 Studying	毕业后未工作 Job-off after Graduated	因单位原因失去工作 Lose Job for Working Unit Reasons	因个人原因失去工作 Lose Job for Individual Reasons	承包土地被征用 Land Expropriated	离退休 Retired	料理家务 Take Care of Housework	其　他 Others
总计　Total	**100.0**	**2.3**	**17.7**	**16.2**	**24.2**	**1.5**	**3.6**	**17.9**	**16.6**
16-19	100.0	11.4	49.6	3.2	16.6	0.6		1.1	17.6
20-24	100.0	7.2	53.1	5.7	17.3	0.2		4.4	12.0
25-29	100.0	1.4	20.7	10.3	33.2	0.9		17.4	16.1
30-34	100.0	0.2	4.8	15.2	34.1	0.7		26.4	18.5
35-39	100.0		1.4	17.8	26.7	1.2		32.7	20.2
40-44	100.0	0.1	1.1	25.8	25.2	1.3		28.1	18.4
45-49	100.0	0.4	0.4	29.6	23.1	3.6	2.9	20.7	19.2
50-54	100.0		0.2	27.6	18.4	3.6	16.7	16.6	16.8
55-59	100.0			31.2	15.8	3.8	19.1	13.4	16.7
60-64	100.0		0.6	6.5	9.8	2.1	52.2	15.0	13.8
65+	100.0			1.0	12.6	5.3	45.2	17.3	18.6
男　Male	**100.0**	**2.8**	**20.1**	**20.6**	**27.0**	**1.8**	**2.7**	**2.8**	**22.2**
16-19	100.0	8.5	49.2	4.1	18.9			0.7	18.5
20-24	100.0	8.1	53.1	6.9	17.2	0.4		0.7	13.7
25-29	100.0	1.8	24.8	13.5	37.4	0.6		1.3	20.5
30-34	100.0	0.4	5.7	24.2	39.8	1.0		1.9	27.0
35-39	100.0		1.5	23.1	34.7	1.8		4.8	34.1
40-44	100.0	0.2	1.0	32.0	31.3	2.2		5.9	27.5
45-49	100.0	0.6	0.5	34.9	28.1	3.6		4.8	27.4
50-54	100.0			38.6	24.0	5.0	4.0	4.1	24.4
55-59	100.0			40.6	18.8	3.8	10.3	4.4	22.0
60-64	100.0			9.0	11.0	3.1	55.5	3.3	18.0
65+	100.0			1.4	15.0	7.4	46.3	8.7	21.1
女　Female	**100.0**	**1.8**	**15.2**	**11.4**	**21.2**	**1.1**	**4.6**	**33.9**	**10.7**
16-19	100.0	15.8	50.3	1.7	13.0	1.4		1.7	16.1
20-24	100.0	6.0	53.1	4.0	17.5	0.0		9.8	9.6
25-29	100.0	1.1	16.7	7.2	29.1	1.2		32.6	12.0
30-34	100.0	0.0	4.2	8.4	29.7	0.5		45.1	12.1
35-39	100.0		1.3	14.3	21.3	0.9		51.2	11.0
40-44	100.0	0.1	1.2	20.9	20.4	0.6		45.6	11.2
45-49	100.0	0.2	0.3	24.6	18.5	3.6	5.7	35.5	11.6
50-54	100.0		0.4	11.2	10.2	1.6	35.7	35.4	5.5
55-59	100.0			7.3	8.1	4.0	41.1	36.2	3.3
60-64	100.0		2.0	1.1	7.1		45.1	40.0	4.6
65+	100.0				6.3		42.2	39.5	12.0

1-65 按未工作原因、性别分的城镇失业人员年龄构成
AGE COMPOSITION OF URBAN UNEMPLOYMENT BY UNEMPLOYED REASON AND SEX

单位：% (%)

年龄 Age	合计 Total	正在上学 Studying	毕业后未工作 Job-off after Graduated	因单位原因失去工作 Lose Job for Working Unit Reasons	因个人原因失去工作 Lose Job for Individual Reasons	承包土地被征用 Land Expropriated	离退休 Retired	料理家务 Take Care of Housework	其他 Others
总计 Total	**100.0**	**100.0**	**100.0**	**100.0**	**100.0**	**100.0**	**100.0**	**100.0**	**100.0**
16-19	4.0	19.6	11.2	0.8	2.8	1.5		0.2	4.2
20-24	21.5	66.8	64.5	7.6	15.4	3.5		5.3	15.6
25-29	16.5	10.2	19.2	10.5	22.6	10.7		16.0	16.0
30-34	11.9	0.9	3.2	11.2	16.7	5.7		17.5	13.2
35-39	10.1		0.8	11.1	11.1	8.5		18.4	12.2
40-44	11.5	0.7	0.7	18.4	12.0	10.2		18.2	12.8
45-49	10.2	1.8	0.2	18.7	9.8	25.1	8.3	11.8	11.8
50-54	8.1		0.1	13.9	6.2	20.1	37.8	7.6	8.2
55-59	3.6			7.0	2.4	9.5	19.3	2.7	3.7
60-64	1.7		0.1	0.7	0.7	2.5	25.3	1.5	1.4
65+	0.7			0.0	0.4	2.7	9.3	0.7	0.8
男 Male	**100.0**	**100.0**	**100.0**	**100.0**	**100.0**	**100.0**	**100.0**	**100.0**	**100.0**
16-19	4.7	14.5	11.6	1.0	3.3			1.3	4.0
20-24	24.7	71.3	65.1	8.2	15.7	5.1		5.9	15.3
25-29	15.6	10.2	19.2	10.2	21.6	5.5		7.2	14.4
30-34	9.9	1.3	2.8	11.7	14.6	5.4		6.7	12.1
35-39	7.8		0.6	8.7	10.0	7.7		13.3	12.0
40-44	9.9	0.5	0.5	15.3	11.4	12.1		20.9	12.2
45-49	9.6	2.2	0.2	16.2	9.9	19.1		16.5	11.8
50-54	9.5			17.7	8.4	26.1	14.2	14.0	10.4
55-59	5.1			10.0	3.5	10.7	19.7	8.1	5.0
60-64	2.3			1.0	0.9	4.0	48.1	2.8	1.9
65+	1.0			0.1	0.6	4.3	18.0	3.3	1.0
女 Female	**100.0**	**100.0**	**100.0**	**100.0**	**100.0**	**100.0**	**100.0**	**100.0**	**100.0**
16-19	3.2	27.8	10.7	0.5	2.0	4.1		0.2	4.9
20-24	18.2	59.3	63.6	6.5	15.1	0.8		5.3	16.3
25-29	17.4	10.2	19.2	11.0	24.0	19.4		16.8	19.6
30-34	13.9	0.4	3.8	10.3	19.5	6.2		18.5	15.6
35-39	12.5		1.1	15.7	12.6	9.9		18.8	12.8
40-44	13.3	0.9	1.0	24.5	12.8	7.0		17.9	13.9
45-49	10.9	1.3	0.2	23.6	9.5	35.2	13.5	11.4	11.8
50-54	6.7		0.2	6.6	3.2	9.7	52.3	7.0	3.5
55-59	2.1			1.4	0.8	7.6	19.1	2.3	0.6
60-64	1.1		0.1	0.1	0.4		11.2	1.3	0.5
65+	0.4				0.1		3.9	0.5	0.5

1-66 按受教育程度、性别分的城镇失业人员未工作原因构成
UNEMPLOYED REASON COMPOSITION OF URBAN UNEMPLOMENT BY EDUCATIONAL ATTAINMENT AND SEX

单位：% (%)

受教育程度	Educational Attainment	合 计 Total	正在上学 Studying	毕业后未工作 Job-off after Graduated	因单位原因失去工作 Lose Job for Working Unit Reasons	因个人原因失去工作 Lose Job for Individual Reasons	承包土地被征用 Land Expropriated	离退休 Retired	料理家务 Take Care of Housework	其 他 Others
总 计	**Total**	**100.0**	**2.3**	**17.7**	**16.2**	**24.2**	**1.5**	**3.6**	**17.9**	**16.6**
未上过学	Illiterate	100.0			9.8	16.9	3.7	3.7	42.3	23.6
小 学	Primary School	100.0	0.7	1.8	13.7	23.1	3.3	6.0	27.2	24.1
初 中	Junior School	100.0	0.2	6.6	18.1	24.4	2.7	3.9	23.3	20.8
高 中	Senior School	100.0	1.5	12.1	21.6	24.4	1.0	5.5	16.6	17.2
中等职业教育	Medium Vocational Education	100.0	2.7	21.3	14.6	27.2	0.5	2.4	15.8	15.6
高等职业教育	High Vocational Education	100.0	7.8	24.7	15.2	30.4		2.0	10.0	9.9
大学专科	College	100.0	3.7	36.0	13.1	23.8	0.1	2.1	11.4	9.7
大学本科	University	100.0	7.9	47.1	8.1	21.2	0.0	1.0	6.3	8.3
研究生	Graduate	100.0	29.1	40.6	2.1	13.1			9.2	5.8
男	**Male**	**100.0**	**2.8**	**20.1**	**20.6**	**27.0**	**1.8**	**2.7**	**2.8**	**22.2**
未上过学	Illiterate	100.0			20.2	26.1	7.8	1.6	2.1	42.2
小 学	Primary School	100.0	0.8	1.7	18.8	31.5	4.5	5.9	5.4	31.5
初 中	Junior School	100.0	0.2	9.3	23.5	28.3	3.0	2.8	3.8	29.2
高 中	Senior School	100.0	1.9	13.7	26.1	26.6	1.2	3.6	2.9	24.0
中等职业教育	Medium Vocational Education	100.0	2.3	28.4	17.6	28.0	0.8	2.1	1.9	19.0
高等职业教育	High Vocational Education	100.0	6.0	33.4	20.8	28.2		2.4	1.1	8.0
大学专科	College	100.0	4.8	39.1	17.1	26.0	0.3	1.2	1.3	10.0
大学本科	University	100.0	10.3	48.1	9.2	21.0		0.9	0.3	10.1
研究生	Graduate	100.0	47.0	38.8	4.1	3.7				6.4
女	**Female**	**100.0**	**1.8**	**15.2**	**11.4**	**21.2**	**1.1**	**4.6**	**33.9**	**10.7**
未上过学	Illiterate	100.0			4.3	12.0	1.5	4.9	63.8	13.6
小 学	Primary School	100.0	0.5	2.0	7.7	13.2	1.8	6.3	53.2	15.4
初 中	Junior School	100.0	0.2	3.8	12.5	20.2	2.3	5.2	43.8	11.9
高 中	Senior School	100.0	0.9	10.2	16.3	21.7	0.8	7.9	33.1	9.2
中等职业教育	Medium Vocational Education	100.0	3.2	14.1	11.5	26.3	0.1	2.7	29.9	12.1
高等职业教育	High Vocational Education	100.0	9.9	15.0	9.0	32.7		1.5	19.8	12.1
大学专科	College	100.0	2.5	33.0	9.1	21.6		3.0	21.4	9.3
大学本科	University	100.0	5.6	46.2	6.9	21.4	0.1	1.0	12.2	6.6
研究生	Graduate	100.0	10.1	42.6		23.1			19.0	5.2

1-67 按未工作原因、性别分的城镇失业人员受教育程度构成
EDUCATIONAL ATTAINMENT COMPOSITION OF URBAN UNEMPLOYMENT BY UNEMPLOYED REASON AND SEX

单位：% (%)

受教育程度	Educational Attainment	合 计 Total	正在上学 Studying	毕业后未工作 Job-off after Graduated	因单位原因失去工作 Lose Job for Working Unit Reasons	因个人原因失去工作 Lose Job for Individual Reasons	承包土地被征用 Land Expropriated	离退休 Retired	料理家务 Take Care of Housework	其 他 Others
总　计	**Total**	**100.0**	**100.0**	**100.0**	**100.0**	**100.0**	**100.0**	**100.0**	**100.0**	**100.0**
未上过学	Illiterate	0.7			0.4	0.5	1.8	0.7	1.7	1.0
小　学	Primary School	7.2	2.0	0.7	6.1	6.9	16.1	12.1	11.0	10.5
初　中	Junior School	35.9	3.2	13.4	40.3	36.2	64.8	39.3	46.7	44.8
高　中	Senior School	18.7	11.9	12.8	25.0	18.8	12.7	28.7	17.4	19.4
中等职业教育	Medium Vocational Education	9.4	11.1	11.3	8.5	10.6	2.9	6.2	8.4	8.9
高等职业教育	High Vocational Education	2.5	8.3	3.4	2.3	3.1		1.4	1.4	1.5
大学专科	College	15.2	24.0	30.9	12.3	15.0	1.5	8.9	9.7	8.9
大学本科	University	9.9	33.6	26.3	4.9	8.7	0.2	2.7	3.5	5.0
研究生	Graduate	0.5	5.9	1.1	0.1	0.3			0.2	0.2
男	**Male**	**100.0**	**100.0**	**100.0**	**100.0**	**100.0**	**100.0**	**100.0**	**100.0**	**100.0**
未上过学	Illiterate	0.5			0.5	0.5	2.1	0.3	0.4	0.9
小　学	Primary School	7.6	2.2	0.6	6.9	8.9	19.3	16.7	14.9	10.8
初　中	Junior School	35.7	2.5	16.5	40.7	37.5	59.0	37.0	48.7	47.0
高　中	Senior School	19.8	13.8	13.5	25.0	19.4	13.1	26.4	20.7	21.3
中等职业教育	Medium Vocational Education	9.2	7.6	13.0	7.9	9.5	4.1	7.2	6.2	7.9
高等职业教育	High Vocational Education	2.5	5.4	4.2	2.5	2.6		2.3	1.0	0.9
大学专科	College	14.7	25.4	28.6	12.2	14.1	2.4	6.8	7.1	6.6
大学本科	University	9.5	35.1	22.7	4.3	7.4		3.3	1.1	4.3
研究生	Graduate	0.5	7.9	0.9	0.1	0.1				0.1
女	**Female**	**100.0**	**100.0**	**100.0**	**100.0**	**100.0**	**100.0**	**100.0**	**100.0**	**100.0**
未上过学	Illiterate	1.0			0.4	0.5	1.2	1.0	1.8	1.2
小　学	Primary School	6.8	1.7	0.9	4.6	4.2	10.6	9.3	10.6	9.8
初　中	Junior School	36.0	4.3	9.0	39.4	34.4	74.6	40.7	46.6	39.9
高　中	Senior School	17.6	8.9	11.8	25.0	18.0	12.0	30.0	17.1	15.1
中等职业教育	Medium Vocational Education	9.7	16.8	9.0	9.7	12.0	1.0	5.7	8.5	11.0
高等职业教育	High Vocational Education	2.4	13.0	2.4	1.9	3.7		0.8	1.4	2.7
大学专科	College	15.8	21.7	34.3	12.6	16.1		10.2	10.0	13.8
大学本科	University	10.3	31.1	31.3	6.3	10.4	0.5	2.3	3.7	6.3
研究生	Graduate	0.5	2.6	1.3		0.5			0.3	0.2

1-68 按年龄、性别分的城镇失业人员受教育程度构成
EDUCATIONAL ATTAINMENT COMPOSITION OF URBAN UNEMPLOYMENT BY AGE AND SEX

单位：% (%)

年龄 Age	合计 Total	未上过学 Illiterate	小学 Primary School	初中 Junior School	高中 Senior School	中等职业教育 Medium Vocational Education	高等职业教育 High Vocational Education	大专 College	大学本科 University	研究生 Graduate
总计 Total	**100.0**	**0.7**	**7.2**	**35.9**	**18.7**	**9.4**	**2.5**	**15.2**	**9.9**	**0.5**
16-19	100.0		3.4	38.8	21.7	22.8	4.4	8.0	0.9	
20-24	100.0	0.1	1.7	17.7	14.4	12.8	3.7	26.9	22.3	0.5
25-29	100.0	0.1	2.0	29.1	16.8	9.9	2.6	22.8	15.1	1.6
30-34	100.0	0.4	3.5	35.2	17.6	11.3	2.8	18.0	10.8	0.4
35-39	100.0	0.2	7.2	42.8	19.4	12.8	2.0	10.6	4.7	0.2
40-44	100.0	1.1	10.3	49.9	19.7	6.2	1.8	8.3	2.3	0.4
45-49	100.0	1.4	14.3	52.2	20.7	3.7	0.9	4.5	2.4	
50-54	100.0	1.2	11.1	47.5	28.2	2.8	1.3	5.6	2.3	
55-59	100.0	1.9	20.7	41.4	24.7	2.5	2.4	5.0	1.5	
60-64	100.0	4.9	35.9	32.6	13.6	4.0	1.2	5.0	2.8	
65+	100.0	11.2	43.6	26.3	9.1	4.3	2.5	2.1	0.9	
男 Male	**100.0**	**0.5**	**7.6**	**35.7**	**19.8**	**9.2**	**2.5**	**14.7**	**9.5**	**0.5**
16-19	100.0		3.3	39.8	21.2	23.2	4.2	7.3	0.9	
20-24	100.0	0.1	2.4	19.3	15.3	13.1	3.5	24.9	20.8	0.6
25-29	100.0		1.9	29.4	16.6	10.9	3.3	22.2	13.8	1.8
30-34	100.0	0.1	3.3	36.4	20.1	9.2	2.9	19.3	8.5	0.2
35-39	100.0	0.2	8.4	41.6	22.0	12.1	1.7	8.3	5.7	
40-44	100.0	1.0	11.3	50.5	20.8	5.0	1.0	7.7	2.2	0.4
45-49	100.0	1.3	15.2	53.4	18.9	3.4	0.6	4.9	2.4	
50-54	100.0	0.8	9.8	46.4	30.2	2.3	1.5	6.0	3.1	
55-59	100.0	0.5	16.3	42.6	28.7	2.3	2.7	5.0	1.8	
60-64	100.0	1.3	35.5	32.0	16.3	5.5	1.8	5.3	2.2	
65+	100.0	7.2	44.2	27.2	11.2	5.4	3.5		1.3	
女 Female	**100.0**	**1.0**	**6.8**	**36.0**	**17.6**	**9.7**	**2.4**	**15.8**	**10.3**	**0.5**
16-19	100.0		3.5	37.2	22.5	22.3	4.6	9.0	0.9	
20-24	100.0		0.8	15.4	13.2	12.3	3.9	29.7	24.5	0.3
25-29	100.0	0.3	2.0	28.8	17.0	8.9	2.0	23.3	16.4	1.4
30-34	100.0	0.6	3.6	34.3	15.6	12.9	2.8	17.1	12.5	0.6
35-39	100.0	0.3	6.4	43.5	17.7	13.3	2.3	12.2	4.0	0.3
40-44	100.0	1.2	9.5	49.4	18.8	7.2	2.4	8.7	2.4	0.3
45-49	100.0	1.5	13.4	51.1	22.3	4.0	1.1	4.2	2.3	
50-54	100.0	1.8	13.1	49.2	25.2	3.6	1.0	5.0	1.1	
55-59	100.0	5.5	31.7	38.3	14.5	3.0	1.5	5.0	0.7	
60-64	100.0	12.6	36.7	33.7	7.7	0.8		4.4	4.1	
65+	100.0	21.3	42.2	23.8	3.9	1.6		7.2		

1-69 按受教育程度、性别分的城镇失业人员年龄构成
AGE COMPOSITION OF URBAN UNEMPLOYMENT BY EDUCATIONAL ATTAINMENT AND SEX

单位：% (%)

年龄 Age	合计 Total	未上过学 Illiterate	小学 Primary School	初中 Junior School	高中 Senior School	中等职业教育 Medium Vocational Education	高等职业教育 High Vocational Education	大专 College	大学本科 University	研究生 Graduate
总计 Total	**100.0**	**100.0**	**100.0**	**100.0**	**100.0**	**100.0**	**100.0**	**100.0**	**100.0**	**100.0**
16-19	4.0		1.9	4.3	4.7	9.7	7.1	2.1	0.4	
20-24	21.5	2.1	5.2	10.6	16.6	29.1	32.1	38.0	48.5	21.3
25-29	16.5	3.1	4.5	13.4	14.8	17.2	17.6	24.6	25.2	55.1
30-34	11.9	6.3	5.7	11.6	11.1	14.2	13.6	14.0	12.9	10.1
35-39	10.1	3.2	10.0	12.0	10.5	13.6	8.3	7.0	4.8	4.0
40-44	11.5	17.4	16.5	16.1	12.2	7.6	8.4	6.3	2.7	9.6
45-49	10.2	20.6	20.2	14.9	11.3	4.0	3.6	3.0	2.4	
50-54	8.1	13.8	12.5	10.8	12.3	2.4	4.2	3.0	1.9	
55-59	3.6	9.9	10.4	4.2	4.8	1.0	3.5	1.2	0.5	
60-64	1.7	11.9	8.7	1.6	1.3	0.7	0.9	0.6	0.5	
65+	0.7	11.7	4.5	0.5	0.4	0.3	0.8	0.1	0.1	
男 Male	**100.0**	**100.0**	**100.0**	**100.0**	**100.0**	**100.0**	**100.0**	**100.0**	**100.0**	**100.0**
16-19	4.7		2.0	5.3	5.1	11.9	7.9	2.4	0.4	
20-24	24.7	6.1	7.8	13.3	19.1	35.0	34.6	41.8	53.9	29.3
25-29	15.6		3.9	12.8	13.1	18.3	20.5	23.6	22.7	58.2
30-34	9.9	2.1	4.3	10.1	10.1	10.0	11.5	13.0	8.9	3.2
35-39	7.8	2.5	8.6	9.1	8.7	10.2	5.2	4.4	4.6	
40-44	9.9	19.5	14.6	13.9	10.4	5.4	3.9	5.2	2.3	9.2
45-49	9.6	26.6	19.0	14.3	9.1	3.5	2.2	3.2	2.4	
50-54	9.5	16.1	12.1	12.3	14.5	2.4	5.5	3.9	3.1	
55-59	5.1	5.4	10.9	6.1	7.4	1.3	5.5	1.7	0.9	
60-64	2.3	6.3	10.8	2.1	1.9	1.4	1.7	0.8	0.5	
65+	1.0	15.5	6.0	0.8	0.6	0.6	1.5		0.1	
女 Female	**100.0**	**100.0**	**100.0**	**100.0**	**100.0**	**100.0**	**100.0**	**100.0**	**100.0**	**100.0**
16-19	3.2		1.7	3.3	4.2	7.4	6.1	1.9	0.3	
20-24	18.2		2.0	7.8	13.7	23.1	29.3	34.2	43.3	12.7
25-29	17.4	4.7	5.2	13.9	16.9	16.1	14.4	25.7	27.7	51.8
30-34	13.9	8.5	7.3	13.2	12.4	18.5	15.9	15.0	16.9	17.3
35-39	12.5	3.6	11.8	15.1	12.6	17.1	11.8	9.6	4.9	8.2
40-44	13.3	16.3	18.7	18.3	14.3	9.9	13.4	7.3	3.1	9.9
45-49	10.9	17.4	21.6	15.5	13.9	4.5	5.1	2.9	2.4	
50-54	6.7	12.5	13.0	9.2	9.7	2.5	2.7	2.1	0.7	
55-59	2.1	12.3	9.9	2.3	1.8	0.7	1.3	0.7	0.1	
60-64	1.1	15.0	6.1	1.1	0.5	0.1		0.3	0.5	
65+	0.4	9.7	2.7	0.3	0.1	0.1		0.2		

1-70　按年龄、性别分的城镇失业人员寻找工作方式构成
SEEKING JOB METHOD COMPOSITION OF URBAN UNEMPLOYMENT BY AGE AND SEX

单位：%　　　　(%)

年龄 Age	合　计 Total	在职业介绍机构登记 Register in Employment Agency Office	委托亲友找工作 Ask Friends Relatives about Job	直接与单位或雇主联系 Contact Directly with Employers	应答或刊登广告 Answer or Advertise	浏览招聘广告 Scan and Want Ads	参加招聘会 Take Part in Employment Advertise Meeting	为自己经营作准备 Prepare for Own Business	其他 Others
总计　Total	**100.0**	**7.1**	**43.4**	**7.4**	**0.9**	**12.1**	**7.7**	**5.8**	**15.6**
16-19	100.0	5.5	43.3	6.9	0.4	16.9	5.7	3.3	18.0
20-24	100.0	10.1	31.4	7.5	0.9	15.0	18.1	3.9	13.1
25-29	100.0	7.9	38.7	8.5	0.9	13.9	9.8	6.5	13.7
30-34	100.0	6.3	39.8	8.0	1.4	16.7	5.1	7.8	15.0
35-39	100.0	5.7	45.9	6.9	0.4	10.3	4.3	8.5	18.0
40-44	100.0	6.7	49.2	7.8	0.9	9.3	3.7	6.5	15.8
45-49	100.0	5.7	53.5	7.4	0.8	9.1	2.5	6.0	15.1
50-54	100.0	6.1	54.9	6.0	0.9	5.8	2.1	5.2	19.1
55-59	100.0	5.2	57.9	5.9	0.7	7.3	2.1	3.8	17.1
60-64	100.0	3.8	57.8	6.9	0.7	2.4	0.4	1.7	26.4
65+	100.0	1.7	57.5	3.6		8.2		1.4	27.7
男　Male	**100.0**	**7.1**	**41.9**	**8.3**	**0.8**	**11.4**	**8.4**	**7.0**	**15.2**
16-19	100.0	4.5	47.9	7.4	0.7	14.0	4.4	5.0	16.2
20-24	100.0	9.3	33.1	6.5	0.8	15.0	17.5	4.8	13.0
25-29	100.0	7.7	36.0	10.1	0.4	13.6	11.3	7.6	13.3
30-34	100.0	6.0	35.2	10.0	1.4	15.8	6.2	10.5	15.0
35-39	100.0	5.2	40.3	10.4	0.5	9.3	4.2	11.5	18.6
40-44	100.0	6.6	47.8	9.0	1.0	8.2	4.4	9.1	13.9
45-49	100.0	7.2	50.9	9.0	0.5	8.5	2.8	8.1	12.9
50-54	100.0	6.8	52.9	6.6	0.8	5.1	2.8	6.0	19.0
55-59	100.0	6.2	53.7	7.4	1.0	7.7	2.5	3.8	17.9
60-64	100.0	4.6	54.4	6.3	.0	2.4	0.6	2.5	28.3
65+	100.0	2.4	63.1	5.0		7.7		1.3	20.5
女　Female	**100.0**	**7.1**	**45.0**	**6.6**	**0.9**	**12.8**	**7.0**	**4.5**	**16.1**
16-19	100.0	7.1	36.1	6.2		21.5	7.6	0.7	20.8
20-24	100.0	11.1	29.0	8.9	1.0	15.2	18.8	2.6	13.3
25-29	100.0	8.2	41.2	7.0	1.4	14.2	8.3	5.5	14.2
30-34	100.0	6.6	43.3	6.5	1.3	17.4	4.2	5.8	14.9
35-39	100.0	6.0	49.6	4.6	0.3	10.9	4.4	6.6	17.7
40-44	100.0	6.8	50.4	6.9	0.9	10.2	3.1	4.4	17.3
45-49	100.0	4.2	56.0	5.8	1.0	9.6	2.1	4.1	17.1
50-54	100.0	4.9	57.9	5.1	0.9	7.0	1.0	4.0	19.2
55-59	100.0	2.7	68.7	2.1		6.2	1.3	3.9	15.1
60-64	100.0	2.0	65.2	8.1		2.5			22.2
65+	100.0		43.2			9.4		1.6	45.8

1-71 按受教育程度、性别分的城镇失业人员寻找工作方式构成
SEEKING JOB METHOD COMPOSITION OF URBAN UNEMPLOYMENT BY EDUCATIONAL ATTAINMENT AND SEX

单位：% (%)

受教育程度	Educational Attainment	合计 Total	在职业介绍机构登记 Register in Employment Agency Office	委托亲友找工作 Ask Friends Relatives about Job	直接与单位或雇主联系	应答或刊登广告 Answer or Advertise	浏览招聘广告 Scan and Want Ads	参加招聘会 Take Part in Employment Advertise Meeting	为自己经营作准备 Prepare for Own Business	其他 Others
总　计	**Total**	**100.0**	**7.1**	**43.4**	**7.4**	**0.9**	**12.1**	**7.7**	**5.8**	**15.6**
未上过学	Illiterate	100.0	3.8	56.8	7.8		1.9	1.0	5.2	23.5
小　学	Primary School	100.0	2.9	56.4	7.4	0.5	7.1	1.8	4.6	19.2
初　中	Junior School	100.0	4.4	52.9	8.0	0.6	7.3	3.0	5.9	17.8
高　中	Senior School	100.0	7.2	45.1	7.4	1.0	11.5	5.0	7.4	15.4
中等职业教育	Medium Vocational Education	100.0	9.8	40.1	6.8	1.1	14.5	7.6	3.8	16.3
高等职业教育	High Vocational Education	100.0	11.1	36.8	9.0	0.7	12.9	12.0	4.6	12.8
大学专科	College	100.0	10.8	29.9	7.1	1.1	18.6	14.7	5.8	12.0
大学本科	University	100.0	10.8	22.3	6.3	0.9	20.9	22.4	5.6	10.7
研究生	Graduate	100.0	13.1	6.3	5.7	3.7	36.9	19.5	4.2	10.6
男	**Male**	**100.0**	**7.1**	**41.9**	**8.3**	**0.8**	**11.4**	**8.4**	**7.0**	**15.2**
未上过学	Illiterate	100.0	11.0	56.5	6.9		5.4		3.0	17.0
小　学	Primary School	100.0	3.7	54.6	7.8	0.8	5.8	2.2	5.2	20.0
初　中	Junior School	100.0	4.6	52.0	9.1	0.4	6.3	3.3	7.2	17.1
高　中	Senior School	100.0	8.1	42.6	8.3	1.0	10.7	5.3	8.6	15.4
中等职业教育	Medium Vocational Education	100.0	9.6	40.7	7.5	1.3	11.8	10.0	4.5	14.5
高等职业教育	High Vocational Education	100.0	7.7	40.0	7.8		14.6	12.4	5.9	11.5
大学专科	College	100.0	10.8	25.4	7.6	1.1	19.3	16.2	7.9	11.8
大学本科	University	100.0	8.6	20.5	7.8	1.0	21.8	23.7	6.2	10.4
研究生	Graduate	100.0	19.1	3.2			36.6	24.0	8.1	9.1
女	**Female**	**100.0**	**7.1**	**45.0**	**6.6**	**0.9**	**12.8**	**7.0**	**4.5**	**16.1**
未上过学	Illiterate	100.0		56.9	8.3			1.5	6.4	27.0
小　学	Primary School	100.0	1.9	58.6	6.9	0.3	8.7	1.3	4.0	18.3
初　中	Junior School	100.0	4.2	53.9	6.9	0.8	8.4	2.7	4.6	18.6
高　中	Senior School	100.0	6.1	48.1	6.3	1.1	12.5	4.6	5.9	15.4
中等职业教育	Medium Vocational Education	100.0	10.0	39.5	6.0	0.9	17.2	5.2	3.0	18.1
高等职业教育	High Vocational Education	100.0	14.9	33.2	10.2	1.5	11.1	11.6	3.2	14.3
大学专科	College	100.0	10.9	34.4	6.5	1.1	17.9	13.2	3.8	12.1
大学本科	University	100.0	12.9	24.1	4.9	0.9	20.0	21.2	5.0	10.9
研究生	Graduate	100.0	6.8	9.6	11.8	7.6	37.2	14.7		12.3

1-72 按年龄、性别分的城镇失业人员行业构成

SECTOR COMPOSITION OF URBAN UNEMPLOYMENT BY AGE AND SEX

单位：% (%)

年龄 Age	合 计 Total	农、林、牧、渔业 Farming, Forestry, Animal Husbandry and Fishery	采矿业 Mining	制造业 Manufacturing	电力、热力、燃气及水生产和供应业 Production and Supply of Electricity, Heat, Gas and Water	建筑业 Construction	批发和零售业 Wholesale and Retail Trades
总计 Total	**100.0**	**5.4**	**2.4**	**26.0**	**0.7**	**8.9**	**22.9**
16-19	100.0	11.2		27.5		6.3	20.6
20-24	100.0	2.8	0.1	25.5	0.5	5.4	24.0
25-29	100.0	3.2	1.5	22.3	0.5	7.3	26.9
30-34	100.0	4.7	2.7	21.3	0.4	8.2	29.8
35-39	100.0	3.3	3.5	26.7	0.5	9.3	24.7
40-44	100.0	4.3	1.9	28.7	0.8	8.8	23.9
45-49	100.0	6.3	3.7	30.9	0.8	10.3	20.3
50-54	100.0	8.0	3.8	28.7	0.7	10.0	17.0
55-59	100.0	10.6	3.3	28.0	1.1	13.3	12.0
60-64	100.0	12.7	0.9	25.1	4.1	14.4	5.2
65+	100.0	28.1	2.9	20.9		19.2	2.8
男 Male	**100.0**	**4.8**	**3.5**	**26.9**	**1.0**	**14.2**	**14.9**
16-19	100.0	6.3		32.5		8.7	17.3
20-24	100.0	2.5	0.1	28.6	0.8	8.9	15.3
25-29	100.0	3.1	1.4	21.9	1.1	11.3	18.1
30-34	100.0	4.1	4.5	21.6	0.6	14.4	18.9
35-39	100.0	4.1	8.0	28.0	0.8	17.0	11.5
40-44	100.0	4.6	2.4	30.3	0.9	16.1	13.6
45-49	100.0	3.9	5.0	29.0	1.4	17.1	14.3
50-54	100.0	7.6	5.1	29.0	0.6	14.4	16.3
55-59	100.0	5.8	4.1	29.3	1.4	17.1	12.2
60-64	100.0	8.5	1.2	26.4	4.6	17.5	5.3
65+	100.0	22.7	3.7	24.9		16.2	0.6
女 Female	**100.0**	**6.0**	**1.2**	**25.1**	**0.3**	**3.2**	**31.4**
16-19	100.0	22.4		16.3		0.9	27.9
20-24	100.0	3.2		21.7		1.1	34.8
25-29	100.0	3.3	1.6	22.6	0.1	3.6	35.1
30-34	100.0	5.3	1.1	21.0	0.2	2.9	39.0
35-39	100.0	2.8	0.2	25.8	0.4	3.7	34.2
40-44	100.0	4.0	1.5	27.4	0.7	2.9	32.3
45-49	100.0	8.7	2.3	32.8	0.2	3.4	26.4
50-54	100.0	8.6	1.5	28.1	0.8	3.0	18.2
55-59	100.0	24.8	0.9	24.0	0.2	2.2	11.4
60-64	100.0	23.1		21.7	2.9	6.9	4.9
65+	100.0	47.1		6.8		29.9	10.6

1-72 续表 1 continued

单位：% (%)

年龄 Age	交通运输、仓储和邮政业 Transport, Storage and Post	住宿和餐饮业 Hotels and Catering Services	信息传输、软件和信息技术服务业 Information Transmission, Software and Information Technology	金融业 Finance Inter-mediation	房地产业 Real Estate	租赁和商务服务业 Leasing and Business Services	科学研究和技术服务业 Scientific Research and Technical Services
总计 Total	**5.4**	**7.3**	**1.7**	**1.9**	**1.6**	**2.2**	**0.4**
16-19		15.3			1.5	0.3	
20-24	4.3	9.5	3.5	2.3	1.4	2.8	0.1
25-29	5.2	8.1	3.5	2.6	1.6	3.8	0.6
30-34	5.2	6.8	3.3	2.6	1.7	2.5	0.7
35-39	5.2	8.5	0.7	1.6	2.1	1.9	0.2
40-44	6.0	7.4	0.7	1.7	0.9	1.2	0.7
45-49	6.4	6.3	0.5	1.3	1.3	1.6	0.4
50-54	6.0	5.6	0.2	1.8	2.1	1.2	0.4
55-59	6.0	3.9	0.2	1.7	2.5	1.5	0.4
60-64	6.3	5.0		1.0	0.5	1.3	0.2
65+	0.4					3.0	
男 Male	**8.1**	**5.9**	**1.7**	**1.5**	**1.9**	**2.1**	**0.4**
16-19		14.4			2.2		
20-24	4.5	10.3	3.9	2.0	1.6	2.8	0.2
25-29	8.7	7.9	3.5	2.4	2.3	2.9	0.6
30-34	9.1	7.2	3.4	1.5	2.2	2.0	0.8
35-39	9.5	5.5	0.5	0.8	2.7	1.8	
40-44	10.0	4.1	0.6	1.6	1.0	1.2	0.4
45-49	10.0	4.0	0.8	1.3	1.7	2.1	0.3
50-54	8.4	3.2	0.2	1.4	2.0	2.0	0.6
55-59	7.1	2.8	0.2	1.1	2.9	2.0	0.5
60-64	6.7	2.9		1.4	0.7	1.2	0.2
65+	0.5					3.8	
女 Female	**2.5**	**8.8**	**1.7**	**2.4**	**1.2**	**2.2**	**0.5**
16-19		17.3				0.9	
20-24	4.1	8.4	3.0	2.7	1.0	2.7	
25-29	1.9	8.2	3.4	2.7	1.0	4.7	0.7
30-34	1.8	6.4	3.1	3.5	1.3	2.9	0.6
35-39	2.1	10.8	0.8	2.2	1.6	2.0	0.3
40-44	2.8	10.0	0.7	1.8	0.8	1.3	0.9
45-49	2.9	8.7	0.2	1.4	0.8	1.0	0.5
50-54	2.2	9.5	0.4	2.5	2.2		
55-59	3.1	6.9		3.6	1.3		
60-64	5.4	10.2				1.4	
65+							

1-72 续表 2 continued

单位：% (%)

年龄 Age	水利、环境和公共设施管理业 Management of Water Conservancy Environment and Public Establishment	居民服务、修理和其他服务业 Services to Household, Repair and Other Services	教 育 Education	卫生和社会工作 Health and Social Service	文化、体育和娱乐业 Culture Sports and Entertainment	公共管理、社会保障和社会组织 Public Management, Social Security and Social Organization	国际组织 International Organizations
总计 Total	**0.5**	**5.8**	**2.3**	**1.1**	**1.2**	**2.3**	
16-19		12.9	2.9	1.2	0.3		
20-24	0.0	5.1	4.5	2.0	2.0	4.3	
25-29	0.3	6.0	2.6	0.6	1.7	1.6	
30-34	0.5	4.4	1.9	1.0	1.3	1.2	
35-39	0.3	5.5	1.6	1.0	0.6	2.9	
40-44	0.4	6.7	2.2	0.8	1.0	1.8	
45-49	0.3	6.3	0.4	0.8	0.6	1.5	
50-54	1.3	6.7	1.8	1.1	0.5	3.0	
55-59	2.2	3.9	2.5	1.6	1.8	3.6	
60-64	0.5	6.1	6.6	1.7	1.5	7.0	
65+	0.8	3.7	10.7	4.1	1.4	2.0	
男 Male	**0.6**	**6.0**	**1.5**	**0.7**	**1.1**	**3.1**	
16-19		15.0	3.6				
20-24	0.1	6.3	3.9	0.7	1.6	5.9	
25-29	0.3	8.1	1.2	0.5	1.5	3.1	
30-34	0.4	5.6		0.4	1.0	2.2	
35-39	0.1	4.3	1.2	0.3	0.7	3.3	
40-44	0.7	6.3	1.4	1.2	1.3	2.3	
45-49	0.3	5.6	0.4	0.5	0.9	1.3	
50-54	1.0	4.4	0.0	0.4	0.4	3.0	
55-59	2.6	3.7	1.3	1.0	1.4	3.5	
60-64	0.6	5.8	5.0	2.4	1.9	7.6	
65+	1.1	3.9	13.7	4.6	1.7	2.5	
女 Female	**0.4**	**5.7**	**3.2**	**1.5**	**1.2**	**1.6**	
16-19		8.2	1.5	3.8	0.8		
20-24		3.6	5.1	3.6	2.6	2.4	
25-29	0.2	4.0	4.0	0.7	1.9	0.2	
30-34	0.5	3.4	3.5	1.5	1.7	0.4	
35-39	0.4	6.3	1.9	1.5	0.5	2.6	
40-44	0.2	7.0	2.9	0.5	0.8	1.5	
45-49	0.4	7.1	0.4	1.1	0.3	1.6	
50-54	1.7	10.5	4.7	2.2	0.7	3.2	
55-59	1.1	4.3	5.9	3.5	3.0	3.9	
60-64		6.8	10.6		0.7	5.3	
65+		3.2		2.5			

1-73 按受教育程度、性别分的城镇失业人员行业构成
SECTOR COMPOSITION OF URBAN UNEMPLOYMENT BY EDUCATIONAL ATTAINMENT AND SEX

单位：% (%)

受教育程度	Educational Attainment	合 计 Total	农、林、牧、渔业 Farming, Forestry, Animal Husbandry and Fishery	采矿业 Mining	制造业 Manufacturing	电力、热力、燃气及水生产和供应业 Production and Supply of Electricity, Heat, Gas and Water	建筑业 Construction	批发和零售业 Wholesale and Retail Trades
总 计	**Total**	**100.0**	**5.4**	**2.4**	**26.0**	**0.7**	**8.9**	**22.9**
未上过学	Illiterate	100.0	26.7	0.7	8.2		25.1	23.3
小 学	Primary School	100.0	16.6	1.6	23.0	0.9	18.3	12.3
初 中	Junior School	100.0	6.6	2.9	29.0	0.8	11.1	20.3
高 中	Senior School	100.0	3.0	2.3	28.0	0.4	6.3	26.3
中等职业教育	Medium Vocational Education	100.0	2.4	1.3	28.2	0.8	4.9	28.8
高等职业教育	High Vocational Education	100.0	0.4	2.4	20.4	0.2	1.5	33.7
大学专科	College	100.0	1.5	2.4	21.3	0.5	5.3	26.1
大学本科	University	100.0	1.7	2.4	16.5	0.7	4.5	25.1
研究生	Graduate	100.0			6.7			14.8
男	**Male**	**100.0**	**4.8**	**3.5**	**26.9**	**1.0**	**14.2**	**14.9**
未上过学	Illiterate	100.0	16.1	1.7			42.2	13.3
小 学	Primary School	100.0	13.9	1.8	17.1	1.7	27.3	8.0
初 中	Junior School	100.0	5.5	4.5	28.2	1.0	18.0	12.4
高 中	Senior School	100.0	3.2	2.9	31.6	0.8	9.8	15.9
中等职业教育	Medium Vocational Education	100.0	2.2	2.0	33.4	1.4	9.4	17.8
高等职业教育	High Vocational Education	100.0		4.9	28.1	0.3	0.3	29.9
大学专科	College	100.0	1.9	3.2	22.7	0.7	8.0	21.2
大学本科	University	100.0	2.1	3.4	17.3	1.1	5.8	18.4
研究生	Graduate	100.0						22.5
女	**Female**	**100.0**	**6.0**	**1.2**	**25.1**	**0.3**	**3.2**	**31.4**
未上过学	Illiterate	100.0	34.1		14.0		13.1	30.3
小 学	Primary School	100.0	19.9	1.4	29.9		7.7	17.4
初 中	Junior School	100.0	7.9	1.0	29.8	0.7	3.2	29.3
高 中	Senior School	100.0	2.7	1.5	23.8	0.0	2.1	38.5
中等职业教育	Medium Vocational Education	100.0	2.7	0.6	23.3	0.2	0.8	38.9
高等职业教育	High Vocational Education	100.0	0.8		12.9	0.0	2.7	37.5
大学专科	College	100.0	1.2	1.6	20.1	0.3	3.0	30.4
大学本科	University	100.0	1.4	1.5	15.9	0.3	3.4	30.7
研究生	Graduate	100.0			10.5			10.4

1-73 续表 1 continued

单位：% (%)

受教育程度	Educational Attainment	交通运输、仓储和邮政业 Transport, Storage and Post	住宿和餐饮业 Hotels and Catering Services	信息传输、软件和信息技术服务业 Information Transmission, Software and Information Technology	金融业 Finance Inter-mediation	房地产业 Real Estate	租赁和商务服务业 Leasing and Business Services	科学研究和技术服务业 Scientific Research and Technical Services
总　计	**Total**	**5.4**	**7.3**	**1.7**	**1.9**	**1.6**	**2.2**	**0.4**
未上过学	Illiterate	1.4	4.5					
小　学	Primary School	6.3	5.5	0.1		1.6	1.6	
初　中	Junior School	6.2	8.9	0.6	0.7	1.0	1.1	0.3
高　中	Senior School	6.1	7.6	1.2	1.4	1.6	1.9	0.7
中等职业教育	Medium Vocational Education	4.3	7.5	2.1	1.9	1.1	2.6	0.6
高等职业教育	High Vocational Education	4.4	13.5	1.8	5.4	1.9	1.5	
大学专科	College	3.2	3.4	4.8	6.3	2.5	3.3	0.6
大学本科	University	3.7	4.0	5.8	4.2	3.5	7.7	0.9
研究生	Graduate		9.4	3.8	2.6	7.1	6.7	8.6
男	**Male**	**8.1**	**5.9**	**1.7**	**1.5**	**1.9**	**2.1**	**0.4**
未上过学	Illiterate	3.4	5.7					
小　学	Primary School	9.3	2.5	0.2		2.6	2.5	
初　中	Junior School	9.7	6.1	0.5	0.7	1.2	1.4	0.2
高　中	Senior School	9.4	6.7	0.9	0.9	2.2	1.8	0.9
中等职业教育	Medium Vocational Education	5.5	8.4	1.7	2.4	1.9	2.4	0.5
高等职业教育	High Vocational Education	6.1	14.0	1.5	1.5	0.9		
大学专科	College	3.3	3.6	6.0	4.4	2.9	3.3	0.4
大学本科	University	5.2	3.7	7.2	5.5	3.9	5.7	0.6
研究生	Graduate		13.1			14.9		
女	**Female**	**2.5**	**8.8**	**1.7**	**2.4**	**1.2**	**2.2**	**0.5**
未上过学	Illiterate		3.6					
小　学	Primary School	2.9	9.0			0.3	0.5	
初　中	Junior School	2.1	12.1	0.7	0.7	0.8	0.8	0.3
高　中	Senior School	2.3	8.6	1.4	2.1	1.0	2.0	0.4
中等职业教育	Medium Vocational Education	3.1	6.7	2.4	1.5	0.4	2.7	0.7
高等职业教育	High Vocational Education	2.7	13.1	2.1	9.2	2.9	2.9	
大学专科	College	3.1	3.2	3.7	8.0	2.2	3.3	0.7
大学本科	University	2.5	4.3	4.6	3.2	3.2	9.3	1.1
研究生	Graduate		7.3	5.9	4.1	2.6	10.4	13.4

1-73 续表 2 continued

单位：% (%)

受教育程度	Educational Attainment	水利、环境和公共设施管理业 Management of Water Conservancy Environment and Public Establishment	居民服务、修理和其他服务业 Services to Household, Repair and Other Services	教 育 Education	卫生和社会工作 Health and Social Service	文化、体育和娱乐业 Culture Sports and Entertainment	公共管理、社会保障和社会组织 Public Management, Social Security and Social Organization	国际组织 International Organizations
总 计	**Total**	**0.5**	**5.8**	**2.3**	**1.1**	**1.2**	**2.3**	
未上过学	Illiterate		4.3				5.8	
小 学	Primary School	0.7	7.6	0.6	0.7	1.5	1.0	
初 中	Junior School	0.5	6.8	0.9	0.6	0.8	1.2	
高 中	Senior School	0.6	6.4	1.4	0.8	0.9	3.2	
中等职业教育	Medium Vocational Education	0.6	4.7	2.5	2.5	1.6	1.8	
高等职业教育	High Vocational Education		2.6	3.9	2.0		4.5	
大学专科	College	0.4	4.0	6.1	1.5	2.5	4.3	
大学本科	University	0.3	2.7	7.8	2.5	1.2	4.7	
研究生	Graduate			31.2		4.6	4.6	
男	**Male**	**0.6**	**6.0**	**1.5**	**0.7**	**1.1**	**3.1**	
未上过学	Illiterate		3.5				14.1	
小 学	Primary School	0.9	7.0	0.7	0.7	2.1	1.7	
初 中	Junior School	0.6	6.8	0.4	0.4	0.7	1.7	
高 中	Senior School	0.7	6.3	0.8	0.6	0.7	3.8	
中等职业教育	Medium Vocational Education	0.5	4.8	1.3	1.3	0.8	2.1	
高等职业教育	High Vocational Education		2.5	5.2			4.8	
大学专科	College	0.2	4.5	4.4	0.9	2.4	5.8	
大学本科	University	0.4	3.7	4.9	2.0	1.8	7.3	
研究生	Graduate			49.4				
女	**Female**	**0.4**	**5.7**	**3.2**	**1.5**	**1.2**	**1.6**	
未上过学	Illiterate		4.9					
小 学	Primary School	0.5	8.4	0.5	0.7	0.6	0.3	
初 中	Junior School	0.4	6.8	1.4	0.7	0.9	0.6	
高 中	Senior School	0.5	6.5	2.0	1.0	1.1	2.4	
中等职业教育	Medium Vocational Education	0.6	4.6	3.6	3.6	2.3	1.4	
高等职业教育	High Vocational Education		2.7	2.6	4.0		4.1	
大学专科	College	0.5	3.5	7.6	2.1	2.5	3.1	
大学本科	University	0.2	1.9	10.2	2.9	0.7	2.6	
研究生	Graduate			20.9		7.2	7.2	

1-74 按年龄、性别分的城镇失业人员职业构成
OCCUPATION COMPOSITION OF URBAN UNEMPLOYMENT BY AGE AND SEX

单位：% (%)

年龄 Age	合 计 Total	单 位 负责人 Unit Heads	专业技 术人员 Professional and Technical Personnel	办事人员 和有关人员 Clerk and Related Workers	商业服 务人员 Business Service Personnel	农林牧渔 水 利 业 生产人员 Agriculture and Water Conservancy Labors	生产运输设 备操作人员 及有关人员 Production, Transport Equipment Operators and Related Workers	其 他 Others
总计 Total	**100.0**	**1.1**	**12.7**	**10.6**	**40.3**	**4.8**	**29.9**	**0.5**
16-19	100.0		7.8	1.0	44.4	11.2	35.5	0.1
20-24	100.0	0.2	15.8	11.9	42.6	3.2	25.9	0.5
25-29	100.0	0.7	13.1	10.0	47.0	2.7	25.7	0.7
30-34	100.0	1.4	14.1	11.4	43.9	4.7	23.9	0.6
35-39	100.0	1.6	11.0	11.8	42.5	2.9	29.5	0.7
40-44	100.0	0.6	12.1	7.2	43.4	3.7	32.5	0.5
45-49	100.0	1.3	8.7	10.0	36.1	6.0	37.5	0.4
50-54	100.0	2.0	12.7	11.6	32.5	6.7	34.3	0.4
55-59	100.0	2.8	13.2	12.3	27.6	9.5	34.0	0.6
60-64	100.0	1.9	18.1	16.3	19.9	10.5	33.0	0.3
65+	100.0	0.9	24.1	19.8	12.9	20.7	21.4	0.2
男 Male	**100.0**	**1.6**	**12.2**	**11.8**	**31.1**	**4.3**	**38.5**	**0.5**
16-19	100.0		9.2	1.1	40.0	6.3	43.4	
20-24	100.0	0.1	16.8	13.1	34.6	3.1	31.6	0.8
25-29	100.0	0.8	12.1	11.0	39.6	2.3	33.8	0.5
30-34	100.0	2.1	10.9	9.0	40.0	4.3	33.1	0.6
35-39	100.0	1.2	9.3	13.3	27.9	3.4	44.3	0.6
40-44	100.0	0.9	12.6	8.3	28.9	4.3	44.5	0.6
45-49	100.0	1.8	9.6	11.3	27.1	4.2	45.5	0.5
50-54	100.0	3.2	12.9	14.7	22.7	6.2	40.1	0.2
55-59	100.0	3.8	10.6	14.5	26.2	5.6	38.7	0.6
60-64	100.0	2.7	17.6	16.9	18.5	5.2	39.1	
65+	100.0	1.2	23.5	23.5	11.9	14.9	24.7	0.3
女 Female	**100.0**	**0.7**	**13.2**	**9.4**	**50.1**	**5.4**	**20.8**	**0.6**
16-19	100.0		4.7	0.6	54.1	22.3	17.9	0.3
20-24	100.0	0.3	14.6	10.3	52.6	3.2	18.7	0.2
25-29	100.0	0.6	14.0	9.2	54.1	3.0	18.3	0.9
30-34	100.0	0.7	16.9	13.4	47.2	5.0	16.1	0.6
35-39	100.0	1.8	12.3	10.7	53.1	2.5	18.9	0.7
40-44	100.0	0.3	11.8	6.4	55.0	3.3	22.8	0.5
45-49	100.0	0.7	7.8	8.8	45.1	7.9	29.6	0.3
50-54	100.0		12.3	6.6	48.3	7.4	24.8	0.5
55-59	100.0		20.6	5.8	31.6	20.7	20.5	0.7
60-64	100.0		19.3	14.8	23.4	23.3	18.2	0.9
65+	100.0		26.0	6.6	16.4	41.0	10.0	

1-75 按受教育程度、性别分的城镇失业人员职业构成
OCCUPATION COMPOSITION OF URBAN UNEMPLOYMENT BY EDUCATIONAL ATTAINMENT AND SEX

单位：% (%)

受教育程度	Educational Attainment	合计 Total	单位负责人 Unit Heads	专业技术人员 Professional and Technical Personnel	办事人员和有关人员 Clerk and Related Workers	商业服务人员 Business Service Personnel	农林牧渔水利业生产人员 Agriculture and Water Conservancy Labors	生产运输设备操作人员及有关人员 Production, Transport Equipment Operators and Related Workers	其他 Others
总　计	**Total**	**100.0**	**1.1**	**12.7**	**10.6**	**40.3**	**4.8**	**29.9**	**0.5**
未上过学	Illiterate	100.0		2.9	9.6	36.9	26.7	23.9	
小　学	Primary School	100.0	0.9	8.7	7.0	32.0	14.6	36.2	0.4
初　中	Junior School	100.0	0.9	7.7	7.0	40.3	6.2	37.3	0.6
高　中	Senior School	100.0	1.0	10.2	9.6	45.9	2.6	30.2	0.5
中等职业教育	Medium Vocational Education	100.0	1.3	16.5	9.4	42.9	2.2	27.2	0.4
高等职业教育	High Vocational Education	100.0	2.0	17.4	16.9	46.4	0.4	16.4	0.5
大　专	College	100.0	1.4	24.1	18.7	36.8	1.2	17.2	0.5
大学本科	University	100.0	2.6	26.6	23.5	36.1	1.0	9.6	0.7
研究生	Graduate	100.0	2.6	42.7	37.2	17.5			
男	**Male**	**100.0**	**1.6**	**12.2**	**11.8**	**31.1**	**4.3**	**38.5**	**0.5**
未上过学	Illiterate	100.0		6.9	19.4	33.7	16.1	23.9	
小　学	Primary School	100.0	1.4	11.8	9.8	23.2	10.9	42.8	0.1
初　中	Junior School	100.0	1.4	8.7	9.4	29.4	5.5	45.1	0.5
高　中	Senior School	100.0	1.5	9.9	11.0	33.5	2.7	40.7	0.7
中等职业教育	Medium Vocational Education	100.0	1.1	13.6	9.2	35.6	1.7	38.4	0.4
高等职业教育	High Vocational Education	100.0	3.0	14.3	12.2	46.6		23.5	0.4
大　专	College	100.0	1.7	21.5	19.6	31.4	1.9	23.5	0.3
大学本科	University	100.0	3.6	25.6	21.4	33.0	0.8	15.0	0.6
研究生	Graduate	100.0		29.6	34.7	35.7			
女	**Female**	**100.0**	**0.7**	**13.2**	**9.4**	**50.1**	**5.4**	**20.8**	**0.6**
未上过学	Illiterate	100.0			2.8	39.2	34.1	23.9	
小　学	Primary School	100.0	0.2	5.2	3.9	42.4	19.1	28.5	0.6
初　中	Junior School	100.0	0.3	6.6	4.3	52.8	7.0	28.5	0.6
高　中	Senior School	100.0	0.3	10.7	7.9	60.3	2.4	18.0	0.4
中等职业教育	Medium Vocational Education	100.0	1.5	19.2	9.6	49.8	2.8	16.7	0.4
高等职业教育	High Vocational Education	100.0	1.0	20.5	21.5	46.2	0.8	9.5	0.6
大　专	College	100.0	1.1	26.4	17.9	41.6	0.6	11.7	0.7
大学本科	University	100.0	1.7	27.4	25.2	38.7	1.1	5.0	0.9
研究生	Graduate	100.0	4.1	50.1	38.6	7.3			

1-76 按受教育程度、性别分的城镇失业人员未工作时间构成
UNEMPLOYMENT DURATION OF URBAN UNEMPLOYED PERSONS BY EDUCATIONAL ATTAINMENT AND SEX

单位：% (%)

受教育程度	Educational Attainment	城镇失业人员 Urban Unemployed Persons	1个月 1 Month	2-3个月 2-3 Months	4-6个月 4-6 Months	7-12个月 7-12 Months	13-24个月 13-24 Months	25个月以上 25+ Months+
总　计	**Total**	**100.0**	**9.9**	**19.8**	**17.2**	**26.8**	**11.9**	**14.4**
未上过学	Illiterate	100.0	7.3	22.4	15.9	31.4	2.2	20.8
小　学	Primary School	100.0	11.4	18.7	15.1	29.5	12.1	13.1
初　中	Junior Secondary School	100.0	10.5	18.1	16.2	27.3	11.4	16.6
高　中	Senior Secondary School	100.0	8.8	17.4	16.4	29.2	12.8	15.4
中等职业教育	Medium Vocational Education	100.0	10.3	17.7	18.8	25.6	13.1	14.4
高等职业教育	High Vocational Education	100.0	7.7	24.0	16.0	27.4	14.6	10.2
大学专科	College	100.0	8.4	23.3	19.8	23.9	12.3	12.4
大学本科	University	100.0	10.4	27.3	18.4	23.8	10.2	9.9
研究生及以上	Graduate and Higher Level	100.0	24.7	19.1	19.9	26.7	2.5	7.1
男	**Male**	**100.0**	**11.5**	**22.3**	**17.8**	**26.8**	**10.2**	**11.4**
未上过学	Illiterate	100.0	11.4	22.9	30.4	28.6	0.5	6.2
小　学	Primary School	100.0	12.7	21.6	16.3	32.0	9.5	7.8
初　中	Junior Secondary School	100.0	12.3	20.7	17.5	27.1	9.6	12.8
高　中	Senior Secondary School	100.0	9.8	20.2	17.4	28.7	10.5	13.4
中等职业教育	Medium Vocational Education	100.0	12.3	20.6	20.0	22.8	12.1	12.4
高等职业教育	High Vocational Education	100.0	7.7	29.3	11.4	31.4	13.1	7.0
大学专科	College	100.0	9.9	25.5	19.4	24.5	10.9	9.9
大学本科	University	100.0	12.8	28.8	17.9	23.2	9.2	8.1
研究生及以上	Graduate and Higher Level	100.0	30.0	7.3	19.5	27.8	4.9	10.4
女	**Female**	**100.0**	**8.1**	**17.3**	**16.5**	**26.8**	**13.6**	**17.6**
未上过学	Illiterate	100.0	5.1	22.1	8.2	33.0	3.1	28.6
小　学	Primary School	100.0	9.8	15.3	13.7	26.4	15.2	19.5
初　中	Junior Secondary School	100.0	8.6	15.3	14.9	27.4	13.2	20.6
高　中	Senior Secondary School	100.0	7.6	14.1	15.2	29.8	15.6	17.8
中等职业教育	Medium Vocational Education	100.0	8.4	14.7	17.7	28.6	14.2	16.5
高等职业教育	High Vocational Education	100.0	7.7	18.2	21.1	23.0	16.2	13.7
大学专科	College	100.0	6.9	21.2	20.2	23.3	13.7	14.8
大学本科	University	100.0	8.1	25.9	18.8	24.5	11.2	11.6
研究生及以上	Graduate and Higher Level	100.0	19.1	31.6	20.2	25.5		3.7

1-77 按年龄、性别分的城镇失业人员未工作时间构成
UNEMPLOYMENT DURATION OF URBAN UNEMPLOYED PERSONS BY AGE AND SEX

单位：% (%)

年龄 Age	城镇失业人员 Urban Unemployed Persons	1个月 1 Month	2-3个月 2-3 Months	4-6个月 4-6 Months	7-12个月 7-12 Months	13-24个月 13-24 Months	25个月以上 25+ Months+
总计 Total	**100.0**	**9.9**	**19.8**	**17.2**	**26.8**	**11.9**	**14.4**
16-19	100.0	11.8	26.5	25.0	24.5	9.4	2.8
20-24	100.0	10.8	26.6	20.6	27.6	8.0	6.4
25-29	100.0	11.3	20.9	16.5	25.1	13.6	12.6
30-34	100.0	9.9	18.9	16.0	23.7	14.2	17.3
35-39	100.0	10.9	14.8	16.7	26.4	12.0	19.2
40-44	100.0	9.1	16.5	16.0	26.9	13.6	18.0
45-49	100.0	7.7	17.0	14.2	29.7	11.8	19.6
50-54	100.0	7.6	16.4	16.6	29.7	13.0	16.7
55-59	100.0	8.7	15.2	14.6	27.9	11.9	21.7
60-64	100.0	6.4	14.8	12.2	28.2	16.1	22.4
65+	100.0	7.9	11.7	7.2	27.2	11.7	34.3
男 Male	**100.0**	**11.5**	**22.3**	**17.8**	**26.8**	**10.2**	**11.4**
16-19	100.0	11.6	28.9	22.9	24.0	9.5	3.1
20-24	100.0	11.6	25.1	18.9	29.2	8.3	6.8
25-29	100.0	13.4	24.2	17.2	23.8	10.9	10.6
30-34	100.0	12.2	24.0	14.1	24.7	12.6	12.4
35-39	100.0	13.4	20.8	21.6	24.2	8.5	11.4
40-44	100.0	12.1	19.5	19.6	26.4	10.2	12.3
45-49	100.0	10.6	21.4	14.5	27.9	10.0	15.6
50-54	100.0	8.5	17.6	17.8	29.4	12.0	14.7
55-59	100.0	9.4	15.6	17.3	27.7	9.7	20.2
60-64	100.0	7.7	16.3	14.9	27.2	15.7	18.3
65+	100.0	6.6	13.8	10.0	29.8	11.9	27.8
女 Female	**100.0**	**8.1**	**17.3**	**16.5**	**26.8**	**13.6**	**17.6**
16-19	100.0	12.0	22.8	28.3	25.3	9.2	2.4
20-24	100.0	9.6	28.6	23.1	25.3	7.5	5.9
25-29	100.0	9.3	17.9	15.8	26.4	16.2	14.4
30-34	100.0	8.2	15.1	17.5	22.9	15.3	21.0
35-39	100.0	9.3	10.8	13.4	27.9	14.3	24.4
40-44	100.0	6.7	14.1	13.2	27.3	16.3	22.4
45-49	100.0	5.0	12.9	13.9	31.4	13.5	23.3
50-54	100.0	6.1	14.7	14.8	30.0	14.5	19.8
55-59	100.0	6.9	14.1	7.5	28.2	17.6	25.6
60-64	100.0	3.5	11.7	6.3	30.5	17.0	31.0
65+	100.0	11.3	6.2		20.4	11.3	50.8

1-78　各地区居民消费价格指数和商品零售价格指数
CONSUMER PRICE INDICES AND RETAIL PRICE INDICES BY REGION

(上年=100)　　(preceding year=100)

年　份 地　区	Year Region	居民消费价格 Consumer Price Index			商品零售价格 Retail Price Index		
		总指数 General	城　市 Urban Household	农　村 Rural Household	总指数 General	城　市 Urban Household	农　村 Rural Household
	1994	124.1	125.0	123.4	121.7	120.9	122.9
	1995	117.1	116.8	117.5	114.8	113.5	116.4
	1996	108.3	108.8	107.9	106.1	105.8	106.4
	1997	102.8	103.1	102.5	100.8	100.8	100.7
	1998	99.2	99.4	99.0	97.4	97.4	97.6
	1999	98.6	98.7	98.5	97.0	97.0	97.1
	2000	100.4	100.8	99.9	98.5	98.5	98.5
	2001	100.7	100.7	100.8	99.2	98.9	99.6
	2002	99.2	99.0	99.6	98.7	98.5	99.1
	2003	101.2	100.9	101.6	99.9	99.6	100.5
	2004	103.9	103.3	104.8	102.8	102.1	104.2
	2005	101.8	101.6	102.2	100.8	100.5	101.4
	2006	101.5	101.5	101.5	101.0	100.9	101.4
	2007	104.8	104.5	105.4	103.8	103.3	104.9
	2008	105.9	105.6	106.5	105.9	105.5	106.7
	2009	99.3	99.1	99.7	98.8	98.7	99.0
	2010	103.3	103.2	103.6	103.1	102.8	103.6
	2011	105.4	105.3	105.8	104.9	104.7	105.5
	2012	102.6	102.7	102.5	102.0	101.9	102.2
	2013	102.6	102.6	102.8	101.4	101.3	101.8
	2014	102.0	102.1	101.8	101.0	101.0	101.0
	2015	101.4	101.5	101.3	100.1	100.0	100.3
北　京	Beijing	101.8	101.8		98.5		
天　津	Tianjin	101.7	101.7		100.3		
河　北	Hebei	100.9	101.1	100.5	100.2	100.3	100.0
山　西	Shanxi	100.6	100.6	100.7	99.3	99.0	99.7
内蒙古	Inner Mongolia	101.1	101.1	101.1	100.5	100.6	100.2
辽　宁	Liaoning	101.4	101.4	101.4	100.5	100.5	100.4
吉　林	Jilin	101.7	101.7	101.6	99.8	99.8	100.0
黑龙江	Heilongjiang	101.1	101.1	101.1	100.1	100.1	100.2
上　海	Shanghai	102.4	102.4		101.1		
江　苏	Jiangsu	101.7	101.7	101.5	100.6	100.6	100.6
浙　江	Zhejiang	101.4	101.4	101.4	99.9	99.8	100.2
安　徽	Anhui	101.3	101.3	101.3	99.7	99.6	99.9
福　建	Fujian	101.7	101.7	101.7	99.9	99.9	100.0
江　西	Jiangxi	101.5	101.5	101.5	100.5	100.4	100.6
山　东	Shandong	101.2	101.4	100.9	100.2	100.2	100.2
河　南	Henan	101.3	101.3	101.2	99.8	99.6	100.0
湖　北	Hubei	101.5	101.4	101.7	100.5	100.4	100.7
湖　南	Hunan	101.4	101.5	101.1	99.9	99.7	100.0
广　东	Guangdong	101.5	101.6	101.3	99.6	99.5	100.2
广　西	Guangxi	101.5	101.5	101.5	100.1	100.1	100.1
海　南	Hainan	101.0	101.2	100.5	99.8	99.9	98.6
重　庆	Chongqing	101.3	101.3		100.2		
四　川	Sichuan	101.5	101.4	101.6	100.2	99.9	101.0
贵　州	Guizhou	101.8	102.0	101.5	100.1	100.1	100.3
云　南	Yunnan	101.9	102.2	101.3	100.8	100.9	100.6
西　藏	Tibet	102.0	102.1	101.8	101.4	101.4	101.3
陕　西	Shaanxi	101.0	100.9	101.1	99.8	99.8	100.0
甘　肃	Gansu	101.6	101.4	101.8	101.0	100.8	101.5
青　海	Qinghai	102.6	102.8	102.2	101.0	100.8	101.5
宁　夏	Ningxia	101.1	101.2	101.0	100.1	100.1	99.9
新　疆	Xinjiang	100.6	100.5	100.6	99.6	99.5	99.8

1-79 商品零售价格分类指数（2015年）
RETAIL PRICE INDICES BY CATEGORY (2015)

(上年=100) (preceding year=100)

项目	Item	全国 National Indices	城市 Urban Indices	农村 Rural Indices
商品零售价格总指数	**Retail Price Index**	**100.1**	**100.0**	**100.3**
食品类	**Food**	**102.2**	**102.1**	**102.4**
粮食	Grain	102.0	102.2	101.7
油脂	Oil or Fat	97.0	96.7	97.6
肉禽及其制品	Meat, Poultry and Processed Products	104.9	104.7	105.4
蛋	Eggs	92.7	92.6	93.1
水产品	Aquatic Products	101.6	101.5	101.9
菜	Vegetables	106.9	107.1	106.3
调味品	Flavoring	103.7	104.1	103.0
糖	Sugar	100.6	100.5	100.9
干鲜瓜果	Dried and Fresh Melons and Fruits	97.4	97.0	98.6
糕点饼干面包	Cake, Biscuit and Bread	101.4	101.5	101.2
液体乳及乳制品	Milk and Its Products	99.0	98.8	99.5
在外用膳食品	Outward Dinner Food	102.6	102.7	102.3
主食	Staple Food	102.4	102.6	101.9
炒菜	Fried Dishes	102.1	102.1	102.0
地方小吃	Local Snack	104.3	104.5	103.8
其它食品	Other Foods	100.4	100.4	100.7
饮料、烟酒	**Beverages, Tobacco and Liquor**	**101.9**	**101.8**	**101.9**
茶及饮料	Tea and Beverages	101.7	101.7	101.5
烟草	Tobacco	104.0	103.8	104.5
酒	Liquor	99.4	99.5	99.1
服装、鞋帽	**Garments, Shoes and Hats**	**102.8**	**102.9**	**102.3**
服装	Garments	102.9	103.0	102.6
鞋袜帽	Footgear and Hats	102.7	103.0	101.8
纺织品	**Textiles**	**100.6**	**100.5**	**100.8**
衣着材料	Clothing	101.4	101.2	101.6
床上用品	Bedding	100.2	100.2	100.3
家用电器及音像器材	**Household Appliances, Music and Video Equipment**	**98.9**	**98.6**	**99.6**
文化办公用品	**Cultural and Office Appliances**	**99.6**	**99.5**	**100.2**
日用品	**Articles for Daily Use**	**100.6**	**100.6**	**100.6**
日用百货	General Merchandise for Daily Use	100.5	100.5	100.5
日用杂品	Miscellaneous for Daily Use	100.9	100.9	100.8
体育娱乐用品	**Sports and Recreation Articles**	**100.6**	**100.4**	**101.0**
交通、通信用品	**Transportation and Communication Appliances**	**98.3**	**98.1**	**98.9**
家具	**Furniture**	**101.1**	**101.1**	**101.2**
化妆品	**Cosmetics**	**100.6**	**100.6**	**100.7**
金银珠宝	**Gold, Silver and Jewelry**	**93.3**	**93.0**	**95.0**
中西药品及医疗保健用品	**Traditional Chinese and Western Medicines and Health Care Articles**	**102.4**	**102.4**	**102.4**
医疗器具及用品	Medical Apparatus and Article	100.5	100.5	100.6
中药材及中成药	Traditional Chinese Medicinal Materials and Medicines	102.6	102.9	101.8
西药	Western Medicines	102.2	102.0	102.8
书报杂志及电子出版物	**Books, Newspapers, Magazines and Electronic Publications**	**102.6**	**102.7**	**102.1**
燃料	**Fuels**	**87.7**	**87.9**	**87.1**
建筑材料及五金电料	**Building Materials and Hardware**	**99.1**	**99.2**	**98.8**
建筑装璜材料	Building Decoration Materials	98.6	98.8	98.3
五金电料	Hardware	100.5	100.5	100.4

1-80 各地区商品零售价格分类指数
RETAIL PRICE INDICES BY CATEGORY OF COMMODITIES BY REGION

(上年=100) (preceding year=100)

年 份 地 区	Year Region	总指数 General Index	食 品 Food	#粮 食 Grain	#油 脂 Oil or Fat	#肉禽及其制品 Meat, Poultry and Processed Products	#蛋 Eggs	#水产品 Aquatic Products	#菜 Vegetables
	2001	99.2	100.6	101.5	89.3			96.3	
	2002	98.7	99.9	98.6	100.1			96.2	
	2003	99.9	103.4	102.2	112.5	103.0	98.5	100.3	116.3
	2004	102.8	109.9	126.5	116.8	117.1	119.8	112.5	95.2
	2005	100.8	103.1	101.4	94.7	103.0	104.7	105.8	108.1
	2006	101.0	102.6	102.5	98.7	97.3	96.3	101.6	108.1
	2007	103.8	112.3	106.4	126.3	131.0	121.8	105.3	107.9
	2008	105.9	114.4	107.0	125.0	121.7	104.3	114.5	110.4
	2009	98.8	100.9	105.7	81.8	91.7	101.6	102.3	113.2
	2010	103.1	107.6	111.7	103.7	103.0	108.3	108.3	119.0
	2011	104.9	111.9	112.3	113.4	122.4	114.3	112.1	101.0
	2012	102.0	104.8	103.8	105.1	102.2	97.1	108.1	113.5
	2013	101.4	104.7	104.9	100.4	104.4	104.8	104.1	108.1
	2014	101.0	103.0	103.1	95.1	100.3	110.8	104.3	98.8
	2015	100.1	102.2	102.0	97.0	104.9	92.7	101.6	106.9
北 京	Beijing	98.5	101.6	101.5	96.9	102.7	93.6	101.9	107.9
天 津	Tianjin	100.3	101.7	101.8	98.1	104.9	90.8	98.1	106.8
河 北	Hebei	100.2	100.8	101.1	98.2	103.0	87.9	100.6	108.5
山 西	Shanxi	99.3	100.2	101.5	95.2	104.3	85.4	102.1	104.9
内蒙古	Inner Mongolia	100.5	100.8	102.2	98.8	100.6	91.0	101.6	103.7
辽 宁	Liaoning	100.5	102.6	102.1	96.7	104.5	87.5	103.6	109.9
吉 林	Jilin	99.8	101.7	101.7	98.6	104.9	87.9	102.0	108.7
黑龙江	Heilongjiang	100.1	101.0	102.4	95.4	104.3	89.4	99.2	105.8
上 海	Shanghai	101.1	102.8	103.0	98.0	105.3	98.0	101.3	107.5
江 苏	Jiangsu	100.6	102.9	102.7	94.7	105.3	93.1	101.7	109.6
浙 江	Zhejiang	99.9	103.3	102.6	94.7	106.9	100.7	102.6	109.6
安 徽	Anhui	99.7	102.5	102.4	97.3	104.7	89.8	100.0	110.7
福 建	Fujian	99.9	101.9	101.8	95.1	105.6	93.9	100.0	107.5
江 西	Jiangxi	100.5	103.4	102.3	96.2	106.9	98.7	100.2	109.5
山 东	Shandong	100.2	101.1	101.6	98.1	104.0	90.7	101.9	109.1
河 南	Henan	99.8	101.5	102.9	95.3	103.5	85.9	102.7	107.1
湖 北	Hubei	100.5	102.3	101.3	95.8	105.1	97.9	99.6	106.6
湖 南	Hunan	99.9	102.9	101.5	99.7	106.8	98.5	98.4	104.0
广 东	Guangdong	99.6	103.3	101.9	97.5	105.8	97.4	102.9	106.6
广 西	Guangxi	100.1	102.4	101.4	97.3	105.8	100.1	100.0	104.3
海 南	Hainan	99.8	103.1	101.7	94.1	105.0	98.6	106.3	100.5
重 庆	Chongqing	100.2	101.4	102.3	96.1	106.7	95.7	103.0	100.6
四 川	Sichuan	100.2	102.9	102.4	96.4	106.2	94.6	101.4	103.9
贵 州	Guizhou	100.1	102.6	102.6	97.2	106.1	100.5	102.7	101.4
云 南	Yunnan	100.8	103.1	101.6	96.5	104.4	101.0	101.7	103.5
西 藏	Tibet	101.4	103.4	103.7	100.5	103.1	103.5	103.0	103.4
陕 西	Shaanxi	99.8	100.8	103.2	96.7	104.9	93.5	100.4	99.8
甘 肃	Gansu	101.0	101.6	101.3	99.4	103.4	92.8	98.9	105.8
青 海	Qinghai	101.0	102.8	102.0	96.8	100.6	91.5	104.0	110.1
宁 夏	Ningxia	100.1	100.6	101.6	98.5	99.0	93.5	98.8	107.0
新 疆	Xinjiang	99.6	99.3	101.7	97.7	95.1	93.1	98.2	101.5

1-80 续表 1 continued

(上年=100) (preceding year=100)

年 份 地 区	Year Region	#干鲜瓜果 Dried and Fresh Melons and Fruits	饮料烟酒 Beverages, Tobacco and Liquor	服装鞋帽 Garments, Shoes and Hats	纺织品 Textiles	家用电器及音像器材 Household Appliances, Music and Video Equipment	文化办公用品 Cultural and Office Appliances	日用品 Articles for Daily Use	体育娱乐用品 Sports and Recreation Articles
	2001		99.5	98.9	99.1			98.3	
	2002		99.9	97.9	99.4			98.7	
	2003	102.2	99.9	97.5	99.3	94.2	95.8	98.5	98.1
	2004	104.1	101.0	98.2	100.0	94.7	96.9	99.6	98.2
	2005	101.7	100.5	97.9	99.8	96.3	96.7	100.2	98.4
	2006	117.0	100.7	99.8	100.0	97.3	97.6	100.8	98.5
	2007	102.5	101.8	99.4	100.2	97.4	97.0	101.1	97.4
	2008	111.3	103.4	98.4	100.5	96.9	96.8	103.7	97.7
	2009	106.7	101.7	97.9	99.6	94.2	96.2	102.0	97.8
	2010	114.3	101.7	98.8	101.2	96.1	97.8	100.3	98.3
	2011	115.9	103.3	101.8	105.7	96.9	97.6	102.3	100.9
	2012	99.7	103.3	102.9	101.5	97.7	98.1	102.1	101.0
	2013	106.0	100.7	102.2	101.0	98.3	98.6	100.8	100.7
	2014	114.0	99.9	102.4	100.9	98.5	99.0	100.5	100.5
	2015	97.4	101.9	102.8	100.6	98.9	99.6	100.6	100.6
北 京	Beijing	92.1	102.2	103.6	97.3	96.2	98.3	99.1	99.8
天 津	Tianjin	100.2	102.0	103.0	104.5	96.5	97.2	99.9	102.7
河 北	Hebei	93.3	101.2	103.1	101.9	99.9	100.1	100.5	100.5
山 西	Shanxi	91.2	102.6	102.3	100.3	98.3	99.2	99.8	100.2
内蒙古	Inner Mongolia	99.2	102.9	103.3	100.6	99.4	100.7	101.9	101.1
辽 宁	Liaoning	101.8	102.1	101.9	100.4	99.5	100.3	100.3	100.5
吉 林	Jilin	98.5	101.9	103.0	100.1	99.3	99.6	100.4	100.3
黑龙江	Heilongjiang	96.9	101.1	101.0	100.7	98.2	102.0	100.9	100.3
上 海	Shanghai	96.8	103.9	107.9	104.1	99.3	99.2	101.5	99.4
江 苏	Jiangsu	98.4	102.3	103.0	102.3	101.4	100.7	101.3	100.6
浙 江	Zhejiang	97.4	102.5	101.9	99.7	98.7	100.0	100.6	100.1
安 徽	Anhui	96.2	101.6	101.4	99.9	98.8	99.1	100.1	100.8
福 建	Fujian	96.0	101.7	103.5	99.1	98.2	99.1	99.9	99.8
江 西	Jiangxi	99.9	102.1	103.1	102.2	98.5	99.8	100.3	100.3
山 东	Shandong	92.0	101.5	103.4	100.6	101.3	99.9	100.7	101.0
河 南	Henan	96.4	101.0	102.3	101.0	98.9	99.0	100.4	100.6
湖 北	Hubei	100.3	102.1	102.4	101.0	97.9	99.9	100.5	100.2
湖 南	Hunan	100.7	101.7	102.0	101.6	98.9	99.8	100.5	100.9
广 东	Guangdong	100.6	101.8	102.4	98.6	97.3	98.5	100.6	100.7
广 西	Guangxi	97.2	101.4	104.6	101.6	98.6	99.6	100.0	100.7
海 南	Hainan	104.0	102.0	103.6	99.9	100.0	101.1	99.9	98.5
重 庆	Chongqing	102.4	99.6	102.9	100.0	97.8	100.1	101.2	100.0
四 川	Sichuan	99.8	100.2	101.2	99.8	98.1	98.8	100.1	101.3
贵 州	Guizhou	96.6	102.5	100.7	99.2	97.8	98.8	101.5	99.7
云 南	Yunnan	101.1	102.3	102.2	101.6	99.1	99.5	101.5	100.9
西 藏	Tibet	102.5	103.0	100.5	100.8	100.0	100.5	101.1	100.6
陕 西	Shaanxi	93.6	102.4	102.8	99.5	96.5	101.8	100.8	101.4
甘 肃	Gansu	95.7	102.2	103.0	100.2	99.6	100.1	101.6	100.8
青 海	Qinghai	111.6	101.6	105.1	101.6	99.5	99.6	101.0	100.9
宁 夏	Ningxia	94.5	101.1	103.1	102.7	101.4	98.9	100.5	99.8
新 疆	Xinjiang	99.9	102.2	102.9	99.5	99.3	98.0	100.3	100.0

1-80 续表 2 continued

(上年=100) (preceding year=100)

年 份 地 区	Year Region	交 通、通信用品 Transportation and Communication Appliances	家 具 Furniture	化妆品 Cosmetics	金银珠宝 Gold, Silver and Jewelry	中西药品及医疗保健用品 Traditional Chinese and Western Medicines and Health Care Articles	书报杂志及电子出版物 Books, Newspapers, Magazines and Electronic Publications	燃 料 Fuels	建筑材料及五金电料 Building Materials and Hardware
	2001			98.8				102.4	
	2002			98.4				102.0	
	2003	91.1	97.8	98.9	108.6	98.4	100.3	109.3	99.7
	2004	91.8	98.8	98.9	111.6	96.7	101.0	112.4	103.7
	2005	91.7	99.1	99.3	104.4	97.6	100.3	115.4	102.1
	2006	92.3	100.1	99.8	119.7	99.1	100.2	112.4	103.0
	2007	92.7	101.6	100.2	107.9	102.0	99.7	104.2	105.1
	2008	93.2	102.6	100.7	116.8	103.1	101.5	116.0	107.9
	2009	93.7	99.7	100.8	95.6	101.5	105.0	92.7	98.4
	2010	95.6	100.1	100.4	114.5	104.3	101.3	112.3	103.5
	2011	96.1	102.3	101.3	114.3	103.9	100.8	111.1	105.1
	2012	96.0	101.3	102.2	101.0	102.1	101.4	102.9	100.3
	2013	97.3	101.2	101.5	91.9	101.3	101.3	99.9	100.5
	2014	98.6	101.5	100.8	91.6	101.7	101.1	99.2	100.4
	2015	98.3	101.1	100.6	93.3	102.4	102.6	87.7	99.1
北 京	Beijing	96.1	101.7	99.9	91.6	101.6	102.6	85.7	99.3
天 津	Tianjin	97.7	101.1	99.7	87.6	101.9	101.9	90.0	99.4
河 北	Hebei	98.7	101.3	100.9	93.3	104.8	103.0	89.4	99.2
山 西	Shanxi	98.0	100.9	100.1	94.8	102.6	103.5	88.7	96.8
内蒙古	Inner Mongolia	99.3	101.7	100.1	98.2	101.1	100.6	90.9	100.0
辽 宁	Liaoning	99.3	99.8	101.4	93.9	102.2	102.1	89.2	98.7
吉 林	Jilin	100.0	100.4	101.7	92.6	104.6	101.8	88.9	99.5
黑龙江	Heilongjiang	99.5	106.5	100.0	93.1	104.1	101.5	88.9	102.0
上 海	Shanghai	97.8	101.8	100.1	95.2	100.6	101.7	91.2	99.6
江 苏	Jiangsu	99.6	101.9	102.1	92.8	100.5	104.0	87.8	99.6
浙 江	Zhejiang	98.1	100.9	99.6	93.1	103.1	104.3	85.4	98.9
安 徽	Anhui	97.5	100.4	100.4	91.2	101.5	101.5	86.6	97.5
福 建	Fujian	99.6	101.5	101.0	96.5	100.8	102.0	86.5	98.3
江 西	Jiangxi	98.3	100.6	100.6	94.2	101.3	101.0	87.5	97.7
山 东	Shandong	99.5	101.6	100.9	94.2	101.6	103.0	89.4	99.1
河 南	Henan	95.5	100.7	100.4	93.6	103.8	102.1	87.8	99.5
湖 北	Hubei	97.6	99.9	100.0	92.5	103.3	101.4	89.9	99.7
湖 南	Hunan	99.0	100.5	100.3	96.3	102.4	101.6	83.5	99.8
广 东	Guangdong	97.5	101.6	100.7	92.1	102.1	103.6	84.2	99.0
广 西	Guangxi	98.4	100.7	100.6	92.8	102.9	100.1	85.3	97.8
海 南	Hainan	96.0	98.5	100.2	91.1	106.7	101.6	83.8	95.1
重 庆	Chongqing	96.4	101.4	100.2	95.4	105.5	103.0	93.4	99.5
四 川	Sichuan	97.9	100.2	100.3	93.6	102.1	105.8	91.1	97.2
贵 州	Guizhou	98.4	101.3	99.6	91.8	100.7	101.5	93.1	98.5
云 南	Yunnan	99.3	100.2	101.2	94.5	103.6	101.8	90.0	99.3
西 藏	Tibet	99.8	101.3	99.8	98.6	104.0	100.7	93.5	102.3
陕 西	Shaanxi	96.8	99.4	100.9	89.4	103.1	101.9	92.6	98.1
甘 肃	Gansu	99.2	100.7	101.6	92.7	102.4	100.9	95.8	100.0
青 海	Qinghai	97.1	101.2	100.4	94.8	102.6	104.2	89.7	99.3
宁 夏	Ningxia	98.7	100.2	100.9	94.1	100.3	108.4	91.4	97.9
新 疆	Xinjiang	99.7	101.5	100.4	95.6	102.4	102.3	91.8	100.1

1-81 居民消费价格分类指数（2015年）
CONSUMER PRICE INDICES BY CATEGORY (2015)

(上年=100) (preceding year=100)

项　目	Item	全国 National Indices	城市 Urban Indices	农村 Rural Indices
居民消费价格指数	**Consumer Price Index**	**101.4**	**101.5**	**101.3**
食品	**Food**	**102.3**	**102.3**	**102.4**
粮食	Grain	102.0	102.2	101.7
#大米	Rice	101.6	101.6	101.5
面粉	Flour	101.4	101.7	101.0
淀粉及制品	Starches and Tubers	101.6	101.8	100.9
干豆类及豆制品	Beans and Bean Products	102.4	102.5	102.1
油脂	Oil or Fat	96.8	96.6	97.3
肉禽及其制品	Meat, Poultry and Processed Products	105.0	104.8	105.5
蛋	Eggs	93.0	93.1	92.9
水产品	Aquatic Products	101.8	101.7	102.2
菜	Vegetables	106.8	107.0	106.4
#鲜菜	Fresh Vegetables	107.4	107.5	107.1
调味品	Flavoring	103.8	104.0	103.3
糖	Carbohydrate	100.4	100.3	100.6
茶及饮料	Tea and Beverages	101.6	101.7	101.2
茶叶	Tea	101.7	101.7	101.6
饮料	Beverages	101.5	101.6	100.9
干鲜瓜果	Dried and Fresh Melons and Fruits	97.6	97.4	98.1
#鲜果	Fresh Fruits	96.2	96.0	96.9
糕点饼干面包	Cake, Biscuit and Bread	101.5	101.5	101.4
液体乳及乳制品	Milk and Its Products	98.9	98.8	99.6
在外用膳食品	Dining Out	102.7	102.8	102.5
其它食品	Other Foods	101.1	101.1	100.9
烟酒及用品	**Tobacco, Liquor and Articles**	**102.1**	**102.0**	**102.3**
烟草	Tobacco	104.3	104.0	104.8
酒	Liquor	99.2	99.2	99.0
衣着	**Clothing**	**102.7**	**102.8**	**102.3**
服装	Garments	102.8	102.8	102.5
衣着材料	Clothing Material	101.6	101.2	102.2
鞋袜帽	Footgear and Hats	102.5	102.8	101.7
衣着加工服务	Clothing Manufacturing Services	105.2	105.2	105.2
家庭设备用品及维修服务	**Household Facilities, Articles and Services**	**101.0**	**101.0**	**100.9**
耐用消费品	Durable Consumer Goods	100.0	99.8	100.4
家具	Furniture	101.0	101.0	100.9
家庭设备	Household Facilities	99.4	99.2	100.1
室内装饰品	Interior Decorations	100.5	100.3	101.2
床上用品	Bed Articles	100.2	100.1	100.2
家庭日用杂品	Daily Use Household Articles	100.7	100.7	100.8
家庭服务及加工维修服务	Household Services and Maintenance and Renovation	106.6	106.9	105.2

1-81 续表 continued

(上年=100) (preceding year=100)

项　　目	Item	全　国 National Indices	城　市 Urban Indices	农　村 Rural Indices
医疗保健和个人用品	**Health Care and Personal Articles**	**102.0**	**101.9**	**102.3**
医疗保健	Health Care	102.7	102.6	102.8
医疗器具及用品	Medical Instrument and Articles	101.1	101.2	100.8
中药材及中成药	Traditional Chinese Medicine	102.7	103.0	102.1
西药	Western Medicine	102.3	102.1	102.7
保健器具及用品	Health Care Appliances and Articles	103.9	103.9	104.2
医疗保健服务	Health Care Services	102.7	102.5	103.1
个人用品及服务	Personal Articles and Services	100.6	100.3	101.3
化妆美容用品	Cosmetics	100.3	100.2	100.6
清洁化妆用品	Sanitation Articles	100.8	100.9	100.7
个人饰品	Personal Ornaments	95.7	95.1	97.4
个人服务	Personal Services	104.3	104.1	104.8
交通和通信	**Transportation and Communication**	**98.3**	**98.4**	**98.1**
交通	Transportation	97.5	97.7	97.2
交通工具	Transportation Facility	98.3	98.0	99.2
车用燃料及零配件	Fuels and Parts	84.2	84.1	84.6
车辆使用及维修费	Fees for Vehicles Use and Maintenance	102.7	102.8	102.3
市区公共交通费	Incity Traffic Fare	104.0	104.3	102.3
城市间交通费	Intercity Traffic Fare	100.3	100.2	100.5
通信	Communication	99.5	99.5	99.6
通信工具	Communication Facility	96.9	96.4	97.9
通信服务	Communication Service	99.9	99.8	99.9
娱乐教育文化用品及服务	**Recreation, Education and Culture Articles**	**101.4**	**101.4**	**101.4**
文娱用耐用消费品及服务	Durable Consumer Goods for Cultural and Recreational Use and Services	98.5	98.3	99.2
教育	Education	102.7	102.9	102.0
教材及参考书	Teaching Materials and Reference Books	101.2	101.1	101.2
教育服务	Education Services	102.8	103.1	102.1
文化娱乐	Cultural and Recreational Articles	101.8	101.9	101.4
文化娱乐用品	Cultural Articles	100.3	100.2	100.8
书报杂志	Newspapers and Magazines	105.4	105.9	103.4
文娱费	Expenditure on Culture and Recreation	101.4	101.4	100.9
旅游	Touring and Outing	99.5	99.3	101.0
居住	**Residence**	**100.7**	**101.0**	**99.7**
建房及装修材料	Building and Building Decoration Materials	100.0	100.4	99.5
住房租金	Renting	102.6	102.8	101.7
自有住房	Private Housing	102.1	102.3	101.4
水电燃料	Water, Electricity and Fuels	98.0	98.4	96.8

1-82 各地区居民消费价格分类指数
CONSUMER PRICE INDICES BY CATEGORY AND REGION

(上年=100) (preceding year=100)

年 份 地 区	Year Region	总指数 General Index	食 品 Food	#粮 食 Grain	#油 脂 Oil or Fat	#肉禽及其制品 Meat,Poultry and Processed Products	#蛋 Eggs	#水产品 Aquatic Products	#菜 Vegetables
	2001	100.7	100.0	99.3	91.7	101.6	106.0	97.1	100.9
	2002	99.2	99.4	98.3	98.7	99.5	102.6	96.7	98.2
	2003	101.2	103.4	102.3	112.6	103.3	98.6	100.3	117.7
	2004	103.9	109.9	126.4	118.2	117.6	120.2	112.7	95.1
	2005	101.8	102.9	101.4	94.3	102.5	104.6	105.9	109.1
	2006	101.5	102.3	102.7	98.6	97.1	96.0	101.2	108.2
	2007	104.8	112.3	106.3	126.7	131.7	121.8	105.1	107.9
	2008	105.9	114.3	107.0	125.4	121.7	104.3	114.2	111.0
	2009	99.3	100.7	105.6	81.7	91.3	101.6	102.5	113.6
	2010	103.3	107.2	111.8	103.8	102.9	108.3	108.1	118.5
	2011	105.4	111.8	112.2	113.4	122.6	114.2	112.1	101.1
	2012	102.6	104.8	104.0	105.1	102.1	97.1	108.0	113.7
	2013	102.6	104.7	104.6	100.3	104.3	104.9	104.2	108.0
	2014	102.0	103.1	103.1	95.1	100.4	110.4	104.4	99.2
	2015	101.4	102.3	102.0	96.8	105.0	93.0	101.8	106.8
北 京	Beijing	101.8	101.6	101.5	96.9	102.7	93.6	101.9	107.9
天 津	Tianjin	101.7	101.7	101.8	98.1	104.8	90.8	98.1	106.8
河 北	Hebei	100.9	100.8	101.2	97.9	103.2	88.5	100.7	108.5
山 西	Shanxi	100.6	100.4	101.8	95.2	104.1	85.3	101.8	105.4
内蒙古	Inner Mongolia	101.1	101.4	101.9	98.3	101.1	90.9	102.0	104.9
辽 宁	Liaoning	101.4	102.5	102.1	97.3	104.4	87.7	103.8	109.8
吉 林	Jilin	101.7	102.0	101.7	98.8	104.7	88.4	102.1	108.5
黑龙江	Heilongjiang	101.1	101.1	102.3	95.2	104.4	89.7	99.7	105.6
上 海	Shanghai	102.4	102.9	103.0	98.5	105.3	98.0	101.3	107.5
江 苏	Jiangsu	101.7	103.0	102.6	94.7	105.3	92.8	101.8	109.6
浙 江	Zhejiang	101.4	103.3	102.5	94.5	107.1	100.9	102.6	109.9
安 徽	Anhui	101.3	102.3	102.2	97.6	104.8	89.6	100.1	110.8
福 建	Fujian	101.7	102.3	101.7	95.2	105.9	94.6	101.0	107.9
江 西	Jiangxi	101.5	103.3	102.2	96.2	107.0	98.7	100.0	109.3
山 东	Shandong	101.2	101.2	101.7	98.4	104.1	90.4	101.8	109.2
河 南	Henan	101.3	101.8	102.9	95.3	103.5	85.5	103.1	107.1
湖 北	Hubei	101.5	102.2	101.2	95.6	105.0	98.0	100.1	106.1
湖 南	Hunan	101.4	103.0	101.6	99.2	107.0	98.6	99.2	104.8
广 东	Guangdong	101.5	103.5	101.8	97.3	106.0	98.6	103.5	107.4
广 西	Guangxi	101.5	102.6	101.4	97.6	106.2	99.7	100.2	104.5
海 南	Hainan	101.0	102.9	101.1	94.5	104.7	98.1	105.3	101.0
重 庆	Chongqing	101.3	101.8	102.3	96.1	106.7	95.7	102.3	100.6
四 川	Sichuan	101.5	102.9	102.4	96.8	106.2	95.5	101.4	103.0
贵 州	Guizhou	101.8	102.6	102.6	96.3	106.6	99.6	101.7	101.2
云 南	Yunnan	101.9	103.4	101.4	96.8	105.2	101.4	101.8	104.0
西 藏	Tibet	102.0	103.1	102.9	100.4	102.9	102.3	104.6	103.9
陕 西	Shaanxi	101.0	100.9	102.7	96.6	104.4	93.6	100.7	101.0
甘 肃	Gansu	101.6	101.7	101.5	98.7	103.0	92.5	99.6	106.2
青 海	Qinghai	102.6	102.5	102.4	97.0	99.9	91.6	103.2	110.1
宁 夏	Ningxia	101.1	100.4	101.9	98.8	99.0	89.7	99.4	107.8
新 疆	Xinjiang	100.6	99.2	101.7	97.7	93.5	92.8	98.3	101.3

1-82 续表 1 continued

(上年=100) (preceding year=100)

年 份 Year 地 区 Region		#鲜 菜 Fresh Vegetables	#干鲜瓜果 Dried and Fresh Melons and Fruits	#鲜 果 Fresh Fruits	#在外用膳食品 Dining Out	烟酒及用品 Tobacco, Liquor and Articles	#烟 草 Tobacco	#酒 Liquor	衣 着 Clothing
	2001	101.4	99.9	100.3	100.2	99.7	99.6	99.9	98.1
	2002	98.1	103.1	103.6	99.9	99.9	99.9	100.1	97.6
	2003	120.5	103.0	101.8	100.1	99.8	99.8	100.1	97.8
	2004	93.9	104.0	102.2	104.1	101.2	100.9	102.2	98.5
	2005	110.4	102.2	101.6	102.4	100.4	100.4	100.6	98.3
	2006	108.2	117.9	121.5	101.6	100.6	100.2	101.2	99.4
	2007	107.3	102.2	100.1	107.3	101.7	100.8	103.5	99.4
	2008	110.7	110.8	109.0	111.8	102.9	100.4	107.5	98.5
	2009	115.4	107.1	109.1	102.7	101.5	100.4	103.4	98.0
	2010	118.7	114.6	115.6	103.6	101.6	100.5	103.6	99.0
	2011	100.5	115.9	116.4	108.2	102.8	100.3	106.7	102.1
	2012	115.9	100.1	98.8	106.7	102.9	100.5	106.3	103.1
	2013	108.1	105.9	107.1	104.7	100.3	100.4	100.3	102.3
	2014	98.5	114.1	118.0	103.3	99.4	100.2	98.2	102.4
	2015	107.4	97.6	96.2	102.7	102.1	104.3	99.2	102.7
北 京	Beijing	108.8	92.1	89.7	103.9	102.0	103.9	100.1	103.6
天 津	Tianjin	107.6	100.2	98.1	101.4	101.9	103.5	100.4	103.0
河 北	Hebei	109.2	93.3	92.1	101.8	101.7	104.2	99.5	103.1
山 西	Shanxi	105.9	91.7	88.7	101.7	102.6	105.0	98.5	102.2
内蒙古	Inner Mongolia	105.5	99.5	98.7	102.6	103.7	106.7	100.5	102.8
辽 宁	Liaoning	110.6	101.7	101.0	101.1	103.0	104.4	100.9	102.0
吉 林	Jilin	109.8	99.0	97.9	101.5	103.1	104.6	100.9	103.2
黑龙江	Heilongjiang	105.8	96.6	94.6	101.6	102.1	104.4	99.6	101.6
上 海	Shanghai	109.1	96.8	94.1	104.1	104.2	104.9	102.5	107.8
江 苏	Jiangsu	110.3	98.2	97.2	102.9	101.9	103.5	99.3	103.0
浙 江	Zhejiang	111.4	97.5	95.9	103.4	103.3	104.7	99.2	101.8
安 徽	Anhui	111.4	95.7	93.4	102.7	101.9	104.5	98.1	101.4
福 建	Fujian	108.8	96.8	95.5	101.7	102.3	104.3	99.6	102.9
江 西	Jiangxi	110.1	99.3	97.6	102.2	103.0	104.6	99.9	103.2
山 东	Shandong	110.1	91.9	89.2	102.3	101.8	104.4	99.8	103.5
河 南	Henan	107.3	97.4	94.7	103.2	101.1	104.4	98.5	102.3
湖 北	Hubei	106.7	99.7	99.0	102.3	102.6	104.4	99.8	102.7
湖 南	Hunan	105.0	101.0	100.6	101.8	102.4	103.6	99.9	102.2
广 东	Guangdong	107.8	100.4	99.5	103.2	101.7	103.4	99.2	102.3
广 西	Guangxi	104.5	97.4	96.0	102.7	101.3	103.2	99.7	105.0
海 南	Hainan	100.6	103.4	102.9	102.0	101.8	102.7	100.0	103.7
重 庆	Chongqing	100.3	102.4	103.0	101.4	99.1	102.8	92.6	102.8
四 川	Sichuan	102.9	100.1	99.5	103.0	100.1	103.6	94.0	101.4
贵 州	Guizhou	101.5	96.6	95.3	103.9	103.2	104.6	100.9	100.8
云 南	Yunnan	104.7	101.3	101.3	105.0	103.9	104.9	100.1	102.0
西 藏	Tibet	103.6	103.9	104.4	105.8	103.6	105.8	100.6	102.4
陕 西	Shaanxi	101.4	93.9	91.5	101.8	102.4	104.0	100.1	102.3
甘 肃	Gansu	106.6	96.6	94.1	102.5	103.1	106.0	98.6	103.1
青 海	Qinghai	110.5	108.7	111.0	103.0	101.4	103.6	99.0	105.1
宁 夏	Ningxia	108.5	94.6	93.3	101.4	102.6	104.2	99.3	102.8
新 疆	Xinjiang	101.4	101.5	101.6	103.8	102.0	105.5	98.8	103.4

1-82 续表 2 continued

(上年=100) (preceding year=100)

年份 地区	Year Region	服装 Garments	衣着材料 Clothing Material	鞋袜帽 Footgear and Hats	衣着加工服务费 Clothing Manufacturing Service	家庭设备用品及维修服务 Household Facilities, Articles and Services	耐用消费品 Durable Consumer Goods	室内装饰品 Interior Decorations	床上用品 Bed Articles
	2001	97.6	98.8	99.0	100.3	97.7	96.1	98.3	99.3
	2002	97.4	98.9	98.0	99.9	97.5	95.9	98.8	98.7
	2003	97.6	99.2	97.7	100.1	97.4	95.8	98.8	98.4
	2004	98.3	100.2	98.3	100.7	98.6	97.1	99.2	99.3
	2005	98.1	100.0	98.3	101.1	99.9	98.8	99.5	99.4
	2006	99.0	100.5	100.2	101.5	101.2	100.8	100.0	99.6
	2007	99.4	101.6	99.0	102.3	101.9	101.6	100.3	99.4
	2008	98.3	102.4	98.2	104.1	102.8	101.2	100.2	99.7
	2009	97.8	100.9	97.8	103.5	100.2	98.1	99.7	98.8
	2010	99.1	103.0	98.2	102.9	100.0	98.5	99.9	99.9
	2011	102.4	109.2	100.7	107.3	102.4	100.4	101.0	104.7
	2012	103.3	103.5	102.3	107.1	101.9	100.4	100.8	100.4
	2013	102.4	102.2	101.6	106.8	101.5	100.3	100.4	100.5
	2014	102.6	102.3	101.9	105.2	101.2	100.3	100.0	100.0
	2015	102.8	101.6	102.5	105.2	101.0	100.0	100.5	100.2
北京	Beijing	103.2	100.4	104.7	102.8	99.9	98.6	100.5	96.9
天津	Tianjin	103.1	102.6	102.9	102.2	101.0	99.4	100.3	108.9
河北	Hebei	102.9	101.2	103.5	103.3	101.0	100.6	100.2	101.2
山西	Shanxi	102.0	100.9	102.7	105.1	100.1	99.1	99.8	100.7
内蒙古	Inner Mongolia	102.7	102.5	103.1	104.2	100.9	100.4	101.5	100.8
辽宁	Liaoning	102.1	101.0	101.8	104.6	100.5	99.8	100.3	100.4
吉林	Jilin	103.4	101.0	102.4	105.9	100.4	99.8	100.5	99.7
黑龙江	Heilongjiang	101.3	101.4	102.3	101.8	100.8	99.5	99.0	99.9
上海	Shanghai	107.3	106.3	109.8	105.5	102.9	101.8	102.2	103.4
江苏	Jiangsu	102.5	101.5	104.3	107.8	102.8	102.4	101.6	102.9
浙江	Zhejiang	101.8	101.0	101.8	102.8	100.9	99.4	101.4	98.6
安徽	Anhui	102.3	100.7	98.7	105.7	100.7	99.2	100.2	99.2
福建	Fujian	103.1	101.2	102.0	106.4	100.8	99.4	99.3	99.5
江西	Jiangxi	103.8	103.0	101.2	110.2	101.0	99.2	99.3	100.9
山东	Shandong	103.5	102.9	103.5	103.4	101.7	102.2	100.3	99.9
河南	Henan	102.4	100.7	101.9	108.0	100.5	99.9	100.6	100.6
湖北	Hubei	102.6	102.9	102.3	108.3	100.6	98.3	100.5	100.4
湖南	Hunan	102.6	103.9	100.9	104.2	100.9	100.2	101.3	100.8
广东	Guangdong	102.7	100.0	101.3	101.5	100.9	98.9	99.9	97.4
广西	Guangxi	105.3	100.8	104.4	104.9	100.8	99.6	101.7	102.4
海南	Hainan	103.8	99.7	100.5	124.3	100.6	98.8	100.5	100.3
重庆	Chongqing	103.1	99.0	102.2	103.8	100.0	98.9	100.2	100.1
四川	Sichuan	101.6	100.0	100.9	103.4	100.4	99.1	99.6	99.5
贵州	Guizhou	100.2	101.4	100.9	117.6	101.3	100.0	104.7	98.1
云南	Yunnan	102.3	100.3	101.1	103.8	101.0	99.7	98.0	101.2
西藏	Tibet	100.2	100.5	101.5	116.5	101.5	100.7	100.8	101.8
陕西	Shaanxi	101.1	101.1	105.5	105.5	99.8	98.3	99.7	98.5
甘肃	Gansu	103.2	102.1	103.0	102.9	101.6	100.6	101.1	99.3
青海	Qinghai	104.2	101.5	107.3	114.2	101.4	101.1	102.2	102.8
宁夏	Ningxia	102.4	101.4	104.0	102.7	101.4	100.9	103.8	100.2
新疆	Xinjiang	103.7	101.3	102.6	106.9	100.6	99.7	101.0	99.6

1-82 续表 3 continued

(上年=100) (preceding year=100)

年份 Year / 地区 Region		家庭日用杂品 Daily Use Household Articles	家庭服务及加工维修服务费 Household Services and Maintenance and Renovation	医疗保健和个人用品 Health Care and Personal Articles	医疗保健 Health Care	医疗器具及用品 Medical Appliances and Articles	中药材及中成药 Traditional Chinese Medicine	西药 Western Medicine	保健器具及用品 Health Care Appliances and Articles
	2001	98.6	101.5	100.0	100.3	98.3	101.4	94.8	97.3
	2002	98.0	101.2	98.8	98.5	97.2	96.6	94.5	97.1
	2003	98.3	101.1	100.9	101.2	101.0	105.0	94.5	98.2
	2004	99.8	101.9	99.7	99.1	102.3	98.9	94.9	98.6
	2005	100.4	104.4	99.9	99.5	97.4	96.5	97.7	100.0
	2006	101.1	105.8	101.1	100.2	97.2	99.9	98.4	100.3
	2007	101.7	107.2	102.1	102.1	98.2	107.9	99.1	101.1
	2008	104.9	109.0	102.9	102.2	99.7	106.8	101.1	102.1
	2009	102.5	105.2	101.2	101.4	101.6	102.6	101.0	101.1
	2010	100.3	106.7	103.2	103.3	105.0	111.2	101.0	101.6
	2011	102.5	111.4	103.4	102.9	101.9	111.9	99.7	104.4
	2012	102.6	109.7	102.0	101.7	102.7	105.0	100.3	102.5
	2013	101.3	108.7	101.3	101.5	100.7	103.3	100.2	102.1
	2014	100.8	107.3	101.3	101.7	100.6	103.0	100.6	103.9
	2015	100.7	106.6	102.0	102.7	101.1	102.7	102.3	103.9
北京	Beijing	99.9	105.7	100.2	101.1	100.6	102.0	101.3	101.8
天津	Tianjin	100.6	102.8	99.8	101.2	100.7	102.6	101.8	100.4
河北	Hebei	100.8	105.1	102.7	103.0	102.9	103.9	104.8	104.2
山西	Shanxi	100.2	104.9	101.8	102.3	100.2	102.2	102.9	100.8
内蒙古	Inner Mongolia	101.0	103.3	102.3	101.9	101.1	101.7	100.9	102.1
辽宁	Liaoning	100.4	104.8	101.5	101.7	100.4	102.5	102.0	100.9
吉林	Jilin	100.6	104.3	103.0	103.4	104.6	103.8	104.9	102.9
黑龙江	Heilongjiang	100.6	108.6	102.7	103.4	101.7	102.7	104.7	102.4
上海	Shanghai	101.4	108.5	99.3	100.7	100.5	103.7	99.9	100.0
江苏	Jiangsu	101.7	106.9	101.6	102.1	100.0	101.0	98.6	102.3
浙江	Zhejiang	101.0	106.6	102.7	103.8	100.4	102.0	101.4	110.5
安徽	Anhui	100.4	108.7	104.1	105.4	99.7	102.3	101.5	103.3
福建	Fujian	100.8	107.9	104.5	106.6	99.2	102.3	99.5	102.4
江西	Jiangxi	100.4	111.2	101.4	101.5	100.9	101.2	101.9	100.9
山东	Shandong	100.5	105.2	101.6	101.8	100.4	101.0	101.5	104.6
河南	Henan	100.5	107.0	102.4	103.1	101.5	103.6	103.6	103.7
湖北	Hubei	101.5	107.8	101.7	102.6	102.0	105.0	102.3	102.2
湖南	Hunan	100.4	106.4	101.9	102.4	100.4	102.3	102.8	102.5
广东	Guangdong	100.5	106.8	101.8	102.5	101.1	102.1	102.5	103.3
广西	Guangxi	100.1	106.9	101.8	102.4	100.0	103.9	101.9	101.8
海南	Hainan	100.1	111.7	103.2	104.7	101.1	106.1	108.2	101.9
重庆	Chongqing	100.2	102.9	102.6	104.1	102.0	108.9	100.8	109.6
四川	Sichuan	100.0	106.4	102.1	102.4	100.5	105.8	100.4	102.6
贵州	Guizhou	101.9	106.2	100.7	100.6	101.0	100.5	101.2	100.3
云南	Yunnan	100.6	108.2	102.5	103.0	101.5	103.9	104.3	101.7
西藏	Tibet	101.7	104.8	101.4	102.3	101.3	104.5	103.2	100.6
陕西	Shaanxi	101.4	103.2	102.0	102.4	102.7	101.7	104.5	101.8
甘肃	Gansu	101.8	107.1	101.6	102.0	101.2	101.7	103.9	103.1
青海	Qinghai	101.0	103.6	102.3	103.0	103.2	103.0	103.7	102.2
宁夏	Ningxia	101.4	104.3	101.0	101.0	101.9	100.2	100.2	104.9
新疆	Xinjiang	100.1	104.9	101.5	102.0	99.8	100.8	104.5	100.9

1-82 续表 4 continued

(上年=100) (preceding year=100)

年 份 Year 地 区 Region		医疗保健服务 Health Care Services	个人用品及服务 Personal Articles and Services	化妆美容用品 Cosmetics	清洁化妆用品 Sanitation Articles	个人饰品 Personal Ornaments	个人服务 Personal Services	交通和通信 Transportation and Communication	交通 Transportation
	2001	110.5	99.5	99.8	97.9	97.8	101.7	99.0	101.0
	2002	108.2	99.5	99.7	97.3	99.3	101.2	98.1	99.1
	2003	108.9	100.2	99.5	97.1	102.9	100.8	97.8	99.5
	2004	105.2	101.2	98.8	98.4	104.5	101.8	98.5	100.4
	2005	105.2	100.8	99.4	99.4	101.6	101.9	99.0	101.5
	2006	103.0	103.2	99.7	99.9	110.8	102.5	99.9	103.2
	2007	102.2	102.1	100.1	100.3	104.5	103.1	99.1	100.8
	2008	100.5	104.4	100.6	101.7	109.7	105.0	99.1	102.2
	2009	101.0	100.8	100.8	102.1	96.3	103.8	97.6	98.6
	2010	100.9	103.0	100.5	100.4	108.4	102.8	99.6	101.7
	2011	100.6	104.4	101.0	101.8	108.8	104.9	100.5	102.6
	2012	100.7	102.6	101.3	103.5	100.2	105.3	99.9	101.2
	2013	101.5	101.0	101.0	102.0	95.3	105.4	99.6	100.2
	2014	101.2	100.4	100.7	100.9	95.3	104.2	99.9	100.2
	2015	102.7	100.6	100.3	100.8	95.7	104.3	98.3	97.5
北 京	Beijing	100.0	98.3	98.1	100.7	92.4	104.2	102.8	104.6
天 津	Tianjin	100.0	97.1	99.3	98.4	90.6	101.4	97.4	96.1
河 北	Hebei	100.7	101.9	100.3	101.2	97.6	106.2	98.3	96.7
山 西	Shanxi	102.1	100.4	100.3	100.5	97.0	103.6	97.3	95.6
内蒙古	Inner Mongolia	102.5	103.0	100.8	100.1	98.2	109.4	98.0	97.3
辽 宁	Liaoning	101.4	101.1	101.0	101.1	96.8	102.9	99.0	98.4
吉 林	Jilin	101.3	102.0	100.8	101.6	97.4	105.0	98.9	98.3
黑龙江	Heilongjiang	102.6	100.7	100.6	101.0	96.8	103.2	99.0	98.2
上 海	Shanghai	101.1	98.0	99.6	101.3	92.0	104.0	97.6	97.3
江 苏	Jiangsu	104.7	100.9	100.9	102.4	93.9	104.2	97.3	95.9
浙 江	Zhejiang	100.3	99.4	98.6	100.5	94.2	102.7	96.0	94.7
安 徽	Anhui	112.9	101.2	100.0	101.4	95.1	105.6	98.1	98.2
福 建	Fujian	117.7	101.0	101.0	100.9	97.9	102.9	98.3	96.9
江 西	Jiangxi	101.6	101.2	100.2	100.5	97.1	106.3	98.8	98.3
山 东	Shandong	102.1	101.1	100.7	101.3	97.5	104.6	98.4	97.3
河 南	Henan	102.5	101.0	100.3	100.2	95.6	105.9	97.9	97.1
湖 北	Hubei	100.5	99.8	99.9	99.6	95.6	103.1	100.2	100.6
湖 南	Hunan	102.2	100.6	100.5	100.6	97.6	101.8	98.1	96.9
广 东	Guangdong	102.7	100.5	100.5	100.8	94.9	104.6	97.9	97.1
广 西	Guangxi	101.6	100.6	100.4	100.9	96.9	103.6	98.5	97.5
海 南	Hainan	102.0	98.5	99.0	98.4	93.1	103.1	96.0	94.4
重 庆	Chongqing	101.0	99.9	100.4	99.4	98.3	101.1	98.0	97.6
四 川	Sichuan	101.7	101.2	100.0	100.7	96.4	105.1	99.3	99.1
贵 州	Guizhou	99.9	100.8	100.3	100.2	98.4	103.6	100.6	101.8
云 南	Yunnan	100.4	101.0	100.8	100.9	97.7	103.1	98.3	96.9
西 藏	Tibet	100.0	100.1	100.0	100.4	97.6	103.0	98.5	97.4
陕 西	Shaanxi	100.8	101.1	100.7	101.0	96.2	103.8	99.7	100.5
甘 肃	Gansu	101.0	100.5	101.4	101.3	97.9	105.9	98.6	97.6
青 海	Qinghai	102.7	100.8	100.3	100.1	96.5	106.2	100.4	101.9
宁 夏	Ningxia	102.1	100.9	100.6	100.9	97.5	103.0	98.6	97.8
新 疆	Xinjiang	100.0	100.8	100.6	100.6	97.6	104.7	99.3	99.1

1-82　续表 5　continued

(上年=100)　　　　(preceding year=100)

年份 地区	Year Region	交通工具 Transportation Facility	车用燃料及零配件 Fuels and Parts	车辆使用及维修费 Fees for Vehicles Use and Maintenance	市区公共交通费 Incity Traffic Fare	城市间交通费 Intercity Traffic Fare	通信 Communication	通信工具 Communication Facility	通信服务 Communication Services
	2001	96.4	99.0	100.4	105.8	104.0	96.8	80.5	101.1
	2002	95.0	98.5	100.0	101.9	101.8	97.2	83.5	100.3
	2003	95.9	108.3	98.9	100.6	101.4	96.1	82.1	99.4
	2004	96.5	107.7	101.0	101.0	102.5	96.8	84.3	99.8
	2005	97.3	110.3	102.0	102.2	103.3	96.6	84.1	99.6
	2006	97.8	112.8	102.4	104.8	105.6	96.4	82.2	100.0
	2007	97.7	103.5	102.4	101.3	103.0	97.1	81.8	100.6
	2008	98.4	113.5	100.8	100.5	104.3	95.6	80.7	98.8
	2009	98.0	92.8	101.1	100.6	100.5	96.3	81.7	99.5
	2010	98.7	111.5	101.7	100.7	101.7	97.3	86.5	99.7
	2011	99.0	111.7	103.8	101.7	102.7	97.5	87.0	99.8
	2012	99.2	102.9	104.5	101.4	101.6	98.0	87.8	99.9
	2013	98.8	99.4	104.0	100.9	101.0	98.8	91.8	99.9
	2014	99.2	98.7	103.0	101.2	101.4	99.4	95.7	99.9
	2015	98.3	84.2	102.7	104.0	100.3	99.5	96.9	99.9
北京	Beijing	97.2	82.3	102.5	172.3	104.3	98.4	81.7	99.9
天津	Tianjin	96.9	84.4	101.6	100.0	98.5	99.7	98.0	99.8
河北	Hebei	98.6	82.9	103.6	101.8	99.6	100.4	102.6	100.1
山西	Shanxi	97.1	82.7	103.6	100.3	99.8	99.5	92.3	100.1
内蒙古	Inner Mongolia	99.6	86.1	101.1	100.8	99.2	99.2	97.1	99.8
辽宁	Liaoning	99.3	85.1	101.5	99.6	101.0	99.7	96.6	100.0
吉林	Jilin	100.4	85.0	102.5	100.0	100.2	100.1	100.1	100.1
黑龙江	Heilongjiang	99.7	84.6	100.7	99.8	100.4	99.9	101.1	99.7
上海	Shanghai	97.0	84.3	100.9	100.1	101.0	98.2	92.4	98.8
江苏	Jiangsu	97.6	83.9	103.2	100.0	99.5	100.0	100.0	100.1
浙江	Zhejiang	98.0	82.4	102.4	101.6	99.0	99.6	96.4	99.9
安徽	Anhui	98.1	85.0	101.9	101.3	99.9	98.1	97.0	98.3
福建	Fujian	99.4	83.1	101.2	100.0	102.5	99.9	99.6	100.0
江西	Jiangxi	99.6	83.7	104.8	99.7	101.1	99.3	94.5	100.0
山东	Shandong	99.3	83.9	101.4	100.7	99.7	100.5	102.8	100.1
河南	Henan	97.0	84.7	103.1	103.5	104.8	99.2	93.8	100.0
湖北	Hubei	99.9	86.6	101.6	106.0	99.9	99.6	98.0	99.9
湖南	Hunan	98.5	84.4	101.7	104.3	97.6	99.8	99.0	99.9
广东	Guangdong	97.9	85.4	104.5	101.1	100.6	99.1	93.8	99.8
广西	Guangxi	99.4	85.7	105.9	101.9	98.5	99.5	96.0	100.3
海南	Hainan	97.1	85.2	103.1	100.9	93.5	99.5	89.0	100.3
重庆	Chongqing	98.7	82.8	102.1	103.0	99.1	98.4	90.8	100.1
四川	Sichuan	98.9	85.0	102.2	103.9	100.0	99.8	97.1	100.1
贵州	Guizhou	100.0	86.6	101.3	109.5	102.6	99.3	93.1	100.2
云南	Yunnan	99.7	83.7	102.5	101.9	100.4	100.1	99.9	100.2
西藏	Tibet	100.0	88.8	101.4	101.5	100.0	100.0	99.7	100.2
陕西	Shaanxi	99.1	86.8	103.7	107.6	99.1	98.9	94.8	99.6
甘肃	Gansu	100.7	86.8	106.4	100.2	98.3	99.6	98.2	99.7
青海	Qinghai	99.4	86.4	104.4	108.9	102.2	98.6	94.5	99.5
宁夏	Ningxia	98.3	85.5	104.0	98.4	101.4	99.9	98.5	100.1
新疆	Xinjiang	100.1	85.8	103.2	101.0	100.9	99.4	96.3	99.9

1-82 续表 6 continued

(上年=100) (preceding year=100)

年份 Year 地区 Region		娱乐教育文化用品及服务 Recreation, Education and Culture	文娱用耐用消费品及服务 Durable Consumer Goods and Service for Recreational Use	教育 Education			文化娱乐 Cultural and Recreational Articles		
					教材及参考书 Teaching Materials and Reference Books	教育服务 Educational Services		文化娱乐用品 Cultural Articles	书报杂志 Newspapers and Magazines
	2001	106.6	91.2	113.6	106.1		101.7	99.4	101.9
	2002	100.6	90.5	103.7	99.0		101.2	98.9	101.0
	2003	101.3	92.7	104.3	101.7		101.3	98.7	100.4
	2004	101.3	93.3	103.4	102.8		101.1	99.4	100.6
	2005	102.2	93.8	105.1	100.9		101.2	99.8	100.8
	2006	99.5	94.2	100.0	100.3		101.0	99.6	100.7
	2007	99.0	93.1	99.6	99.1		101.0	99.5	100.7
	2008	99.3	92.3	100.5	100.6		101.3	99.9	102.1
	2009	99.3	90.6	101.6	102.9		102.5	99.8	107.6
	2010	100.6	94.3	101.4	102.6		101.0	99.7	100.6
	2011	100.4	93.7	101.3	101.1	101.4	101.1	100.6	101.0
	2012	100.5	94.5	101.7	101.7	101.7	101.3	100.4	101.4
	2013	101.8	96.3	102.7	102.3	102.8	101.4	100.2	101.0
	2014	101.9	97.3	102.4	101.3	102.5	101.3	100.3	101.6
	2015	101.4	98.5	102.7	101.2	102.8	101.8	100.3	105.4
北京	Beijing	100.8	95.0	104.5	100.5	104.7	101.8	100.3	106.2
天津	Tianjin	104.2	94.5	108.2	100.2	109.1	102.4	99.7	107.5
河北	Hebei	101.1	99.9	101.1	100.8	101.1	101.8	100.2	106.1
山西	Shanxi	101.7	96.8	103.5	102.2	103.6	101.6	100.8	107.4
内蒙古	Inner Mongolia	101.4	99.8	102.6	101.0	102.7	100.7	100.5	102.6
辽宁	Liaoning	101.1	99.6	102.5	101.2	102.7	101.0	100.1	103.1
吉林	Jilin	100.4	99.9	100.4	101.5	100.2	100.7	100.0	103.7
黑龙江	Heilongjiang	101.3	103.3	101.0	103.5	100.6	100.2	100.4	99.9
上海	Shanghai	100.3	95.9	102.5	99.9	102.6	100.7	101.0	103.2
江苏	Jiangsu	101.8	100.3	102.1	101.1	102.2	102.6	101.0	105.0
浙江	Zhejiang	101.4	99.2	102.8	98.7	103.0	101.5	100.2	108.8
安徽	Anhui	101.4	98.8	102.8	99.9	103.5	101.1	100.1	103.1
福建	Fujian	101.2	97.9	102.3	100.3	102.5	101.3	100.5	103.0
江西	Jiangxi	101.1	99.4	101.7	100.9	101.8	101.5	100.1	102.0
山东	Shandong	101.9	100.8	102.5	100.8	102.7	102.4	100.3	107.4
河南	Henan	102.1	98.0	103.3	100.3	103.5	101.4	100.3	103.3
湖北	Hubei	101.3	97.2	102.1	100.8	102.3	101.0	100.5	102.5
湖南	Hunan	101.4	99.0	103.1	102.0	103.1	101.0	100.2	101.6
广东	Guangdong	101.4	96.9	102.8	100.9	103.1	103.2	100.1	111.3
广西	Guangxi	101.3	98.4	102.0	97.9	102.5	100.9	99.7	103.5
海南	Hainan	102.8	100.8	104.3	101.2	105.0	102.3	103.2	103.3
重庆	Chongqing	101.2	98.7	103.2	104.4	103.0	101.6	99.4	103.8
四川	Sichuan	101.1	98.0	102.3	106.1	101.7	102.6	100.2	106.3
贵州	Guizhou	103.4	96.0	106.0	100.8	106.6	101.0	99.9	101.3
云南	Yunnan	101.1	98.0	102.4	101.7	102.5	102.1	100.9	102.7
西藏	Tibet	101.4	99.9	100.9	102.0	100.4	100.1	100.3	100.4
陕西	Shaanxi	101.5	97.6	103.3	100.4	103.9	101.6	100.9	103.5
甘肃	Gansu	100.6	98.7	101.2	100.3	101.2	100.9	100.2	102.6
青海	Qinghai	103.1	98.5	104.8	104.8	104.8	102.1	101.0	108.7
宁夏	Ningxia	105.7	99.1	109.9	107.8	110.3	102.8	100.5	108.5
新疆	Xinjiang	100.9	99.2	101.2	100.5	101.3	101.3	99.0	102.0

1-82　续表 7　continued

(上年=100)　　　　(preceding year=100)

年份 地区	Year Region	文娱费 Expenditure on Culture and Recreation	旅游 Touring and Outing	居住 Residence	建房及装修材料 Building and Decoration Materials	住房租金 Renting	自有住房 Private Housing	水电燃料 Water, Electricity and Fuels
	2001	104.4	100.3	101.2	98.8	108.6	100.0	102.5
	2002	104.2	95.9	99.9	98.4	104.4	95.4	102.9
	2003	104.6	95.4	102.1	99.5	103.5	99.1	105.7
	2004	103.2	100.6	104.9	104.3	103.0	100.9	107.5
	2005	102.9	99.6	105.4	102.6	101.9	105.6	108.6
	2006	102.6	103.1	104.6	103.9	102.7	103.7	105.9
	2007	102.7	102.3	104.5	105.1	104.2	107.0	103.0
	2008	102.1	101.1	105.5	107.1	103.5	102.8	106.4
	2009	102.1	97.5	96.4	100.2	101.6	85.3	97.9
	2010	102.3	104.9	104.5	103.3	104.9	103.6	105.5
	2011	101.5	103.8	105.3	104.7	105.3	106.5	103.5
	2012	101.9	101.7	102.1	101.0	102.7	102.3	102.4
	2013	102.4	104.0	102.8	101.2	104.1	103.8	101.6
	2014	101.8	105.0	102.0	101.0	103.3	103.0	100.7
	2015	101.4	99.5	100.7	100.0	102.6	102.1	98.0
北　京	Beijing	101.6	94.2	102.6	100.3	103.8	103.1	101.2
天　津	Tianjin	103.0	100.7	102.6	99.7	107.2	103.7	99.9
河　北	Hebei	101.7	101.1	99.9	100.7	100.3	100.6	98.2
山　西	Shanxi	99.5	97.4	100.2	97.5	101.7	101.4	99.0
内蒙古	Inner Mongolia	100.3	100.5	99.7	98.6	99.9	100.5	98.6
辽　宁	Liaoning	100.8	93.4	100.3	99.3	100.7	100.9	99.5
吉　林	Jilin	100.2	100.2	101.5	100.9	102.9	102.2	100.8
黑龙江	Heilongjiang	100.3	102.9	100.7	102.2	100.4	101.6	98.4
上　海	Shanghai	99.9	97.9	104.6	101.4	107.3	105.5	102.4
江　苏	Jiangsu	103.0	101.2	100.9	100.6	101.9	101.8	98.1
浙　江	Zhejiang	100.4	97.9	100.8	100.7	102.2	101.8	98.0
安　徽	Anhui	101.1	98.7	99.6	99.0	102.4	100.7	97.0
福　建	Fujian	101.1	101.0	101.3	99.7	102.2	103.1	98.1
江　西	Jiangxi	102.3	99.7	98.5	98.6	102.0	100.8	96.0
山　东	Shandong	101.3	99.6	100.8	100.6	100.8	101.6	99.8
河　南	Henan	101.6	101.7	101.0	99.8	102.6	102.6	98.8
湖　北	Hubei	100.7	101.4	100.6	100.5	102.8	101.5	98.7
湖　南	Hunan	101.4	98.5	99.2	100.0	102.3	101.0	95.6
广　东	Guangdong	101.1	100.0	100.0	100.0	104.6	103.3	94.4
广　西	Guangxi	100.4	102.3	99.6	99.0	102.4	102.1	95.2
海　南	Hainan	100.3	99.4	97.7	95.8	101.8	100.6	94.1
重　庆	Chongqing	101.9	98.0	101.2	100.2	101.4	102.1	100.1
四　川	Sichuan	102.5	97.3	100.5	99.0	101.1	101.2	99.9
贵　州	Guizhou	101.4	104.9	100.6	100.6	99.9	100.9	100.3
云　南	Yunnan	102.8	100.1	100.6	100.0	100.8	101.3	99.8
西　藏	Tibet	99.6	106.4	100.7	102.5	100.0	101.0	100.8
陕　西	Shaanxi	101.3	98.1	100.2	99.1	99.7	100.8	100.0
甘　肃	Gansu	100.7	99.7	101.9	101.6	102.7	103.1	99.3
青　海	Qinghai	101.3	102.3	103.2	98.8	104.4	106.6	98.7
宁　夏	Ningxia	101.9	101.7	100.3	98.2	94.6	103.7	100.6
新　疆	Xinjiang	102.8	101.6	102.0	100.7	101.7	102.6	100.6

1-83 城镇居民人均收支情况
PER CAPITA INCOME AND CONSUMPTION EXPENDITURE OF URBAN HOUSEHOLDS

单位：元 (yuan)

指 标	Item	2013	2014	2015
城镇居民人均收入	**Per Capita Income of Urban Households**			
可支配收入	Disposable Income	26467.0	28843.9	31194.8
1.工资性收入	1.Income of Wages and Salaries	16617.4	17936.8	19337.1
2.经营净收入	2.Net Business Income	2975.3	3279.0	3476.1
3.财产净收入	3.Net Income from Property	2551.5	2812.1	3041.9
4.转移净收入	4.Net Income from Transfer	4322.8	4815.9	5339.7
现金可支配收入	Cash Disposable Income	24799.0	26860.2	29042.0
1.工资性收入	1.Income of Wages and Salaries	16509.9	17821.3	19214.8
2.经营净收入	2.Net Business Income	3332.3	3528.0	3714.0
3.财产净收入	3.Net Income from Property	831.8	977.8	1072.8
4.转移净收入	4.Net Income from Transfer	4125.0	4533.1	5040.4
城镇居民人均支出	**Per Capita Expenditure of Urban Households**			
消费支出	Consumption Expenditure	18487.5	19968.1	21392.4
1.食品烟酒	1.Food,Tobacco and Liquor	5570.7	6000.0	6359.7
2.衣着	2.Clothing	1553.7	1627.2	1701.1
3.居住	3.Residence	4301.4	4489.6	4726.0
4.生活用品及服务	4.Household Facilities, Articles and Services	1129.2	1233.2	1306.5
5.交通通信	5.Transport and Communications	2317.8	2637.3	2895.4
6.教育文化娱乐	6.Education, Cultural and Recreation	1988.3	2142.3	2382.8
7.医疗保健	7.Health Care and Medical Services	1136.1	1305.6	1443.4
8.其他用品及服务	8.Miscellaneous Goods and Services	490.4	532.9	577.5
现金消费支出	Cash Consumption Expenditure	15453.0	16690.6	17887.0
1.食品烟酒	1.Food, Tobacco and Liquor	5461.2	5874.9	6224.8
2.衣着	2.Clothing	1551.5	1626.6	1700.5
3.居住	3.Residence	1579.9	1625.6	1665.9
4.生活用品及服务	4.Household Facilities, Articles and Services	1124.0	1225.6	1298.7
5.交通通信	5.Transport and Communications	2313.6	2631.5	2889.8
6.教育文化娱乐	6.Education, Cultural and Recreation	1986.3	2140.7	2381.0
7.医疗保健	7.Health Care and Medical Services	954.8	1038.5	1153.7
8.其他用品及服务	8.Miscellaneous Goods and Services	481.7	527.1	572.6

1-84　各地区城镇居民人均可支配收入来源（2015年）
PER CAPITA DISPOSABLE INCOME OF URBAN HOUSEHOLDS BY SOURCES AND REGION (2015)

单位：元　　　　(yuan)

地　区	Region	可支配收　入 Disposable Income	工资性收入 Income from Wages and Salaries	经营净收入 Net Business Income	财产性收入 Income from Properties	转移性收入 Income from Transfers
全　国	**National Average**	**31194.8**	**19337.1**	**3476.1**	**3041.9**	**5339.7**
北　京	Beijing	52859.2	32568.0	1336.5	8492.3	10462.4
天　津	Tianjin	34101.3	21060.4	2457.9	3400.3	7182.8
河　北	Hebei	26152.2	16705.3	1828.6	2322.6	5295.6
山　西	Shanxi	25827.7	16561.8	2789.8	1788.6	4687.5
内蒙古	Inner Mongolia	30594.1	18989.3	4801.1	1869.7	4934.0
辽　宁	Liaoning	31125.7	17126.7	3611.9	2149.3	8237.8
吉　林	Jilin	24900.9	14791.8	2655.4	1368.5	6085.1
黑龙江	Heilongjiang	24202.6	14371.8	2526.7	1340.8	5963.3
上　海	Shanghai	52961.9	32010.0	1302.6	7915.4	11734.0
江　苏	Jiangsu	37173.5	22460.5	4133.7	3681.8	6897.5
浙　江	Zhejiang	43714.5	24947.7	6645.6	6048.3	6072.8
安　徽	Anhui	26935.8	16928.7	4172.2	1881.9	3952.9
福　建	Fujian	33275.3	20714.3	4571.5	3822.2	4167.4
江　西	Jiangxi	26500.1	16834.9	2108.1	2591.8	4965.4
山　东	Shandong	31545.3	20386.1	4375.2	2475.5	4308.5
河　南	Henan	25575.6	15624.3	3539.4	1990.3	4421.5
湖　北	Hubei	27051.5	15571.6	3792.2	1985.3	5702.4
湖　南	Hunan	28838.1	15902.8	3993.6	2801.0	6140.8
广　东	Guangdong	34757.2	26136.9	3823.2	3799.5	997.6
广　西	Guangxi	26415.9	15163.1	3665.1	2307.9	5279.9
海　南	Hainan	26356.4	17214.9	2927.4	2198.7	4015.5
重　庆	Chongqing	27238.8	15936.2	2974.1	2174.7	6153.9
四　川	Sichuan	26205.3	15242.3	3054.4	2169.0	5739.7
贵　州	Guizhou	24579.6	14166.2	3729.8	1868.1	4815.6
云　南	Yunnan	26373.2	14659.0	3173.8	4036.1	4504.3
西　藏	Tibet	25456.6	20560.5	728.1	1657.3	2510.8
陕　西	Shaanxi	26420.2	15742.5	2139.6	2273.9	6264.3
甘　肃	Gansu	23767.1	15189.3	1805.1	2294.5	4478.1
青　海	Qinghai	24542.3	16899.2	1765.3	1330.8	4547.1
宁　夏	Ningxia	25186.0	16884.7	2699.6	1081.5	4520.3
新　疆	Xinjiang	26274.7	17943.3	2693.2	1267.8	4370.4

1-85 农村居民人均收支情况
PER CAPITA INCOME AND CONSUMPTION EXPENDITURE OF RURAL HOUSEHOLDS

单位：元 (yuan)

指　标	Item	2013	2014	2015
农村居民人均收入	**Per Capita Income of Rural Households**			
可支配收入	Disposable Income	9429.6	10488.9	11421.7
1.工资性收入	1.Income of Wages and Salaries	3652.5	4152.2	4600.3
2.经营净收入	2.Net Business Income	3934.9	4237.4	4503.6
3.财产净收入	3.Net Income from Property	194.7	222.1	251.5
4.转移净收入	4.Net Income from Transfer	1647.5	1877.2	2066.3
现金可支配收入	Cash Disposable Income	8747.1	9698.2	10577.8
1.工资性收入	1.Income of Wages and Salaries	3639.7	4137.5	4583.9
2.经营净收入	2.Net Business Income	3378.0	3620.1	3861.3
3.财产净收入	3.Net Income from Property	194.2	224.7	251.5
4.转移净收入	4.Net Income from Transfer	1535.2	1715.9	1881.2
农村居民人均支出	**Per Capita Expenditure of Rural Households**			
消费支出	Consumption Expenditure	7485.2	8382.6	9222.6
1.食品烟酒	1.Food,Tobacco and Liquor	2554.4	2814.0	3048.0
2.衣着	2.Clothing	453.8	510.4	550.5
3.居住	3.Residence	1579.8	1762.7	1926.2
4.生活用品及服务	4.Household Facilities, Articles and Services	455.1	506.5	545.6
5.交通通信	5.Transport and Communications	874.9	1012.6	1163.1
6.教育文化娱乐	6.Education, Cultural and Recreation	754.6	859.5	969.3
7.医疗保健	7.Health Care and Medical Services	668.2	753.9	846.0
8.其他用品及服务	8.Miscellaneous Goods and Services	144.2	163.0	174.0
现金消费支出	Cash Consumption Expenditure	5978.8	6716.7	7392.1
1.食品烟酒	1.Food, Tobacco and Liquor	2038.8	2301.3	2540.0
2.衣着	2.Clothing	453.1	509.7	549.9
3.居住	3.Residence	692.4	758.5	779.0
4.生活用品及服务	4.Household Facilities, Articles and Services	451.0	500.1	538.3
5.交通通信	5.Transport and Communications	874.7	1012.5	1162.6
6.教育文化娱乐	6.Education, Cultural and Recreation	754.4	859.2	969.0
7.医疗保健	7.Health Care and Medical Services	573.2	614.9	681.4
8.其他用品及服务	8.Miscellaneous Goods and Services	141.2	160.5	172.0

1-86 农村居民分地区人均可支配收入来源（2015年）
PER CAPITA DISPOSABLE INCOME OF RURAL HOUSEHOLDS BY SOURCES AND REGION (2015)

单位：元 (yuan)

地 区	Region	可支配收入 Disposable Income	工资性收入 Income from Wages and Salaries	经营净收入 Net Business Income	财产净收入 Net Income from Properties	转移净收入 Net Income from Transfers
全 国	**National Average**	**11421.7**	**4600.3**	**4503.6**	**251.5**	**2066.3**
北 京	Beijing	20568.7	15491.1	1958.5	1203.8	1915.3
天 津	Tianjin	18481.6	11031.4	4949.4	775.0	1725.8
河 北	Hebei	11050.5	5811.9	3682.7	235.9	1320.0
山 西	Shanxi	9453.9	4921.8	2624.4	141.8	1766.0
内蒙古	Inner Mongolia	10775.9	2249.7	6185.4	425.3	1915.5
辽 宁	Liaoning	12056.9	4730.1	5573.7	231.7	1521.3
吉 林	Jilin	11326.2	2097.4	7878.1	198.6	1152.1
黑龙江	Heilongjiang	11095.2	2247.0	7049.8	524.9	1273.5
上 海	Shanghai	23205.2	17482.5	1462.3	775.2	3485.1
江 苏	Jiangsu	16256.7	8014.9	5045.6	545.2	2651.0
浙 江	Zhejiang	21125.0	13086.9	5364.3	607.9	2065.9
安 徽	Anhui	10820.7	3983.1	4214.4	161.8	2461.4
福 建	Fujian	13792.7	6187.0	5455.6	232.5	1917.7
江 西	Jiangxi	11139.1	4393.0	4431.3	184.6	2130.2
山 东	Shandong	12930.4	5139.5	5856.4	326.3	1608.1
河 南	Henan	10852.9	3728.4	4462.2	157.0	2505.3
湖 北	Hubei	11843.9	3682.9	5281.4	160.8	2718.8
湖 南	Hunan	10992.5	4515.2	3911.7	174.1	2391.5
广 东	Guangdong	13360.4	6724.0	3590.1	337.0	2709.3
广 西	Guangxi	9466.6	2549.1	4359.4	116.0	2442.1
海 南	Hainan	10857.6	4251.1	5013.2	194.8	1398.5
重 庆	Chongqing	10504.7	3583.4	3774.7	278.1	2868.6
四 川	Sichuan	10247.4	3463.5	4197.3	223.6	2363.0
贵 州	Guizhou	7386.9	2897.1	2878.7	83.7	1527.3
云 南	Yunnan	8242.1	2315.5	4600.8	147.9	1177.9
西 藏	Tibet	8243.7	1872.9	4937.7	146.9	1286.3
陕 西	Shaanxi	8688.9	3548.3	2908.6	152.4	2079.5
甘 肃	Gansu	6936.2	1974.9	3025.2	128.0	1808.1
青 海	Qinghai	7933.4	2234.7	3058.5	325.7	2314.6
宁 夏	Ningxia	9118.7	3614.3	3837.0	189.9	1477.5
新 疆	Xinjiang	9425.1	2131.4	5397.5	209.5	1686.7

二、就业与失业

EMPLOYMENT AND UNEMPLOYMENT

2-1 年末城镇登记失业人数及登记失业率
URBAN REGISTERED UNEMPLOYMENT AND UNEMPLOYMENT RATE AT THE YEAR-END

单位：万人，% (10 000 persons,%)

年 份 Year	登记失业人数 Urban Registered Unemployment		比上年增长 Increase over Preceeding year		登记失业率 Registered Unemployment Rate
	合 计 Total	#失业青年 Youth	合 计 Total	#失业青年 Youth	
1978	530.0	249.1			5.3
1979	567.6	258.2	7.1	3.7	5.4
1980	541.5	382.5	-4.6	48.1	4.9
1981	439.5	343.0	-18.8	-10.3	3.8
1982	379.4	293.8	-13.7	-14.3	3.2
1983	271.4	222.0	-28.5	-24.4	2.3
1984	235.7	195.9	-13.2	-11.8	1.9
1985	238.5	196.9	1.2	0.5	1.8
1986	264.4	209.3	10.9	6.3	2.0
1987	276.6	235.1	4.6	12.3	2.0
1988	296.2	245.3	7.1	4.3	2.0
1989	377.9	309.0	27.6	26.0	2.6
1990	383.2	312.7	1.4	1.2	2.5
1991	352.2	288.4	-8.1	-7.8	2.3
1992	363.9	299.8	3.3	4.0	2.3
1993	420.1	331.9	15.4	10.7	2.6
1994	476.4	301.0	13.4	-9.3	2.8
1995	519.6	310.2	9.1	3.1	2.9
1996	552.8		6.3		3.0
1997	576.8		4.3		3.1
1998	571.0		-1.0		3.1
1999	575.0		0.7		3.1
2000	595.0		3.5		3.1
2001	681.0		14.4		3.6
2002	770.0		13.1		4.0
2003	800.0		3.9		4.3
2004	827.0		3.4		4.2
2005	839.0		1.5		4.2
2006	847.0		1.0		4.1
2007	830.0		-2.0		4.0
2008	886.0		6.7		4.2
2009	921.0		4.0		4.3
2010	908.0		-1.4		4.1
2011	922.0		1.5		4.1
2012	917.0		-0.5		4.1
2013	926.0		1.0		4.05
2014	952.0		2.8		4.09
2015	966.0		1.5		4.05

2-2 各地区年末城镇登记失业人数及登记失业率
URBAN REGISTERED UNEMPLOYMENT AND UNEMPLOYMENT RATE AT THE YEAR-END BY REGION

单位：万人，% (10 000 persons,%)

地 区	Region	登记失业人员 Unemployment										
		2005	2006	2007	2008	2009	2010	2011	2012	2013	2014	2015
北 京	Beijing	10.6	10.4	10.6	10.3	8.2	7.7	8.1	8.1	7.5	7.4	7.8
天 津	Tianjin	11.7	11.7	15.0	13.0	15.0	16.1	20.1	20.4	21.7	22.5	25.1
河 北	Hebei	27.8	28.7	29.3	32.2	34.5	35.1	36.0	36.8	37.2	38.3	39.4
山 西	Shanxi	14.3	15.6	16.1	17.5	21.6	20.4	21.1	21.0	21.1	24.5	25.6
内蒙古	Inner Mongolia	17.7	18.0	18.5	19.9	20.1	20.8	21.8	23.1	23.8	24.8	25.9
辽 宁	Liaoning	60.4	54.1	44.5	41.7	41.6	38.9	39.4	38.1	39.6	41.0	46.2
吉 林	Jilin	27.6	26.3	23.9	24.3	23.4	22.7	22.2	22.3	22.6	23.2	23.9
黑龙江	Heilongjiang	31.3	31.2	31.5	32.1	31.4	36.2	35.0	41.3	41.4	39.9	41.0
上 海	Shanghai	27.5	27.8	26.7	26.6	27.9	27.6	27.0	26.7	25.3	25.6	24.8
江 苏	Jiangsu	41.6	40.4	39.3	41.1	40.7	40.6	41.4	40.5	37.6	36.6	36.0
浙 江	Zhejiang	29.0	29.1	28.6	30.7	30.7	31.1	31.7	33.4	33.4	33.1	33.7
安 徽	Anhui	27.8	28.2	28.0	29.3	30.1	26.9	33.1	31.3	32.4	31.5	30.9
福 建	Fujian	14.9	15.1	14.9	15.0	15.2	14.5	14.6	14.5	14.7	14.3	15.4
江 西	Jiangxi	22.8	25.3	24.3	26.0	27.3	26.3	24.6	25.7	27.4	29.4	29.9
山 东	Shandong	42.9	43.7	43.5	45.0	45.1	44.5	45.1	43.4	42.2	43.1	43.7
河 南	Henan	33.0	35.4	33.1	36.5	38.5	38.2	38.4	38.3	40.2	40.0	42.5
湖 北	Hubei	52.6	52.6	54.1	55.1	55.3	55.7	55.1	42.3	40.2	37.9	33.4
湖 南	Hunan	41.9	43.3	44.4	47.0	47.8	43.2	43.1	44.1	45.6	47.3	45.1
广 东	Guangdong	34.5	36.2	36.2	38.1	39.5	39.3	38.8	39.6	38.0	36.8	37.0
广 西	Guangxi	18.5	20.0	18.5	18.8	19.1	19.1	18.8	18.9	18.0	18.7	18.1
海 南	Hainan	5.1	5.2	5.4	5.6	5.3	4.8	2.9	3.6	3.9	4.3	4.8
重 庆	Chongqing	16.9	15.4	14.1	13.0	13.4	13.0	13.0	12.4	12.1	13.4	14.3
四 川	Sichuan	34.3	36.1	34.8	37.9	36.3	34.6	36.9	40.7	42.9	54.4	54.6
贵 州	Guizhou	12.1	12.1	12.1	12.5	12.3	12.2	12.5	12.6	13.7	14.1	14.5
云 南	Yunnan	13.0	13.8	14.0	14.8	15.4	15.7	16.0	17.4	18.1	19.2	19.5
西 藏	Tibet					2.0	2.1	1.0	1.6	1.6	1.7	1.8
陕 西	Shaanxi	21.5	21.5	21.0	20.8	21.5	21.4	20.9	19.5	21.1	22.3	22.3
甘 肃	Gansu	9.3	9.7	9.5	9.4	10.3	10.7	10.8	9.8	9.3	9.7	9.5
青 海	Qinghai	3.6	3.7	3.7	3.9	4.1	4.2	4.4	4.1	4.2	4.2	4.4
宁 夏	Ningxia	4.4	4.2	4.4	4.8	4.8	4.8	5.2	4.6	4.7	5.0	4.9
新 疆	Xinjiang	11.1	11.6	11.7	11.8	11.9	11.0	11.1	11.8	11.9	11.2	10.3
新疆兵团	Xingjiang Production and Construction Crops	2.7	3.0	2.6	2.8	3.0	2.5	2.8	2.9	3.0	3.4	3.3

2-2 续表 continued

单位：万人，% (10 000 persons,%)

地区	Region	登记失业率 Unemployment Rate										
		2005	2006	2007	2008	2009	2010	2011	2012	2013	2014	2015
北京	Beijing	2.1	2.0	1.8	1.8	1.4	1.4	1.4	1.3	1.2	1.3	1.4
天津	Tianjin	3.7	3.6	3.6	3.6	3.6	3.6	3.6	3.6	3.6	3.5	3.5
河北	Hebei	3.9	3.8	3.8	4.0	3.9	3.9	3.8	3.7	3.7	3.6	3.6
山西	Shanxi	3.0	3.2	3.2	3.3	3.9	3.6	3.5	3.3	3.1	3.4	3.5
内蒙古	Inner Mongolia	4.3	4.1	4.0	4.1	4.0	3.9	3.8	3.7	3.7	3.6	3.7
辽宁	Liaoning	5.6	5.1	4.3	3.9	3.9	3.6	3.7	3.6	3.4	3.4	3.4
吉林	Jilin	4.2	4.2	3.9	4.0	4.0	3.8	3.7	3.7	3.7	3.4	3.5
黑龙江	Heilongjiang	4.4	4.4	4.3	4.2	4.3	4.3	4.1	4.2	4.4	4.5	4.5
上海	Shanghai		4.4	4.2	4.2	4.3	4.4	3.5	3.1	4.0	4.1	4.0
江苏	Jiangsu	3.6	3.4	3.2	3.3	3.2	3.2	3.2	3.1	3.0	3.0	3.0
浙江	Zhejiang	3.7	3.5	3.3	3.5	3.3	3.2	3.1	3.0	3.0	3.0	2.9
安徽	Anhui	4.4	4.3	4.1	3.9	3.9	3.7	3.7	3.7	3.4	3.2	3.1
福建	Fujian	4.0	3.9	3.9	3.9	3.9	3.8	3.7	3.6	3.6	3.5	3.7
江西	Jiangxi	3.5	3.6	3.4	3.4	3.4	3.3	3.0	3.0	3.2	3.3	3.4
山东	Shandong	3.3	3.3	3.2	3.7	3.4	3.4	3.4	3.3	3.2	3.3	3.4
河南	Henan	3.5	3.5	3.4	3.4	3.5	3.4	3.4	3.1	3.1	3.0	3.0
湖北	Hubei	4.3	4.2	4.2	4.2	4.2	4.2	4.1	3.8	3.5	3.1	2.6
湖南	Hunan	4.3	4.3	4.3	4.2	4.1	4.2	4.2	4.2	4.2	4.1	4.1
广东	Guangdong	2.6	2.6	2.5	2.6	2.6	2.5	2.5	2.5	2.4	2.4	2.5
广西	Guangxi	4.2	4.2	3.8	3.8	3.7	3.7	3.5	3.4	3.3	3.2	2.9
海南	Hainan	3.6	3.6	3.5	3.7	3.5	3.0	1.7	2.0	2.2	2.3	2.3
重庆	Chongqing	4.1	4.0	4.0	4.0	4.0	3.9	3.5	3.3	3.4	3.5	3.6
四川	Sichuan	4.6	4.5	4.2	4.6	4.3	4.1	4.2	4.0	4.1	4.2	4.1
贵州	Guizhou	4.2	4.1	4.0	4.0	3.8	3.6	3.6	3.3	3.3	3.3	3.3
云南	Yunnan	4.2	4.3	4.2	4.2	4.3	4.2	4.1	4.0	4.0	4.0	4.0
西藏	Tibet					3.8	4.0	3.2	2.6	2.5	2.5	2.5
陕西	Shaanxi	4.2	4.0	4.0	3.9	3.9	3.9	3.6	3.2	3.3	3.3	3.4
甘肃	Gansu	3.3	3.6	3.3	3.2	3.3	3.2	3.1	2.7	2.3	2.2	2.1
青海	Qinghai	3.9	3.9	3.8	3.8	3.8	3.8	3.8	3.4	3.3	3.2	3.2
宁夏	Ningxia	4.5	4.3	4.3	4.4	4.4	4.4	4.4	4.2	4.1	4.0	4.0
新疆	Xinjiang	3.9	3.9	3.9	3.7	3.8	3.2	3.2	3.4	3.4	3.2	2.9
新疆兵团	Xingjiang Production and Construction Crops	2.8	3.0	2.6	2.8	2.9	2.4	2.6	2.5	2.6	2.6	2.6

2-3 各地区城镇登记失业人员情况(2015年)
BASIC CONDITIONS OF URBAN REGISTERED UNEMPLOYMENT BY REGION (2015)

单位：万人 (10000person)

地　区 Region	上年末结转登记失业人员 Unemploy-ment at Last Year-end	本年新登记的失业人员 Unemploy-ment Newly Regis-tered This Year	#女性 Female	#就业转失业人数 Unemploy-employed	本年失业人员就业人数 From the Unemployed This Year	#女性 Female	本年末登记失业人数 Unemploy-ment at the Year-end	#女性 Female	#长期失业者 Long-term Unemploy-ment
北京 Beijing	7.4	16.6	6.7	12.8	15.2	6.1	7.8	3.1	0.2
天津 Tianjin	22.5	10.2	5.4	5.8	7.7	3.8	25.1	13.2	0.1
河北 Hebei	38.3	39.4	14.3	6.8	36.6	13.8	39.4	16.3	3.5
山西 Shanxi	24.5	20.4	7.1	4.0	19.2	6.7	25.6	7.6	3.7
内蒙古 Inner Mongolia	24.8	25.5	11.9	9.5	24.0	11.7	25.9	10.9	2.1
辽宁 Liaoning	41.1	98.1	41.4	52.6	83.9	37.7	46.2	22.0	4.0
吉林 Jilin	23.2	33.7	16.2	13.6	32.6	15.7	23.9	9.4	0.8
黑龙江 Heilongjiang	43.9	67.6	29.2	42.1	65.1	28.2	41.0	19.3	1.6
上海 Shanghai	25.6	38.1	14.7	22.4	34.0	15.6	24.8	8.2	6.4
江苏 Jiangsu	36.6	112.9	53.6	77.9	112.0	53.7	36.0	15.7	1.9
浙江 Zhejiang	33.1	45.8	21.1	20.5	42.2	20.1	33.7	14.4	3.1
安徽 Anhui	31.5	35.5	16.3	8.9	35.9	16.2	30.9	9.3	1.0
福建 Fujian	14.3	28.3	13.2	10.9	23.5	11.2	15.4	6.9	1.3
江西 Jiangxi	29.4	151.0	70.7	3.6	150.5	70.5	29.9	11.0	1.2
山东 Shandong	42.2	119.9	54.2	58.1	115.8	49.8	43.7	18.6	2.6
河南 Henan	40.0	51.1	21.1	11.0	47.2	17.7	42.5	18.0	2.0
湖北 Hubei	37.9	56.0	24.6	12.7	54.0	24.6	33.4	14.9	2.1
湖南 Hunan	47.3	72.7	32.9	21.9	76.7	31.4	45.1	16.9	0.6
广东 Guangdong	36.8	65.4	32.7	22.5	62.5	31.5	37.0	15.4	1.9
广西 Guangxi	18.7	14.6	6.6	3.9	13.9	6.4	18.1	8.1	1.1
海南 Hainan	4.3	3.5	1.4	1.3	2.8	1.0	4.8	2.4	0.1
重庆 Chongqing	13.4	30.1	16.6	11.1	27.7	18.1	14.3	7.5	0.6
四川 Sichuan	54.4	54.8	27.6	26.8	50.8	24.9	54.6	27.5	1.5
贵州 Guizhou	14.1	12.0	5.2	3.0	11.6	4.9	14.5	6.7	0.9
云南 Yunnan	19.2	36.0	15.7	9.7	34.1	14.6	19.5	8.3	3.1
西藏 Tibet	1.7	1.8	0.8	0.3	1.7	0.8	1.8	1.0	0.0
陕西 Shaanxi	22.3	20.6	10.0	3.0	20.6	10.1	22.3	8.0	2.1
甘肃 Gansu	9.7	32.1	15.5	7.5	32.2	15.8	9.5	4.5	1.3
青海 Qinghai	4.2	6.0	2.4	2.0	5.7	2.3	4.4	1.7	0.6
宁夏 Ningxia	5.0	9.6	5.4	5.0	9.6	4.9	4.9	2.1	0.1
新疆 Xinjiang	10.1	31.6	15.2	7.2	31.1	15.3	10.3	4.7	0.6
新疆兵团 Xingjiang Production and Construction Crops	3.4	16.2	7.6	3.6	16.2	7.0	3.3	2.2	0.2

2-4 公共就业服务工作情况(2015年)

单位：人

项　目	Item	本期单位登记招聘人数 Total Registered Job Vacancies This Year	本期登记求职人数 Total Registered Job-seekers This Year	#女性 Female	#城镇登记失业人员 Urban Registered Unemployed persons	#应届高校毕业生 College Graduates	#农村劳动者 Rural Labours
总　计	**Total**	**52326259**	**40446304**	**17068639**	**9861732**	**4245731**	**14365315**
市(地、州)及以上公共就业人才服务机构	Public Employment (Talent) Services Institution of City (Prefecture) and Above	18128391	13981793	5630627	2997701	2273630	3398513
区(县)公共就业人才服务机构	Public Employment (Talent) Services Institution of District (County)	26211764	19215054	8231333	4709785	1522981	7547625
街道公共就业人才服务机构	Public Employment (Talent) Services Institution of Street	3020013	1965589	933189	822173	149916	677491
乡镇公共就业人才服务机构	Public Employment (Talent) Services Institution of Town	3229130	3447674	1502776	599434	177375	1963630
社区公共就业人才服务窗口	Public Employment (Talent) Services Window of Community	1184259	1340200	576340	607793	82106	412680
行政村公共就业人才服务窗口	Public Employment (Talent) Services Window of Administrative Village	552702	495994	194374	124846	39723	365376

SITUATIONS OF PUBLIC EMPLOYMENT SERVICES (2015)

(person)

本期接受职业指导人数 Person-times of Vocational Guidance This Year	#女性 Female	本期接受创业服务人数 Person-times of Vocational Guidance	#女性 Female	本期介绍成功人数 Placed Job-seekers	#女性 Female	#城镇登记失业人员 Urban Registered Unemployed persons	#应届高校毕业生 College Graduates	#农村劳动者 Rural Labours
16997185	**7134222**	**3611696**	**1240048**	**16757045**	**7237132**	**4875642**	**1785455**	**6933735**
4542655	1960996	1237998	465622	4632666	2079067	1514543	844252	1384074
8009196	3588965	1567287	611606	8355272	3546747	2400834	743450	3567463
1214929	434333	207919	49509	939844	460282	386555	71877	327812
1606997	645821	337814	67728	1643224	667592	219727	71815	1175007
880458	370558	150817	31989	687780	296092	311657	37211	183764
742950	133549	109861	13594	498259	187352	42326	16850	295615

2-5 各地区公共就业服务工作情况(2015年)

单位：人

地 区	Region	本期单位登记招聘人数 Total Registered Job Vacancies This Year	本期登记求职人数 Total Registered Job-seekers This Year	#女性 Female	#城镇登记失业人员 Urban Registered Unemployed persons	#应届高校毕业生 College Graduates	#农村劳动者 Rural Labours
总 计	**National Total**	**52326259**	**40446304**	**17068639**	**9861732**	**4245731**	**14365315**
北 京	Beijing	816251	76504	30970	29635	60	27914
天 津	Tianjin	1044951	1011071	461518	198533	67201	143464
河 北	Hebei	1307537	1148345	497760	217362	334114	393866
山 西	Shanxi	1274034	1384436	638276	248168	246750	336202
内蒙古	Inner Mongolia	539440	398251	162467	182485	35214	90154
辽 宁	Liaoning	2121508	2040554	765056	607092	243953	358147
吉 林	Jilin	807967	634266	291271	253145	41482	215979
黑龙江	Heilongjiang	1027944	1261388	533472	727328	104462	218161
上 海	Shanghai	1832456	591066				
江 苏	Jiangsu	6327669	5878972	2761103	1437849	591580	2225801
浙 江	Zhejiang	5004062	2860121	1102835	336896	170866	1215497
安 徽	Anhui	2147434	1691619	741473	493080	176519	489740
福 建	Fujian	2444584	1885044	840276	295669	79716	1461133
江 西	Jiangxi	2279870	1028797	502857	283721	92593	424122
山 东	Shandong	2709033	2078125	927316	702401	351853	701712
河 南	Henan	1185800	1202226	480700	266229	161064	357573
湖 北	Hubei	1768788	1374270	595541	371743	56953	532784
湖 南	Hunan	802058	1645240	785106	661248	202581	423598
广 东	Guangdong	6405494	3971046	1621368	510552	295279	1897687
广 西	Guangxi	3480697	1940680	745125	200419	296661	413082
海 南	Hainan	543946	140594	32075	18038	18613	23529
重 庆	Chongqing	1116542	830941	405471	501395	19787	209238
四 川	Sichuan	1335842	1040848	483089	400804	74179	451174
贵 州	Guizhou	820749	987984	195190	87046	43727	198122
云 南	Yunnan	569647	559633	258649	191424	77022	255482
西 藏	Tibet	39283	47266	23220	17824	1497	26849
陕 西	Shaanxi	1207289	1341261	592947	242054	339456	551841
甘 肃	Gansu	386969	394882	176895	145907	67303	87227
青 海	Qinghai	329479	372587	111435	37131	7838	322632
宁 夏	Ningxia	167394	143758	61996	19927	5918	108002
新 疆	Xinjiang	372348	325516	155712	140029	32976	143970
兵 团	Xinjiang Production and Construction Corps	109194	159013	87470	36598	8514	60633

SITUATIONS OF PUBLIC EMPLOYMENT SERVICES BY REGION (2015)

(person)

本期接受职业指导人数 Person-times of Vocational Guidance This Year	#女性 Female	本期接受创业服务人数 Person-times of Vocational Guidance	#女性 Female	本期介绍成功人数 Placed Job-seekers	#女性 Female	#城镇登记失业人员 Urban Registered Unemployed persons	#应届高校毕业生 College Graduates	#农村劳动者 Rural Labours
16997185	**7134222**	**3611696**	**1240048**	**16757045**	**7237132**	**4875642**	**1785455**	**6933735**
303033	21630	60135	21359	29085	11920	15857	26	11463
619313	291610	61991	25740	483642	247621	206657	65084	132441
563783	201851	52122	25128	552248	234633	125891	145340	192051
257036	98132	53281	15476	595723	216413	170038	103490	179844
164968	78774	55082	20196	239222	108061	117689	42413	56202
395079	175947	55588	21361	844362	390475	400043	122564	168599
361694	177274	40556	21571	320708	143896	137327	13770	103196
552239	228352	52904	27977	643602	279621	382568	59140	119422
100311		97845		261136				
2453645	1181386	456605	181817	1938180	887663	580712	261593	836531
1396311	462283	183411	73711	1032170	429813	201390	75385	503457
734600	317768	96266	44675	742674	329655	254306	75692	265783
277867	138937	9645	4240	692423	310085	96722	27599	532823
481350	225922	91702	41780	634394	285357	180404	36930	259249
977661	429642	290819	112039	1004229	475289	297998	153004	384297
610495	254384	117784	51613	555483	220952	130681	57558	212162
826983	412772	142842	64786	753281	349572	224075	54928	310985
1322021	423654	667142	27482	766346	336072	272216	63772	187124
1025018	423493	433704	181103	1346625	602246	188905	127738	764903
247788	106595	29094	11669	447531	165531	68608	50018	171715
29869	11206	21287	9650	33985	10535	3141	6544	10852
627664	304561	49091	23046	230692	114129	96712	8085	102305
720176	348510	136075	68123	499908	227278	247586	48586	191982
194363	86646	73287	34949	186620	69812	40702	20796	82956
289618	128710	69628	36599	348784	162389	109300	45767	178738
51480	25084	1832	798	27787	13578	9759	1112	15684
415095	178461	119075	48676	419860	180802	88677	64392	224660
226548	89281	45960	21644	159838	73729	60795	18545	52645
344937	106729	9908	4855	341801	89056	21573	4119	315258
108832	47052	9827	4464	224193	63870	11048	4582	200429
253208	124021	24108	11346	262811	117554	109323	20302	108232
64200	33555	3100	2175	137702	89525	24939	6581	57747

三、城镇单位就业人员和工资总额

EMPLOYMENT AND TOTAL WAGES IN URBAN UNITS

3-1 分行业城镇单位就业人员和工资总额(2015年)

URBAN UNITS EMPLOYMENT AND TOTAL WAGES BY SECTOR(2015)

项　目	Item	年末人数(千人) Year-end Figures (1000 persons)	#女性 Female	工资总额(亿元) Total Wages (100 million yuan)	平均工资(元) Average Wage (yuan)
全国总计	**National Total**	**180625**	**65270**	**112007.8**	**62029**
农、林、牧、渔业	**Agriculture, Forestry, Animal Husbandry and Fishery**	**2700**	**975**	**862.6**	**31947**
农业	Farming	1575	634	466.8	29371
林业	Forestry	662	186	206.8	31887
畜牧业	Animal Husbandry	158	62	48.0	30423
渔业	Fishery	30	8	12.6	40318
农、林、牧、渔服务业	Service in Support of Agriculture	275	84	128.4	47004
采矿业	**Mining**	**5458**	**1006**	**3318.2**	**59404**
煤炭开采和洗选业	Mining and Washing of Coal	3749	572	2131.2	55462
石油和天然气开采业	Extraction of Petroleum and Natural Gas	732	229	618.8	83702
黑色金属矿采选业	Mining and Processing of Ferrous Metal Ores	235	40	125.8	51517
有色金属矿采选业	Mining and Processing of Non-Ferrous Metal Ores	247	46	119.4	47498
非金属矿采选业	Mining and Processing of Non-metal Ores	199	44	91.2	44937
开采辅助活动	Support Activities for Mining	295	74	230.9	76045
其他采矿业	Mining of Other Ores	2	0	0.9	50372
制造业	**Manufacturing**	**50687**	**20210**	**28341.6**	**55324**
农副食品加工业	Processing of Food from Agricultural Products	1858	792	801.9	43432
食品制造业	Manufacture of Foods	1248	611	605.7	49053
酒、饮料和精制茶制造业	Manufacture of Liquor, Beverages and Refined Tea	1051	401	525.4	49591
烟草制品业	Manufacture of Tobacco	228	80	298.9	134426
纺织业	Manufacture of Textile	2059	1229	903.3	43771
纺织服装、服饰业	Manufacture of Textile, Wearing Apparel and Accessories	2495	1719	1115.8	44409
皮革、毛皮、羽毛及其制品和制鞋业	Manufacture of Leather, Fur, Feather and Related Products and Footwear	1689	999	709.7	41663
木材加工和木、竹、藤、棕、草制品业	Processing of Timber, Manufacture of Wood, Bamboo, Rattan, Palm and Straw Products	414	162	167.7	40731
家具制造业	Manufacture of Furniture	560	196	267.8	47864
造纸及纸制品业	Manufacture of Paper and Paper Products	701	258	343.3	48663
印刷和记录媒介复制业	Printing and Reproduction of Recording Media	587	256	305.7	51283
文教、工美、体育和娱乐用品制造业	Manufacture of Articles for Culture, Education, Arts and Crafts, Sport and Entertainment Activities	1294	751	580.2	43814
石油加工、炼焦和核燃料加工业	Processing of Petroleum, Coking and Processing of Nuclear Fuel	692	187	475.6	67867
化学原料和化学制品制造业	Manufacture of Raw Chemical Materials and Chemical Products	2758	851	1626.5	58630
医药制造业	Manufacture of Medicines	1586	749	942.1	59712
化学纤维制造业	Manufacture of Chemical Fibres	247	97	124.1	50246
橡胶和塑料制品业	Manufacture of Rubber and Plastics Products	1850	785	925.1	49749
非金属矿物制品业	Manufacture of Non-metallic Mineral Products	2488	730	1148.7	45715
黑色金属冶炼和压延加工业	Smelting and Pressing of Ferrous Metals	2278	450	1275.0	54356
有色金属冶炼和压延加工业	Smelting and Pressing of Non-ferrous Metals	1255	286	667.6	52532
金属制品业	Manufacture of Metal Products	1759	554	917.4	51667
通用设备制造业	Manufacture of General Purpose Machinery	2708	783	1611.9	58700
专用设备制造业	Manufacture of Special Purpose Machinery	2087	583	1286.4	60433
汽车制造业	Manufacture of Automobiles	3345	900	2314.8	69408
铁路、船舶、航空航天和其他运输设备制造业	Manufacture of Railway, Ship, Aerospace and Other Transport Equipments	1209	322	829.7	67631

3-1 续表 1 continued

项 目	Item	年末人数(千人) Year-end Figures (1000 persons)	#女 性 Female	工资总额(亿元) Total Wages (100 million yuan)	平均工资(元) Average Wage (yuan)
电气机械和器材制造业	Manufacture of Electrical Machinery and Apparatus	3866	1634	2246.1	57161
计算机、通信和其他电子设备制造业	Manufacture of Computers, Communication and Other Electronic Equipment	7216	3372	4613.5	62432
仪器仪表制造业	Manufacture of Measuring Instruments and Machinery	756	323	471.3	61814
其他制造业	Other Manufacture	215	105	111.1	51498
废弃资源综合利用业	Utilization of Waste Resources	73	22	35.5	47919
金属制品、机械和设备修理业	Repair Service of Metal Products, Machinery and Equipment	117	24	93.9	79996
电力、热力、燃气及水生产和供应业	**Production and Supply of Electricity, Heat, Gas and Water**	**3960**	**1097**	**3137.4**	**78886**
电力、热力生产和供应业	Production and Supply of Electric Power and Heat Power	3122	800	2652.8	84435
燃气生产和供应业	Production and Supply of Gas	258	83	170.0	66549
水的生产和供应业	Production and Supply of Water	580	214	314.6	54256
建筑业	**Construction**	**27960**	**3095**	**13619.3**	**48886**
房屋建筑业	Construction of Buildings	19558	1975	9305.1	47622
土木工程建筑业	Civil Engineering	5294	723	2783.4	52351
建筑安装业	Building Installation	1518	208	789.3	53860
建筑装饰和其他建筑业	Building Decoration and Other Constructions	1590	188	741.6	48226
批发和零售业	**Wholesale and Retail Trades**	**8833**	**4470**	**5324.6**	**60328**
批发业	Wholesale Trade	3914	1638	3151.9	79895
零售业	Retail Trade	4919	2831	2172.7	44513
交通运输、仓储和邮政业	**Transport, Storage and Post**	**8544**	**2231**	**5898.0**	**68822**
铁路运输业	Railway Transport	1874	303	1589.2	84678
道路运输业	Road Transport	3880	992	1975.4	51111
水上运输业	Water Transport	467	82	418.9	88649
航空运输业	Air Transport	553	209	708.7	131279
管道运输业	Transport Via Pipelines	39	10	36.9	95553
装卸搬运和运输代理业	Loading, Unloading and Forwarding Agency	431	141	316.4	73393
仓储业	Storage	326	92	184.7	56113
邮政业	Post	974	403	667.7	65661
住宿和餐饮业	**Hotels and Catering Services**	**2761**	**1523**	**1130.0**	**40806**
住宿业	Hotels	1458	805	628.6	42836
餐饮业	Catering Services	1303	718	501.4	38517
信息传输、软件和信息技术服务业	**Information Transmission, Software and Information Technology**	**3499**	**1371**	**3912.7**	**112042**
电信、广播电视和卫星传输服务	Telecommunication, Radio and Television and Satellite Transmission Service	1793	754	1528.5	84749
互联网和相关服务	Internet and Related Service	232	93	340.6	146093
软件和信息技术服务业	Software and Information Technology	1474	524	2043.7	140406
金融业	**Financial Intermediation**	**6068**	**3137**	**6730.1**	**114777**
货币金融服务	Monetary and Financial Service	3544	1761	4664.8	132344
资本市场服务	Capital Market Service	219	93	597.4	283780
保险业	Insurance	2198	1245	1284.4	63189
其他金融业	Other Financial Activities	107	37	183.4	191678
房地产业	**Real Estate**	**4173**	**1553**	**2493.0**	**60244**
#房地产开发经营	Development and Management of Real Estate	1820	647	1394.5	76529
物业管理	Property Management	1930	739	810.2	42610
房地产中介服务	Agency Services of Real Estate	227	94	160.8	73791

3-1 续表 2 continued

项 目	Item	年末人数(千人) Year-end Figures (1000 persons)	#女 性 Female	工资总额(亿元) Total Wages (100 million yuan)	平均工资(元) Average Wage (yuan)
租赁和商务服务业	**Leasing and Business Services**	**4740**	**1555**	**3399.9**	**72489**
租赁业	Leasing	113	28	81.3	71683
商务服务业	Business Services	4628	1528	3318.5	72509
科学研究和技术服务业	**Scientific Research and Technical Services**	**4106**	**1251**	**3665.8**	**89410**
研究和试验发展	Research and Experimental Development	810	283	820.4	100624
专业技术服务业	Professional Technical Services	2678	760	2376.4	88888
科技推广和应用服务业	Science and Technology Popularization and Application Services	618	209	468.9	76732
水利、环境和公共设施管理业	**Management of Water Conservancy, Environment and Public Facilities**	**2733**	**1110**	**1177.7**	**43528**
水利管理业	Management of Water Conservancy	494	139	263.5	53515
生态保护和环境治理业	Ecological Protection and Environmental Treatment	131	41	78.1	59554
公共设施管理业	Management of Public Facilities	2108	930	836.0	40156
居民服务、修理和其他服务业	**Service to Households, Repair and Other Services**	**752**	**313**	**336.1**	**44802**
居民服务业	Service to Households	303	138	142.4	46941
机动车、电子产品和日用产品修理业	Repair of Motor Vehicle, Electronics and Household Products	123	33	62.8	51031
其他服务业	Other Services	326	141	130.8	40426
教育	**Education**	**17365**	**9317**	**11492.1**	**66592**
#初等教育	Primary Education	5938	3440	3642.1	61724
中等教育	Secondary Education	7543	3776	4937.2	65843
高等教育	Senior Education	2235	1037	1948.6	87480
卫生和社会工作	**Health and Social Service**	**8416**	**5314**	**5941.3**	**71624**
卫生	Health	8209	5200	5835.5	72165
社会工作	Social Service	208	114	105.8	50674
文化、体育和娱乐业	**Culture, Sports and Entertainment**	**1491**	**666**	**1086.0**	**72764**
新闻和出版业	Journalism and Publishing Activities	340	153	310.8	90192
广播、电视、电影和影视录音制作业	Radio, Television, Motion Picture and Videotape Programme Production Services	460	191	356.9	77752
文化艺术业	Cultural and Art Activities	454	217	271.5	60002
体育	Sports Activities	133	57	91.4	68193
娱乐业	Entertainment	103	48	55.5	54149
公共管理、社会保障和社会组织	**Public Management, Social Security and Social Organization**	**16378**	**5077**	**10141.4**	**62323**
#中国共产党机关	Organs of Communist Party of China	604	165	414.9	69237
国家机构	Government Agencies	15047	4613	9300.8	62218
人民政协、民主党派	People's Political Consultative Conference and Democratic Parties	102	28	76.3	75203
社会保障	Social Security	176	86	96.0	54984
群众团体、社会团体和其他成员组织	Non-Governmental Organizations, Social Organizations and Membership Organizations	368	155	224.7	61250

3-2 各地区分行业城镇单位就业人员和工资总额(2015年)
URBAN UNITS EMPLOYMENT AND TOTAL WAGES BY SECTOR AND REGION(2015)

地区	Region	总计 Total 年末人数(人) Year-end Figures (person)	#女性 Female	工资总额(千元) Total Wages (1000 yuan)	平均工资(元) Average Wage (yuan)	农、林、牧、渔业 Agriculture, Forestry, Animal Husbandry and Fishery 年末人数(人) Year-end Figures (person)	#女性 Female	工资总额(千元) Total Wages (1000 yuan)	平均工资(元) Average Wage (yuan)
全国	**National**	**180624914**	**65270402**	**11200779029**	**62029**	**2699788**	**974649**	**86258355**	**31947**
北京	Beijing	7773448	3147728	864354357	111390	38949	15684	2098880	50797
天津	Tianjin	2947801	1028312	237306878	80090	5303	1658	369763	68883
河北	Hebei	6436468	2360787	328948390	50921	41712	14062	825215	19685
山西	Shanxi	4402665	1496435	228546969	51803	18181	5119	761505	41729
内蒙古	Inner Mongolia	2982658	1076743	174105754	57135	235519	77154	8433530	35597
辽宁	Liaoning	6183949	2092573	331069601	52332	224708	91286	3233545	14360
吉林	Jilin	3250620	1160264	171869363	51558	128394	39432	3828589	29744
黑龙江	Heilongjiang	4335151	1544959	216417103	48881	655137	219471	18764045	28592
上海	Shanghai	6372328	2549163	706438685	109174	24828	6778	1632404	62828
江苏	Jiangsu	15520780	5293444	1019424028	66196	58330	23302	2050371	33957
浙江	Zhejiang	10834078	3563748	711024681	66668	4743	1193	259775	53661
安徽	Anhui	5137935	1701744	282384319	55139	43724	15179	1333945	31084
福建	Fujian	6630790	2451280	376425012	57628	44826	14326	1455441	32510
江西	Jiangxi	4804947	1724105	242516896	50932	49010	12929	1564940	32076
山东	Shandong	12367153	4412877	705463189	57270	16817	4794	885208	51003
河南	Henan	11258524	4130117	502412567	45403	25258	7622	872511	34941
湖北	Hubei	7123330	2436846	382643531	54367	92051	38006	2680441	29313
湖南	Hunan	5791451	1967404	301034897	52357	23780	7590	697763	29354
广东	Guangdong	19480394	7959327	1291881493	65788	52841	18362	1684235	31380
广西	Guangxi	4054108	1541369	211531079	52982	81813	31362	2440881	30875
海南	Hainan	1003565	400758	57481349	57600	88088	34359	2676302	28438
重庆	Chongqing	4156089	1373359	249339284	60543	11738	3279	482105	41146
四川	Sichuan	7954677	2787031	464352803	58915	29007	8505	1384429	47729
贵州	Guizhou	3074744	1036632	180419966	59701	11478	3421	545452	47704
云南	Yunnan	4146600	1486503	214981819	52564	65426	21610	1941159	29794
西藏	Tibet	333896	118134	32304344	97849	10928	1096	155436	14415
陕西	Shaanxi	5118355	1791807	285197559	54994	22313	7163	973943	43678
甘肃	Gansu	2617563	862933	138514320	52942	49721	15821	1824055	37179
青海	Qinghai	627136	230307	38407492	61090	13504	4821	553816	40978
宁夏	Ningxia	731228	275873	44825341	60380	14197	4707	572486	38815
新疆	Xinjiang	3172483	1267840	209155960	60117	517464	224558	19276185	38070

3-2 续表 1 continued

地区	Region	农业 Farming 年末人数（人）Year-end Figures (person)	#女性 Female	工资总额（千元）Total Wages (1000 yuan)	平均工资（元）Average Wage (yuan)	林业 Forestry 年末人数（人）Year-end Figures (person)	#女性 Female	工资总额（千元）Total Wages (1000 yuan)	平均工资（元）Average Wage (yuan)
全 国	**National**	**1574984**	**633706**	**46683135**	**29371**	**661875**	**186466**	**20677954**	**31887**
北 京	Beijing	15170	6549	643695	40515	5016	2092	257456	46180
天 津	Tianjin	936	286	60146	63378	466	130	31159	62568
河 北	Hebei	27046	9230	265870	9749	4654	1178	189429	40356
山 西	Shanxi	3825	1111	154055	39994	6803	1656	283591	41637
内蒙古	Inner Mongolia	109343	40906	3170355	29252	73839	17327	3046554	40088
辽 宁	Liaoning	201526	84101	2309969	11463	10880	2999	406747	37170
吉 林	Jilin	25151	8987	587555	23359	73897	19785	2179258	29463
黑龙江	Heilongjiang	366447	135230	11083115	28928	265511	77740	6880067	27567
上 海	Shanghai	9729	3593	652720	59300	517	174	42562	73764
江 苏	Jiangsu	46633	19763	1542216	31716	3064	1008	105448	34225
浙 江	Zhejiang	1488	443	58289	37654	1815	398	110396	60524
安 徽	Anhui	22891	8755	601898	25971	8315	2194	252779	30302
福 建	Fujian	18039	7216	323502	18056	12214	2669	524464	42954
江 西	Jiangxi	18774	5180	472546	25247	17628	4349	585042	33477
山 东	Shandong	3563	837	170492	40866	3845	1004	178362	46765
河 南	Henan	10639	3617	338651	32191	2125	640	64283	30222
湖 北	Hubei	69671	32118	2009966	28842	4715	1343	168009	35640
湖 南	Hunan	4793	1539	113231	23723	7821	2641	240771	30955
广 东	Guangdong	28075	10211	833024	28992	16087	5351	504522	31157
广 西	Guangxi	46929	20836	1020163	23081	25446	7329	992953	39088
海 南	Hainan	53681	21924	1898100	31761	30762	11370	654488	21261
重 庆	Chongqing	2098	781	57177	26806	2624	566	108746	41474
四 川	Sichuan	1651	494	74943	47826	16037	4686	713903	44303
贵 州	Guizhou	2826	1074	84094	30141	3813	882	184554	48389
云 南	Yunnan	22507	9374	313752	14046	21723	6122	528798	24342
西 藏	Tibet	470	197	19655	52978	9621	681	91846	9564
陕 西	Shaanxi	3682	1274	116379	31394	8071	2411	354669	44053
甘 肃	Gansu	21530	6771	641720	29616	12442	3990	428796	36652
青 海	Qinghai	5146	2353	140466	27349	2751	611	135569	49119
宁 夏	Ningxia	7901	2803	257732	31404	2381	624	125808	52905
新 疆	Xinjiang	422824	186153	16667659	40404	6992	2516	306925	41890

3-2 续表 2 continued

地 区 Region	畜牧业 Animal Husbandry				渔 业 Fishery			
	年末人数（人） Year-end Figures (person)	#女 性 Female	工资总额（千元） Total Wages (1000 yuan)	平均工资（元） Average Wage (yuan)	年末人数（人） Year-end Figures (person)	#女 性 Female	工资总额（千元） Total Wages (1000 yuan)	平均工资（元） Average Wage (yuan)
全 国 National	**157754**	**62442**	**4801137**	**30423**	**30343**	**8118**	**1258294**	**40318**
北 京 Beijing	14828	5743	822568	51770	626	193	60842	95214
天 津 Tianjin	1542	504	100427	65297	212	55	14007	64252
河 北 Hebei	4298	1575	125583	29431	200	32	7870	37123
山 西 Shanxi	1075	308	21378	20341	109	33	5024	45673
内蒙古 Inner Mongolia	25088	9974	831045	33229	2335	1041	36882	13736
辽 宁 Liaoning	888	281	20298	22936	4631	1766	232325	46069
吉 林 Jilin	6193	2537	148887	23655	2451	997	52340	21346
黑龙江 Heilongjiang	8076	2681	232785	28080	1667	323	40777	23666
上 海 Shanghai	6108	2207	341869	57351	6333	263	409904	64329
江 苏 Jiangsu	2123	868	77597	35891	606	137	28582	47243
浙 江 Zhejiang	359	97	16517	46137	439	105	17678	40269
安 徽 Anhui	644	237	15947	23837	562	142	14790	26317
福 建 Fujian	303	89	9266	29987	334	97	12337	36937
江 西 Jiangxi	906	217	33124	36723	762	258	26769	35409
山 东 Shandong	717	317	25816	36723	994	322	46753	48149
河 南 Henan	3232	980	120696	38038	457	164	18674	41132
湖 北 Hubei	799	279	21473	27010	2669	612	61330	23005
湖 南 Hunan	1612	421	57817	36113	1990	634	60091	30596
广 东 Guangdong	1004	379	38141	37838	986	256	45460	43172
广 西 Guangxi	2267	988	95187	41914	937	423	29587	31610
海 南 Hainan	1381	527	55662	40160	277	81	7736	31068
重 庆 Chongqing	988	329	18455	18812	117	34	3936	34226
四 川 Sichuan	1470	531	49020	32767	86	20	4610	53605
贵 州 Guizhou	943	325	31164	33330	201	57	4952	23808
云 南 Yunnan	311	97	8612	27691	33	10	2216	65176
西 藏 Tibet	148	38	13580	94306				
陕 西 Shaanxi	1069	359	47371	44438	72	17	3521	48903
甘 肃 Gansu	769	176	42691	55515	17	7	863	50765
青 海 Qinghai	1852	464	52777	28329	41	10	1574	39350
宁 夏 Ningxia	337	98	12382	36742	60	5	1864	33891
新 疆 Xinjiang	66424	28816	1313002	20080	139	24	5000	35971

3-2 续表 3 continued

地 区	Region	农、林、牧、渔服务业 Service in Support of Agriculture				采矿业 Mining			
		年末人数(人) Year-end Figures (person)	#女性 Female	工资总额(千元) Total Wages (1000 yuan)	平均工资(元) Average Wage (yuan)	年末人数(人) Year-end Figures (person)	#女性 Female	工资总额(千元) Total Wages (1000 yuan)	平均工资(元) Average Wage (yuan)
全 国	**National**	**274832**	**83917**	**12837835**	**47004**	**5457799**	**1006036**	**331818553**	**59404**
北 京	Beijing	3309	1107	314319	94447	52859	8596	4971644	88360
天 津	Tianjin	2147	683	164024	75762	64959	19695	7017189	105647
河 北	Hebei	5514	2047	236463	43190	246381	42084	13958435	54725
山 西	Shanxi	6369	2011	297457	46297	953335	164555	55189566	58198
内蒙古	Inner Mongolia	24914	7906	1348694	54287	179088	26088	12554509	69067
辽 宁	Liaoning	6783	2139	264206	38957	287466	60965	16548267	56332
吉 林	Jilin	20702	7126	860549	41269	140798	29228	7388560	51885
黑龙江	Heilongjiang	13436	3497	527301	38895	318638	73478	18574139	54707
上 海	Shanghai	2141	541	185349	89757	615	137	72959	122414
江 苏	Jiangsu	5904	1526	296528	50191	106039	25235	6710284	60418
浙 江	Zhejiang	642	150	56895	84665	6999	1174	352794	49149
安 徽	Anhui	11312	3851	448531	44125	270442	27579	17638690	61900
福 建	Fujian	13936	4255	585872	41851	25034	4665	1121948	44100
江 西	Jiangxi	10940	2925	447459	40909	72117	12741	3034507	41120
山 东	Shandong	7698	2314	463785	60263	645096	144275	40867484	61718
河 南	Henan	8805	2221	330207	37968	516407	87886	25754616	48777
湖 北	Hubei	14197	3654	419663	30905	70793	14077	3588907	49231
湖 南	Hunan	7564	2355	225853	29504	102625	13036	4512586	42553
广 东	Guangdong	6689	2165	263088	39349	30225	6410	2639285	86026
广 西	Guangxi	6234	1786	302991	48502	29982	6617	1396819	46260
海 南	Hainan	1987	457	60316	31252	6362	1661	387536	59916
重 庆	Chongqing	5911	1569	293791	50084	73480	8450	3897672	52541
四 川	Sichuan	9763	2774	541953	55625	195542	37859	12530964	61715
贵 州	Guizhou	3695	1083	240688	65280	154672	18610	7867936	49503
云 南	Yunnan	20852	6007	1087781	52436	152778	22668	6724932	43101
西 藏	Tibet	689	180	30355	45647	5306	1221	409966	75626
陕 西	Shaanxi	9419	3102	452003	48075	353696	61595	24408388	68245
甘 肃	Gansu	14963	4877	709985	47621	118592	20171	7678504	63590
青 海	Qinghai	3714	1383	223430	60126	39282	10439	3205641	79332
宁 夏	Ningxia	3518	1177	174700	46315	59676	10056	4958254	79347
新 疆	Xinjiang	21085	7049	983599	46950	178515	44785	15855572	86253

3-2 续表 4 continued

地区 Region	煤炭开采和洗选业 Mining and Washing of Coal				石油和天然气开采业 Extraction of Petroleum and Natural Gas			
	年末人数（人） Year-end Figures (person)	#女性 Female	工资总额（千元） Total Wages (1000 yuan)	平均工资（元） Average Wage (yuan)	年末人数（人） Year-end Figures (person)	#女性 Female	工资总额（千元） Total Wages (1000 yuan)	平均工资（元） Average Wage (yuan)
全 国 National	**3748841**	**571594**	**213116331**	**55462**	**731690**	**228792**	**61884975**	**83702**
北 京 Beijing	8950	669	764057	72594	2207	462	291309	133079
天 津 Tianjin	19252	5937	2734083	137675	20706	6474	2362459	114505
河 北 Hebei	170171	24743	9299557	52699	28226	9321	2433037	87504
山 西 Shanxi	939256	162285	54431580	58261	5022	1240	337174	67516
内蒙古 Inner Mongolia	156010	21758	11433907	72133	4514	1140	253518	55584
辽 宁 Liaoning	154159	19592	7428167	46151	45003	16352	4026282	84177
吉 林 Jilin	69019	7302	2973167	42751	32095	9754	2298379	72065
黑龙江 Heilongjiang	189770	24966	7899519	37387	113882	44107	9850360	87241
上 海 Shanghai					172	39	46821	269086
江 苏 Jiangsu	71334	15705	4674542	61442	12060	4099	902223	73801
浙 江 Zhejiang								
安 徽 Anhui	236254	20284	15663221	62624				
福 建 Fujian	14302	1441	670571	45654				
江 西 Jiangxi	46522	8464	1848431	38495				
山 东 Shandong	457484	89078	27164752	57990	102058	38335	8084071	77667
河 南 Henan	390429	60871	18584768	46552	53175	13725	3756778	68293
湖 北 Hubei	8241	746	359378	42646	16556	4575	1126307	63871
湖 南 Hunan	59491	5946	2556670	40886				
广 东 Guangdong					7365	1107	1169022	156537
广 西 Guangxi	10801	1870	543823	49569	123	3	11540	93821
海 南 Hainan					46	13	4550	94792
重 庆 Chongqing	64326	6369	3249423	49822	1492	499	222673	151788
四 川 Sichuan	76309	12675	3559509	44720	35454	10947	3436177	102855
贵 州 Guizhou	138260	16344	7098720	49792	6	1	198	33000
云 南 Yunnan	100966	12520	3950198	39512	133	44	10419	75500
西 藏 Tibet								
陕 西 Shaanxi	173889	18473	12257401	69873	133159	30457	9714090	72003
甘 肃 Gansu	73981	14155	4885664	64813	25626	2786	1885906	72529
青 海 Qinghai	8381	1003	381051	44777	22595	7599	2403930	104075
宁 夏 Ningxia	58503	9815	4896053	79881	215	54	13292	62404
新 疆 Xinjiang	52781	8583	3808119	69663	69800	25659	7244460	102723

3-2 续表 5 continued

地 区	Region	黑色金属矿采选业 Mining and Processing of Ferrous Metal Ores				有色金属矿采选业 Mining and Processing of Non-ferrous Metal Ores			
		年末人数（人）Year-end Figures (person)	#女 性 Female	工资总额（千元）Total Wages (1000 yuan)	平均工资（元）Average Wage (yuan)	年末人数（人）Year-end Figures (person)	#女 性 Female	工资总额（千元）Total Wages (1000 yuan)	平均工资（元）Average Wage (yuan)
全 国	**National**	**234564**	**40348**	**12575543**	**51517**	**246891**	**46066**	**11935427**	**47498**
北 京	Beijing	21229	4320	1754767	75292				
天 津	Tianjin	2105	282	170228	67874				
河 北	Hebei	39287	6083	1860943	44523	45	9	2371	53886
山 西	Shanxi	6237	580	274603	45195	1806	292	115606	60495
内蒙古	Inner Mongolia	5153	974	254467	48674	9316	1339	463393	49308
辽 宁	Liaoning	13256	1588	639230	47477	10608	1627	364101	34776
吉 林	Jilin	7513	955	365877	44204	9039	1563	366466	40346
黑龙江	Heilongjiang	1101	249	47135	38415	2006	526	106131	51620
上 海	Shanghai								
江 苏	Jiangsu	4181	747	194910	46024	1223	311	115882	92854
浙 江	Zhejiang	1167	180	70037	60481	1106	228	60475	54927
安 徽	Anhui	28351	5609	1639886	56793	2828	714	184854	64952
福 建	Fujian	1340	189	64576	47941	1505	289	71204	47596
江 西	Jiangxi	1984	179	88276	44404	18155	2981	856128	46612
山 东	Shandong	21849	3745	1225255	54383	29976	6701	1588006	52073
河 南	Henan	2966	611	117445	39530	35173	5937	1306922	37543
湖 北	Hubei	10397	1719	352905	34339	1908	604	102773	53808
湖 南	Hunan	4852	551	236391	45044	24398	4003	1144124	46844
广 东	Guangdong	3325	658	208327	58783	5317	1400	336667	64582
广 西	Guangxi	5984	1603	257984	43927	7781	1461	341858	43677
海 南	Hainan	4497	1263	327399	71625	408	138	16997	40760
重 庆	Chongqing	1008	264	75709	75183	776	48	43583	57271
四 川	Sichuan	9562	1834	495514	50496	13406	2855	722723	53177
贵 州	Guizhou	4444	328	209007	45946	2101	266	106088	49320
云 南	Yunnan	9878	1673	513436	48773	28502	4990	1427502	45597
西 藏	Tibet	1054	199	80088	68568	4112	938	324021	78646
陕 西	Shaanxi	10923	1989	436101	39830	14780	3100	650740	43733
甘 肃	Gansu	2965	405	132743	42074	9082	1754	359422	39553
青 海	Qinghai	1794	278	80404	44619	3028	621	184918	59421
宁 夏	Ningxia	512	131	28839	54209	145	35	8834	60095
新 疆	Xinjiang	5650	1162	373061	61148	8361	1336	563638	62571

3-2 续表 6 continued

地 区	Region	非金属矿采选业 Mining and Processing of Non-metal Ores				开采辅助活动 Support Activities for Mining			
		年末人数（人） Year-end Figures (person)	#女 性 Female	工资总额（千元） Total Wages (1000 yuan)	平均工资（元） Average Wage (yuan)	年末人数（人） Year-end Figures (person)	#女 性 Female	工资总额（千元） Total Wages (1000 yuan)	平均工资（元） Average Wage (yuan)
全 国	**National**	**199467**	**44486**	**9119251**	**44937**	**294524**	**74298**	**23093335**	**76045**
北 京	Beijing	300	42	16306	52096	20171	3103	2144855	107619
天 津	Tianjin	6900	956	481600	67489	15996	6046	1268819	77909
河 北	Hebei	8624	1922	362251	40597	28	6	276	9857
山 西	Shanxi	1014	158	30603	28925				
内蒙古	Inner Mongolia	4031	859	144887	36131	18	8	810	45000
辽 宁	Liaoning	9109	1206	301300	34720	54985	20563	3771481	72531
吉 林	Jilin	1377	306	42774	29039	21660	9344	1334551	60584
黑龙江	Heilongjiang	2103	551	71777	33431	9766	3073	599007	60622
上 海	Shanghai	443	98	26138	61938				
江 苏	Jiangsu	16968	4308	813649	47853	273	65	9078	33375
浙 江	Zhejiang	4726	766	222282	45188				
安 徽	Anhui	1796	374	111526	62550	1094	541	34703	28445
福 建	Fujian	7861	2743	313394	39751	5		138	27600
江 西	Jiangxi	4831	909	216415	45040	435	135	17410	40023
山 东	Shandong	6995	1439	377089	45252	26734	4977	2428311	85849
河 南	Henan	10595	3965	356708	33840	23820	2702	1618426	64223
湖 北	Hubei	17258	2957	697624	40694	16273	3412	943597	54424
湖 南	Hunan	13859	2531	573145	41478				
广 东	Guangdong	12154	2865	636617	51377	2033	370	286925	141134
广 西	Guangxi	5288	1678	241493	44754				
海 南	Hainan	1411	247	38590	26948				
重 庆	Chongqing	5870	1267	306064	53498	8	3	220	27500
四 川	Sichuan	19012	4110	816952	42993	41799	5438	3500089	73473
贵 州	Guizhou	9368	1533	425868	46431	205	60	14420	70341
云 南	Yunnan	13234	3436	822030	58637	40	5	994	27611
西 藏	Tibet	138	84	5661	43214				
陕 西	Shaanxi	5254	1162	194594	37422	15654	6409	1154347	71015
甘 肃	Gansu	3216	492	159626	48637	3597	562	245726	66305
青 海	Qinghai	3424	916	152720	39864	60	22	2618	47600
宁 夏	Ningxia	45	13	2222	46292	256	8	9014	35211
新 疆	Xinjiang	2263	593	157346	53849	39614	7446	3707520	91404

3-2 续表 7 continued

地 区 Region	其他采矿业 Mining of Other Ores				制造业 Manufacturing			
	年末人数（人）Year-end Figures (person)	#女 性 Female	工资总额（千元）Total Wages (1000 yuan)	平均工资（元）Average Wage (yuan)	年末人数（人）Year-end Figures (person)	#女 性 Female	工资总额（千元）Total Wages (1000 yuan)	平均工资（元）Average Wage (yuan)
全 国 National	**1822**	**452**	**93691**	**50372**	**50687033**	**20210185**	**2834161354**	**55324**
北 京 Beijing	2		350	116667	921913	321382	83959443	88934
天 津 Tianjin					1107759	390971	81220286	71931
河 北 Hebei					1408507	449129	68264164	47678
山 西 Shanxi					654168	204363	27304194	41093
内蒙古 Inner Mongolia	46	10	3527	76674	466873	137468	23762108	50655
辽 宁 Liaoning	346	37	17706	48510	1506278	424317	79673504	51623
吉 林 Jilin	95	4	7346	72020	842307	265345	46507228	54452
黑龙江 Heilongjiang	10	6	210	21000	573524	189629	26543802	45422
上 海 Shanghai					1929316	736642	174281482	86536
江 苏 Jiangsu					5951956	2601179	377767802	62731
浙 江 Zhejiang					3305956	1410179	184178578	55370
安 徽 Anhui	119	57	4500	38793	1209481	455969	61814235	50945
福 建 Fujian	21	3	2065	98333	2354738	1101006	119343897	50675
江 西 Jiangxi	190	73	7847	42647	1382370	654345	63260959	46020
山 东 Shandong					4175431	1584433	202803132	48519
河 南 Henan	249	75	13569	54494	3528840	1479616	142431797	41338
湖 北 Hubei	160	64	6323	37194	1894208	733428	94545372	49971
湖 南 Hunan	25	5	2256	90240	1217533	421530	63430781	51265
广 东 Guangdong	31	10	1727	55710	9810051	4370176	575238730	57419
广 西 Guangxi	5	2	121	24200	762085	314356	35291883	46121
海 南 Hainan					88127	32616	4633642	51501
重 庆 Chongqing					901939	340464	52619604	57993
四 川 Sichuan					1596566	588361	84235593	52110
贵 州 Guizhou	288	78	13635	47509	424960	142532	22120769	52027
云 南 Yunnan	25		353	14120	674528	232959	31458322	45903
西 藏 Tibet	2		196	98000	11561	4633	672461	59045
陕 西 Shaanxi	37	5	1115	30135	1044393	336837	55205113	51557
甘 肃 Gansu	125	17	9417	68737	356230	105412	18109564	50458
青 海 Qinghai					108846	32156	5588567	51386
宁 夏 Ningxia					128195	38725	6737627	51636
新 疆 Xinjiang	46	6	1428	31733	348394	110027	21156715	58752

3-2 续表 8 continued

地 区	Region	农副食品加工业 Processing of Food from Agricultural Products				食品制造业 Manufacture of Foods			
		年末人数（人） Year-end Figures (person)	#女 性 Female	工资总额（千元） Total Wages (1000 yuan)	平均工资（元） Average Wage (yuan)	年末人数（人） Year-end Figures (person)	#女 性 Female	工资总额（千元） Total Wages (1000 yuan)	平均工资（元） Average Wage (yuan)
全 国	**National**	**1857887**	**792113**	**80193753**	**43432**	**1248130**	**610819**	**60566121**	**49053**
北 京	Beijing	27119	10705	1717006	61440	45978	22991	3323535	71442
天 津	Tianjin	15594	4875	1129180	70942	50420	14568	3269748	66503
河 北	Hebei	52261	23389	2107723	40288	38870	19132	1778927	46580
山 西	Shanxi	14498	5403	417753	30095	8520	3591	247737	28938
内蒙古	Inner Mongolia	32125	10363	1380697	42550	41217	14097	1775678	43610
辽 宁	Liaoning	62443	23823	2687974	42242	23251	9289	960561	40748
吉 林	Jilin	53383	19650	1845629	33989	15844	7635	533714	33618
黑龙江	Heilongjiang	64351	24230	2357148	36347	29001	13280	1164139	38171
上 海	Shanghai	15856	6850	1067532	65573	74253	34962	6098761	81507
江 苏	Jiangsu	83634	37975	4677529	56028	54442	28457	2933075	53646
浙 江	Zhejiang	39633	18714	1863843	48435	52381	30525	2494293	52834
安 徽	Anhui	39923	17163	1635477	41455	23501	13062	991269	42845
福 建	Fujian	76917	43786	3352339	44113	68150	39026	3111086	46497
江 西	Jiangxi	42648	17451	1926176	45357	25669	13282	1062855	41609
山 东	Shandong	369101	174543	16072117	43796	93591	44845	4188036	44490
河 南	Henan	251795	108513	10082076	40471	172100	89394	5963873	35600
湖 北	Hubei	90249	36005	3589446	39930	62081	35389	2402216	39870
湖 南	Hunan	63809	22150	2565209	40682	38506	22792	1354253	36932
广 东	Guangdong	102673	42754	4950349	49271	140041	61263	8663790	61350
广 西	Guangxi	80502	31051	3025640	40524	18063	9710	714000	39875
海 南	Hainan	13725	6385	555219	39258	6412	2745	276464	42625
重 庆	Chongqing	31729	14944	1463253	46053	16301	9053	838856	52357
四 川	Sichuan	66960	25353	3126111	46325	45570	24139	1961809	43024
贵 州	Guizhou	14258	6178	501770	34665	8658	4533	276463	34995
云 南	Yunnan	58127	26206	2081602	34340	25171	12452	905074	36241
西 藏	Tibet	327	183	12542	37107	681	290	48521	73405
陕 西	Shaanxi	38863	15161	1500103	39245	27922	14100	1217389	44770
甘 肃	Gansu	17139	5166	720266	42234	5968	2716	227944	37276
青 海	Qinghai	2041	859	56096	31269	921	352	29143	34326
宁 夏	Ningxia	5324	2187	190808	36701	13748	5005	591693	42907
新 疆	Xinjiang	30880	10098	1535140	51735	20899	8144	1161219	52737

3-2 续表 9 continued

地 区	Region	酒、饮料和精制茶制造业 Manufacture of Liquor, Beverages and Refined Tea				烟草制品业 Manufacture of Tobacco			
		年末人数(人) Year-end Figures (person)	#女 性 Female	工资总额(千元) Total Wages (1000 yuan)	平均工资(元) Average Wage (yuan)	年末人数(人) Year-end Figures (person)	#女 性 Female	工资总额(千元) Total Wages (1000 yuan)	平均工资(元) Average Wage (yuan)
全 国	**National**	**1050978**	**401232**	**52544303**	**49591**	**227673**	**79976**	**29894068**	**134426**
北 京	Beijing	27197	8694	2299134	83136	916	275	204804	223585
天 津	Tianjin	13751	3139	945204	68837	906	210	190237	211845
河 北	Hebei	18808	7787	791781	41679	5388	1161	674148	123312
山 西	Shanxi	22028	8980	1060608	50292	955	345	126251	131511
内蒙古	Inner Mongolia	15617	6422	606990	38274	2837	781	359907	127086
辽 宁	Liaoning	21274	6702	1021141	47688	2160	776	261369	122478
吉 林	Jilin	20561	6170	779704	37650	4274	1398	598076	140065
黑龙江	Heilongjiang	22608	7687	892185	39258	8536	1998	868755	101431
上 海	Shanghai	13936	3990	1039176	71885	3914	756	1160075	295938
江 苏	Jiangsu	67203	24642	3221781	47068	6128	1915	918683	148127
浙 江	Zhejiang	32753	11300	2163047	64066	4209	1508	916018	215179
安 徽	Anhui	39295	15724	1646926	41587	12979	3533	1623368	124025
福 建	Fujian	46934	18850	2765652	59922	5924	2758	713231	132080
江 西	Jiangxi	22684	10301	892512	38781	6732	2077	471260	70984
山 东	Shandong	69033	27468	3178425	46199	11781	2909	1621478	139016
河 南	Henan	87819	37053	3175701	36624	25419	9262	2815615	117093
湖 北	Hubei	75202	32476	3532225	45275	9550	2359	991023	102304
湖 南	Hunan	26709	10477	1144922	42820	13810	5582	2291630	169964
广 东	Guangdong	75724	23329	5022065	65823	9584	3026	2191935	235717
广 西	Guangxi	26275	12427	1229308	46642	3520	1546	611261	179677
海 南	Hainan	4510	1760	187325	39629	583	196	102830	175179
重 庆	Chongqing	12750	6028	761135	58356	5113	2748	430725	104065
四 川	Sichuan	137958	49581	6548700	47008	7241	1987	1018166	138696
贵 州	Guizhou	40812	15578	3152565	77178	8424	2494	1322072	155446
云 南	Yunnan	46674	20361	1459221	30494	51036	22187	5602561	114635
西 藏	Tibet	1796	806	109246	62248				
陕 西	Shaanxi	30333	11481	1409060	45814	10108	3694	1196728	119541
甘 肃	Gansu	13788	5402	574354	42410	4418	2113	417584	91235
青 海	Qinghai	4466	1655	219517	49120				
宁 夏	Ningxia	2126	876	104344	48041	464	170	64458	140431
新 疆	Xinjiang	10354	4086	610349	57848	764	212	129820	170591

3-2 续表 10 continued

地区	Region	纺织业 Manufacture of Textile 年末人数(人) Year-end Figures (person)	#女性 Female	工资总额(千元) Total Wages (1000 yuan)	平均工资(元) Average Wage (yuan)	纺织服装、服饰业 Manufacture of Textile, Wearing Apparel and Accessories 年末人数(人) Year-end Figures (person)	#女性 Female	工资总额(千元) Total Wages (1000 yuan)	平均工资(元) Average Wage (yuan)
全 国	**National**	**2059106**	**1229216**	**90327970**	**43771**	**2494836**	**1718531**	**111576998**	**44409**
北 京	Beijing	4293	2004	236367	51217	32191	25455	1679266	49786
天 津	Tianjin	13593	8047	766659	54001	68012	56697	3927099	56055
河 北	Hebei	50282	30952	1615915	31186	26317	17442	880854	33692
山 西	Shanxi	7408	4785	113533	15371	4583	2894	154548	33380
内蒙古	Inner Mongolia	12745	8060	506244	39476	7086	5268	225519	30952
辽 宁	Liaoning	13849	7957	419722	29974	54823	35475	2041421	36786
吉 林	Jilin	29747	24662	1033829	34826	8507	6462	248804	29292
黑龙江	Heilongjiang	17687	12244	467623	26433	3694	2313	88989	24103
上 海	Shanghai	25792	14845	1496595	55625	78464	61031	3849600	47867
江 苏	Jiangsu	325823	204822	17086577	51901	360027	271669	17870792	49296
浙 江	Zhejiang	281651	149217	14169891	49829	296134	210793	14472961	48046
安 徽	Anhui	50179	36203	1868666	37448	65290	50345	2510779	39008
福 建	Fujian	101763	55929	5115063	50766	274338	159559	12288972	44517
江 西	Jiangxi	50363	35437	2221055	43838	119239	82380	4909062	41593
山 东	Shandong	395566	218889	16616905	42682	195124	139768	7958642	40914
河 南	Henan	164904	114016	5700870	34771	149392	101663	5268548	36103
湖 北	Hubei	117402	83731	4238613	36240	88665	65422	3177146	35757
湖 南	Hunan	22677	13921	836981	36091	17667	12067	683829	39103
广 东	Guangdong	213336	99511	9960913	45786	573606	362321	26641501	45740
广 西	Guangxi	22146	17137	799689	36016	9754	6552	339139	34938
海 南	Hainan	762	253	31936	42188	155	90	4244	23319
重 庆	Chongqing	9026	5902	371476	42199	13925	11338	573423	41886
四 川	Sichuan	48354	30770	1944600	39834	16983	11104	722808	42935
贵 州	Guizhou	1946	874	51945	25947	6487	4924	201055	30946
云 南	Yunnan	7512	4749	222184	30135	4347	2585	171815	39182
西 藏	Tibet	223	146	6805	30516	145	77	1865	13134
陕 西	Shaanxi	29497	19013	895127	29811	7857	5117	265251	33889
甘 肃	Gansu	3870	2207	104619	26432	1326	1038	46611	36472
青 海	Qinghai	2087	1405	66198	32466	1876	580	113768	60451
宁 夏	Ningxia	8428	5527	397186	53841	1258	898	42506	31300
新 疆	Xinjiang	26195	16001	962184	38474	7564	5204	216181	29581

3-2 续表 11 continued

地 区	Region	皮革、毛皮、羽毛及其制品和制鞋业 Manufacture of Leather, Fur, Feather and Related Products and Footwear				木材加工和木、竹、藤、棕、草制品业 Processing of Timbers,Manufacture of Wood, Bamboo, Rattan, Palm, and Straw Products			
		年末人数(人) Year-end Figures (person)	#女 性 Female	工资总额(千元) Total Wages (1000 yuan)	平均工资(元) Average Wage (yuan)	年末人数(人) Year-end Figures (person)	#女 性 Female	工资总额(千元) Total Wages (1000 yuan)	平均工资(元) Average Wage (yuan)
全 国	**National**	**1689263**	**999179**	**70966151**	**41663**	**414235**	**161935**	**16765339**	**40731**
北 京	Beijing	1837	1052	102619	52815	2045	552	121378	45257
天 津	Tianjin	6853	3912	339504	46616	1965	752	119943	59466
河 北	Hebei	22975	15735	859004	37812	4274	1160	192105	45718
山 西	Shanxi	122	58	715	5861	556	374	17450	30507
内蒙古	Inner Mongolia	2488	1569	77172	31409	7198	3409	235126	31577
辽 宁	Liaoning	4797	2346	206682	43770	12173	4567	457024	37009
吉 林	Jilin	556	287	14635	26041	49820	17720	1644853	35165
黑龙江	Heilongjiang	2475	1014	86546	35881	16791	5655	524046	29747
上 海	Shanghai	19865	10960	984848	47210	6835	2650	438524	62044
江 苏	Jiangsu	73838	48115	3394272	45787	47433	18543	2294185	48125
浙 江	Zhejiang	119527	62524	4959694	41038	17562	7506	825152	46131
安 徽	Anhui	24447	15307	899161	36780	8692	3484	293964	34222
福 建	Fujian	434013	251531	19479589	44700	17438	7405	787145	45518
江 西	Jiangxi	110514	80530	4249235	38153	16659	8764	668413	40493
山 东	Shandong	77284	47576	3218176	41517	23551	9312	975172	42672
河 南	Henan	120578	70959	4235019	36106	29251	8713	1025756	35918
湖 北	Hubei	26077	17447	807372	31556	15465	5449	570647	37258
湖 南	Hunan	62219	40175	2150174	35056	15793	6168	524425	33458
广 东	Guangdong	496011	274027	21853307	43031	40975	16292	1898648	45977
广 西	Guangxi	27931	20883	1058931	37702	28412	14460	1102247	39013
海 南	Hainan					2099	1003	75305	34261
重 庆	Chongqing	8911	4937	368790	37961	4175	1718	190980	46130
四 川	Sichuan	32945	20957	1167764	35129	15003	5587	715489	48485
贵 州	Guizhou	4520	2997	181928	39618	10583	3745	387251	37168
云 南	Yunnan	3604	2564	86686	24627	14289	5361	462572	32154
西 藏	Tibet	79	21	5030	63671	867	251	52605	63841
陕 西	Shaanxi	1984	844	71307	35959	3191	994	119917	38021
甘 肃	Gansu	2200	515	84482	37969	240	90	6243	26013
青 海	Qinghai								
宁 夏	Ningxia	349	238	11746	34649	20	7	512	25600
新 疆	Xinjiang	264	99	11763	39875	880	244	38262	44961

3-2 续表 12 continued

地 区 Region	家具制造业 Manufacture of Furniture				造纸和纸制品业 Manufacture of Paper and Paper Products			
	年末人数(人) Year-end Figures (person)	#女 性 Female	工资总额(千元) Total Wages (1000 yuan)	平均工资(元) Average Wage (yuan)	年末人数(人) Year-end Figures (person)	#女 性 Female	工资总额(千元) Total Wages (1000 yuan)	平均工资(元) Average Wage (yuan)
全 国 National	**559530**	**195811**	**26783532**	**47864**	**700686**	**257675**	**34331348**	**48663**
北 京 Beijing	9935	3234	551207	53998	7465	3174	425898	56321
天 津 Tianjin	6954	2317	326835	47306	11279	3538	710649	61512
河 北 Hebei	9614	3686	338879	36771	11946	3950	546208	45160
山 西 Shanxi	276	111	6556	22764	579	229	15414	26259
内蒙古 Inner Mongolia	921	197	36806	39407	4681	1250	183708	38481
辽 宁 Liaoning	14199	4861	654069	44344	8850	3301	347740	38314
吉 林 Jilin	2650	873	84079	32538	4938	1651	164933	34541
黑龙江 Heilongjiang	6703	2420	213365	31540	7528	3207	254000	34080
上 海 Shanghai	28429	10066	2087590	72115	20869	8961	1401369	65573
江 苏 Jiangsu	27586	10985	1469695	54065	59294	20127	4742252	79691
浙 江 Zhejiang	94758	35512	4576171	48777	54331	17892	2712397	50006
安 徽 Anhui	4681	1975	192497	42531	8271	3045	377525	44693
福 建 Fujian	31622	11498	1477218	48181	47807	19945	2207352	46009
江 西 Jiangxi	12317	3672	571715	46564	13296	5373	600690	46055
山 东 Shandong	25768	9076	1157219	45222	102549	33862	4404097	42965
河 南 Henan	24370	8767	758562	33037	58403	21473	2074170	36023
湖 北 Hubei	7930	3443	291050	36772	27478	11886	1071481	39639
湖 南 Hunan	5054	1429	203209	41378	24843	7898	1000185	39085
广 东 Guangdong	203823	67157	9874425	47515	133690	49624	6997855	51481
广 西 Guangxi	3268	1277	117942	40488	22222	8683	931335	41546
海 南 Hainan	476	243	14743	27817	5286	1677	362730	65122
重 庆 Chongqing	4879	1757	309238	61972	13349	5249	790345	58959
四 川 Sichuan	26445	9254	1203181	46055	19481	7937	805634	40689
贵 州 Guizhou	1873	587	86595	46258	3937	1585	162305	39500
云 南 Yunnan	1460	323	44237	30114	11432	4010	420051	36205
西 藏 Tibet	124	18	2853	24595				
陕 西 Shaanxi	2798	903	111751	41559	11059	5801	339727	30357
甘 肃 Gansu	387	116	15835	40917	747	216	23444	31853
青 海 Qinghai					60	48	1857	38688
宁 夏 Ningxia	10	3	287	28700	2515	1075	106086	34623
新 疆 Xinjiang	220	51	5723	26373	2501	1008	149911	61188

3-2 续表 13 continued

地 区	Region	印刷和记录媒介复制业 Printing and Reproduction of Recording Media 年末人数(人) Year-end Figures (person)	#女 性 Female	工资总额(千元) Total Wages (1000 yuan)	平均工资(元) Average Wage (yuan)	文教、工美、体育和娱乐用品制造业 Manufacture of Articles for Culture, Education, Arts and Crafts,Sport and Entertainment Activities 年末人数(人) Year-end Figures (person)	#女 性 Female	工资总额(千元) Total Wages (1000 yuan)	平均工资(元) Average Wage (yuan)
全 国	**National**	**586777**	**255719**	**30569425**	**51283**	**1293894**	**750566**	**58023267**	**43814**
北 京	Beijing	27323	10105	1955125	69117	8022	3613	462774	56033
天 津	Tianjin	9163	3414	537436	58252	17618	8367	854600	48252
河 北	Hebei	13048	4975	630941	47464	16081	8186	562356	36547
山 西	Shanxi	6043	2475	201986	33293	1606	671	45843	28142
内蒙古	Inner Mongolia	2655	1025	105482	40016	1186	439	37203	32210
辽 宁	Liaoning	10281	4084	391448	38119	7745	3625	297109	37974
吉 林	Jilin	7064	2956	237982	32591	1905	1097	59702	30774
黑龙江	Heilongjiang	5261	2078	198676	37614	3510	2042	102034	29362
上 海	Shanghai	22227	9269	1744341	76372	24017	12813	1512920	59972
江 苏	Jiangsu	51754	26083	3062789	57726	123277	78448	6180863	50295
浙 江	Zhejiang	30049	12906	1463619	48115	84756	47936	4114106	47920
安 徽	Anhui	18149	8226	925700	50955	15506	10088	558519	36331
福 建	Fujian	18535	7476	894362	47517	134639	63510	6185543	46204
江 西	Jiangxi	15866	6903	717347	44720	48690	32100	1825232	38166
山 东	Shandong	29515	12973	1403636	47488	96038	54535	4023879	41858
河 南	Henan	45102	19405	1783740	39974	82890	56817	2844619	34418
湖 北	Hubei	19899	9236	895272	45438	9675	5646	362040	37926
湖 南	Hunan	12402	5156	568710	46229	12785	6975	499564	39361
广 东	Guangdong	158879	71426	8333681	50896	560766	326682	25904622	43741
广 西	Guangxi	6116	2784	273042	44724	14061	10398	433972	31486
海 南	Hainan	1574	632	69224	44346	240	167	8581	36515
重 庆	Chongqing	8958	3572	560037	61086	4753	3288	171759	36716
四 川	Sichuan	20803	9519	1149935	54662	4921	2987	228812	46554
贵 州	Guizhou	4293	1654	203789	47086	1955	872	78007	39963
云 南	Yunnan	11523	4847	540244	46880	6682	3200	269141	40748
西 藏	Tibet	688	346	18569	26951	441	302	13160	29909
陕 西	Shaanxi	18931	7675	1289963	67049	4963	1729	256402	51903
甘 肃	Gansu	5007	2148	184724	36292	843	551	16649	21075
青 海	Qinghai	1370	629	42501	30955	3487	2814	90022	25750
宁 夏	Ningxia	1300	550	48501	38310				
新 疆	Xinjiang	2999	1192	136623	44416	836	668	23234	28684

3-2 续表 14 continued

地 区	Region	石油加工、炼焦和核燃料加工业 Processing of Petroleum ,Coking and Processing of Nucleus Fuel				化学原料和化学制品制造业 Manufacture of Raw Chemical Material and Chemical Products			
		年末人数（人） Year-end Figures (person)	#女 性 Female	工资总额（千元） Total Wages (1000 yuan)	平均工资（元） Average Wage (yuan)	年末人数（人） Year-end Figures (person)	#女 性 Female	工资总额（千元） Total Wages (1000 yuan)	平均工资（元） Average Wage (yuan)
全 国	**National**	**691880**	**187180**	**47560110**	**67867**	**2757803**	**851456**	**162646567**	**58630**
北 京	Beijing	11023	3689	1074739	90941	32085	13247	2558682	78037
天 津	Tianjin	15169	4738	1300708	84797	46485	11352	3510065	75466
河 北	Hebei	26158	6496	1352015	50833	97909	28327	4602010	46496
山 西	Shanxi	56192	12776	1956398	34112	86388	24904	3358350	38300
内蒙古	Inner Mongolia	35676	7192	2466153	68273	55485	14486	2902515	53214
辽 宁	Liaoning	99268	28966	7446889	73729	62680	16678	3029328	47426
吉 林	Jilin	3952	959	157086	40124	63717	14646	3832132	57811
黑龙江	Heilongjiang	42436	14328	2978793	69324	29505	9687	1375875	46338
上 海	Shanghai	16521	4208	1957943	112164	97845	34223	11815360	118603
江 苏	Jiangsu	24900	6222	1857854	73541	364511	120138	25990537	71509
浙 江	Zhejiang	9325	1815	1001741	108980	146664	40493	10340058	69818
安 徽	Anhui	5253	1305	340554	64292	73823	21067	3928159	52332
福 建	Fujian	5715	2079	392667	73506	43194	14158	2452395	56863
江 西	Jiangxi	18915	4787	923637	46554	79296	26976	3529678	45223
山 东	Shandong	80564	20910	4980035	61174	298759	86221	15414587	51611
河 南	Henan	17156	5140	793314	46789	179317	52009	7616958	43508
湖 北	Hubei	7437	1798	622716	76907	134770	39486	6006710	44648
湖 南	Hunan	15221	4575	1127610	71987	113083	46452	4749984	42094
广 东	Guangdong	24738	6336	2547447	103165	209083	73894	15771486	73368
广 西	Guangxi	2851	738	211812	73444	40483	17183	1665460	41107
海 南	Hainan	2242	380	258447	114307	4125	1158	345479	82179
重 庆	Chongqing	2673	511	165756	61414	49431	15075	3040805	60319
四 川	Sichuan	7745	2214	344190	43115	115197	33070	5830113	50173
贵 州	Guizhou	4644	1003	226547	48028	47866	13374	2607801	53358
云 南	Yunnan	12578	3255	421049	32483	66944	19669	3099240	45439
西 藏	Tibet					922	244	64127	75090
陕 西	Shaanxi	59125	16207	3547509	61450	64112	18259	3738890	58032
甘 肃	Gansu	30502	8962	2771942	92751	33039	10947	1577262	47192
青 海	Qinghai	171	63	16509	86435	32593	10452	2109342	65029
宁 夏	Ningxia	15521	2864	1100593	68131	22744	6107	1321533	57942
新 疆	Xinjiang	38209	12664	3217457	82507	65748	17474	4461646	65727

3-2 续表 15 continued

地 区 Region	医药制造业 Manufacture of Medicines				化学纤维制造业 Manufacture of Chemical Fibres			
	年末人数(人) Year-end Figures (person)	#女 性 Female	工资总额(千元) Total Wages (1000 yuan)	平均工资(元) Average Wage (yuan)	年末人数(人) Year-end Figures (person)	#女 性 Female	工资总额(千元) Total Wages (1000 yuan)	平均工资(元) Average Wage (yuan)
全 国 National	**1586161**	**749289**	**94207786**	**59712**	**246684**	**96677**	**12413228**	**50246**
北 京 Beijing	68573	35776	9323962	136084	726	341	38898	54555
天 津 Tianjin	44766	19422	4469552	100277	600	265	47570	76112
河 北 Hebei	58728	29290	2389744	40355	5720	1917	200492	32542
山 西 Shanxi	23464	11229	918337	39203	16		376	20889
内蒙古 Inner Mongolia	10150	4387	443662	44181	84	35	5180	61667
辽 宁 Liaoning	31261	13566	1482174	47348	3303	1350	88701	26462
吉 林 Jilin	122824	58556	5152502	42193	8654	2302	279187	32381
黑龙江 Heilongjiang	44802	20173	2101559	45638	1456	514	70191	47781
上 海 Shanghai	55192	26588	5738815	102240	2293	812	161123	68915
江 苏 Jiangsu	141107	64377	9788134	70561	66586	29192	3701383	56191
浙 江 Zhejiang	101786	42814	6866901	67629	69233	27438	3835358	54946
安 徽 Anhui	40427	20199	1940011	48276	7911	2820	406744	50098
福 建 Fujian	19838	10559	1090557	55260	15592	6087	829523	52635
江 西 Jiangxi	47217	24508	2396600	51565	3925	1403	164180	41840
山 东 Shandong	162986	73832	7604360	46840	12338	4535	574010	46269
河 南 Henan	133169	63546	5512257	41962	12207	4531	469535	38521
湖 北 Hubei	84556	43722	4011197	48619	4634	1495	165163	35827
湖 南 Hunan	33053	15376	1577756	47835	2097	692	90496	43176
广 东 Guangdong	105637	47380	7424297	70138	8038	2697	422410	51671
广 西 Guangxi	25091	13431	1174275	47220				
海 南 Hainan	14872	7991	724209	48252	82	27	2361	29148
重 庆 Chongqing	34678	17861	1991677	57281	521	333	38086	83339
四 川 Sichuan	63411	29744	3623695	57665	13616	5517	528906	38810
贵 州 Guizhou	31891	15886	1472716	46823	106	38	2302	28073
云 南 Yunnan	27611	12528	1602976	59506	461	97	29264	63069
西 藏 Tibet	1161	657	100566	87677				
陕 西 Shaanxi	35435	15801	2186168	61970	841	215	58190	69439
甘 肃 Gansu	10369	4966	526987	50867	520	155	7215	14147
青 海 Qinghai	2759	1349	106171	36763				
宁 夏 Ningxia	3603	1778	190957	53988	15	5	442	29467
新 疆 Xinjiang	5744	1997	275012	49641	5109	1864	195942	42229

3-2 续表 16 continued

地 区 Region	橡胶和塑料制品业 Manufacture of Rubber and Plastics Products				非金属矿物制品业 Manufacture of Non-metallic Mineral Products			
	年末人数(人) Year-end Figures (person)	#女 性 Female	工资总额(千元) Total Wages (1000 yuan)	平均工资(元) Average Wage (yuan)	年末人数(人) Year-end Figures (person)	#女 性 Female	工资总额(千元) Total Wages (1000 yuan)	平均工资(元) Average Wage (yuan)
全 国 National	**1849979**	**784504**	**92506686**	**49749**	**2488009**	**730456**	**114866180**	**45715**
北 京 Beijing	17519	7786	1013564	55718	45326	10446	3102962	64603
天 津 Tianjin	34402	11444	2177681	62157	25575	4567	1727776	66323
河 北 Hebei	32384	14298	1310276	40753	74500	20955	2861759	37875
山 西 Shanxi	7719	2659	246504	31470	38968	11416	1336180	33520
内蒙古 Inner Mongolia	4302	1890	173211	40470	27953	7183	1162720	40416
辽 宁 Liaoning	45208	16350	2154674	47404	56872	13216	2197281	37814
吉 林 Jilin	12343	3469	454495	36258	35702	8730	1346660	34915
黑龙江 Heilongjiang	15572	5649	795706	50990	47767	11352	1375867	27636
上 海 Shanghai	89072	41780	6801588	74178	44541	12771	3804646	81348
江 苏 Jiangsu	182950	78214	10946302	59332	144870	51555	8565065	58252
浙 江 Zhejiang	141370	58312	7167159	50430	84884	22999	4698747	53660
安 徽 Anhui	55960	22158	2849405	51562	57929	17014	2747968	46687
福 建 Fujian	115423	47898	5969013	51960	115234	37957	5520058	48499
江 西 Jiangxi	29747	12969	1278580	43131	112172	42395	4734033	42631
山 东 Shandong	139105	47379	6234657	44339	216987	62382	9391482	43293
河 南 Henan	105186	39145	3759989	36396	300432	79817	11003498	37372
湖 北 Hubei	52883	27732	2319334	44341	121249	31273	5231381	43712
湖 南 Hunan	20151	7586	803053	39068	116466	33452	5542878	47919
广 东 Guangdong	582919	270199	28943530	49328	319857	109528	15958635	48477
广 西 Guangxi	15683	8021	635148	39350	68481	23625	2836823	41482
海 南 Hainan	2218	986	100782	42186	8078	1706	464288	56982
重 庆 Chongqing	26136	13506	1479188	57109	49383	14172	2756262	55185
四 川 Sichuan	33292	13160	1433588	43668	106697	34761	4697327	43541
贵 州 Guizhou	15637	4631	718394	43235	48732	11793	2113636	43164
云 南 Yunnan	21930	9637	493117	22728	63229	17832	2521439	39957
西 藏 Tibet					3714	1182	223136	59535
陕 西 Shaanxi	31174	11546	1351835	43837	65519	16515	2645438	40461
甘 肃 Gansu	6533	2023	236923	36602	32885	7215	1343623	40857
青 海 Qinghai	50	4	1514	29115	7416	1800	331924	45117
宁 夏 Ningxia	3835	1150	164125	42808	7733	1752	427581	54413
新 疆 Xinjiang	9276	2923	493351	49315	38858	9095	2195107	50736

3-2 续表 17 continued

地 区	Region	黑色金属冶炼和压延加工业 Smelting and Pressing of Ferrous Metals 年末人数(人) Year-end Figures (person)	#女 性 Female	工资总额(千元) Total Wages (1000 yuan)	平均工资(元) Average Wage (yuan)	有色金属冶炼和压延加工业 Smelting and Pressing of Non-ferrous Metals 年末人数(人) Year-end Figures (person)	#女 性 Female	工资总额(千元) Total Wages (1000 yuan)	平均工资(元) Average Wage (yuan)
全 国	**National**	**2277798**	**449868**	**127501751**	**54356**	**1255486**	**286187**	**66757372**	**52532**
北 京	Beijing	6675	1406	488859	67197	5038	1424	372789	72683
天 津	Tianjin	97234	17768	6534942	66138	12912	2908	736935	57677
河 北	Hebei	286052	46786	15048760	51407	11026	3158	459462	41633
山 西	Shanxi	68381	13395	3759842	50485	36384	7182	1637296	43633
内蒙古	Inner Mongolia	80326	21443	4654787	57954	68165	14550	3728046	54584
辽 宁	Liaoning	268779	35762	13999509	49132	35589	5947	1747336	47609
吉 林	Jilin	25667	4289	1190402	42196	9777	1881	418229	41665
黑龙江	Heilongjiang	19865	4015	801740	39272	7021	1212	338465	48263
上 海	Shanghai	66917	11124	7815103	115910	13777	3724	1246025	86063
江 苏	Jiangsu	182778	42574	12172129	66011	58305	17347	3793050	64047
浙 江	Zhejiang	58788	10856	3420859	56747	39306	10824	2213242	55824
安 徽	Anhui	51513	7953	2976265	57159	40549	7341	2300257	56333
福 建	Fujian	50720	15494	2712131	53048	29491	5933	2244510	75517
江 西	Jiangxi	55752	14485	3319931	58113	80053	19677	4646068	57916
山 东	Shandong	208398	41750	10225709	48525	97471	17650	4688592	49965
河 南	Henan	117199	23101	4936407	42236	127359	25619	5379634	41951
湖 北	Hubei	118720	25469	7222720	59477	31749	8863	1427135	44455
湖 南	Hunan	58522	12735	3135400	52061	64432	14161	3147336	47667
广 东	Guangdong	60906	12719	3625056	59337	80916	20482	4291215	52241
广 西	Guangxi	45769	9094	2501305	50748	36271	8889	1806934	49776
海 南	Hainan	772	96	33183	41272	607	73	55247	87694
重 庆	Chongqing	20644	4229	1225664	56000	19091	5460	1194582	62331
四 川	Sichuan	112935	28127	5507693	46176	16706	4517	925231	53512
贵 州	Guizhou	28618	7103	1397943	45589	18022	3433	895475	50862
云 南	Yunnan	59304	14287	2447125	39474	102639	24601	5048131	46745
西 藏	Tibet					57	12	2346	41158
陕 西	Shaanxi	41332	8153	1656876	39543	67762	15742	3758704	55513
甘 肃	Gansu	33875	5106	1902497	54164	77857	21021	4182999	52350
青 海	Qinghai	13613	2183	640094	48621	26128	5410	1331323	49745
宁 夏	Ningxia	7804	1114	357200	42242	15162	3152	797846	50356
新 疆	Xinjiang	29940	7252	1791620	54023	25864	3994	1942932	73210

3-2 续表 18 continued

地 区	Region	金属制品业 Manufacture of Metal Products				通用设备制造业 Manufacture of General Purpose Machinery			
		年末人数 (人) Year-end Figures (person)	#女 性 Female	工资总额 (千元) Total Wages (1000 yuan)	平均工资 (元) Average Wage (yuan)	年末人数 (人) Year-end Figures (person)	#女 性 Female	工资总额 (千元) Total Wages (1000 yuan)	平均工资 (元) Average Wage (yuan)
全 国	**National**	**1759264**	**553818**	**91738685**	**51667**	**2708293**	**782551**	**161189386**	**58700**
北 京	Beijing	36670	9279	2429306	62706	54693	14618	4996701	87837
天 津	Tianjin	46613	11530	2992019	63793	70338	15632	5865730	83517
河 北	Hebei	60869	18112	2590392	42396	68638	18043	2962202	42627
山 西	Shanxi	42223	14684	1577849	38098	24543	6815	802331	32394
内蒙古	Inner Mongolia	7401	1683	310563	40639	13035	3667	587604	44824
辽 宁	Liaoning	67663	15463	2755229	40525	161569	44423	8391727	50436
吉 林	Jilin	12488	2950	463746	37438	18927	4797	822001	42555
黑龙江	Heilongjiang	12115	3336	477228	38680	50719	10300	2684866	51944
上 海	Shanghai	83297	28130	6294446	72564	181501	46433	18393304	98783
江 苏	Jiangsu	196975	66771	12385261	62605	428949	134270	29743267	68725
浙 江	Zhejiang	120501	42255	6087822	50538	291030	91102	16812742	57493
安 徽	Anhui	45583	12955	2478563	53439	89246	23294	4627442	50281
福 建	Fujian	55052	18611	2837215	51516	66589	25588	3589214	51687
江 西	Jiangxi	25781	9218	1257192	49251	43107	13157	1975920	45474
山 东	Shandong	145248	37897	6751255	46426	283721	72942	14239834	50297
河 南	Henan	88596	22669	3141451	36737	170439	41033	6382804	37704
湖 北	Hubei	61703	17354	2895245	47075	66048	17979	3204051	48188
湖 南	Hunan	28565	7507	1349805	47109	48048	11331	2275501	46258
广 东	Guangdong	483583	174329	25897776	52456	325140	121997	19306896	58199
广 西	Guangxi	10645	4948	504001	46124	20689	4099	1244679	57779
海 南	Hainan	2238	486	102492	45817	386	156	12967	33593
重 庆	Chongqing	22200	5475	1135227	51691	32961	9413	1874734	55433
四 川	Sichuan	41397	12398	2109760	50432	83361	21423	5010236	58861
贵 州	Guizhou	15962	4395	682020	42209	11477	2598	530821	45346
云 南	Yunnan	12742	3254	553402	42203	12670	3217	660394	51373
西 藏	Tibet								
陕 西	Shaanxi	17879	4262	818494	45442	65757	17918	3153655	46943
甘 肃	Gansu	5726	1541	277191	48879	12407	3325	444743	36090
青 海	Qinghai	494	163	22834	44949	5287	1302	222520	41445
宁 夏	Ningxia	2735	737	119206	43144	5017	1196	252938	46884
新 疆	Xinjiang	6320	1426	441695	62598	2001	483	117562	52250

3-2 续表 19 continued

地 区	Region	专用设备制造业 Manufacture of Special Purpose Machinery				汽车制造业 Manufacture of Automobiles			
		年末人数(人) Year-end Figures (person)	#女 性 Female	工资总额(千元) Total Wages (1000 yuan)	平均工资(元) Average Wage (yuan)	年末人数(人) Year-end Figures (person)	#女 性 Female	工资总额(千元) Total Wages (1000 yuan)	平均工资(元) Average Wage (yuan)
全 国	**National**	**2087427**	**582895**	**128644739**	**60433**	**3344641**	**899625**	**231476177**	**69408**
北 京	Beijing	63265	18081	6088408	92740	142910	28395	13013053	93360
天 津	Tianjin	88824	21377	7477117	82550	117631	38559	8641885	72945
河 北	Hebei	69451	16734	3345877	47909	132722	36319	8677579	65207
山 西	Shanxi	50858	17291	2222481	43322	16063	4347	621369	37698
内蒙古	Inner Mongolia	7367	1824	377032	49872	10992	2103	573276	50558
辽 宁	Liaoning	94760	21596	6025672	60507	113359	25038	8466907	75195
吉 林	Jilin	19104	4862	733282	37742	253939	52476	20881871	80776
黑龙江	Heilongjiang	26076	6378	1238616	46283	22747	5607	1397237	58940
上 海	Shanghai	102479	29032	10083614	91249	190060	50563	22802953	118957
江 苏	Jiangsu	255770	82296	18395112	71180	259181	82532	19368657	75517
浙 江	Zhejiang	116777	34565	6950091	58828	212794	67696	12732457	61065
安 徽	Anhui	51807	12858	2563754	48480	121768	30722	7536366	62400
福 建	Fujian	42489	12768	2170860	50396	73515	22276	3866736	53635
江 西	Jiangxi	29294	13914	1323446	45439	77242	20527	4616357	61168
山 东	Shandong	194171	46720	9836194	50267	235547	55830	12777256	53672
河 南	Henan	210123	54947	8535579	40980	149337	37285	6982347	47653
湖 北	Hubei	70229	20615	3449010	49210	309430	84620	20552678	66526
湖 南	Hunan	85718	14985	6402082	69965	67520	15978	4078112	61281
广 东	Guangdong	276370	92714	19067981	67519	330735	103718	24314400	74695
广 西	Guangxi	31646	9139	1625319	51030	88504	20553	5455068	62582
海 南	Hainan	801	294	28895	36809	5677	1376	225060	38717
重 庆	Chongqing	26427	7749	1566054	58641	203064	53377	13640254	68249
四 川	Sichuan	66237	16809	3535760	51115	65502	18392	3414735	51200
贵 州	Guizhou	9183	2123	435445	45788	17527	6498	838212	48978
云 南	Yunnan	12390	2757	601002	47755	12628	2897	435140	34971
西 藏	Tibet	29	15	1639	56517				
陕 西	Shaanxi	57714	13824	3080172	52285	110570	31113	5374857	45553
甘 肃	Gansu	19474	4573	992159	50945	1106	210	40246	42142
青 海	Qinghai	211	46	13622	54488	40	12	986	26649
宁 夏	Ningxia	4924	1201	282527	55835	6	5	408	45333
新 疆	Xinjiang	3459	808	195937	55085	2525	601	149715	54801

3-2 续表 20 continued

地 区	Region	铁路、船舶、航空航天和其他运输设备制造业 Manufacture of Railway, Ship, Aerospace and Other Transport Equipments				电气机械和器材制造业 Manufacture of Electrical Machinery and apparatus			
		年末人数 (人) Year-end Figures (person)	#女 性 Female	工资总额 (千元) Total Wages (1000 yuan)	平均工资 (元) Average Wage (yuan)	年末人数 (人) Year-end Figures (person)	#女 性 Female	工资总额 (千元) Total Wages (1000 yuan)	平均工资 (元) Average Wage (yuan)
全 国	**National**	**1208503**	**321968**	**82974963**	**67631**	**3865937**	**1634075**	**224610954**	**57161**
北 京	Beijing	34722	9654	3844289	111132	49372	16146	4740661	96782
天 津	Tianjin	60290	14697	3939602	65604	52413	17296	3821397	69565
河 北	Hebei	39647	9621	2672321	67125	83211	26463	3979751	47419
山 西	Shanxi	20527	4966	1232585	60111	13345	4446	697684	52465
内蒙古	Inner Mongolia	1474	405	139643	88326	8954	2009	501293	54798
辽 宁	Liaoning	72594	14290	4416102	60774	64950	24263	3040492	46078
吉 林	Jilin	23671	4087	2013059	85112	11397	3385	545848	46032
黑龙江	Heilongjiang	27350	6720	1869128	67828	21479	5998	1113586	50928
上 海	Shanghai	61662	11757	6137527	98363	145175	67251	12033001	78455
江 苏	Jiangsu	190927	52106	13016846	67805	552457	230641	38982851	69233
浙 江	Zhejiang	48199	13914	2641823	53726	373856	167312	20612458	54862
安 徽	Anhui	11144	2166	627039	55851	135190	52294	6628073	48496
福 建	Fujian	23208	8038	1252047	54444	141583	61927	7569662	55688
江 西	Jiangxi	13680	3490	673973	50383	130547	65294	5916876	45410
山 东	Shandong	86193	18056	6388609	74840	199639	72193	10234149	51549
河 南	Henan	47724	16808	2112726	45618	173441	61004	7375301	42908
湖 北	Hubei	33796	8506	1766821	51310	115447	41505	5592047	47293
湖 南	Hunan	54363	15628	4951352	90190	57752	17548	3036286	52948
广 东	Guangdong	95223	23827	6704280	68823	1274806	602656	74362593	56668
广 西	Guangxi	14480	3718	862792	58022	25040	10594	922372	36692
海 南	Hainan	551	241	18618	33246	6585	1545	325627	49382
重 庆	Chongqing	69431	22566	3831931	53884	33705	15846	1969802	57295
四 川	Sichuan	45543	13316	3383953	74159	77138	30551	4382623	56581
贵 州	Guizhou	34559	10693	2067719	59492	11279	4780	498175	45330
云 南	Yunnan	2716	589	247263	104861	12912	4415	558609	42121
西 藏	Tibet					137	33	6631	48401
陕 西	Shaanxi	88044	30112	5807966	57694	67672	19250	3960054	55522
甘 肃	Gansu	5812	1839	267148	45933	12893	4234	469936	36005
青 海	Qinghai	65	20	2435	37462	2350	616	110475	46792
宁 夏	Ningxia	26	2	1142	38067	2872	871	128349	42955
新 疆	Xinjiang	882	136	84224	81533	8340	1709	494292	58586

3-2 续表 21 continued

地 区	Region	计算机、通信和其他电子设备制造业 Manufacture of Computers, Communication and Other Electronic Equipment				仪器仪表制造业 Manufacture of Measuring Instrument and Machinery			
		年末人数（人）Year-end Figures (person)	#女 性 Female	工资总额（千元）Total Wages (1000 yuan)	平均工资（元）Average Wage (yuan)	年末人数（人）Year-end Figures (person)	#女 性 Female	工资总额（千元）Total Wages (1000 yuan)	平均工资（元）Average Wage (yuan)
全 国	**National**	**7216000**	**3372437**	**461346996**	**62432**	**755764**	**323031**	**47133592**	**61814**
北 京	Beijing	109159	43717	12629572	108437	31286	11017	3192014	99682
天 津	Tianjin	154886	82395	13104690	79153	9052	3848	634852	70492
河 北	Hebei	68086	25458	3621979	45939	11685	4307	609570	51606
山 西	Shanxi	92993	35665	4067506	43383	4504	1597	219391	48303
内蒙古	Inner Mongolia	2522	1023	114913	44112				
辽 宁	Liaoning	60195	28168	3295463	53467	18615	7614	867465	46620
吉 林	Jilin	8049	3737	396628	49191	7276	2398	365929	51445
黑龙江	Heilongjiang	5150	2321	254131	52344	5108	1984	206988	39714
上 海	Shanghai	369142	163196	28626873	70227	42026	19468	3994992	93748
江 苏	Jiangsu	1477427	716523	90724550	59730	124225	44004	9437734	75472
浙 江	Zhejiang	259376	117002	17328074	64988	80048	35339	4635843	57390
安 徽	Anhui	95057	38100	5422854	58144	6124	2858	383802	62570
福 建	Fujian	229819	92468	14487443	61292	26266	14976	1322132	48597
江 西	Jiangxi	121867	68871	5170920	43596	20690	9564	884289	43000
山 东	Shandong	278239	134130	16128442	55560	35796	11987	2020886	55847
河 南	Henan	430119	286810	20346113	51668	33970	11901	1544051	45666
湖 北	Hubei	99454	41984	6599572	68640	15766	7086	828074	53092
湖 南	Hunan	119191	44591	6468336	48666	10515	2181	541812	51134
广 东	Guangdong	2660149	1181599	180076303	66199	195497	102408	10524161	53236
广 西	Guangxi	65669	39480	2881588	40746	3167	1589	116250	35957
海 南	Hainan	1358	458	125349	90309	447	172	70826	169036
重 庆	Chongqing	152989	75861	8349491	53545	17329	6883	1061349	61624
四 川	Sichuan	279794	117078	17199920	60951	8938	3417	536005	60792
贵 州	Guizhou	10992	4860	349135	45319	8469	2303	580287	67838
云 南	Yunnan	5588	2889	235488	40049	3591	1284	148437	41440
西 藏	Tibet								
陕 西	Shaanxi	47419	18555	2960716	61493	32854	12027	2277060	67954
甘 肃	Gansu	11095	5424	373572	34696	1447	404	69813	45422
青 海	Qinghai	84	7	1600	19048	380	161	20341	51108
宁 夏	Ningxia					518	207	28158	53634
新 疆	Xinjiang	132	67	5775	43421	175	47	11081	64424

3-2 续表 22 continued

地 区	Region	其他制造业 Other Manufacture				废弃资源综合利用业 Utilization of Waste Resources			
		年末人数（人） Year-end Figures (person)	#女 性 Female	工资总额（千元） Total Wages (1000 yuan)	平均工资（元） Average Wage (yuan)	年末人数（人） Year-end Figures (person)	#女 性 Female	工资总额（千元） Total Wages (1000 yuan)	平均工资（元） Average Wage (yuan)
全 国	**National**	**214804**	**105496**	**11110574**	**51498**	**72826**	**21966**	**3545908**	**47919**
北 京	Beijing	7977	2610	864494	108251	872	214	61750	64525
天 津	Tianjin	8722	2805	674372	76520	2571	335	201513	60642
河 北	Hebei	3884	2811	169254	42665	1025	237	59582	57456
山 西	Shanxi	1297	405	43379	33368	273	47	16374	56854
内蒙古	Inner Mongolia	831	354	16976	20428	222	34	10764	39285
辽 宁	Liaoning	6904	3218	293979	42360	2791	877	97962	34312
吉 林	Jilin	432	115	11147	26167	2023	337	75685	37265
黑龙江	Heilongjiang	3481	1078	138001	39183	635	230	24082	37628
上 海	Shanghai	9290	5449	651153	69066	1270	295	135415	99643
江 苏	Jiangsu	12289	8006	608587	48262	5085	2051	327387	63570
浙 江	Zhejiang	29389	14930	1292287	44643	8462	3073	375528	44796
安 徽	Anhui	3611	1508	175930	50309	2548	618	107887	42677
福 建	Fujian	32442	19597	1565554	47128	1473	531	66503	44129
江 西	Jiangxi	5471	3737	212975	38464	2543	901	107455	42422
山 东	Shandong	8514	3566	351427	44934	1957	514	94135	47020
河 南	Henan	9830	4967	339653	35558	4906	1280	191575	39217
湖 北	Hubei	3214	1555	116751	37111	5821	2228	268580	45561
湖 南	Hunan	1715	614	88148	52752	3768	1213	167182	45014
广 东	Guangdong	42897	20239	2088379	47986	14141	4184	701806	49542
广 西	Guangxi	3192	1753	100603	28499	1913	545	99121	55655
海 南	Hainan	13	3	296	22769	261	54	11313	40841
重 庆	Chongqing	4042	963	246073	58687	1086	293	43801	40632
四 川	Sichuan	10036	3072	849721	84786	3528	1025	167671	47418
贵 州	Guizhou	1717	884	72546	43808	231	42	8096	33317
云 南	Yunnan	1384	609	48336	34649	731	199	25357	34927
西 藏	Tibet	170	50	2820	18800				
陕 西	Shaanxi	1666	460	73459	44279	1310	249	38654	29780
甘 肃	Gansu	155	40	7902	51647	994	238	35983	35521
青 海	Qinghai	239	98	6372	26115	24	8	516	21500
宁 夏	Ningxia					118	45	4275	33661
新 疆	Xinjiang					244	69	19956	54228

3-2 续表 23 continued

地 区 Region	金属制品、机械和设备修理业 Repair Service of Metal Products, Machinery and Equipment				电力、热力、燃气及水生产和供应业 Production and Supply of Electricity, Heat, Gas and Water			
	年末人数(人) Year-end Figures (person)	#女 性 Female	工资总额(千元) Total Wages (1000 yuan)	平均工资(元) Average Wage (yuan)	年末人数(人) Year-end Figures (person)	#女 性 Female	工资总额(千元) Total Wages (1000 yuan)	平均工资(元) Average Wage (yuan)
全 国 National	**116779**	**23934**	**9387425**	**79996**	**3960086**	**1097341**	**313739469**	**78886**
北 京 Beijing	9701	1682	1045627	108783	82274	22636	10368943	129350
天 津 Tianjin	3168	197	244786	84701	45238	11661	5216889	116003
河 北 Hebei	6948	2242	372298	56572	187123	47937	14255209	75489
山 西 Shanxi	2856	623	181568	63955	116835	36152	8448340	72867
内蒙古 Inner Mongolia	1178	320	63238	53365	142492	40777	10453319	73717
辽 宁 Liaoning	4073	726	130354	31320	145850	36752	9432060	65747
吉 林 Jilin	3116	808	119399	32401	129966	29378	8735875	66192
黑龙江 Heilongjiang	2095	579	84237	38116	180621	48106	11383848	62714
上 海 Shanghai	22799	2685	2906270	126376	42756	10521	6706061	153467
江 苏 Jiangsu	2225	579	110603	48745	173926	43559	19946252	113893
浙 江 Zhejiang	6424	1107	434196	66799	109841	26533	12708471	107952
安 徽 Anhui	3125	584	249311	78697	103486	23786	8492860	81692
福 建 Fujian	9015	2788	1028125	114580	90304	25155	7304536	80987
江 西 Jiangxi	394	202	13297	32751	141223	41071	8837790	62064
山 东 Shandong	897	183	49731	56130	234703	63226	16440915	70580
河 南 Henan	6307	1969	280056	44173	253207	83276	16650833	65713
湖 北 Hubei	7629	1669	337656	45039	163051	48384	13009807	78034
湖 南 Hunan	1079	135	74561	68405	173191	50615	10167645	60432
广 东 Guangdong	10308	1858	916988	87241	307096	72502	31634978	102758
广 西 Guangxi	241	49	11827	43642	138609	38020	9813597	70548
海 南 Hainan	992	263	39602	39681	23918	7022	1655534	69263
重 庆 Chongqing	2279	357	178851	78720	66811	20982	5081815	74068
四 川 Sichuan	2829	595	161457	56851	261437	79585	20920131	79732
贵 州 Guizhou	302	74	17754	57271	128112	33963	9386780	72900
云 南 Yunnan	623	98	17165	28946	105971	30972	7788669	73588
西 藏 Tibet					10743	3216	671068	64532
陕 西 Shaanxi	702	117	43691	60180	136672	41824	9329034	67945
甘 肃 Gansu	3608	911	158668	44271	120637	38465	7717352	63245
青 海 Qinghai	634	120	30887	50387	19568	6112	1358273	69805
宁 夏 Ningxia	20	3	2220	85385	35146	10768	3206046	92107
新 疆 Xinjiang	1212	411	83002	63119	89279	24385	6616539	70708

3-2 续表 24 continued

地区 Region	电力、热力生产和供应业 Production and Supply of Electric Power and Heat Power				燃气生产和供应业 Production and Supply of Gas			
	年末人数(人) Year-end Figures (person)	#女性 Female	工资总额(千元) Total Wages (1000 yuan)	平均工资(元) Average Wage (yuan)	年末人数(人) Year-end Figures (person)	#女性 Female	工资总额(千元) Total Wages (1000 yuan)	平均工资(元) Average Wage (yuan)
全　国 National	**3121916**	**800231**	**265283864**	**84435**	**257742**	**83359**	**16998739**	**66549**
北　京 Beijing	57582	15011	7907932	142436	12220	3487	1347682	111296
天　津 Tianjin	32692	7723	4060787	125892	6566	1961	558543	82821
河　北 Hebei	144507	33216	12202867	83361	13795	4654	777709	56746
山　西 Shanxi	84143	24154	7009051	83902	13337	4366	706491	53689
内蒙古 Inner Mongolia	119191	31687	9318786	78517	4492	1398	232072	52672
辽　宁 Liaoning	101783	21895	7433267	74911	13711	4963	715734	52454
吉　林 Jilin	106410	21668	7792223	71864	5668	1673	263076	45728
黑龙江 Heilongjiang	154706	39322	10287875	66079	6219	2077	338084	54955
上　海 Shanghai	25151	4825	4730067	184329	6055	1637	776964	128127
江　苏 Jiangsu	125149	26442	16518483	130829	15516	4817	1193216	77026
浙　江 Zhejiang	72034	14698	9913527	124208	7822	2232	628584	81244
安　徽 Anhui	79888	15747	7268907	90069	8141	2211	478095	59346
福　建 Fujian	68308	17598	5939911	86850	5275	1256	419614	80835
江　西 Jiangxi	119305	32598	7781909	64572	6097	1932	354829	58893
山　东 Shandong	181789	44097	13700194	76017	18246	6346	1026467	56755
河　南 Henan	198225	62347	14458423	72723	17772	6139	746727	42428
湖　北 Hubei	128487	34512	11277259	85154	7836	2737	471136	61075
湖　南 Hunan	139767	38259	8524211	63190	5916	1844	319193	54036
广　东 Guangdong	236927	49713	26677578	112123	14293	4210	1126584	79421
广　西 Guangxi	121800	32095	8966561	73254	2441	715	133838	57049
海　南 Hainan	16371	4299	1307472	79719	1668	425	107031	65865
重　庆 Chongqing	45027	12748	3434504	72734	11110	3857	912908	85840
四　川 Sichuan	213480	61424	17902051	83371	21243	7814	1360490	64705
贵　州 Guizhou	112164	28504	8590161	76041	4504	1386	217717	49616
云　南 Yunnan	91473	25917	6964389	76195	4182	919	294350	69900
西　藏 Tibet	10170	2946	636307	64725	8	4	402	50250
陕　西 Shaanxi	108988	30988	7840606	71413	10212	3511	655230	64913
甘　肃 Gansu	106465	33147	7033655	65174	3790	1532	212638	57008
青　海 Qinghai	17198	5096	1260094	73716	296	140	12292	42241
宁　夏 Ningxia	30509	8778	2941559	97622	1386	565	78029	55222
新　疆 Xinjiang	72227	18777	5603248	73139	7925	2551	533014	67164

3-2 续表 25 continued

地 区	Region	水的生产和供应业 Production and Supply of Water 年末人数(人) Year-end Figures (person)	#女 性 Female	工资总额(千元) Total Wages (1000 yuan)	平均工资(元) Average Wage (yuan)	建筑业 Construction 年末人数(人) Year-end Figures (person)	#女 性 Female	工资总额(千元) Total Wages (1000 yuan)	平均工资(元) Average Wage (yuan)
全 国	**National**	**580428**	**213751**	**31456866**	**54256**	**27959982**	**3094863**	**1361934460**	**48886**
北 京	Beijing	12472	4138	1113329	88825	453319	86500	37303431	82251
天 津	Tianjin	5980	1977	597559	100060	295429	39349	19242839	64141
河 北	Hebei	28821	10067	1274633	44337	843639	88862	33352846	39182
山 西	Shanxi	19355	7632	732798	38079	333401	48868	14725506	42494
内蒙古	Inner Mongolia	18809	7692	902461	48229	215754	28659	11397313	41132
辽 宁	Liaoning	30356	9894	1283059	41949	836715	111192	40472897	42319
吉 林	Jilin	17888	6037	680576	38245	292636	39734	14496075	40803
黑龙江	Heilongjiang	19696	6707	757889	38518	311202	50731	14359288	37948
上 海	Shanghai	11550	4059	1199030	100153	351496	42832	28537493	80941
江 苏	Jiangsu	33261	12300	2234553	66941	4173319	338201	222649226	55598
浙 江	Zhejiang	29985	9603	2166360	71800	3234170	223582	148722894	48279
安 徽	Anhui	15457	5828	745858	49063	926497	105700	44507147	48895
福 建	Fujian	16721	6301	945011	56894	1629349	225010	79094050	50819
江 西	Jiangxi	15821	6541	701052	44208	919151	110994	41800915	46146
山 东	Shandong	34668	12783	1714254	49503	1636800	182101	78407874	47881
河 南	Henan	37210	14790	1445683	39101	1788292	226252	71706981	41283
湖 北	Hubei	26728	11135	1261412	47471	1385035	155863	69646317	51921
湖 南	Hunan	27508	10512	1324241	48256	1062766	107899	44098244	43049
广 东	Guangdong	55876	18579	3830816	68722	1415548	163583	71075660	51001
广 西	Guangxi	14368	5210	713198	49679	651566	58297	27697329	45246
海 南	Hainan	5879	2298	241031	41020	69072	8254	2899069	44149
重 庆	Chongqing	10674	4377	734403	68285	1015098	122596	48054848	48586
四 川	Sichuan	26714	10347	1657590	62250	1538576	186342	67197968	45255
贵 州	Guizhou	11444	4073	578902	50750	428178	46687	19038386	47832
云 南	Yunnan	10316	4136	529930	51807	680247	99755	24837616	38557
西 藏	Tibet	565	266	34359	61355	20127	3999	1215645	54650
陕 西	Shaanxi	17472	7325	833198	47838	643716	87149	29842373	46184
甘 肃	Gansu	10382	3786	471059	45412	438157	51689	17915077	40551
青 海	Qinghai	2074	876	85887	41431	70078	10476	3508710	48717
宁 夏	Ningxia	3251	1425	186458	57143	53337	6510	2878439	44283
新 疆	Xinjiang	9127	3057	480277	53193	247312	37197	31252004	56238

3-2 续表 26 continued

地区 Region	房屋建筑业 Construction of Buildings				土木工程建筑业 Civil Engineering			
	年末人数（人） Year-end Figures (person)	#女性 Female	工资总额（千元） Total Wages (1000 yuan)	平均工资（元） Average Wage (yuan)	年末人数（人） Year-end Figures (person)	#女性 Female	工资总额（千元） Total Wages (1000 yuan)	平均工资（元） Average Wage (yuan)
全　国 National	**19558158**	**1975103**	**930507212**	**47622**	**5294160**	**723450**	**278337347**	**52351**
北　京 Beijing	186869	36314	16330746	86644	125744	24919	11253663	90251
天　津 Tianjin	114995	13533	6566797	53373	98715	15534	7872549	78770
河　北 Hebei	607537	54687	22439070	36497	169137	24500	7964891	47143
山　西 Shanxi	112878	16058	4727000	36559	189573	27417	8865424	47465
内蒙古 Inner Mongolia	148501	18870	8159542	40905	55645	7757	2663066	40865
辽　宁 Liaoning	447840	49526	22928417	41289	228460	37969	10926406	45685
吉　林 Jilin	154416	18784	8466079	40137	81305	12720	3424296	39730
黑龙江 Heilongjiang	158976	21759	7227226	34999	104635	19393	5010449	40613
上　海 Shanghai	202101	20729	14745651	73166	75370	11122	7418638	97526
江　苏 Jiangsu	3322860	248620	180026402	56066	445980	50727	21857458	50577
浙　江 Zhejiang	2604487	165844	118939978	47945	432431	39460	19604923	47181
安　徽 Anhui	535919	67711	24804261	47235	238649	23108	12868512	53356
福　建 Fujian	1128587	169645	57006627	52904	181832	21160	9210808	54026
江　西 Jiangxi	726919	85567	32728279	45571	147562	19562	6921877	47950
山　东 Shandong	1195505	117166	55419717	46499	333707	50672	17885993	52585
河　南 Henan	1149029	126218	45317945	40735	399815	69491	16594042	42539
湖　北 Hubei	913528	86284	45404106	51646	309760	49242	16572315	54328
湖　南 Hunan	773659	72669	30824705	41888	225066	27059	10637664	47269
广　东 Guangdong	873484	94476	39031791	45107	252556	28478	15492584	62806
广　西 Guangxi	514289	42861	21343442	44098	112204	11794	5434429	52107
海　南 Hainan	57434	6100	2398995	43592	3827	767	185628	50238
重　庆 Chongqing	741454	88534	34387329	47386	168346	20208	8704807	53398
四　川 Sichuan	1173031	132381	47484557	42096	253251	38451	14629886	57606
贵　州 Guizhou	265084	30723	11697334	48534	123435	11015	5764592	48533
云　南 Yunnan	498687	73185	17087329	36456	124190	17764	5466514	44810
西　藏 Tibet	10672	1877	684798	52705	8495	2026	477544	57577
陕　西 Shaanxi	399285	50929	16818734	42248	205401	29742	10894926	52208
甘　肃 Gansu	319167	33750	12807720	38981	80405	12366	3422612	44767
青　海 Qinghai	21751	3430	1120288	46059	42489	6115	2120128	50979
宁　夏 Ningxia	35080	3696	1746351	42026	13667	2503	933263	50017
新　疆 Xinjiang	164134	23177	21835996	53945	62508	10409	7257460	62426

3-2 续表 27 continued

地区	Region	建筑安装业 Building Installation 年末人数(人) Year-end Figures (person)	#女性 Female	工资总额(千元) Total Wages (1000 yuan)	平均工资(元) Average Wage (yuan)	建筑装饰和其他建筑业 Building Decoration and Other Constructions 年末人数(人) Year-end Figures (person)	#女性 Female	工资总额(千元) Total Wages (1000 yuan)	平均工资(元) Average Wage (yuan)
全　国	**National**	**1517810**	**208052**	**78929203**	**53860**	**1589854**	**188258**	**74160698**	**48226**
北　京	Beijing	85272	14242	6107588	72265	55434	11025	3611434	64675
天　津	Tianjin	43431	7006	3054476	71218	38288	3276	1749017	51228
河　北	Hebei	39359	6263	1893261	47035	27606	3412	1055624	38783
山　西	Shanxi	18447	3555	647423	35807	12503	1838	485659	39252
内蒙古	Inner Mongolia	8070	1483	407724	47443	3538	549	166981	43282
辽　宁	Liaoning	111958	16623	4457694	39992	48457	7074	2160380	42848
吉　林	Jilin	36696	5733	1827964	47573	20219	2497	777736	39425
黑龙江	Heilongjiang	26717	5484	1211265	44382	20874	4095	910348	42882
上　海	Shanghai	36550	5707	3558960	92345	37475	5274	2814244	77259
江　苏	Jiangsu	213847	20001	11161456	60049	190632	18853	9603910	54689
浙　江	Zhejiang	75608	8305	4569856	63663	121644	9973	5608137	49894
安　徽	Anhui	60852	6518	3017272	50344	91077	8363	3817102	45432
福　建	Fujian	46112	7346	2372943	54281	272818	26859	10503672	39694
江　西	Jiangxi	19686	2369	1032930	53055	24984	3496	1117829	46897
山　东	Shandong	68001	8617	3274265	49325	39587	5646	1827899	46654
河　南	Henan	111478	16074	4787232	43363	127970	14469	5007762	40392
湖　北	Hubei	89115	12641	4567014	52515	72632	7696	3102882	44166
湖　南	Hunan	32090	3725	1459059	44857	31951	4446	1176816	38069
广　东	Guangdong	117536	18650	6714854	58422	171972	21979	9836431	59009
广　西	Guangxi	15027	2021	528028	37770	10046	1621	391430	39622
海　南	Hainan	3592	562	166405	47804	4219	825	148041	42836
重　庆	Chongqing	52019	6111	2395079	50060	53279	7743	2567633	48889
四　川	Sichuan	69792	9785	3200581	51661	42502	5725	1882944	45962
贵　州	Guizhou	28362	2672	1101816	39544	11297	2277	474644	45766
云　南	Yunnan	30353	4854	1275893	43617	27017	3952	1007880	41617
西　藏	Tibet	833	54	44474	53583	127	42	8829	69520
陕　西	Shaanxi	28369	4301	1662193	57723	10661	2177	466520	44053
甘　肃	Gansu	27840	4125	1133282	41945	10745	1448	551463	56543
青　海	Qinghai	4323	689	215557	44833	1515	242	52737	40442
宁　夏	Ningxia	3772	154	154350	39245	818	157	44475	52018
新　疆	Xinjiang	12703	2382	928309	67948	7967	1229	1230239	58558

3-2 续表 28 continued

地 区	Region	批发和零售业 Wholesale and Retail Trades				批发业 Wholesale Trade			
		年末人数（人） Year-end Figures (person)	#女 性 Female	工资总额（千元） Total Wages (1000 yuan)	平均工资（元） Average Wage (yuan)	年末人数（人） Year-end Figures (person)	#女 性 Female	工资总额（千元） Total Wages (1000 yuan)	平均工资（元） Average Wage (yuan)
全 国	**National**	**8833214**	**4469673**	**532457996**	**60328**	**3913735**	**1638239**	**315187279**	**79895**
北 京	Beijing	770540	355341	72432511	94542	414880	180941	51461558	122401
天 津	Tianjin	178455	88279	11961644	66710	86553	38422	6756856	78617
河 北	Hebei	271404	148800	10354259	37909	97308	36411	4547037	45552
山 西	Shanxi	174652	69219	6624917	37986	97400	32699	4285840	44229
内蒙古	Inner Mongolia	96096	45661	4448562	45942	35406	12074	2022939	56172
辽 宁	Liaoning	257685	136096	11846483	45681	94653	40811	5384730	56712
吉 林	Jilin	113612	53403	4657206	40854	42071	14288	2158708	51025
黑龙江	Heilongjiang	182075	84644	8013178	44615	82014	28608	4368726	54461
上 海	Shanghai	782158	441965	91675599	117396	422977	224438	68342934	160962
江 苏	Jiangsu	586032	330260	36938014	63185	251080	116927	21239872	84636
浙 江	Zhejiang	421016	215456	27507002	64327	205575	88303	16364082	77557
安 徽	Anhui	236454	122228	10789096	45751	89457	33350	5273650	58899
福 建	Fujian	283603	136532	15509578	54866	119241	46177	8364505	69990
江 西	Jiangxi	181054	83080	8295722	45992	88630	28927	4770370	53888
山 东	Shandong	598943	319147	26616534	44386	225630	87105	12528435	54245
河 南	Henan	549146	258056	21385411	39990	217374	79072	10251233	48000
湖 北	Hubei	393599	212773	17659583	44691	157782	67834	8887946	55639
湖 南	Hunan	212626	105246	9798931	45981	76896	25894	4621206	59373
广 东	Guangdong	968168	471077	60110740	61351	479842	211791	35558472	72475
广 西	Guangxi	133996	64070	6234475	46031	59127	23529	3278137	54228
海 南	Hainan	56181	26229	2704634	48249	27243	11528	1528149	55717
重 庆	Chongqing	221155	118825	11623123	52454	86609	36243	5398567	62095
四 川	Sichuan	308947	158761	15419982	50188	99989	36879	6240937	62024
贵 州	Guizhou	123903	51126	7110554	57576	64473	20584	4728364	73604
云 南	Yunnan	250372	127708	11192615	46063	98418	37382	6278544	63817
西 藏	Tibet	11630	4679	837898	73674	6694	2226	554387	84241
陕 西	Shaanxi	258011	137998	10577603	40983	84228	36014	4374150	52013
甘 肃	Gansu	81736	42541	3212283	39109	31297	12557	1469614	47442
青 海	Qinghai	22866	11727	1061090	46356	10571	4506	592846	54600
宁 夏	Ningxia	24713	14258	1169516	47364	9001	3834	542607	58101
新 疆	Xinjiang	82386	34488	4689253	56573	51316	18885	3011878	58322

3-2 续表 29 continued

地 区	Region	零售业 Retail Trade 年末人数(人) Year-end Figures (person)	#女 性 Female	工资总额(千元) Total Wages (1000 yuan)	平均工资(元) Average Wage (yuan)	交通运输、仓储和邮政业 Transport, Storage and Post 年末人数(人) Year-end Figures (person)	#女 性 Female	工资总额(千元) Total Wages (1000 yuan)	平均工资(元) Average Wage (yuan)
全 国	**National**	**4919479**	**2831434**	**217270717**	**44513**	**8543893**	**2230957**	**589795639**	**68822**
北 京	Beijing	355660	174400	20970953	60661	600266	151686	49342083	81695
天 津	Tianjin	91902	49857	5204788	55750	150084	34181	13185525	89389
河 北	Hebei	174096	112389	5807222	33508	291791	75230	17037973	57090
山 西	Shanxi	77252	36520	2339077	30181	241216	57611	15633095	64505
内蒙古	Inner Mongolia	60690	33587	2425623	39883	206365	53054	13321265	64232
辽 宁	Liaoning	163032	95285	6461753	39309	361120	80832	23662815	65044
吉 林	Jilin	71541	39115	2498498	34852	165889	34994	9696243	58488
黑龙江	Heilongjiang	100061	56036	3644452	36668	274955	62784	16240927	58601
上 海	Shanghai	359181	217527	23332665	65483	514541	123441	51630593	98996
江 苏	Jiangsu	334952	213333	15698142	47050	492318	130889	33015598	66981
浙 江	Zhejiang	215441	127153	11142920	51441	319560	80983	23979454	75002
安 徽	Anhui	146997	88878	5515446	37703	222641	62040	12638919	56659
福 建	Fujian	164362	90355	7145073	43789	245012	63414	16103052	65314
江 西	Jiangxi	92424	54153	3525352	38382	211666	53399	13177133	62546
山 东	Shandong	373313	232042	14088099	38210	483949	127200	31744347	66189
河 南	Henan	331772	178984	11134178	34665	452694	120502	23457897	52099
湖 北	Hubei	235817	144939	8771637	37262	344077	96625	20637509	60104
湖 南	Hunan	135730	79352	5177725	38276	244052	67033	14734401	60105
广 东	Guangdong	488326	259286	24552268	50194	827938	230516	66944964	79680
广 西	Guangxi	74869	40541	2956338	39424	200340	52551	12400593	61137
海 南	Hainan	28938	14701	1176485	41094	65287	17345	4494150	70737
重 庆	Chongqing	134546	82582	6224556	46229	271210	64030	16261751	60296
四 川	Sichuan	208958	121882	9179045	44424	407058	124146	26739349	65981
贵 州	Guizhou	59430	30542	2382190	40200	116431	30158	7496397	65506
云 南	Yunnan	151954	90326	4914071	33984	171272	52429	11291408	66450
西 藏	Tibet	4936	2453	283511	59163	8927	3046	643164	72789
陕 西	Shaanxi	173783	101984	6203453	35652	279930	78471	17759875	63194
甘 肃	Gansu	50439	29984	1742669	34064	125717	35114	7546637	61318
青 海	Qinghai	12295	7221	468244	38917	42732	14156	3190756	74669
宁 夏	Ningxia	15712	10424	626909	40833	37757	11761	2393011	63157
新 疆	Xinjiang	31070	15603	1677375	53683	167098	41336	13394755	78215

3-2 续表 30 continued

地 区	Region	铁路运输业 Railway Transport				道路运输业 Road Transport			
		年末人数 (人) Year-end Figures (person)	#女 性 Female	工资总额 (千元) Total Wages (1000 yuan)	平均工资 (元) Average Wage (yuan)	年末人数 (人) Year-end Figures (person)	#女 性 Female	工资总额 (千元) Total Wages (1000 yuan)	平均工资 (元) Average Wage (yuan)
全 国	**National**	**1874448**	**303424**	**158921921**	**84678**	**3879657**	**991705**	**197539066**	**51111**
北 京	Beijing	111210	14325	9519281	86548	288787	64694	16432633	57058
天 津	Tianjin	20890	3115	1940402	92484	56129	11376	3620196	66478
河 北	Hebei	58150	7134	4771179	79017	150198	41981	5928439	39773
山 西	Shanxi	120233	14576	10739002	88068	84688	26870	3015833	36222
内蒙古	Inner Mongolia	104535	15779	8393802	79846	66565	23373	3113696	46918
辽 宁	Liaoning	113752	11497	9299192	80707	134523	35642	5403275	40061
吉 林	Jilin	65815	6845	5111928	76415	56383	15448	2217805	39858
黑龙江	Heilongjiang	134674	16217	9936015	72956	74505	22806	2813580	37581
上 海	Shanghai	41758	5835	3968061	95361	206868	31907	13308451	62487
江 苏	Jiangsu	23299	5699	2313928	97770	253790	65078	15298439	60783
浙 江	Zhejiang	28719	3079	2993750	102326	165240	41991	10609275	64931
安 徽	Anhui	40261	5322	3604036	89291	123153	35626	5551279	45723
福 建	Fujian	38941	7786	3257531	83332	107797	22538	5571944	51148
江 西	Jiangxi	61409	10329	5316888	86468	104811	25379	5275055	50841
山 东	Shandong	82517	12201	6857196	86197	224541	61384	11040144	49420
河 南	Henan	110423	18753	8896336	80272	249899	66667	10053080	40418
湖 北	Hubei	86920	17238	7265059	83846	160326	44234	6988309	44355
湖 南	Hunan	79466	12926	6841531	85781	103606	31895	4119836	39779
广 东	Guangdong	60949	18025	5591292	91269	385321	85500	23880682	61982
广 西	Guangxi	62758	9761	5237598	82394	78600	22696	3405098	43787
海 南	Hainan	5672	1163	487955	90429	19668	4604	840232	42979
重 庆	Chongqing	29220	4465	2375571	82626	179925	36441	9828949	55039
四 川	Sichuan	67264	14669	5508300	83807	192997	52779	8915715	46481
贵 州	Guizhou	34325	4940	2878946	84830	55655	16234	2782216	50819
云 南	Yunnan	38976	8466	3845911	100039	80384	26290	3890035	48970
西 藏	Tibet	71	14	9430	157167	5685	1950	367862	65573
陕 西	Shaanxi	105059	20595	8800948	84237	112248	33580	5015265	44838
甘 肃	Gansu	55377	12087	4438704	83276	48834	14397	1979904	40921
青 海	Qinghai	21604	5873	2066048	95280	15041	5840	730842	48609
宁 夏	Ningxia	16849	3730	1317622	80722	12640	4549	560768	44326
新 疆	Xinjiang	53352	10980	5338479	97293	80850	17956	4980229	60543

3-2 续表 31 continued

地 区	Region	水上运输业 Water Transport 年末人数（人） Year-end Figures (person)	#女 性 Female	工资总额（千元） Total Wages (1000 yuan)	平均工资（元） Average Wage (yuan)	航空运输业 Air Transport 年末人数（人） Year-end Figures (person)	#女 性 Female	工资总额（千元） Total Wages (1000 yuan)	平均工资（元） Average Wage (yuan)
全 国	**National**	**466509**	**82286**	**41885655**	**88649**	**553358**	**208965**	**70873252**	**131279**
北 京	Beijing	279	61	58257	208806	70708	29159	11653523	168567
天 津	Tianjin	19046	2832	2784454	142573	9768	3235	1330376	141064
河 北	Hebei	24393	5128	2667406	105807	5538	2462	641900	117845
山 西	Shanxi	70	20	4924	69352	5121	1862	416304	84119
内蒙古	Inner Mongolia	23	8	1836	79826	4241	2037	333834	80520
辽 宁	Liaoning	39813	6659	3422317	85930	19728	6777	2261382	115719
吉 林	Jilin	143	31	7785	55607	6397	2163	575680	93228
黑龙江	Heilongjiang	3751	724	184418	48378	7161	3205	666823	93132
上 海	Shanghai	54707	6299	8160369	144046	73429	26988	12732596	175726
江 苏	Jiangsu	79482	17114	5003540	62536	14552	4174	1778311	124715
浙 江	Zhejiang	31376	5596	3005630	95299	11490	3714	1307021	116231
安 徽	Anhui	11675	2175	534674	45879	4139	1632	380527	88908
福 建	Fujian	16678	2803	1350894	81448	16818	5604	1545283	93642
江 西	Jiangxi	8554	1930	435859	50423	2872	966	303357	109082
山 东	Shandong	64010	11266	5282355	82223	16125	6213	2483446	162806
河 南	Henan	4441	957	197351	45191	10391	3782	876467	91940
湖 北	Hubei	15410	3233	799972	48964	7232	2627	869879	126731
湖 南	Hunan	2809	522	119712	40471	8452	3355	817751	95778
广 东	Guangdong	51963	8592	5350988	101873	114637	45291	15528225	137599
广 西	Guangxi	7150	1913	322601	43019	9496	3794	707866	75137
海 南	Hainan	6454	1241	556619	85634	20715	6855	1767657	90803
重 庆	Chongqing	12775	2080	693084	53355	10157	3760	1035728	107229
四 川	Sichuan	10410	850	889383	89063	42815	17142	5255303	125839
贵 州	Guizhou	637	102	34815	53810	7649	2606	790378	108330
云 南	Yunnan	262	78	7011	26965	20870	7439	2067195	101953
西 藏	Tibet					807	238	70875	90633
陕 西	Shaanxi	79	28	4365	54563	12082	4609	852111	73042
甘 肃	Gansu	24	12	1150	47917	2433	923	216384	106436
青 海	Qinghai	4		112	28000	2045	780	132511	69560
宁 夏	Ningxia	91	32	3774	41473	2726	998	182305	71241
新 疆	Xinjiang					12764	4575	1292254	103413

3-2 续表 32 continued

地 区	Region	管道运输业 Transport Via Pipelines 年末人数(人) Year-end Figures (person)	#女 性 Female	工资总额(千元) Total Wages (1000 yuan)	平均工资(元) Average Wage (yuan)	装卸搬运和运输代理业 Loading, Unloading and Forwarding Agency 年末人数(人) Year-end Figures (person)	#女 性 Female	工资总额(千元) Total Wages (1000 yuan)	平均工资(元) Average Wage (yuan)
全 国	**National**	**38536**	**9901**	**3687658**	**95553**	**431191**	**140590**	**31639850**	**73393**
北 京	Beijing	6249	1233	644845	102470	41671	16679	4098136	96313
天 津	Tianjin	414	95	58268	142814	15829	4748	1398923	89749
河 北	Hebei	1235	275	173732	138653	10666	2032	575614	49635
山 西	Shanxi	438	177	15027	34624	2437	891	90905	36774
内蒙古	Inner Mongolia					3165	443	141649	43491
辽 宁	Liaoning	3227	1058	168195	53025	18292	5405	1191260	65271
吉 林	Jilin	1084	270	83167	76091	1093	319	40573	37707
黑龙江	Heilongjiang	632	119	58431	91156	4279	914	151001	35421
上 海	Shanghai	1345	313	196612	144781	70974	34209	7928558	111469
江 苏	Jiangsu	11043	3267	959191	86042	35368	9194	2400809	67710
浙 江	Zhejiang	171	32	14503	86844	23056	7913	1621950	70615
安 徽	Anhui					6154	1518	310349	50218
福 建	Fujian	12	7	439	36583	24111	6717	1602653	66608
江 西	Jiangxi	78	30	4881	62577	1765	492	63970	36019
山 东	Shandong	3768	712	310846	83786	28567	8554	1832392	64733
河 南	Henan	205	64	8267	40724	12535	2898	496042	42173
湖 北	Hubei	546	197	45474	81935	8824	2086	401504	46299
湖 南	Hunan	208	62	10797	51909	6407	1454	230812	39864
广 东	Guangdong	287	32	35918	123007	56017	18627	4060779	71301
广 西	Guangxi	35	6	2858	81657	13238	3508	738423	55654
海 南	Hainan	28	4	1842	65786	4852	876	267014	55157
重 庆	Chongqing	12		210	35000	7279	1768	394347	54710
四 川	Sichuan	627	261	69537	110904	10518	2075	554051	54791
贵 州	Guizhou	192	38	19810	109448	2465	709	115163	47063
云 南	Yunnan	345	84	27476	79410	12142	2860	444681	38491
西 藏	Tibet					15	3	750	50000
陕 西	Shaanxi	2592	770	254657	98323	5694	2549	270623	47370
甘 肃	Gansu	88	32	4280	48636	870	128	37597	43116
青 海	Qinghai					239	65	12349	51669
宁 夏	Ningxia					478	125	26626	53146
新 疆	Xinjiang	3675	763	518395	141368	2191	831	140347	63021

3-2 续表 33 continued

地 区	Region	仓储业 Storage				邮政业 Post			
		年末人数（人） Year-end Figures (person)	#女 性 Female	工资总额（千元） Total Wages (1000 yuan)	平均工资（元） Average Wage (yuan)	年末人数（人） Year-end Figures (person)	#女 性 Female	工资总额（千元） Total Wages (1000 yuan)	平均工资（元） Average Wage (yuan)
全 国	**National**	**325721**	**91539**	**18473537**	**56113**	**974473**	**402547**	**66774700**	**65661**
北 京	Beijing	11613	3451	765443	65484	69749	22084	6169965	81135
天 津	Tianjin	19280	4761	1546825	77671	8728	4019	506081	70309
河 北	Hebei	11486	4162	522656	44500	30125	12056	1757047	52059
山 西	Shanxi	6753	2142	197792	29385	21476	11073	1153308	51258
内蒙古	Inner Mongolia	5868	1458	241539	41466	21968	9956	1094909	48334
辽 宁	Liaoning	11091	2812	570941	51631	20694	10982	1346253	61619
吉 林	Jilin	16133	2932	624394	39054	18841	6986	1034911	55139
黑龙江	Heilongjiang	20301	3990	701649	34591	29652	14809	1729010	57776
上 海	Shanghai	32091	8986	2552046	77593	33369	8904	2783900	85740
江 苏	Jiangsu	18607	5187	1190370	64613	56177	21176	4071010	69879
浙 江	Zhejiang	11402	2999	779480	66645	48106	15659	3647845	73765
安 徽	Anhui	9747	2932	419172	43001	27512	12835	1838882	62473
福 建	Fujian	6114	1492	389671	68459	34541	16467	2384637	66858
江 西	Jiangxi	7542	2196	332752	44161	24635	12077	1444371	58667
山 东	Shandong	20098	5619	1122556	55377	44323	21251	2815412	62747
河 南	Henan	29447	9470	1462447	49259	35353	17911	1467907	41756
湖 北	Hubei	11038	3506	532492	46275	53781	23504	3734820	67627
湖 南	Hunan	5008	1556	214312	42624	38096	15263	2379650	60549
广 东	Guangdong	32142	9938	2300106	70378	126622	44511	10196974	73720
广 西	Guangxi	5484	1556	283908	51293	23579	9317	1702241	66124
海 南	Hainan	569	129	28183	49185	7329	2473	544648	75877
重 庆	Chongqing	3512	901	229629	66830	28330	14615	1704233	58633
四 川	Sichuan	6600	2015	312965	46649	75827	34355	5234095	66658
贵 州	Guizhou	2457	765	136884	55240	13051	4764	738185	58107
云 南	Yunnan	2101	665	98236	45042	16192	6547	910863	52267
西 藏	Tibet	288	105	18793	66173	2061	736	175454	84151
陕 西	Shaanxi	9439	2678	393959	41897	32737	13662	2167947	61495
甘 肃	Gansu	5070	1707	209900	40837	13021	5828	658718	49786
青 海	Qinghai	906	291	46994	51756	2893	1307	201900	68279
宁 夏	Ningxia	904	360	72371	47644	4069	1967	229545	54061
新 疆	Xinjiang	2630	778	175072	65841	11636	5453	949979	72645

3-2 续表 34 continued

地 区	Region	住宿和餐饮业 Hotels and Catering Services				住宿业 Hotels			
		年末人数（人）Year-end Figures (person)	#女 性 Female	工资总额（千元）Total Wages (1000 yuan)	平均工资（元）Average Wage (yuan)	年末人数（人）Year-end Figures (person)	#女 性 Female	工资总额（千元）Total Wages (1000 yuan)	平均工资（元）Average Wage (yuan)
全 国	**National**	**2761231**	**1523386**	**113004608**	**40806**	**1458271**	**805248**	**62862415**	**42836**
北 京	Beijing	297559	154099	15455208	51955	127791	63771	7631491	58960
天 津	Tianjin	51796	27781	2169213	39538	19524	9293	957857	47565
河 北	Hebei	58072	33443	1943533	32836	41800	24155	1448497	33932
山 西	Shanxi	42145	23543	1142857	26710	23814	12504	719624	29897
内蒙古	Inner Mongolia	40691	23319	1492130	36285	23430	13413	903579	38073
辽 宁	Liaoning	67539	37078	2547627	37435	45938	23613	1820769	39364
吉 林	Jilin	29519	17537	962029	32178	19967	11533	672520	33165
黑龙江	Heilongjiang	41511	21783	1760370	42095	32555	17323	1418145	43610
上 海	Shanghai	240034	117825	12781822	52999	67060	30137	4745784	68751
江 苏	Jiangsu	173429	101803	7331551	42391	76914	43065	3517792	45738
浙 江	Zhejiang	134950	73624	5802830	42540	83043	44948	3846246	46089
安 徽	Anhui	59516	35416	2009790	33629	30936	18334	1093995	35256
福 建	Fujian	97973	54520	3875034	39599	58260	32850	2442458	41809
江 西	Jiangxi	44210	27540	1453788	33402	29911	18858	1013079	34020
山 东	Shandong	140370	77446	5570958	39723	77408	41981	3157456	40569
河 南	Henan	112724	64870	3760975	33854	72896	42483	2504321	34717
湖 北	Hubei	99496	59746	3586110	36190	43859	27234	1589449	36159
湖 南	Hunan	83430	50738	2862666	34414	55320	34336	1956221	35207
广 东	Guangdong	371189	187906	16322490	43745	178727	91614	8444116	46828
广 西	Guangxi	47820	28637	1463355	30597	31298	18805	1040929	32998
海 南	Hainan	59528	30725	2428126	40914	52925	27097	2234229	42339
重 庆	Chongqing	63368	37960	2292273	35994	26096	15419	1059905	40354
四 川	Sichuan	105604	57514	3903604	36807	50923	29853	1943969	37871
贵 州	Guizhou	29014	17833	1075312	37208	21663	13716	770666	35812
云 南	Yunnan	84253	46994	2641745	31429	58751	34570	1900403	32426
西 藏	Tibet	4648	2383	238933	49633	4522	2323	232125	49515
陕 西	Shaanxi	110675	68937	3492673	31506	53678	32586	1849562	34324
甘 肃	Gansu	33416	21334	1076199	32698	21474	13512	761486	35725
青 海	Qinghai	5920	3573	238976	40313	4649	2754	197142	42187
宁 夏	Ningxia	6772	4175	246235	36158	4091	2526	150899	36626
新 疆	Xinjiang	24060	13304	1076196	43885	19048	10642	837701	43535

3-2 续表 35 continued

地 区	Region	餐饮业 Catering Services 年末人数(人) Year-end Figures (person)	#女 性 Female	工资总额(千元) Total Wages (1000 yuan)	平均工资(元) Average Wage (yuan)	信息传输、软件和信息技术服务业 Information Transmission, Software and Information Technology 年末人数(人) Year-end Figures (person)	#女 性 Female	工资总额(千元) Total Wages (1000 yuan)	平均工资(元) Average Wage (yuan)
全 国	**National**	**1302960**	**718138**	**50142193**	**38517**	**3498697**	**1370670**	**391271411**	**112042**
北 京	Beijing	169768	90328	7823717	46559	680070	253111	107787196	159486
天 津	Tianjin	32272	18488	1211356	34883	43541	18947	5759049	134331
河 北	Hebei	16272	9288	495036	30000	88465	36487	8376872	93983
山 西	Shanxi	18331	11039	423233	22611	55397	25211	3337831	60160
内蒙古	Inner Mongolia	17261	9906	588551	33844	50240	25061	3288116	65420
辽 宁	Liaoning	21601	13465	726858	33344	132887	62484	10959465	83665
吉 林	Jilin	9552	6004	289509	30098	65502	25876	4185490	63448
黑龙江	Heilongjiang	8956	4460	342225	36798	73769	28919	4794347	64070
上 海	Shanghai	172974	87688	8036038	46683	254422	90941	46036094	183365
江 苏	Jiangsu	96515	58738	3813759	39711	282597	111048	33623681	117249
浙 江	Zhejiang	51907	28676	1956584	36947	170607	67820	21430397	126266
安 徽	Anhui	28580	17082	915795	31871	76545	29593	5303175	67922
福 建	Fujian	39713	21670	1432576	36327	89967	33325	7529710	84288
江 西	Jiangxi	14299	8682	440709	32063	67028	23400	4041386	60353
山 东	Shandong	62962	35465	2413502	38669	174352	75486	14059144	81249
河 南	Henan	39828	22387	1256654	32257	104292	48355	6318935	60671
湖 北	Hubei	55637	32512	1996661	36215	114659	42819	7891048	72380
湖 南	Hunan	28110	16402	906445	32820	72408	28199	5006553	68020
广 东	Guangdong	192462	96292	7878374	40861	353120	123483	44191876	126083
广 西	Guangxi	16522	9832	422426	25944	43516	16470	3366133	76688
海 南	Hainan	6603	3628	193897	29481	15329	5831	1767861	115013
重 庆	Chongqing	37272	22541	1232368	32933	46672	17713	4358976	92958
四 川	Sichuan	54681	27661	1959635	35809	182515	72539	15490975	82883
贵 州	Guizhou	7351	4117	304646	41280	32588	12676	2637822	80955
云 南	Yunnan	25502	12424	741342	29133	48898	19008	3653945	72496
西 藏	Tibet	126	60	6808	54032	4890	2388	481830	98675
陕 西	Shaanxi	56997	36351	1643111	28841	102252	40700	10604349	104928
甘 肃	Gansu	11942	7822	314713	27135	27300	11906	1494141	54916
青 海	Qinghai	1271	819	41834	33334	8184	3793	622283	72527
宁 夏	Ningxia	2681	1649	95336	35441	8023	3827	623923	77487
新 疆	Xinjiang	5012	2662	238495	45161	28662	13254	2248808	78238

3-2 续表 36 continued

地 区	Region	电信、广播电视和卫星传输服务 Telecommunication, Radio and Television and Satellite Transmission Service				互联网和相关服务 Internet and Related Service			
		年末人数（人）Year-end Figures (person)	#女 性 Female	工资总额（千元）Total Wages (1000 yuan)	平均工资（元）Average Wage (yuan)	年末人数（人）Year-end Figures (person)	#女 性 Female	工资总额（千元）Total Wages (1000 yuan)	平均工资（元）Average Wage (yuan)
全 国	**National**	**1792612**	**754120**	**152846302**	**84749**	**231629**	**92955**	**34055913**	**146093**
北 京	Beijing	99898	36675	14945301	161974	96387	39656	13331943	141474
天 津	Tianjin	17795	7937	2000278	111003	2488	1075	350568	145766
河 北	Hebei	69624	30460	5073154	72152	1424	601	68992	49599
山 西	Shanxi	47554	22083	2918323	60949	1997	957	120037	60109
内蒙古	Inner Mongolia	47786	24226	3152480	65895	351	136	17646	51148
辽 宁	Liaoning	71343	32184	5286877	74836	2441	769	159872	65015
吉 林	Jilin	53434	21333	3469071	64285	1499	550	77460	50495
黑龙江	Heilongjiang	64804	25836	4325652	65611	1974	696	115100	59208
上 海	Shanghai	38212	14858	5837162	148771	20903	8217	3335014	160245
江 苏	Jiangsu	148224	64839	14271861	94652	13021	6647	1036437	79451
浙 江	Zhejiang	61797	27948	6609953	101304	26182	10735	5801313	228894
安 徽	Anhui	61034	22506	4121038	65783	3451	2120	237109	67784
福 建	Fujian	50364	19677	3977438	77977	5296	2602	341210	64648
江 西	Jiangxi	50690	17967	3352313	65728	1304	551	101418	71421
山 东	Shandong	129903	57333	11049509	85210	2855	1176	134443	50072
河 南	Henan	81209	39714	5098278	62006	4120	1778	179436	47121
湖 北	Hubei	66656	27298	4307045	64828	2217	707	152654	67876
湖 南	Hunan	56302	22731	3801493	65711	3812	1755	364098	95564
广 东	Guangdong	153112	60553	15439309	101160	24128	6927	6466488	266593
广 西	Guangxi	41459	15760	3241992	77428	824	314	63320	76938
海 南	Hainan	9230	3628	897165	98233	1302	737	103679	72049
重 庆	Chongqing	28448	11682	2754359	94863	2548	639	257176	107560
四 川	Sichuan	139609	57815	11144020	79455	7334	2200	1000868	82193
贵 州	Guizhou	26640	10321	2341748	86040	777	255	31216	41733
云 南	Yunnan	44098	17468	3346246	73872	362	162	12687	35638
西 藏	Tibet	4762	2334	471445	98835				
陕 西	Shaanxi	62725	28226	5054667	78909	1904	784	160071	82981
甘 肃	Gansu	25541	11408	1384999	54399	305	76	14569	47611
青 海	Qinghai	7786	3695	593160	72763				
宁 夏	Ningxia	7300	3546	591593	80511	63	30	2480	40656
新 疆	Xinjiang	25273	12079	1988373	78502	360	103	18609	51124

3-2 续表 37 continued

地区	Region	软件和信息技术服务业 Software and Information Technology 年末人数(人) Year-end Figures (person)	#女性 Female	工资总额(千元) Total Wages (1000 yuan)	平均工资(元) Average Wage (yuan)	金融业 Financial Intermediation 年末人数(人) Year-end Figures (person)	#女性 Female	工资总额(千元) Total Wages (1000 yuan)	平均工资(元) Average Wage (yuan)
全国	**National**	**1474456**	**523595**	**204369196**	**140406**	**6068346**	**3136516**	**673007969**	**114777**
北京	Beijing	483785	176780	79509952	162486	471636	258755	111473160	248320
天津	Tianjin	23258	9935	3408203	151833	121349	41747	12530890	112059
河北	Hebei	17417	5426	3234726	185594	299102	156209	21613937	74795
山西	Shanxi	5846	2171	299471	53429	168227	92918	12396311	75620
内蒙古	Inner Mongolia	2103	699	117990	56835	115712	61956	8719041	76093
辽宁	Liaoning	59103	29531	5512716	95232	260117	140088	21297142	83537
吉林	Jilin	10569	3993	638959	61033	118287	60806	8903640	75102
黑龙江	Heilongjiang	6991	2387	353595	50826	187020	87428	11644470	65140
上海	Shanghai	195307	67866	36863918	192991	337397	152949	70930617	208658
江苏	Jiangsu	121352	39562	18315383	148975	350513	187739	39982617	119198
浙江	Zhejiang	82628	29137	9019131	113979	423045	243518	52013125	130734
安徽	Anhui	12060	4967	945028	79195	191154	100758	14093479	77300
福建	Fujian	34307	11046	3211062	97167	178754	93573	18663960	108537
江西	Jiangxi	15034	4882	587655	40419	125759	63839	9406233	76035
山东	Shandong	41594	16977	2875192	70680	415604	206192	36539112	90869
河南	Henan	18963	6863	1041221	57463	243547	118207	17662580	74441
湖北	Hubei	45786	14814	3431349	85071	194686	100096	16555674	87293
湖南	Hunan	12294	3713	840962	70421	240419	130711	21323699	92826
广东	Guangdong	175880	56003	22286079	128362	460716	235639	61101704	138069
广西	Guangxi	1233	396	60821	50684	132711	71795	11595057	92062
海南	Hainan	4797	1466	767017	159829	40956	21120	3571019	93187
重庆	Chongqing	15676	5392	1347441	87123	132803	64756	15320516	120355
四川	Sichuan	35572	12524	3346087	97075	258694	136790	21576952	86084
贵州	Guizhou	5171	2100	264858	57341	86467	40387	10490036	123592
云南	Yunnan	4438	1378	295012	62134	99499	49541	11640046	118166
西藏	Tibet	128	54	10385	91903	8973	2003	1501134	171441
陕西	Shaanxi	37623	11690	5389611	153651	180004	94810	13664776	76896
甘肃	Gansu	1454	422	94573	65585	74747	36989	4393701	59923
青海	Qinghai	398	98	29123	68044	22545	11273	1820076	81359
宁夏	Ningxia	660	251	29850	46423	37667	21971	2879399	81019
新疆	Xinjiang	3029	1072	241826	79287	90236	51953	7703866	88212

3-2 续表 38 continued

地 区	Region	货币金融服务 Monetary and Financial Service				资本市场服务 Capital Market Service			
		年末人数（人） Year-end Figures (person)	#女 性 Female	工资总额（千元） Total Wages (1000 yuan)	平均工资（元） Average Wage (yuan)	年末人数（人） Year-end Figures (person)	#女 性 Female	工资总额（千元） Total Wages (1000 yuan)	平均工资（元） Average Wage (yuan)
全 国	**National**	**3544113**	**1761109**	**466482899**	**132344**	**219411**	**93273**	**59744867**	**283780**
北 京	Beijing	208671	115392	57362165	276763	55268	24335	23948458	458809
天 津	Tianjin	44882	22737	7468746	167619	340	88	62660	177507
河 北	Hebei	169015	79569	16677849	99578	2855	1296	532581	186936
山 西	Shanxi	120440	59711	10464298	87688	2237	1018	420314	191749
内蒙古	Inner Mongolia	86994	44478	7382657	84770	879	408	69124	76128
辽 宁	Liaoning	156087	78610	16327545	104898	3090	1438	481788	158901
吉 林	Jilin	90812	45342	7600860	82439	3077	1312	290526	93058
黑龙江	Heilongjiang	109086	48643	8608870	79533	1261	565	148064	122468
上 海	Shanghai	174154	95676	48559801	279680	25464	10795	6087819	229556
江 苏	Jiangsu	210113	103023	31253939	149908	9857	3524	1736459	179479
浙 江	Zhejiang	240682	133251	36688897	153706	13605	5812	3283406	248048
安 徽	Anhui	108012	49439	10624317	98983	4053	1725	624278	155914
福 建	Fujian	102160	50838	13924881	136814	6465	3250	925681	155029
江 西	Jiangxi	89917	43288	7652006	85831	1053	445	99572	95193
山 东	Shandong	251223	115198	28063376	112469	5076	2248	1139577	238156
河 南	Henan	152267	72675	12964563	85931	3307	547	500172	155768
湖 北	Hubei	118161	57645	11476392	97772	7289	3163	1169286	164433
湖 南	Hunan	132935	66894	14883244	113047	10819	4774	2152459	225601
广 东	Guangdong	274806	136771	37646020	137218	39133	15891	11629671	320500
广 西	Guangxi	84926	40841	9489486	112077	1503	601	313668	214401
海 南	Hainan	18819	9077	2011578	109486	421	129	109804	275198
重 庆	Chongqing	67710	36103	11010538	165053	5025	2234	826549	175974
四 川	Sichuan	143806	70815	15912920	110828	5529	2460	950930	174547
贵 州	Guizhou	63330	29442	8686512	138263	2424	1049	707219	282888
云 南	Yunnan	73662	35830	9929531	135031	1874	864	360469	200818
西 藏	Tibet	7444	1304	1213322	167262	1335	616	223957	170960
陕 西	Shaanxi	92596	44236	9265411	99440	5146	2349	855555	183793
甘 肃	Gansu	55286	24872	3421694	62351	38	19	2320	61053
青 海	Qinghai	18224	9370	1572559	87050	36	10	2518	69944
宁 夏	Ningxia	24327	12512	2414191	100730	364	83	23701	64405
新 疆	Xinjiang	53566	27527	5924731	111653	588	225	66282	115474

3-2 续表 39 continued

地 区	Region	保险业 Insurance				其他金融业 Other Financial Activities			
		年末人数(人) Year-end Figures (person)	#女 性 Female	工资总额(千元) Total Wages (1000 yuan)	平均工资(元) Average Wage (yuan)	年末人数(人) Year-end Figures (person)	#女 性 Female	工资总额(千元) Total Wages (1000 yuan)	平均工资(元) Average Wage (yuan)
全 国	**National**	**2198085**	**1245363**	**128439323**	**63189**	**106737**	**36771**	**18340880**	**191678**
北 京	Beijing	162556	99426	20057307	136375	45141	19602	10105230	238460
天 津	Tianjin	47756	15306	3208215	70331	28371	3616	1791269	84109
河 北	Hebei	126308	74946	4353496	36989	924	398	50011	52922
山 西	Shanxi	44547	31736	1459200	35243	1003	453	52499	52604
内蒙古	Inner Mongolia	27421	16886	1235736	47227	418	184	31524	75057
辽 宁	Liaoning	100018	59684	4431809	46475	922	356	56000	62084
吉 林	Jilin	23673	13907	952428	42266	725	245	59826	85711
黑龙江	Heilongjiang	74844	37839	2766359	40987	1829	381	121177	66764
上 海	Shanghai	135719	45557	15217545	110422	2060	921	1065452	538651
江 苏	Jiangsu	130010	81028	6935216	59403	533	164	57003	109411
浙 江	Zhejiang	166403	103507	11295440	78615	2355	948	745382	332463
安 徽	Anhui	77733	49087	2689290	38608	1356	507	155594	117252
福 建	Fujian	67597	38600	3517348	56797	2532	885	296050	129846
江 西	Jiangxi	34389	19966	1574957	47559	400	140	79698	201767
山 东	Shandong	158659	88502	7160779	48672	646	244	175380	258673
河 南	Henan	86058	44145	4092093	50369	1915	840	105752	54399
湖 北	Hubei	67322	38293	3594352	56804	1914	995	315644	166919
湖 南	Hunan	96288	58892	4212725	47790	377	151	75271	202887
广 东	Guangdong	142613	81171	10256897	80084	4164	1806	1569116	409477
广 西	Guangxi	44772	29609	1644023	42895	1510	744	147880	99315
海 南	Hainan	20636	11392	1385845	74344	1080	522	63792	70256
重 庆	Chongqing	58445	25722	3148188	57967	1623	697	335241	212447
四 川	Sichuan	108206	63098	4638651	46136	1153	417	74451	69192
贵 州	Guizhou	19833	9577	1015521	54373	880	319	80784	92536
云 南	Yunnan	23131	12536	1269145	56699	832	311	80901	102148
西 藏	Tibet	132	51	18950	145769	62	32	44905	724274
陕 西	Shaanxi	80889	47600	3013232	38366	1373	625	530578	398033
甘 肃	Gansu	19325	12041	955639	52224	98	57	14048	131290
青 海	Qinghai	4133	1840	237253	57684	152	53	7746	49338
宁 夏	Ningxia	12976	9376	441507	39403				
新 疆	Xinjiang	35693	24043	1660177	49861	389	158	52676	131690

3-2 续表 40 continued

地 区	Region	房地产业 Real Estate				房地产开发经营 Development and Management of Real Estate			
		年末人数 (人) Year-end Figures (person)	#女 性 Female	工资总额 (千元) Total Wages (1000 yuan)	平均工资 (元) Average Wage (yuan)	年末人数 (人) Year-end Figures (person)	#女 性 Female	工资总额 (千元) Total Wages (1000 yuan)	平均工资 (元) Average Wage (yuan)
全 国	**National**	**4173414**	**1552601**	**249303243**	**60244**	**1820306**	**646615**	**139452157**	**76529**
北 京	Beijing	421574	160122	36020330	85247	84998	34015	14166697	163991
天 津	Tianjin	73436	27802	5653252	76842	30301	10172	3656769	119941
河 北	Hebei	109780	46201	4668792	42697	60191	22040	3120267	51313
山 西	Shanxi	36116	14207	1448334	40538	18361	6440	902579	49359
内蒙古	Inner Mongolia	53951	23792	2250181	42023	23794	8434	1201937	49669
辽 宁	Liaoning	132944	49822	6634734	49813	56183	20151	3901821	69724
吉 林	Jilin	60067	22904	2663025	44444	27066	9559	1510960	55118
黑龙江	Heilongjiang	59870	20743	2714736	44447	28226	9252	1510046	49805
上 海	Shanghai	262148	90193	21550671	82274	58051	22790	8681928	148511
江 苏	Jiangsu	226451	92571	15105551	66686	99222	37735	9710545	96262
浙 江	Zhejiang	200523	75032	13111472	66336	71266	27813	7595635	105056
安 徽	Anhui	104170	39119	5644019	54252	66435	23822	4229959	62697
福 建	Fujian	152905	54677	9339979	62253	70099	25639	5887223	85529
江 西	Jiangxi	63593	23164	3130244	49714	45285	15608	2470340	54882
山 东	Shandong	260826	91475	13574441	52575	162545	49030	10067808	62098
河 南	Henan	211651	77464	9465460	45429	143207	47617	7007562	49640
湖 北	Hubei	131236	48841	6724372	51961	82842	27163	4928763	60255
湖 南	Hunan	123570	45340	6007992	48892	70951	23777	4177929	58876
广 东	Guangdong	590938	199428	39190152	66768	157543	56493	15870800	99835
广 西	Guangxi	79300	30152	3497503	45020	39536	16150	2221804	57711
海 南	Hainan	76967	29019	4030611	53552	41350	15907	2895136	71277
重 庆	Chongqing	125159	52112	7443854	59813	50964	18253	4414516	86402
四 川	Sichuan	186265	71875	9669234	53610	86653	32559	5903878	67962
贵 州	Guizhou	87494	32093	4019047	48331	49373	16531	2773397	57682
云 南	Yunnan	109252	42148	4974173	46064	69341	25053	3667851	53514
西 藏	Tibet	1508	588	99893	68608	920	381	58317	67031
陕 西	Shaanxi	111196	41956	5249301	47517	63638	21914	3642316	57066
甘 肃	Gansu	44879	17102	1978884	44302	28222	9086	1367164	48553
青 海	Qinghai	8519	3450	330230	38887	4510	1803	207193	45258
宁 夏	Ningxia	16538	6884	759752	46157	7339	2646	451975	60424
新 疆	Xinjiang	50588	22325	2353024	47160	21894	8782	1249042	57398

3-2 续表 41 continued

地区 Region	物业管理 Property Management 年末人数(人) Year-end Figures (person)	#女性 Female	工资总额(千元) Total Wages (1000 yuan)	平均工资(元) Average Wage (yuan)	房地产中介服务 Agency Services of Real Estate 年末人数(人) Year-end Figures (person)	#女性 Female	工资总额(千元) Total Wages (1000 yuan)	平均工资(元) Average Wage (yuan)
全国 National	**1930183**	**738558**	**81019935**	**42610**	**226662**	**93547**	**16077330**	**73791**
北京 Beijing	243144	91288	13338907	54837	37168	14164	3763888	104202
天津 Tianjin	33290	13506	1369729	40840	8402	3596	486515	60182
河北 Hebei	42580	21023	1252521	30138	3080	1543	108665	35616
山西 Shanxi	14206	6324	420012	30178	765	385	25377	33129
内蒙古 Inner Mongolia	25954	13498	803961	31993	628	275	38040	60670
辽宁 Liaoning	61213	23533	1946012	31529	7167	2713	369078	51354
吉林 Jilin	25920	10451	815829	32122	1920	852	73177	37546
黑龙江 Heilongjiang	26275	9571	938399	36983	708	259	36421	51442
上海 Shanghai	172346	55548	9299997	53772	24003	9250	2857426	126828
江苏 Jiangsu	114005	49311	4498862	40034	6428	2852	436842	67843
浙江 Zhejiang	110238	40032	4431470	41400	9289	3091	407800	47707
安徽 Anhui	29187	11364	937414	33191	4089	2246	255803	66150
福建 Fujian	73274	24860	2919243	40661	3927	1933	219563	57327
江西 Jiangxi	13572	5812	456895	34428	1576	728	68721	45692
山东 Shandong	83230	36423	2802249	34302	7894	3375	327697	44585
河南 Henan	52910	25047	1713879	33136	5279	2123	252855	47727
湖北 Hubei	40707	18453	1401225	35124	4807	2137	263712	54318
湖南 Hunan	46376	18513	1506115	33000	2926	1552	176061	59722
广东 Guangdong	349277	111143	17537353	50886	60213	23223	4196266	70584
广西 Guangxi	34315	11427	1041750	30868	1545	877	68419	43579
海南 Hainan	30996	11022	935728	30930	3360	1687	134383	42920
重庆 Chongqing	64867	27758	2461474	38777	7745	5318	469146	56408
四川 Sichuan	78155	31086	2763466	36389	18343	6918	806059	55732
贵州 Guizhou	33653	13760	1074371	35048	1534	623	56051	37120
云南 Yunnan	35220	14908	1124388	32269	2020	957	81631	42516
西藏 Tibet	527	188	27222	51851	19	7	8809	463632
陕西 Shaanxi	41850	17759	1372181	33493	797	328	37949	47675
甘肃 Gansu	14771	7258	503489	34429	167	78	8575	51347
青海 Qinghai	3635	1481	102724	29026	146	61	7491	51308
宁夏 Ningxia	8652	3992	280481	33319	241	156	12442	51627
新疆 Xinjiang	25838	12219	942589	37311	476	240	22468	46518

3-2 续表 42 continued

地 区	Region	租赁和商务服务业 Leasing and Business Services				租赁业 Leasing			
		年末人数(人) Year-end Figures (person)	#女 性 Female	工资总额(千元) Total Wages (1000 yuan)	平均工资(元) Average Wage (yuan)	年末人数(人) Year-end Figures (person)	#女 性 Female	工资总额(千元) Total Wages (1000 yuan)	平均工资(元) Average Wage (yuan)
全 国	**National**	**4740413**	**1555349**	**339985638**	**72489**	**112821**	**27582**	**8131047**	**71683**
北 京	Beijing	800887	320482	86534827	109031	19075	4237	1595970	76487
天 津	Tianjin	82003	24525	6110503	75266	10935	2922	764734	72978
河 北	Hebei	134382	36457	5326687	40070	1765	375	80481	43269
山 西	Shanxi	88852	25249	3269291	36611	1644	792	63907	37927
内蒙古	Inner Mongolia	46101	13964	2072774	45702	3128	663	195535	60462
辽 宁	Liaoning	118469	32166	4860562	41209	827	195	48827	59764
吉 林	Jilin	49737	17446	2043051	40714	612	203	21785	35137
黑龙江	Heilongjiang	62900	19651	2773881	44945	593	263	34863	58397
上 海	Shanghai	519981	191834	75584723	145659	21187	4141	2431601	117016
江 苏	Jiangsu	313181	107712	17176020	54677	6925	2321	437231	62551
浙 江	Zhejiang	279102	73919	17456465	63241	3467	1318	210810	59720
安 徽	Anhui	62514	20154	2986407	47458	1354	338	66433	48421
福 建	Fujian	125623	39094	6381095	51927	1720	441	96449	58489
江 西	Jiangxi	52008	15156	2146819	41535	1658	721	65444	38071
山 东	Shandong	214938	73234	12039263	56970	4666	1005	233414	50067
河 南	Henan	161105	54056	6449885	41060	6360	1302	267502	45378
湖 北	Hubei	89727	28591	4092552	46244	3475	886	144412	41073
湖 南	Hunan	98431	30988	4300704	44013	1650	397	48740	31486
广 东	Guangdong	646839	213383	41791448	66376	10289	1942	685579	67893
广 西	Guangxi	112055	38591	4744400	43732	1474	367	76360	52409
海 南	Hainan	21137	8228	1031982	49311	1141	301	50269	43903
重 庆	Chongqing	121601	29746	5315958	44070	626	191	34070	53234
四 川	Sichuan	141984	36861	7425119	52818	2022	578	137360	67202
贵 州	Guizhou	45743	13335	2204666	48290	1422	426	61327	43587
云 南	Yunnan	95803	22578	3758816	41225	1193	289	49189	40821
西 藏	Tibet	3459	1130	212010	53851	362	39	31681	88248
陕 西	Shaanxi	109373	22536	5769341	49740	926	229	36383	42753
甘 肃	Gansu	29939	8866	1327719	44895	271	77	10575	39022
青 海	Qinghai	7882	2416	324918	40891	18	8	1181	65611
宁 夏	Ningxia	19539	5586	762251	40239	5	1	178	35600
新 疆	Xinjiang	85118	27415	3711501	44595	2031	614	148757	70434

3-2 续表 43 continued

地 区	Region	商务服务业 Business Services 年末人数(人) Year-end Figures (person)	#女性 Female	工资总额(千元) Total Wages (1000 yuan)	平均工资(元) Average Wage (yuan)	科学研究和技术服务业 Scientific Research and Technical Services 年末人数(人) Year-end Figures (person)	#女性 Female	工资总额(千元) Total Wages (1000 yuan)	平均工资(元) Average Wage (yuan)
全 国	**National**	**4627592**	**1527767**	**331854591**	**72509**	**4105829**	**1250937**	**366575265**	**89410**
北 京	Beijing	781812	316245	84938857	109910	593471	207684	78694473	132339
天 津	Tianjin	71068	21603	5345769	75606	113175	28568	14036925	123312
河 北	Hebei	132617	36082	5246206	40025	148112	40660	10053747	69744
山 西	Shanxi	87208	24457	3205384	36586	75243	24096	4373395	58390
内蒙古	Inner Mongolia	42973	13301	1877239	44569	63212	20464	3951248	62973
辽 宁	Liaoning	117642	31971	4811735	41080	159093	49373	10480463	66150
吉 林	Jilin	49125	17243	2021266	40783	75372	24028	4528974	59844
黑龙江	Heilongjiang	62307	19388	2739018	44814	111809	30361	7382242	66168
上 海	Shanghai	498794	187693	73153122	146854	225200	73424	35827748	158906
江 苏	Jiangsu	306256	105391	16738789	54498	217656	67402	19875321	91213
浙 江	Zhejiang	275635	72601	17245655	63287	161471	47993	15764662	98452
安 徽	Anhui	61160	19816	2919974	47437	91748	24109	6294197	69129
福 建	Fujian	123903	38653	6284646	51838	85735	26025	6535853	76956
江 西	Jiangxi	50350	14435	2081375	41654	57064	14693	3794410	66749
山 东	Shandong	210272	72229	11805849	57126	179784	53652	12591248	70959
河 南	Henan	154745	52754	6182383	40892	171527	53058	9640884	56866
湖 北	Hubei	86252	27705	3948140	46458	162804	42194	11857283	74574
湖 南	Hunan	96781	30591	4251964	44215	115434	32064	6386003	55910
广 东	Guangdong	636550	211441	41105869	66351	347323	103221	34412983	98929
广 西	Guangxi	110581	38224	4668040	43613	95401	31324	6036923	63754
海 南	Hainan	19996	7927	981713	49624	21598	6667	1285716	59332
重 庆	Chongqing	120975	29555	5281888	44021	79574	24097	6886526	87023
四 川	Sichuan	139962	36283	7287759	52606	210101	63515	17919017	86498
贵 州	Guizhou	44321	12909	2143339	48439	76858	21261	4780558	64338
云 南	Yunnan	94610	22289	3709627	41230	100402	29524	6512169	64270
西 藏	Tibet	3097	1091	180329	50399	12071	3824	1177040	99194
陕 西	Shaanxi	108447	22307	5732958	49792	183158	55284	13206913	67134
甘 肃	Gansu	29668	8789	1317144	44949	69689	19676	4647799	67352
青 海	Qinghai	7864	2408	323737	40835	22045	6897	1546703	69678
宁 夏	Ningxia	19534	5585	762073	40240	15449	4649	1108928	71581
新 疆	Xinjiang	83087	26801	3562744	43923	64250	21150	4984914	75478

3-2 续表 44 continued

地 区 Region		研究和试验发展 Research and Experimental Development				专业技术服务业 Professional Technical Services			
		年末人数（人）Year-end Figures (person)	#女 性 Female	工资总额（千元）Total Wages (1000 yuan)	平均工资（元）Average Wage (yuan)	年末人数（人）Year-end Figures (person)	#女 性 Female	工资总额（千元）Total Wages (1000 yuan)	平均工资（元）Average Wage (yuan)
全 国	**National**	**810062**	**282599**	**82036566**	**100624**	**2677925**	**759757**	**237644733**	**88888**
北 京	Beijing	129207	50806	19728682	153358	315672	102268	40542296	127255
天 津	Tianjin	13532	4513	1299163	97214	92828	21960	12151403	129923
河 北	Hebei	18534	5506	1712558	93104	122216	32531	7930287	66838
山 西	Shanxi	15842	5813	903871	57568	53114	15894	3154529	59641
内蒙古	Inner Mongolia	6518	2439	437412	66658	47850	15283	2965302	62719
辽 宁	Liaoning	34688	11934	2579234	75194	106633	31605	7089734	66549
吉 林	Jilin	12305	4312	879268	70886	55137	16745	3245144	58633
黑龙江	Heilongjiang	16562	5105	1174195	77612	86165	22375	5692630	65107
上 海	Shanghai	75815	26349	13263372	175291	128995	40262	19708009	152177
江 苏	Jiangsu	46131	15620	5477738	120828	140882	39520	12434183	87533
浙 江	Zhejiang	21577	7319	2547016	122235	118766	32991	10906743	92202
安 徽	Anhui	13225	3881	883301	68473	67918	17105	4857632	71873
福 建	Fujian	6061	2045	466884	76438	71182	21326	5545792	78761
江 西	Jiangxi	9330	3341	551036	59449	41908	9893	2931293	70130
山 东	Shandong	27781	10397	2224832	81883	121358	33495	8835479	73476
河 南	Henan	33498	11120	2245353	68728	109070	31754	6221417	57239
湖 北	Hubei	29909	9254	1835194	66819	106039	25192	8870117	83793
湖 南	Hunan	17165	5512	1138875	66318	66121	16679	4248208	64665
广 东	Guangdong	58142	18688	5654833	94331	259491	76780	26520328	102644
广 西	Guangxi	13333	5657	771307	57565	63203	20085	4215892	67482
海 南	Hainan	4399	1463	207104	48423	15137	4465	964711	62975
重 庆	Chongqing	18430	7219	1214993	66747	54107	14388	5228424	97055
四 川	Sichuan	78536	27961	7089684	90588	116590	31363	9985567	87689
贵 州	Guizhou	5925	1986	419028	70974	40349	9892	2784273	71222
云 南	Yunnan	10786	4039	630672	58859	60507	15999	4221735	68604
西 藏	Tibet	1354	565	144654	107790	9301	2855	930977	101947
陕 西	Shaanxi	66156	21337	4792622	60182	90369	23981	6808699	75356
甘 肃	Gansu	14527	4474	920470	67261	43134	11121	2990989	69097
青 海	Qinghai	2585	958	219889	85096	14331	4263	1020608	70362
宁 夏	Ningxia	1445	571	103768	71515	11352	3187	831254	72943
新 疆	Xinjiang	6764	2415	519558	76597	48200	14500	3811078	76357

3-2 续表 45 continued

地 区	Region	科技推广和应用服务业 Science and Technology Popularization and Application Services				水利、环境和公共设施管理业 Management of Water Conservancy, Environment and Public Facilites			
		年末人数（人）Year-end Figures (person)	#女 性 Female	工资总额（千元）Total Wages (1000 yuan)	平均工资（元）Average Wage (yuan)	年末人数（人）Year-end Figures (person)	#女 性 Female	工资总额（千元）Total Wages (1000 yuan)	平均工资（元）Average Wage (yuan)
全 国	**National**	**617842**	**208581**	**46893966**	**76732**	**2733293**	**1110289**	**117767190**	**43528**
北 京	Beijing	148592	54610	18423495	124982	101949	34671	7366121	72666
天 津	Tianjin	6815	2095	586359	84478	41349	13483	3206804	77459
河 北	Hebei	7362	2623	410902	57808	117606	47356	4254727	36264
山 西	Shanxi	6287	2389	314995	49944	95522	43568	2676842	28074
内蒙古	Inner Mongolia	8844	2742	548534	61605	80895	35439	3381876	41682
辽 宁	Liaoning	17772	5834	811495	46108	158973	62619	5145327	32406
吉 林	Jilin	7930	2971	404562	51023	83108	31944	2602943	31578
黑龙江	Heilongjiang	9082	2881	515417	57237	108794	40910	3584309	32980
上 海	Shanghai	20390	6813	2856367	140756	83318	29392	6195165	73137
江 苏	Jiangsu	30643	12262	1963400	64346	154540	65572	8301554	54062
浙 江	Zhejiang	21128	7683	2310903	110064	115551	45385	6314981	55026
安 徽	Anhui	10605	3123	553264	52373	81562	32313	3288023	40802
福 建	Fujian	8492	2654	523177	62216	55336	21007	2528992	46144
江 西	Jiangxi	5826	1459	312081	54003	76877	29985	2857111	37900
山 东	Shandong	30645	9760	1530937	50994	182523	58205	7261066	42743
河 南	Henan	28959	10184	1174114	41674	135179	53264	4992595	37552
湖 北	Hubei	26856	7748	1151972	44862	113521	43862	4379936	39690
湖 南	Hunan	32148	9873	998920	31862	83879	33469	2940276	35172
广 东	Guangdong	29690	7753	2237822	75761	174054	73582	8542127	48589
广 西	Guangxi	18865	5582	1049724	55783	93280	46924	3374186	36666
海 南	Hainan	2062	739	113901	54919	29481	15383	1189242	40876
重 庆	Chongqing	7037	2490	443109	62754	63996	28739	2649762	42617
四 川	Sichuan	14975	4191	843766	56165	128486	61155	5183420	40665
贵 州	Guizhou	30584	9383	1577257	53818	49620	25734	1775799	36336
云 南	Yunnan	29109	9486	1659762	57091	74964	33316	2896362	38911
西 藏	Tibet	1416	404	101409	72851	1846	907	130605	70750
陕 西	Shaanxi	26633	9966	1605592	60058	96078	37374	3828298	40081
甘 肃	Gansu	12028	4081	736340	61178	59366	24659	2672530	45312
青 海	Qinghai	5129	1676	306206	59935	10389	4928	498718	48241
宁 夏	Ningxia	2652	891	173906	65749	22654	10043	1000260	44768
新 疆	Xinjiang	9286	4235	654278	69969	58597	25101	2747233	46068

3-2 续表 46 continued

地 区 Region	水利管理业 Management of Water Conservancy				生态保护和环境治理业 Ecological Protection and Environmental Treatment			
	年末人数（人）Year-end Figures (person)	#女 性 Female	工资总额（千元）Total Wages (1000 yuan)	平均工资（元）Average Wage (yuan)	年末人数（人）Year-end Figures (person)	#女 性 Female	工资总额（千元）Total Wages (1000 yuan)	平均工资（元）Average Wage (yuan)
全 国 National	**494086**	**139352**	**26352822**	**53515**	**130886**	**40789**	**7810180**	**59554**
北 京 Beijing	8681	2755	810406	92671	7769	2416	891280	116462
天 津 Tianjin	6123	1872	592139	94350	888	253	74550	84142
河 北 Hebei	21815	6800	991484	45602	5798	1971	270085	46623
山 西 Shanxi	14873	4697	619242	41883	3274	1268	129547	39593
内蒙古 Inner Mongolia	15310	5175	922791	60140	3448	1093	181652	52214
辽 宁 Liaoning	23244	6707	921207	39940	7311	2297	268684	36851
吉 林 Jilin	16925	5277	623124	36161	3353	1057	103361	30872
黑龙江 Heilongjiang	17739	4886	773190	43636	3429	834	144817	42295
上 海 Shanghai	4018	1230	420804	103088	5533	2024	647876	114526
江 苏 Jiangsu	33431	9723	2331536	70041	6265	2000	381269	60886
浙 江 Zhejiang	9668	2315	865838	89864	5175	1572	374878	71761
安 徽 Anhui	20259	5281	1033047	50952	2525	758	110896	44358
福 建 Fujian	7965	1810	461561	58051	3313	1015	207817	63359
江 西 Jiangxi	18759	3594	888527	47946	1482	428	78546	52645
山 东 Shandong	26282	6845	1640563	62232	4150	1191	269198	65498
河 南 Henan	33784	9907	1386579	41399	6425	2339	304468	46776
湖 北 Hubei	28904	7423	1237041	43701	5529	1704	309677	57220
湖 南 Hunan	18896	5321	718194	38214	4010	1209	180456	45058
广 东 Guangdong	27737	6895	1554282	55550	11254	3228	751157	66509
广 西 Guangxi	15032	4010	712786	47503	4209	1662	183753	42823
海 南 Hainan	3041	884	155307	50148	1796	453	76561	41700
重 庆 Chongqing	4240	1314	227823	54295	4191	1422	278649	67980
四 川 Sichuan	14178	4245	906306	63445	7154	1882	419146	56595
贵 州 Guizhou	7604	2132	448658	59670	1696	492	85297	51601
云 南 Yunnan	13420	3656	778508	58363	6194	1688	265784	42772
西 藏 Tibet	230	66	25121	108280	146	66	15835	109207
陕 西 Shaanxi	29136	8932	1334188	45905	5764	1934	308152	53443
甘 肃 Gansu	22224	6442	1147510	52018	4056	1184	230061	56805
青 海 Qinghai	4134	1141	266825	63803	531	141	33327	63239
宁 夏 Ningxia	6092	1562	369971	66446	1728	500	89400	51886
新 疆 Xinjiang	20342	6455	1188264	58163	2490	708	144001	56626

3-2 续表 47 continued

地 区 Region	公共设施管理业 Management of Public Facilities 年末人数(人) Year-end Figures (person)	#女性 Female	工资总额(千元) Total Wages (1000 yuan)	平均工资(元) Average Wage (yuan)	居民服务、修理和其他服务业 Service to Households, Repair and Other Services 年末人数(人) Year-end Figures (person)	#女性 Female	工资总额(千元) Total Wages (1000 yuan)	平均工资(元) Average Wage (yuan)
全 国 National	**2108321**	**930148**	**83604188**	**40156**	**751831**	**312934**	**33609705**	**44802**
北 京 Beijing	85499	29500	5664435	66662	90237	44608	4422394	48613
天 津 Tianjin	34338	11358	2540115	74190	109868	32090	4343289	39631
河 北 Hebei	89993	38585	2993158	33335	17013	6848	576033	33368
山 西 Shanxi	77375	37603	1928053	24945	6490	2479	236480	36933
内蒙古 Inner Mongolia	62137	29171	2277433	36549	8715	3550	347353	40348
辽 宁 Liaoning	128418	53615	3955436	30800	25620	9076	948003	36726
吉 林 Jilin	62830	25610	1876458	30270	22497	10333	702787	31535
黑龙江 Heilongjiang	87626	35190	2666302	30459	43100	19550	2260796	50275
上 海 Shanghai	73767	26138	5126485	68383	64942	30060	4091534	62576
江 苏 Jiangsu	114844	53849	5588749	49022	33472	11019	1863471	54116
浙 江 Zhejiang	100708	41498	5074265	50791	24795	11471	1199035	48471
安 徽 Anhui	58778	26274	2144080	37089	8709	2641	367001	41690
福 建 Fujian	44058	18182	1859614	42675	17775	7673	804977	46396
江 西 Jiangxi	56636	25963	1890038	34140	9795	3306	440234	44908
山 东 Shandong	152091	50169	5351305	38386	31072	11299	1291135	42675
河 南 Henan	94970	41018	3301548	35520	27051	11665	890443	33857
湖 北 Hubei	79088	34735	2833218	36971	15578	7357	613452	39309
湖 南 Hunan	60973	26939	2041626	33580	16648	7816	701028	42499
广 东 Guangdong	135063	63459	6236688	45680	74388	30328	3439226	47483
广 西 Guangxi	74039	41252	2477647	34067	7798	3437	335657	43299
海 南 Hainan	24644	14046	957374	39625	5252	3364	149005	29606
重 庆 Chongqing	55565	26003	2143290	39778	14722	8153	623993	42910
四 川 Sichuan	107154	55028	3857968	36474	19378	8118	845690	44212
贵 州 Guizhou	40320	23110	1241844	31281	12394	5857	436182	35528
云 南 Yunnan	55350	27972	1852070	33746	13704	6300	508289	37319
西 藏 Tibet	1470	775	89649	61027	2019	1597	83833	43823
陕 西 Shaanxi	61178	26508	2185958	36022	16894	7228	610317	36733
甘 肃 Gansu	33086	17033	1294959	39395	3067	1136	125457	41777
青 海 Qinghai	5724	3646	198566	35276	872	299	31332	36055
宁 夏 Ningxia	14834	7981	540889	35935	841	360	33852	39732
新 疆 Xinjiang	35765	17938	1414968	38596	7125	3916	287427	40614

3-2 续表 48 continued

地 区	Region	居民服务业 Service to Households 年末人数(人) Year-end Figures (person)	#女 性 Female	工资总额(千元) Total Wages (1000 yuan)	平均工资(元) Average Wage (yuan)	机动车、电子产品和日用产品修理业 Repair of Motor Vehicle, Electronics and Household Products 年末人数(人) Year-end Figures (person)	#女 性 Female	工资总额(千元) Total Wages (1000 yuan)	平均工资(元) Average Wage (yuan)
全 国	**National**	**302907**	**138187**	**14241718**	**46941**	**123354**	**33486**	**6284284**	**51031**
北 京	Beijing	32687	17120	1622527	49241	22030	5884	1319911	58509
天 津	Tianjin	11597	3735	502945	44686	2250	446	106125	48548
河 北	Hebei	8588	3089	295140	33638	2843	876	89887	31706
山 西	Shanxi	3774	1689	125869	34148	844	270	26027	30911
内蒙古	Inner Mongolia	5953	2500	252486	42499	1234	397	46899	41284
辽 宁	Liaoning	14169	6156	474981	33339	3158	896	93197	29390
吉 林	Jilin	10807	4744	394749	37034	1706	518	62989	36944
黑龙江	Heilongjiang	37893	17327	1999981	50175	1758	500	92164	54406
上 海	Shanghai	16032	8552	1221687	76461	19209	5807	1275333	64820
江 苏	Jiangsu	10979	4519	563916	52239	7619	2274	518371	63902
浙 江	Zhejiang	12749	5502	704129	55287	4168	913	179352	43479
安 徽	Anhui	3883	1671	179542	45977	1142	261	42227	37009
福 建	Fujian	9415	4349	450964	48806	2072	468	111938	55969
江 西	Jiangxi	7016	2322	307376	43599	980	270	38025	39323
山 东	Shandong	11964	4791	511116	43381	7340	1962	321047	44758
河 南	Henan	14986	7817	478026	32920	6193	1555	231924	37847
湖 北	Hubei	6154	3049	250785	40864	1938	528	71492	37352
湖 南	Hunan	11594	5630	523941	45771	1343	456	55309	41183
广 东	Guangdong	24676	10266	1364500	55481	12855	3447	713982	57981
广 西	Guangxi	3269	1372	164368	50653	1475	333	55517	39486
海 南	Hainan	1006	533	38206	38359	634	157	20435	31880
重 庆	Chongqing	4776	2609	241621	50782	1757	379	65526	38934
四 川	Sichuan	7832	3175	371667	48287	6593	1930	306379	46991
贵 州	Guizhou	9507	4837	328170	34804	1826	496	72592	40374
云 南	Yunnan	7157	3667	292741	40356	2366	561	75086	31789
西 藏	Tibet	66	28	3765	57045	57	15	3625	63596
陕 西	Shaanxi	8352	4310	304369	36127	6066	1471	214332	37210
甘 肃	Gansu	2208	926	97049	45223	798	169	26842	33594
青 海	Qinghai	426	173	15664	36943	353	82	12143	34497
宁 夏	Ningxia	687	316	26411	37947	74	24	4285	57905
新 疆	Xinjiang	2705	1413	133027	49196	673	141	31323	46473

3-2 续表 49 continued

地 区 Region	其他服务业 Other Services 年末人数(人) Year-end Figures (person)	#女性 Female	工资总额(千元) Total Wages (1000 yuan)	平均工资(元) Average Wage (yuan)	教育 Education 年末人数(人) Year-end Figures (person)	#女性 Female	工资总额(千元) Total Wages (1000 yuan)	平均工资(元) Average Wage (yuan)
全 国 National	**325570**	**141261**	**13083703**	**40426**	**17364680**	**9317259**	**1149213423**	**66592**
北 京 Beijing	35520	21604	1479956	41735	473218	289111	52570290	111417
天 津 Tianjin	96021	27909	3734219	38837	179695	108204	17501845	97847
河 北 Hebei	5582	2883	191006	33782	890717	557053	50852522	57273
山 西 Shanxi	1872	520	84584	45111	517084	320479	30378917	58974
内蒙古 Inner Mongolia	1528	653	47968	31311	351478	201875	25146199	71528
辽 宁 Liaoning	8293	2024	379825	45244	579817	318854	34757090	61114
吉 林 Jilin	9984	5071	245049	24698	361221	212155	21254332	58835
黑龙江 Heilongjiang	3449	1723	168651	49385	442622	250530	27743305	62673
上 海 Shanghai	29701	15701	1594514	53630	290946	186550	29293532	100865
江 苏 Jiangsu	14874	4226	781184	50308	959780	519490	74417948	78115
浙 江 Zhejiang	7878	5056	315554	40065	709447	436358	64202815	90882
安 徽 Anhui	3684	709	145232	38656	643548	286519	37842539	59088
福 建 Fujian	6288	2856	242075	39619	503291	279175	34525384	69226
江 西 Jiangxi	1799	714	94833	53098	557972	262311	30795831	55995
山 东 Shandong	11768	4546	458972	40617	1171801	591177	85128532	73073
河 南 Henan	5872	2293	180493	31940	1249991	661809	61963198	50152
湖 北 Hubei	7486	3780	291175	38541	738720	312242	40849303	56114
湖 南 Hunan	3711	1730	121778	32869	672486	335668	35754519	53411
广 东 Guangdong	36857	16615	1360744	38307	1255092	705729	90410720	72368
广 西 Guangxi	3054	1732	115772	37334	620345	338498	33531102	54505
海 南 Hainan	3612	2674	90364	26609	129682	68205	9393315	72559
重 庆 Chongqing	8189	5165	316846	39112	412237	212931	29275784	71512
四 川 Sichuan	4953	3013	167644	34136	948026	477734	59613165	63311
贵 州 Guizhou	1061	524	35420	33733	536554	255168	34086636	64268
云 南 Yunnan	4181	2072	140462	35080	600020	297415	36915334	62263
西 藏 Tibet	1896	1554	76443	42706	48152	23741	5437657	115090
陕 西 Shaanxi	2476	1447	91616	37702	579275	306234	33755445	57225
甘 肃 Gansu	61	41	1566	27000	388827	172724	23804913	61396
青 海 Qinghai	93	44	3525	37903	75774	40047	5335893	70728
宁 夏 Ningxia	80	20	3156	38488	92901	49013	5948670	64819
新 疆 Xinjiang	3747	2362	123077	33273	383961	240260	26726688	69813

3-2 续表 50 continued

地 区	Region	初等教育 Primary Education 年末人数(人) Year-end Figures (person)	#女 性 Female	工资总额(千元) Total Wages (1000 yuan)	平均工资(元) Average Wage (yuan)	中等教育 Secondary Education 年末人数(人) Year-end Figures (person)	#女 性 Female	工资总额(千元) Total Wages (1000 yuan)	平均工资(元) Average Wage (yuan)
全 国	**National**	**5937835**	**3439800**	**364210377**	**61724**	**7543486**	**3775502**	**493720834**	**65843**
北 京	Beijing	73918	55471	7950131	108598	103935	68293	12206619	117344
天 津	Tianjin	31629	23951	2945142	94350	58057	36278	5647969	97434
河 北	Hebei	350939	230317	19043164	54483	400558	242219	22746787	57050
山 西	Shanxi	179558	121648	10127015	56567	246529	146360	14540587	59242
内蒙古	Inner Mongolia	138877	83712	9868344	70861	146641	80715	10519877	71711
辽 宁	Liaoning	152905	96454	8744855	57705	242930	135970	14158607	58923
吉 林	Jilin	132147	84136	7240620	54836	147889	86932	8395233	56907
黑龙江	Heilongjiang	142165	85857	8204772	57824	186364	106356	11318496	60637
上 海	Shanghai	42440	32870	4097549	97006	89546	57425	9603992	107063
江 苏	Jiangsu	301068	185608	22395633	75107	406716	193592	32340145	79887
浙 江	Zhejiang	209674	142326	18420895	88471	275033	149353	26689749	97516
安 徽	Anhui	226991	110713	12690313	55917	310501	123593	18250445	59147
福 建	Fujian	185669	116444	11849803	64438	208666	95086	14559797	70022
江 西	Jiangxi	229598	120119	12056609	53177	238203	103069	12717994	54124
山 东	Shandong	362776	194699	24330729	67597	580970	278994	42654367	73671
河 南	Henan	420568	242503	19048330	45718	630135	320585	30716698	49262
湖 北	Hubei	211875	101234	10519648	50282	338224	125562	17887775	54006
湖 南	Hunan	185027	104014	8839510	48005	359349	166244	18469267	51609
广 东	Guangdong	443856	273919	30406723	68544	533457	273371	38790212	73001
广 西	Guangxi	280868	162774	14488338	51852	247591	124955	13669014	55765
海 南	Hainan	50904	26027	3753985	73461	53009	25720	3841890	72775
重 庆	Chongqing	146940	83981	9510756	65232	186534	88430	13714574	74000
四 川	Sichuan	351669	187346	20316390	58296	409959	191454	26464979	64799
贵 州	Guizhou	244621	116921	15425182	63681	220683	97614	14371270	65917
云 南	Yunnan	281930	138027	16841233	60565	221935	105548	14347944	65368
西 藏	Tibet	25174	12609	2815437	114314	17030	7798	1969271	117435
陕 西	Shaanxi	189902	107134	10321856	54194	235363	121256	13201684	55835
甘 肃	Gansu	139607	68539	8228361	59036	185595	73775	11245692	60724
青 海	Qinghai	28841	14955	2040302	70930	32993	17003	2473881	75311
宁 夏	Ningxia	32534	20385	1945683	60761	44080	19276	2971828	67909
新 疆	Xinjiang	143165	95107	9743069	68217	185011	112676	13234191	71800

3-2 续表 51 continued

地 区	Region	高等教育 Senior Education				卫生和社会工作 Health and Social Service			
		年末人数(人) Year-end Figures (person)	#女 性 Female	工资总额(千元) Total Wages (1000 yuan)	平均工资(元) Average Wage (yuan)	年末人数(人) Year-end Figures (person)	#女 性 Female	工资总额(千元) Total Wages (1000 yuan)	平均工资(元) Average Wage (yuan)
全 国	**National**	**2235106**	**1037104**	**194859455**	**87480**	**8416482**	**5314435**	**594132191**	**71624**
北 京	Beijing	170735	82626	22414788	132273	272740	192807	37247746	139176
天 津	Tianjin	49155	23429	5517206	112394	97125	61910	10135665	105452
河 北	Hebei	83767	43867	6186010	73762	364528	235371	18714903	51967
山 西	Shanxi	51059	25787	3828235	75220	200364	130689	9608943	48349
内蒙古	Inner Mongolia	36458	17399	2877997	79266	152511	92090	9509369	62665
辽 宁	Liaoning	113002	49697	8386470	77177	336683	195030	18857569	56455
吉 林	Jilin	58974	27445	4406477	73924	181289	116699	9715376	53409
黑龙江	Heilongjiang	74332	35072	5974544	79955	223709	142970	12425430	55776
上 海	Shanghai	84411	38570	9766282	115702	188934	130352	22198800	117092
江 苏	Jiangsu	157495	74932	13617944	87104	479324	305641	38460309	81693
浙 江	Zhejiang	103298	49217	11788825	112542	437271	291080	44737432	104369
安 徽	Anhui	71369	31235	5220839	74026	290713	176749	18220660	63695
福 建	Fujian	57495	28354	5412153	95608	215596	141151	16954209	80314
江 西	Jiangxi	51678	19801	3802416	74339	245125	140407	14782396	61728
山 东	Shandong	125832	57431	12100758	96856	606898	380699	42056995	70385
河 南	Henan	98457	44841	5731912	59940	552176	326727	28931948	53308
湖 北	Hubei	136359	56266	9989809	73454	418036	243684	25559253	62475
湖 南	Hunan	83413	39031	6431650	77450	374996	237929	25707959	69475
广 东	Guangdong	130390	62181	12951357	101462	613293	392855	48997510	80838
广 西	Guangxi	50147	23061	3627088	73273	307328	204751	19644292	64821
海 南	Hainan	12483	6255	1236275	99853	59293	38915	4122598	70489
重 庆	Chongqing	47082	20488	4443229	94489	189601	115458	15165813	81600
四 川	Sichuan	113932	53157	9156848	80723	467646	289744	33501108	73704
贵 州	Guizhou	33135	15761	2308897	70727	199067	123566	13164875	67511
云 南	Yunnan	43859	21494	3217530	73958	256765	172976	14919777	59543
西 藏	Tibet	3486	1792	398166	115477	18219	9589	1718047	95996
陕 西	Shaanxi	108145	48462	7891946	67359	261522	164947	14580936	55203
甘 肃	Gansu	37955	16430	2880333	76234	142804	84412	7933838	56180
青 海	Qinghai	5102	2443	351583	70303	38067	22100	2214917	58622
宁 夏	Ningxia	10123	5307	673379	67738	44639	30303	2670668	60676
新 疆	Xinjiang	31978	15273	2268509	70869	180220	122834	11672850	65463

3-2 续表 52 continued

地 区	Region	卫生 Health 年末人数(人) Year-end Figures (person)	#女性 Female	工资总额(千元) Total Wages (1000 yuan)	平均工资(元) Average Wage (yuan)	社会工作 Social Service 年末人数(人) Year-end Figures (person)	#女性 Female	工资总额(千元) Total Wages (1000 yuan)	平均工资(元) Average Wage (yuan)
全 国	**National**	**8208539**	**5200213**	**583550420**	**72165**	**207943**	**114222**	**10581771**	**50674**
北 京	Beijing	258908	184198	36437728	143543	13832	8609	810018	58757
天 津	Tianjin	94369	60196	9948923	106605	2756	1714	186742	66909
河 北	Hebei	356174	230715	18309402	52120	8354	4656	405501	45892
山 西	Shanxi	196166	128399	9427139	48447	4198	2290	181804	43745
内蒙古	Inner Mongolia	148190	89805	9268684	62871	4321	2285	240685	55624
辽 宁	Liaoning	313428	184590	18043310	58036	23255	10440	814259	35196
吉 林	Jilin	176681	114407	9530019	53748	4608	2292	185357	40321
黑龙江	Heilongjiang	217144	139928	12039742	55673	6565	3042	385688	59209
上 海	Shanghai	182822	126268	21785246	118802	6112	4084	413554	66584
江 苏	Jiangsu	471461	301292	37939569	81944	7863	4349	520740	66762
浙 江	Zhejiang	425555	284106	44097648	106081	11716	6974	639784	49412
安 徽	Anhui	287390	174841	18074540	63919	3323	1908	146120	44467
福 建	Fujian	209376	137559	16632844	81112	6220	3592	321365	53206
江 西	Jiangxi	240088	137539	14566751	62136	5037	2868	215645	42761
山 东	Shandong	596272	375250	41443398	70608	10626	5449	613597	58018
河 南	Henan	544559	322976	28605533	53453	7617	3751	326415	43085
湖 北	Hubei	407972	238279	25091752	62871	10064	5405	467501	46680
湖 南	Hunan	367952	234188	25399249	69967	7044	3741	308710	44032
广 东	Guangdong	596098	382230	47979774	81460	17195	10625	1017736	59437
广 西	Guangxi	302054	201174	19430273	65233	5274	3577	214019	41181
海 南	Hainan	58272	38364	4063012	70704	1021	551	59586	58360
重 庆	Chongqing	183686	112328	14938378	83000	5915	3130	227435	38719
四 川	Sichuan	457135	283723	32920267	74127	10511	6021	580841	55711
贵 州	Guizhou	195739	121840	12970282	67645	3328	1726	194593	59636
云 南	Yunnan	251198	170095	14641303	59797	5567	2881	278474	48693
西 藏	Tibet	17675	9386	1667309	95955	544	203	50738	97386
陕 西	Shaanxi	255442	161665	14319040	55475	6080	3282	261896	43512
甘 肃	Gansu	140400	83163	7800947	56193	2404	1249	132891	55371
青 海	Qinghai	36173	21205	2108784	58781	1894	895	106133	55625
宁 夏	Ningxia	43120	29449	2583945	60820	1519	854	86723	56682
新 疆	Xinjiang	177040	121055	11485629	65580	3180	1779	187221	59023

3-2 续表 53 continued

地区	Region	文化、体育和娱乐业 Culture, Sports and Entertainment 年末人数(人) Year-end Figures (person)	#女性 Female	工资总额(千元) Total Wages (1000 yuan)	平均工资(元) Average Wage (yuan)	新闻和出版业 Journalism and Publishing Activities 年末人数(人) Year-end Figures (person)	#女性 Female	工资总额(千元) Total Wages (1000 yuan)	平均工资(元) Average Wage (yuan)
全国	**National**	**1490884**	**665651**	**108599954**	**72764**	**340283**	**152698**	**31075409**	**90192**
北京	Beijing	182639	90101	23931520	130134	69682	36768	10419623	148462
天津	Tianjin	22085	9347	1973557	87264	3345	1633	362794	108103
河北	Hebei	54861	24288	2520926	45994	9850	3977	565758	56621
山西	Shanxi	45836	21318	2166651	47387	10000	4901	485327	48450
内蒙古	Inner Mongolia	34532	16241	2117371	60979	7169	3474	409092	56598
辽宁	Liaoning	50967	23151	2537051	49918	11334	5099	678477	59516
吉林	Jilin	35699	15406	1864123	50810	7911	3595	381764	44982
黑龙江	Heilongjiang	39965	16550	2020345	50931	7307	3213	389430	54888
上海	Shanghai	56115	24892	6598297	117099	11943	5579	1708226	139288
江苏	Jiangsu	77700	35822	6043529	77468	15128	7060	1321567	86632
浙江	Zhejiang	74117	34154	6482919	87177	14191	6117	1674427	118368
安徽	Anhui	32428	13886	1703499	52272	6408	2796	450911	70170
福建	Fujian	43091	18815	2611610	61039	7268	2983	599232	83169
江西	Jiangxi	37789	14769	2008731	53649	7098	2953	389298	55040
山东	Shandong	69688	28896	4918167	71453	12839	5246	1004733	78501
河南	Henan	78237	32870	3701772	47591	17991	6608	1044026	56833
湖北	Hubei	63056	26036	3733834	58510	18656	7025	1285470	65160
湖南	Hunan	54695	24130	3432705	62665	8907	3747	620804	68190
广东	Guangdong	116093	50679	9392335	80069	26754	10239	2870044	104059
广西	Guangxi	33718	14827	1883073	56579	6783	3043	463498	69626
海南	Hainan	11639	5183	648560	56348	2247	1018	167122	74409
重庆	Chongqing	28794	11273	1759122	61544	9283	3043	619094	67183
四川	Sichuan	60994	27848	3555705	58860	18782	8633	1167182	61681
贵州	Guizhou	20704	9000	1184814	57257	4387	1962	276898	62974
云南	Yunnan	34853	16562	1948836	56135	5499	2648	394709	69491
西藏	Tibet	6814	2962	733303	114097	666	277	104022	156189
陕西	Shaanxi	49790	22793	2650853	52918	6678	2963	436616	64350
甘肃	Gansu	25146	10903	1384470	55246	2851	1223	171207	60052
青海	Qinghai	8524	3863	499907	59077	1475	703	64425	43886
宁夏	Ningxia	10532	4907	661948	62941	1678	842	120639	71258
新疆	Xinjiang	29783	14179	1930421	64906	6173	3330	428994	68573

3-2 续表 54 continued

地 区	Region	广播、电视、电影和影视录音制作业 Radio, Television, Motion Picture and Videotape Programme Production Services				文化艺术业 Cultural and Art Activities			
		年末人数 (人) Year-end Figures (person)	#女 性 Female	工资总额 (千元) Total Wages (1000 yuan)	平均工资 (元) Average Wage (yuan)	年末人数 (人) Year-end Figures (person)	#女 性 Female	工资总额 (千元) Total Wages (1000 yuan)	平均工资 (元) Average Wage (yuan)
全 国	**National**	**460205**	**191413**	**35685193**	**77752**	**454080**	**216895**	**27146589**	**60002**
北 京	Beijing	39313	18616	6879909	171492	41352	20029	3913070	94637
天 津	Tianjin	6352	2695	503966	74595	7299	3248	568468	76458
河 北	Hebei	22276	9608	947853	42773	16104	7861	742003	46093
山 西	Shanxi	13621	5778	685633	50638	19343	9556	854806	44297
内蒙古	Inner Mongolia	11293	4887	733492	64888	14178	7093	876206	61454
辽 宁	Liaoning	14715	6055	719710	49942	18509	8984	887231	48232
吉 林	Jilin	11379	4461	517135	45530	11782	5732	594419	49576
黑龙江	Heilongjiang	14711	5263	702018	47466	12736	6046	640469	50304
上 海	Shanghai	11568	4698	1623793	141903	13958	7016	1259082	89468
江 苏	Jiangsu	26668	11485	2448308	91488	20174	9753	1319076	65786
浙 江	Zhejiang	25107	10427	2335786	92225	24519	12777	1794307	73139
安 徽	Anhui	13658	5335	639930	46208	10167	4897	507105	49961
福 建	Fujian	12530	4789	863914	69541	13116	6582	705294	54320
江 西	Jiangxi	16886	5958	935728	56580	11183	4893	546900	48861
山 东	Shandong	28010	11059	2130518	78276	18503	8162	1208430	66536
河 南	Henan	24995	11198	1155862	46673	25663	11424	974093	38382
湖 北	Hubei	19814	8114	1238361	62816	18441	8181	905801	49322
湖 南	Hunan	20494	8861	1745709	85169	15678	7409	695108	44724
广 东	Guangdong	31462	12440	2788938	88964	22862	10864	1695102	74252
广 西	Guangxi	9049	3190	560877	62556	12099	5705	601840	50355
海 南	Hainan	3321	1412	198900	60328	2166	978	129257	59238
重 庆	Chongqing	7980	3114	551399	69184	7248	3130	389508	54652
四 川	Sichuan	17088	7056	1067921	63333	19689	9758	1050467	54590
贵 州	Guizhou	6947	2717	407075	58911	6929	3201	395963	57105
云 南	Yunnan	8477	3597	516481	61100	14328	7015	790003	55346
西 藏	Tibet	3110	1321	350278	122603	2659	1217	239181	94538
陕 西	Shaanxi	15154	7018	888249	58219	23162	10693	1111573	47929
甘 肃	Gansu	8084	3321	437965	54609	12101	5687	667715	55316
青 海	Qinghai	3348	1352	222631	66997	3185	1654	183699	58225
宁 夏	Ningxia	2693	1115	192875	72022	3191	1607	195210	60832
新 疆	Xinjiang	10102	4473	693979	69080	11756	5743	705203	60043

3-2 续表 55 continued

地 区	Region	体 育 Sports Activities				娱乐业 Entertainment			
		年末人数（人）Year-end Figures (person)	#女 性 Female	工资总额（千元）Total Wages (1000 yuan)	平均工资（元）Average Wage (yuan)	年末人数（人）Year-end Figures (person)	#女 性 Female	工资总额（千元）Total Wages (1000 yuan)	平均工资（元）Average Wage (yuan)
全 国	**National**	**132839**	**57046**	**9143106**	**68193**	**103477**	**47599**	**5549657**	**54149**
北 京	Beijing	23488	10218	2151065	90529	8804	4470	567853	66901
天 津	Tianjin	3303	1056	432405	131151	1786	715	105924	59777
河 北	Hebei	2905	1284	142051	48714	3726	1558	123261	33826
山 西	Shanxi	2150	758	116765	54083	722	325	24120	34020
内蒙古	Inner Mongolia	1246	449	63784	51984	646	338	34797	49288
辽 宁	Liaoning	2963	1293	128815	44883	3446	1720	122818	32769
吉 林	Jilin	3644	1156	330405	85597	983	462	40400	40685
黑龙江	Heilongjiang	2726	883	150584	54559	2485	1145	137844	60168
上 海	Shanghai	13309	5325	1369404	100529	5337	2274	637792	128951
江 苏	Jiangsu	4759	2018	289535	59995	10971	5506	665043	59806
浙 江	Zhejiang	5100	2325	391467	74850	5200	2508	286932	55943
安 徽	Anhui	1518	584	77960	52147	677	274	27593	41245
福 建	Fujian	5120	2276	237721	46962	5057	2185	205449	40190
江 西	Jiangxi	1550	507	83873	53834	1072	458	52932	49011
山 东	Shandong	5853	2432	384858	63655	4483	1997	189628	41170
河 南	Henan	3308	1102	199284	61074	6280	2538	328507	54696
湖 北	Hubei	2285	926	116130	52979	3860	1790	188072	49285
湖 南	Hunan	2644	1125	109598	41625	6972	2988	261486	37339
广 东	Guangdong	23153	11732	1330499	56636	11862	5404	707752	58725
广 西	Guangxi	4002	1932	187692	47686	1785	957	69166	39055
海 南	Hainan	2243	1088	72213	32066	1662	687	81068	52882
重 庆	Chongqing	2066	889	103171	50748	2217	1097	95950	42873
四 川	Sichuan	2886	1312	150009	52857	2549	1089	120126	47219
贵 州	Guizhou	1202	490	59762	50136	1239	630	45116	35806
云 南	Yunnan	3159	1507	121473	37760	3390	1795	126170	40792
西 藏	Tibet	237	90	30860	130211	142	57	8962	65416
陕 西	Shaanxi	2238	934	103283	45200	2558	1185	111132	43158
甘 肃	Gansu	1424	372	79982	55814	686	300	27601	40293
青 海	Qinghai	364	105	22094	60698	152	49	7058	46434
宁 夏	Ningxia	1056	506	50262	47507	1914	837	102962	54796
新 疆	Xinjiang	938	372	56102	58258	814	261	46143	63037

3-2 续表 56 continued

地 区	Region	公共管理、社会保障和社会组织 Public Management, Social Security and Social Organization				中国共产党机关 Organs of Communist Party of China			
		年末人数（人） Year-end Figures (person)	#女 性 Female	工资总额（千元） Total Wages (1000 yuan)	平均工资（元） Average Wage (yuan)	年末人数（人） Year-end Figures (person)	#女 性 Female	工资总额（千元） Total Wages (1000 yuan)	平均工资（元） Average Wage (yuan)
全 国	**National**	**16378019**	**5076671**	**1014142606**	**62323**	**603610**	**164594**	**41493022**	**69237**
北 京	Beijing	467348	180352	42374157	91030	12817	4274	1438054	109733
天 津	Tianjin	165152	48114	15671751	95834	3233	871	359459	112051
河 北	Hebei	863273	274310	41997610	48923	32801	8257	1818276	55510
山 西	Shanxi	579601	186791	28823994	49859	20677	6071	1194145	57867
内蒙古	Inner Mongolia	442433	150131	27459490	62272	18571	5704	1299218	69986
辽 宁	Liaoning	541018	171392	27174997	50389	24059	7479	1262540	52564
吉 林	Jilin	354720	113616	17133817	48061	12979	3372	719728	55453
黑龙江	Heilongjiang	443930	136721	23433645	53007	15035	4153	808427	53688
上 海	Shanghai	203181	68435	20813091	100767	3077	1310	319296	102602
江 苏	Jiangsu	710217	195000	58164929	82372	14922	3575	1357519	91115
浙 江	Zhejiang	700914	204294	64799580	93306	22168	5783	2546118	115110
安 徽	Anhui	482603	128006	27416638	57083	16676	3414	1090600	65651
福 建	Fujian	391878	112137	26741707	68728	14395	3736	1094836	75459
江 西	Jiangxi	511136	136976	27687747	54577	18824	4443	1102536	59089
山 东	Shandong	1127558	339940	72667634	65158	43113	10469	3003291	70010
河 南	Henan	1097200	364562	46373846	42587	33119	9294	1514696	45876
湖 北	Hubei	638997	182222	35032778	55287	30319	7227	2368530	78350
湖 南	Hunan	818482	237403	39170442	48004	26374	6742	1329067	50378
广 东	Guangdong	1065482	310468	84760330	79848	28952	7803	2579644	88767
广 西	Guangxi	482445	150690	26783821	55953	17021	4901	1130668	66576
海 南	Hainan	135668	40632	8412447	62894	3615	844	265148	73104
重 庆	Chongqing	316131	91795	20225789	64506	9506	2544	642098	68012
四 川	Sichuan	907851	299779	57240398	63704	36618	10910	2613241	71964
贵 州	Guizhou	510507	153225	30997945	61370	21274	5863	1540986	73419
云 南	Yunnan	527593	162040	29377606	56413	28342	7687	1627784	63289
西 藏	Tibet	142075	45132	15884421	114558	10801	3395	1256819	120408
陕 西	Shaanxi	579407	177971	29688028	50868	26239	6891	1484352	56859
甘 肃	Gansu	427593	144013	23671197	55574	23194	7042	1341565	58117
青 海	Qinghai	101539	37781	6476686	64438	5232	1770	395928	75848
宁 夏	Ningxia	102652	37370	6214076	61236	3583	1037	253703	71045
新 疆	Xinjiang	539435	195373	31472009	59598	26074	7733	1734750	66785

3-2 续表 57 continued

地 区 Region	国家机构 Government Agencies				人民政协、民主党派 People's Political Consultative Conference and Democratic Parties			
	年末人数（人）Year-end Figures (person)	#女 性 Female	工资总额（千元）Total Wages (1000 yuan)	平均工资（元）Average Wage (yuan)	年末人数（人）Year-end Figures (person)	#女 性 Female	工资总额（千元）Total Wages (1000 yuan)	平均工资（元）Average Wage (yuan)
全 国 National	**15047351**	**4612830**	**930081330**	**62218**	**101583**	**27542**	**7631267**	**75203**
北 京 Beijing	391923	149106	36516751	93722	2148	793	284700	133287
天 津 Tianjin	152483	43435	14630819	96920	277	109	27261	98061
河 北 Hebei	807224	256366	38926116	48513	4971	1369	311908	62657
山 西 Shanxi	536292	171150	26401470	49394	3228	951	209741	64815
内蒙古 Inner Mongolia	403341	135318	24910552	61940	3410	1018	262091	75793
辽 宁 Liaoning	486274	150396	24538955	50618	3348	1049	199954	59228
吉 林 Jilin	326088	103152	15750848	48042	1924	512	120968	62194
黑龙江 Heilongjiang	413551	125722	21817662	52995	2485	714	161611	65113
上 海 Shanghai	186327	59665	19398230	102379	788	351	94495	117531
江 苏 Jiangsu	676538	183448	55208445	82097	2910	795	301743	103372
浙 江 Zhejiang	628417	178407	59025310	94874	3698	994	471310	127106
安 徽 Anhui	452987	119856	25577803	56738	2749	620	194345	71111
福 建 Fujian	358523	100404	24454007	68723	3402	981	268830	79161
江 西 Jiangxi	469922	124016	25370242	54387	3691	944	245847	67429
山 东 Shandong	1052217	318475	67413639	64798	5862	1312	462327	79356
河 南 Henan	1020221	338512	42984359	42466	5729	1496	271955	47972
湖 北 Hubei	556752	152907	30731351	55663	4924	1066	306907	62609
湖 南 Hunan	767619	220742	36740531	48021	3933	1039	217441	54993
广 东 Guangdong	998357	287552	79351726	79803	3835	1150	391823	101640
广 西 Guangxi	444236	136037	24533820	55685	3240	998	253262	77975
海 南 Hainan	127247	37678	7834378	62530	631	177	59960	93688
重 庆 Chongqing	294292	84425	18787668	64369	1787	459	130950	73526
四 川 Sichuan	820884	268782	51565689	63494	7181	2022	547396	76484
贵 州 Guizhou	472093	141173	28345845	60678	3852	1006	318293	82759
云 南 Yunnan	474544	143744	26369755	56047	6471	1765	443749	68809
西 藏 Tibet	123656	38989	13977779	115766	1315	464	162635	127657
陕 西 Shaanxi	534086	163252	27183149	50483	4537	1185	273775	60383
甘 肃 Gansu	390004	131963	21520710	55400	4494	922	249583	55475
青 海 Qinghai	90269	33415	5703616	63932	1448	372	118624	81810
宁 夏 Ningxia	94960	34550	5676481	60508	776	187	61723	79438
新 疆 Xinjiang	496024	180193	28833624	59419	2539	722	206060	81770

3-2 续表 58 continued

地 区	Region	社会保障 Social Security 年末人数(人) Year-end Figures (person)	#女 性 Female	工资总额(千元) Total Wages (1000 yuan)	平均工资(元) Average Wage (yuan)	群众团体、社会团体和其他成员组织 Non-Governmental Organizations, Social Organizations and Membership Organizations 年末人数(人) Year-end Figures (person)	#女 性 Female	工资总额(千元) Total Wages (1000 yuan)	平均工资(元) Average Wage (yuan)
全 国	**National**	**175761**	**85601**	**9604188**	**54984**	**368358**	**154944**	**22465838**	**61250**
北 京	Beijing	3105	1517	236714	76483	30307	14856	3281569	108067
天 津	Tianjin	2776	1515	236719	85028	3160	1173	267036	85206
河 北	Hebei	6560	3229	334025	50841	11717	5089	607285	51697
山 西	Shanxi	8338	3906	415054	47768	10892	4636	593508	54631
内蒙古	Inner Mongolia	5414	2429	300789	58610	11591	5621	680243	58993
辽 宁	Liaoning	7928	3819	362384	46633	14627	6281	699345	47920
吉 林	Jilin	8279	4239	269291	32792	5450	2341	272982	49525
黑龙江	Heilongjiang	5363	2720	262275	48723	7472	3399	382384	51382
上 海	Shanghai	6992	3935	577273	81616	4631	2209	349082	74241
江 苏	Jiangsu	6351	3194	463937	72820	8280	3190	753714	90995
浙 江	Zhejiang	5750	3338	520445	91130	14231	5135	1194687	84210
安 徽	Anhui	3271	1463	172888	53295	6219	2325	358730	57813
福 建	Fujian	5449	2893	322553	60122	9270	3851	564533	61718
江 西	Jiangxi	3999	1852	190646	47925	14679	5721	778476	53489
山 东	Shandong	9113	3583	634132	70155	16936	5966	1122508	66816
河 南	Henan	8897	3876	377255	42161	28452	10992	1198224	42313
湖 北	Hubei	8750	4048	375336	43177	38215	16960	1248870	33127
湖 南	Hunan	8176	3654	363870	44652	12380	5226	519533	41905
广 东	Guangdong	8413	3957	580511	69348	25925	10006	1856626	71723
广 西	Guangxi	8923	4754	391242	43975	9025	4000	474829	52900
海 南	Hainan	1287	869	50663	39673	2888	1064	202298	69233
重 庆	Chongqing	3377	1592	207196	61592	7169	2775	457877	64617
四 川	Sichuan	10788	5576	605943	56678	21747	9594	1373330	63457
贵 州	Guizhou	2698	1112	141370	52593	10590	4071	651451	62495
云 南	Yunnan	5879	3352	307052	52740	10118	4581	567472	56572
西 藏	Tibet	503	230	48495	99375	5800	2054	438693	76748
陕 西	Shaanxi	4801	2314	240174	50109	9166	4086	478730	52280
甘 肃	Gansu	2248	1047	110972	49212	7234	2886	430840	59591
青 海	Qinghai	1682	793	96954	58056	2908	1431	161564	54638
宁 夏	Ningxia	1047	598	56551	55064	2085	897	153323	73431
新 疆	Xinjiang	9604	4197	351479	38522	5194	2528	346096	66685

3-3 各地区分行业城镇单位在岗职工人数和工资(2015年)
URBAN UNITS ON-POST STAFF AND WORKERS AND WAGES BY SECTOR AND REGION(2015)

地区	Region	总计 Total		农、林、牧、渔业 Agriculture, Forestry, Animal Husbandry and Fishery		采矿业 Mining		制造业 Manufacturing	
		年末人数(人) Year-end Figures (person)	平均工资(元) Average Wage (yuan)	年末人数(人) Year-end Figures (person)	平均工资(元) Average Wage (yuan)	年末人数(人) Year-end Figures (person)	平均工资(元) Average Wage (yuan)	年末人数(人) Year-end Figures (person)	平均工资(元) Average Wage (yuan)
全国	**National**	**169771519**	**63241**	**2399476**	**32971**	**5335253**	**59920**	**49795775**	**55192**
北京	Beijing	7247899	113073	38024	51214	52733	88432	898403	87581
天津	Tianjin	2782236	81486	4930	71764	64007	106609	1090925	70773
河北	Hebei	5997641	52409	40330	19779	242988	54862	1392536	47660
山西	Shanxi	4218960	52960	17986	42076	937009	58815	642409	41386
内蒙古	Inner Mongolia	2895546	57870	226750	36095	175718	69216	457189	50937
辽宁	Liaoning	5835086	53458	220906	14286	280819	57084	1479578	51678
吉林	Jilin	3081304	52927	119764	30618	139449	52200	826488	54570
黑龙江	Heilongjiang	3941493	51241	515745	28797	316507	54868	547634	46506
上海	Shanghai	5941860	109279	20153	68428	590	125126	1875589	84803
江苏	Jiangsu	14675284	67200	55170	34809	104165	61001	5855197	62277
浙江	Zhejiang	10275299	67707	4271	57580	6442	50077	3268647	55237
安徽	Anhui	4675542	56974	31820	33774	261725	62474	1183267	51192
福建	Fujian	6177496	58719	26693	45764	23829	44558	2325163	50514
江西	Jiangxi	4401395	52137	42836	32849	70706	41500	1361173	46214
山东	Shandong	11779502	58197	16674	52777	623234	62026	4135511	48442
河南	Henan	10766699	45920	25173	35000	511086	49148	3479783	41444
湖北	Hubei	6584886	55237	72172	30656	65173	50983	1851600	50147
湖南	Hunan	5347737	53889	19820	31191	100120	43045	1191612	51639
广东	Guangdong	18833302	66296	51818	31526	29425	86575	9704843	57227
广西	Guangxi	3745308	54983	53372	33983	28634	46482	734456	46616
海南	Hainan	970006	58406	85847	28811	6239	60581	86561	51646
重庆	Chongqing	3850799	62091	11495	41460	72195	52236	871540	58357
四川	Sichuan	7421374	60520	28171	48583	190812	62725	1570159	52300
贵州	Guizhou	2776232	62591	10050	52251	149716	49969	413961	52610
云南	Yunnan	3736715	55025	55083	33848	147452	43513	608209	46537
西藏	Tibet	284628	110980	2633	30988	4863	79153	10553	61240
陕西	Shaanxi	4741309	56896	21818	44306	345717	68648	1012522	52050
甘肃	Gansu	2413704	54454	45201	38502	111542	64853	343589	51086
青海	Qinghai	609790	61868	13443	41067	37020	83765	107571	51535
宁夏	Ningxia	684817	62482	13896	39152	59667	79367	125791	52015
新疆	Xinjiang	3077670	60914	507432	38377	175671	87007	343316	58996

3-3 续表 1 continued

地 区	Region	电力、热力、燃气及水生产和供应业 Production and Supply of Electricity, Heat, Gas and Water		建筑业 Construction		批发和零售业 Wholesale and Retail Trades		交通运输、仓储和邮政业 Transport, Storage and Post	
		年末人数（人）Year-end Figures (person)	平均工资（元）Average Wage (yuan)	年末人数（人）Year-end Figures (person)	平均工资（元）Average Wage (yuan)	年末人数（人）Year-end Figures (person)	平均工资（元）Average Wage (yuan)	年末人数（人）Year-end Figures (person)	平均工资（元）Average Wage (yuan)
全 国	**National**	**3821982**	**80528**	**24161981**	**49767**	**8426517**	**60449**	**8231562**	**69772**
北 京	Beijing	80247	131438	417942	84021	706228	94528	586448	81608
天 津	Tianjin	43536	118402	264296	66564	172735	66584	146760	90316
河 北	Hebei	164215	82636	701153	39899	266007	38161	281545	57784
山 西	Shanxi	113495	74199	307507	42886	169844	38434	234227	65452
内蒙古	Inner Mongolia	139875	74525	199936	40935	94204	46348	201984	64820
辽 宁	Liaoning	141782	66521	731423	43183	240194	46999	355373	65559
吉 林	Jilin	127131	66806	250138	42800	109993	41246	160619	59553
黑龙江	Heilongjiang	174846	63872	261041	39185	173485	45594	269284	59304
上 海	Shanghai	42120	154728	303434	81462	720236	115306	491232	99642
江 苏	Jiangsu	172118	114595	3767856	56694	564671	64090	475573	67953
浙 江	Zhejiang	107072	109332	3034473	48568	400631	65017	310018	76092
安 徽	Anhui	101704	82379	717125	50285	229722	46279	210186	58189
福 建	Fujian	87624	81889	1387544	51191	270790	56162	236308	66657
江 西	Jiangxi	120991	65463	713171	46645	173069	46688	201982	63789
山 东	Shandong	225674	71759	1425699	48323	582790	44782	470528	66799
河 南	Henan	246272	66652	1552848	41863	528833	40453	433187	52808
湖 北	Hubei	160572	78795	1128058	51054	377608	45269	331046	61056
湖 南	Hunan	168907	61198	862744	44081	199700	46667	231178	61377
广 东	Guangdong	305202	103075	1212352	51905	935167	62209	783862	81259
广 西	Guangxi	134800	72033	581367	46647	129028	46855	192408	62082
海 南	Hainan	22925	71141	60889	43168	55880	48133	64305	71279
重 庆	Chongqing	63268	75812	896339	48824	215605	53185	251912	61075
四 川	Sichuan	253609	81103	1309314	46122	296830	50990	394669	67338
贵 州	Guizhou	119905	77413	331208	47665	119186	58762	109910	67521
云 南	Yunnan	99861	76064	528279	40406	229745	47529	165783	67710
西 藏	Tibet	10643	64858	14693	54451	10895	75656	7267	78521
陕 西	Shaanxi	133141	68957	505143	48236	249770	41489	267746	64757
甘 肃	Gansu	118491	63747	357524	39975	76387	39994	120707	62686
青 海	Qinghai	19457	70019	62330	49814	22625	46593	42268	75013
宁 夏	Ningxia	34078	93721	44755	45899	24248	48148	37280	63658
新 疆	Xinjiang	88421	70996	231400	56960	80411	57184	165967	78640

3-3 续表 2 continued

地 区	Region	住宿和餐饮业 Hotels and Catering Services		信息传输、软件和信息技术服务业 Information Transmission, Software and Information Technology		金融业 Financial Intermediation		房地产业 Real Estate	
		年末人数（人）Year-end Figures (person)	平均工资（元）Average Wage (yuan)	年末人数（人）Year-end Figures (person)	平均工资（元）Average Wage (yuan)	年末人数（人）Year-end Figures (person)	平均工资（元）Average Wage (yuan)	年末人数（人）Year-end Figures (person)	平均工资（元）Average Wage (yuan)
全 国	**National**	**2559352**	**41773**	**3396581**	**112935**	**4784323**	**132788**	**3939714**	**61381**
北 京	Beijing	254728	54731	663216	158210	374255	285795	392353	87044
天 津	Tianjin	42481	45040	43272	132742	86755	137683	69298	78944
河 北	Hebei	56070	32959	85800	95675	206345	94989	106196	43184
山 西	Shanxi	36849	28790	51328	61601	138253	86035	33175	41951
内蒙古	Inner Mongolia	39862	36463	49656	65850	103403	80364	52540	42421
辽 宁	Liaoning	64600	37544	126880	85250	190168	100595	125765	50990
吉 林	Jilin	28833	32297	63360	64793	104068	80248	57169	45408
黑龙江	Heilongjiang	39576	43017	69024	65281	132375	78097	50765	48023
上 海	Shanghai	196450	57560	248362	182277	327062	208495	215796	88903
江 苏	Jiangsu	157105	43733	277537	118329	267267	142201	213655	68279
浙 江	Zhejiang	124002	44678	168585	127075	316278	150908	188819	67914
安 徽	Anhui	57961	33820	66523	72532	133458	96935	100734	55062
福 建	Fujian	95515	39738	87736	85318	133824	130422	146334	63167
江 西	Jiangxi	42776	33839	63652	61504	108634	83416	60356	50835
山 东	Shandong	136162	39916	172694	81625	308193	109887	252695	53193
河 南	Henan	109260	34051	98506	61930	207833	81020	201674	45742
湖 北	Hubei	96999	36393	110750	73769	159656	97232	124284	52825
湖 南	Hunan	80785	34654	69794	69075	185647	110638	117052	49956
广 东	Guangdong	347774	44904	345213	127220	377024	154389	577875	67267
广 西	Guangxi	46181	30656	41673	77958	105875	105485	72261	46828
海 南	Hainan	57934	41168	15279	115441	35820	102938	75741	53871
重 庆	Chongqing	61752	35842	46097	93489	88390	163441	120869	60735
四 川	Sichuan	102391	37162	177685	84203	193378	101551	177282	54643
贵 州	Guizhou	28145	37505	31451	81981	77755	132293	84214	48774
云 南	Yunnan	81495	31625	47985	73264	91427	126092	101348	47136
西 藏	Tibet	4247	50517	4822	99157	8933	171963	1361	71127
陕 西	Shaanxi	103455	32702	100827	105660	128847	98567	107600	48237
甘 肃	Gansu	30359	33675	24974	56035	66660	60209	41377	45234
青 海	Qinghai	5837	40632	7738	74069	22513	81416	8345	39151
宁 夏	Ningxia	6717	36249	7885	78420	27892	97205	15314	47486
新 疆	Xinjiang	23051	44280	28277	78529	76335	97489	47467	48201

3-3 续表 3 continued

地 区	Region	租赁和商务服务业 Leasing and Business Services		科学研究和技术服务业 Scientific Research and Technical Services		水利、环境和公共设施管理业 Management of Water Conservancy,Environment and Public Facilities		居民服务、修理和其他服务业 Service to Households, Repair and Other Services	
		年末人数(人) Year-end Figures (person)	平均工资(元) Average Wage (yuan)	年末人数(人) Year-end Figures (person)	平均工资(元) Average Wage (yuan)	年末人数(人) Year-end Figures (person)	平均工资(元) Average Wage (yuan)	年末人数(人) Year-end Figures (person)	平均工资(元) Average Wage (yuan)
全 国	**National**	**4502972**	**71410**	**3886361**	**90786**	**2330299**	**47046**	**704245**	**45524**
北 京	Beijing	769553	104501	545017	136687	97439	74242	83267	49481
天 津	Tianjin	77395	76376	103736	126712	33544	86860	103834	39889
河 北	Hebei	126658	40278	138017	71541	94542	40110	16534	33543
山 西	Shanxi	85758	36990	71629	59259	79794	30622	6304	37585
内蒙古	Inner Mongolia	43462	47425	61009	63816	77221	42551	8133	41405
辽 宁	Liaoning	109299	42873	151997	66794	141497	34148	24888	37127
吉 林	Jilin	43694	43845	73249	60554	68904	34154	18362	33497
黑龙江	Heilongjiang	59443	46500	109170	66935	83037	37820	42139	51632
上 海	Shanghai	484102	138733	211671	156286	73984	76035	55661	65055
江 苏	Jiangsu	300719	55174	209619	92176	135582	57291	32486	54671
浙 江	Zhejiang	264724	64584	153239	100449	104650	57473	23115	49336
安 徽	Anhui	59449	48180	85444	71797	67738	44858	7970	43425
福 建	Fujian	122424	52281	80903	78987	49933	48662	16799	46997
江 西	Jiangxi	47049	41984	53148	68058	57967	42850	9549	44868
山 东	Shandong	208322	57762	173757	71698	130587	51475	30375	43049
河 南	Henan	154388	41694	165734	57593	119020	39492	26362	34025
湖 北	Hubei	86302	46511	150904	76592	92782	43253	13980	41071
湖 南	Hunan	93635	44755	108135	57439	68967	38235	15297	42494
广 东	Guangdong	619663	66864	336612	99900	163821	50029	73186	47340
广 西	Guangxi	106130	44894	88580	66724	76086	39522	7039	44684
海 南	Hainan	20910	49333	21211	59658	28514	41077	5121	29537
重 庆	Chongqing	105118	45302	76139	88597	56792	44766	13206	44038
四 川	Sichuan	137963	52384	199310	89106	107316	43881	18037	45450
贵 州	Guizhou	44292	48920	71826	65962	36201	40994	11151	37339
云 南	Yunnan	92342	41658	93748	66513	60041	43610	12613	38147
西 藏	Tibet	3347	54361	9457	119007	1539	80423	1957	43611
陕 西	Shaanxi	105848	50472	177660	67860	83155	43281	15469	37641
甘 肃	Gansu	24781	47322	66835	68952	50507	49585	2936	42725
青 海	Qinghai	7656	40754	21748	70158	10171	48847	687	39328
宁 夏	Ningxia	18756	40929	15067	72463	21961	45500	791	40802
新 疆	Xinjiang	79790	44887	61790	77018	57007	46972	6997	40670

3-3 续表 4 continued

地 区	Region	教育 Education 年末人数(人) Year-end Figures (person)	教育 Education 平均工资(元) Average Wage (yuan)	卫生和社会工作 Health and Social Service 年末人数(人) Year-end Figures (person)	卫生和社会工作 Health and Social Service 平均工资(元) Average Wage (yuan)	文化、体育和娱乐业 Culture, Sports and Entertainment 年末人数(人) Year-end Figures (person)	文化、体育和娱乐业 Culture, Sports and Entertainment 平均工资(元) Average Wage (yuan)	公共管理、社会保障和社会组织 Public Management, Social Security and Social Organization 年末人数(人) Year-end Figures (person)	公共管理、社会保障和社会组织 Public Management, Social Security and Social Organization 平均工资(元) Average Wage (yuan)
全 国	**National**	**16646402**	**68090**	**7940195**	**73444**	**1404021**	**74301**	**15504508**	**64431**
北 京	Beijing	429961	115520	257088	142971	171661	132675	429336	96659
天 津	Tianjin	169916	101395	90357	109584	20607	89569	153852	100204
河 北	Hebei	856632	58624	346663	53317	51221	46383	824189	50310
山 西	Shanxi	503793	60044	188839	49842	43458	48504	557303	51107
内蒙古	Inner Mongolia	349003	71844	148044	63305	34038	61421	433519	63075
辽 宁	Liaoning	560005	62116	316803	57764	49110	50848	523999	51314
吉 林	Jilin	352667	59584	174686	54352	34320	51697	328410	50673
黑龙江	Heilongjiang	428989	63870	210367	57421	38259	51722	419807	54884
上 海	Shanghai	262176	104987	172864	121783	49283	117060	191095	104904
江 苏	Jiangsu	914141	80079	434502	84800	72494	80344	665427	85638
浙 江	Zhejiang	666104	94680	410618	106737	65477	92304	658134	97126
安 徽	Anhui	615466	60656	273058	65448	29826	54388	442366	59886
福 建	Fujian	475884	71615	202791	82945	39718	64064	367684	71704
江 西	Jiangxi	536185	57281	226789	64034	34110	56347	477252	56598
山 东	Shandong	1149357	73968	579255	72015	67140	72477	1090855	66432
河 南	Henan	1226518	50540	532642	54018	76325	48087	1071255	43024
湖 北	Hubei	703631	57639	398176	63742	60166	59876	601027	57162
湖 南	Hunan	646034	54595	359790	70720	51205	64992	777315	49071
广 东	Guangdong	1218655	73300	594404	81855	110962	81787	1045444	80764
广 西	Guangxi	578677	56894	293120	66257	31396	59284	444225	58871
海 南	Hainan	126970	73497	57461	71522	11279	57298	131120	64210
重 庆	Chongqing	388407	74048	179377	84069	27708	62575	304590	65880
四 川	Sichuan	907486	64940	443609	74743	57345	61020	856008	65993
贵 州	Guizhou	493683	67992	178010	72128	19370	59062	446198	67118
云 南	Yunnan	569041	64496	228678	63250	32845	58425	490740	59137
西 藏	Tibet	45934	119267	15463	109587	6089	125274	119932	132716
陕 西	Shaanxi	554601	58530	243364	56928	47079	54352	537547	53397
甘 肃	Gansu	373593	62910	130090	58946	23778	56817	404373	57560
青 海	Qinghai	75635	70810	36261	59434	8517	59093	99968	65180
宁 夏	Ningxia	85688	67664	42636	62160	10067	64753	92328	65347
新 疆	Xinjiang	381570	70050	174390	66459	29168	65645	519210	60797

3-4 各地区分行业城镇单位其他就业人员和平均工资(2015年)
URBAN UNITS OTHER EMPLOYMENT AND AVERAGE WAGE BY SECTOR AND REGION(2015)

地 区	Region	总 计 Total		农、林、牧、渔业 Agriculture, Forestry, Animal Husbandry and Fishery		采矿业 Mining		制造业 Manufacturing	
		年末人数（人） Year-end Figures (person)	平均工资（元） Average Wage (yuan)	年末人数（人） Year-end Figures (person)	平均工资（元） Average Wage (yuan)	年末人数（人） Year-end Figures (person)	平均工资（元） Average Wage (yuan)	年末人数（人） Year-end Figures (person)	平均工资（元） Average Wage (yuan)
全 国	**National**	**10853395**	**42780**	**300312**	**24534**	**122546**	**37890**	**891258**	**62500**
北 京	Beijing	525549	86170	925	38317	126	61533	23510	139843
天 津	Tianjin	165565	56787	373	31897	952	39699	16834	140380
河 北	Hebei	438827	30196	1382	17211	3393	44510	15971	49344
山 西	Shanxi	183705	24503	195	16074	16326	22704	11759	23802
内蒙古	Inner Mongolia	87112	35032	8769	22899	3370	61463	9684	37849
辽 宁	Liaoning	348863	34693	3802	18615	6647	30784	26700	48698
吉 林	Jilin	169316	27327	8630	15804	1349	23185	15819	48748
黑龙江	Heilongjiang	393658	27412	139392	28001	2131	31465	25890	23505
上 海	Shanghai	430468	107711	4675	46063	25	60480	53727	147449
江 苏	Jiangsu	845496	48186	3160	19064	1874	26517	96759	89237
浙 江	Zhejiang	558779	47177	472	17895	557	39453	37309	66704
安 徽	Anhui	462393	35788	11904	23012	8717	22914	26214	39963
福 建	Fujian	453294	41983	18133	12897	1205	34932	29575	62746
江 西	Jiangxi	403552	37389	6174	26684	1411	25265	21197	34437
山 东	Shandong	587651	38536	143	10022	21862	53790	39920	55999
河 南	Henan	491825	33910	85	17741	5321	13102	49057	34086
湖 北	Hubei	538444	43557	19879	24445	5620	29370	42608	41950
湖 南	Hunan	443714	33424	3960	20210	2505	24526	25921	34041
广 东	Guangdong	647092	50617	1023	23073	800	59478	105208	74334
广 西	Guangxi	308800	27406	28441	24189	1348	42177	27629	31076
海 南	Hainan	33559	34477	2241	14705	123	24733	1566	44847
重 庆	Chongqing	305290	40495	243	23144	1285	67940	30399	47689
四 川	Sichuan	533303	36793	836	19011	4730	38186	26407	40496
贵 州	Guizhou	298512	31951	1428	15091	4956	35874	10999	31048
云 南	Yunnan	409885	29819	10343	8308	5326	31666	66319	40107
西 藏	Tibet	49268	25478	8295	9431	443	52221	1008	34701
陕 西	Shaanxi	377046	30943	495	16115	7979	51870	31871	36500
甘 肃	Gansu	203859	35098	4520	24739	7050	44516	12641	33312
青 海	Qinghai	17346	33659	61	21295	2262	23139	1275	35492
宁 夏	Ningxia	46411	29041	301	24112	9	36759	2404	32091
新 疆	Xinjiang	94813	35029	10032	22906	2844	42132	5078	44051

3-4 续表 1 continued

地 区	Region	电力、热力、燃气及水生产和供应业 Production and Supply of Electricity, Heat, Gas and Water		建筑业 Construction		批发和零售业 Wholesale and Retail Trades		交通运输、仓储和邮政业 Transport, Storage and Post	
		年末人数(人) Year-end Figures (person)	平均工资(元) Average Wage (yuan)	年末人数(人) Year-end Figures (person)	平均工资(元) Average Wage (yuan)	年末人数(人) Year-end Figures (person)	平均工资(元) Average Wage (yuan)	年末人数(人) Year-end Figures (person)	平均工资(元) Average Wage (yuan)
全 国	**National**	**138104**	**33288**	**3798001**	**43257**	**406697**	**57761**	**312331**	**43870**
北 京	Beijing	2027	42132	35377	56443	64312	94746	13818	85414
天 津	Tianjin	1702	36724	31133	43781	5720	70328	3324	50850
河 北	Hebei	22908	26977	142486	35771	5397	25670	10246	39178
山 西	Shanxi	3340	27343	25894	37576	4808	23368	6989	31810
内蒙古	Inner Mongolia	2617	30051	15818	42875	1892	26881	4381	35905
辽 宁	Liaoning	4068	30186	105292	37134	17491	28232	5747	32405
吉 林	Jilin	2835	36312	42498	28912	3619	29634	5270	24609
黑龙江	Heilongjiang	5775	27379	50161	32243	8590	26596	5671	26322
上 海	Shanghai	636	72731	48062	77582	61922	141700	23309	84298
江 苏	Jiangsu	1808	48756	405463	45150	21361	39349	16745	39654
浙 江	Zhejiang	2769	47862	199697	44036	20385	51082	9542	41336
安 徽	Anhui	1782	43067	209372	44147	6732	28766	12455	30324
福 建	Fujian	2680	44579	241805	48538	12813	28058	8704	33539
江 西	Jiangxi	20232	41828	205980	44293	7985	30823	9684	36695
山 东	Shandong	9029	40407	211101	45023	16153	30606	13421	45091
河 南	Henan	6935	32714	235444	37422	20313	28647	19507	36442
湖 北	Hubei	2479	28325	256977	55673	15991	29109	13031	37648
湖 南	Hunan	4284	30608	200022	38632	12926	35850	12874	36119
广 东	Guangdong	1894	48552	203196	45562	33001	37849	44076	50676
广 西	Guangxi	3809	18624	70199	33304	4968	25192	7932	38246
海 南	Hainan	993	26074	8183	51356	301	68592	982	34964
重 庆	Chongqing	3543	38642	118759	46746	5550	31164	19298	48947
四 川	Sichuan	7828	40222	229262	40504	12117	30747	12389	29323
贵 州	Guizhou	8207	15836	96970	48436	4717	31951	6521	32457
云 南	Yunnan	6110	32870	151968	32088	20627	28777	5489	33892
西 藏	Tibet	100	32298	5434	55090	735	44832	1660	47006
陕 西	Shaanxi	3531	28626	138573	38947	8241	25721	12184	29638
甘 肃	Gansu	2146	30823	80633	43124	5349	26230	5010	28477
青 海	Qinghai	111	35678	7748	38868	241	29509	464	42406
宁 夏	Ningxia	1068	25279	8582	36067	465	23783	477	28598
新 疆	Xinjiang	858	36088	15912	43686	1975	32366	1131	25466

3-4 续表 2 continued

地 区	Region	住宿和餐饮业 Hotels and Catering Services		信息传输、软件和信息技术服务业 Information Transmission, Software and Information Technology		金融业 Financial Intermediation		房地产业 Real Estate	
		年末人数（人） Year-end Figures (person)	平均工资（元） Average Wage (yuan)	年末人数（人） Year-end Figures (person)	平均工资（元） Average Wage (yuan)	年末人数（人） Year-end Figures (person)	平均工资（元） Average Wage (yuan)	年末人数（人） Year-end Figures (person)	平均工资（元） Average Wage (yuan)
全 国	**National**	**201879**	**28764**	**102116**	**82728**	**1284023**	**39570**	**233700**	**41625**
北 京	Beijing	42831	34533	16854	216294	97381	83082	29221	61452
天 津	Tianjin	9315	18346	269	361312	34594	49408	4138	42433
河 北	Hebei	2002	29747	2665	39215	92757	26095	3584	28222
山 西	Shanxi	5296	12921	4069	40828	29974	22937	2941	24836
内蒙古	Inner Mongolia	829	27944	584	29019	12309	36683	1411	29086
辽 宁	Liaoning	2939	35031	6007	53834	69949	33890	7179	28311
吉 林	Jilin	686	27746	2142	30724	14219	33873	2898	27090
黑龙江	Heilongjiang	1935	22018	4745	47075	54645	29278	9105	25212
上 海	Shanghai	43584	32983	6060	227396	10335	213905	46352	51734
江 苏	Jiangsu	16324	29612	5060	59784	83246	34947	12796	40568
浙 江	Zhejiang	10948	20177	2022	60645	106767	57502	11704	40723
安 徽	Anhui	1555	27244	10022	36865	57696	24721	3436	31137
福 建	Fujian	2458	34383	2231	45372	44930	36590	6571	42372
江 西	Jiangxi	1434	21323	3376	41213	17125	26954	3237	29749
山 东	Shandong	4208	33746	1658	43619	107411	30003	8131	34626
河 南	Henan	3464	27675	5786	40055	35714	30533	9977	39462
湖 北	Hubei	2497	28101	3909	36372	35030	37175	6952	36965
湖 南	Hunan	2645	27210	2614	39238	54772	25277	6518	30294
广 东	Guangdong	23415	26898	7907	75493	83692	50706	13063	45621
广 西	Guangxi	1639	28677	1843	48115	26836	26941	7039	26192
海 南	Hainan	1594	30667	50	36217	5136	19584	1226	38120
重 庆	Chongqing	1616	41685	575	52003	44413	30111	4290	36135
四 川	Sichuan	3213	25774	4830	41376	65316	35810	8983	34055
贵 州	Guizhou	869	27824	1137	55774	8712	37195	3280	37371
云 南	Yunnan	2758	25868	913	33745	8072	23670	7904	33040
西 藏	Tibet	401	41104	68	47978	40	54769	147	47764
陕 西	Shaanxi	7220	15188	1425	51131	51157	19779	3596	29053
甘 肃	Gansu	3057	22199	2326	42478	8087	57618	3502	32667
青 海	Qinghai	83	23586	446	44859	32	39742	174	26689
宁 夏	Ningxia	55	27147	138	22351	9775	25628	1224	28986
新 疆	Xinjiang	1009	35324	385	57237	13901	33101	3121	31207

3-4 续表 3 continued

地 区	Region	租赁和商务服务业 Leasing and Business Services		科学研究和技术服务业 Scientific Research and Technical Services		水利、环境和公共设施管理业 Management of Water Conservancy,Environment and Public Facilities		居民服务、修理和其他服务业 Service to Households, Repair and Other Services	
		年末人数(人) Year-end Figures (person)	平均工资(元) Average Wage (yuan)	年末人数(人) Year-end Figures (person)	平均工资(元) Average Wage (yuan)	年末人数(人) Year-end Figures (person)	平均工资(元) Average Wage (yuan)	年末人数(人) Year-end Figures (person)	平均工资(元) Average Wage (yuan)
全 国	**National**	**237441**	**92518**	**219468**	**64683**	**402994**	**22808**	**47586**	**33999**
北 京	Beijing	31334	214749	48454	82558	4510	40510	6970	37763
天 津	Tianjin	4608	56950	9439	83165	7805	35817	6034	35003
河 北	Hebei	7724	34862	10095	39704	23064	20129	479	27560
山 西	Shanxi	3094	25861	3614	42084	15728	15057	186	14107
内蒙古	Inner Mongolia	2639	16127	2203	40079	3674	23568	582	19777
辽 宁	Liaoning	9170	21590	7096	53710	17476	18555	732	24688
吉 林	Jilin	6043	17860	2123	35863	14204	19010	4135	22877
黑龙江	Heilongjiang	3457	18774	2639	25180	25757	19466	961	14364
上 海	Shanghai	35879	235273	13529	198122	9334	50399	9281	45715
江 苏	Jiangsu	12462	43079	8037	66499	18958	30956	986	36470
浙 江	Zhejiang	14378	38582	8232	63730	10901	31614	1680	37299
安 徽	Anhui	3065	32961	6304	34635	13824	20239	739	21763
福 建	Fujian	3199	37796	4832	42782	5403	23259	976	34572
江 西	Jiangxi	4959	37360	3916	49440	18910	22390	246	46390
山 东	Shandong	6616	34695	6027	49847	51936	16162	697	31016
河 南	Henan	6717	26520	5793	36462	16159	22377	689	27005
湖 北	Hubei	3425	39574	11900	45421	20739	23912	1598	25299
湖 南	Hunan	4796	29525	7299	32793	14912	21036	1351	42564
广 东	Guangdong	27176	55508	10711	67133	10233	27696	1202	54774
广 西	Guangxi	5925	26702	6821	25447	17194	24095	759	30727
海 南	Hainan	227	47322	387	41240	967	35232	131	31517
重 庆	Chongqing	16483	36499	3435	54712	7204	25840	1516	32014
四 川	Sichuan	4021	67990	10791	39012	21170	24496	1341	28026
贵 州	Guizhou	1451	31962	5032	34471	13419	22462	1243	18834
云 南	Yunnan	3461	30129	6654	31875	14923	20119	1091	26992
西 藏	Tibet	112	42104	2614	25639	307	22823	62	50262
陕 西	Shaanxi	3525	25996	5498	42355	12923	18969	1425	27253
甘 肃	Gansu	5158	34007	2854	36890	8859	21319	131	21316
青 海	Qinghai	226	45226	297	34633	218	22098	185	24358
宁 夏	Ningxia	783	24528	382	39591	693	21075	50	22580
新 疆	Xinjiang	5328	40439	2460	45571	1590	20958	128	37108

3-4 续表 4 continued

地 区	Region	教 育 Education		卫生和社会工作 Health and Social Service		文化、体育和娱乐业 Culture, Sports and Entertainment		公共管理、社会保障和社会组织 Public Management, Social Security and Social Organization	
		年末人数（人） Year-end Figures (person)	平均工资（元） Average Wage (yuan)	年末人数（人） Year-end Figures (person)	平均工资（元） Average Wage (yuan)	年末人数（人） Year-end Figures (person)	平均工资（元） Average Wage (yuan)	年末人数（人） Year-end Figures (person)	平均工资（元） Average Wage (yuan)
全 国	**National**	**718278**	**31217**	**476287**	**41212**	**86863**	**47979**	**873511**	**24574**
北 京	Beijing	43257	69838	15652	76042	10978	91756	38012	26329
天 津	Tianjin	9779	35178	6768	50874	1478	62564	11300	35751
河 北	Hebei	34085	23148	17865	25692	3640	40633	39084	19359
山 西	Shanxi	13291	17821	11525	24025	2378	27087	22298	18063
内蒙古	Inner Mongolia	2475	24361	4467	39238	494	30416	8914	22167
辽 宁	Liaoning	19812	32407	19880	35528	1857	27388	17019	21813
吉 林	Jilin	8554	27846	6603	28585	1379	28730	26310	15369
黑龙江	Heilongjiang	13633	24948	13342	29706	1706	29819	24123	19535
上 海	Shanghai	28770	61874	16070	65990	6832	117384	12086	34315
江 苏	Jiangsu	45639	37962	44822	51635	5206	38071	44790	33803
浙 江	Zhejiang	43343	34814	26653	67651	8640	49558	42780	35677
安 徽	Anhui	28082	23495	17655	36674	2602	27977	40237	25528
福 建	Fujian	27407	27045	12805	38917	3373	25890	24194	23398
江 西	Jiangxi	21787	23814	18336	33799	3679	25195	33884	25770
山 东	Shandong	22444	26758	27643	36076	2548	41471	36703	27420
河 南	Henan	23473	28839	19534	33305	1912	26967	25945	24370
湖 北	Hubei	35089	25546	19860	37414	2890	29358	37970	25784
湖 南	Hunan	26452	24285	15206	39747	3490	28512	41167	27730
广 东	Guangdong	36437	40498	18889	49028	5131	38989	20038	32115
广 西	Guangxi	41668	20406	14208	35511	2322	21845	38220	21445
海 南	Hainan	2712	30723	1832	38003	360	27501	4548	26398
重 庆	Chongqing	23830	26116	10224	39465	1086	36403	11541	27914
四 川	Sichuan	40540	26663	24037	54827	3649	24775	51843	26080
贵 州	Guizhou	42871	20563	21057	28076	1334	31407	64309	21421
云 南	Yunnan	30979	19900	28087	29787	2008	21399	36853	19914
西 藏	Tibet	2218	27994	2756	21458	725	24811	22143	18180
陕 西	Shaanxi	24674	25432	18158	30993	2711	27589	41860	17786
甘 肃	Gansu	15234	24237	12714	27693	1368	27659	23220	21190
青 海	Qinghai	139	26029	1806	41851	7	39000	1571	17479
宁 夏	Ningxia	7213	31053	2003	28961	465	25300	10324	23785
新 疆	Xinjiang	2391	32066	5830	34894	615	30574	20225	23579

3-5 各地区分登记注册类型城镇单位年末人数(2015年)
EMPLOYMENT IN URBAN UNITS BY REGISTRATION STATUS AND REGION(2015)

单位：千人 (1000 persons)

地 区	Region	就业人员 Employment				在岗职工 On-post Staff and Workers	
		合计 Total	国有单位 State-owned Units	城镇集体单位 Urban Collective-owned Units	其他单位 Other Ownership Units	合计 Total	国有单位 State-owned Units
全 国	**National**	**180625**	**62083**	**4814**	**113728**	**169772**	**58559**
北 京	Beijing	7773	1829	169	5775	7248	1728
天 津	Tianjin	2948	724	65	2159	2782	677
河 北	Hebei	6436	2882	144	3410	5998	2733
山 西	Shanxi	4403	2019	176	2207	4219	1938
内蒙古	Inner Mongolia	2983	1680	59	1243	2896	1644
辽 宁	Liaoning	6184	2802	285	3097	5835	2689
吉 林	Jilin	3251	1639	63	1549	3081	1562
黑龙江	Heilongjiang	4335	2678	141	1516	3941	2423
上 海	Shanghai	6372	1027	133	5213	5942	953
江 苏	Jiangsu	15521	2943	337	12241	14675	2760
浙 江	Zhejiang	10834	2196	155	8483	10275	2062
安 徽	Anhui	5138	1891	147	3100	4676	1735
福 建	Fujian	6631	1552	114	4965	6177	1436
江 西	Jiangxi	4805	1962	146	2697	4401	1809
山 东	Shandong	12367	3909	474	7983	11780	3746
河 南	Henan	11259	3663	390	7205	10767	3553
湖 北	Hubei	7123	2776	138	4208	6585	2603
湖 南	Hunan	5791	2446	185	3160	5348	2300
广 东	Guangdong	19480	3888	503	15089	18833	3763
广 西	Guangxi	4054	2024	133	1898	3745	1849
海 南	Hainan	1004	433	18	553	970	418
重 庆	Chongqing	4156	1195	88	2872	3851	1135
四 川	Sichuan	7955	3441	262	4251	7421	3236
贵 州	Guizhou	3075	1688	52	1334	2776	1524
云 南	Yunnan	4147	1854	121	2172	3737	1704
西 藏	Tibet	334	278	3	53	285	235
陕 西	Shaanxi	5118	2377	162	2580	4741	2239
甘 肃	Gansu	2618	1539	102	977	2414	1437
青 海	Qinghai	627	342	11	274	610	334
宁 夏	Ningxia	731	354	7	370	685	329
新 疆	Xinjiang	3172	2052	28	1092	3078	2007

3-5 续表 continued

单位：千人 (1000 persons)

地 区	Region	在岗职工 On-post Staff and Workers: 城镇集体单位 Urban Collective-owned Units	在岗职工 On-post Staff and Workers: 其他单位 Other Ownership Units	其他就业人员 Others: 合计 Total	其他就业人员 Others: 国有单位 State-owned Units	其他就业人员 Others: 城镇集体单位 Urban Collective-owned Units	其他就业人员 Others: 其他单位 Other Ownership Units
全 国	**National**	**4438**	**106774**	**10853**	**3523**	**376**	**6953**
北 京	Beijing	160	5360	526	101	9	415
天 津	Tianjin	60	2045	166	47	5	114
河 北	Hebei	137	3127	439	149	7	283
山 西	Shanxi	165	2115	184	81	11	91
内蒙古	Inner Mongolia	56	1196	87	37	3	47
辽 宁	Liaoning	269	2878	349	113	17	219
吉 林	Jilin	38	1461	169	77	4	88
黑龙江	Heilongjiang	124	1395	394	256	17	121
上 海	Shanghai	121	4868	430	74	12	345
江 苏	Jiangsu	304	11611	845	183	33	629
浙 江	Zhejiang	148	8065	559	134	7	418
安 徽	Anhui	139	2801	462	155	8	299
福 建	Fujian	94	4647	453	116	20	318
江 西	Jiangxi	118	2475	404	153	29	222
山 东	Shandong	445	7588	588	163	29	395
河 南	Henan	365	6849	492	111	24	357
湖 北	Hubei	126	3856	538	174	12	353
湖 南	Hunan	161	2887	444	146	24	274
广 东	Guangdong	483	14588	647	125	21	501
广 西	Guangxi	109	1787	309	175	24	110
海 南	Hainan	18	535	34	15	1	18
重 庆	Chongqing	79	2637	305	61	9	235
四 川	Sichuan	244	3941	533	204	19	310
贵 州	Guizhou	46	1206	299	165	6	128
云 南	Yunnan	112	1920	410	149	9	251
西 藏	Tibet	3	47	49	43	1	6
陕 西	Shaanxi	152	2350	377	138	9	230
甘 肃	Gansu	96	880	204	101	5	97
青 海	Qinghai	11	265	17	8	0	9
宁 夏	Ningxia	7	349	46	24	0	22
新 疆	Xinjiang	27	1044	95	46	1	49

3-6 各地区分登记注册类型城镇单位工资总额(2015年)
WAGES IN URBAN UNITS BY REGISTRATION STATUS AND REGION(2015)

单位：亿元 (100 million yuan)

地 区	Region	就业人员工资总额 Earnings of Employment				在岗职工 Wages of On-post Staff and Workers	
		合计 Total	国有单位 State-owned Units	城镇集体单位 Urban Collective-owned Units	其他单位 Other Ownership Units	合计 Total	国有单位 State-owned Units
全 国	**National**	**112007.8**	**40387.9**	**2239.4**	**69380.5**	**107432.3**	**39344.1**
北 京	Beijing	8643.5	2106.6	85.7	6451.2	8225.2	2059.0
天 津	Tianjin	2373.1	675.3	32.8	1665.0	2278.0	657.7
河 北	Hebei	3289.5	1516.8	60.3	1712.4	3158.8	1481.2
山 西	Shanxi	2285.5	1081.8	74.4	1129.3	2241.5	1064.9
内蒙古	Inner Mongolia	1741.1	1030.7	33.8	676.5	1706.7	1021.8
辽 宁	Liaoning	3310.7	1501.2	103.4	1706.1	3179.0	1470.6
吉 林	Jilin	1718.7	924.7	26.0	767.9	1670.0	906.2
黑龙江	Heilongjiang	2164.2	1326.4	57.1	780.7	2044.0	1251.1
上 海	Shanghai	7064.4	1096.1	85.4	5882.9	6597.1	1060.1
江 苏	Jiangsu	10194.2	2331.2	191.9	7671.1	9802.4	2262.3
浙 江	Zhejiang	7110.2	2117.0	85.5	4907.8	6855.6	2058.6
安 徽	Anhui	2823.8	1135.3	69.7	1618.9	2665.1	1094.6
福 建	Fujian	3764.3	1084.9	58.0	2621.3	3585.4	1053.2
江 西	Jiangxi	2425.2	1089.6	64.6	1271.0	2279.7	1047.1
山 东	Shandong	7054.6	2677.1	235.4	4142.1	6830.8	2625.0
河 南	Henan	5024.1	1817.0	159.3	3047.8	4862.5	1786.6
湖 北	Hubei	3826.4	1611.0	54.8	2160.7	3598.1	1563.4
湖 南	Hunan	3010.3	1356.2	72.9	1581.2	2866.5	1311.1
广 东	Guangdong	12918.8	2976.0	227.7	9715.1	12596.6	2927.1
广 西	Guangxi	2115.3	1149.2	52.6	913.6	2035.9	1109.6
海 南	Hainan	574.8	271.3	8.5	295.0	563.2	267.0
重 庆	Chongqing	2493.4	860.2	37.7	1595.4	2373.9	841.9
四 川	Sichuan	4643.5	2261.3	125.5	2256.7	4447.4	2196.8
贵 州	Guizhou	1804.2	1078.8	33.1	692.2	1713.1	1041.6
云 南	Yunnan	2149.8	1121.5	62.5	965.8	2030.8	1088.8
西 藏	Tibet	323.0	286.1	1.2	35.7	310.1	277.2
陕 西	Shaanxi	2852.0	1358.9	72.9	1420.1	2734.4	1323.1
甘 肃	Gansu	1385.1	886.1	39.0	460.1	1313.4	857.4
青 海	Qinghai	384.1	225.1	5.3	153.7	378.2	222.6
宁 夏	Ningxia	448.3	224.4	4.3	219.6	434.7	217.7
新 疆	Xinjiang	2091.6	1210.0	18.1	863.4	2054.1	1198.7

3-6 续表 continued

单位：亿元 (100 million yuan)

地区	Region	在岗职工 Wages of On-post Staff and Workers		其他就业人员 Others			
		城镇集体单位 Urban Collective-owned Units	其他单位 Other Ownership Units	合计 Total	国有单位 State-owned Units	城镇集体单位 Urban Collective-owned Units	其他单位 Other Ownership Units
全国	**National**	**2108.2**	**65980.0**	**4575.5**	**1043.8**	**131.2**	**3400.5**
北京	Beijing	81.5	6084.7	418.3	47.6	4.2	366.5
天津	Tianjin	31.1	1589.1	95.1	17.5	1.7	75.9
河北	Hebei	57.3	1620.3	130.7	35.6	3.0	92.0
山西	Shanxi	72.0	1104.7	43.9	16.9	2.4	24.6
内蒙古	Inner Mongolia	32.7	652.2	34.4	9.0	1.1	24.3
辽宁	Liaoning	98.9	1609.5	131.7	30.6	4.5	96.6
吉林	Jilin	24.8	739.0	48.7	18.5	1.3	29.0
黑龙江	Heilongjiang	52.2	740.6	120.2	75.3	4.9	40.0
上海	Shanghai	80.4	5456.6	467.3	36.0	4.9	426.3
江苏	Jiangsu	179.7	7360.4	391.8	68.9	12.2	310.7
浙江	Zhejiang	82.3	4714.7	254.6	58.3	3.2	193.1
安徽	Anhui	67.6	1502.9	158.7	40.7	2.1	116.0
福建	Fujian	49.2	2483.0	178.8	31.7	8.7	138.4
江西	Jiangxi	52.9	1179.7	145.5	42.5	11.7	91.3
山东	Shandong	224.4	3981.4	223.8	52.1	11.0	160.7
河南	Henan	151.6	2924.3	161.6	30.4	7.7	123.5
湖北	Hubei	51.7	1982.9	228.4	47.6	3.0	177.7
湖南	Hunan	65.5	1489.9	143.9	45.1	7.4	91.3
广东	Guangdong	220.2	9449.3	322.2	48.9	7.5	265.9
广西	Guangxi	45.5	880.8	79.4	39.5	7.1	32.8
海南	Hainan	8.2	288.1	11.6	4.3	0.4	6.9
重庆	Chongqing	34.7	1497.2	119.5	18.3	3.0	98.3
四川	Sichuan	117.9	2132.7	196.1	64.5	7.6	124.1
贵州	Guizhou	31.5	640.1	91.1	37.3	1.7	52.1
云南	Yunnan	59.7	882.2	119.1	32.7	2.8	83.6
西藏	Tibet	1.0	32.0	12.9	8.9	0.2	3.8
陕西	Shaanxi	69.8	1341.5	117.6	35.8	3.1	78.7
甘肃	Gansu	36.5	419.5	71.8	28.7	2.5	40.5
青海	Qinghai	5.1	150.5	5.8	2.5	0.1	3.2
宁夏	Ningxia	4.1	212.8	13.5	6.7	0.1	6.8
新疆	Xinjiang	17.9	837.5	37.5	11.3	0.2	26.0

3-7 各地区分登记注册类型城镇单位平均工资(2015年) AVERAGE WAGE IN URBAN UNITS BY REGISTRATION STATUS AND REGION(2015)

单位：元 (yuan)

地区	Region	就业人员平均工资 Average Wage of Employment				在岗职工 On-post Staff and Workers	
		合计 Total	国有单位 State-owned Units	城镇集体单位 Urban Collective-owned Units	其他单位 Other Ownership Units	合计 Total	国有单位 State-owned Units
全国	**National**	**62029**	**65296**	**46607**	**60906**	**63241**	**67415**
北京	Beijing	111390	115098	49717	112057	113073	119046
天津	Tianjin	80090	93641	47413	76632	81486	97522
河北	Hebei	50921	52686	40637	49885	52409	54260
山西	Shanxi	51803	53631	42646	50863	52960	54952
内蒙古	Inner Mongolia	57135	61290	57202	51783	57870	62059
辽宁	Liaoning	52332	53659	34693	52810	53458	54738
吉林	Jilin	51558	56032	40955	47416	52927	57622
黑龙江	Heilongjiang	48881	49307	39063	49062	51241	52163
上海	Shanghai	109174	105542	63063	111065	109279	109779
江苏	Jiangsu	66196	79656	57558	63189	67200	82355
浙江	Zhejiang	66668	96633	55333	58989	67707	100167
安徽	Anhui	55139	60433	47261	52302	56974	63211
福建	Fujian	57628	70424	52491	53706	58719	73714
江西	Jiangxi	50932	56292	46175	47316	52137	58565
山东	Shandong	57270	69050	50191	51957	58197	70618
河南	Henan	45403	49978	41511	43254	45920	50662
湖北	Hubei	54367	58631	39789	52028	55237	60615
湖南	Hunan	52357	55745	40115	50438	53889	57308
广东	Guangdong	65788	76870	45027	63664	66296	78058
广西	Guangxi	52982	57247	40510	49240	54983	60239
海南	Hainan	57600	63185	46651	53605	58406	64485
重庆	Chongqing	60543	72587	43084	56065	62091	74665
四川	Sichuan	58915	66551	48924	53384	60520	68686
贵州	Guizhou	59701	64552	64057	53286	62591	69068
云南	Yunnan	52564	61151	54432	45109	55025	64463
西藏	Tibet	97849	104897	35989	66113	110980	120786
陕西	Shaanxi	54994	55815	45665	54797	56896	57592
甘肃	Gansu	52942	57888	37465	46869	54454	59989
青海	Qinghai	61090	66382	46033	55257	61868	67095
宁夏	Ningxia	60380	63679	49354	57581	62482	66444
新疆	Xinjiang	60117	58829	63148	61957	60914	59518

3-7 续表 continued

单位：元 (yuan)

地区	Region	在岗职工 On-post Staff and Workers		其他就业人员 Others			
		城镇集体单位 Urban Collective-owned Units	其他单位 Other Ownership Units	合计 Total	国有单位 State-owned Units	城镇集体单位 Urban Collective-owned Units	其他单位 Other Ownership Units
全国	**National**	**47638**	**61611**	**42780**	**29887**	**34583**	**49836**
北京	Beijing	49969	113066	86170	47291	45247	97597
天津	Tianjin	48366	77262	56787	37532	34916	65461
河北	Hebei	41830	51269	30196	23880	26367	33819
山西	Shanxi	44114	51826	24503	21331	21299	27741
内蒙古	Inner Mongolia	58679	52303	35032	25392	33051	40867
辽宁	Liaoning	35208	54024	34693	27556	26279	38422
吉林	Jilin	41936	48506	27327	23798	28192	30134
黑龙江	Heilongjiang	40641	50658	27412	25818	27592	30988
上海	Shanghai	65179	110282	107711	49377	41231	122167
江苏	Jiangsu	59629	63790	48186	38382	38048	51652
浙江	Zhejiang	55831	59508	47177	43032	44980	48630
安徽	Anhui	48391	53553	35788	27687	26771	40150
福建	Fujian	54201	54138	41983	28362	44571	46980
江西	Jiangxi	46734	47734	37389	28787	43797	42510
山东	Shandong	51178	52513	38536	32614	35985	41160
河南	Henan	42058	43633	33910	27870	33038	35882
湖北	Hubei	41152	52060	43557	28266	25396	51677
湖南	Hunan	41324	51860	33424	31105	31838	34848
广东	Guangdong	45436	63994	50617	40215	35615	53812
广西	Guangxi	42518	50223	27406	23915	31101	32260
海南	Hainan	46771	54064	34477	28114	44068	39618
重庆	Chongqing	44318	57206	40495	31828	32516	42994
四川	Sichuan	49506	54515	36793	32325	41383	39354
贵州	Guizhou	69106	54087	31951	22830	27068	45088
云南	Yunnan	56245	46545	29819	22541	32112	34029
西藏	Tibet	36219	67591	25478	20611	35125	55729
陕西	Shaanxi	46528	56877	30943	26095	32208	33747
甘肃	Gansu	37625	47365	35098	28287	35291	42290
青海	Qinghai	46364	56045	33659	33939	36930	33312
宁夏	Ningxia	50872	59137	29041	27003	23549	31506
新疆	Xinjiang	63811	62967	35029	26473	32759	40820

四、国有单位就业人员和工资总额

EMPLOYMENT AND TOTAL WAGES IN STATE-OWNED UNITS

4-1 分行业国有单位就业人员和工资总额(2015年)
EMPLOYMENT AND TOTAL WAGES IN STATE-OWNED UNITS BY SECTOR (2015)

项 目	Item	年末人数(千人) Year-end Figures (1000 persons)	#女性 Female	工资总额(千元) Total Wages (1000 yuan)	平均工资(元) Average Wage (yuan)
全 国 总 计	**National Total**	**62083**	**25319**	**4038789190**	**65296**
按隶属关系分组	**Grouped by Administrtive Relationship**				
中央	Under Central Government	8546	2751	759710651	87906
省、自治区、直辖市	Under Provincial Government	8389	3124	614759576	73111
地区	Under Perfectural Government	11541	4827	776538505	67827
县及县以下	At and Below County Level	32247	14051	1802110471	56318
其他	Other	1360	566	85669987	63201
按国民经济行业分组	**Grouped by Sector**				
农、林、牧、渔业	**Agriculture, Forestry, Animal Husbandry and Fishery**	**2484**	**897**	**77637827**	**31374**
农业	**Farming**	1457	588	42405327	28992
林业	Forestry	641	178	19801238	31598
畜牧业	Animal Husbandry	119	48	3073426	25956
渔业	Fishery	16	5	460102	28115
农、林、牧、渔服务业	Service in Support of Agriculture	252	77	11897734	47497
采矿业	**Mining**	**548**	**114**	**33200551**	**59673**
煤炭开采和洗选业	Mining and Washing of Coal	316	50	18567463	57413
石油和天然气开采业	Extraction of Petroleum and Natural Gas	76	16	5397241	69841
黑色金属矿采选业	Mining and Processing of Ferrous Metal Ores	15	2	799430	52104
有色金属矿采选业	Mining and Processing of Non-Ferrous Metal Ores	20	4	864965	42423
非金属矿采选业	Mining and Processing of Non-metal Ores	26	6	1010161	37505
开采辅助活动	Support Activities for Mining	94	35	6521854	70597
其他采矿业	Mining of Other Ores	1		39437	61428
制造业	**Manufacturing**	**1808**	**478**	**120772566**	**64931**
农副食品加工业	Processing of Food from Agricultural Products	54	17	2034295	37591
食品制造业	Manufacture of Foods	17	7	704368	40883
酒、饮料和精制茶制造业	Manufacture of Liquor, Beverages and Refined Tea	40	15	3414025	85616
烟草制品业	Manufacture of Tobacco	59	18	8836804	150324
纺织业	Manufacture of Textile	24	11	1041795	42719
纺织服装、服饰业	Manufacture of Textile, Wearing Apparel and Accessories	18	6	673654	36886
皮革、毛皮、羽毛及其制品和制鞋业	Manufacture of Leather, Fur, Feather and Related Products and Footwear	6	2	195093	32236
木材加工和木、竹、藤、棕、草制品业	Processing of Timber, Manufacture of Wood, Bamboo, Rattan, Palm and Straw Products	17	4	581403	38968
家具制造业	Manufacture of Furniture	3	1	116498	38448
造纸及纸制品业	Manufacture of Paper and Paper Products	14	4	560136	36285

4-1 续表 1 continued

项 目	Item	年末人数(千人) Year-end Figures (1000 persons)	#女性 Female	工资总额(千元) Total Wages (1000 yuan)	平均工资(元) Average Wage (yuan)
印刷和记录媒介复制业	Printing and Reproduction of Recording Media	41	15	1992565	48382
文教、工美、体育和娱乐用品制造业	Manufacture of Articles for Culture, Education, Arts and Crafts, Sport and Entertainment Activities	8	3	421870	50657
石油加工、炼焦和核燃料加工业	Processing of Petroleum, Coking and Processing of Nuclear Fuel	37	10	2860119	77573
化学原料和化学制品制造业	Manufacture of Raw Chemical Materials and Chemical Products	109	30	6051926	54469
医药制造业	Manufacture of Medicines	17	7	1132381	65878
化学纤维制造业	Manufacture of Chemical Fibres	1	0	17487	24804
橡胶和塑料制品业	Manufacture of Rubber and Plastics Products	26	10	1076324	41923
非金属矿物制品业	Manufacture of Non-metallic Mineral Products	100	26	3963352	39950
黑色金属冶炼和压延加工业	Smelting and Pressing of Ferrous Metals	245	42	15298592	58042
有色金属冶炼和压延加工业	Smelting and Pressing of Non-ferrous Metals	59	11	3821036	62782
金属制品业	Manufacture of Metal Products	42	14	1972311	47554
通用设备制造业	Manufacture of General Purpose Machinery	95	28	5179551	53257
专用设备制造业	Manufacture of Special Purpose Machinery	82	20	4679846	55415
汽车制造业	Manufacture of Automobiles	248	47	21014790	82490
铁路、船舶、航空航天和其他运输设备制造业	Manufacture of Railway, Ship, Aerospace and Other Transport Equipments	222	60	17305334	73822
电气机械和器材制造业	Manufacture of Electrical Machinery and Apparatus	62	16	3658601	55276
计算机、通信和其他电子设备制造业	Manufacture of Computers, Communication and Other Electronic Equipment	63	24	4495904	69749
仪器仪表制造业	Manufacture of Measuring Instruments and Machinery	48	17	3136590	64984
其他制造业	Other Manufacture	20	6	1462456	72281
废弃资源综合利用业	Utilization of Waste Resources	1	0	39939	35501
金属制品、机械和设备修理业	Repair Service of Metal Products, Machinery and Equipment	30	6	3033521	99157
电力、热力、燃气及水生产和供应业	**Production and Supply of Electricity, Heat, Gas and Water**	**1788**	**505**	**144217680**	**80066**
电力、热力生产和供应业	Production and Supply of Electric Power and Heat Power	1492	390	130679253	86740
燃气生产和供应业	Production and Supply of Gas	31	11	1797962	59136
水的生产和供应业	Production and Supply of Water	265	104	11740465	44427
建筑业	**Construction**	**1929**	**269**	**95149326**	**49544**
房屋建筑业	Construction of Buildings	1038	127	48311781	47171
土木工程建筑业	Civil Engineering	741	115	38440272	51452
建筑安装业	Building Installation	88	16	4815272	55636
建筑装饰和其他建筑业	Building Decoration and Other Constructions	62	10	3582001	57194

4-1 续表 2 continued

项 目	Item	年末人数（千人）Year-end Figures (1000 persons)	#女 性 Female	工资总额（千元）Total Wages (1000 yuan)	平均工资（元）Average Wage (yuan)
批发和零售业	**Wholesale and Retail Trades**	**908**	**316**	**63108425**	**69300**
批发业	Wholesale Trade	661	198	52402598	79005
零售业	Retail Trade	247	118	10705827	43277
交通运输、仓储和邮政业	**Transport, Storage and Post**	**3734**	**975**	**267151641**	**70908**
铁路运输业	Railway Transport	1703	266	145300753	85296
道路运输业	Road Transport	1025	298	51677265	50412
水上运输业	Water Transport	69	10	6108475	87453
航空运输业	Air Transport	67	24	6663026	99901
管道运输业	Transport Via Pipelines	6	2	460941	73645
装卸搬运和运输代理业	Loading, Unloading and Forwarding Agency	32	10	2314080	71132
仓储业	Storage	129	36	6315793	48742
邮政业	Post	702	329	48311308	65810
住宿和餐饮业	**Hotels and Catering Services**	**374**	**198**	**16445298**	**43621**
住宿业	Hotels	320	168	14151295	43882
餐饮业	Catering Services	54	30	2294003	42078
信息传输、软件和信息技术服务业	**Information Transmission, Software and Information Technology**	**355**	**142**	**25292064**	**69858**
电信、广播电视和卫星传输服务	Telecommunication, Radio and Television and Satellite Transmission Service	319	128	22019874	67474
互联网和相关服务	Internet and Related Service	11	5	897814	79179
软件和信息技术服务业	Software and Information Technology	24	9	2374376	97458
金融业	**Financial Intermediation**	**1466**	**723**	**145355185**	**100672**
货币金融服务	Monetary and Financial Service	1141	540	125194736	109824
资本市场服务	Capital Market Service	30	12	5680781	197414
保险业	Insurance	286	166	13192756	49710
其他金融业	Other Financial Activities	10	4	1286912	132453
房地产业	**Real Estate**	**331**	**119**	**18490842**	**55922**
#房地产开发经营	Development and Management of Real Estate	91	31	5853052	64096
物业管理	Property Management	136	47	6369976	47026
房地产中介服务	Agency Services of Real Estate	15	7	801909	52657
租赁和商务服务业	**Leasing and Business Services**	**1206**	**306**	**66268059**	**55016**
租赁业	Leasing	11	3	662815	57198
商务服务业	Business Services	1195	303	65605244	54995
科学研究和技术服务业	**Scientific Research and Technical Services**	**2132**	**663**	**171748899**	**80409**
研究和试验发展	Research and Experimental Development	606	208	57034104	92978
专业技术服务业	Professional Technical Services	1229	357	95648641	77974

4-1 续表 3 continued

项　目	Item	年末人数(千人) Year-end Figures (1000 persons)	#女 性 Female	工资总额(千元) Total Wages (1000 yuan)	平均工资(元) Average Wage (yuan)
科技推广和应用服务业	Science and Technology Popularization and Application Services	297	98	19066154	64446
水利、环境和公共设施管理业	**Management of Water Conservancy, Environment and Public Facilities**	**2107**	**860**	**89451589**	**42705**
水利管理业	Management of Water Conservancy	459	129	24274470	53092
生态保护和环境治理业	Ecological Protection and Environmental Treatment	89	28	4532357	50877
公共设施管理业	Management of Public Facilities	1560	703	60644762	39167
居民服务、修理和其他服务业	**Service to Households, Repair and Other Services**	**220**	**73**	**10885237**	**49144**
居民服务业	Service to Households	135	52	7087143	52138
机动车、电子产品和日用产品修理业	Repair of Motor Vehicle, Electronics and Household Products	20	5	895935	45861
其他服务业	Other Services	65	15	2902159	43950
教育	**Education**	**16073**	**8561**	**1078040081**	**67442**
#初等教育	Primary Education	5723	3305	352827388	62018
中等教育	Secondary Education	7168	3570	471123602	66089
高等教育	Senior Education	2074	952	185402605	89526
卫生和社会工作	**Health and Social Service**	**7331**	**4643**	**530992158**	**73490**
卫生	Health	7160	4551	521859396	73989
社会工作	Social Service	171	91	9132762	53036
文化、体育和娱乐业	**Culture, Sports and Entertainment**	**1044**	**456**	**76744234**	**73447**
新闻和出版业	Journalism and Publishing Activities	237	103	21122899	88231
广播、电视、电影和影视录音制作业	Radio, Television, Motion Picture and Videotape Programme Production Services	346	139	27110579	78527
文化艺术业	Cultural and Art Activities	374	181	22817140	61240
体育	Sports Activities	63	23	4199184	66633
娱乐业	Entertainment	25	10	1494432	60656
公共管理、社会保障和社会组织	**Public Management, Social Security and Social Organization**	**16244**	**5022**	**1007837528**	**62452**
#中国共产党机关	Organs of Communist Party of China	603	165	41483545	69238
国家机构	Government Agencies	15022	4603	928753275	62237
人民政协、民主党派	People's Political Consultative Conference and Democratic Parties	102	28	7624869	75198
社会保障	Social Security	172	84	9299388	54493
群众团体、社会团体和其他成员组织	Non-Governmental Organizations, Social Organizations and Membership Organizations	328	138	19851805	60741

4-2 各地区分行业国有单位就业人员和工资总额(2015年)
EMPLOYMENT AND TOTAL WAGES IN STATE-OWNED UNITS BY SECTOR AND REGION (2015)

地 区	Region	总 计 Total			
		年末人数(人) Year-end Figures (person)	#女 性 Female	工资总额(千元) Total Wages (1000 yuan)	平均工资(元) Average Wage (yuan)
全 国	**National**	**62082666**	**25319372**	**4038789190**	**65296**
北 京	Beijing	1828768	809043	210660123	115098
天 津	Tianjin	723615	286785	67525888	93641
河 北	Hebei	2882162	1291435	151678705	52686
山 西	Shanxi	2019356	856154	108177710	53631
内蒙古	Inner Mongolia	1680412	681343	103074195	61290
辽 宁	Liaoning	2801928	1088449	150123360	53659
吉 林	Jilin	1639270	637489	92470621	56032
黑龙江	Heilongjiang	2678459	1020783	132642048	49307
上 海	Shanghai	1027000	456082	109610051	105542
江 苏	Jiangsu	2943115	1232344	233120625	79656
浙 江	Zhejiang	2195644	987561	211696166	96633
安 徽	Anhui	1890654	708620	113530078	60433
福 建	Fujian	1551819	646569	108493773	70424
江 西	Jiangxi	1961553	724872	108960540	56292
山 东	Shandong	3909493	1572826	267712055	69050
河 南	Henan	3663409	1546300	181702068	49978
湖 北	Hubei	2776395	1035366	161100849	58631
湖 南	Hunan	2445734	946782	135622015	55745
广 东	Guangdong	3888071	162301[illegible]	297596143	76870
广 西	Guangxi	2023654	900122	114915376	57247
海 南	Hainan	432617	178546	27128962	63185
重 庆	Chongqing	1195472	485197	86022717	72587
四 川	Sichuan	3440785	1357185	226129434	66551
贵 州	Guizhou	1688399	655755	107882890	64552
云 南	Yunnan	1853629	771393	112149354	61151
西 藏	Tibet	277851	98447	28611273	104897
陕 西	Shaanxi	2376801	932251	135890622	55815
甘 肃	Gansu	1538780	569992	88608780	57888
青 海	Qinghai	342046	141955	22511171	66382
宁 夏	Ningxia	353525	154172	22439222	63679
新 疆	Xinjiang	2052250	922536	121002376	58829

4-2 续表 1 continued

地 区	Region	中央属单位 Units Under Central Government				省、自治区、直辖市属单位 Units Under Provincial Government			
		年末人数 (人) Year-end Figures (person)	#女 性 Female	工资总额 (千元) Total Wages (1000 yuan)	平均工资 (元) Average Wage (yuan)	年末人数 (人) Year-end Figures (person)	#女 性 Female	工资总额 (千元) Total Wages (1000 yuan)	平均工资 (元) Average Wage (yuan)
全 国	**National**	**8545789**	**2750866**	**759710651**	**87906**	**8388549**	**3123894**	**614759576**	**73111**
北 京	Beijing	735533	296741	106089986	143492	426234	153292	45704646	106792
天 津	Tianjin	107614	32230	11818268	111569	280081	95174	26217054	93883
河 北	Hebei	218085	63142	16386837	73953	245181	97670	15431442	62335
山 西	Shanxi	252353	64322	20879932	82126	314515	122966	18342440	57907
内蒙古	Inner Mongolia	225017	65757	17044627	75192	223473	72007	14063651	62330
辽 宁	Liaoning	575194	147857	44868967	76772	291507	111236	19186955	67573
吉 林	Jilin	388349	91775	33188220	83685	200394	74442	10920659	54003
黑龙江	Heilongjiang	330124	117077	20096091	60022	1027602	341614	46236631	44607
上 海	Shanghai	230864	70472	30300667	128834	309548	123349	35025381	111605
江 苏	Jiangsu	312151	106036	32620231	104247	345291	140310	28764561	82916
浙 江	Zhejiang	139510	48412	18320345	125908	224225	93228	27169331	119952
安 徽	Anhui	192418	62299	16193013	84671	251571	90619	15869904	63898
福 建	Fujian	146272	52636	13169771	90365	179750	72976	15671517	87483
江 西	Jiangxi	164324	49609	12853307	79221	268137	88042	17982629	66686
山 东	Shandong	447795	139229	36766660	83283	349056	136855	29906521	85999
河 南	Henan	284382	82949	20748773	72088	311497	120037	21801117	69888
湖 北	Hubei	533845	169269	43940214	81904	231775	88592	16185007	70059
湖 南	Hunan	280622	76724	24323042	87823	236206	87627	16421023	69231
广 东	Guangdong	288170	109428	32612822	112566	372246	139757	33477267	89721
广 西	Guangxi	180112	54144	13809218	76544	293566	118927	19605718	67772
海 南	Hainan	25275	8597	2045823	80933	113429	45509	7440778	65724
重 庆	Chongqing	133599	38305	12399963	97313	209500	91542	17738351	83333
四 川	Sichuan	545394	188383	47984863	86888	319742	121963	24374829	76398
贵 州	Guizhou	174544	47416	13557499	77044	166329	59886	13178559	79628
云 南	Yunnan	156198	53196	14267358	92476	284954	104343	18427980	64529
西 藏	Tibet	15758	4188	2261028	147539	42353	15586	6127352	143791
陕 西	Shaanxi	422860	129205	32234826	69720	295061	107927	17764202	58230
甘 肃	Gansu	246485	70737	18012090	73068	248462	75616	13509966	55104
青 海	Qinghai	51196	17304	4345829	84208	75206	29243	4655720	62994
宁 夏	Ningxia	46502	14038	4178463	91062	78727	33564	4961877	61850
新 疆	Xinjiang	695244	279389	42391918	59196	172931	69995	12596508	73776

4-2 续表 2 continued

地 区	Region	地区属单位 Units Under Prefectural Government				县及县以下属单位 Units at and Below County Level			
		年末人数(人) Year-end Figures (person)	#女 性 Female	工资总额(千元) Total Wages (1000 yuan)	平均工资(元) Average Wage (yuan)	年末人数(人) Year-end Figures (person)	#女 性 Female	工资总额(千元) Total Wages (1000 yuan)	平均工资(元) Average Wage (yuan)
全 国	**National**	**11541094**	**4827268**	**776538505**	**67827**	**32247282**	**14050995**	**1802110471**	**56318**
北 京	Beijing	560324	308835	52587605	94332	86846	40040	4476233	52370
天 津	Tianjin	222610	108236	19195226	86001	97190	46160	8760778	90623
河 北	Hebei	488763	204350	26666825	54538	1908505	918419	92048200	48460
山 西	Shanxi	373606	158340	17855538	47886	1050351	497089	50050414	47863
内蒙古	Inner Mongolia	338071	138252	18404223	54625	879810	400108	52857421	60177
辽 宁	Liaoning	646137	258474	31387075	48577	1243606	555720	52151789	42107
吉 林	Jilin	300326	124050	15201617	50501	744816	345220	32950812	44231
黑龙江	Heilongjiang	411167	169462	21911246	53347	900240	388594	43884558	48850
上 海	Shanghai	419588	233725	38487708	91140	41302	20280	3857533	92792
江 苏	Jiangsu	530576	220107	43863533	83409	1624631	708829	117090825	72843
浙 江	Zhejiang	361492	162253	37210029	103467	1399732	652820	122908358	88417
安 徽	Anhui	363637	140500	22706917	62595	1038421	401323	55917031	54188
福 建	Fujian	341320	132869	26032710	77449	857145	381162	51899978	61003
江 西	Jiangxi	323862	113829	19001848	59960	1192643	468342	58557730	49868
山 东	Shandong	754270	297018	55063085	73480	2281716	969623	141423711	62508
河 南	Henan	612268	257786	31586429	52068	2368417	1048586	102889922	43901
湖 北	Hubei	452313	173533	27613200	62194	1526669	592977	71800476	47716
湖 南	Hunan	405279	165617	23136548	57572	1464466	591179	68769109	47186
广 东	Guangdong	921386	351646	79935621	87777	2157483	963290	139281340	64737
广 西	Guangxi	382703	170872	22268193	58539	870728	410254	44030301	51124
海 南	Hainan	67738	29472	4437773	66770	213067	89069	12353306	58466
重 庆	Chongqing	261288	111028	16747414	65047	562561	237015	37579635	67353
四 川	Sichuan	628427	217447	38884548	64841	1901450	811564	111982037	59528
贵 州	Guizhou	188226	74146	12339233	66446	1140726	466215	67718217	60136
云 南	Yunnan	227224	102381	14120872	63053	1181212	510003	65114962	55841
西 藏	Tibet	54901	21886	5857743	108228	164698	56749	14354126	89400
陕 西	Shaanxi	389188	153698	22536285	57001	1232958	527073	61157208	49578
甘 肃	Gansu	184049	73683	11078241	60349	853601	348066	45731247	53857
青 海	Qinghai	41770	17884	2559345	61766	172628	77108	10874974	63621
宁 夏	Ningxia	66722	32676	3976688	60519	144769	65966	8339309	57622
新 疆	Xinjiang	221863	103213	13885187	62709	944895	462152	51298931	55003

4-2 续表 3 continued

地 区 Region	其他隶属关系单位 Other Units				农、林、牧、渔业 Agriculture, Forestry, Animal Husbandry and Fishery			
	年末人数 (人) Year-end Figures (person)	#女 性 Female	工资总额 (千元) Total Wages (1000 yuan)	平均工资 (元) Average Wage (yuan)	年末人数 (人) Year-end Figures (person)	#女 性 Female	工资总额 (千元) Total Wages (1000 yuan)	平均工资 (元) Average Wage (yuan)
全 国 National	**1359952**	**566349**	**85669987**	**63201**	**2484296**	**896627**	**77637827**	**31374**
北 京 Beijing	19831	10135	1801653	90128	7274	2747	509814	62685
天 津 Tianjin	16120	4985	1534562	95534	4562	1409	321898	69720
河 北 Hebei	21628	7854	1145401	53639	39668	13374	752159	18975
山 西 Shanxi	28531	13437	1049386	38150	16239	4588	704784	43204
内蒙古 Inner Mongolia	14041	5219	704273	49754	227211	74089	8201390	35879
辽 宁 Liaoning	45484	15162	2528574	56626	219863	89642	2991829	13606
吉 林 Jilin	5385	2002	209313	37823	124275	36810	3652556	29339
黑龙江 Heilongjiang	9326	4036	513522	52946	647577	216753	18590518	28664
上 海 Shanghai	25698	8256	1938762	75565	4375	1527	326759	73661
江 苏 Jiangsu	130466	57062	10781475	80800	56295	22576	1971471	33780
浙 江 Zhejiang	70685	30848	6088103	88249	3426	787	206343	59006
安 徽 Anhui	44607	13879	2843213	64109	43081	14931	1314519	31118
福 建 Fujian	27332	6926	1719797	59717	41127	12872	1340954	32627
江 西 Jiangxi	12587	5050	565026	45047	47707	12586	1516330	31924
山 东 Shandong	76656	30101	4552078	59929	13487	3812	719889	53444
河 南 Henan	86845	36942	4675827	54688	15205	5191	470762	31041
湖 北 Hubei	31793	10995	1561952	49649	89084	37534	2602981	29418
湖 南 Hunan	59161	25635	2972293	49965	12192	3961	349749	28800
广 东 Guangdong	148786	58897	12289093	83945	50445	17589	1582112	30908
广 西 Guangxi	296545	145925	15201946	51355	76047	29325	2129274	29021
海 南 Hainan	13108	5899	851282	64939	35008	12724	771331	22009
重 庆 Chongqing	28524	7307	1557354	52977	8039	1954	387750	48426
四 川 Sichuan	45772	17828	2903157	63571	25898	7687	1260828	48555
贵 州 Guizhou	18574	8092	1089382	60551	8525	2297	461157	54120
云 南 Yunnan	4041	1470	218182	53542	62398	20503	1864478	30017
西 藏 Tibet	141	38	11024	81659	10898	1090	154355	14355
陕 西 Shaanxi	36734	14348	2198101	57378	20806	6631	918189	44154
甘 肃 Gansu	6183	1890	277236	43915	48066	15125	1758367	37236
青 海 Qinghai	1246	416	75303	61222	10589	3476	482086	45488
宁 夏 Ningxia	16805	7928	982885	62074	11006	3435	474980	41596
新 疆 Xinjiang	17317	7787	829832	52148	503923	219602	18848215	38235

4-2 续表 4 continued

地 区	Region	采矿业 Mining 年末人数（人） Year-end Figures (person)	#女 性 Female	工资总额（千元） Total Wages (1000 yuan)	平均工资（元） Average Wage (yuan)	制造业 Manufacturing 年末人数（人） Year-end Figures (person)	#女 性 Female	工资总额（千元） Total Wages (1000 yuan)	平均工资（元） Average Wage (yuan)
全 国	**National**	**547769**	**114266**	**33200551**	**59673**	**1807503**	**478309**	**120772566**	**64931**
北 京	Beijing					38454	11359	4208547	107517
天 津	Tianjin	32	5	1261	39406	45353	9631	3095822	67857
河 北	Hebei	28748	3882	1311593	45086	45713	13221	2350344	51116
山 西	Shanxi	29185	5532	1664141	57426	59207	20503	2003585	33175
内蒙古	Inner Mongolia	32382	4934	2716489	82903	19449	4452	1260115	64774
辽 宁	Liaoning	56510	20543	3770932	70337	192089	36347	10895316	53356
吉 林	Jilin	3891	638	155803	38931	179425	28546	16002650	87714
黑龙江	Heilongjiang	7789	2819	354308	45471	68716	18919	3390536	48778
上 海	Shanghai	81	7	4716	56819	45311	9093	5035897	108502
江 苏	Jiangsu	15317	5008	979594	63236	49359	14659	3689076	73765
浙 江	Zhejiang	961	192	37852	38507	15552	4461	1502656	98574
安 徽	Anhui	18606	2760	1114393	57137	43687	11568	3319992	76211
福 建	Fujian	5876	2009	198931	33456	12575	4299	881798	70056
江 西	Jiangxi	26520	5139	1048691	37905	101134	25433	6041051	60556
山 东	Shandong	68356	10860	4628271	66512	88267	25982	5055378	57417
河 南	Henan	38692	9585	2318261	57347	47304	11894	2351110	49080
湖 北	Hubei	10527	2828	516840	45888	148894	37565	10001953	65880
湖 南	Hunan	16853	2720	654572	37608	47470	14774	3967238	82397
广 东	Guangdong	5183	1113	492909	91398	40087	11744	2688273	66964
广 西	Guangxi	4896	707	189807	38927	49691	14085	2990634	59028
海 南	Hainan	502	75	17890	34941	4270	1310	207484	48671
重 庆	Chongqing	6076	432	389330	61052	26731	7392	1708524	62992
四 川	Sichuan	21805	3753	1254315	54657	82134	24797	5815645	65789
贵 州	Guizhou	9601	1048	556479	58472	59305	19422	4621093	77633
云 南	Yunnan	28284	6253	1196046	41519	37502	13128	1957285	53267
西 藏	Tibet	2174	496	154131	71856	1421	530	86208	61489
陕 西	Shaanxi	62874	13107	3986675	62422	214233	70246	13200985	55841
甘 肃	Gansu	32121	3781	2345496	72032	30223	8434	1685480	54488
青 海	Qinghai	647	69	26098	40462	3789	1044	171141	46304
宁 夏	Ningxia	421	44	20538	46361	1276	456	95708	75599
新 疆	Xinjiang	12859	3927	1094189	80137	8882	3015	491042	53293

4-2 续表 5 continued

地区	Region	电力、热力、燃气及水生产和供应业 Production and Supply of Electricity, Heat, Gas and Water				建筑业 Construction			
		年末人数(人) Year-end Figures (person)	#女性 Female	工资总额(千元) Total Wages (1000 yuan)	平均工资(元) Average Wage (yuan)	年末人数(人) Year-end Figures (person)	#女性 Female	工资总额(千元) Total Wages (1000 yuan)	平均工资(元) Average Wage (yuan)
全国	**National**	**1788056**	**505342**	**144217680**	**80066**	**1929164**	**269094**	**95149326**	**49544**
北京	Beijing	18007	4358	2648001	148364	26432	6543	2425617	90091
天津	Tianjin	12626	3533	1732010	137516	15054	2684	1373169	88182
河北	Hebei	99003	25521	6514736	64828	57222	8456	2620760	43944
山西	Shanxi	61381	19468	4589366	76153	56949	10464	2129962	37480
内蒙古	Inner Mongolia	51180	14295	3824103	75669	9433	1791	495719	52077
辽宁	Liaoning	71791	19217	4932200	70059	119944	17308	5393849	43998
吉林	Jilin	39014	10465	2634719	67519	23887	3702	1287419	48401
黑龙江	Heilongjiang	85612	24301	4642360	54168	68363	9768	3209858	39947
上海	Shanghai	17910	4149	3265946	179576	9349	2087	915330	92308
江苏	Jiangsu	88242	20583	12075664	134967	97276	18744	5015148	53936
浙江	Zhejiang	40945	8477	6337772	132639	21071	1941	1045746	50204
安徽	Anhui	39390	9823	3852814	96680	61502	7266	3194404	52436
福建	Fujian	18143	5244	1353294	74145	64270	6510	3634944	56749
江西	Jiangxi	23967	7858	1399529	58178	76235	14947	2853101	41008
山东	Shandong	110705	29475	8251688	74772	137204	19269	7256790	53238
河南	Henan	136316	48257	10663560	77762	64015	11111	3117979	47347
湖北	Hubei	112670	32666	9671574	84547	79133	12423	3451761	44850
湖南	Hunan	115224	31568	6686389	60670	88687	11215	4056975	46532
广东	Guangdong	96347	24034	8391962	87054	160961	18164	8506673	55197
广西	Guangxi	45458	13227	3025828	66047	45956	8401	1979607	44208
海南	Hainan	12552	3684	759784	60939	9704	1170	392407	40471
重庆	Chongqing	8408	2830	556221	69208	53013	4121	2763758	53361
四川	Sichuan	132204	37164	11335649	85266	261276	24110	12238007	51156
贵州	Guizhou	90016	25269	6659294	73303	62587	9414	2315988	38131
云南	Yunnan	33433	10322	2524897	75287	37123	7610	2092168	57553
西藏	Tibet	5909	1620	360470	62953	4764	989	299770	52925
陕西	Shaanxi	62570	19476	4058399	64029	84508	13521	3629908	42256
甘肃	Gansu	89766	29113	5899484	64616	76014	8243	3517726	47873
青海	Qinghai	10530	3268	767108	72725	13743	1634	557820	45248
宁夏	Ningxia	17571	4920	1755438	101753	9720	1789	500020	40321
新疆	Xinjiang	41166	11157	3047421	65653	33769	3699	2876943	55984

4-2 续表 6 continued

地 区	Region	批发和零售业 Wholesale and Retail Trades				交通运输、仓储和邮政业 Transport, Storage and Post			
		年末人数(人) Year-end Figures (person)	#女 性 Female	工资总额(千元) Total Wages (1000 yuan)	平均工资(元) Average Wage (yuan)	年末人数(人) Year-end Figures (person)	#女 性 Female	工资总额(千元) Total Wages (1000 yuan)	平均工资(元) Average Wage (yuan)
全 国	**National**	**907552**	**316395**	**63108425**	**69300**	**3734437**	**975295**	**267151641**	**70908**
北 京	Beijing	27294	11721	3581150	129199	101556	18834	9523852	90183
天 津	Tianjin	10789	4191	966931	88063	53195	12495	4062730	79557
河 北	Hebei	32607	15305	1770211	54323	161622	43854	9503038	57213
山 西	Shanxi	47042	16240	2068888	43136	176242	37645	12999775	72598
内蒙古	Inner Mongolia	19711	6622	1286355	64311	151634	34806	10661103	69756
辽 宁	Liaoning	33720	12372	2101791	61640	207785	43608	14197785	67505
吉 林	Jilin	22065	6356	1258807	57333	118219	22872	7758877	64870
黑龙江	Heilongjiang	45303	16218	2376771	55453	245370	55343	14931591	60376
上 海	Shanghai	13712	5548	1283412	89668	88321	15511	8943674	100042
江 苏	Jiangsu	42659	14606	2993985	69904	146316	44065	10713280	72784
浙 江	Zhejiang	24097	6155	2643159	108473	71712	18591	6369774	86648
安 徽	Anhui	31156	10025	1803858	57264	90823	24900	6406364	69470
福 建	Fujian	33994	11281	2810180	80785	94911	28839	6863687	71727
江 西	Jiangxi	29500	9159	1932753	65996	125726	34089	9019651	71616
山 东	Shandong	55211	22054	3132970	56788	201097	58238	13816154	69634
河 南	Henan	92195	33203	5115762	55950	226165	63421	13870207	61540
湖 北	Hubei	43022	14029	2464776	57541	191633	56293	13107065	68530
湖 南	Hunan	34393	9209	2464236	69388	145404	39261	10150371	69376
广 东	Guangdong	49844	17182	3222292	63247	158237	48433	12513253	76359
广 西	Guangxi	25010	8080	1725465	68672	97478	23531	7334225	73406
海 南	Hainan	2608	873	342255	130284	12668	4131	812357	64010
重 庆	Chongqing	16181	5462	1535237	93635	69492	22281	4714659	67445
四 川	Sichuan	38570	12070	3296205	84761	195462	63245	13981287	70884
贵 州	Guizhou	28490	7932	2945018	103367	59696	14371	4212338	71234
云 南	Yunnan	38266	11705	3673718	96446	77784	23020	6017122	76978
西 藏	Tibet	3625	1544	272388	76902	7370	2632	541985	74336
陕 西	Shaanxi	34712	15207	1870786	54106	181420	47161	12784125	69846
甘 肃	Gansu	13540	4900	810259	60041	88405	24400	6046294	69973
青 海	Qinghai	2830	1147	235690	83935	33403	11088	2702441	80733
宁 夏	Ningxia	3486	1454	269563	76580	24354	7066	1677188	70046
新 疆	Xinjiang	11920	4545	853554	71445	130937	31271	10915389	80687

4-2 续表 7 continued

地区	Region	住宿和餐饮业 Hotels and Catering Services				信息传输、软件和信息技术服务业 Information Transmission, Software and Information Technology			
		年末人数（人） Year-end Figures (person)	#女性 Female	工资总额（千元） Total Wages (1000 yuan)	平均工资（元） Average Wage (yuan)	年末人数（人） Year-end Figures (person)	#女性 Female	工资总额（千元） Total Wages (1000 yuan)	平均工资（元） Average Wage (yuan)
全　国	**National**	**374087**	**197738**	**16445298**	**43621**	**355277**	**141547**	**25292064**	**69858**
北　京	Beijing	37902	18056	2285038	59309	9536	4009	1377705	145635
天　津	Tianjin	5414	2684	254232	45709	818	310	63155	76090
河　北	Hebei	18829	10028	644089	33418	12760	5369	827749	64627
山　西	Shanxi	14256	7728	405648	28278	8207	3056	518374	63209
内蒙古	Inner Mongolia	7508	4042	312851	40504	16898	8219	999638	59108
辽　宁	Liaoning	19082	9178	848061	43746	18440	7224	1209165	66724
吉　林	Jilin	9788	5382	316551	32248	13942	4715	744142	51810
黑龙江	Heilongjiang	20231	10364	998097	47820	19481	7407	1255802	64029
上　海	Shanghai	15384	6772	1005678	64674	2407	806	292564	120595
江　苏	Jiangsu	17853	10032	800589	45581	43959	22071	3244459	68704
浙　江	Zhejiang	10227	5560	524734	51239	8569	3316	1002802	90571
安　徽	Anhui	5458	3254	184286	33574	13947	5050	908821	63288
福　建	Fujian	9688	5629	419175	42988	11885	4792	808933	67053
江　西	Jiangxi	8945	5274	305354	33508	10383	3598	488279	47772
山　东	Shandong	34023	17116	1462380	43284	19669	7496	1675393	85123
河　南	Henan	19289	10056	713751	37448	19616	8926	1076098	53781
湖　北	Hubei	8866	5042	309921	34745	16954	6107	855889	50985
湖　南	Hunan	10572	6157	437917	41000	9255	3170	539354	56142
广　东	Guangdong	24661	12178	1297350	52359	35783	12466	3229277	90532
广　西	Guangxi	9432	5447	343239	35371	7072	2607	538777	76217
海　南	Hainan	3236	1787	117412	36726	2153	720	130491	61523
重　庆	Chongqing	3081	1566	113464	37708	3645	1102	223000	61382
四　川	Sichuan	9297	5068	364358	38894	17424	6421	1153759	66465
贵　州	Guizhou	4072	2579	192374	47617	2451	837	156484	64743
云　南	Yunnan	9156	5267	301577	32777	6542	2399	379716	58114
西　藏	Tibet	2448	1147	126468	52433	2796	1151	292899	103461
陕　西	Shaanxi	11088	6441	357366	31854	5027	1778	288606	57127
甘　肃	Gansu	9590	5742	353580	36900	7783	2748	401673	51755
青　海	Qinghai	1792	1057	68829	38952	409	129	23546	58718
宁　夏	Ningxia	1815	1154	67395	37235	518	253	30260	58643
新　疆	Xinjiang	11104	5951	513534	45627	6948	3295	555254	80204

4-2 续表 8 continued

地 区	Region	金融业 Financial Intermediation				房地产业 Real Estate			
		年末人数（人） Year-end Figures (person)	#女 性 Female	工资总额（千元） Total Wages (1000 yuan)	平均工资（元） Average Wage (yuan)	年末人数（人） Year-end Figures (person)	#女 性 Female	工资总额（千元） Total Wages (1000 yuan)	平均工资（元） Average Wage (yuan)
全 国	**National**	**1466213**	**722917**	**145355185**	**100672**	**331166**	**118775**	**18490842**	**55922**
北 京	Beijing	9929	4818	2216133	224305	28034	9648	2264451	80317
天 津	Tianjin	11961	5918	2002404	169955	8948	3281	617102	68590
河 北	Hebei	23538	9733	1949810	83045	8711	3226	399704	45597
山 西	Shanxi	51777	27179	4089947	79134	8715	3388	289183	33389
内蒙古	Inner Mongolia	41754	21808	3100944	74141	5349	2311	322604	60120
辽 宁	Liaoning	85785	44567	8580721	101413	18166	7086	766397	42233
吉 林	Jilin	45451	21858	3299040	72016	9320	3577	426308	45658
黑龙江	Heilongjiang	59693	28317	4346919	74356	13292	4276	621080	47055
上 海	Shanghai	20702	11141	4320406	208343	13656	3935	1270414	88977
江 苏	Jiangsu	107984	56545	11154335	105894	12612	4688	838167	65904
浙 江	Zhejiang	51199	27416	8351913	163834	9920	4120	698535	69972
安 徽	Anhui	68118	36154	4200887	65765	9331	3353	479677	51385
福 建	Fujian	63493	31478	6355101	103150	14845	4424	779096	52316
江 西	Jiangxi	55990	27694	4468720	80324	9274	3214	418188	45073
山 东	Shandong	102813	46796	9650801	95298	19496	7205	1015347	51005
河 南	Henan	61112	27586	4949507	81913	10820	3477	526006	50067
湖 北	Hubei	71359	35494	6311384	90155	8780	3153	398871	45342
湖 南	Hunan	19963	8789	1740899	87333	7313	2899	399140	54887
广 东	Guangdong	111279	52294	15198655	138830	46923	15255	2475419	54179
广 西	Guangxi	52630	28544	4675823	92596	9155	3629	405899	44821
海 南	Hainan	8348	3880	808570	96870	4251	1396	186207	43813
重 庆	Chongqing	38061	20198	5603844	148124	4345	1658	273411	62695
四 川	Sichuan	108252	54694	10066719	94957	7023	2810	420075	60356
贵 州	Guizhou	21457	8539	1979078	92162	4018	1518	189720	47813
云 南	Yunnan	44608	22098	4666284	105120	3495	1517	200658	57827
西 藏	Tibet	7518	1341	1259833	171967	219	78	13993	66633
陕 西	Shaanxi	38937	17980	3152410	81164	20574	7903	976591	47760
甘 肃	Gansu	28921	12937	1811499	63006	7228	2385	421973	57576
青 海	Qinghai	15690	7501	1279828	81171	873	427	42901	50001
宁 夏	Ningxia	8721	4326	848514	97262	2179	804	134430	62526
新 疆	Xinjiang	29170	15294	2914257	100246	4301	2134	219295	51357

4-2 续表 9 continued

地 区	Region	租赁和商务服务业 Leasing and Business Services				科学研究和技术服务业 Scientific Research and Technical Services			
		年末人数 (人) Year-end Figures (person)	#女 性 Female	工资总额 (千元) Total Wages (1000 yuan)	平均工资 (元) Average Wage (yuan)	年末人数 (人) Year-end Figures (person)	#女 性 Female	工资总额 (千元) Total Wages (1000 yuan)	平均工资 (元) Average Wage (yuan)
全 国	**National**	**1206104**	**306343**	**66268059**	**55016**	**2132163**	**662518**	**171748899**	**80409**
北 京	Beijing	173190	40063	15752002	89468	164936	61686	25283496	153647
天 津	Tianjin	7959	2693	655745	82266	43784	13261	5053882	115335
河 北	Hebei	56754	15150	2483921	44363	70490	22394	4756295	67148
山 西	Shanxi	50979	9794	1707040	33719	58127	19823	3285557	56726
内蒙古	Inner Mongolia	20400	7150	927532	45074	42085	14884	2578271	61399
辽 宁	Liaoning	55887	14356	2069794	37051	111437	34942	6895540	62739
吉 林	Jilin	20756	7750	821726	39246	55061	17985	3255195	58726
黑龙江	Heilongjiang	31133	9711	1243847	40818	100886	26866	6779684	67252
上 海	Shanghai	60441	9640	3883708	62354	67019	21983	8429931	124552
江 苏	Jiangsu	83494	19182	3886791	46648	86422	26736	8288712	96138
浙 江	Zhejiang	78569	14688	4694560	59789	66506	19905	6938899	104366
安 徽	Anhui	18042	4163	712116	40101	58412	15516	4042081	69281
福 建	Fujian	36929	9007	1800889	49669	43466	12755	3733457	86419
江 西	Jiangxi	26402	6007	1044157	39790	44121	11841	2788000	63241
山 东	Shandong	81214	28934	4834722	59141	88960	25628	6909134	78421
河 南	Henan	35703	10803	1396777	39323	90729	28566	4921664	54982
湖 北	Hubei	31284	9232	1220602	39052	92637	25384	5328200	59600
湖 南	Hunan	21467	6430	883798	41330	54347	15396	3080188	57032
广 东	Guangdong	125643	24498	6968090	57014	99868	30296	10137069	101647
广 西	Guangxi	36762	11464	1565337	42140	77645	25489	4912036	63737
海 南	Hainan	4840	1726	200007	41298	11960	3837	764831	64218
重 庆	Chongqing	9786	3366	432725	44418	38986	11114	3499999	90589
四 川	Sichuan	47164	8072	2565131	54238	151841	47467	12079597	80846
贵 州	Guizhou	7790	2847	449465	58807	56698	16237	3806825	67354
云 南	Yunnan	13551	4466	896012	67007	75424	23325	4766556	62429
西 藏	Tibet	385	163	26419	67915	12071	3824	1177040	99194
陕 西	Shaanxi	19481	7956	840784	43846	135174	42895	9137542	61307
甘 肃	Gansu	18040	5043	912585	51468	56342	16639	3629565	64720
青 海	Qinghai	1208	500	62534	51132	18561	5962	1316813	70493
宁 夏	Ningxia	3208	1463	123750	40309	9983	3251	724524	73081
新 疆	Xinjiang	27643	10026	1205493	43240	48185	16631	3448316	71230

4-2 续表 10 continued

地 区	Region	水利、环境和公共设施管理业 Management of Water Conservancy, Environment and Public Facilities				居民服务、修理和其他服务业 Service to Households, Repair and Other Services			
		年末人数（人） Year-end Figures (person)	#女 性 Female	工资总额（千元） Total Wages (1000 yuan)	平均工资（元） Average Wage (yuan)	年末人数（人） Year-end Figures (person)	#女 性 Female	工资总额（千元） Total Wages (1000 yuan)	平均工资（元） Average Wage (yuan)
全 国	**National**	**2107067**	**859944**	**89451589**	**42705**	**219676**	**72822**	**10885237**	**49144**
北 京	Beijing	62392	21715	4570833	74290	13753	5132	776431	57344
天 津	Tianjin	32950	10062	2719219	80215	38052	4522	1594980	41057
河 北	Hebei	104894	41598	3855709	36977	5383	1812	207555	38415
山 西	Shanxi	83179	37816	2382619	28728	3064	1084	131756	42917
内蒙古	Inner Mongolia	70005	31096	2938878	41931	4968	1865	222871	44961
辽 宁	Liaoning	143140	57231	4594063	32133	16594	5503	685538	41131
吉 林	Jilin	66914	25559	2115573	31879	7835	2642	313851	40181
黑龙江	Heilongjiang	97350	36377	3243407	33136	36998	16817	1940582	50351
上 海	Shanghai	22533	8671	1762535	77464	8605	3621	655064	75433
江 苏	Jiangsu	94424	35269	5660603	59963	4915	1493	350438	71271
浙 江	Zhejiang	70160	27808	3988154	56899	6239	1673	429051	69583
安 徽	Anhui	71165	27624	2890787	41127	2924	873	141013	48177
福 建	Fujian	44864	16786	2046966	45964	7247	3303	339605	47141
江 西	Jiangxi	64732	23979	2366775	37293	2513	806	116773	46991
山 东	Shandong	117664	45731	5621851	48607	5634	1735	330254	58837
河 南	Henan	107315	41949	3907545	37038	5847	1661	202732	34882
湖 北	Hubei	93186	34867	3577736	39597	4825	1690	219355	45737
湖 南	Hunan	73704	29745	2514218	34245	2315	911	127084	54589
广 东	Guangdong	114935	46348	5561575	47487	13248	4426	848375	64329
广 西	Guangxi	84900	43472	3018373	36063	2508	860	139329	55487
海 南	Hainan	20034	11091	676049	34246	534	201	19694	36606
重 庆	Chongqing	45734	19875	1920217	42935	1772	683	89627	50043
四 川	Sichuan	100948	47004	4173542	41518	4772	1761	224015	47211
贵 州	Guizhou	42973	22772	1520029	35950	3777	1972	143611	37585
云 南	Yunnan	54968	24048	2126237	38876	2381	905	104548	44602
西 藏	Tibet	1762	876	126405	71740	78	49	7378	97079
陕 西	Shaanxi	80162	30357	3137102	39456	5754	1586	224334	40275
甘 肃	Gansu	56754	23646	2571586	45628	2344	785	102493	44083
青 海	Qinghai	9819	4756	471702	48045	309	89	13269	42124
宁 夏	Ningxia	20623	9379	899733	44785	118	42	6119	51856
新 疆	Xinjiang	52884	22437	2491568	46192	4370	2320	177512	40454

4-2 续表 11 continued

地区	Region	教育 Education 年末人数(人) Year-end Figures (person)	#女性 Female	工资总额(千元) Total Wages (1000 yuan)	平均工资(元) Average Wage (yuan)	卫生和社会工作 Health and Social Service 年末人数(人) Year-end Figures (person)	#女性 Female	工资总额(千元) Total Wages (1000 yuan)	平均工资(元) Average Wage (yuan)
全国	**National**	**16073302**	**8561411**	**1078040081**	**67442**	**7330915**	**4642564**	**530992158**	**73490**
北京	Beijing	360102	218539	44035228	122818	216154	153753	32666585	153936
天津	Tianjin	168142	101078	16736290	99987	87884	56067	9593812	110278
河北	Hebei	877378	549187	50342551	57557	331590	215526	17358229	52979
山西	Shanxi	498750	310274	29753167	59888	176480	116445	8665776	49528
内蒙古	Inner Mongolia	345500	198455	24873301	71947	139567	84912	8849124	63739
辽宁	Liaoning	551315	304921	33550148	61995	304462	177775	17634654	58413
吉林	Jilin	351670	206509	20816129	59169	164986	106300	9006866	54807
黑龙江	Heilongjiang	437422	248252	27455130	62739	214746	137357	12049698	56328
上海	Shanghai	262671	168712	26510759	100860	157548	108904	19133837	121148
江苏	Jiangsu	890456	476398	69955865	79130	353856	226612	29906547	86266
浙江	Zhejiang	608504	367494	57755257	95156	388558	259345	41056955	107746
安徽	Anhui	597629	261314	35862208	60273	211183	132398	14465935	69775
福建	Fujian	460681	251775	32273177	70650	166665	110792	14172397	86634
江西	Jiangxi	544735	255997	30238307	56322	226683	129676	13867630	62685
山东	Shandong	1075670	538367	79934594	74684	515657	324914	37141438	73101
河南	Henan	1081198	569374	53009781	49516	473225	279251	24550602	52769
湖北	Hubei	701098	293781	39230873	56803	383067	224992	23827443	63568
湖南	Hunan	610440	301832	33010691	54275	328366	208960	23164758	71518
广东	Guangdong	1085165	606967	80282730	74235	538572	343764	43573455	81835
广西	Guangxi	596479	322584	32690251	55249	296139	197644	19080483	65353
海南	Hainan	109509	54561	8508071	77797	50292	32852	3685879	74351
重庆	Chongqing	375241	189099	27296964	73187	153734	94302	13185362	87791
四川	Sichuan	889033	445882	56546975	63957	393642	244610	29321063	76705
贵州	Guizhou	518315	245653	33326186	65007	185502	114649	12542769	68937
云南	Yunnan	552352	269639	34990607	64078	225880	152364	13596468	61782
西藏	Tibet	48152	23741	5437657	115090	17690	9228	1670898	96506
陕西	Shaanxi	548726	288046	32436874	57952	237510	148879	13406514	55770
甘肃	Gansu	386760	171652	23707769	61478	136848	80850	7681230	56723
青海	Qinghai	72438	37430	5239292	72642	36918	21405	2168567	59221
宁夏	Ningxia	86844	45248	5627772	65561	41798	28288	2474182	60076
新疆	Xinjiang	380927	238650	26605477	70047	175713	119750	11413002	65646

4-2 续表 12 continued

地 区	Region	文化、体育和娱乐业 Culture, Sports and Entertainment 年末人数(人) Year-end Figures (person)	#女 性 Female	工资总额(千元) Total Wages (1000 yuan)	平均工资(元) Average Wage (yuan)	公共管理、社会保障和社会组织 Public Management, Social Security and Social Organization 年末人数(人) Year-end Figures (person)	#女 性 Female	工资总额(千元) Total Wages (1000 yuan)	平均工资(元) Average Wage (yuan)
全 国	**National**	**1044127**	**455593**	**76744234**	**73447**	**16243792**	**5021872**	**1007837528**	**62452**
北 京	Beijing	106921	52442	16140553	150101	426902	163620	40394687	95077
天 津	Tianjin	14848	6187	1193079	80385	161244	46774	15488167	96985
河 北	Hebei	45064	19822	2076198	46246	862188	273977	41954054	48934
山 西	Shanxi	40134	18342	1984368	49487	579443	186785	28803774	49838
内蒙古	Inner Mongolia	33215	15660	2056919	61651	442163	149952	27445988	62279
辽 宁	Liaoning	40375	17871	1962853	49079	535543	168758	27042724	50655
吉 林	Jilin	28324	12300	1406000	49349	354447	113523	17118409	48053
黑龙江	Heilongjiang	34957	14356	1794011	51335	443540	136562	23417849	53018
上 海	Shanghai	23558	10407	2442015	101759	193417	63568	20127406	102368
江 苏	Jiangsu	43134	19095	3548369	81905	708542	193982	58047532	82397
浙 江	Zhejiang	50803	23310	4693737	92548	668626	192322	63418267	95761
安 徽	Anhui	25369	10459	1282175	50103	480831	127189	27353748	57162
福 建	Fujian	29486	12710	1943142	66186	391674	112064	26738047	68754
江 西	Jiangxi	26249	10757	1377845	52477	510737	136818	27669406	54582
山 东	Shandong	51340	20629	3892271	76623	1123026	338585	72382730	65166
河 南	Henan	58912	24434	2819097	47922	1079751	357555	45720867	42677
湖 北	Hubei	50653	20168	2980392	57868	638723	182118	35023233	55296
湖 南	Hunan	34253	14471	2396216	69960	813516	235314	38998222	48086
广 东	Guangdong	68454	27231	6094496	88184	1062436	309036	84532178	79864
广 西	Guangxi	25170	10708	1447740	58109	481226	150318	26723249	55964
海 南	Hainan	5875	2566	379421	65025	134273	39962	8348822	63089
重 庆	Chongqing	17385	6067	1120420	64633	315762	91695	20208205	64515
四 川	Sichuan	46627	20925	2807455	60967	907413	299645	57224809	63718
贵 州	Guizhou	13352	5532	845819	63352	509774	152867	30959163	61382
云 南	Yunnan	23365	11064	1432674	61291	527117	161760	29362303	56435
西 藏	Tibet	6496	2816	718555	116971	142075	45132	15884421	114558
陕 西	Shaanxi	34514	15383	1840104	52916	578731	177698	29643328	50852
甘 肃	Gansu	22497	9579	1284058	57229	427538	143990	23667663	55573
青 海	Qinghai	6959	3192	404820	58382	101539	37781	6476686	64438
宁 夏	Ningxia	7694	3631	517795	67229	102190	37169	6191313	61291
新 疆	Xinjiang	28144	13479	1861637	66145	539405	195353	31470278	59598

4-3 各地区分行业国有单位在岗职工人数和平均工资(2015年)
ON-POST STAFF AND WORKERS AND AVERAGE WAGE IN STATE-OWNED UNITS BY SECTOR AND REGION(2015)

地 区	Region	总 计 Total		农、林、牧、渔业 Agriculture, Forestry, Animal Husbandry and Fishery		采矿业 Mining		制造业 Manufacturing	
		年末人数（人） Year-end Figures (person)	平均工资（元） Average Wage (yuan)	年末人数（人） Year-end Figures (person)	平均工资（元） Average Wage (yuan)	年末人数（人） Year-end Figures (person)	平均工资（元） Average Wage (yuan)	年末人数（人） Year-end Figures (person)	平均工资（元） Average Wage (yuan)
全 国	**National**	**58559167**	**67415**	**2194649**	**32445**	**528105**	**60577**	**1743060**	**66028**
北 京	Beijing	1727534	119046	7050	64228			37221	109027
天 津	Tianjin	677113	97522	4204	73132	32	39406	44137	68968
河 北	Hebei	2733339	54260	38355	19022	28695	45112	44464	51417
山 西	Shanxi	1938062	54952	16044	43616	28782	57278	56616	33706
内蒙古	Inner Mongolia	1643765	62059	219240	36323	32255	83237	18982	64986
辽 宁	Liaoning	2688598	54738	216137	13518	56278	70517	190337	53568
吉 林	Jilin	1562029	57622	115653	30217	3891	38969	177561	86792
黑龙江	Heilongjiang	2422662	52163	508201	28897	6654	49944	59007	54961
上 海	Shanghai	953433	109779	3505	79296	69	60169	42191	111602
江 苏	Jiangsu	2759695	82355	53294	34632	14850	64042	48496	74606
浙 江	Zhejiang	2061744	100167	3083	63726	618	35946	15354	99190
安 徽	Anhui	1735376	63211	31363	33822	18239	57217	43105	76876
福 建	Fujian	1435704	73714	23369	47689	5566	34666	11895	72945
江 西	Jiangxi	1808685	58565	41545	32694	26048	38097	94005	63176
山 东	Shandong	3746303	70618	13351	53758	67023	66264	86793	58003
河 南	Henan	3552571	50662	15121	31114	36505	61069	46691	49396
湖 北	Hubei	2602666	60615	69365	30845	8193	52131	142446	66993
湖 南	Hunan	2299514	57308	9709	32235	16109	38590	45626	84990
广 东	Guangdong	3763039	78058	49558	31012	4995	93718	39353	67535
广 西	Guangxi	1849138	60239	48899	32273	4717	39131	47346	59901
海 南	Hainan	417705	64485	32974	22594	393	37708	4131	49661
重 庆	Chongqing	1134678	74665	7902	48862	6040	61172	25850	63743
四 川	Sichuan	3236394	68686	25103	49519	21683	54675	78252	66382
贵 州	Guizhou	1523637	69068	7387	60243	9202	58709	57394	79711
云 南	Yunnan	1704356	64463	52350	34229	26669	42913	33190	58752
西 藏	Tibet	234804	120786	2603	30926	2005	75310	1288	65073
陕 西	Shaanxi	2239077	57592	20338	44806	60727	62332	208343	56555
甘 肃	Gansu	1437469	59989	43558	38606	28004	75703	29265	55236
青 海	Qinghai	334089	67095	10528	45628	647	40462	3753	46283
宁 夏	Ningxia	329307	66444	10849	41958	412	47034	1227	75807
新 疆	Xinjiang	2006681	59518	494011	38554	12804	80189	8741	53878

4-3 续表 1 continued

地区	Region	电力、热力、燃气及水生产和供应业 Production and Supply of Electricity, Heat, Gas and Water		建筑业 Construction		批发和零售业 Wholesale and Retail Trades		交通运输、仓储和邮政业 Transport, Storage and Post	
		年末人数（人） Year-end Figures (person)	平均工资（元） Average Wage (yuan)	年末人数（人） Year-end Figures (person)	平均工资（元） Average Wage (yuan)	年末人数（人） Year-end Figures (person)	平均工资（元） Average Wage (yuan)	年末人数（人） Year-end Figures (person)	平均工资（元） Average Wage (yuan)
全 国	**National**	**1721394**	**82049**	**1654018**	**51378**	**851575**	**71604**	**3640736**	**71751**
北 京	Beijing	17659	150491	25669	90019	25793	133450	100685	90353
天 津	Tianjin	12194	141880	14689	89514	10088	91541	52037	80875
河 北	Hebei	83501	72757	51329	44732	31886	54890	157311	58030
山 西	Shanxi	59187	78154	54599	37165	45819	43705	172878	73295
内蒙古	Inner Mongolia	49978	76719	8900	52949	19191	65293	150218	70037
辽 宁	Liaoning	69740	70865	109279	43732	31104	64146	205421	67918
吉 林	Jilin	38366	68131	22689	50341	21249	58455	116109	65679
黑龙江	Heilongjiang	81914	55506	60559	41105	42225	57131	241157	60958
上 海	Shanghai	17805	180030	8620	94225	12346	94713	86455	101112
江 苏	Jiangsu	87938	135304	84917	56350	40877	71762	143313	73425
浙 江	Zhejiang	40183	133739	16763	50633	23214	109976	69791	88256
安 徽	Anhui	38799	97429	49112	56412	30208	57739	87038	70978
福 建	Fujian	17366	75885	56356	56387	32544	83949	91429	73056
江 西	Jiangxi	22915	59214	49454	45144	27829	67931	121635	72443
山 东	Shandong	104146	76783	112322	55292	50835	59641	196677	70209
河 南	Henan	131345	79461	53967	50067	87115	57624	220848	62114
湖 北	Hubei	111185	85316	66882	47292	41741	58228	184897	69496
湖 南	Hunan	111840	61575	64793	48577	26703	77846	138912	70330
广 东	Guangdong	95459	87509	143963	56313	48277	64201	153810	77111
广 西	Guangxi	44630	66930	34163	49432	24195	70148	94791	74462
海 南	Hainan	12012	62629	7980	41061	2572	131078	12371	64765
重 庆	Chongqing	8296	69518	49470	53602	15821	95288	65561	68524
四 川	Sichuan	127700	87023	235544	52935	36301	86881	188665	71945
贵 州	Guizhou	83683	78662	58001	38695	26515	110975	57607	72651
云 南	Yunnan	30614	78681	30422	61738	30136	109710	76054	78069
西 藏	Tibet	5830	63480	3544	55209	3241	80651	5875	81167
陕 西	Shaanxi	60454	65108	69222	43206	32892	55583	174845	71604
甘 肃	Gansu	88382	65149	58670	51400	13010	60754	86640	70784
青 海	Qinghai	10447	73032	10141	47339	2806	84412	33248	80888
宁 夏	Ningxia	16929	103671	8336	43444	3388	78032	23976	70813
新 疆	Xinjiang	40897	65774	33663	56109	11654	72235	130482	80857

4-3 续表 2 continued

地 区	Region	住宿和餐饮业 Hotels and Catering Services		信息传输、软件和信息技术服务业 Information Transmission, Software and Information Technology		金融业 Financial Intermediation		房地产业 Real Estate	
		年末人数(人) Year-end Figures (person)	平均工资(元) Average Wage (yuan)	年末人数(人) Year-end Figures (person)	平均工资(元) Average Wage (yuan)	年末人数(人) Year-end Figures (person)	平均工资(元) Average Wage (yuan)	年末人数(人) Year-end Figures (person)	平均工资(元) Average Wage (yuan)
全 国	**National**	**352322**	**44272**	**341117**	**71114**	**1301001**	**108431**	**310703**	**57429**
北 京	Beijing	35644	60211	9330	146656	9847	225831	25181	84338
天 津	Tianjin	4394	48627	793	77589	11231	177313	7955	73250
河 北	Hebei	18166	33638	12568	65148	23030	84202	8459	46312
山 西	Shanxi	13177	28836	7546	64962	48867	82241	8300	34366
内蒙古	Inner Mongolia	7255	40787	16426	59982	39839	76555	5260	60532
辽 宁	Liaoning	17791	44477	17934	67579	72717	114815	17485	42763
吉 林	Jilin	9525	32522	13531	53391	43123	74174	9084	46189
黑龙江	Heilongjiang	19443	48938	19007	65125	55781	77088	12615	48306
上 海	Shanghai	13686	65857	2331	121350	20362	210571	10718	100640
江 苏	Jiangsu	17118	45985	43002	69113	86872	121823	12098	66925
浙 江	Zhejiang	9710	51793	8413	90995	48032	169849	9024	74221
安 徽	Anhui	5261	33873	11470	66458	44469	83988	8588	53703
福 建	Fujian	9391	43525	11102	68961	51334	116512	14003	53772
江 西	Jiangxi	8004	35387	9521	48747	50243	85989	8246	47470
山 东	Shandong	32420	43760	19108	86279	90227	103052	18965	51317
河 南	Henan	18511	38222	18562	54224	56820	85744	10535	50558
湖 北	Hubei	8530	34960	16334	51814	65148	94932	7864	47035
湖 南	Hunan	9655	42414	8679	57476	19499	87966	6946	56837
广 东	Guangdong	23486	52165	34869	91916	96379	151616	46523	54271
广 西	Guangxi	8824	35990	6959	77096	44063	101656	7712	48833
海 南	Hainan	3228	36781	2128	61975	8149	98487	4228	43835
重 庆	Chongqing	2941	37969	3628	61547	38029	148216	3963	65480
四 川	Sichuan	8766	39477	16785	67245	89061	107850	6483	62766
贵 州	Guizhou	3779	49360	2358	65859	21062	92926	3745	49958
云 南	Yunnan	8337	33595	6290	59475	43050	107855	3047	62404
西 藏	Tibet	2117	54223	2794	103473	7499	172140	108	90250
陕 西	Shaanxi	10176	32793	4836	57580	37479	82715	19813	48644
甘 肃	Gansu	8829	37655	6973	53492	26766	65363	6989	58649
青 海	Qinghai	1792	38952	409	58718	15663	81240	799	51750
宁 夏	Ningxia	1782	37659	508	59045	8227	100644	1923	66619
新 疆	Xinjiang	10584	46220	6923	80320	28133	102991	4044	52613

4-3 续表 3 continued

地 区	Region	租赁和商务服务业 Leasing and Business Services		科学研究和技术服务业 Scientific Research and Technical Services		水利、环境和公共设施管理业 Management of Water Conservancy,Environment and Public Facilities		居民服务、修理和其他服务业 Service to Households, Repair and Other Services	
		年末人数（人） Year-end Figures (person)	平均工资（元） Average Wage (yuan)	年末人数（人） Year-end Figures (person)	平均工资（元） Average Wage (yuan)	年末人数（人） Year-end Figures (person)	平均工资（元） Average Wage (yuan)	年末人数（人） Year-end Figures (person)	平均工资（元） Average Wage (yuan)
全 国	**National**	**1142853**	**56404**	**2042777**	**82026**	**1792481**	**46266**	**205848**	**50421**
北 京	Beijing	167772	90690	154184	159269	59200	76422	13164	58250
天 津	Tianjin	7318	86257	40677	120677	27298	89166	33880	42140
河 北	Hebei	53845	44698	68449	68144	83398	41320	5101	39168
山 西	Shanxi	49393	33938	56905	57149	69634	31428	3044	43036
内蒙古	Inner Mongolia	18338	48733	41376	61956	67038	42894	4688	45896
辽 宁	Liaoning	47912	39992	108706	63353	127572	33937	16366	41425
吉 林	Jilin	16124	45872	54119	59076	54527	35027	7608	40596
黑龙江	Heilongjiang	28147	43499	98516	68048	73837	38071	36098	51907
上 海	Shanghai	54518	64437	63609	127457	19666	82306	7208	81888
江 苏	Jiangsu	79559	47548	83307	97838	83857	63104	4674	72846
浙 江	Zhejiang	76256	60734	63201	107102	62919	59891	5722	71358
安 徽	Anhui	16645	40836	55337	71237	59231	45383	2588	50790
福 建	Fujian	36066	50055	40383	89945	40202	48732	6889	47768
江 西	Jiangxi	24252	39598	41674	64430	47492	42507	2404	46939
山 东	Shandong	79630	59827	86858	79265	97682	53993	5453	59616
河 南	Henan	34856	39692	87915	56025	94268	39147	5805	34992
湖 北	Hubei	30733	38889	87155	61016	75959	43197	4209	48534
湖 南	Hunan	20106	42538	51660	58435	59907	37368	2086	56565
广 东	Guangdong	124314	57276	96760	102674	108132	48530	12780	64654
广 西	Guangxi	33175	44228	72018	66911	69451	38777	2288	58874
海 南	Hainan	4777	41480	11804	64645	19183	34320	446	38576
重 庆	Chongqing	9672	44482	37442	91996	39482	45826	1671	50584
四 川	Sichuan	45333	55043	146192	82432	82036	45500	3846	52237
贵 州	Guizhou	7437	60079	53463	69278	29971	41081	3063	41912
云 南	Yunnan	12828	69113	71446	64491	41939	44920	2147	46067
西 藏	Tibet	350	73365	9457	119007	1455	82183	66	109594
陕 西	Shaanxi	18566	44859	131300	61917	67977	43140	5582	40479
甘 肃	Gansu	14006	55945	53919	66217	48246	50016	2305	44510
青 海	Qinghai	1154	52055	18461	70653	9607	48679	287	43672
宁 夏	Ningxia	2807	43717	9748	74084	19973	45550	113	53195
新 疆	Xinjiang	26964	43488	46736	72542	51342	47170	4267	40513

4-3 续表 4 continued

地 区	Region	教 育 Education 年末人数(人) Year-end Figures (person)	教 育 Education 平均工资(元) Average Wage (yuan)	卫生和社会工作 Health and Social Service 年末人数(人) Year-end Figures (person)	卫生和社会工作 Health and Social Service 平均工资(元) Average Wage (yuan)	文化、体育和娱乐业 Culture, Sports and Entertainment 年末人数(人) Year-end Figures (person)	文化、体育和娱乐业 Culture, Sports and Entertainment 平均工资(元) Average Wage (yuan)	公共管理、社会保障和社会组织 Public Management, Social Security and Social Organization 年末人数(人) Year-end Figures (person)	公共管理、社会保障和社会组织 Public Management, Social Security and Social Organization 平均工资(元) Average Wage (yuan)
全 国	**National**	**15449638**	**69015**	**6916951**	**75477**	**986800**	**75477**	**15383139**	**64558**
北 京	Beijing	338082	127303	206496	158158	101156	154583	393401	101072
天 津	Tianjin	160402	103068	81929	114580	13783	83619	150072	101509
河 北	Hebei	843686	58923	316049	54302	41941	46616	823106	50324
山 西	Shanxi	486230	60960	165751	51173	38145	50536	557145	51085
内蒙古	Inner Mongolia	343338	72237	135349	64392	32845	61959	433249	63083
辽 宁	Liaoning	538254	62788	287979	59704	39042	49790	518544	51597
吉 林	Jilin	344129	59875	159055	55812	27547	49923	328139	50666
黑龙江	Heilongjiang	424440	63930	201806	58026	33837	52364	419418	54897
上 海	Shanghai	242136	105321	144676	126475	21110	107249	182422	106405
江 苏	Jiangsu	850511	81035	321318	89669	39909	85675	663785	85671
浙 江	Zhejiang	571846	99257	365610	110237	43447	99624	628558	99624
安 徽	Anhui	572607	61823	196979	71979	23495	52061	440842	59959
福 建	Fujian	435365	73241	157787	89120	27126	69704	367531	71725
江 西	Jiangxi	523157	57640	208872	65197	24515	54364	476874	56604
山 东	Shandong	1056224	75585	492465	74797	49737	78080	1086387	66442
河 南	Henan	1064075	49884	455446	53484	57480	48463	1056706	43043
湖 北	Hubei	668151	58360	364385	64966	48682	58846	600807	57169
湖 南	Hunan	587330	55450	315219	72835	32263	72327	772472	49160
广 东	Guangdong	1055995	75301	520939	82974	64726	90909	1042721	80768
广 西	Guangxi	556427	57698	282871	66784	23430	61035	443179	58875
海 南	Hainan	107123	78909	48766	75454	5660	66129	129780	64411
重 庆	Chongqing	352795	75957	145073	90723	16821	65547	304221	65891
四 川	Sichuan	852750	65560	372580	77895	43618	63518	855696	66002
贵 州	Guizhou	476424	68847	164906	73970	12149	66580	445491	67138
云 南	Yunnan	523566	66459	199425	66215	22473	62934	490373	59161
西 藏	Tibet	45934	119267	14935	110742	5771	129111	119932	132716
陕 西	Shaanxi	526203	59236	220745	57526	32694	54530	536885	53382
甘 肃	Gansu	371686	62986	124477	59594	21423	58773	404321	57559
青 海	Qinghai	72301	72730	35119	60087	6959	58382	99968	65180
宁 夏	Ningxia	79825	68587	39922	61561	7438	68645	91924	65400
新 疆	Xinjiang	378646	70277	170022	66645	27578	66867	519190	60797

4-4 各地区分行业国有单位其他就业人员和平均工资(2015年)
OTHER EMPLOYMENT AND AVERSGE WAGE IN STATE-OWNED UNITS BY SECTOR AND REGION (2015)

地 区	Region	总 计 Total		农、林、牧、渔业 Agriculture, Forestry, Animal Husbandry and Fishery		采矿业 Mining		制造业 Manufacturing	
		年末人数(人) Year-end Figures (person)	平均工资(元) Average Wage (yuan)	年末人数(人) Year-end Figures (person)	平均工资(元) Average Wage (yuan)	年末人数(人) Year-end Figures (person)	平均工资(元) Average Wage (yuan)	年末人数(人) Year-end Figures (person)	平均工资(元) Average Wage (yuan)
全 国	**National**	**3523499**	**29887**	**289647**	**24004**	**19664**	**36780**	**64443**	**32750**
北 京	Beijing	101234	47291	224	24748			1233	62188
天 津	Tianjin	46502	37532	358	30903			1216	30503
河 北	Hebei	148823	23880	1313	17675	53	32207	1249	39644
山 西	Shanxi	81294	21331	195	16074	403	67791	2591	14688
内蒙古	Inner Mongolia	36647	25392	7971	23771	127	22779	467	51700
辽 宁	Liaoning	113330	27556	3726	18635	232	23590	1752	30571
吉 林	Jilin	77241	23798	8622	15802		34313	1864	163111
黑龙江	Heilongjiang	255797	25818	139376	28001	1135	20704	9709	12266
上 海	Shanghai	73567	49377	870	50430	12	37000	3120	66814
江 苏	Jiangsu	183420	38382	3001	18639	467	34946	863	28162
浙 江	Zhejiang	133900	43032	343	16153	343	42130	198	51995
安 徽	Anhui	155278	27687	11718	22983	367	52315	582	29275
福 建	Fujian	116115	28362	17758	12700	310	11905	680	22869
江 西	Jiangxi	152868	28787	6162	26711	472	27789	7129	26721
山 东	Shandong	163190	32614	136	22142	1333	79073	1474	25009
河 南	Henan	110838	27870	84	17917	2187	3772	613	23908
湖 北	Hubei	173729	28266	19719	24404	2334	23015	6448	32353
湖 南	Hunan	146220	31105	2483	15315	744	20280	1844	17921
广 东	Guangdong	125032	40215	887	24231	188	27154	734	35959
广 西	Guangxi	174516	23915	27148	22330	179	33156	2345	37832
海 南	Hainan	14912	28114	2034	13704	109	24946	139	18172
重 庆	Chongqing	60794	31828	137	20702	36	46137	881	37465
四 川	Sichuan	204391	32325	795	18205	122	51278	3882	43176
贵 州	Guizhou	164762	22830	1138	13822	399	53153	1911	20660
云 南	Yunnan	149273	22541	10048	8152	1615	18052	4312	10918
西 藏	Tibet	43047	20611	8295	9431	169	31473	133	21383
陕 西	Shaanxi	137724	26095	468	15906	2147	64849	5890	28690
甘 肃	Gansu	101311	28287	4508	24200	4117	49267	958	32828
青 海	Qinghai	7957	33939	61	21295			36	48275
宁 夏	Ningxia	24218	27003	157	16267	9	36759	49	70540
新 疆	Xinjiang	45569	26473	9912	22655	55	67218	141	23754

4-4 续表 1 continued

地区	Region	电力、热力、燃气及水生产和供应业 Production and Supply of Electricity, Heat, Gas and Water		建筑业 Construction		批发和零售业 Wholesale and Retail Trades		交通运输、仓储和邮政业 Transport, Storage and Post	
		年末人数（人） Year-end Figures (person)	平均工资（元） Average Wage (yuan)	年末人数（人） Year-end Figures (person)	平均工资（元） Average Wage (yuan)	年末人数（人） Year-end Figures (person)	平均工资（元） Average Wage (yuan)	年末人数（人） Year-end Figures (person)	平均工资（元） Average Wage (yuan)
全　国	**National**	**66662**	**29257**	**275146**	**38537**	**55977**	**35165**	**93701**	**36619**
北　京	Beijing	348	35106	763	92518	1501	59354	871	61604
天　津	Tianjin	432	30144	365	36584	701	33319	1158	23061
河　北	Hebei	15502	24547	5893	37753	721	29576	4311	26359
山　西	Shanxi	2194	23741	2350	45509	1223	21450	3364	34448
内蒙古	Inner Mongolia	1202	28594	533	35283	520	27371	1416	38282
辽　宁	Liaoning	2051	35603	10665	47012	2616	34753	2364	29614
吉　林	Jilin	648	32065	1198	23571	816	26823	2110	19127
黑龙江	Heilongjiang	3698	24344	7804	33556	3078	34039	4213	25888
上　海	Shanghai	105	111250	729	68983	1366	45080	1866	46629
江　苏	Jiangsu	304	34783	12359	37752	1782	27529	3003	43427
浙　江	Zhejiang	762	50844	4308	48567	883	69378	1921	31060
安　徽	Anhui	591	48196	12390	36525	948	42076	3785	33761
福　建	Fujian	777	34432	7914	60580	1450	21834	3482	36117
江　西	Jiangxi	1052	35298	26781	32854	1671	34231	4091	46660
山　东	Shandong	6559	43268	24882	43638	4376	24373	4420	43086
河　南	Henan	4971	33609	10048	32227	5080	30717	5317	36757
湖　北	Hubei	1485	25354	12251	31856	1281	35076	6736	42741
湖　南	Hunan	3384	30413	23894	41138	7690	40921	6492	45861
广　东	Guangdong	888	35456	16998	46324	1567	34912	4427	46428
广　西	Guangxi	828	19436	11793	27951	815	25329	2687	28073
海　南	Hainan	540	23961	1724	37713	36	73083	297	31626
重　庆	Chongqing	112	45069	3543	49992	360	48305	3931	42668
四　川	Sichuan	4504	37925	25732	36114	2269	48119	6797	39886
贵　州	Guizhou	6333	13276	4586	31325	1975	29512	2089	38254
云　南	Yunnan	2819	37231	6701	36205	8130	35867	1730	34437
西　藏	Tibet	79	25266	1220	47839	384	45982	1495	47537
陕　西	Shaanxi	2116	28637	15286	38557	1820	28782	6575	23659
甘　肃	Gansu	1384	25458	17344	35929	530	42263	1765	29094
青　海	Qinghai	83	35047	3602	38729	24	28583	155	43225
宁　夏	Ningxia	642	23933	1384	27945	98	24263	378	22633
新　疆	Xinjiang	269	41271	106	36580	266	37149	455	30614

4-4 续表 2 continued

地区	Region	住宿和餐饮业 Hotels and Catering Services		信息传输、软件和信息技术服务业 Information Transmission, Software and Information Technology		金融业 Financial Intermediation		房地产业 Real Estate	
		年末人数(人) Year-end Figures (person)	平均工资(元) Average Wage (yuan)	年末人数(人) Year-end Figures (person)	平均工资(元) Average Wage (yuan)	年末人数(人) Year-end Figures (person)	平均工资(元) Average Wage (yuan)	年末人数(人) Year-end Figures (person)	平均工资(元) Average Wage (yuan)
全 国	**National**	**21765**	**33385**	**14160**	**41205**	**165212**	**32234**	**20463**	**33243**
北 京	Beijing	2258	45247	206	101085	82	46369	2853	45521
天 津	Tianjin	1020	32524	25	27840	730	30860	993	31029
河 北	Hebei	663	28147	192	30225	508	29116	252	21157
山 西	Shanxi	1079	21714	661	43374	2910	25118	415	14224
内蒙古	Inner Mongolia	253	31778	472	28065	1915	19924	89	35978
辽 宁	Liaoning	1291	33645	506	36869	13068	21297	681	28259
吉 林	Jilin	263	24220	411	25133	2328	33081	236	25877
黑龙江	Heilongjiang	788	21251	474	18004	3912	28793	677	24164
上 海	Shanghai	1698	54656	76	97872	340	68844	2938	45334
江 苏	Jiangsu	735	37040	957	49223	21112	32473	514	42519
浙 江	Zhejiang	517	40212	156	62012	3167	64720	896	28905
安 徽	Anhui	197	25027	2477	48235	23649	23876	743	24454
福 建	Fujian	297	26402	783	39387	12159	41871	842	28181
江 西	Jiangxi	941	18614	862	40965	5747	28982	1028	25924
山 东	Shandong	1603	33539	561	45520	12586	34865	531	40317
河 南	Henan	778	22680	1054	46137	4292	27071	285	33139
湖 北	Hubei	336	29546	620	29185	6211	27270	916	29129
湖 南	Hunan	917	26086	576	40363	464	60011	367	19427
广 东	Guangdong	1175	56078	914	35809	14900	45199	400	44853
广 西	Guangxi	608	26781	113	21135	8567	32557	1443	23335
海 南	Hainan	8	17000	25	22042	199	34792	23	40767
重 庆	Chongqing	140	32552	17	28222	32	52222	382	33927
四 川	Sichuan	531	29271	639	46134	19191	29429	540	31115
贵 州	Guizhou	293	25412	93	35878	395	51475	273	17947
云 南	Yunnan	819	24451	252	26420	1558	29673	448	25033
西 藏	Tibet	331	42649	2	86500	19	101889	111	41627
陕 西	Shaanxi	912	21456	191	46522	1458	38905	761	24083
甘 肃	Gansu	761	28628	810	36936	2155	33818	239	27557
青 海	Qinghai					27	41222	74	31473
宁 夏	Ningxia	33	14394	10	38300	494	39934	256	30553
新 疆	Xinjiang	520	33603	25	46792	1037	34796	257	30639

4-4 续表 3 continued

地 区	Region	租赁和商务服务业 Leasing and Business Services		科学研究和技术服务业 Scientific Research and Technical Services		水利、环境和公共设施管理业 Management of Water Conservancy,Environment and Public Facilities		居民服务、修理和其他服务业 Service to Households, Repair and Other Services	
		年末人数(人) Year-end Figures (person)	平均工资(元) Average Wage (yuan)	年末人数(人) Year-end Figures (person)	平均工资(元) Average Wage (yuan)	年末人数(人) Year-end Figures (person)	平均工资(元) Average Wage (yuan)	年末人数(人) Year-end Figures (person)	平均工资(元) Average Wage (yuan)
全 国	**National**	**63251**	**30234**	**89386**	**43111**	**314586**	**22450**	**13828**	**31222**
北 京	Beijing	5418	51229	10752	72335	3192	36824	589	38385
天 津	Tianjin	641	35202	3107	47146	5652	36544	4172	32694
河 北	Hebei	2909	37717	2041	34163	21496	19900	282	25273
山 西	Shanxi	1586	26948	1222	38558	13545	14765	20	24850
内蒙古	Inner Mongolia	2062	10141	709	28874	2967	20169	280	14987
辽 宁	Liaoning	7975	19108	2731	41216	15568	17705	228	24138
吉 林	Jilin	4632	15744	942	38756	12387	17875	227	26415
黑龙江	Heilongjiang	2986	16072	2370	23638	23513	19664	900	14213
上 海	Shanghai	5923	42512	3410	70262	2867	43810	1397	41062
江 苏	Jiangsu	3935	30686	3115	51308	10567	35049	241	41094
浙 江	Zhejiang	2313	30685	3305	54657	7241	31150	517	49984
安 徽	Anhui	1397	30952	3075	35392	11934	19274	336	27889
福 建	Fujian	863	34080	3083	37737	4662	22676	358	35093
江 西	Jiangxi	2150	42047	2447	43374	17240	22582	109	48119
山 东	Shandong	1584	24592	2102	42609	19982	22519	181	40182
河 南	Henan	847	27362	2814	23099	13047	21015	42	19714
湖 北	Hubei	551	48063	5482	31558	17227	23851	616	26435
湖 南	Hunan	1361	23582	2687	30119	13797	20668	229	36654
广 东	Guangdong	1329	35153	3108	69092	6803	30730	468	55218
广 西	Guangxi	3587	22616	5627	23099	15449	23908	220	21742
海 南	Hainan	63	27274	156	33031	851	32649	88	26391
重 庆	Chongqing	114	39027	1544	56363	6252	25178	101	40598
四 川	Sichuan	1831	34869	5649	41139	18912	24258	926	26508
贵 州	Guizhou	353	32693	3235	34554	13002	22681	714	17946
云 南	Yunnan	723	31902	3978	24882	13029	19270	234	30388
西 藏	Tibet	35	17579	2614	25639	307	22823	12	30333
陕 西	Shaanxi	915	22906	3874	39139	12185	18230	172	34156
甘 肃	Gansu	4034	36934	2423	38257	8508	21038	39	19051
青 海	Qinghai	54	31148	100	42794	212	21351	22	21500
宁 夏	Ningxia	401	17626	235	32654	650	21008	5	21600
新 疆	Xinjiang	679	33852	1449	29483	1542	19136	103	37990

4-4 续表 4 continued

地区	Region	教育 Education 年末人数(人) Year-end Figures (person)	教育 Education 平均工资(元) Average Wage (yuan)	卫生和社会工作 Health and Social Service 年末人数(人) Year-end Figures (person)	卫生和社会工作 Health and Social Service 平均工资(元) Average Wage (yuan)	文化、体育和娱乐业 Culture, Sports and Entertainment 年末人数(人) Year-end Figures (person)	文化、体育和娱乐业 Culture, Sports and Entertainment 平均工资(元) Average Wage (yuan)	公共管理、社会保障和社会组织 Public Management, Social Security and Social Organization 年末人数(人) Year-end Figures (person)	公共管理、社会保障和社会组织 Public Management, Social Security and Social Organization 平均工资(元) Average Wage (yuan)
全国	**National**	**623664**	**27687**	**413964**	**40155**	**57327**	**38390**	**860653**	**24474**
北京	Beijing	22020	54183	9658	61727	5765	76137	33501	23410
天津	Tianjin	7740	34890	5955	52127	1065	38761	11172	35745
河北	Hebei	33692	23119	15541	26094	3123	41287	39082	19358
山西	Shanxi	12520	17394	10729	24272	1989	29251	22298	18063
内蒙古	Inner Mongolia	2162	24113	4218	40380	370	33995	8914	22167
辽宁	Liaoning	13061	28092	16483	35756	1333	26699	16999	21822
吉林	Jilin	7541	26397	5931	27938	777	29128	26308	15369
黑龙江	Heilongjiang	12982	23818	12940	29666	1120	20210	24122	19535
上海	Shanghai	20535	46131	12872	60344	2448	54231	10995	34339
江苏	Jiangsu	39945	37523	32538	52760	3225	35021	44757	33799
浙江	Zhejiang	36658	34182	22948	67741	7356	50667	40068	36422
安徽	Anhui	25022	23531	14204	39365	1874	25279	39989	25582
福建	Fujian	25316	25153	8878	42670	2360	26289	24143	23433
江西	Jiangxi	21578	23728	17811	33846	1734	25972	33863	25770
山东	Shandong	19446	25187	23192	36700	1603	30896	36639	27438
河南	Henan	17123	26213	17779	33779	1432	25603	23045	25554
湖北	Hubei	32947	25243	18682	36736	1971	32633	37916	25790
湖南	Hunan	23110	24225	13147	39566	1990	31385	41044	27757
广东	Guangdong	29170	34236	17633	48218	3728	35017	19715	32115
广西	Guangxi	40052	20244	13268	35187	1740	20608	38047	21455
海南	Hainan	2386	28968	1526	38853	215	37108	4493	26354
重庆	Chongqing	22446	25023	8661	39976	564	38140	11541	27914
四川	Sichuan	36283	26075	21062	56089	3009	23484	51717	26092
贵州	Guizhou	41891	20473	20596	28129	1203	31743	64283	21425
云南	Yunnan	28786	19120	26455	28842	892	20782	36744	19908
西藏	Tibet	2218	27994	2755	21403	725	24811	22143	18180
陕西	Shaanxi	22523	25049	16765	31342	1820	23767	41846	17787
甘肃	Gansu	15074	24217	12371	27572	1074	26102	23217	21189
青海	Qinghai	137	26096	1799	41853			1571	17479
宁夏	Ningxia	7019	31227	1876	28427	256	24490	10266	23803
新疆	Xinjiang	2281	31848	5691	34947	566	31480	20215	23578

五、城镇集体单位就业人员和工资总额

EMPLOYMENT AND TOTAL WAGES IN URBAN COLLECTIVE-OWNED UNITS

5-1 分行业城镇集体单位就业人员和工资总额(2015年)
EMPLOYMENT AND TOTAL WAGES IN URBAN COLLECTIVE-OWNED UNITS BY SECTOR (2015)

项　　目	Item	年末人数(千人) Year-end Figures (1000 persons)	#女 性 Female	工资总额(千元) Total Wages (1000 yuan)	平均工资(元) Average Wage (yuan)
全　国　总　计	**National Total**	**4814**	**1565**	**223943073**	**46607**
农、林、牧、渔业	**Agriculture, Forestry, Animal Husbandry and Fishery**	**21**	**8**	**843424**	**39049**
农业	Farming	6	2	230403	40564
林业	Forestry	7	3	268161	37333
畜牧业	Animal Husbandry	2	1	53238	35257
渔业	Fishery	1		36082	34331
农、林、牧、渔服务业	Service in Support of Agriculture	6	2	255540	41383
采矿业	**Mining**	**107**	**19**	**4539592**	**42900**
煤炭开采和洗选业	Mining and Washing of Coal	52	8	2377494	45766
石油和天然气开采业	Extraction of Petroleum and Natural Gas			198	33000
黑色金属矿采选业	Mining and Processing of Ferrous Metal Ores	10	1	404850	39765
有色金属矿采选业	Mining and Processing of Non-Ferrous Metal Ores	19	3	700027	36797
非金属矿采选业	Mining and Processing of Non-metal Ores	20	5	702583	36034
开采辅助活动	Support Activities for Mining	5	2	349940	69391
其他采矿业	Mining of Other Ores				
制造业	**Manufacturing**	**744**	**300**	**31685451**	**42026**
农副食品加工业	Processing of Food from Agricultural Products	24	9	934297	39009
食品制造业	Manufacture of Foods	7	3	266701	35162
酒、饮料和精制茶制造业	Manufacture of Liquor, Beverages and Refined Tea	6	3	198817	32588
烟草制品业	Manufacture of Tobacco	4	2	311394	70531
纺织业	Manufacture of Textile	21	12	800161	37382
纺织服装、服饰业	Manufacture of Textile, Wearing Apparel and Accessories	28	17	1164084	37140
皮革、毛皮、羽毛及其制品和制鞋业	Manufacture of Leather, Fur, Feather and Related Products and Footwear	23	12	930335	40486
木材加工和木、竹、藤、棕、草制品业	Processing of Timber, Manufacture of Wood, Bamboo, Rattan, Palm and Straw Products	6	2	376775	50492
家具制造业	Manufacture of Furniture	2	1	67769	37359
造纸及纸制品业	Manufacture of Paper and Paper Products	20	10	757975	39190
印刷和记录媒介复制业	Printing and Reproduction of Recording Media	30	13	1594780	52073
文教、工美、体育和娱乐用品制造业	Manufacture of Articles for Culture, Education, Arts and Crafts, Sport and Entertainment Activities	39	21	1826072	47135
石油加工、炼焦和核燃料加工业	Processing of Petroleum, Coking and Processing of Nuclear Fuel	13	5	381437	28572

5-1 续表 1 continued

项 目	Item	年末人数（千人）Year-end Figures (1000 persons)	#女 性 Female	工资总额（千元）Total Wages (1000 yuan)	平均工资（元）Average Wage (yuan)
化学原料和化学制品制造业	Manufacture of Raw Chemical Materials and Chemical Products	48	20	2242698	46173
医药制造业	Manufacture of Medicines	15	5	596840	40885
化学纤维制造业	Manufacture of Chemical Fibres	1		28925	30673
橡胶和塑料制品业	Manufacture of Rubber and Plastics Products	30	15	1075396	36453
非金属矿物制品业	Manufacture of Non-metallic Mineral Products	56	15	1839283	32245
黑色金属冶炼和压延加工业	Smelting and Pressing of Ferrous Metals	46	15	2078050	44651
有色金属冶炼和压延加工业	Smelting and Pressing of Non-ferrous Metals	15	5	791794	50497
金属制品业	Manufacture of Metal Products	50	18	1640383	32585
通用设备制造业	Manufacture of General Purpose Machinery	74	20	3175334	42222
专用设备制造业	Manufacture of Special Purpose Machinery	33	15	1177663	35037
汽车制造业	Manufacture of Automobiles	14	4	639880	43948
铁路、船舶、航空航天和其他运输设备制造业	Manufacture of Railway, Ship, Aerospace and Other Transport Equipments	30	10	1125422	37102
电气机械和器材制造业	Manufacture of Electrical Machinery and Apparatus	51	18	2929287	56752
计算机、通信和其他电子设备制造业	Manufacture of Computers, Communication and Other Electronic Equipment	33	21	1833020	54910
仪器仪表制造业	Manufacture of Measuring Instruments and Machinery	7	3	279396	39868
其他制造业	Other Manufacture	4	2	126440	34303
废弃资源综合利用业	Utilization of Waste Resources	5	2	258031	49412
金属制品、机械和设备修理业	Repair Service of Metal Products, Machinery and Equipment	7	3	237012	33917
电力、热力、燃气及水生产和供应业	**Production and Supply of Electricity, Heat, Gas and Water**	**38**	**11**	**2064340**	**54395**
电力、热力生产和供应业	Production and Supply of Electric Power and Heat Power	20	5	1281350	64023
燃气生产和供应业	Production and Supply of Gas	1		31028	44074
水的生产和供应业	Production and Supply of Water	17	6	751962	43635
建筑业	**Construction**	**1547**	**196**	**60582560**	**39276**
房屋建筑业	Construction of Buildings	1301	155	49758318	38310
土木工程建筑业	Civil Engineering	141	23	5847277	42113
建筑安装业	Building Installation	83	14	3911169	47309
建筑装饰和其他建筑业	Building Decoration and Other Constructions	21	4	1065796	48119
批发和零售业	**Wholesale and Retail Trades**	**317**	**128**	**9999498**	**31804**
批发业	Wholesale Trade	126	45	4255707	34111
零售业	Retail Trade	191	83	5743791	30286

5-1 续表 2 continued

项　　目	Item	年末人数（千人）Year-end Figures (1000 persons)	#女性 Female	工资总额（千元）Total Wages (1000 yuan)	平均工资（元）Average Wage (yuan)
交通运输、仓储和邮政业	**Transport, Storage and Post**	**148**	**35**	**5587553**	**37461**
铁路运输业	Railway Transport	4	2	197834	42710
道路运输业	Road Transport	87	18	3169768	36375
水上运输业	Water Transport	18	5	588730	32685
航空运输业	Air Transport			5321	77116
管道运输业	Transport Via Pipelines			1372	31907
装卸搬运和运输代理业	Loading, Unloading and Forwarding Agency	29	7	1180898	40493
仓储业	Storage	6	2	234459	39418
邮政业	Post	3	2	209171	50415
住宿和餐饮业	**Hotels and Catering Services**	**54**	**31**	**2044481**	**37197**
住宿业	Hotels	39	22	1524984	38110
餐饮业	Catering Services	15	8	519497	34751
信息传输、软件和信息技术服务业	**Information Transmission, Software and Information Technology**	**7**	**3**	**372394**	**50901**
电信、广播电视和卫星传输服务	Telecommunication, Radio and Television and Satellite Transmission Service	5	2	231583	46270
				16781	51318
互联网和相关服务	Internet and Related Service	2	1	124030	62515
软件和信息技术服务业	Software and Information Technology				
金融业	**Financial Intermediation**	**465**	**201**	**38328827**	**82944**
货币金融服务	Monetary and Financial Service	455	197	37548923	83105
资本市场服务	Capital Market Service	1		38623	66822
保险业	Insurance	8	4	654950	81149
其他金融业	Other Financial Activities	2	1	86331	52834
房地产业	**Real Estate**	**80**	**28**	**3536526**	**44062**
#房地产开发经营	Development and Management of Real Estate	16	4	778804	50203
物业管理	Property Management	40	14	1594307	40540
房地产中介服务	Agency Services of Real Estate	3	1	123654	43236
租赁和商务服务业	**Leasing and Business Services**	**318**	**87**	**12845367**	**40731**
租赁业	Leasing	4	1	242929	58006
商务服务业	Business Services	314	86	12602438	40498
科学研究和技术服务业	**Scientific Research and Technical Services**	**48**	**15**	**2828283**	**58849**
研究和试验发展	Research and Experimental Development	4	1	200312	56378
专业技术服务业	Professional Technical Services	35	11	2167703	60978

5-1 续表 3 continued

项　目	Item	年末人数（千人）Year-end Figures (1000 persons)	#女性 Female	工资总额（千元）Total Wages (1000 yuan)	平均工资（元）Average Wage (yuan)
科技推广和应用服务业	Science and Technology Popularization and Application Services	9	3	460268	51381
水利、环境和公共设施管理业	Management of Water Conservancy, Environment and Public Facilities	109	51	3560493	33262
水利管理业	Management of Water Conservancy	10	3	422488	43542
生态保护和环境治理业	Ecological Protection and Environmental Treatment	2	1	83745	40243
公共设施管理业	Management of Public Facilities	97	47	3054260	32062
居民服务、修理和其他服务业	**Service to Households, Repair and Other Services**	**49**	**19**	**2080213**	**41566**
居民服务业	Service to Households	17	8	746133	43458
机动车、电子产品和日用产品修理业	Repair of Motor Vehicle, Electronics and Household Products	11	4	398042	37326
其他服务业	Other Services	21	8	936038	42139
教育	**Education**	**209**	**115**	**11570973**	**55810**
#初等教育	Primary Education	65	37	3531079	54734
中等教育	Secondary Education	67	34	4375421	65624
高等教育	Senior Education	8	5	599023	71109
卫生和社会工作	**Health and Social Service**	**515**	**302**	**29464976**	**57917**
卫生	Health	506	296	29113528	58247
社会工作	Social Service	9	5	351448	39413
文化、体育和娱乐业	**Culture, Sports and Entertainment**	**18**	**8**	**911272**	**49577**
新闻和出版业	Journalism and Publishing Activities	2	1	118543	47379
广播、电视、电影和影视录音制作业	Radio, Television, Motion Picture and Videotape Programme Production Services	5	2	287110	63633
文化艺术业	Cultural and Art Activities	9	4	411052	45815
体育	Sports Activities	1		39005	42628
娱乐业	Entertainment	1	1	55562	37542
公共管理、社会保障和社会组织	**Public Management, Social Security and Social Organization**	**20**	**9**	**1096850**	**55179**
#中国共产党机关	Organs of Communist Party of China				
国家机构	Government Agencies				
人民政协、民主党派	People's Political Consultative Conference and Democratic Parties				
社会保障	Social Security				
群众团体、社会团体和其他成员组织	Non-Governmental Organizations, Social Organizations and Membership Organizations	5	2	246019	51717

5-2 各地区分行业城镇集体单位就业人员和工资总额(2015年)

EMPLOYMENT AND TOTAL WAGES IN URBAN COLLECTIVE-OWNED UNITS BY SECTOR AND REGION (2015)

地 区	Region	总计 Total 年末人数(人) Year-end Figures (person)	#女性 Female	工资总额(千元) Total Wages (1000 yuan)	平均工资(元) Average Wage (yuan)	农、林、牧、渔业 Agriculture, Forestry, Animal Husbandry and Fishery 年末人数(人) Year-end Figures (person)	#女性 Female	工资总额(千元) Total Wages (1000 yuan)	平均工资(元) Average Wage (yuan)
全 国	**National**	**4814449**	**1564509**	**223943073**	**46607**	**21291**	**7666**	**843424**	**39049**
北 京	Beijing	169303	68478	8570681	49717	3323	1151	119252	34396
天 津	Tianjin	64911	16500	3278686	47413	11	4	158	14364
河 北	Hebei	143885	56003	6034370	40637	754	206	26351	34627
山 西	Shanxi	176424	73126	7441868	42646	493	130	25181	50768
内蒙古	Inner Mongolia	58833	25830	3383369	57202	570	67	14137	24802
辽 宁	Liaoning	285455	83160	10339767	34693	354	128	14041	38895
吉 林	Jilin	62596	26270	2604299	40955	2850	2236	120450	40693
黑龙江	Heilongjiang	141049	49483	5707840	39063	767	323	17111	21659
上 海	Shanghai	132500	47614	8537882	63063	324	65	35018	103604
江 苏	Jiangsu	337082	145898	19192067	57558	603	187	27150	44728
浙 江	Zhejiang	155313	45038	8549022	55333	49	8	2031	41449
安 徽	Anhui	147438	49600	6968575	47261	433	148	13408	30682
福 建	Fujian	113963	43520	5797549	52491	271	84	9426	34654
江 西	Jiangxi	146448	32891	6457743	46175	253	67	8699	34657
山 东	Shandong	474295	141135	23540098	50191	1725	427	96253	55509
河 南	Henan	389782	141381	15927793	41511	1877	511	73815	39878
湖 北	Hubei	138456	45373	5475840	39789	1039	306	30923	29820
湖 南	Hunan	185314	45931	7290865	40115	1062	376	39776	37383
广 东	Guangdong	503377	159683	22770899	45027	401	102	14670	34599
广 西	Guangxi	132727	35807	5255692	40510	288	112	9291	34539
海 南	Hainan	18436	5328	851331	46651	426	168	6271	14618
重 庆	Chongqing	88131	22285	3772103	43084	407	101	15434	38109
四 川	Sichuan	262454	76764	12548992	48924	1845	384	82412	44379
贵 州	Guizhou	52193	14249	3314840	64057	98	20	1642	16755
云 南	Yunnan	121213	34080	6251238	54432	340	156	8294	24611
西 藏	Tibet	3175	1131	120672	35989	30	6	1081	36033
陕 西	Shaanxi	161690	39630	7294588	45665	361	95	15651	43355
甘 肃	Gansu	101697	20566	3900322	37465	136	50	6427	47257
青 海	Qinghai	11000	4089	525608	46033	68	16	2155	31691
宁 夏	Ningxia	7316	2214	425381	49354	53	16	3828	72226
新 疆	Xinjiang	27993	11452	1813093	63148	80	16	3088	40632

5-2 续表 1 continued

地 区	Region	采矿业 Mining				制造业 Manufacturing			
		年末人数（人）Year-end Figures (person)	#女 性 Female	工资总额（千元）Total Wages (1000 yuan)	平均工资（元）Average Wage (yuan)	年末人数（人）Year-end Figures (person)	#女 性 Female	工资总额（千元）Total Wages (1000 yuan)	平均工资（元）Average Wage (yuan)
全 国	**National**	**106660**	**18991**	**4539592**	**42900**	**743777**	**299843**	**31685451**	**42026**
北 京	Beijing	614	70	29359	45659	18739	7022	868907	44192
天 津	Tianjin	142	6	6987	35831	8610	3199	422562	48509
河 北	Hebei	2674	831	85736	29493	23661	10361	713576	30379
山 西	Shanxi	10137	2081	617006	60831	31378	16154	965900	30588
内蒙古	Inner Mongolia	1393	197	54606	39341	8032	3033	264577	32632
辽 宁	Liaoning	9448	1271	256409	29137	96496	30967	2854498	29070
吉 林	Jilin	1838	1097	78216	42905	8173	3204	301374	33016
黑龙江	Heilongjiang	7643	2200	342959	44709	44383	18988	1515386	33319
上 海	Shanghai					25339	6224	1362883	50009
江 苏	Jiangsu	562	97	18289	32370	68166	29657	3790291	55096
浙 江	Zhejiang	564	39	11456	20604	5719	2362	280204	47980
安 徽	Anhui	943	322	41183	44667	8000	2988	376844	46726
福 建	Fujian	4245	236	179888	42658	10720	5502	418780	39051
江 西	Jiangxi	2305	296	79693	35014	8077	3241	297096	36404
山 东	Shandong	5401	1378	257863	47454	80574	23355	4539457	56861
河 南	Henan	20396	5301	722622	35866	63154	24880	2554664	40819
湖 北	Hubei	3805	248	199245	51259	22913	8930	839606	36348
湖 南	Hunan	13501	1668	623370	46618	24636	8368	929178	37603
广 东	Guangdong	796	147	29324	36158	103547	60988	4820244	45298
广 西	Guangxi	469	100	18132	38744	19264	9128	735215	38890
海 南	Hainan	11	1	330	30000	122	57	4032	33049
重 庆	Chongqing	2292	211	101784	45237	10825	2519	413686	38241
四 川	Sichuan	1924	204	71314	36969	11121	3562	514446	46556
贵 州	Guizhou	1281	65	56585	44450	5133	1737	167813	31735
云 南	Yunnan	6153	164	247088	39502	6983	2466	205919	29262
西 藏	Tibet	200	27	16590	83788	1146	632	26134	22945
陕 西	Shaanxi	2627	152	138400	56861	19441	6684	1054703	53664
甘 肃	Gansu	5042	545	241645	48436	5820	1927	306855	48051
青 海	Qinghai	60	22	2618	47600	1060	557	28167	25936
宁 夏	Ningxia	10	2	168	16800	200	96	6902	34510
新 疆	Xinjiang	184	13	10727	57364	2345	1055	105552	43455

5-2 续表 2 continued

地区	Region	电力、热力、燃气及水生产和供应业 Production and Supply of Electricity, Heat, Gas and Water				建筑业 Construction			
		年末人数（人） Year-end Figures (person)	#女性 Female	工资总额（千元） Total Wages (1000 yuan)	平均工资（元） Average Wage (yuan)	年末人数（人） Year-end Figures (person)	#女性 Female	工资总额（千元） Total Wages (1000 yuan)	平均工资（元） Average Wage (yuan)
全国	**National**	**38089**	**11331**	**2064340**	**54395**	**1546684**	**196194**	**60582560**	**39276**
北京	Beijing	728	187	28624	41665	15764	2774	1109730	67506
天津	Tianjin	83	38	5839	54570	23286	2439	1326352	49897
河北	Hebei	230	98	15661	68091	23350	2793	1022906	36204
山西	Shanxi	541	230	12846	27044	25097	4832	754111	31569
内蒙古	Inner Mongolia	704	265	22706	33147	4182	1419	136184	30473
辽宁	Liaoning	1475	465	41786	28368	80349	14719	3151123	34349
吉林	Jilin	483	157	15264	30467	9504	2360	334498	35096
黑龙江	Heilongjiang	835	183	45262	54664	28796	3229	1242593	36615
上海	Shanghai	1342	345	103431	76333	10465	705	635072	58008
江苏	Jiangsu	1724	382	107738	62529	53072	6134	2082483	41336
浙江	Zhejiang	2102	612	145872	69629	77019	7929	3328084	43319
安徽	Anhui	1128	242	44740	39982	42950	4273	1805702	41752
福建	Fujian	2484	550	152249	61071	22328	3030	997758	51665
江西	Jiangxi	104	33	4202	40404	95876	13334	3995642	44574
山东	Shandong	919	258	40347	44095	179904	22515	7198158	40540
河南	Henan	2973	1095	109669	37151	88622	8329	3368055	39215
湖北	Hubei	1226	421	51060	41921	38192	5507	1343535	35330
湖南	Hunan	2444	832	94185	38968	86583	9595	2926473	35045
广东	Guangdong	10134	2986	748295	73709	166576	20367	6119539	36430
广西	Guangxi	660	195	28259	42052	68341	9390	2205768	33765
海南	Hainan	9	2	210	23333	9786	1054	436194	45206
重庆	Chongqing	1169	410	46795	41084	44063	5169	1803203	40911
四川	Sichuan	2588	871	117278	45090	124461	16773	4990077	41400
贵州	Guizhou	404	79	13333	33167	19144	2242	723875	37873
云南	Yunnan	312	129	9726	30975	56110	7389	1770090	35711
西藏	Tibet					1591	374	71791	40287
陕西	Shaanxi	641	127	34676	54012	81028	9474	3083516	38913
甘肃	Gansu	324	72	10667	32923	60760	6329	2100744	33461
青海	Qinghai					4864	1079	229171	43240
宁夏	Ningxia					2556	280	140587	34998
新疆	Xinjiang	323	67	13620	42696	2065	358	149546	50625

5-2 续表 3 continued

地 区	Region	批发和零售业 Wholesale and Retail Trades				交通运输、仓储和邮政业 Transport, Storage and Post			
		年末人数（人） Year-end Figures (person)	#女 性 Female	工资总额（千元） Total Wages (1000 yuan)	平均工资（元） Average Wage (yuan)	年末人数（人） Year-end Figures (person)	#女 性 Female	工资总额（千元） Total Wages (1000 yuan)	平均工资（元） Average Wage (yuan)
全 国	**National**	**316949**	**128313**	**9999498**	**31804**	**147938**	**34653**	**5587553**	**37461**
北 京	Beijing	9541	4445	527320	53918	6707	1230	212659	31444
天 津	Tianjin	5826	2043	217903	37929	5106	251	233302	45674
河 北	Hebei	18163	7306	423297	23591	4954	1204	152847	30959
山 西	Shanxi	26653	8896	525725	19926	3982	1281	119318	29652
内蒙古	Inner Mongolia	1540	603	47246	29940	2015	435	65460	32486
辽 宁	Liaoning	10600	4689	311902	29416	12119	1719	491475	39728
吉 林	Jilin	1967	686	49344	25099	657	123	14011	21197
黑龙江	Heilongjiang	11671	4659	379616	33247	1569	367	49328	31845
上 海	Shanghai	6643	2183	424618	61149	6517	1322	271045	39936
江 苏	Jiangsu	12706	5607	432622	34046	15822	4172	743475	47754
浙 江	Zhejiang	4868	2323	247575	50269	3371	826	171314	51772
安 徽	Anhui	4016	1361	111755	27918	6989	1798	190095	26910
福 建	Fujian	9027	2520	261153	28784	2681	728	98256	36731
江 西	Jiangxi	3657	1224	124076	34872	3938	749	146896	36208
山 东	Shandong	35939	15837	1329195	37458	8739	1535	361562	41279
河 南	Henan	53358	22965	1726552	32785	15792	4518	513953	33071
湖 北	Hubei	18169	10095	521022	28930	4529	1021	129157	28268
湖 南	Hunan	5700	2294	177102	31974	5851	1213	157750	26915
广 东	Guangdong	27594	10203	744325	27341	8374	1937	363093	43153
广 西	Guangxi	7680	2827	215726	27900	5856	2213	228520	36371
海 南	Hainan	963	282	19603	20377	211	80	7834	35609
重 庆	Chongqing	3787	1184	104503	28884	2808	528	111142	40095
四 川	Sichuan	8448	2696	274491	32608	9006	1741	327501	35590
贵 州	Guizhou	3954	1540	116335	29807	1454	337	72325	51477
云 南	Yunnan	6929	2918	178638	25976	1708	314	54606	30320
西 藏	Tibet	55	19	1322	25922	13	1	387	29769
陕 西	Shaanxi	9386	3854	255733	27698	3873	1999	196664	47908
甘 肃	Gansu	4516	1720	119398	26433	2363	488	57608	24462
青 海	Qinghai	525	280	16476	31323	291	182	14613	48387
宁 夏	Ningxia	196	71	6915	34749				
新 疆	Xinjiang	2872	983	108010	38166	643	339	31357	47012

5-2 续表 4 continued

地 区	Region	住宿和餐饮业 Hotels and Catering Services 年末人数（人） Year-end Figures (person)	#女 性 Female	工资总额（千元） Total Wages (1000 yuan)	平均工资（元） Average Wage (yuan)	信息传输、软件和信息技术服务业 Information Transmission, Software and Information Technology 年末人数（人） Year-end Figures (person)	#女 性 Female	工资总额（千元） Total Wages (1000 yuan)	平均工资（元） Average Wage (yuan)
全 国	**National**	**54465**	**30542**	**2044481**	**37197**	**7354**	**2757**	**372394**	**50901**
北 京	Beijing	8475	4260	410280	47300	437	210	14464	45200
天 津	Tianjin	1079	620	45444	35420	89	50	9532	107101
河 北	Hebei	1159	727	33494	28361	360	136	15564	43842
山 西	Shanxi	1914	1085	50050	26054	182	70	4621	25390
内蒙古	Inner Mongolia	811	375	23850	29228	33	26	1238	37515
辽 宁	Liaoning	2655	1208	96966	35900	217	68	7417	34180
吉 林	Jilin	751	388	21105	27733	7	4	304	43429
黑龙江	Heilongjiang	2143	1261	98493	46459	55	15	2035	35702
上 海	Shanghai	3086	1429	141677	45063	18	6	979	54389
江 苏	Jiangsu	2528	1485	102304	39653	225	73	17612	77929
浙 江	Zhejiang	1951	1192	77871	39072	1080	464	97871	88093
安 徽	Anhui	801	528	21533	26816	189	53	7943	42250
福 建	Fujian	1085	659	43003	40040	70	28	2853	40183
江 西	Jiangxi	168	72	3278	19512	264	58	13213	50625
山 东	Shandong	3614	1986	122013	33328	195	94	13744	70122
河 南	Henan	4791	2882	155683	32768	2101	794	86016	41097
湖 北	Hubei	1318	810	46761	35750	221	97	6103	30980
湖 南	Hunan	1415	887	41860	31053	81	35	5133	62598
广 东	Guangdong	5559	3008	225194	40554	782	306	40130	49604
广 西	Guangxi	1118	710	34876	30728	104	4	3356	32583
海 南	Hainan	113	73	4629	40965	27	11	173	6407
重 庆	Chongqing	1655	1052	54173	33093	262	46	9853	31082
四 川	Sichuan	1108	671	33908	31898	134	36	4039	30142
贵 州	Guizhou	497	319	11944	24729	34	16	1399	41147
云 南	Yunnan	1813	1021	53844	29391	76	8	1827	24360
西 藏	Tibet	91	67	2630	28901				
陕 西	Shaanxi	1225	842	30785	25611	52	19	2207	40870
甘 肃	Gansu	611	372	16630	27085	39	20	1918	47950
青 海	Qinghai	383	256	14106	35802				
宁 夏	Ningxia	49	36	2484	50694				
新 疆	Xinjiang	499	261	23613	46209	20	10	850	42500

5-2 续表 5 continued

地 区	Region	金融业 Financial Intermediation				房地产业 Real Estate			
		年末人数（人） Year-end Figures (person)	#女 性 Female	工资总额（千元） Total Wages (1000 yuan)	平均工资（元） Average Wage (yuan)	年末人数（人） Year-end Figures (person)	#女 性 Female	工资总额（千元） Total Wages (1000 yuan)	平均工资（元） Average Wage (yuan)
全 国	**National**	**464842**	**201455**	**38328827**	**82944**	**80367**	**28333**	**3536526**	**44062**
北 京	Beijing	120	43	4792	38959	18726	7645	884254	47123
天 津	Tianjin	29	10	1605	57321	898	409	30453	32922
河 北	Hebei	25170	10667	2057497	81868	689	338	23394	31699
山 西	Shanxi	39971	18984	3078503	78055	1353	539	27734	20528
内蒙古	Inner Mongolia	23601	11930	2059720	87151	71	45	2455	35071
辽 宁	Liaoning	25582	10436	1442162	56354	2093	745	95067	45184
吉 林	Jilin	15724	6797	991707	62950	322	111	11577	35953
黑龙江	Heilongjiang	19239	6916	1023720	53758	503	75	15786	31321
上 海	Shanghai	89	43	10508	116756	6167	1885	301387	48572
江 苏	Jiangsu	20884	8589	2310221	111004	3465	1303	163960	46593
浙 江	Zhejiang	4774	2328	595541	125483	2731	945	146079	56055
安 徽	Anhui	16440	6682	1451283	88992	1438	232	41269	29083
福 建	Fujian	9987	4111	1000673	99669	2461	965	114197	47385
江 西	Jiangxi	17688	7950	1221058	70176	858	250	32306	36921
山 东	Shandong	34959	14863	2917805	83698	10503	3319	487864	47128
河 南	Henan	32039	15083	2045059	64342	2947	1375	111233	37078
湖 北	Hubei	12418	5321	834427	68785	1132	444	41362	36539
湖 南	Hunan	9029	3955	657009	72985	839	264	26682	31502
广 东	Guangdong	41049	16644	3263239	79899	14770	4105	659791	44936
广 西	Guangxi	13792	5423	1220518	88655	1817	698	56636	31711
海 南	Hainan	729	320	58075	87069	500	157	17535	26608
重 庆	Chongqing	11	4	424	38545	1193	643	73695	62085
四 川	Sichuan	24697	11544	2114228	85482	499	120	21844	48978
贵 州	Guizhou	11583	4952	1805868	160237	1156	474	38344	34358
云 南	Yunnan	19759	7835	2771647	140344	672	257	17921	26393
西 藏	Tibet								
陕 西	Shaanxi	17714	7681	1466851	83136	1239	456	45268	37288
甘 肃	Gansu	13788	5783	706764	51453	402	152	12952	31210
青 海	Qinghai	2532	1247	174536	70236	15	7	388	25867
宁 夏	Ningxia	1326	472	105218	82459	378	106	16490	42391
新 疆	Xinjiang	10119	4842	938169	93742	530	269	18603	35166

5-2 续表 6 continued

地区	Region	租赁和商务服务业 Leasing and Business Services 年末人数(人) Year-end Figures (person)	#女性 Female	工资总额(千元) Total Wages (1000 yuan)	平均工资(元) Average Wage (yuan)	科学研究和技术服务业 Scientific Research and Technical Services 年末人数(人) Year-end Figures (person)	#女性 Female	工资总额(千元) Total Wages (1000 yuan)	平均工资(元) Average Wage (yuan)
全国	**National**	**317692**	**87428**	**12845367**	**40731**	**47963**	**14522**	**2828283**	**58849**
北京	Beijing	44322	17297	1551473	34423	5338	2272	401447	74177
天津	Tianjin	4961	1265	193953	39445	1420	510	55660	38869
河北	Hebei	9155	3054	245806	26329	1047	265	33128	31823
山西	Shanxi	4037	1761	166173	40649	525	178	15667	29729
内蒙古	Inner Mongolia	771	254	32389	41207	803	128	23192	28882
辽宁	Liaoning	16120	3109	501029	31334	4045	1407	265067	64745
吉林	Jilin	1713	638	58911	34391	367	134	24393	59063
黑龙江	Heilongjiang	7055	3094	274050	41013	938	215	45653	54220
上海	Shanghai	27441	7140	1909656	71150	1538	412	151785	93234
江苏	Jiangsu	27580	10278	1232181	44932	3795	1228	253244	66766
浙江	Zhejiang	17332	5252	846570	50137	1986	564	178008	88826
安徽	Anhui	5604	1814	252152	44573	953	271	52368	54893
福建	Fujian	7858	994	267692	33988	1232	278	102443	83219
江西	Jiangxi	3298	412	138443	41574	70	19	6944	99200
山东	Shandong	14626	5499	562123	38799	3237	1003	180143	55806
河南	Henan	7441	2238	206784	28804	2927	1118	118916	40586
湖北	Hubei	3646	1055	153962	41815	2452	411	101233	41421
湖南	Hunan	5833	1559	206201	35466	745	184	28189	37939
广东	Guangdong	62128	12424	2485864	40352	5582	1221	323792	57177
广西	Guangxi	7544	1866	255290	33827	758	251	29925	40007
海南	Hainan	129	45	5466	41409	663	243	33474	61420
重庆	Chongqing	1212	212	39811	37137	744	199	34988	47409
四川	Sichuan	11810	1438	365093	31986	1681	301	66580	39467
贵州	Guizhou	3154	427	100089	30978	324	88	14994	46278
云南	Yunnan	1857	491	66291	35621	1994	819	95774	49140
西藏	Tibet	4		137	34250				
陕西	Shaanxi	10209	959	324771	31950	1857	500	127376	68043
甘肃	Gansu	3883	977	132155	34577	313	94	18498	59099
青海	Qinghai	401	70	10819	28101	146	30	7721	51473
宁夏	Ningxia	730	150	17516	27412	23	12	1053	45783
新疆	Xinjiang	5838	1656	242517	42243	460	167	36628	79800

5-2 续表 7 continued

地 区	Region	水利、环境和公共设施管理业 Management of Water Conservancy, Environment and Public Facilities 年末人数(人) Year-end Figures (person)	#女 性 Female	工资总额(千元) Total Wages (1000 yuan)	平均工资(元) Average Wage (yuan)	居民服务、修理和其他服务业 Service to Households, Repair and Other Services 年末人数(人) Year-end Figures (person)	#女 性 Female	工资总额(千元) Total Wages (1000 yuan)	平均工资(元) Average Wage (yuan)
全 国	**National**	**109217**	**50654**	**3560493**	**33262**	**48906**	**18675**	**2080213**	**41566**
北 京	Beijing	3012	1188	108141	35375	6859	2948	240876	35072
天 津	Tianjin	2404	1471	45841	30828	6065	1247	384753	50209
河 北	Hebei	2196	1060	39306	17462	974	408	24535	25268
山 西	Shanxi	6012	3301	127333	21300	1257	587	26309	21183
内蒙古	Inner Mongolia	2687	1247	56275	21220	1948	847	55878	29581
辽 宁	Liaoning	3019	1087	75287	24644	2321	856	66826	28817
吉 林	Jilin	8963	3529	220485	25081	1719	523	42821	24867
黑龙江	Heilongjiang	4912	2209	126488	25898	2804	1318	162164	60850
上 海	Shanghai	3972	1241	192210	47389	4655	2378	232980	51430
江 苏	Jiangsu	26279	14438	971364	37562	4105	1852	179127	43541
浙 江	Zhejiang	2876	1029	120651	43525	1450	421	72901	49492
安 徽	Anhui	1492	647	41406	28225	504	131	21225	42113
福 建	Fujian	2001	986	76780	39034	297	112	9064	30622
江 西	Jiangxi	3161	1757	84702	28122	332	141	9849	28798
山 东	Shandong	4704	1456	173584	37378	2144	556	92935	41675
河 南	Henan	2094	663	84778	40778	1680	744	64855	38882
湖 北	Hubei	7409	3113	229628	31310	723	302	29507	40532
湖 南	Hunan	1991	819	74583	37936	752	122	37012	47881
广 东	Guangdong	9630	3951	403964	42788	2507	912	99072	41453
广 西	Guangxi	887	518	25622	28854	1460	691	55217	38995
海 南	Hainan	306	158	8720	28874	42	19	1617	38500
重 庆	Chongqing	3035	2004	89257	30236	657	200	25602	39755
四 川	Sichuan	3886	1819	105921	27257	931	200	46264	49533
贵 州	Guizhou	326	82	11888	38472	293	126	6990	25326
云 南	Yunnan	773	480	13254	17102	708	346	21920	31540
西 藏	Tibet					20	5	240	12000
陕 西	Shaanxi	515	186	18168	35905	1142	372	45716	41903
甘 肃	Gansu					218	75	8364	39640
青 海	Qinghai	79	21	3644	45550	84	28	2944	35470
宁 夏	Ningxia	596	194	31213	52636				
新 疆	Xinjiang					255	208	12650	51215

5-2 续表 8 continued

地 区	Region	教育 Education 年末人数(人) Year-end Figures (person)	#女性 Female	工资总额(千元) Total Wages (1000 yuan)	平均工资(元) Average Wage (yuan)	卫生和社会工作 Health and Social Service 年末人数(人) Year-end Figures (person)	#女性 Female	工资总额(千元) Total Wages (1000 yuan)	平均工资(元) Average Wage (yuan)
全 国	**National**	**208648**	**114737**	**11570973**	**55810**	**515272**	**301695**	**29464976**	**57917**
北 京	Beijing	10793	5508	780398	71827	13440	9082	1150806	85887
天 津	Tianjin	771	538	33422	43237	3845	2285	250840	65872
河 北	Hebei	1459	885	55212	38800	26028	14966	1004347	39090
山 西	Shanxi	3127	1738	147091	47175	18342	10629	739292	40516
内蒙古	Inner Mongolia	293	181	20901	71334	9350	4767	500902	53687
辽 宁	Liaoning	3176	1847	129605	42327	13582	7357	483509	35649
吉 林	Jilin	94	61	5965	62135	7165	4123	296293	41474
黑龙江	Heilongjiang	1962	1129	95340	48668	5076	2943	235751	47047
上 海	Shanghai	3709	2611	258862	69122	21434	14866	1827283	84659
江 苏	Jiangsu	16645	12337	1151448	69440	76588	47007	5463789	72029
浙 江	Zhejiang	12876	9193	977154	75895	13633	9209	1188219	88114
安 徽	Anhui	2537	1243	126746	49939	50594	25772	2280208	45301
福 建	Fujian	3123	2081	177807	57655	33816	20543	1870315	56071
江 西	Jiangxi	391	158	18551	45246	5931	3097	270740	46186
山 东	Shandong	30462	15288	2072578	68352	54278	30913	2966336	56023
河 南	Henan	60138	33094	2670541	44878	23757	14491	1173992	50057
湖 北	Hubei	3715	1915	138859	37826	14970	5157	749138	51409
湖 南	Hunan	6729	3404	359123	53705	17544	10161	885625	50787
广 东	Guangdong	19827	5718	797013	40785	21173	13702	1435074	68756
广 西	Guangxi	1880	1143	97724	50951	644	450	31384	48507
海 南	Hainan	575	317	40981	71148	3664	2260	198409	54764
重 庆	Chongqing	1009	586	60060	60180	12351	7017	756628	61405
四 川	Sichuan	7820	4579	534905	68525	49670	29289	2839997	59176
贵 州	Guizhou	1580	810	86329	56945	1691	897	80083	49434
云 南	Yunnan	10686	6475	558106	52057	4076	2716	169552	41803
西 藏	Tibet								
陕 西	Shaanxi	2120	1203	108741	51439	7724	4817	325788	42459
甘 肃	Gansu	542	298	26267	48108	2475	1481	117136	47713
青 海	Qinghai					224	162	10601	47326
宁 夏	Ningxia	495	324	37074	78881	576	408	49747	86818
新 疆	Xinjiang	114	73	4170	37232	1631	1128	113192	70437

5-2 续表 9 continued

地 区	Region	文化、体育和娱乐业 Culture, Sports and Entertainment				公共管理、社会保障和社会组织 Public Management, Social Security and Social Organization			
		年末人数（人） Year-end Figures (person)	#女 性 Female	工资总额（千元） Total Wages (1000 yuan)	平均工资（元） Average Wage (yuan)	年末人数（人） Year-end Figures (person)	#女 性 Female	工资总额（千元） Total Wages (1000 yuan)	平均工资（元） Average Wage (yuan)
全 国	**National**	**18446**	**8194**	**911272**	**49577**	**19889**	**8526**	**1096850**	**55179**
北 京	Beijing	1293	672	64042	48116	1072	474	63857	60016
天 津	Tianjin	286	115	14080	48889				
河 北	Hebei	912	445	25463	28012	950	253	36250	38360
山 西	Shanxi	1409	644	38051	27006	14	6	957	68357
内蒙古	Inner Mongolia	29	11	1653	57000				
辽 宁	Liaoning	626	211	20129	32155	1178	871	35469	30110
吉 林	Jilin	91	43	4157	47239	208	54	13424	64538
黑龙江	Heilongjiang	602	342	30767	53138	96	17	5338	55031
上 海	Shanghai	1391	675	104334	74101	8370	4084	574154	67444
江 苏	Jiangsu	2066	908	125077	60629	267	164	19692	74309
浙 江	Zhejiang	339	177	23946	65248	593	165	37675	64845
安 徽	Anhui	703	298	28648	40984	1724	797	60067	34923
福 建	Fujian	272	112	14841	54563	5	1	371	74200
江 西	Jiangxi					77	33	2355	30584
山 东	Shandong	699	297	35333	50986	1673	556	92805	55605
河 南	Henan	1410	696	41182	30126	2285	604	99424	44051
湖 北	Hubei	493	204	27345	55806	86	16	2967	34500
湖 南	Hunan	403	134	16432	40673	176	61	5182	29782
广 东	Guangdong	2878	940	195353	69054	70	22	2923	41757
广 西	Guangxi	8	5	167	20875	157	83	4066	34168
海 南	Hainan	131	74	5964	45182	29	7	1814	62552
重 庆	Chongqing	282	100	13481	47975	369	100	17584	55822
四 川	Sichuan	791	527	36400	46667	34	9	2294	67471
贵 州	Guizhou					87	38	5004	57517
云 南	Yunnan	58	16	1606	27220	206	80	5135	24927
西 藏	Tibet	25		360	14400				
陕 西	Shaanxi	455	197	16179	35637	81	13	3395	41402
甘 肃	Gansu	446	181	15001	33635	19	2	1293	68053
青 海	Qinghai	268	132	7649	28864				
宁 夏	Ningxia	76	37	3426	45079	52	10	2760	53077
新 疆	Xinjiang	4	1	206	51500	11	6	595	49583

5-3 各地区分行业城镇集体单位在岗职工人数和平均工资(2015年) ON-POST STAFF AND WORKERS AND AVERAGE WAGE IN URBAN COLLECTIVE-OWNED UNITS BY SECTOR AND REGION(2015)

地区	Region	总计 Total		农、林、牧、渔业 Agriculture, Forestry, Animal Husbandry and Fishery		采矿业 Mining		制造业 Manufacturing	
		年末人数(人) Year-end Figures (person)	平均工资(元) Average Wage (yuan)	年末人数(人) Year-end Figures (person)	平均工资(元) Average Wage (yuan)	年末人数(人) Year-end Figures (person)	平均工资(元) Average Wage (yuan)	年末人数(人) Year-end Figures (person)	平均工资(元) Average Wage (yuan)
全国	**National**	**4437993**	**47638**	**20621**	**39544**	**104149**	**43097**	**719430**	**42333**
北京	Beijing	160286	49969	3260	34491	614	45659	17534	42077
天津	Tianjin	60296	48366	11	14364	127	36275	8148	49243
河北	Hebei	136996	41830	709	36123	2673	29490	23102	30434
山西	Shanxi	165448	44114	493	50768	9898	61902	30118	30981
内蒙古	Inner Mongolia	55651	58679	570	24802	1393	39412	7114	32593
辽宁	Liaoning	268769	35208	353	38997	9260	29568	92064	29427
吉林	Jilin	58103	41936	2846	40713	1252	48410	8045	32975
黑龙江	Heilongjiang	124030	40641	751	21522	7077	44609	42520	33726
上海	Shanghai	120776	65179	322	103958			23766	49721
江苏	Jiangsu	304334	59629	598	44767	462	36367	67512	55389
浙江	Zhejiang	148147	55831	46	41935	563	20625	5505	48102
安徽	Anhui	139278	48391	277	33111	929	44305	7702	47284
福建	Fujian	94448	54201	193	37881	4207	42681	10429	39538
江西	Jiangxi	117737	46734	241	35741	2300	35036	7514	36712
山东	Shandong	444922	51178	1720	55662	5377	48122	80223	56983
河南	Henan	365335	42058	1877	39878	20396	35866	62161	41010
湖北	Hubei	126398	41152	980	30394	3720	51971	21939	37292
湖南	Hunan	161422	41324	1013	37619	13315	46286	23838	37772
广东	Guangdong	482695	45436	380	35739	796	36158	101094	45003
广西	Guangxi	108741	42518	208	38165	420	40921	17666	39959
海南	Hainan	17643	46771	426	14618	11	30000	120	33033
重庆	Chongqing	78855	44318	407	38109	2292	45237	10522	38129
四川	Sichuan	243639	49506	1840	44395	1909	36786	10702	47297
贵州	Guizhou	46206	69106	71	21296	1187	46866	4666	33327
云南	Yunnan	111946	56245	312	25020	5948	38941	6316	30079
西藏	Tibet	2641	36219	30	36033	200	83788	993	24507
陕西	Shaanxi	152201	46528	353	43969	2622	56938	18945	55207
甘肃	Gansu	96243	37625	133	47917	4947	48244	5633	48413
青海	Qinghai	10549	46364	68	31691	60	47600	1060	25936
宁夏	Ningxia	6858	50872	53	72226	10	16800	178	36107
新疆	Xinjiang	27400	63811	80	40632	184	57364	2301	43436

5-3 续表 1 continued

地 区	Region	电力、热力、燃气及水生产和供应业 Production and Supply of Electricity, Heat, Gas and Water		建筑业 Construction		批发和零售业 Wholesale and Retail Trades		交通运输、仓储和邮政业 Transport, Storage and Post	
		年末人数（人）Year-end Figures (person)	平均工资（元）Average Wage (yuan)	年末人数（人）Year-end Figures (person)	平均工资（元）Average Wage (yuan)	年末人数（人）Year-end Figures (person)	平均工资（元）Average Wage (yuan)	年末人数（人）Year-end Figures (person)	平均工资（元）Average Wage (yuan)
全 国	**National**	**36798**	**55078**	**1343539**	**39563**	**298019**	**32289**	**135547**	**37950**
北 京	Beijing	631	42123	15183	67391	8807	55078	6256	31723
天 津	Tianjin	68	55464	21858	50483	5673	38332	4986	45940
河 北	Hebei	230	68091	21221	38323	17341	23897	4417	32501
山 西	Shanxi	541	27044	22035	32574	26179	20014	3410	28556
内蒙古	Inner Mongolia	704	33147	3422	28382	1510	30267	1441	31423
辽 宁	Liaoning	1469	28361	73689	34837	9330	29666	11564	41197
吉 林	Jilin	481	30471	8544	35063	1909	25254	532	25724
黑龙江	Heilongjiang	731	57723	18143	40295	11026	34426	1520	32255
上 海	Shanghai	1079	83693	10244	58651	5340	66828	4794	41839
江 苏	Jiangsu	1702	62756	42100	42024	12485	34075	14444	48104
浙 江	Zhejiang	2023	71002	76148	43329	4216	52429	3267	51776
安 徽	Anhui	1127	40007	41138	42163	3929	27945	6559	27193
福 建	Fujian	2422	61811	9627	47507	8433	29566	2244	38112
江 西	Jiangxi	104	40404	70923	43950	3589	35255	3627	37273
山 东	Shandong	907	44238	160263	40920	34878	37715	7673	41819
河 南	Henan	2764	38589	72894	39564	51241	33169	15195	33394
湖 北	Hubei	1221	42016	34885	35348	15540	30807	4314	28068
湖 南	Hunan	2314	38695	67154	35945	5456	32457	4988	27043
广 东	Guangdong	10023	74184	156685	36555	26643	27575	7880	43363
广 西	Guangxi	625	43370	48924	34099	7013	28475	5329	37420
海 南	Hainan	9	23333	9273	44884	923	20603	205	36178
重 庆	Chongqing	1111	41934	36685	42592	3693	29196	2630	39988
四 川	Sichuan	2571	45249	114075	40857	6861	33560	8790	35117
贵 州	Guizhou	399	33292	15054	40482	3419	32086	1385	53433
云 南	Yunnan	272	32829	50142	35893	6628	26110	1667	30682
西 藏	Tibet			1210	39836	55	25922	13	29769
陕 西	Shaanxi	635	51768	75709	39166	8505	28244	3291	48276
甘 肃	Gansu	324	32923	57334	32952	4136	26870	2284	24539
青 海	Qinghai			4511	43791	525	31323	209	48714
宁 夏	Ningxia			2408	35575	118	48133		
新 疆	Xinjiang	311	43668	2058	50394	2618	39884	633	46965

5-3 续表 2 continued

地区	Region	住宿和餐饮业 Hotels and Catering Services		信息传输、软件和信息技术服务业 Information Transmission, Software and Information Technology		金融业 Financial Intermediation		房地产业 Real Estate	
		年末人数（人） Year-end Figures (person)	平均工资（元） Average Wage (yuan)	年末人数（人） Year-end Figures (person)	平均工资（元） Average Wage (yuan)	年末人数（人） Year-end Figures (person)	平均工资（元） Average Wage (yuan)	年末人数（人） Year-end Figures (person)	平均工资（元） Average Wage (yuan)
全 国	**National**	**52123**	**37473**	**7068**	**51772**	**451329**	**84383**	**73620**	**45245**
北 京	Beijing	8019	47863	394	46491	120	38959	17654	47433
天 津	Tianjin	1008	36078	86	109674	29	57321	505	43970
河 北	Hebei	1150	28732	360	43842	24783	82602	689	31713
山 西	Shanxi	1861	26244	176	25869	38084	80873	1187	21147
内蒙古	Inner Mongolia	767	29584	33	37515	23218	88029	71	35071
辽 宁	Liaoning	2592	35987	217	34180	24960	56492	2014	46065
吉 林	Jilin	751	27733	7	43429	15326	63914	322	35953
黑龙江	Heilongjiang	2143	46459	55	35702	18730	54649	446	33785
上 海	Shanghai	2778	43443	6	34000	67	108471	5115	51089
江 苏	Jiangsu	2501	39812	224	77982	20362	112658	3384	47502
浙 江	Zhejiang	1903	39152	1053	89418	4770	125558	2192	60923
安 徽	Anhui	731	28005	178	42927	15646	91816	1348	29430
福 建	Fujian	1027	40425	63	42094	9690	102156	2139	49248
江 西	Jiangxi	135	20030	210	58406	16894	71629	843	37348
山 东	Shandong	3543	33571	195	70122	32763	86934	10331	47408
河 南	Henan	4714	32744	2014	41819	31617	64661	2543	38730
湖 北	Hubei	1231	36762	221	30980	12215	69386	1003	38177
湖 南	Hunan	1412	31066	64	74641	8749	74490	625	32786
广 东	Guangdong	5464	40774	765	49581	40821	80195	13584	45975
广 西	Guangxi	1080	31087	104	32583	13487	90077	1538	33539
海 南	Hainan	113	40965	27	6407	729	87069	457	26917
重 庆	Chongqing	1417	34763	262	31082	11	38545	1160	62967
四 川	Sichuan	1035	32118	133	30248	23777	87047	483	49573
贵 州	Guizhou	495	24807	34	41147	11279	163120	1103	35227
云 南	Yunnan	1607	30725	76	24360	19090	143505	553	28941
西 藏	Tibet	91	28901						
陕 西	Shaanxi	1154	25596	52	40870	17087	84755	1166	37338
甘 肃	Gansu	504	30590	39	47950	13229	52529	316	35391
青 海	Qinghai	375	35902			2529	70255	15	25867
宁 夏	Ningxia	49	50694			1242	85794	378	42391
新 疆	Xinjiang	473	46151	20	42500	10025	94302	456	36063

5-3 续表 3 continued

地 区	Region	租赁和商务服务业 Leasing and Business Services		科学研究和技术服务业 Scientific Research and Technical Services		水利、环境和公共设施管理业 Management of Water Conservancy,Environment and Public Facilities		居民服务、修理和其他服务业 Service to Households, Repair and Other Services	
		年末人数（人） Year-end Figures (person)	平均工资（元） Average Wage (yuan)	年末人数（人） Year-end Figures (person)	平均工资（元） Average Wage (yuan)	年末人数（人） Year-end Figures (person)	平均工资（元） Average Wage (yuan)	年末人数（人） Year-end Figures (person)	平均工资（元） Average Wage (yuan)
全 国	**National**	**302985**	**41221**	**45064**	**60302**	**86544**	**36182**	**46275**	**42360**
北 京	Beijing	43092	34729	4770	78561	2776	36279	6693	35206
天 津	Tianjin	4841	39572	1343	38743	1326	31647	6026	50340
河 北	Hebei	9109	26345	982	33211	2116	17869	974	25268
山 西	Shanxi	3889	41572	475	31698	3963	24166	1141	22093
内蒙古	Inner Mongolia	771	41207	803	28882	2604	21367	1752	30368
辽 宁	Liaoning	15966	31352	3743	65593	2416	27848	1964	29206
吉 林	Jilin	1593	35775	352	60264	7209	24769	1706	24814
黑龙江	Heilongjiang	7001	41207	828	56490	3330	31783	2785	60930
上 海	Shanghai	25710	73516	1432	95843	3936	47455	4420	52315
江 苏	Jiangsu	26957	45012	3648	67948	20207	41998	3696	45374
浙 江	Zhejiang	14717	51635	1866	91691	2875	43523	1360	49968
安 徽	Anhui	5454	44752	929	56033	604	38058	483	42266
福 建	Fujian	7412	34469	1181	85391	1748	41240	269	32220
江 西	Jiangxi	3125	41914	56	92036	1767	34920	311	29178
山 东	Shandong	14125	38664	3201	55975	4699	37377	2107	41659
河 南	Henan	5645	31016	2810	41030	1905	41011	1640	39013
湖 北	Hubei	3515	42539	2286	42203	4301	36988	578	45258
湖 南	Hunan	5682	35780	718	37808	1745	40886	751	47918
广 东	Guangdong	58441	41290	5386	58007	9214	42821	2434	41567
广 西	Guangxi	7447	34146	690	41467	390	45933	1423	39344
海 南	Hainan	125	41844	657	60443	306	28874	42	38500
重 庆	Chongqing	1193	37160	742	47496	2857	31140	563	39964
四 川	Sichuan	11496	32022	1293	45830	2007	28097	890	50070
贵 州	Guizhou	3102	31240	323	46393	304	39010	261	25276
云 南	Yunnan	1813	35628	1928	50348	773	17102	581	34218
西 藏	Tibet	4	34250					20	12000
陕 西	Shaanxi	10114	32101	1719	69843	515	35905	940	47012
甘 肃	Gansu	3690	35429	304	59911			126	52802
青 海	Qinghai	401	28101	143	52088	79	45550	84	35470
宁 夏	Ningxia	730	27412	23	45783	572	53743		
新 疆	Xinjiang	5825	42259	433	80153			255	51378

5-3 续表 4 continued

地 区	Region	教 育 Education		卫生和社会工作 Health and Social Service		文化、体育和娱乐业 Culture, Sports and Entertainment		公共管理、社会保障和社会组织 Public Management, Social Security and Social Organization	
		年末人数(人) Year-end Figures (person)	平均工资(元) Average Wage (yuan)	年末人数(人) Year-end Figures (person)	平均工资(元) Average Wage (yuan)	年末人数(人) Year-end Figures (person)	平均工资(元) Average Wage (yuan)	年末人数(人) Year-end Figures (person)	平均工资(元) Average Wage (yuan)
全 国	**National**	**200037**	**56737**	**479230**	**59509**	**17310**	**50689**	**18305**	**57533**
北 京	Beijing	10052	74152	12548	87596	1082	47353	801	69641
天 津	Tianjin	662	45658	3350	70595	249	52664		
河 北	Hebei	1445	38984	23889	40566	858	28439	948	38335
山 西	Shanxi	2977	48680	17664	41360	1343	27493	14	68357
内蒙古	Inner Mongolia	264	76928	9185	54246	29	57000		
辽 宁	Liaoning	2939	43834	12464	36525	602	32540	1163	30328
吉 林	Jilin	94	62135	6841	42274	87	47536	206	64971
黑龙江	Heilongjiang	1347	48630	4899	47481	602	53138	96	55031
上 海	Shanghai	3145	74612	19768	88143	1315	75122	7539	71282
江 苏	Jiangsu	14948	72521	66887	75800	1961	61619	256	74816
浙 江	Zhejiang	12187	77246	12633	89895	319	67321	504	71719
安 徽	Anhui	2468	50357	47713	46513	587	43257	1476	37973
福 建	Fujian	2937	58322	30215	59440	207	67058	5	74200
江 西	Jiangxi	391	45246	5630	47106			77	30584
山 东	Shandong	29912	69144	50719	57821	641	52583	1645	56530
河 南	Henan	59194	45237	23049	50752	1404	30126	2272	44139
湖 北	Hubei	3521	38757	14366	52195	484	56218	78	36295
湖 南	Hunan	6490	54880	16546	51639	392	40667	170	30363
广 东	Guangdong	19467	40932	20729	69174	2827	69942	62	45887
广 西	Guangxi	1634	53661	606	49758	8	20875	149	35252
海 南	Hainan	575	71148	3485	55855	131	45182	29	62552
重 庆	Chongqing	915	64133	11744	62624	282	47975	369	55822
四 川	Sichuan	7814	68562	47219	59986	710	50093	34	67471
贵 州	Guizhou	1396	61021	1641	50184			87	57517
云 南	Yunnan	10073	54111	3944	42124	39	33125	184	25549
西 藏	Tibet					25	14400		
陕 西	Shaanxi	2106	51781	6817	44811	403	37555	68	46246
甘 肃	Gansu	542	48108	2287	49515	396	33790	19	68053
青 海	Qinghai			222	47261	268	28864		
宁 夏	Ningxia	428	86292	564	88119	55	56836	50	54184
新 疆	Xinjiang	114	37232	1606	71065	4	51500	4	92600

5-4 各地区分行业城镇集体单位其他就业人员和平均工资(2015年)
OTHER EMPLOYMENT AND AVERAGE WAGE IN URBAN COLLECTIVE-OWNED UNITS BY SECTOR AND REGION(2015)

地区	Region	总计 Total		农、林、牧、渔业 Agriculture, Forestry, Animal Husbandry and Fishery		采矿业 Mining		制造业 Manufacturing	
		年末人数(人) Year-end Figures (person)	平均工资(元) Average Wage (yuan)	年末人数(人) Year-end Figures (person)	平均工资(元) Average Wage (yuan)	年末人数(人) Year-end Figures (person)	平均工资(元) Average Wage (yuan)	年末人数(人) Year-end Figures (person)	平均工资(元) Average Wage (yuan)
全国	**National**	**376456**	**34583**	**670**	**23325**	**2511**	**35637**	**24347**	**33476**
北京	Beijing	9017	45247	63	29115			1205	75591
天津	Tianjin	4615	34916			15	31176	462	35894
河北	Hebei	6889	26367	45	11370	1	37000	559	28095
山西	Shanxi	10976	21299			239	8632	1260	21409
内蒙古	Inner Mongolia	3182	33051				31923	918	32961
辽宁	Liaoning	16686	26279	1	26667	188	9938	4432	21515
吉林	Jilin	4493	28192	4	25750	586	33867	128	34522
黑龙江	Heilongjiang	17019	27592	16	33556	566	45786	1863	24387
上海	Shanghai	11724	41231	2	44000			1573	54500
江苏	Jiangsu	32748	38048	5	40000	100	14654	654	33497
浙江	Zhejiang	7166	44980	3	34000	1	9000	214	44933
安徽	Anhui	8160	26771	156	26392	14	68143	298	34530
福建	Fujian	19515	44571	78	26628	38	39944	291	22349
江西	Jiangxi	28711	43797	12	13083	5	25200	563	31955
山东	Shandong	29373	35985	5	2800	24	15100	351	28864
河南	Henan	24447	33038					993	29051
湖北	Hubei	12058	25396	59	20305	85	18663	974	15364
湖南	Hunan	23892	31838	49	32600	186	69778	798	32783
广东	Guangdong	20682	35615	21	12714			2453	54958
广西	Guangxi	23986	31101	80	22683	49	20122	1598	27309
海南	Hainan	793	44068					2	34000
重庆	Chongqing	9276	32516					303	41797
四川	Sichuan	18815	41383	5	34333	15	60400	419	28987
贵州	Guizhou	5987	27068	27	4815	94	14149	467	15253
云南	Yunnan	9267	32112	28	21487	205	55832	667	21655
西藏	Tibet	534	35125					153	12876
陕西	Shaanxi	9489	32208	8	16250	5	43571	496	20048
甘肃	Gansu	5454	35291	3	18000	95	58103	187	35367
青海	Qinghai	451	36930						
宁夏	Ningxia	458	23549					22	21591
新疆	Xinjiang	593	32759					44	44818

5-4 续表 1 continued

地 区	Region	电力、热力、燃气及水生产和供应业 Production and Supply of Electricity, Heat, Gas and Water		建筑业 Construction		批发和零售业 Wholesale and Retail Trades		交通运输、仓储和邮政业 Transport, Storage and Post	
		年末人数（人） Year-end Figures (person)	平均工资（元） Average Wage (yuan)	年末人数（人） Year-end Figures (person)	平均工资（元） Average Wage (yuan)	年末人数（人） Year-end Figures (person)	平均工资（元） Average Wage (yuan)	年末人数（人） Year-end Figures (person)	平均工资（元） Average Wage (yuan)
全 国	**National**	**1291**	**35526**	**203145**	**37393**	**18930**	**24367**	**12391**	**32122**
北 京	Beijing	97	38139	581	70627	734	40038	451	27456
天 津	Tianjin	15	51304	1428	42120	153	23487	120	35477
河 北	Hebei			2129	29427	822	17231	537	19199
山 西	Shanxi			3062	25265	474	15426	572	36264
内蒙古	Inner Mongolia			760	37618	30	21228	574	35283
辽 宁	Liaoning	6	30000	6660	28576	1270	27532	555	8504
吉 林	Jilin	2	29500	960	35446	58	19611	125	1784
黑龙江	Heilongjiang	104	32400	10653	28987	645	14388	49	28333
上 海	Shanghai	263	47161	221	35027	1303	38084	1723	33792
江 苏	Jiangsu	22	45739	10972	38562	221	32453	1378	44293
浙 江	Zhejiang	79	32640	871	42401	652	36260	104	51634
安 徽	Anhui	1	12000	1812	29274	87	26713	430	22786
福 建	Fujian	62	31557	12701	53723	594	17640	437	29543
江 西	Jiangxi			24953	46382	68	15235	311	23556
山 东	Shandong	12	33333	19641	37565	1061	29192	1066	37389
河 南	Henan	209	18173	15728	37534	2117	23830	597	24560
湖 北	Hubei	5	19000	3307	35129	2629	17962	215	31637
湖 南	Hunan	130	43733	19429	31887	244	22314	863	26221
广 东	Guangdong	111	33356	9891	34342	951	21334	494	39763
广 西	Guangxi	35	18057	19417	32904	667	21854	527	23781
海 南	Hainan			513	50744	40	15175	6	15333
重 庆	Chongqing	58	24643	7378	32347	94	17305	178	41661
四 川	Sichuan	17	22278	10386	47364	1587	28631	216	57541
贵 州	Guizhou	5	23200	4090	29181	535	14843	69	13609
云 南	Yunnan	40	17897	5968	34169	301	23007	41	24476
西 藏	Tibet			381	41292				
陕 西	Shaanxi	6	82426	5319	35176	881	22650	582	45688
甘 肃	Gansu			3426	39216	380	21899	79	22241
青 海	Qinghai			353	34213			82	47512
宁 夏	Ningxia			148	22556	78	14418		
新 疆	Xinjiang	12	9222	7	147714	254	19454	10	50444

5-4 续表 2 continued

地 区	Region	住宿和餐饮业 Hotels and Catering Services		信息传输、软件和信息技术服务业 Information Transmission, Software and Information Technology		金融业 Financial Intermediation		房地产业 Real Estate	
		年末人数（人） Year-end Figures (person)	平均工资（元） Average Wage (yuan)	年末人数（人） Year-end Figures (person)	平均工资（元） Average Wage (yuan)	年末人数（人） Year-end Figures (person)	平均工资（元） Average Wage (yuan)	年末人数（人） Year-end Figures (person)	平均工资（元） Average Wage (yuan)
全 国	**National**	**2342**	**31391**	**286**	**29497**	**13513**	**35127**	**6747**	**31292**
北 京	Beijing	456	37040	43	36884			1072	42157
天 津	Tianjin	71	30333	3	33333			393	19696
河 北	Hebei	9	8818			387	34782		26500
山 西	Shanxi	53	19860	6	11333	1887	21924	166	16055
内蒙古	Inner Mongolia	44	23133			383	34923		
辽 宁	Liaoning	63	32385			622	50836	79	22308
吉 林	Jilin					398	23618		
黑龙江	Heilongjiang					509	20938	57	12000
上 海	Shanghai	308	59207	12	64583	22	142364	1052	36042
江 苏	Jiangsu	27	24000	1	66000	522	46730	81	19430
浙 江	Zhejiang	48	35545	27	32769	4	54200	539	35850
安 徽	Anhui	70	14549	11	31364	794	34883	90	23956
福 建	Fujian	58	33175	7	22714	297	24116	322	32978
江 西	Jiangxi	33	17394	54	20796	794	38490	15	20364
山 东	Shandong	71	21222			2196	36708	172	28763
河 南	Henan	77	34173	87	24460	422	36479	404	28274
湖 北	Hubei	87	22370			203	34638	129	24642
湖 南	Hunan	3	25333	17	19778	280	32539	214	27864
广 东	Guangdong	95	27352	17	50706	228	26254	1186	33058
广 西	Guangxi	38	20054			305	22104	279	21795
海 南	Hainan							43	22186
重 庆	Chongqing	238	22668					33	32176
四 川	Sichuan	73	28959	1	16000	920	45061	16	38500
贵 州	Guizhou	2	6000			304	52953	53	16216
云 南	Yunnan	206	19461			669	50589	119	14403
西 藏	Tibet								
陕 西	Shaanxi	71	25859			627	39118	73	36173
甘 肃	Gansu	107	10477			559	26182	86	16111
青 海	Qinghai	8	29333			3	46000		
宁 夏	Ningxia					84	35143		
新 疆	Xinjiang	26	46519			94	32758	74	29380

5-4 续表 3 continued

地区 Region	租赁和商务服务业 Leasing and Business Services		科学研究和技术服务业 Scientific Research and Technical Services		水利、环境和公共设施管理业 Management of Water Conservancy,Environment and Public Facilities		居民服务、修理和其他服务业 Service to Households, Repair and Other Services	
	年末人数(人) Year-end Figures (person)	平均工资(元) Average Wage (yuan)	年末人数(人) Year-end Figures (person)	平均工资(元) Average Wage (yuan)	年末人数(人) Year-end Figures (person)	平均工资(元) Average Wage (yuan)	年末人数(人) Year-end Figures (person)	平均工资(元) Average Wage (yuan)
全 国 National	**14707**	**31122**	**2899**	**36183**	**22673**	**22070**	**2631**	**27302**
北 京 Beijing	1230	24471	568	37863	236	24664	166	30223
天 津 Tianjin	120	35094	77	41118	1078	30075	39	24564
河 北 Hebei	46	24307	65	10985	80	7455		
山 西 Shanxi	148	16088	50	10940	2049	15788	116	12345
内蒙古 Inner Mongolia					83	16651	196	22970
辽 宁 Liaoning	154	29373	302	55506	603	11614	357	26704
吉 林 Jilin	120	16800	15	27200	1754	26331	13	33182
黑龙江 Heilongjiang	54	21896	110	32600	1582	13478	19	18200
上 海 Shanghai	1731	39109	106	56150	36	40000	235	35756
江 苏 Jiangsu	623	41457	147	37655	6072	22851	409	27417
浙 江 Zhejiang	2615	41990	120	42207	1	48000	90	42253
安 徽 Anhui	150	38306	24	10708	888	20636	21	38211
福 建 Fujian	446	25482	51	29688	253	24087	28	15321
江 西 Jiangxi	173	34799	14	127857	1394	19951	21	23000
山 东 Shandong	501	40581	36	44857	5	37833	37	42467
河 南 Henan	1796	21004	117	26736	189	38337	40	33263
湖 北 Hubei	131	22481	166	30687	3108	23551	145	21692
湖 南 Hunan	151	24506	27	41720	246	16000	1	19000
广 东 Guangdong	3687	25824	196	328[illegible]	416	42061	73	37878
广 西 Guangxi	97	13362	68	23557	497	15661	37	23906
海 南 Hainan	4	27500	6	149167				
重 庆 Chongqing	19	35842	2	15500	178	15447	94	38484
四 川 Sichuan	314	30671	388	18234	1879	26361	41	38143
贵 州 Guizhou	52	14962	1	9000	22	20556	32	26200
云 南 Yunnan	44	35354	66	17183			127	18835
西 藏 Tibet								
陕 西 Shaanxi	95	16586	138	45248			202	19686
甘 肃 Gansu	193	15946	9	31667			92	21944
青 海 Qinghai			3	21333				
宁 夏 Ningxia					24	26375		
新 疆 Xinjiang	13	32111	27	74357				11000

5-4 续表 4 continued

地 区 Region	教 育 Education		卫生和社会工作 Health and Social Service		文化、体育和娱乐业 Culture, Sports and Entertainment		公共管理、社会保障和社会组织 Public Management, Social Security and Social Organization	
	年末人数(人) Year-end Figures (person)	平均工资(元) Average Wage (yuan)	年末人数(人) Year-end Figures (person)	平均工资(元) Average Wage (yuan)	年末人数(人) Year-end Figures (person)	平均工资(元) Average Wage (yuan)	年末人数(人) Year-end Figures (person)	平均工资(元) Average Wage (yuan)
全 国 National	**8611**	**33926**	**36042**	**36678**	**1136**	**32663**	**1584**	**27999**
北 京 Beijing	741	39541	892	61840	211	52381	271	31429
天 津 Tianjin	109	28486	495	33586	37	24053		
河 北 Hebei	14	20214	2139	21966	54	21259	2	50000
山 西 Shanxi	150	17400	678	18512	66	17091		
内蒙古 Inner Mongolia	29	20414	165	23420				
辽 宁 Liaoning	237	24918	1118	25884	24	22500	15	13200
吉 林 Jilin			324	24357	4	41000	2	20000
黑龙江 Heilongjiang	615	48756	177	35181				
上 海 Shanghai	564	36539	1666	43911	76	56442	831	31968
江 苏 Jiangsu	1697	42586	9701	46023	105	42349	11	59889
浙 江 Zhejiang	689	50374	1000	65688	20	25056	89	27344
安 徽 Anhui	69	34537	2881	24880	116	29443	248	17072
福 建 Fujian	186	46560	3601	27717	65	13953		
江 西 Jiangxi			301	29235				
山 东 Shandong	550	23581	3559	30804	58	33500	28	1393
河 南 Henan	944	21936	708	27201	6	30000	13	29000
湖 北 Hubei	194	20190	604	31503	9	33778	8	17000
湖 南 Hunan	239	23181	998	36705	11	40909	6	13500
广 东 Guangdong	360	33038	444	49555	51	20667	8	9750
广 西 Guangxi	246	33516	38	27278			8	19125
海 南 Hainan			179	34011				
重 庆 Chongqing	94	20300	607	38970				
四 川 Sichuan	6	20500	2451	42843	81	20067		
贵 州 Guizhou	184	21161	50	23761				
云 南 Yunnan	613	18137	132	32168	19	14789	22	19727
西 藏 Tibet								
陕 西 Shaanxi	14		907	24979	52	20808	13	15692
甘 肃 Gansu			188	25984	50	32400		
青 海 Qinghai			2	54500				
宁 夏 Ningxia	67	24089	12	26000	21	14286	2	35000
新 疆 Xinjiang			25	36276			7	18857

六、其他单位就业人员和工资总额

EMPLOYMENT AND TOTAL WAGES IN OTHER OWNERSHIP UNITS

6-1 分行业其他单位就业人员和工资总额(2015年)
EMPLOYMENT AND TOTAL WAGES IN OTHER OWNERSHIP UNITS BY SECTOR (2015)

项　目	Item	年末人数 (千人) Year-end Figures (1000 persons)	#女 性 Female	工资总额 (千元) Total Wages (1000 yuan)	平均工资 (元) Average Wage (yuan)
全 国 总 计	**National Total**	**113728**	**38387**	**6938046766**	**60906**
按登记注册类型分组	**Grouped by Registration Status**				
内资	Domestic Funded	85830	25557	4971933764	58085
股份合作	Cooperative Units	917	379	55433970	60369
联营	Joint-owned Units	203	59	9914553	50733
#国有联营	State Joint-owned Units	53	15	3287985	61333
集体联营	Collective Joint-owned Units	48	14	2107293	43151
有限责任公司	Limited Liability Corporations	63894	17600	3475302004	54481
#国有独资	State Funded Corporations	7996	1913	537235262	67163
股份有限公司	Share-holding Corporations Ltd	17980	6225	1299716422	72644
其他	Others	2838	1294	131566815	46945
港、澳、台商投资	Funded by Entrepreneurs from Hong Kong, Macao and Taiwan	13439	6505	844651640	62017
外商投资	Foreign Funded	14459	6325	1121461362	76302
按国民经济行业分组	**Grouped by Sector**				
农、林、牧、渔业	**Agriculture, Forestry, Animal Husbandry and Fishery**	**194**	**70**	**7777104**	**38153**
农业	Farming	112	44	4047405	33428
林业	Forestry	14	5	608555	41608
畜牧业	Animal Husbandry	38	14	1674473	44188
渔业	Fishery	13	2	762110	55253
农、林、牧、渔服务业	Service in Support of Agriculture	17	5	684561	41620
采矿业	**Mining**	**4803**	**873**	**294078410**	**59729**
煤炭开采和洗选业	Mining and Washing of Coal	3380	514	192171374	55426
石油和天然气开采业	Extraction of Petroleum and Natural Gas	656	212	56487536	85320
黑色金属矿采选业	Mining and Processing of Ferrous Metal Ores	209	37	11371263	52024
有色金属矿采选业	Mining and Processing of Non-Ferrous Metal Ores	207	39	10370435	48947
非金属矿采选业	Mining and Processing of Non-metal Ores	153	33	7406507	47325
开采辅助活动	Support Activities for Mining	196	37	16221541	78648
其他采矿业	Mining of Other Ores	1		49754	45149
制造业	**Manufacturing**	**48136**	**19432**	**2681703337**	**55162**
农副食品加工业	Processing of Food from Agricultural Products	1779	766	77225161	43671
食品制造业	Manufacture of Foods	1223	601	59595052	49256
酒、饮料和精制茶制造业	Manufacture of Liquor, Beverages and Refined Tea	1005	384	48931461	48276
烟草制品业	Manufacture of Tobacco	165	60	20745870	130327
纺织业	Manufacture of Textile	2014	1206	88486014	43851
纺织服装、服饰业	Manufacture of Textile, Wearing Apparel and Accessories	2448	1696	109739260	44557
皮革、毛皮、羽毛及其制品和制鞋业	Manufacture of Leather, Fur, Feather and Related Products and Footwear	1661	985	69840723	41713

6-1 续表 1 continued

项 目	Item	年末人数（千人） Year-end Figures (1000 persons)	#女 性 Female	工资总额（千元） Total Wages (1000 yuan)	平均工资（元） Average Wage (yuan)
木材加工和木、竹、藤、棕、草制品业	Processing of Timber, Manufacture of Wood, Bamboo, Rattan, Palm and Straw Products	391	155	15807161	40611
家具制造业	Manufacture of Furniture	555	194	26599265	47949
造纸及纸制品业	Manufacture of Paper and Paper Products	667	243	33013237	49221
印刷和记录媒介复制业	Printing and Reproduction of Recording Media	516	228	26982080	51465
文教、工美、体育和娱乐用品制造业	Manufacture of Articles for Culture, Education, Arts and Crafts, Sport and Entertainment Activities	1247	727	55775325	43669
石油加工、炼焦和核燃料加工业	Processing of Petroleum, Coking and Processing of Nuclear Fuel	642	172	44318554	68123
化学原料和化学制品制造业	Manufacture of Raw Chemical Materials and Chemical Products	2601	802	154351943	59039
医药制造业	Manufacture of Medicines	1554	737	92478565	59821
化学纤维制造业	Manufacture of Chemical Fibres	245	96	12366816	50394
橡胶和塑料制品业	Manufacture of Rubber and Plastics Products	1794	759	90354966	50077
非金属矿物制品业	Manufacture of Non-metallic Mineral Products	2332	689	109063545	46284
黑色金属冶炼和压延加工业	Smelting and Pressing of Ferrous Metals	1987	392	110125109	54100
有色金属冶炼和压延加工业	Smelting and Pressing of Non-ferrous Metals	1181	270	62144542	52037
金属制品业	Manufacture of Metal Products	1668	522	88125991	52339
通用设备制造业	Manufacture of General Purpose Machinery	2540	735	152834501	59387
专用设备制造业	Manufacture of Special Purpose Machinery	1972	548	122787230	61068
汽车制造业	Manufacture of Automobiles	3082	848	209821507	68442
铁路、船舶、航空航天和其他运输设备制造业	Manufacture of Railway, Ship, Aerospace and Other Transport Equipments	956	251	64544207	67085
电气机械和器材制造业	Manufacture of Electrical Machinery and Apparatus	3753	1600	218023066	57200
计算机、通信和其他电子设备制造业	Manufacture of Computers, Communication and Other Electronic Equipment	7121	3328	455018072	62402
仪器仪表制造业	Manufacture of Measuring Instruments and Machinery	701	304	43717606	61815
其他制造业	Other Manufacture	191	98	9521678	49636
废弃资源综合利用业	Utilization of Waste Resources	67	19	3247938	48010
金属制品、机械和设备修理业	Repair Service of Metal Products, Machinery and Equipment	80	16	6116892	76684
电力、热力、燃气及水生产和供应业	**Production and Supply of Electricity, Heat, Gas and Water**	**2134**	**581**	**167457449**	**78327**
电力、热力生产和供应业	Production and Supply of Electric Power and Heat Power	1609	405	133323261	82537
燃气生产和供应业	Production and Supply of Gas	226	72	15169749	67624
水的生产和供应业	Production and Supply of Water	298	104	18964439	63577

6-1 续表 2 continued

项　目	Item	年末人数（千人）Year-end Figures (1000 persons)	#女性 Female	工资总额（千元）Total Wages (1000 yuan)	平均工资（元）Average Wage (yuan)
建筑业	**Construction**	**24484**	**2630**	**1206202574**	**49442**
房屋建筑业	Construction of Buildings	17219	1692	832437113	48351
土木工程建筑业	Civil Engineering	4412	585	234049798	52824
建筑安装业	Building Installation	1346	178	70202762	54159
建筑装饰和其他建筑业	Building Decoration and Other Constructions	1507	174	69512901	47841
批发和零售业	**Wholesale and Retail Trades**	**7609**	**4025**	**459350073**	**60433**
批发业	Wholesale Trade	3127	1395	258528974	81892
零售业	Retail Trade	4482	2630	200821099	45189
交通运输、仓储和邮政业	**Transport, Storage and Post**	**4662**	**1221**	**317056445**	**68138**
铁路运输业	Railway Transport	167	36	13423334	79580
道路运输业	Road Transport	2768	676	142692033	51838
水上运输业	Water Transport	380	68	35188450	91487
航空运输业	Air Transport	486	185	64204905	135710
管道运输业	Transport Via Pipelines	32	8	3225345	99884
装卸搬运和运输代理业	Loading, Unloading and Forwarding Agency	370	123	28144872	76189
仓储业	Storage	191	54	11923285	61556
邮政业	Post	269	72	18254221	65498
住宿和餐饮业	**Hotels and Catering Services**	**2333**	**1295**	**94514829**	**40436**
住宿业	Hotels	1099	615	47186136	42702
餐饮业	Catering Services	1234	680	47328693	38405
信息传输、软件和信息技术服务业	**Information Transmission, Software and Information Technology**	**3136**	**1226**	**365606953**	**117076**
电信、广播电视和卫星传输服务	Telecommunication, Radio and Television and Satellite Transmission Service	1468	624	130594845	88709
互联网和相关服务	Internet and Related Service	220	88	33141318	149659
软件和信息技术服务业	Software and Information Technology	1448	514	201870790	141246
金融业	**Financial Intermediation**	**4137**	**2212**	**489323957**	**123640**
货币金融服务	Monetary and Financial Service	1949	1024	303739240	157134
资本市场服务	Capital Market Service	189	81	54025463	298190
保险业	Insurance	1904	1075	114591617	65140
其他金融业	Other Financial Activities	95	32	16967637	201191
房地产业	**Real Estate**	**3762**	**1405**	**227275875**	**60976**
#房地产开发经营	Development and Management of Real Estate	1713	611	132820301	77429
物业管理	Property Management	1754	678	73055652	42311
房地产中介服务	Agency Services of Real Estate	209	86	15151767	75840
租赁和商务服务业	**Leasing and Business Services**	**3217**	**1162**	**260872212**	**82287**
租赁业	Leasing	97	23	7225303	73988
商务服务业	Business Services	3119	1139	253646909	82551

6-1 续表 3 continued

项 目	Item	年末人数 (千人) Year-end Figures (1000 persons)	#女性 Female	工资总额 (千元) Total Wages (1000 yuan)	平均工资 (元) Average Wage (yuan)
科学研究和技术服务业	**Scientific Research and Technical Services**	**1926**	**574**	**191998083**	**100210**
研究和试验发展	Research and Experimental Development	200	73	24802150	125064
专业技术服务业	Professional Technical Services	1414	393	139828389	99077
科技推广和应用服务业	Science and Technology Popularization and Application Services	311	108	27367544	89338
水利、环境和公共设施管理业	**Management of Water Conservancy, Environment and Public Facilities**	**517**	**200**	**24755108**	**49130**
水利管理业	Management of Water Conservancy	26	8	1655864	64882
生态保护和环境治理业	Ecological Protection and Environmental Treatment	40	12	3194078	79894
公共设施管理业	Management of Public Facilities	451	179	19905166	45408
居民服务、修理和其他服务业	**Service to Households, Repair and Other Services**	**483**	**221**	**20644255**	**43131**
居民服务业	Service to Households	151	78	6408442	42638
机动车、电子产品和日用产品修理业	Repair of Motor Vehicle, Electronics and Household Products	93	25	4990307	53690
其他服务业	Other Services	240	118	9245506	39276
教育	**Education**	**1083**	**641**	**59602369**	**55937**
#初等教育	Primary Education	150	98	7851910	53400
中等教育	Secondary Education	309	171	18221811	60095
高等教育	Senior Education	153	81	8857827	59798
卫生和社会工作	**Health and Social Service**	**570**	**370**	**33675057**	**60027**
卫生	Health	542	352	32577496	61087
社会工作	Social Service	28	18	1097561	39615
文化、体育和娱乐业	**Culture, Sports and Entertainment**	**428**	**202**	**30944448**	**72093**
新闻和出版业	Journalism and Publishing Activities	101	48	9833967	95810
广播、电视、电影和影视录音制作业	Radio, Television, Motion Picture and Videotape Programme Production Services	110	51	8287504	75887
文化艺术业	Cultural and Art Activities	71	32	3918397	55291
体育	Sports Activities	69	34	4904917	69928
娱乐业	Entertainment	77	37	3999663	52371
公共管理、社会保障和社会组织	**Public Management, Social Security and Social Organization**	**114**	**46**	**5208228**	**45462**
#中国共产党机关	Organs of Communist Party of China				
国家机构	Government Agencies				
人民政协、民主党派	People's Political Consultative Conference and Democratic Parties				
社会保障	Social Security				
群众团体、社会团体和其他成员组织	Non-Governmental Organizations, Social Organizations and Membership Organizations	35	15	2368014	67264

6-2 各地区分行业其他单位就业人员和工资总额(2015年)
EMPLOYMENT AND TOTAL WAGES IN OTHER OWNERSHIP UNITS BY SECTOR AND REGION (2015)

地 区	Region	总 计 Total			
		年末人数(人) Year-end Figures (person)	#女 性 Female	工资总额(千元) Total Wages (1000 yuan)	平均工资(元) Average wage (yuan)
全 国	**National**	**113727799**	**38386521**	**6938046766**	**60906**
北 京	Beijing	5775377	2270207	645123553	112057
天 津	Tianjin	2159275	725027	166502304	76632
河 北	Hebei	3410421	1013349	171235315	49885
山 西	Shanxi	2206885	567155	112927391	50863
内蒙古	Inner Mongolia	1243413	369570	67648190	51783
辽 宁	Liaoning	3096566	920964	170606474	52810
吉 林	Jilin	1548754	496505	76794443	47416
黑龙江	Heilongjiang	1515643	474693	78067215	49062
上 海	Shanghai	5212828	2045467	588290752	111065
江 苏	Jiangsu	12240583	3915202	767111336	63189
浙 江	Zhejiang	8483121	2531149	490779493	58989
安 徽	Anhui	3099843	943524	161885666	52302
福 建	Fujian	4965008	1761191	262133690	53706
江 西	Jiangxi	2696946	966342	127098613	47316
山 东	Shandong	7983365	2698916	414211036	51957
河 南	Henan	7205333	2442436	304782706	43254
湖 北	Hubei	4208479	1356107	216066842	52028
湖 南	Hunan	3160403	974691	158122017	50438
广 东	Guangdong	15088946	6176626	971514451	63664
广 西	Guangxi	1897727	605440	91360011	49240
海 南	Hainan	552512	216884	29501056	53605
重 庆	Chongqing	2872486	865877	159544464	56065
四 川	Sichuan	4251438	1353082	225674377	53384
贵 州	Guizhou	1334152	366628	69222236	53286
云 南	Yunnan	2171758	681030	96581227	45109
西 藏	Tibet	52870	18556	3572399	66113
陕 西	Shaanxi	2579864	819926	142012349	54797
甘 肃	Gansu	977086	272375	46005218	46869
青 海	Qinghai	274090	84263	15370713	55257
宁 夏	Ningxia	370387	119487	21960738	57581
新 疆	Xinjiang	1092240	333852	86340491	61957

6-2 续表 1 continued

地 区	Region	内 资 Domestic Funded				股份合作 Cooperative Units			
		年末人数（人）Year-end Figures (person)	#女 性 Female	工资总额（千元）Total Wages (1000 yuan)	平均工资（元）Average wage (yuan)	年末人数（人）Year-end Figures (person)	#女 性 Female	工资总额（千元）Total Wages (1000 yuan)	平均工资（元）Average wage (yuan)
全 国	**National**	**85830127**	**25556637**	**4971933764**	**58085**	**916651**	**378601**	**55433970**	**60369**
北 京	Beijing	4343074	1654347	434023843	100803	51627	22098	2291115	43749
天 津	Tianjin	1350955	375473	101793590	75051	14305	3886	698917	50709
河 北	Hebei	2983392	857369	148026897	49508	37233	17032	2423265	65105
山 西	Shanxi	2014513	499875	103532332	51117	7681	3411	433961	56381
内蒙古	Inner Mongolia	1163672	339695	63095979	51472	8954	1964	478307	48722
辽 宁	Liaoning	2408154	649141	126874862	50125	27396	8577	1303189	35502
吉 林	Jilin	1390995	444091	68039946	46633	9463	4527	390560	41338
黑龙江	Heilongjiang	1377680	419338	70867916	48918	54302	23677	3082111	58441
上 海	Shanghai	2552012	809074	262653755	101958	22044	7473	1127052	50457
江 苏	Jiangsu	7890999	1899203	473622681	61254	40492	17170	2194411	54241
浙 江	Zhejiang	6535636	1626442	367225715	57821	97740	43524	7980620	82097
安 徽	Anhui	2743027	779097	142723963	52142	32555	14157	1797398	55969
福 建	Fujian	3265207	941328	173113352	54545	63772	21600	3419569	58225
江 西	Jiangxi	2157839	666233	103572072	48300	22083	8254	1021448	46601
山 东	Shandong	6467859	2016753	333385544	51735	70809	29929	4518009	63919
河 南	Henan	6451370	2002903	270144777	42688	66165	31768	3428927	52724
湖 北	Hubei	3693940	1141004	185835981	51058	20837	9914	1149857	56044
湖 南	Hunan	2819648	817082	141338003	50658	31315	14110	1823401	58371
广 东	Guangdong	7402327	2572507	508830132	69098	72139	27914	4455159	61905
广 西	Guangxi	1604844	468029	77201867	49543	20558	8256	1510484	73761
海 南	Hainan	491876	191520	25677713	52444	5743	2855	289532	52883
重 庆	Chongqing	2490632	704176	135503564	55089	16979	7043	1233692	72767
四 川	Sichuan	3819392	1170578	199086058	52560	53548	20926	3165366	58016
贵 州	Guizhou	1284379	343983	66426871	53026	16897	7522	2218493	133099
云 南	Yunnan	2073246	637945	91596965	44867	14120	6211	633147	46357
西 藏	Tibet	49291	16863	3296182	65253	1462	437	128368	79436
陕 西	Shaanxi	2382141	735077	130398322	54473	17840	6999	954466	50973
甘 肃	Gansu	952965	261941	44488297	46444	7003	2313	279485	40047
青 海	Qinghai	262788	81074	14812441	55491	3623	1437	193619	58425
宁 夏	Ningxia	343811	113057	20201552	57194	3474	1466	262469	76858
新 疆	Xinjiang	1062463	321439	84542592	62039	4492	2151	547573	123829

6-2 续表 2 continued

地 区	Region	联营 Joint-owned Units 年末人数（人）Year-end Figures (person)	#女性 Female	工资总额（千元）Total Wages (1000 yuan)	平均工资（元）Average wage (yuan)	国有联营 State Joint-owned Units 年末人数（人）Year-end Figures (person)	#女性 Female	工资总额（千元）Total Wages (1000 yuan)	平均工资（元）Average wage (yuan)
全 国	**National**	**202601**	**58689**	**9914553**	**50733**	**52796**	**14542**	**3287985**	**61333**
北 京	Beijing	3868	1909	277927	71428	916	552	111639	120691
天 津	Tianjin	3769	1120	181762	46415	1480	153	75055	51513
河 北	Hebei	34846	4211	1068158	41137	418	109	23805	43679
山 西	Shanxi	3560	1018	126069	35938	1041	92	43327	42519
内蒙古	Inner Mongolia	540	271	28251	53103	112	30	4621	40535
辽 宁	Liaoning	3179	949	166364	50674	817	239	55612	67408
吉 林	Jilin	2342	242	84206	28828	528	101	25035	47595
黑龙江	Heilongjiang	3357	1470	149650	45723	165	39	5985	36273
上 海	Shanghai	9194	3419	605813	64675	2310	570	179989	77816
江 苏	Jiangsu	11274	3102	681949	58028	3302	567	177376	45400
浙 江	Zhejiang	4529	2126	337055	75930	629	232	65819	104807
安 徽	Anhui	2715	945	133039	49183	405	109	17493	41950
福 建	Fujian	9832	3042	564272	58480	2672	941	269367	101190
江 西	Jiangxi	2202	720	97052	44786	292	112	13696	49266
山 东	Shandong	25585	6496	1186393	45808	15804	4134	792075	49072
河 南	Henan	11509	4130	515714	46112	2909	940	137239	49313
湖 北	Hubei	6878	2405	238539	34651	2574	355	66136	25604
湖 南	Hunan	10895	3005	421576	38833	2409	887	115763	45185
广 东	Guangdong	22739	7277	1611552	68001	7523	1900	767425	103065
广 西	Guangxi	1382	588	60618	44803	433	207	20915	49212
海 南	Hainan	1785	938	89786	50612	1025	567	54755	53420
重 庆	Chongqing	3790	1231	170863	46018	615	288	13068	21780
四 川	Sichuan	5323	2504	282256	55333	719	465	42405	59641
贵 州	Guizhou	3111	1082	119193	38686	740	146	31730	43288
云 南	Yunnan	3179	1377	157203	45434	538	254	39385	73071
西 藏	Tibet	111	50	11784	106162	37	10	1934	52270
陕 西	Shaanxi	9061	2357	471127	52564	1812	358	114408	65413
甘 肃	Gansu	746	240	22809	30251	101	48	3518	34832
青 海	Qinghai	213	43	5852	40923	152	25	3908	46524
宁 夏	Ningxia	349	137	13744	38935	80	26	5538	69225
新 疆	Xinjiang	738	285	33977	46480	238	86	8964	39144

6-2 续表 3 continued

地 区	Region	集体联营 Collective Joint-owned Units				有限责任公司 Limited Liability Corporations			
		年末人数（人）Year-end Figures (person)	#女 性 Female	工资总额（千元）Total Wages (1000 yuan)	平均工资（元）Average wage (yuan)	年末人数（人）Year-end Figures (person)	#女 性 Female	工资总额（千元）Total Wages (1000 yuan)	平均工资（元）Average wage (yuan)
全 国	**National**	**47875**	**14353**	**2107293**	**43151**	**63893861**	**17600400**	**3475302004**	**54481**
北 京	Beijing	467	236	23426	54227	2973184	1026766	262066493	89353
天 津	Tianjin	1397	762	61039	44231	1028313	267668	73054362	70553
河 北	Hebei	426	195	13364	31224	2195311	576368	103846392	46840
山 西	Shanxi	1545	675	52998	35028	1711048	386164	87347529	50651
内蒙古	Inner Mongolia	318	169	17726	55918	907972	251240	48868693	50467
辽 宁	Liaoning	402	157	15389	37352	1735601	423696	85286847	46524
吉 林	Jilin	1444	56	46276	22852	928701	264487	41413309	43099
黑龙江	Heilongjiang	1010	523	52499	51876	1010657	289846	50967691	47336
上 海	Shanghai	1263	407	97163	77917	1756259	519984	154347685	87038
江 苏	Jiangsu	2493	785	132628	53094	6016614	1330229	346308739	58668
浙 江	Zhejiang	1138	563	76399	68153	4745943	1032272	246993761	53587
安 徽	Anhui	737	381	63814	86586	2036624	518970	103421735	50931
福 建	Fujian	3811	172	151844	41842	2685653	725086	135819714	51938
江 西	Jiangxi	1081	326	52885	49844	1754784	527163	82761793	47423
山 东	Shandong	6685	1329	259977	38948	4753073	1400873	234153557	49457
河 南	Henan	4231	1403	192099	45847	4931208	1478636	197597159	40895
湖 北	Hubei	622	324	22195	36266	2872392	828959	142696148	50608
湖 南	Hunan	3640	1061	140761	40460	1978474	496954	91907612	46952
广 东	Guangdong	5044	2018	266189	44284	5406181	1775566	341617140	63542
广 西	Guangxi	224	88	7425	33147	1252091	324907	59013342	48889
海 南	Hainan	158	68	7763	49133	330208	120102	16450819	50642
重 庆	Chongqing	1174	292	58250	51412	2038423	517307	104322274	51901
四 川	Sichuan	825	171	35327	42821	2834689	824654	142158920	50475
贵 州	Guizhou	947	411	33563	35441	1028102	256668	50428027	50502
云 南	Yunnan	1787	929	71471	39750	1177791	360992	55914972	47694
西 藏	Tibet					35619	12632	2313931	64565
陕 西	Shaanxi	4479	669	139218	31355	1849740	545407	96832020	51995
甘 肃	Gansu	272	57	6383	22796	706477	180260	31644703	44490
青 海	Qinghai	33	8	1173	37839	161624	48209	8007787	48557
宁 夏	Ningxia	149	85	4427	29711	253417	71192	14688906	56187
新 疆	Xinjiang	73	33	3622	51014	797688	217143	63049944	58403

6-2 续表 4 continued

地 区	Region	国有独资 State Funded Corporations 年末人数(人) Year-end Figures (person)	#女 性 Female	工资总额(千元) Total Wages (1000 yuan)	平均工资(元) Average wage (yuan)	股份有限公司 Share-holding Corporations Ltd 年末人数(人) Year-end Figures (person)	#女 性 Female	工资总额(千元) Total Wages (1000 yuan)	平均工资(元) Average wage (yuan)
全 国	**National**	**7996318**	**1913094**	**537235262**	**67163**	**17979500**	**6224849**	**1299716422**	**72644**
北 京	Beijing	441647	129508	49878476	112739	1135440	507776	159268006	140491
天 津	Tianjin	170274	42258	15129997	88957	269125	82378	26066859	97346
河 北	Hebei	267538	65282	17013151	63071	686240	245130	39363289	57907
山 西	Shanxi	372272	96952	19931036	54445	270185	97503	14885085	55611
内蒙古	Inner Mongolia	190147	51974	12883918	67425	232623	79583	13110244	56123
辽 宁	Liaoning	295681	55713	16318692	54003	579976	190665	37908411	63547
吉 林	Jilin	174274	38626	9621521	55277	383695	148415	22564878	53869
黑龙江	Heilongjiang	227264	50699	11603374	47096	300111	100624	16280861	53003
上 海	Shanghai	268924	69765	28042161	102796	722216	254884	102403467	140439
江 苏	Jiangsu	347683	102798	26335481	74616	1693823	482576	117483300	71260
浙 江	Zhejiang	264320	71045	18413085	72361	1514156	465629	102286814	69712
安 徽	Anhui	372988	69749	21324000	55893	607523	210342	34737209	57071
福 建	Fujian	198832	39969	13187858	68815	433421	148551	29496013	70332
江 西	Jiangxi	166484	45904	9228057	55455	355232	119078	18702049	53131
山 东	Shandong	756565	183473	47462263	62135	1446475	496002	85643487	59259
河 南	Henan	254043	72216	12507251	49339	1215929	381389	55422306	46236
湖 北	Hubei	303664	79681	20341866	67031	724327	268789	39066836	53899
湖 南	Hunan	263178	57028	13982909	53009	638936	231595	40757678	64472
广 东	Guangdong	530399	109643	45943807	87882	1639880	617627	145358020	89014
广 西	Guangxi	377510	52109	20415892	58571	275460	106367	14580384	53614
海 南	Hainan	21476	6155	1170370	55836	125951	50084	7639841	58986
重 庆	Chongqing	291840	74077	17682965	60690	368436	141134	26758102	73009
四 川	Sichuan	278147	72431	18272849	64435	819229	277854	49014500	60799
贵 州	Guizhou	315222	50606	15549412	53311	196997	62356	12195556	61923
云 南	Yunnan	160560	52230	9308513	57639	234044	69897	13837773	61259
西 藏	Tibet	15203	5941	1060692	71999	11912	3673	836992	65590
陕 西	Shaanxi	290878	80965	18557961	63858	458069	152636	30301118	66351
甘 肃	Gansu	108636	26556	5872033	53559	220522	71830	11984162	54293
青 海	Qinghai	37998	8757	2078167	54654	92150	27766	6448898	69066
宁 夏	Ningxia	93439	17789	6712855	68952	75422	34048	4716793	61383
新 疆	Xinjiang	139232	33195	11404650	70491	251995	98668	20597491	76252

6-2 续表 5 continued

地　区	Region	其　他 Others 年末人数(人) Year-end Figures (person)	#女　性 Female	工资总额(千元) Total Wages (1000 yuan)	平均工资(元) Average wage (yuan)	港、澳、台商投资 Funded from Hong Kong, Macao and Taiwan 年末人数(人) Year-end Figures (person)	#女　性 Female	工资总额(千元) Total Wages (1000 yuan)	平均工资(元) Average wage (yuan)
全　国	**National**	**2837514**	**1294098**	**131566815**	**46945**	**13439148**	**6504970**	**844651640**	**62017**
北　京	Beijing	178955	95798	10120302	55352	596520	265646	76225201	127552
天　津	Tianjin	35443	20421	1791690	50606	298175	149813	22843131	75848
河　北	Hebei	29762	14628	1325793	44280	184949	68523	9889132	52939
山　西	Shanxi	22039	11779	739688	33570	108177	39845	4865458	46122
内蒙古	Inner Mongolia	13583	6637	610484	45081	24526	10185	1306414	52799
辽　宁	Liaoning	62002	25254	2210051	35964	180026	67625	10024637	54124
吉　林	Jilin	66794	26420	3586993	53624	51562	13367	2386202	46454
黑龙江	Heilongjiang	9253	3721	387603	44036	47402	18859	2133947	42734
上　海	Shanghai	42299	23314	4169738	99554	929944	450200	98635486	103085
江　苏	Jiangsu	128796	66126	6954282	54143	1644306	776762	99769154	60112
浙　江	Zhejiang	173268	82891	9627465	55693	971249	451585	62560155	63947
安　徽	Anhui	63610	34683	2634582	41746	158535	80228	7987726	50032
福　建	Fujian	72529	43049	3813784	53713	1033441	509426	52156693	50176
江　西	Jiangxi	23538	11018	989730	42825	342099	191798	14637105	42309
山　东	Shandong	171917	83453	7884098	46992	417859	180014	23023712	55353
河　南	Henan	226559	106980	13180671	59496	568231	358839	26723155	50235
湖　北	Hubei	69506	30937	2684601	39574	190260	101730	8945836	47215
湖　南	Hunan	160028	71418	6427736	40604	202966	101422	9211554	44555
广　东	Guangdong	261388	144123	15788261	60963	4751970	2323338	269111781	55080
广　西	Guangxi	55353	27911	2037039	35473	163635	90798	7104449	41856
海　南	Hainan	28189	17541	1207735	43123	25036	11175	1534942	61334
重　庆	Chongqing	63004	37461	3018633	48286	158041	75019	10290298	63436
四　川	Sichuan	106603	44640	4465016	42298	225233	96085	14534105	64007
贵　州	Guizhou	39272	16355	1465602	39091	26048	11732	1138712	50308
云　南	Yunnan	644112	199468	21053870	33625	43049	18660	2127179	48240
西　藏	Tibet	187	71	5107	27310	1907	741	137038	72815
陕　西	Shaanxi	47431	27678	1839591	39065	49867	25235	2633132	53325
甘　肃	Gansu	18217	7298	557138	30684	8521	3673	403045	47930
青　海	Qinghai	5178	3619	156285	30119	4946	1003	271842	55546
宁　夏	Ningxia	11149	6214	519640	46509	14720	2812	1069266	69388
新　疆	Xinjiang	7550	3192	313607	39732	15948	6832	971153	58335

6-2 续表 6 continued

地 区	Region	外商投资 Foreign Funded 年末人数(人) Year-end Figures (person)	#女 性 Female	工资总额(千元) Total Wages (1000 yuan)	平均工资(元) Average wage (yuan)	农、林、牧、渔业 Agriculture, Forestry, Animal Husbandry and Fishery 年末人数(人) Year-end Figures (person)	#女 性 Female	工资总额(千元) Total Wages (1000 yuan)	平均工资(元) Average wage (yuan)
全 国	**National**	**14458524**	**6324914**	**1121461362**	**76302**	**194201**	**70356**	**7777104**	**38153**
北 京	Beijing	835783	350214	134874509	157966	28352	11786	1469814	49457
天 津	Tianjin	510145	199741	41865583	81254	730	245	47707	64469
河 北	Hebei	242080	87457	13319286	52066	1290	482	46705	30747
山 西	Shanxi	84195	27435	4529601	50710	1449	401	31540	21903
内蒙古	Inner Mongolia	55215	19690	3245797	58168	7738	2998	218003	28082
辽 宁	Liaoning	508386	204198	33706975	65555	4491	1516	227675	46266
吉 林	Jilin	106197	37047	6368295	58328	1269	386	55583	44079
黑龙江	Heilongjiang	90561	36496	5065352	54716	6793	2395	156416	22666
上 海	Shanghai	1730872	786193	227001511	128694	20129	5186	1270627	59913
江 苏	Jiangsu	2705278	1239237	193719501	70491	1432	539	51750	36624
浙 江	Zhejiang	976236	453122	60993623	61577	1268	398	51401	39692
安 徽	Anhui	198281	84199	11173977	56341	210	100	6018	25718
福 建	Fujian	666360	310437	36863645	55214	3428	1370	105061	30928
江 西	Jiangxi	197008	108311	8889436	45393	1050	276	39911	38376
山 东	Shandong	1097647	502149	57801780	51977	1605	555	69066	32094
河 南	Henan	185732	80694	7914774	42546	8176	1920	327934	41229
湖 北	Hubei	324279	113373	21285025	65757	1928	166	46537	24225
湖 南	Hunan	137789	56187	7572460	54807	10526	3253	308238	29181
广 东	Guangdong	2934649	1280781	193572538	64305	1995	671	87453	42412
广 西	Guangxi	129248	46613	7053695	55373	5478	1925	302316	55798
海 南	Hainan	35600	14189	2288401	64110	52654	21467	1898700	32381
重 庆	Chongqing	223813	86682	13750602	61439	3292	1224	78921	23879
四 川	Sichuan	206813	86419	12054214	56731	1264	434	41189	34847
贵 州	Guizhou	23725	10913	1656653	69871	2855	1104	82653	29362
云 南	Yunnan	55463	24425	2857083	51516	2688	951	68387	25319
西 藏	Tibet	1672	952	139179	84917				
陕 西	Shaanxi	147856	59614	8980895	60509	1146	437	40103	35116
甘 肃	Gansu	15600	6761	1113876	72984	1519	646	59261	34778
青 海	Qinghai	6356	2186	286430	45164	2847	1329	69575	24421
宁 夏	Ningxia	11856	3618	689920	54039	3138	1256	93678	28587
新 疆	Xinjiang	13829	5581	826746	58349	13461	4940	424882	31929

6-2 续表 7 continued

地 区	Region	采矿业 Mining 年末人数（人） Year-end Figures (person)	#女 性 Female	工资总额（千元） Total Wages (1000 yuan)	平均工资（元） Average wage (yuan)	制造业 Manufacturing 年末人数（人） Year-end Figures (person)	#女 性 Female	工资总额（千元） Total Wages (1000 yuan)	平均工资（元） Average wage (yuan)
全 国	**National**	**4803370**	**872779**	**294078410**	**59729**	**48135753**	**19432033**	**2681703337**	**55162**
北 京	Beijing	52245	8526	4942285	88853	864720	303001	78881989	89106
天 津	Tianjin	64785	19684	7008941	105885	1053796	378141	77701902	72293
河 北	Hebei	214959	37371	12561106	56311	1339133	425547	65200244	47861
山 西	Shanxi	914013	156942	52908419	58193	563583	167706	24334709	42508
内蒙古	Inner Mongolia	145313	20957	9783414	66275	439392	129983	22237416	50363
辽 宁	Liaoning	221508	39151	12520926	54121	1217693	357003	65923690	53122
吉 林	Jilin	135069	27493	7154541	52385	654709	233595	30203204	45587
黑龙江	Heilongjiang	303206	68459	17876872	55165	460425	151722	21637880	46098
上 海	Shanghai	534	130	68243	133027	1858666	721325	167882702	86524
江 苏	Jiangsu	90160	20130	5712401	60125	5834431	2556863	370288435	62727
浙 江	Zhejiang	5474	943	303486	53819	3284685	1403356	182395718	55184
安 徽	Anhui	250893	24497	16483114	62311	1157794	441413	58117399	50027
福 建	Fujian	14913	2420	743129	48640	2331443	1091205	118043319	50624
江 西	Jiangxi	43292	7306	1906123	43465	1273159	625671	56922812	44937
山 东	Shandong	571339	132037	35981350	61281	4006590	1535096	193208297	48158
河 南	Henan	457319	73000	22713733	48593	3418382	1442842	137526023	41236
湖 北	Hubei	56461	11001	2872822	49747	1722401	686933	83703813	48747
湖 南	Hunan	72271	8648	3234644	42974	1145427	398388	58534365	50267
广 东	Guangdong	24246	5150	2117052	86495	9666417	4297444	567730213	57511
广 西	Guangxi	24617	5810	1188880	47840	693130	291143	31566034	45377
海 南	Hainan	5849	1585	369316	62122	83735	31249	4422126	51668
重 庆	Chongqing	65112	7807	3406558	51963	864383	330553	50497394	58083
四 川	Sichuan	171813	33902	11205335	62892	1503311	560002	77905502	51353
贵 州	Guizhou	143790	17497	7254872	48970	360522	121373	17331863	48095
云 南	Yunnan	118341	16251	5281798	43664	630043	217365	29295118	45663
西 藏	Tibet	2932	698	239245	77727	8994	3471	560119	63305
陕 西	Shaanxi	288195	48336	20283313	69617	810719	259907	40949425	50263
甘 肃	Gansu	81429	15845	5091363	61195	320187	95051	16117229	50118
青 海	Qinghai	38575	10348	3176925	80007	103997	30555	5389259	51833
宁 夏	Ningxia	59245	10010	4937548	79593	126719	38173	6635017	51427
新 疆	Xinjiang	165472	40845	14750656	86776	337167	105957	20560121	59003

6-2 续表 8 continued

地 区	Region	电力、热力、燃气及水生产和供应业 Production and Supply of Electricity, Heat, Gas and Water				建筑业 Construction			
		年末人数（人）Year-end Figures (person)	#女 性 Female	工资总额（千元）Total Wages (1000 yuan)	平均工资（元）Average wage (yuan)	年末人数（人）Year-end Figures (person)	#女 性 Female	工资总额（千元）Total Wages (1000 yuan)	平均工资（元）Average wage (yuan)
全 国	**National**	**2133941**	**580668**	**167457449**	**78327**	**24484134**	**2629575**	**1206202574**	**49442**
北 京	Beijing	63539	18091	7692318	124821	411123	77183	33768084	82328
天 津	Tianjin	32529	8090	3479040	107810	257089	34226	16543318	64157
河 北	Hebei	87890	22318	7724812	87666	763067	77613	29709180	38920
山 西	Shanxi	54913	16454	3846128	69674	251355	33572	11841433	44548
内蒙古	Inner Mongolia	90608	26217	6606510	72935	202139	25449	10765410	40917
辽 宁	Liaoning	72584	17070	4458074	62277	636422	79165	31927925	43027
吉 林	Jilin	90469	18756	6085892	65825	259245	33672	12874158	40340
黑龙江	Heilongjiang	94174	23622	6696226	70495	214043	37734	9906837	37512
上 海	Shanghai	23504	6027	3336684	138136	331682	40040	26987091	81358
江 苏	Jiangsu	83960	22594	7762850	92483	4022971	313323	215551595	55824
浙 江	Zhejiang	66794	17444	6224827	91749	3136080	213712	144349064	48393
安 徽	Anhui	62968	13721	4595306	72951	822045	94161	39507041	49011
福 建	Fujian	69677	19361	5798993	83500	1542751	215470	74461348	50550
江 西	Jiangxi	117152	33180	7434059	62874	747040	82713	34952172	46813
山 东	Shandong	123079	33493	8148880	66977	1319692	140317	63952926	48314
河 南	Henan	113918	33924	5877604	51874	1635655	206812	65220947	41143
湖 北	Hubei	49155	15297	3287173	64317	1267710	137933	64851021	52879
湖 南	Hunan	55523	18215	3387071	60896	887496	87089	37114796	43476
广 东	Guangdong	200615	45482	22494721	111743	1088011	125052	56449448	52681
广 西	Guangxi	92491	24598	6759510	72981	537269	40506	23511954	46832
海 南	Hainan	11357	3336	895540	78384	49582	6030	2070468	44699
重 庆	Chongqing	57234	17742	4478799	75358	918022	113306	43487887	48688
四 川	Sichuan	126645	41550	9467204	74641	1152839	145459	49969884	44413
贵 州	Guizhou	37692	8615	2714153	72348	346447	35031	15998523	50282
云 南	Yunnan	72226	20521	5254046	72982	587014	84756	20975358	37573
西 藏	Tibet	4834	1596	310598	66467	13772	2636	844084	57040
陕 西	Shaanxi	73461	22221	5235959	71454	478180	64154	23128949	48083
甘 肃	Gansu	30547	9280	1807201	59447	301383	37117	12296607	40247
青 海	Qinghai	9038	2844	591165	66348	51471	7763	2721719	50036
宁 夏	Ningxia	17575	5848	1450608	82627	41061	4441	2237832	46062
新 疆	Xinjiang	47790	13161	3555498	75907	211478	33140	28225515	56297

6-2 续表 9 continued

地 区	Region	批发和零售业 Wholesale and Retail Trades 年末人数(人) Year-end Figures (person)	#女性 Female	工资总额(千元) Total Wages (1000 yuan)	平均工资(元) Average wage (yuan)	交通运输、仓储和邮政业 Transport, Storage and Post 年末人数(人) Year-end Figures (person)	#女性 Female	工资总额(千元) Total Wages (1000 yuan)	平均工资(元) Average wage (yuan)
全 国	**National**	**7608713**	**4024965**	**459350073**	**60433**	**4661518**	**1221009**	**317056445**	**68138**
北 京	Beijing	733705	339175	68324041	93769	492003	131622	39605572	80563
天 津	Tianjin	161840	82045	10776810	66285	91783	21435	8889493	97332
河 北	Hebei	220634	126189	8160751	36661	125215	30172	7382088	57942
山 西	Shanxi	100957	44083	4030304	40280	60992	18685	2514002	42419
内蒙古	Inner Mongolia	74845	38436	3114961	41394	52716	17813	2594702	49381
辽 宁	Liaoning	213365	119035	9432790	43949	141216	35505	8973555	63597
吉 林	Jilin	89580	46361	3349055	37181	47013	11997	1923355	42259
黑龙江	Heilongjiang	125101	63767	5256791	41944	28016	7074	1260008	44547
上 海	Shanghai	761803	434234	89967569	118433	419703	106608	42415874	99719
江 苏	Jiangsu	530667	310047	33511407	63340	330180	82652	21558843	65300
浙 江	Zhejiang	392051	206978	24616268	61801	244477	61566	17438366	71794
安 徽	Anhui	201282	110842	8873483	44297	124829	35342	6042460	48813
福 建	Fujian	240582	122731	12438245	52082	147420	33847	9141109	61688
江 西	Jiangxi	147897	72697	6238893	42289	82002	18561	4010586	49711
山 东	Shandong	507793	281256	22154369	43525	274113	67427	17566631	64481
河 南	Henan	403593	201888	14543097	37226	210737	52563	9073737	43346
湖 北	Hubei	332408	188649	14673785	43894	147915	39311	7401287	50166
湖 南	Hunan	172533	93743	7157593	41601	92797	26559	4426280	47607
广 东	Guangdong	890730	443692	56144123	62271	661327	180146	54068618	80955
广 西	Guangxi	101306	53163	4293284	41852	97006	26807	4837848	50062
海 南	Hainan	52610	25074	2342776	44652	52408	13134	3673959	72576
重 庆	Chongqing	201187	112179	9983383	49527	198910	41221	11435950	58044
四 川	Sichuan	261929	143995	11849286	45585	202590	59160	12430561	62523
贵 州	Guizhou	91459	41654	4049201	44445	55281	15450	3211734	59587
云 南	Yunnan	205177	113085	7340259	37069	91780	29095	5219680	58025
西 藏	Tibet	7950	3116	564188	72518	1544	413	100792	65791
陕 西	Shaanxi	213913	118937	8451084	39438	94637	29311	4779086	50896
甘 肃	Gansu	63680	35921	2282626	35597	34949	10226	1442735	42051
青 海	Qinghai	19511	10300	808924	41364	9038	2886	473702	52892
宁 夏	Ningxia	21031	12733	893038	42580	13403	4695	715823	51328
新 疆	Xinjiang	67594	28960	3727689	54730	35518	9726	2448009	69333

6-2 续表 10 continued

地 区	Region	住宿和餐饮业 Hotels and Catering Services				信息传输、软件和信息技术服务业 Information Transmission, Software and Information Technology			
		年末人数(人) Year-end Figures (person)	#女性 Female	工资总额(千元) Total Wages (1000 yuan)	平均工资(元) Average wage (yuan)	年末人数(人) Year-end Figures (person)	#女性 Female	工资总额(千元) Total Wages (1000 yuan)	平均工资(元) Average wage (yuan)
全 国	**National**	**2332679**	**1295106**	**94514829**	**40436**	**3136066**	**1226366**	**365606953**	**117076**
北 京	Beijing	251182	131783	12759890	50984	670097	248892	106395027	159738
天 津	Tianjin	45303	24477	1869537	38933	42634	18587	5686362	135541
河 北	Hebei	38084	22688	1265950	32683	75345	30982	7533559	99166
山 西	Shanxi	25975	14730	687159	25909	47008	22085	2814836	59763
内蒙古	Inner Mongolia	32372	18902	1155429	35461	33309	16816	2287240	68651
辽 宁	Liaoning	45802	26692	1602600	34864	114230	55192	9742883	86486
吉 林	Jilin	18980	11767	624373	32317	51553	21157	3441044	66691
黑龙江	Heilongjiang	19137	10158	663780	35257	54233	21497	3536510	64114
上 海	Shanghai	221564	109624	11634467	52295	251997	90129	45742551	183987
江 苏	Jiangsu	153048	90286	6428658	42071	238413	88904	30361610	126866
浙 江	Zhejiang	122772	66872	5200225	41879	160958	64040	20329724	129044
安 徽	Anhui	53257	31634	1803971	33737	62409	24490	4386411	69046
福 建	Fujian	87200	48232	3412856	39214	78012	28505	6717924	87022
江 西	Jiangxi	35097	22194	1145156	33442	56381	19744	3539894	62675
山 东	Shandong	102733	58344	3986565	38781	154488	67896	12370007	80765
河 南	Henan	88644	51932	2891541	33129	82575	38635	5156821	62851
湖 北	Hubei	89312	53894	3229428	36342	97484	36615	7029056	76371
湖 南	Hunan	71443	43694	2382889	33489	63072	24994	4462066	69813
广 东	Guangdong	340969	172720	14799946	43174	316555	110711	40922469	130319
广 西	Guangxi	37270	22480	1085240	29340	36340	13859	2824000	76902
海 南	Hainan	56179	28865	2306085	41153	13149	5100	1637197	123814
重 庆	Chongqing	58632	35342	2124636	35987	42765	16565	4126123	96086
四 川	Sichuan	95199	51775	3505338	36657	164957	66082	14333177	84607
贵 州	Guizhou	24445	14935	870994	35730	30103	11823	2479939	82300
云 南	Yunnan	73284	40706	2286324	31310	42280	16601	3272402	74724
西 藏	Tibet	2109	1169	109835	47527	2094	1237	188931	92072
陕 西	Shaanxi	98362	61654	3104522	31538	97173	38903	10313536	107481
甘 肃	Gansu	23215	15220	705989	31078	19478	9138	1090550	56194
青 海	Qinghai	3745	2260	156041	41423	7775	3664	598737	73204
宁 夏	Ningxia	4908	2985	176356	35620	7505	3574	593663	78777
新 疆	Xinjiang	12457	7092	539049	42255	21694	9949	1692704	77647

6-2 续表 11 continued

地 区	Region	金融业 Financial Infermediation 年末人数(人) Year-end Figures (person)	#女性 Female	工资总额(千元) Total Wages (1000 yuan)	平均工资(元) Average wage (yuan)	房地产业 Real Estate 年末人数(人) Year-end Figures (person)	#女性 Female	工资总额(千元) Total Wages (1000 yuan)	平均工资(元) Average wage (yuan)
全 国	**National**	**4137291**	**2212144**	**489323957**	**123640**	**3761881**	**1405493**	**227275875**	**60976**
北 京	Beijing	461587	253894	109252235	248919	374814	142829	32871625	87522
天 津	Tianjin	109359	35819	10526881	105254	63590	24112	5005697	78647
河 北	Hebei	250394	135809	17606630	73249	100380	42637	4245694	42523
山 西	Shanxi	76479	46755	5227861	71806	26048	10280	1131417	43997
内蒙古	Inner Mongolia	50357	28218	3558377	72435	48531	21436	1925122	40015
辽 宁	Liaoning	148750	85085	11274259	77893	112685	41991	5773270	51118
吉 林	Jilin	57112	32151	4612893	80942	50425	19216	2225140	44273
黑龙江	Heilongjiang	108088	52195	6273831	61960	46075	16392	2077870	43860
上 海	Shanghai	316606	141765	66599703	208705	242325	84373	19978870	82743
江 苏	Jiangsu	221645	122605	26518061	126708	210374	86580	14103424	67070
浙 江	Zhejiang	367072	213774	43065671	125875	187872	69967	12266858	66284
安 徽	Anhui	106596	57922	8441309	82647	93401	35534	5123073	54921
福 建	Fujian	105274	57984	11308186	112734	135599	49288	8446686	63638
江 西	Jiangxi	52081	28195	3716455	73339	53461	19700	2679750	50741
山 东	Shandong	277832	144533	23970506	90123	230827	80951	12071230	52960
河 南	Henan	150396	75538	10668014	73542	197884	72612	8828221	45308
湖 北	Hubei	110909	59281	9409863	87517	121324	45244	6284139	52594
湖 南	Hunan	211427	117967	18925791	94260	115418	42177	5582170	48641
广 东	Guangdong	308388	166701	42639810	145913	529245	180068	36054942	68469
广 西	Guangxi	66289	37828	5698716	92386	68328	25825	3034968	45403
海 南	Hainan	31879	16920	2704374	92277	72216	27466	3826869	54393
重 庆	Chongqing	94731	44554	9716248	108621	119621	49811	7096748	59685
四 川	Sichuan	125745	70552	9396005	78364	178743	68945	9227315	53350
贵 州	Guizhou	53427	26896	6705090	128618	82320	30101	3790983	48558
云 南	Yunnan	35132	19608	4202115	122272	105085	40374	4755594	45799
西 藏	Tibet	1455	662	241301	168742	1289	510	85900	68941
陕 西	Shaanxi	123353	69149	9045515	74621	89383	33597	4227442	47601
甘 肃	Gansu	32038	18269	1875438	60822	37249	14565	1543959	41815
青 海	Qinghai	4323	2525	365712	88787	7631	3016	286941	37661
宁 夏	Ningxia	27620	17173	1925667	75398	13981	5974	608832	43735
新 疆	Xinjiang	50947	31817	3851440	79814	45757	19922	2115126	46903

6-2 续表 12 continued

地区 Region	租赁和商务服务业 Leasing and Business Services 年末人数(人) Year-end Figures (person)	#女性 Female	工资总额(千元) Total Wages (1000 yuan)	平均工资(元) Average wage (yuan)	科学研究和技术服务业 Scientific Research and Technical Services 年末人数(人) Year-end Figures (person)	#女性 Female	工资总额(千元) Total Wages (1000 yuan)	平均工资(元) Average wage (yuan)
全国 National	**3216617**	**1161578**	**260872212**	**82287**	**1925703**	**573897**	**191998083**	**100210**
北京 Beijing	583375	263122	69231352	120920	423197	143726	53009530	124823
天津 Tianjin	69083	20567	5260805	77028	67971	14797	8927383	130171
河北 Hebei	68473	18253	2596960	38413	76575	18001	5264324	72834
山西 Shanxi	33836	13694	1396078	40368	16591	4095	1072171	65166
内蒙古 Inner Mongolia	24930	6560	1112853	46388	20324	5452	1349785	67658
辽宁 Liaoning	46462	14701	2289739	49674	43611	13024	3319856	74716
吉林 Jilin	27268	9058	1162414	42224	19944	5909	1249386	62983
黑龙江 Heilongjiang	24712	6846	1255984	51135	9985	3280	556905	56157
上海 Shanghai	432099	175054	69791359	162385	156643	51029	27246032	174481
江苏 Jiangsu	202107	78252	12057048	59280	127439	39438	11333365	88619
浙江 Zhejiang	183201	53979	11915335	65967	92979	27524	8647755	94372
安徽 Anhui	38868	14177	2022139	51178	32383	8322	2199748	69277
福建 Fujian	80836	29093	4312514	54761	41037	12992	2699953	66670
江西 Jiangxi	22308	8737	964219	43600	12873	2833	999466	78754
山东 Shandong	119098	38801	6642418	57716	87587	27021	5501971	63893
河南 Henan	117961	41015	4846324	42369	77871	23374	4600304	59673
湖北 Hubei	54797	18304	2717988	50746	67715	16399	6427850	95715
湖南 Hunan	71131	22999	3210705	45532	60342	16484	3277626	55115
广东 Guangdong	459068	176461	32337494	72539	241873	71704	23952122	98786
广西 Guangxi	67749	25261	2923773	45830	16998	5584	1094962	64883
海南 Hainan	16168	6457	826509	51809	8975	2587	487411	52893
重庆 Chongqing	110603	26168	4843422	44106	39844	12784	3351539	84292
四川 Sichuan	83010	27351	4494895	54903	56579	15747	5772840	102976
贵州 Guizhou	34799	10061	1655112	47587	19836	4936	958739	54911
云南 Yunnan	80395	17621	2796513	36822	22984	5380	1649839	71657
西藏 Tibet	3070	967	185454	52329				
陕西 Shaanxi	79683	13621	4603786	53132	46127	11889	3941995	86057
甘肃 Gansu	8016	2846	282979	35280	13034	2943	999736	79256
青海 Qinghai	6273	1846	251565	39692	3338	905	222169	65965
宁夏 Ningxia	15601	3973	620985	40763	5443	1386	383351	69010
新疆 Xinjiang	51637	15733	2263491	45629	15605	4352	1499970	87334

6-2 续表 13 continued

地 区	Region	水利、环境和公共设施管理业 Management of Water Conservancy, Environment and Public Facilities				居民服务、修理和其他服务业 Service to Households, Repair and Other Services			
		年末人数(人) Year-end Figures (person)	#女 性 Female	工资总额(千元) Total Wages (1000 yuan)	平均工资(元) Average wage (yuan)	年末人数(人) Year-end Figures (person)	#女 性 Female	工资总额(千元) Total Wages (1000 yuan)	平均工资(元) Average wage (yuan)
全 国	**National**	**517009**	**199691**	**24755108**	**49130**	**483249**	**221437**	**20644255**	**43131**
北 京	Beijing	36545	11768	2687147	73048	69625	36528	3405087	48256
天 津	Tianjin	5995	1950	441744	73453	65751	26321	2363556	37468
河 北	Hebei	10516	4698	359712	33300	10656	4628	343943	31586
山 西	Shanxi	6331	2451	166890	25943	2169	808	78415	37501
内蒙古	Inner Mongolia	8203	3096	386723	46066	1799	838	68604	38913
辽 宁	Liaoning	12814	4301	475977	37326	6705	2717	195639	28657
吉 林	Jilin	7231	2856	266885	36683	12943	7168	346115	27140
黑龙江	Heilongjiang	6532	2324	214414	36261	3298	1415	158050	42001
上 海	Shanghai	56813	19480	4240420	73241	51682	24061	3203490	61404
江 苏	Jiangsu	33837	15865	1669587	50145	24452	7674	1333906	52508
浙 江	Zhejiang	42515	16548	2206176	52655	17106	9377	697083	40770
安 徽	Anhui	8905	4042	355830	40312	5281	1637	204763	38117
福 建	Fujian	8471	3235	405246	48790	10231	4258	456308	46326
江 西	Jiangxi	8984	4249	405634	45526	6950	2359	313612	44956
山 东	Shandong	60155	11018	1465631	29563	23294	9008	867946	38727
河 南	Henan	25770	10652	1000272	39426	19524	9260	622856	33095
湖 北	Hubei	12926	5882	572572	45205	10030	5365	364590	36162
湖 南	Hunan	8184	2905	351475	42790	13581	6783	536932	40088
广 东	Guangdong	49489	23283	2576588	52324	58633	24990	2491779	43829
广 西	Guangxi	7493	2934	330191	44392	3830	1886	141111	36892
海 南	Hainan	9141	4134	504473	55737	4676	3144	127694	28676
重 庆	Chongqing	15227	6860	640288	44158	12293	7270	508764	42022
四 川	Sichuan	23652	12332	903957	39209	13675	6157	575411	42785
贵 州	Guizhou	6321	2880	243882	38829	8324	3759	285581	34912
云 南	Yunnan	19223	8788	756871	39903	10615	5049	381821	36086
西 藏	Tibet	84	31	4200	50000	1921	1543	76215	41946
陕 西	Shaanxi	15401	6831	673028	43424	9998	5270	340267	34184
甘 肃	Gansu	2612	1013	100944	38514	505	276	14600	31263
青 海	Qinghai	491	151	23372	53118	479	182	15119	32100
宁 夏	Ningxia	1435	470	69314	41755	723	318	27733	37783
新 疆	Xinjiang	5713	2664	255665	44893	2500	1388	97265	39830

6-2 续表 14 continued

地 区	Region	教 育 Education 年末人数(人) Year-end Figures (person)	#女 性 Female	工资总额(千元) Total Wages (1000 yuan)	平均工资(元) Average wage (yuan)	卫生和社会工作 Health and Social Service 年末人数(人) Year-end Figures (person)	#女 性 Female	工资总额(千元) Total Wages (1000 yuan)	平均工资(元) Average wage (yuan)
全 国	**National**	**1082730**	**641111**	**59602369**	**55937**	**570295**	**370176**	**33675057**	**60027**
北 京	Beijing	102323	65064	7754664	75708	43146	29972	3430355	81630
天 津	Tianjin	10782	6588	732133	68341	5396	3558	291013	54794
河 北	Hebei	11880	6981	454759	38513	6910	4879	352327	51874
山 西	Shanxi	15207	8467	478659	31493	5542	3615	203875	36887
内蒙古	Inner Mongolia	5685	3239	251997	45446	3594	2411	159343	44422
辽 宁	Liaoning	25326	12086	1077337	43998	18639	9898	739406	39813
吉 林	Jilin	9457	5585	432238	46244	9138	6276	332217	37065
黑龙江	Heilongjiang	3238	1149	192835	62165	3887	2670	139981	36444
上 海	Shanghai	24566	15227	2523911	105913	9952	6582	1237680	122993
江 苏	Jiangsu	52679	30755	3310635	63638	48880	32022	3089973	64032
浙 江	Zhejiang	88067	59671	5470404	63158	35080	22526	2492258	73065
安 徽	Anhui	43382	23962	1853585	43196	28936	18579	1474517	51920
福 建	Fujian	39487	25319	2074400	53402	15115	9816	911497	64394
江 西	Jiangxi	12846	6156	538973	42516	12511	7634	644026	52000
山 东	Shandong	65669	37522	3121360	48504	36963	24872	1949221	53412
河 南	Henan	108655	59341	6282876	59595	55194	32985	3207354	59361
湖 北	Hubei	33907	16546	1479571	43964	19999	13535	982672	49862
湖 南	Hunan	55317	30432	2384705	43734	29086	18808	1657576	57775
广 东	Guangdong	150100	93044	9330977	62917	53548	35389	3988981	75553
广 西	Guangxi	21986	14771	743127	34434	10545	6657	532425	50964
海 南	Hainan	19598	13327	844263	43253	5337	3803	238310	45058
重 庆	Chongqing	35987	23246	1918760	54188	23516	14139	1223823	52428
四 川	Sichuan	51173	27273	2531285	50986	24334	15845	1340048	55182
贵 州	Guizhou	16659	8705	674121	41582	11874	8020	542023	47392
云 南	Yunnan	36982	21301	1366621	37848	26809	17896	1153757	43630
西 藏	Tibet					529	361	47149	80873
陕 西	Shaanxi	28429	16985	1209830	43150	16288	11251	848634	52799
甘 肃	Gansu	1525	774	70877	45757	3481	2081	135472	40427
青 海	Qinghai	3336	2617	96601	29123	925	533	35749	37990
宁 夏	Ningxia	5562	3441	283824	51954	2265	1607	146739	64986
新 疆	Xinjiang	2920	1537	117041	40443	2876	1956	146656	51531

6-2 续表 15 continued

地区	Region	文化、体育和娱乐业 Culture, Sports and Entertainment				公共管理、社会保障和社会组织 Public Management, Social Security and Social Organization			
		年末人数(人) Year-end Figures (person)	#女性 Female	工资总额(千元) Total Wages (1000 yuan)	平均工资(元) Average wage (yuan)	年末人数(人) Year-end Figures (person)	#女性 Female	工资总额(千元) Total Wages (1000 yuan)	平均工资(元) Average wage (yuan)
全 国	**National**	**428311**	**201864**	**30944448**	**72093**	**114338**	**46273**	**5208228**	**45462**
北 京	Beijing	74425	36987	7726925	102975	39374	16258	1915613	48412
天 津	Tianjin	6951	3045	766398	102378	3908	1340	183584	47883
河 北	Hebei	8885	4021	419265	46554	135	80	7306	54119
山 西	Shanxi	4293	2332	144232	34227	144		19263	133771
内蒙古	Inner Mongolia	1288	570	58799	44210	270	179	13502	50007
辽 宁	Liaoning	9966	5069	554069	54299	4297	1763	96804	22671
吉 林	Jilin	7284	3063	153966	35983	65	39	1984	35429
黑龙江	Heilongjiang	4406	1852	195567	47216	294	142	10458	35571
上 海	Shanghai	31166	13810	4051948	130953	1394	783	111531	78820
江 苏	Jiangsu	32500	15819	2370083	72642	1408	854	97705	71265
浙 江	Zhejiang	22975	10667	1765236	75823	31695	11807	1343638	42458
安 徽	Anhui	6356	3129	392676	62339	48	20	2823	58813
福 建	Fujian	13333	5993	653627	49687	199	72	3289	16695
江 西	Jiangxi	11540	4012	630886	56400	322	125	15986	53644
山 东	Shandong	17649	7970	990563	57126	2859	799	192099	67903
河 南	Henan	17915	7740	841493	47842	15164	6403	553555	36055
湖 北	Hubei	11910	5664	726097	61419	188	88	6578	34989
湖 南	Hunan	20039	9525	1020057	50689	4790	2028	167038	34814
广 东	Guangdong	44761	22508	3102486	68392	2976	1410	225229	75001
广 西	Guangxi	8540	4114	435166	52053	1062	289	56506	53408
海 南	Hainan	5633	2543	263175	47479	1366	663	61811	44404
重 庆	Chongqing	11127	5106	625221	57009				
四 川	Sichuan	13576	6396	711850	52415	404	125	13295	32908
贵 州	Guizhou	7352	3468	338995	46172	646	320	33778	52450
云 南	Yunnan	11430	5482	514556	45605	270	200	10168	37659
西 藏	Tibet	293	146	14388	55552				
陕 西	Shaanxi	14821	7213	794570	53449	595	260	41305	67492
甘 肃	Gansu	2203	1143	85411	39233	36	21	2241	64029
青 海	Qinghai	1297	539	87438	69230				
宁 夏	Ningxia	2762	1239	140727	51379	410	191	20003	48788
新 疆	Xinjiang	1635	699	68578	43050	19	14	1136	63111

6-3 各地区分行业其他单位在岗职工人数和平均工资(2015年) ON-POST STAFF AND WORKERS AND AVERAGE WAGE IN OTHER OWNERSHIP UNITS BY SECTOR AND REGION (2015)

地区	Region	总计 Total		农、林、牧、渔业 Agriculture, Forestry, Animal Husbandry and Fishery		采矿业 Mining		制造业 Manufacturing	
		年末人数(人) Year-end Figures (person)	平均工资(元) Average Wage (yuan)	年末人数(人) Year-end Figures (person)	平均工资(元) Average Wage (yuan)	年末人数(人) Year-end Figures (person)	平均工资(元) Average Wage (yuan)	年末人数(人) Year-end Figures (person)	平均工资(元) Average Wage (yuan)
全国	**National**	**106774359**	**61611**	**184206**	**38199**	**4702999**	**60206**	**47333285**	**54980**
北京	Beijing	5360079	113066	27714	49658	52119	88928	843648	87611
天津	Tianjin	2044827	77262	715	64632	63848	106834	1038640	71016
河北	Hebei	3127306	51269	1266	31965	211620	56486	1324970	47828
山西	Shanxi	2115450	51826	1449	21903	898329	58830	555675	42743
内蒙古	Inner Mongolia	1196130	52303	6940	29739	142070	66334	431093	50622
辽宁	Liaoning	2877719	54024	4416	46819	215281	54933	1197177	53076
吉林	Jilin	1461172	48506	1265	44188	134306	52619	640882	45898
黑龙江	Heilongjiang	1394801	50658	6793	22666	302776	55191	446107	46624
上海	Shanghai	4867651	110282	16326	65169	521	134350	1809632	84665
江苏	Jiangsu	11611255	63790	1278	37776	88853	60634	5739189	62253
浙江	Zhejiang	8065408	59508	1142	41606	5261	54595	3247788	55047
安徽	Anhui	2800888	53553	180	27191	242557	62924	1132460	50247
福建	Fujian	4647344	54138	3131	31786	14056	48965	2302839	50448
江西	Jiangxi	2474973	47734	1050	38376	42358	44012	1259654	45017
山东	Shandong	7588277	52513	1603	41267	550834	61644	3968495	48063
河南	Henan	6848793	43633	8175	41234	454185	48754	3370931	41337
湖北	Hubei	3855822	52060	1827	23645	53260	50727	1687215	48845
湖南	Hunan	2886801	51860	9098	29364	70696	43462	1122148	50576
广东	Guangdong	14587568	63994	1880	44037	23634	86729	9564396	57315
广西	Guangxi	1787429	50223	4265	53026	23497	48054	669444	45829
海南	Hainan	534658	54064	52447	32397	5835	62183	82310	51770
重庆	Chongqing	2637266	57206	3186	23803	63863	51600	835168	58441
四川	Sichuan	3941341	54515	1228	34823	167220	64098	1481205	51523
贵州	Guizhou	1206389	54087	2592	30077	139327	49440	351901	48446
云南	Yunnan	1920413	46545	2421	26777	114835	43887	568703	46031
西藏	Tibet	47183	67591			2658	81784	8272	65067
陕西	Shaanxi	2350031	56877	1127	35352	282368	70112	785234	50657
甘肃	Gansu	879992	47365	1510	34646	78591	62077	308691	50739
青海	Qinghai	265152	56045	2847	24421	36313	84579	102758	51992
宁夏	Ningxia	348652	59137	2994	28423	59245	79593	124386	51809
新疆	Xinjiang	1043589	62967	13341	31845	162683	87596	332274	59240

6-3 续表 1 continued

地 区	Region	电力、热力、燃气及水生产和供应业 Production and Supply of Electricity, Heat, Gas and Water		建筑业 Construction		批发和零售业 Wholesale and Retail Trades		交通运输、仓储和邮政业 Transport, Storage and Post	
		年末人数(人) Year-end Figures (person)	平均工资(元) Average Wage (yuan)	年末人数(人) Year-end Figures (person)	平均工资(元) Average Wage (yuan)	年末人数(人) Year-end Figures (person)	平均工资(元) Average Wage (yuan)	年末人数(人) Year-end Figures (person)	平均工资(元) Average Wage (yuan)
全 国	**National**	**2063790**	**79704**	**21164424**	**50289**	**7276923**	**60283**	**4455279**	**69113**
北 京	Beijing	61957	126792	377090	84300	671628	93560	479507	80350
天 津	Tianjin	31274	109539	227749	66778	156974	65950	89737	98078
河 北	Hebei	80484	92994	628603	39547	216780	36840	119817	58366
山 西	Shanxi	53767	70371	230873	45025	97846	40817	57939	43188
内蒙古	Inner Mongolia	89193	73627	187614	40659	73503	41678	50325	50059
辽 宁	Liaoning	70573	63059	518155	44218	199760	45142	138388	64092
吉 林	Jilin	88284	66445	218905	42362	86835	37411	43978	43102
黑龙江	Heilongjiang	92201	71296	182339	38476	120234	42769	26607	45617
上 海	Shanghai	23236	138802	284570	81904	702550	116069	399983	100062
江 苏	Jiangsu	82478	93252	3640839	56871	511309	64207	317816	66355
浙 江	Zhejiang	64866	93048	2941562	48698	373201	62374	236960	72727
安 徽	Anhui	61778	73585	626875	50353	195585	44847	116589	50182
福 建	Fujian	67836	84148	1321561	50971	229813	53129	142635	62953
江 西	Jiangxi	97972	66946	592794	47059	141651	42822	76720	51108
山 东	Shandong	120621	67606	1153114	48657	497077	43757	266178	65020
河 南	Henan	112163	52183	1425987	41651	390477	37528	197144	43809
湖 北	Hubei	48166	64979	1026291	51854	320327	44294	141835	51011
湖 南	Hunan	54753	61401	730797	44430	167541	42003	87278	48895
广 东	Guangdong	199720	111941	911704	53940	860247	63139	622172	82791
广 西	Guangxi	89545	74797	498280	47709	97820	42446	92288	50415
海 南	Hainan	10904	80429	43636	43197	52385	44505	51729	73045
重 庆	Chongqing	53861	77349	810184	48822	196091	50202	183721	58645
四 川	Sichuan	123338	75677	959695	45181	253668	46215	197214	64257
贵 州	Guizhou	35823	74972	258153	50192	89252	44595	50918	62061
云 南	Yunnan	68975	75065	447715	39354	192981	37849	88062	59228
西 藏	Tibet	4813	66531	9939	55929	7599	73873	1379	68035
陕 西	Shaanxi	72052	72399	360212	51054	208373	39812	89610	51798
甘 肃	Gansu	29785	59838	241520	38988	59241	36392	31783	43445
青 海	Qinghai	9010	66467	47678	50868	19294	41544	8811	53231
宁 夏	Ningxia	17149	83953	34011	47475	20742	43119	13304	51429
新 疆	Xinjiang	47213	76388	195679	57093	66139	55218	34852	70561

6-3 续表 2 continued

地 区	Region	住宿和餐饮业 Hotels and Catering Services		信息传输、软件和信息技术服务业 Information Transmission, Software and Information Technology		金融业 Financial Intermediation		房地产业 Real Estate	
		年末人数(人) Year-end Figures (person)	平均工资(元) Average Wage (yuan)	年末人数(人) Year-end Figures (person)	平均工资(元) Average Wage (yuan)	年末人数(人) Year-end Figures (person)	平均工资(元) Average Wage (yuan)	年末人数(人) Year-end Figures (person)	平均工资(元) Average Wage (yuan)
全 国	**National**	**2154907**	**41467**	**3048396**	**117857**	**3031993**	**150643**	**3555391**	**62066**
北 京	Beijing	211065	54062	653492	158421	364288	287530	349518	89239
天 津	Tianjin	37079	44877	42393	133855	75495	131209	60838	79983
河 北	Hebei	36754	32753	72872	101166	158532	98531	97048	42996
山 西	Shanxi	21811	28977	43606	61168	51302	93555	23688	45686
内蒙古	Inner Mongolia	31840	35618	33197	68787	40346	79724	47209	40381
辽 宁	Liaoning	44217	34814	108729	88276	92491	101359	106266	52430
吉 林	Jilin	18557	32368	49822	67900	45619	91292	47763	45323
黑龙江	Heilongjiang	17990	35958	49962	65373	57864	86608	37704	48096
上 海	Shanghai	179986	57140	246025	182870	306633	208380	199963	89221
江 苏	Jiangsu	137486	43531	234311	128054	160033	157288	198173	68720
浙 江	Zhejiang	112389	44159	159119	129866	263476	147858	177603	67672
安 徽	Anhui	51969	33897	54875	73913	73343	105950	90798	55567
福 建	Fujian	85097	39308	76571	87794	72800	144096	130192	64438
江 西	Jiangxi	34637	33524	53921	63628	41497	85063	51267	51612
山 东	Shandong	100199	38906	153391	81054	185203	117289	223399	53626
河 南	Henan	86035	33233	77930	64340	119396	83107	188596	45573
湖 北	Hubei	87238	36529	94195	77871	82293	103156	115417	53360
湖 南	Hunan	69718	33633	61051	70725	157399	115555	109481	49618
广 东	Guangdong	318824	44440	309579	131418	239824	168293	517768	68968
广 西	Guangxi	36277	29311	34610	78263	48325	113467	63011	46905
海 南	Hainan	54593	41424	13124	124181	26942	104807	71056	54727
重 庆	Chongqing	57394	35763	42207	96683	50350	175371	115746	60548
四 川	Sichuan	92590	36995	160767	85972	80540	98869	170316	54339
贵 州	Guizhou	23871	35895	29059	83325	45414	143199	79366	48907
云 南	Yunnan	71551	31414	41619	75355	29287	141591	97748	46758
西 藏	Tibet	2039	48013	2028	93076	1434	171043	1253	69393
陕 西	Shaanxi	92125	32779	95939	108154	74281	109717	86621	48292
甘 肃	Gansu	21026	32071	17962	57035	26665	58797	34072	42533
青 海	Qinghai	3670	41944	7329	74866	4321	88823	7531	37863
宁 夏	Ningxia	4886	35595	7377	79742	18423	96390	13013	44830
新 疆	Xinjiang	11994	42521	21334	77986	38177	94189	42967	47913

6-3 续表 3 continued

地 区 Region	租赁和商务服务业 Leasing and Business Services		科学研究和技术服务业 Scientific Research and Technical Services		水利、环境和公共设施管理业 Management of Water Conservancy,Environment and Public Facilities		居民服务、修理和其他服务业 Service to Households, Repair and Other Services	
	年末人数(人) Year-end Figures (person)	平均工资(元) Average Wage (yuan)	年末人数(人) Year-end Figures (person)	平均工资(元) Average Wage (yuan)	年末人数(人) Year-end Figures (person)	平均工资(元) Average Wage (yuan)	年末人数(人) Year-end Figures (person)	平均工资(元) Average Wage (yuan)
全 国 National	**3057134**	**80107**	**1798520**	**101567**	**451274**	**52223**	**452122**	**43604**
北 京 Beijing	558689	114390	386063	128455	35463	73684	63410	49204
天 津 Tianjin	65236	77979	61716	132503	4920	81675	63928	37346
河 北 Hebei	63704	38645	68586	75629	9028	34555	10459	31603
山 西 Shanxi	32476	40946	14249	68707	6197	25763	2119	37986
内蒙古 Inner Mongolia	24353	46595	18830	69506	7579	46612	1693	39659
辽 宁 Liaoning	45421	50019	39548	76096	11509	37829	6558	28855
吉 林 Jilin	25977	43071	18778	64884	7168	36757	9048	29107
黑龙江 Heilongjiang	24295	51367	9826	56456	5870	38220	3256	42253
上 海 Shanghai	403874	153266	146630	169640	50382	75843	44033	63548
江 苏 Jiangsu	194203	59644	122664	89070	31518	51378	24116	52648
浙 江 Zhejiang	173751	67368	88172	95794	38856	54521	16033	41462
安 徽 Anhui	37350	51852	29178	73400	7903	41477	4899	39733
福 建 Fujian	78946	55027	39339	67384	7983	49924	9641	46857
江 西 Jiangxi	19672	44984	11418	81421	8708	46218	6834	44885
山 东 Shandong	114567	58592	83698	64381	28206	45041	22815	39083
河 南 Henan	113887	42859	75009	60058	22847	40781	18917	33275
湖 北 Hubei	52054	51392	61463	99482	12522	45755	9193	37365
湖 南 Hunan	67847	46168	55757	56768	7315	44707	12460	39774
广 东 Guangdong	436908	73087	234466	99735	46475	55127	57972	43641
广 西 Guangxi	65508	46582	15872	66981	6245	47362	3328	37150
海 南 Hainan	16008	51772	8750	53099	9025	55763	4633	28517
重 庆 Chongqing	94253	45479	37955	86047	14453	44561	10972	43230
四 川 Sichuan	81134	53700	51825	108855	23273	39436	13301	43150
贵 州 Guizhou	33753	48169	18040	55777	5926	40637	7827	35885
云 南 Yunnan	77701	37084	20374	75125	17329	41593	9885	36677
西 藏 Tibet	2993	52433			84	50000	1871	41580
陕 西 Shaanxi	77168	53889	44641	87232	14663	44186	8947	34984
甘 肃 Gansu	7085	36792	12612	81095	2261	40368	505	31281
青 海 Qinghai	6101	39398	3144	68100	485	53154	316	36185
宁 夏 Ningxia	15219	41010	5296	69663	1416	42047	678	38769
新 疆 Xinjiang	47001	46069	14621	90537	5665	45096	2475	39865

6-3 续表 4 continued

地 区	Region	教 育 Education		卫生和社会工作 Health and Social Service		文化、体育和娱乐业 Culture, Sports and Entertainment		公共管理、社会保障和社会组织 Public Management, Social Security and Social Organization	
		年末人数(人) Year-end Figures (person)	平均工资(元) Average Wage (yuan)	年末人数(人) Year-end Figures (person)	平均工资(元) Average Wage (yuan)	年末人数(人) Year-end Figures (person)	平均工资(元) Average Wage (yuan)	年末人数(人) Year-end Figures (person)	平均工资(元) Average Wage (yuan)
全 国	**National**	**996727**	**55891**	**544014**	**59849**	**399911**	**72416**	**103064**	**46986**
北 京	Beijing	81827	72676	38044	78452	69423	102304	35134	48362
天 津	Tianjin	8852	75214	5078	54839	6575	103253	3780	48202
河 北	Hebei	11501	38965	6725	52406	8422	47047	135	54119
山 西	Shanxi	14586	31781	5424	36971	3970	35788	144	133771
内蒙古	Inner Mongolia	5401	46215	3510	45027	1164	46761	270	50007
辽 宁	Liaoning	18812	45159	16360	39979	9466	56356	4292	22680
吉 林	Jilin	8444	47401	8790	36812	6686	58315	65	35429
黑龙江	Heilongjiang	3202	62420	3662	37000	3820	45836	293	35611
上 海	Shanghai	16895	105986	8420	120327	26858	127073	1134	87377
江 苏	Jiangsu	48682	65592	46297	64328	30624	74566	1386	71924
浙 江	Zhejiang	82071	65066	32375	73522	21711	78077	29072	44077
安 徽	Anhui	40391	44646	28366	52402	5744	65265	48	58813
福 建	Fujian	37582	53620	14789	64491	12385	51550	148	20102
江 西	Jiangxi	12637	42753	12287	52301	9595	61365	301	53644
山 东	Shandong	63221	48844	36071	53752	16762	56711	2823	68390
河 南	Henan	103249	60468	54147	59942	17441	48254	12277	41204
湖 北	Hubei	31959	44757	19425	49405	11000	64722	142	39254
湖 南	Hunan	52214	44842	28025	58269	18550	52793	4673	35213
广 东	Guangdong	143193	62776	52736	75744	43409	68927	2661	80047
广 西	Guangxi	20616	35211	9643	51927	7958	54106	897	59575
海 南	Hainan	19272	43295	5210	45339	5488	48411	1311	44993
重 庆	Chongqing	34697	54577	22560	53177	10605	58189		
四 川	Sichuan	46922	52743	23810	55156	13017	53318	278	38306
贵 州	Guizhou	15863	42436	11463	48197	7221	46462	620	54131
云 南	Yunnan	35402	38034	25309	43497	10333	48463	183	37858
西 藏	Tibet			528	80715	293	55552		
陕 西	Shaanxi	26292	44339	15802	53568	13982	54416	594	67578
甘 肃	Gansu	1365	48178	3326	40536	1959	39938	33	67781
青 海	Qinghai	3334	29128	920	38001	1290	69399		
宁 夏	Ningxia	5435	52590	2150	66338	2574	53429	354	53347
新 疆	Xinjiang	2810	40589	2762	52326	1586	43809	16	67800

6-4 各地区分行业其他单位其他就业人员和平均工资(2015年)
OTHER EMPLOYMENT AND AVERAGE WAGE IN OTHER OWNERSHIP UNITS BY SECTOR AND REGION (2015)

地区	Region	总计 Total		农、林、牧、渔业 Agriculture, Forestry, Animal Husbandry and Fishery		采矿业 Mining		制造业 Manufacturing	
		年末人数(人) Year-end Figures (person)	平均工资(元) Average Wage (yuan)	年末人数(人) Year-end Figures (person)	平均工资(元) Average Wage (yuan)	年末人数(人) Year-end Figures (person)	平均工资(元) Average Wage (yuan)	年末人数(人) Year-end Figures (person)	平均工资(元) Average Wage (yuan)
全国	**National**	**6953440**	**49836**	**9995**	**37483**	**100371**	**38169**	**802468**	**65597**
北京	Beijing	415298	97597	638	43412	126	61533	21072	147946
天津	Tianjin	114448	65461	15	56600	937	39854	15156	151855
河北	Hebei	283115	33819	24	13470	3339	44728	14163	50971
山西	Shanxi	91435	27741			15684	21711	7908	26092
内蒙古	Inner Mongolia	47283	40867	798	14612	3243	63691	8299	37836
辽宁	Liaoning	218847	38422	75	17538	6227	31471	20516	55594
吉林	Jilin	87582	30134	4	9750	763	13819	13827	32168
黑龙江	Heilongjiang	120842	30988			430	38528	14318	30690
上海	Shanghai	345177	122167	3803	45392	13	82154	49034	155536
江苏	Jiangsu	629328	51652	154	27072	1307	24746	95242	90306
浙江	Zhejiang	417713	48630	126	22242	213	34616	36897	66909
安徽	Anhui	298955	40150	30	15700	8336	20264	25334	40291
福建	Fujian	317664	46980	297	21481	857	43193	28604	64121
江西	Jiangxi	221973	42510			934	24195	13505	38213
山东	Shandong	395088	41160	2	7289	20505	52509	38095	57421
河南	Henan	356540	35882	1	3000	3134	21835	47451	34316
湖北	Hubei	352657	51677	101	34800	3201	34129	35186	44053
湖南	Hunan	273602	34848	1428	28041	1575	21820	23279	35358
广东	Guangdong	501378	53812	115	17654	612	73513	102021	75151
广西	Guangxi	110298	32260	1213	67609	1120	44104	23686	30715
海南	Hainan	17854	39618	207	27245	14	22111	1425	46867
重庆	Chongqing	235220	42994	106	27078	1249	68741	29215	48019
四川	Sichuan	310097	39354	36	35611	4593	37945	22106	40457
贵州	Guizhou	127763	45088	263	21960	4463	34828	8621	34304
云南	Yunnan	251345	34029	267	12193	3506	36387	61340	42269
西藏	Tibet	5687	55729			274	58702	722	41927
陕西	Shaanxi	229833	33747	19	21211	5827	47166	25485	38777
甘肃	Gansu	97094	42290	9	35647	2838	36593	11496	33324
青海	Qinghai	8938	33312			2262	23139	1239	34965
宁夏	Ningxia	21735	31506	144	31586			2333	31390
新疆	Xinjiang	48651	40820	120	39224	2789	41678	4893	44687

6-4 续表 1 continued

地 区	Region	电力、热力、燃气及水生产和供应业 Production and Supply of Electricity, Heat, Gas and Water		建筑业 Construction		批发和零售业 Wholesale and Retail Trades		交通运输、仓储和邮政业 Transport, Storage and Post	
		年末人数（人）Year-end Figures (person)	平均工资（元）Average Wage (yuan)	年末人数（人）Year-end Figures (person)	平均工资（元）Average Wage (yuan)	年末人数（人）Year-end Figures (person)	平均工资（元）Average Wage (yuan)	年末人数（人）Year-end Figures (person)	平均工资（元）Average Wage (yuan)
全 国	**National**	**70151**	**37184**	**3319710**	**44013**	**331790**	**63824**	**206239**	**47665**
北 京	Beijing	1582	43924	34033	55128	62077	96866	12496	88611
天 津	Tianjin	1255	40324	29340	43980	4866	76340	2046	66676
河 北	Hebei	7406	32180	134464	35989	3854	26707	5398	49755
山 西	Shanxi	1146	34733	20482	38737	3111	25224	3053	28183
内蒙古	Inner Mongolia	1415	31139	14525	43209	1342	26929	2391	34666
辽 宁	Liaoning	2011	24130	87967	36826	13605	26946	2828	39352
吉 林	Jilin	2185	37729	40340	29015	2745	30542	3035	29619
黑龙江	Heilongjiang	1973	32781	31704	32692	4867	23856	1409	27207
上 海	Shanghai	268	81183	47112	77996	59253	146490	19720	92211
江 苏	Jiangsu	1482	51512	382132	45584	19358	40527	12364	38153
浙 江	Zhejiang	1928	47474	194518	43941	18850	50738	7517	43914
安 徽	Anhui	1190	40522	195170	44736	5697	26700	8240	29154
福 建	Fujian	1841	50911	221190	47869	10769	29673	4785	32371
江 西	Jiangxi	19180	42178	154246	45800	6246	30066	5282	29898
山 东	Shandong	2458	31519	166578	46070	10716	33220	7935	47122
河 南	Henan	1755	31829	209668	37672	13116	28545	13593	36813
湖 北	Hubei	989	32549	241419	57174	12081	31234	6080	32712
湖 南	Hunan	770	29360	156699	39061	4992	28473	5519	27999
广 东	Guangdong	895	63976	176307	46101	30483	38532	39155	51253
广 西	Guangxi	2946	18399	38989	35174	3486	25773	4718	43947
海 南	Hainan	453	28627	5946	55557	225	76821	679	36624
重 庆	Chongqing	3373	38683	107838	47652	5096	29882	15189	50325
四 川	Sichuan	3307	43018	193144	40721	8261	26770	5376	19700
贵 州	Guizhou	1869	25415	88294	50562	2207	38643	4363	29308
云 南	Yunnan	3251	29403	139299	31820	12196	24830	3718	33874
西 藏	Tibet	21	54520	3833	59468	351	43566	165	40754
陕 西	Shaanxi	1409	26951	117968	39162	5540	25161	5027	35544
甘 肃	Gansu	762	41165	59863	45503	4439	24714	3166	28305
青 海	Qinghai	28	37167	3793	39337	217	29585	227	40104
宁 夏	Ningxia	426	26655	7050	38901	289	24903	99	42714
新 疆	Xinjiang	577	34321	15799	43740	1455	33531	666	22610

6-4 续表 2 continued

地 区	Region	住宿和餐饮业 Hotels and Catering Services		信息传输、软件和信息技术服务业 Information Transmission, Software and Information Technology		金融业 Financial Intermediation		房地产业 Real Estate	
		年末人数(人) Year-end Figures (person)	平均工资(元) Average Wage (yuan)	年末人数(人) Year-end Figures (person)	平均工资(元) Average Wage (yuan)	年末人数(人) Year-end Figures (person)	平均工资(元) Average Wage (yuan)	年末人数(人) Year-end Figures (person)	平均工资(元) Average Wage (yuan)
全 国	**National**	**177772**	**28152**	**87670**	**90087**	**1105298**	**40740**	**206490**	**42779**
北 京	Beijing	40117	33850	16605	218495	97299	83119	25296	64098
天 津	Tianjin	8224	16765	241	395833	33864	49753	2752	49838
河 北	Hebei	1330	30906	2473	39907	91862	26037	3332	28754
山 西	Shanxi	4164	10600	3402	40350	25177	22748	2360	27328
内蒙古	Inner Mongolia	532	26699	112	32552	10011	40069	1322	28675
辽 宁	Liaoning	1585	36303	5501	33238	56259	36600	6419	28392
吉 林	Jilin	423	30243	1731	33222	11493	34429	2662	27192
黑龙江	Heilongjiang	1147	22669	4271	50006	50224	29410	8371	25379
上 海	Shanghai	41578	31954	5972	229417	9973	218848	42362	52567
江 苏	Jiangsu	15562	29245	4102	62158	61612	35712	12201	40678
浙 江	Zhejiang	10383	19254	1839	60913	103596	57248	10269	42072
安 徽	Anhui	1288	28129	7534	33126	33253	24998	2603	33214
福 建	Fujian	2103	35539	1441	48543	32474	34703	5407	45043
江 西	Jiangxi	460	27522	2460	41789	10584	24929	2194	31561
山 东	Shandong	2534	34194	1097	42700	92629	29137	7428	34334
河 南	Henan	2609	29433	4645	38950	31000	30967	9288	40207
湖 北	Hubei	2074	28108	3289	37660	28616	39062	5907	38314
湖 南	Hunan	1725	27807	2021	38970	54028	24895	5937	31064
广 东	Guangdong	22145	25322	6976	80689	68564	52090	11477	46896
广 西	Guangxi	993	30776	1730	49820	17964	24492	5317	27230
海 南	Hainan	1586	30754	25	41983	4937	18829	1160	38537
重 庆	Chongqing	1238	46071	558	52738	44381	30091	3875	36366
四 川	Sichuan	2609	24993	4190	40784	45205	38338	8427	34226
贵 州	Guizhou	574	29100	1044	57284	8013	35739	2954	39518
云 南	Yunnan	1733	27268	661	36516	5845	18592	7337	33773
西 藏	Tibet	70	33810	66	46227	21	14381	36	59145
陕 西	Shaanxi	6237	14186	1234	51962	49072	18960	2762	30032
甘 肃	Gansu	2189	20140	1516	45628	5373	70422	3177	33604
青 海	Qinghai	75	23257	446	44859	2	13500	100	23349
宁 夏	Ningxia	22	39171	128	21065	9197	24589	968	28579
新 疆	Xinjiang	463	35333	360	57918	12770	32929	2790	31305

6-4 续表 3 continued

地 区	Region	租赁和商务服务业 Leasing and Business Services		科学研究和技术服务业 Scientific Research and Technical Services		水利、环境和公共设施管理业 Management of Water Conservancy,Environment and Public Facilities		居民服务、修理和其他服务业 Service to Households, Repair and Other Services	
		年末人数(人) Year-end Figures (person)	平均工资(元) Average Wage (yuan)	年末人数(人) Year-end Figures (person)	平均工资(元) Average Wage (yuan)	年末人数(人) Year-end Figures (person)	平均工资(元) Average Wage (yuan)	年末人数(人) Year-end Figures (person)	平均工资(元) Average Wage (yuan)
全 国	**National**	**159483**	**123180**	**127183**	**80702**	**65735**	**25049**	**31127**	**35974**
北 京	Beijing	24686	259208	37134	86249	1082	53976	6215	37932
天 津	Tianjin	3847	61228	6255	104096	1075	36058	1823	43344
河 北	Hebei	4769	31906	7989	41934	1488	24526	197	30735
山 西	Shanxi	1360	25648	2342	44648	134	35392	50	13857
内蒙古	Inner Mongolia	577	37516	1494	45283	624	39687	106	20871
辽 宁	Liaoning	1041	36836	4063	62198	1305	32698	147	21644
吉 林	Jilin	1291	25361	1166	33691	63	30612	3895	22639
黑龙江	Heilongjiang	417	37667	159	38479	662	24463	42	19643
上 海	Shanghai	28225	286267	10013	241134	6431	53279	7649	47016
江 苏	Jiangsu	7904	50221	4775	77207	2319	33292	336	43396
浙 江	Zhejiang	9450	39736	4807	70356	3659	32558	1073	31382
安 徽	Anhui	1518	34165	3205	34084	1002	31083	382	15063
福 建	Fujian	1890	42737	1698	51320	488	28938	590	35349
江 西	Jiangxi	2636	34085	1455	58793	276	22932	116	48736
山 东	Shandong	4531	36867	3889	53660	31949	10486	479	27163
河 南	Henan	4074	28527	2862	49827	2923	27654	607	27129
湖 北	Hubei	2743	38675	6252	56067	404	29074	837	25134
湖 南	Hunan	3284	32282	4585	34371	869	27740	1121	43941
广 东	Guangdong	22160	61920	7407	671[illegible]	3014	21119	661	55984
广 西	Guangxi	2241	31724	1126	36738	1248	29746	502	35207
海 南	Hainan	160	55384	225	44346	116	53820	43	36644
重 庆	Chongqing	16350	36482	1889	53576	774	35255	1321	30806
四 川	Sichuan	1876	110679	4754	38128	379	26841	374	30544
贵 州	Guizhou	1046	32447	1796	34136	395	17165	497	19847
云 南	Yunnan	2694	29522	2610	43353	1894	25584	730	27355
西 藏	Tibet	77	49500					50	55143
陕 西	Shaanxi	2515	27473	1486	50766	738	29664	1051	27541
甘 肃	Gansu	931	25232	422	27517	351	27609		29250
青 海	Qinghai	172	49249	194	30247	6	50500	163	24732
宁 夏	Ningxia	382	31518	147	49051	19	16579	45	22689
新 疆	Xinjiang	4636	41452	984	58798	48	39005	25	29125

6-4 续表 4 continued

地 区	Region	教 育 Education		卫生和社会工作 Health and Social Service		文化、体育和娱乐业 Culture, Sports and Entertainment		公共管理、社会保障和社会组织 Public Management, Social Security and Social Organization	
		年末人数（人） Year-end Figures (person)	平均工资（元） Average Wage (yuan)	年末人数（人） Year-end Figures (person)	平均工资（元） Average Wage (yuan)	年末人数（人） Year-end Figures (person)	平均工资（元） Average Wage (yuan)	年末人数（人） Year-end Figures (person)	平均工资（元） Average Wage (yuan)
全 国	**National**	**86003**	**56467**	**26281**	**63622**	**28400**	**67603**	**11274**	**31572**
北 京	Beijing	20496	88477	5102	105190	5002	112225	4240	48832
天 津	Tianjin	1930	36701	318	54004	376	95290	128	36340
河 北	Hebei	379	25679	185	33197	463	38784		
山 西	Shanxi	621	25441	118	33034	323	16441		
内蒙古	Inner Mongolia	284	27183	84	21446	124	20047		
辽 宁	Liaoning	6514	40825	2279	38623	500	28662	5	16167
吉 林	Jilin	1013	37594	348	43159	598	28153		
黑龙江	Heilongjiang	36	42625	225	27753	586	64032	1	24000
上 海	Shanghai	7671	105752	1532	137991	4308	155050	260	40808
江 苏	Jiangsu	3997	40234	2583	58693	1876	42815	22	30864
浙 江	Zhejiang	5996	37191	2705	67634	1264	44659	2623	24363
安 徽	Anhui	2991	22931	570	29095	612	35782		
福 建	Fujian	1905	49252	326	60203	948	25696	51	6680
江 西	Jiangxi	209	30877	224	36199	1945	24290	21	
山 东	Shandong	2448	39830	892	40747	887	67828	36	29029
河 南	Henan	5406	39989	1047	29652	474	31350	2887	15828
湖 北	Hubei	1948	31086	574	65103	910	22512	46	21826
湖 南	Hunan	3103	24832	1061	44830	1489	24638	117	19388
广 东	Guangdong	6907	65738	812	64523	1352	50104	315	32700
广 西	Guangxi	1370	22582	902	40648	582	25556	165	19302
海 南	Hainan	326	41307	127	33727	145	12793	55	30091
重 庆	Chongqing	1290	43825	956	35236	522	34571		
四 川	Sichuan	4251	31748	524	56263	559	32068	126	21000
贵 州	Guizhou	796	25044	411	26017	131	27763	26	12500
云 南	Yunnan	1580	33873	1500	45806	1097	21965	87	34500
西 藏	Tibet			1	173000				
陕 西	Shaanxi	2137	29239	486	30702	839	36643	1	15000
甘 肃	Gansu	160	25988	155	38369	244	33550	3	24000
青 海	Qinghai	2	21500	5	36000	7	39000		
宁 夏	Ningxia	127	24350	115	38330	188	27307	56	19964
新 疆	Xinjiang	110	36657	114	31937	49	20558	3	39667

七、职业培训与技能鉴定

VOCATIONAL TRAINING AND SKILL APPRAISAL

7-1 技工学校综合情况
GENERAL CONDITION OF VOCATIONAL SCHOOLS

单位：亿元，万人

年份 Year	技工学校个数（个） Number of Vocational Schools (unit)	招生人数 Students Newly Enrolled	在校学生人数 Number of Students in School	毕业生人数 Number of Graduates	在职教职工人数 Total Teachers and Staff	文化技术理论课教师 Teachers of Cultural and Technical Theory	生产实习指导教师 Production Guide Teachers
绝对数 Absolute figure							
1990	4184	50.6	133.2	41.3	30.8	10.4	3.2
1995	4521	74.6	189.0	68.5	33.7	11.5	3.9
2000	3792	50.4	140.1	64.6	24.0	10.5	3.5
2001	3470	55.1	134.7	47.7	22.0	10.0	3.4
2002	3075	73.3	153.0	45.4	20.3	9.5	3.2
2003	2970	91.6	193.1	45.3	20.2	9.6	3.4
2004	2884	109.7	234.4	53.5	20.4	9.6	3.8
2005	2855	118.4	275.3	69.0	20.4	9.7	3.8
2006	2880	134.8	320.8	86.4	21.5	10.4	4.2
2007	2995	158.5	367.1	99.7	24.0	11.2	5.0
2008	3075	161.4	397.5	109	24.7	12.2	5.4
2009	3064	156.4	414.3	115.2	25.8	12.5	6.0
2010	2998	158.6	421.0	121.3	26.5	12.7	6.3
2011	2914	163.5	429.4	118.9	26.5	12.9	6.3
2012	2892	156.8	422.8	120.2	26.7	13.0	6.6
2013	2882	133.5	386.6	116.9	26.9	13.4	6.5
2014	2818	124.4	339.0	106.8	26.5	13.2	6.2
2015	2545	121.4	321.5	94.6	26.0	13.2	6.0
比上年增长(%) Increase over Preceding year(%)							
1995	2.1	4.5	1.0	23.0	-1.0	0.9	1.6
2000	-7.5	-2.3	-10.2	-2.5	-11.0	-6.9	-6.7
2001	-8.5	9.4	-3.8	-26.1	-8.3	-4.9	-3.7
2002	-11.4	33.0	13.6	-4.9	-7.4	-5.0	-6.8
2003	-3.4	24.9	26.2	-0.2	-0.7	1.5	7.3
2004	-2.9	19.8	21.4	18.1	1.0		11.8
2005	-1.0	7.9	17.4	29.0		1.0	
2006	0.9	13.9	16.5	25.2	5.4	7.2	10.5
2007	4.0	17.6	14.4	15.4	11.6	7.7	19.0
2008	2.7	1.8	8.3	9.3	2.9	8.9	8.0
2009	-0.4	-3.1	4.2	5.7	4.6	2.8	11.6
2010	-2.2	1.4	1.6	5.4	2.6	1.2	4.3
2011	-2.8	3.1	2.0	-2.0	0.0	1.8	-0.4
2012	-0.8	-4.1	-1.5	1.1	0.8	0.3	6.1
2013	-0.3	-14.8	-8.6	-2.8	0.9	3.4	-2.1
2014	-2.2	-6.8	-12.3	-8.6	-1.6	-1.3	-4.3
2015	-9.7	-2.4	-5.2	-11.4	-1.8	-0.3	-4.2

7-1 续表 continued

单位：亿元，万人

年 份 Year	兼职教师人数 Part-time Teachers	经费来源合计 Resourses of Funds	#事业经费 Operating Funds	#公司经费 Company Funds	经费支出合计 Expenditure	培训社会人员人次 Person-time of Trainees from the Society	培训社会人员结业人数 Graduates of Trainees Recruited from the Society
绝对数 Absolute figure							
1990	1.7	15.6	6.1	2.3	17.5		
1995	1.9	53.7	13.2	4.4	43.3	89.9	71.3
2000	2.7	56.9	21.9	3.2	59.4	158.5	156.7
2001	2.6	68.1	23.6	3.2	64.6	151.7	163.9
2002	2.6	67.4	28.2	2.8	67.1	208.6	196.9
2003	3.0	81.4	30.5	2.8	80.5	226.9	223.7
2004	2.9	112.5	37.4	5.2	102.8	265.6	257.5
2005	3.2	123.4	37.8	3.8	124.0	273.3	270.1
2006	3.6	143.1	43.9	3.0	148.7	337.7	330.2
2007	3.8	198.2				380.7	369.8
2008	4.1	204.4				400.0	389.8
2009	4.3	237.3				484.1	382.9
2010	4.4	260.4				468.4	371.3
2011	4.3	271.5				527.5	416.1
2012	4.3	306.1				551.3	441.6
2013	4.1	289.7				525.3	397.1
2014	4.2	303.5				508.5	372.3
2015	4.1	332.4				476.6	378.9
比上年增长(%) Increase over Preceding year(%)							
1995	8.2	18.6	11.1	14.3	18.0	6.8	3.9
2000	-6.3	-4.6	0.8	-30.1	-0.9	6.3	8.4
2001	-4.1	19.7	7.7	0.6	8.7	-4.3	4.6
2002	-2.4	-1.1	19.4	-13.6	3.8	37.6	20.2
2003	17.4	20.8	8.2	0.1	20.0	37.6	20.2
2004	-3.3	38.2	22.6	85.7	27.7	17.1	15.1
2005	10.3	9.7	1.0	-26.9	20.6	2.9	4.9
2006	12.5	16.0	16.1	-21.1	19.9	23.6	22.3
2007	5.6	38.5				12.7	12.0
2008	7.9	3.1				5.1	5.4
2009	5.2	16.1				21.0	-1.8
2010	1.0	9.7				-3.2	-3.0
2011	-1.7	4.3				12.6	12.1
2012	0.6	12.7				4.5	6.1
2013	-5.7	-5.3				-4.7	-10.1
2014	2.8	4.8				-3.2	-6.2
2015	-2.5	9.5				-6.3	1.8

7-2 各地区技工学校综合情况(2015年)

GENERAL CONDITION OF VOCATIONAL SCHOOLS BY REGION (2015)

地区	Region	技工学校个数(个) Number of Vocational Schools (unit)	#劳动预备制度定点培训机构数 Number of Labor Pre-partory System Training Agency	在职教职工人数(人) Total Teachers and Staff (person)	#女性 Female	文化技术理论课教师 Teachers of Cultural and Technical Theory	#高级讲师 Senior Lecturers	#讲师 Lecturers	#助理讲师 Assistant Lecturers
全国	**National**	**2545**	**1223**	**260319**	**113779**	**131991**	**35376**	**48517**	**36118**
北京	Beijing	29	19	3424	1677	1476	451	525	311
天津	Tianjin	29	26	2698	1184	1173	369	385	272
河北	Hebei	173	52	13044	6416	7077	2288	2581	1598
山西	Shanxi	98	29	8897	4303	3816	1008	1117	1103
内蒙古	Inner Mongolia	49	40	6247	2767	3425	1223	1186	783
辽宁	Liaoning	112	55	9182	4081	4865	1556	1947	941
吉林	Jilin	56	23	3787	1826	2090	704	788	415
黑龙江	Heilongjiang	131	59	11274	5440	5947	2167	2122	1177
上海	Shanghai								
江苏	Jiangsu	126	60	17816	7754	9567	2549	3714	2656
浙江	Zhejiang	71	36	10194	4532	5858	1465	2146	1577
安徽	Anhui	83	41	6313	2559	3125	912	1201	832
福建	Fujian	62	26	3932	1762	1926	617	568	395
江西	Jiangxi	97	37	8904	3611	4388	1347	1476	1253
山东	Shandong	194	95	29228	11843	16349	4503	6440	4578
河南	Henan	149	68	14074	6286	6377	1545	2384	2341
湖北	Hubei	132	52	7794	3102	4127	1134	1613	890
湖南	Hunan	129	62	10946	3519	5157	1697	1949	1233
广东	Guangdong	163	54	29439	13005	12919	1991	5131	3849
广西	Guangxi	39	24	5781	2467	2812	597	980	878
海南	Hainan	10	5	1544	627	934	192	282	326
重庆	Chongqing	51	30	4581	2136	1993	480	756	549
四川	Sichuan	83	38	9585	4160	5180	1182	1932	1544
贵州	Guizhou	69	44	7806	3404	4364	966	1425	1691
云南	Yunnan	39	28	4732	1967	2808	807	788	967
陕西	Shaanxi	145	61	8911	3929	3740	1006	1243	1151
甘肃	Gansu	82	41	4656	1727	2189	496	964	729
青海	Qinghai	15	15	1938	981	694	214	229	226
宁夏	Ningxia	21		3062	1600	1821	485	486	438
新疆	Xinjiang	108	103	10530	5114	5794	1425	2159	1415

7-2 续表 1 continued

地 区 Region	生产实习指导教师 Production Guide Teachers	高级实习指导教师 Senior	一级实习指导教师 Class One	二级实习指导教师 Class Two	三级实习指导教师 Class Three	技师和高级技师 Technician and Senior Technician	一体化教师 Allround Teachers	兼职教师人数 Part-time Teachers
全 国 National	**59648**	**7088**	**12129**	**10689**	**5246**	**18819**	**69564**	**40687**
北 京 Beijing	613	123	144	95	15	213	1152	1295
天 津 Tianjin	553	139	218	128	27	33	872	266
河 北 Hebei	2379	392	491	354	150	810	2640	1838
山 西 Shanxi	1979	202	328	267	186	845	1690	1174
内蒙古 Inner Mongolia	1434	244	198	188	271	359	1489	706
辽 宁 Liaoning	1255	156	296	258	72	380	1599	1195
吉 林 Jilin	744	99	102	150	71	230	1116	576
黑龙江 Heilongjiang	2107	322	345	262	223	804	3083	1446
上 海 Shanghai								
江 苏 Jiangsu	4414	442	816	804	278	1829	6061	2901
浙 江 Zhejiang	2093	323	457	341	120	639	3381	1114
安 徽 Anhui	1315	173	243	250	129	411	1551	1250
福 建 Fujian	996	167	199	247	77	147	1020	665
江 西 Jiangxi	2035	191	379	340	169	717	2154	1979
山 东 Shandong	6264	943	1397	994	484	2216	8603	3374
河 南 Henan	3781	477	833	601	285	1028	4246	2333
湖 北 Hubei	1870	262	534	321	162	462	1603	1589
湖 南 Hunan	3454	437	1000	679	314	879	2982	2223
广 东 Guangdong	8092	441	1482	1343	453	3332	8723	3000
广 西 Guangxi	1576	149	360	408	117	396	1586	649
海 南 Hainan	328	38	52	103		123	413	118
重 庆 Chongqing	1072	117	176	163	195	336	1246	1183
四 川 Sichuan	2112	188	379	407	255	653	2565	1479
贵 州 Guizhou	2456	193	411	699	339	438	1741	1583
云 南 Yunnan	1051	149	144	216	50	220	1547	1077
陕 西 Shaanxi	2079	214	351	472	341	488	1578	1617
甘 肃 Gansu	944	123	249	191	220	161	679	900
青 海 Qinghai	452	117	110	92	25	76	373	283
宁 夏 Ningxia	222	20	25	32	33	58	564	599
新 疆 Xinjiang	1978	247	410	284	182	536	3307	2275

7-2 续表 2 continued

地 区	Region	经费来源（亿元）Resouses of Funds (100 million yuan)	招生学校数（所）Number of School (unit)	招生人数（人）Students Newly Enrolled (person)	#高级班学生 Senior Class	#农业户口学生 New Students from Rural	在校学生人数（人）Number of Students in School (person)	#女生 Female	#高级班学生 Senior Class
全 国	**National**	**332.4**	**1924**	**1214316**	**385596**	**939775**	**3214610**	**910091**	**991458**
北 京	Beijing	14.1	29	13518	4193	8597	37949	9645	9856
天 津	Tianjin	4.2	26	9208	2218	6842	21374	5382	6119
河 北	Hebei	13.2	133	38570	4452	34420	101333	26983	15129
山 西	Shanxi	7.8	66	37840	9267	28614	106229	30010	31702
内蒙古	Inner Mongolia	4.3	29	7561	1849	4910	18456	4863	5187
辽 宁	Liaoning	8.4	64	21530	3530	12717	62569	13465	14670
吉 林	Jilin	2.9	42	9270	2291	6851	27681	5456	5159
黑龙江	Heilongjiang	9.0	83	22771	8067	14939	63300	23114	18518
上 海	Shanghai								
江 苏	Jiangsu	29.4	111	97803	30375	55130	240396	75215	67968
浙 江	Zhejiang	20.1	69	42372	16689	27618	122661	33397	46610
安 徽	Anhui	5.4	53	18979	6239	14430	43809	13500	11083
福 建	Fujian	6.5	44	24130	6239	17893	54524	16606	9991
江 西	Jiangxi	9.0	77	48032	6100	40187	122254	44709	14558
山 东	Shandong	36.7	171	131550	55744	115685	318182	82741	137492
河 南	Henan	16.8	124	103011	25288	81265	266743	53698	59062
湖 北	Hubei	7.1	79	34690	6248	18449	89381	29982	20765
湖 南	Hunan	10.6	79	40291	16495	38628	117248	33252	57483
广 东	Guangdong	53.8	154	199406	83741	158022	588570	177218	237336
广 西	Guangxi	11.4	38	55570	8982	50709	109666	34669	13748
海 南	Hainan	3.5	10	7634	2217	5151	22077	4786	6647
重 庆	Chongqing	8.0	51	32963	6234	23009	125577	31796	17079
四 川	Sichuan	9.4	62	40500	12727	31244	120337	34821	30022
贵 州	Guizhou	4.4	47	39220	11850	27802	73177	20066	20095
云 南	Yunnan	7.2	36	44740	21740	39766	113702	28203	49768
陕 西	Shaanxi	8.2	110	42893	23916	36916	114526	34595	58324
甘 肃	Gansu	4.4	30	13623	2390	10577	42523	17224	9588
青 海	Qinghai	2.1	11	5658	623	2896	19505	6469	2078
宁 夏	Ningxia	3.6	8	1617	891	1067	2324	918	1465
新 疆	Xinjiang	11.0	88	29366	5001	25441	68537	17308	13956

7-2 续表 3 continued

地区 Region		#农业户口学生 New Students from Rural	毕业生人数（人） Number of Graduates (person)	#获得中级职业资格 Won Medium Certificates	#获得高级职业资格 Won Senior Certificates	就业人数 Employment	#高级班学生 Students in Senior Class	培训社会人员（人次） Person-time of Trainees from the Society (person-time)	培训社会人员结业人数 Graduates of Trainees Recruited from the Society
全国	**National**	**2343255**	**946179**	**549589**	**230346**	**921309**	**258548**	**4765672**	**3789340**
北京	Beijing	24785	13444	6836	5667	13241	5401	100704	88998
天津	Tianjin	13660	6871	4515	1988	6466	2372	99902	93536
河北	Hebei	85386	41083	29596	8255	40320	8691	169883	110588
山西	Shanxi	80915	37306	27184	8749	36808	8902	115649	114310
内蒙古	Inner Mongolia	11357	5125	1721	1049	4826	1250	56044	49372
辽宁	Liaoning	36701	18899	9410	3733	17758	4492	131710	55597
吉林	Jilin	17817	9204	7263	539	8842	528	64512	38990
黑龙江	Heilongjiang	39807	48680	18026	3627	47664	4148	180469	176117
上海	Shanghai								
江苏	Jiangsu	150867	69201	31303	23232	68113	28637	465503	320306
浙江	Zhejiang	86499	34419	22474	8461	33936	8290	287950	227162
安徽	Anhui	30003	18683	10858	2728	18024	4243	139497	111913
福建	Fujian	39329	16948	11746	3262	16214	3304	81138	62830
江西	Jiangxi	99533	35500	26977	4448	35031	4423	296241	263617
山东	Shandong	270850	98154	36972	40243	95129	46537	409515	265348
河南	Henan	162978	84667	60204	16168	82117	18692	449691	412781
湖北	Hubei	53199	29927	12341	5756	29653	7546	161050	133618
湖南	Hunan	86053	29936	19121	10494	29078	10414	242718	211189
广东	Guangdong	453968	144631	97461	46556	142010	46094	251974	180818
广西	Guangxi	96116	25575	17569	1966	24955	2053	96297	71930
海南	Hainan	14421	5171	3515	1143	5044	1239	27309	6558
重庆	Chongqing	61161	26555	15872	2351	26170	2401	118364	116511
四川	Sichuan	75275	29507	16311	3838	29169	4750	130328	86310
贵州	Guizhou	60271	14098	7879	3629	13575	2012	62497	44649
云南	Yunnan	97679	27710	10810	5444	26846	7162	94511	68674
陕西	Shaanxi	92093	34076	16763	8822	31046	14672	107778	73950
甘肃	Gansu	33964	23797	14670	6695	22845	7891	101144	99979
青海	Qinghai	10160	6244	3723	233	5981	491	34576	6953
宁夏	Ningxia	1023	284	93	128	284	284	14969	13065
新疆	Xinjiang	57385	10484	8376	1142	10164	1629	273749	263671

7-2 续表 4 continued

地 区	Region	按培训对象分组 Grouped by Trainee		按培训对象分组 Grouped by Trainee		按获取证书分组 Grouped by Certification Level			
		失业人员 Unemployment Workers	劳动预备制人员 Pupils of Labour Preparatory System	在职职工 Workers	农村劳动者 Rural Workers	初级职业资格 Primary Certificates	中级职业资格 Medium Certificates	高级职业资格 Senior Certificates	技师和高级技师资格 Technicians and Senior Technicians Certificates
全 国	**National**	**314892**	**235636**	**2717723**	**847333**	**998866**	**723460**	**316552**	**94251**
北 京	Beijing	4777	1507	74386	15654	30482	7463	10409	3419
天 津	Tianjin	6505	6309	72571	5616	32713	37386	17020	6347
河 北	Hebei	11720	5454	110277	24805	21771	14726	17504	9045
山 西	Shanxi	2173	4738	92379	6555	11780	28886	6386	2059
内蒙古	Inner Mongolia	7362	5332	30020	7372	11418	10026	1649	1226
辽 宁	Liaoning	8564	2623	83633	9004	18222	13113	3480	6494
吉 林	Jilin	7130	3240	43634	6650	14149	6949	2404	573
黑龙江	Heilongjiang	32571	4940	49473	52428	82932	16186	5054	2987
上 海	Shanghai								
江 苏	Jiangsu	30080	27896	305552	56938	64950	82538	48238	6832
浙 江	Zhejiang	9959	8361	201750	42896	46643	29461	36262	6387
安 徽	Anhui	11832	8626	77327	26232	23590	26873	10952	1853
福 建	Fujian	5846	1409	41238	16039	11550	13109	5292	1327
江 西	Jiangxi	2505	1359	266548	9238	12664	48698	17449	5763
山 东	Shandong	31024	11476	208380	92814	104084	48302	26094	11737
河 南	Henan	40186	15672	221341	83299	94854	69325	19173	6110
湖 北	Hubei	10679	6565	65462	29456	30155	18996	4173	2845
湖 南	Hunan	21372	30449	115910	48850	96907	68463	19046	3286
广 东	Guangdong	9132	12282	177714	39178	51632	26071	14988	3901
广 西	Guangxi	5941	13354	28655	33893	30110	12741	5266	2006
海 南	Hainan	496	3231	19651	1069	1262	752	1265	322
重 庆	Chongqing	11966	4482	72297	19178	42201	10084	2891	707
四 川	Sichuan	11112	7112	71853	29498	13115	36247	10120	2688
贵 州	Guizhou	4687	11024	18969	21721	13603	8713	5882	678
云 南	Yunnan	6738	3880	33872	34663	35894	8518	8978	1847
陕 西	Shaanxi	771	4781	71108	15437	17071	18549	5188	612
甘 肃	Gansu	9994	5043	6946	29627	18296	32419	1813	348
青 海	Qinghai	676	11907	8556	2725	5473	472	881	127
宁 夏	Ningxia	743	409	6868	4571	7127	1226	697	745
新 疆	Xinjiang	8351	12175	141353	81927	54218	27168	7998	1980

7-3 各地区就业训练中心综合情况(2015年)
EMPLOYMENT TRAINNING CENTERS BY REGION (2015)

地 区	Region	机构个数(个) Number of Employment Trainning Centers (unit)	在职教职工总人数(人) Total Teachers and Staff (person)	#教师 Teachers	兼职教师人数(人) Part-time Teachers (person)	经费来源总计(亿元) Resouses of Funds (100 million yuan)	财政补助费 Financial Allowance	职业培训补贴 Occupational Training Allowance	培训人数(人) Trainees (person)
全 国	**National**	**2636**	**40580**	**24833**	**22566**	**16.0**	**3.4**	**12.0**	**4760349**
北 京	Beijing	8	224	97	209	0.4	0.1	0.2	26993
天 津	Tianjin	18	289	108	471	0.4	0.0	0.4	113426
河 北	Hebei	352	5286	2514	1486	0.2	0.0	0.1	242540
山 西	Shanxi	74	1790	1038	619	0.3	0.0	0.3	171963
内蒙古	Inner Mongolia	83	545	304	356	0.2	0.0	0.2	66065
辽 宁	Liaoning	87	1571	1136	869	0.4	0.0	0.3	110832
吉 林	Jilin	58	644	379	330	0.1	0.0	0.1	79147
黑龙江	Heilongjiang	115	1023	702	1328	0.5	0.2	0.3	163974
上 海	Shanghai								
江 苏	Jiangsu	100	2026	1215	1721	2.4	0.4	2.0	732760
浙 江	Zhejiang	60	652	305	1385	0.6	0.2	0.3	134333
安 徽	Anhui	57	1736	1280	460	0.9	0.5	0.2	67870
福 建	Fujian	53	430	254	360	0.1	0.0	0.1	44991
江 西	Jiangxi	188	1433	685	856	0.7	0.0	0.7	327417
山 东	Shandong	313	6418	4815	2851	1.7	0.4	1.2	376954
河 南	Henan	86	1240	684	456	0.4	0.1	0.3	245068
湖 北	Hubei	117	1710	993	898	1.4	0.1	1.2	382431
湖 南	Hunan	220	2916	2243	1836	1.6	0.2	1.5	295326
广 东	Guangdong	124	3048	1886	1984	1.3	0.6	0.7	401061
广 西	Guangxi	34	396	203	184	0.1	0.0	0.1	48875
海 南	Hainan	10	290	50	86	0.1	0.0	0.1	15384
重 庆	Chongqing	37	139	77	189	0.2	0.0	0.2	32341
四 川	Sichuan	118	977	454	661	0.5	0.1	0.3	114546
贵 州	Guizhou	42	235	156	384	0.2	0.0	0.2	35242
云 南	Yunnan								
陕 西	Shaanxi	136	2404	1761	1018	0.7	0.1	0.6	227629
甘 肃	Gansu	70	1644	621	1014	0.3	0.1	0.3	174460
青 海	Qinghai	22	132	29	71	0.0	0.0	0.0	13048
宁 夏	Ningxia	11	778	487	181	0.0	0.0	0.0	12239
新 疆	Xinjiang	43	604	357	303	0.2	0.1	0.1	103434

7-3 续表 1 continued

单位：人 (person)

地 区	Region	#女 性 Female	结业人数 Number of Graduates	按培训对象分组 Grouped by Personnel				
				劳动预备制学员 Pupils of Labour Preparatory System	失业人员 Unemployment Workers	农村劳动者 Rural Workers	在职职工 Workers	其他人员 Others
全 国	**National**	**2225992**	**4242993**	**134551**	**1214390**	**1866054**	**834132**	**600226**
北 京	Beijing	12999	23903		11499	14472	57	921
天 津	Tianjin	51042	108543		9543	55607	27835	20441
河 北	Hebei	103294	232813	5707	103661	110250	5507	17415
山 西	Shanxi	77347	133231	8146	16042	64317	67107	16022
内蒙古	Inner Mongolia	34017	63635	542	38128	14008	4870	3137
辽 宁	Liaoning	63687	106205	714	43434	39264	19788	7237
吉 林	Jilin	32781	72895	368	23817	34465	7339	11298
黑龙江	Heilongjiang	72578	157576	1299	90202	40898	564	31011
上 海	Shanghai							
江 苏	Jiangsu	332138	614832	36745	193767	182167	222024	95815
浙 江	Zhejiang	63493	116619	2714	20337	32628	58977	17486
安 徽	Anhui	38854	63989	2449	13877	27216	16044	6571
福 建	Fujian	19322	36443		7484	26936	7838	2157
江 西	Jiangxi	129696	293875	4279	86192	115513	17214	77539
山 东	Shandong	189889	346331	19706	81475	161881	31079	43420
河 南	Henan	111693	225301	8577	83661	73050	34977	44639
湖 北	Hubei	185384	332722	10237	107777	155922	47277	44012
湖 南	Hunan	138666	278599	4187	75262	192486	23091	300
广 东	Guangdong	194360	326165	2029	28293	88331	200734	81669
广 西	Guangxi	20470	36787	217	9385	29456	2017	5013
海 南	Hainan	6533	14980	505	3100	10980	799	
重 庆	Chongqing	16835	31352		10309	12373	199	9460
四 川	Sichuan	59252	96213	3527	44027	42006	6532	18454
贵 州	Guizhou	18456	33646	209	3244	26173	3535	2011
云 南	Yunnan							
陕 西	Shaanxi	120020	220942	14384	29726	140274	12209	31036
甘 肃	Gansu	81908	157084	6995	58740	86707	10595	5613
青 海	Qinghai	4862	13044	258	2401	8868	540	981
宁 夏	Ningxia	5607	12200	100	770	9836	1161	372
新 疆	Xinjiang	40809	93068	657	18237	69970	4223	6196

7-3 续表 2 continued

单位：人 (person)

地 区	Region	按培训期限分组 Grouped by Duration			按获取证书分组 Grouped by Certification Level				就业人数 Employment
		六个月以下 Less than Half a Year	六个月至一年 Half to One Year	一年以上 More than One Year	初级职业资格 Primary Certificates	中级职业资格 Medium Certificates	高级职业资格 Senior Certificates	技师和高级技师资格 Technicians and Senior Technicians Certificates	
全 国	**National**	**4491199**	**159205**	**14768**	**1737277**	**455811**	**101400**	**11575**	**3178178**
北 京	Beijing	26993			11572	3085			16952
天 津	Tianjin	111789	1566		13556	1844	432	106	98322
河 北	Hebei	241821	719		127252	16223	443		163295
山 西	Shanxi	162861	4669		6178	3686	387	245	76408
内蒙古	Inner Mongolia	63200	49		19443	985	27		59376
辽 宁	Liaoning	109494		371	41403	1735	401	73	79482
吉 林	Jilin	71716	6800	556	24896	1144	500	4	35466
黑龙江	Heilongjiang	159558	3957	459	40195	6272	411	287	97378
上 海	Shanghai								
江 苏	Jiangsu	710485	21942	333	192971	83775	27136	826	431461
浙 江	Zhejiang	119135	12629	1265	36998	25161	30596	868	53705
安 徽	Anhui	56519	7764	1142	43387	10080	562	66	46120
福 建	Fujian	43800	222	30	18365	4046	1101	67	34859
江 西	Jiangxi	300754	20404		120589	21055	2009		273097
山 东	Shandong	337761	15475	2767	220591	41707	11093	630	288825
河 南	Henan	230709	4106		88031	9803	5100	209	161351
湖 北	Hubei	339978	3120	60	139540	27249	5243	1043	267364
湖 南	Hunan	254066	39286	1974	110326	138296	1876	87	243516
广 东	Guangdong	400171	654	236	87228	32110	8992	2064	253705
广 西	Guangxi	48539			19075	183	425	2	23483
海 南	Hainan	15384			7988	979	261		8773
重 庆	Chongqing	26488	5853		7691	919			16090
四 川	Sichuan	114546			49719	4102	690	192	61240
贵 州	Guizhou	34229			16841	468	82		24970
云 南	Yunnan								
陕 西	Shaanxi	216643	5711	5275	128000	7830	3547	4800	156820
甘 肃	Gansu	173981	200		75671	10245	10		116527
青 海	Qinghai	12658	90	300	9225				9386
宁 夏	Ningxia	12179	60		7691	1725			9743
新 疆	Xinjiang	95742	3929		72855	1104	76	6	70464

7-4 各地区民办职业培训机构综合情况(2015年)
VOCATIONAL TRAINING AGENCIES BY REGION (2015)

地 区	Region	机构个数(个) Number of Employment Trainning Centers (unit)	在职教职工总人数(人) Total Teachers and Staff (person)	#教师 Teachers	兼职教师人数(人) Part-time Teachers (person)	经费来源(亿元) Resouses of Funds (100 million yuan)	财政补助费 Financial Allowance	职业培训补贴 Occupational Training Allowance	培训人数(人) Trainees (person)
全 国	**National**	**18887**	**299738**	**181549**	**111723**	**146.8**	**3.47**	**97.2**	**11869270**
北 京	Beijing	372	5563	3082	2611	2.0	0.06	0.4	275304
天 津	Tianjin	404	7178	4428	4562	0.9		0.9	332550
河 北	Hebei	901	11353	7880	3764	2.3	0.01	0.6	537233
山 西	Shanxi	407	5082	3219	1749	0.8	0.04	0.6	294328
内蒙古	Inner Mongolia	399	3982	2484	2245	73.1	0.02	72.6	126859
辽 宁	Liaoning	781	8678	5679	3539	0.6	0.05	0.2	315409
吉 林	Jilin	477	4699	2936	1726	0.5	0.07	0.2	141385
黑龙江	Heilongjiang	115	1023	702	1328	0.5	0.20	0.3	163974
上 海	Shanghai	426	42238	15342	3033	9.1	0.52	3.2	509251
江 苏	Jiangsu	1089	16707	10742	6376	3.4	0.09	0.8	764804
浙 江	Zhejiang	879	7556	4438	4863	2.2	0.29	0.9	430605
安 徽	Anhui	1016	11936	8601	3337	1.6	0.04	0.9	304689
福 建	Fujian	445	4993	2898	2651	1.9	0.11	0.2	177207
江 西	Jiangxi	306	3195	2043	1376	3.0	0.05	0.1	123478
山 东	Shandong	1503	16387	10901	8339	3.2	0.11	1.9	824183
河 南	Henan	996	13573	8990	5626	6.3	0.66	1.1	619548
湖 北	Hubei	607	9863	6854	2934	2.6	0.32	0.3	308685
湖 南	Hunan	685	7652	4199	3487	1.9	0.03	1.0	368013
广 东	Guangdong	1310	16505	9134	6487	6.2	0.11	1.8	933638
广 西	Guangxi	336	8254	5500	2946	1.3	0.00	0.7	224899
海 南	Hainan	157	448	334	1208	0.5		0.5	63357
重 庆	Chongqing	631	9053	4719	4334	6.3	0.17	0.7	1244361
四 川	Sichuan	1407	18712	12034	7147	3.7	0.19	1.4	621247
贵 州	Guizhou	257	3982	2748	1279	1.4	0.03	0.7	118927
云 南	Yunnan	779	31179	21737	12549	5.3		1.8	692243
西 藏	Tibet	66	1051	665	289	0.5	0.04	0.4	52275
陕 西	Shaanxi	574	8457	5802	2859	2.7	0.01	0.5	319162
甘 肃	Gansu	550	4058	2978	2010	0.5	0.03	0.3	293493
青 海	Qinghai	159	3157	1338	1251	0.9		0.9	51421
宁 夏	Ningxia	283	5779	3979	2284	1.0	0.19	0.6	216422
新 疆	Xinjiang	570	7445	5163	3534	0.6	0.01	0.4	420320

7-4 续表 1 continued

单位：人 (person)

地区	Region	#女性 Female	结业人数 Number of Graduates	按培训对象分组 Grouped by trainee: 劳动预备制学员 Pupils of Labour Preparatory System	失业人员 Unemployment Workers	农村劳动者 Rural Workers	在职职工 Workers	其他人员 Others
全国	**National**	**5226791**	**10248395**	**496417**	**1355909**	**4148718**	**3539303**	**2039566**
北京	Beijing	104795	256827	4072	26772	46110	137054	61108
天津	Tianjin	168438	329221	9766	30512	84504	188314	19454
河北	Hebei	254033	510299	18809	60957	192226	219130	46111
山西	Shanxi	136231	271003	28287	44437	154903	36966	24016
内蒙古	Inner Mongolia	55385	93842	3045	19647	45801	25419	17453
辽宁	Liaoning	129047	209656	1550	66358	74342	40605	123712
吉林	Jilin	61484	134392	20325	22213	47645	24545	23329
黑龙江	Heilongjiang	72578	157576	1299	90202	40898	564	31011
上海	Shanghai	264863	387146		16780	15437	401903	75131
江苏	Jiangsu	295767	583810	55736	83182	147769	310964	115767
浙江	Zhejiang	200902	363108	10002	35035	111794	205001	63360
安徽	Anhui	137428	274317	12966	46590	123086	59627	50953
福建	Fujian	72322	141633	6578	20057	40796	72229	31784
江西	Jiangxi	46627	116827	6790	29174	35600	19768	29621
山东	Shandong	419868	739649	54467	140804	275445	188077	108003
河南	Henan	249822	596565	42481	62273	314275	108869	91650
湖北	Hubei	142944	276932	37821	38431	86706	63378	78943
湖南	Hunan	97718	304571	39871	54997	147549	84598	40998
广东	Guangdong	476344	736667	12701	60683	259524	412573	147769
广西	Guangxi	118044	205467	1447	23285	89289	39882	61575
海南	Hainan	27654	30763	6565	19820	22265	10394	4313
重庆	Chongqing	463630	1163872	41579	76595	422371	354142	349674
四川	Sichuan	294889	542280	36711	80943	225130	163691	102453
贵州	Guizhou	55633	102853	957	9827	59646	12953	33723
云南	Yunnan	293560	584613	743	36383	308189	138925	167981
西藏	Tibet	18715	46638	1355	3698	30517	14183	2522
陕西	Shaanxi	183510	275592	15276	31763	145810	75943	50370
甘肃	Gansu	146798	225482	11859	40205	185500	23968	31861
青海	Qinghai	13170	42530	248	5639	34719	518	5077
宁夏	Ningxia	69269	191945	5553	22913	133340	35874	18742
新疆	Xinjiang	155323	352119	7558	55734	247532	69246	31102

7-4 续表 2 continued

单位：人 (person)

地 区 Region	按培训期限分组 Grouped by Duration			按获取证书分组 Grouped by Certification Level				就业人数
	六个月以下 Less than Half a Year	六个月至一年 Half to One Year	一年以上 More than One Year	初级职业资格 Primary Certificates	中级职业资格 Medium Certificates	高级职业资格 Senior Certificates	技师和高级技师资格 Technicians and Senior Technicians Certificates	Employ-ment
全 国 National	**10316559**	**675485**	**373873**	**3444522**	**1576482**	**607867**	**114602**	**7343347**
北 京 Beijing	265633	7296	2167	70194	31313	14036	4006	108566
天 津 Tianjin	315016	12752	4782	127066	68032	17600	21888	107784
河 北 Hebei	509305	21193	6735	146461	104845	16614	4985	467355
山 西 Shanxi	254453	21890	5460	43747	29131	4576	188	184096
内蒙古 Inner Mongolia	96534	5531	2631	29095	13491	3673	1253	75284
辽 宁 Liaoning	210632	39331	32926	48668	31410	21165	2330	120624
吉 林 Jilin	132280	8334	724	47594	21149	4400	662	86021
黑龙江 Heilongjiang	159558	3957	459	40195	6272	411	287	97378
上 海 Shanghai	485305	16896	7050	90882	90520	50048	10792	438968
江 苏 Jiangsu	569464	46289	26411	162623	154169	51952	6226	423606
浙 江 Zhejiang	409122	7232	8988	147418	55854	56657	5317	214080
安 徽 Anhui	241898	26936	11489	151529	50971	16663	1337	215104
福 建 Fujian	146444	8453	5714	34490	15018	11650	2873	85417
江 西 Jiangxi	107693	4584	3055	13809	28344	8036	947	76444
山 东 Shandong	651221	60133	13272	353188	81402	31583	3277	471826
河 南 Henan	491647	44265	83636	218673	46228	31397	13538	465552
湖 北 Hubei	257194	24923	11475	101382	48134	33290	11673	178706
湖 南 Hunan	254187	70541	43285	137418	34587	3548	430	248712
广 东 Guangdong	787509	52209	31085	186648	69576	25238	3295	511212
广 西 Guangxi	205362	6506	4836	100260	15995	2928	438	126819
海 南 Hainan	61069	2288		12703	13705	4218	137	39895
重 庆 Chongqing	1162268	58308	23785	135008	152663	27208	5508	986756
四 川 Sichuan	523139	48563	24338	182989	139296	34000	3220	358031
贵 州 Guizhou	107323	3542	2548	49375	6907	1048	138	51048
云 南 Yunnan	669077	743	984	229327	176152	117136	7953	356418
西 藏 Tibet	45211	3444	2187	13145	5268	345		28914
陕 西 Shaanxi	294126	17671	7365	91845	36676	9606		131680
甘 肃 Gansu	266419	15438	5286	132243	26825	385	95	219490
青 海 Qinghai	44968	6148	305	19329				38486
宁 夏 Ningxia	210446	5734	242	33182	15728	3200	864	168051
新 疆 Xinjiang	382056	24355	653	294036	6821	5256	945	261024

7-5 历年全国职业技能鉴定综合情况

单位：人

年 份	Year	职业技能鉴定机构数（个） Numbe of Testing Agencies (unit)	鉴定所数 Testing Agencies	鉴定站数 Testing Stations	其 它	考评人员人 数 Number of the Assessors	本年鉴定考核人数 Number of the Candidates	初 级 Primary
1996		5682	2369	794	2519	37859	2685695	932642
1997		5752	3012	1030	1710	50779	3141832	1044325
1998		6878	3690	1263	1925	70466	3194218	1185862
1999		7820	4202	2240	1378	97209	3678723	1548193
#行业合计	Subtotal of Industrial Administrations	904		904		24141	300733	87304
地方合计	Subtotal of Local Governments	6916	4202	1336	1378	73068	3377990	1460889
2000		8179	4440	2824	915	128033	4421880	1818534
#行业合计	Subtotal of Industrial Administrations	1445		1443	2	48383	762909	241359
地方合计	Subtotal of Local Governments	6734	4440	1381	913	79650	3658971	1577175
2001		8336	4702	2837	797	143068	5348001	2057575
#行业合计	Subtotal of Industrial Administrations	1501		1464	37	48455	892499	285684
地方合计	Subtotal of Local Governments	6835	4702	1373	760	94613	4455502	1771891
2002		8517	4448	3617	452	175247	6619012	2373190
#行业合计	Subtotal of Industrial Administrations	1776		1770	6	69230	1318097	347894
地方合计	Subtotal of Local Governments	6741	4448	1847	446	106017	5300915	2025296
2003		7252	4780	2293	179	155971	6875444	2461777
#行业合计	Subtotal of Industrial Administrations	1131		1128	3	56821	1105420	249368
地方合计	Subtotal of Local Governments	6121	4780	1165	176	99150	5770024	2212409
2004		9438	4305	5059	74	197821	8796272	3144495
#行业合计	Subtotal of Industrial Administrations	3559	4	3554	1	81539	1700147	482348
地方合计	Subtotal of Local Governments	5879	4301	1505	73	116282	7096125	2662147

STATISTICS OF OCCUPATIONAL SKILL TESTING

(person)

中 级 Medium	高 级 Senior	技 师 Technicians	高级技师 Senior Technicians	本年获取证书人数 Number of the Candidates Got the Certificates	初 级 Primary	中 级 Medium	高 级 Senior	技 师 Technicians	高级技师 Senior Technicians
1318141	360490	69132	5290	2146895	727215	1094809	271346	51262	2263
1625749	427603	39478	4677	2786360	949828	1439046	364024	30506	2956
1670410	278862	51799	7285	2858782	1071270	1491968	244529	44995	6020
1711318	369049	45329	4780	3141392	1341236	1466663	293584	36699	3210
147011	63460	2645	259	217186	60914	110560	44104	1534	74
1564307	305589	42684	4521	2924206	1280322	1356103	249480	35165	3136
2050863	505685	43794	3004	3726619	1553035	1743885	393201	34175	2323
343589	167271	10125	565	521288	157155	239573	118036	6132	392
1707274	338414	33669	2439	3205331	1395880	1504312	275165	28043	1931
2571508	645644	67688	5586	4570081	1756881	2236967	523010	49689	3534
367182	223536	14192	1905	645636	195946	280851	161054	7082	703
2204326	422108	53496	3681	3924445	1560935	1956116	361956	42607	2831
3204580	965404	69379	6459	5562607	2036748	2712382	761195	48852	3430
577791	369192	20071	3149	1019654	269218	453267	286133	9718	1318
2626789	596212	49308	3310	4542953	1767530	2259115	475062	39134	2112
3338421	969477	96653	9116	5839222	2124504	2870097	768890	69501	6230
486792	345449	20515	3296	892494	208524	401194	267989	12867	1920
2851629	624028	76138	5820	4946728	1915980	2468903	500901	56634	4310
4161612	1229130	212037	48998	7360975	2691946	3516786	975155	140816	36272
731856	440143	35862	9938	1346661	390280	583697	345424	20988	6272
3429756	788987	176175	39060	6014314	2301666	2933089	629731	119828	30000

7-5 续表 1

单位：人

年 份	Year	职业技能鉴定机构数（个）Numbe of Testing Agencies (unit)	鉴定所数 Testing Agencies	鉴定站数 Testing Stations	工考委和中央企业试点单位数 The Units of Workers Assessing Committees & the Central Enterprises Pilot	考评人员人数 Number of the Assessors	本年鉴定考核人数 Number of the Candidates	初级 Primary
中央企业试点	The Central Enterprises Pilot	3			3	739	16509	829
2005		7654	4144	3347	163	164442	9577395	3222564
#行业合计	Subtotal of Industrial Administrations	1848	5	1824	19	59974	1595369	362360
地方合计	Subtotal of Local Governments	5719	4139	1436	144	101484	7922895	2842964
中央企业试点	The Central Enterprises Pilot	87		87		2984	59131	17240
2006		7998	3860	4002	136	161596	11821552	4140894
#行业合计	Subtotal of Industrial Administrations	2020	12	2008		65571	2473429	916021
地方合计	Subtotal of Local Governments	5823	3848	1839	136	91729	9279660	3212161
中央企业试点	The Central Enterprises Pilot	155		155		4296	68463	12712
2007		7794	4251	3378	165	158186	12231413	4389064
#行业合计	Subtotal of Industrial Administrations	1938	6	1932		56673	1622348	465248
地方合计	Subtotal of Local Governments	5845	4245	1446	154	98395	10515051	3873553
中央企业试点	The Central Enterprises Pilot	11			11	3118	94014	50263
2008		9933	4096	4662	1175	203883	13374707	5104213
#行业合计	Subtotal of Industrial Administrations	1477	1	1476		72503	1736592	468497
地方合计	Subtotal of Local Governments	8441	4095	3186	1160	124902	11560949	4598473
中央企业试点	The Central Enterprises Pilot	15			15	6478	77166	37243
2009		9538	4825	4486	227	232060	14920761	6029998
#行业合计	Subtotal of Industrial Administrations	2241	9	2188	44	80116	2049033	663297

continued

(person)

中　级 Medium	高　级 Senior	技　师 Technicians	高级技师 Senior Technicians	本年获取证书人数 Number of the Candidates Got the Certificates	初　级 Primary	中　级 Medium	高　级 Senior	技　师 Technicians	高级技师 Senior Technicians
3246	7958	3822	654	14615	777	3025	7373	3002	438
4552986	1456750	290637	54458	7857292	2732405	3756905	1133278	195577	39127
686936	489903	48197	7973	1233171	278809	551073	372000	27357	3932
3852384	948018	234071	45458	6575037	2438276	3194681	745632	162062	34386
13666	18829	8369	1027	49084	15320	11151	15646	6158	809
5269104	1909269	432423	65401	9252416	3124130	4390924	1440591	260830	35384
826698	629978	86015	14717	1576857	377737	660904	488129	43178	6909
4422694	1257031	338287	49487	7619774	2734026	3712773	933739	211694	27542
19712	22260	8121	1197	55785	12367	17247	18723	5958	933
5422375	1907654	442715	69605	9956079	3687419	4518674	1429235	274176	46575
619235	461074	65822	10969	1284859	384585	499805	361828	32760	5881
4788802	1424504	370444	57748	8593861	3259275	4007337	1050805	236480	39964
14338	22076	6449	888	77359	43559	11532	16602	4936	730
5758542	2029246	403738	78968	11372105	4492273	4891989	1606473	318047	63323
633514	535833	86649	12099	1448203	393277	514497	440977	86369	13083
5108105	1477855	311085	65431	9863382	4069230	4363967	1152734	227947	49504
16923	15558	6004	1438	60520	29766	13525	12762	3731	736
6110523	2126028	544210	110002	12320051	5251357	5134383	1516357	336623	81331
806706	460363	98550	20117	1636149	562781	673659	335144	55143	9422

7-5 续表 2

单位：人

年 份	Year	职业技能鉴定机构数(个) Numbe of Testing Agencies (unit)	鉴定所数 Testing Agencies	鉴定站数 Testing Stations	工考委和中央企业试点单位数 The Units of Workers Assessing Committees & the Central Enterprises Pilot	考评人员人数 Number of the Assessors	本年鉴定考核人数 Number of the Candidates	初 级 Primary
地方合计	Subtotal of Local Governments	7281	4816	2298	167	143719	12674516	5279691
中央企业试点	The Central Enterprises Pilot	16			16	8225	197212	87010
2010		9803	4612	5058	133	210497	16575457	6768836
#行业合计	Subtotal of Industrial Administrations	2137	12	2125		70109	2831683	949906
地方合计	Subtotal of Local Governments	7647	4600	2933	114	130977	13495340	5704143
中央企业试点	The Central Enterprises Pilot	19			19	9411	248434	114787
2011		10677	5533	4977	167	194795	17459327	7254275
#行业合计	Subtotal of Industrial Administrations	2574	12	2562		75206	3129020	1059714
地方合计	Subtotal of Local Governments	8084	5521	2415	148	110545	14101095	6087176
中央企业试点	The Central Enterprises Pilot	19			19	9044	229212	107385
2012		10963	5321	5441	201	213403	18305470	7538797
#行业合计	Subtotal of Industrial Administrations	3246	13	3197	36	91000	3355097	1241887
地方合计	Subtotal of Local Governments	7698	5308	2244	146	111150	14651252	6162855
中央企业试点	The Central Enterprises Pilot	19			19	11253	299121	134055
2013		9865	5067	4664	134	252662	18385729	7752500
#行业合计	Subtotal of Industrial Administrations	2418	16	2402		108333	3375909	1341750
地方合计	Subtotal of Local Governments	7428	5051	2262	115	132737	14735101	6274214
中央企业试点	The Central Enterprises Pilot	19			19	11592	274719	136536
2014		9521	4387	4701	433	215761	18539992	6934618
#行业合计	Subtotal of Industrial Administrations	2670	18	2651	1	105232	3244808	1055738
地方合计	Subtotal of Local Governments	6835	4369	2050	416	102132	15039407	5786871
中央企业试点	The Central Enterprises Pilot	16			16	8397	255777	92009
2015		12156	5750	5578	828	264237	18941156	7079392
#行业合计	Subtotal of Industrial Administrations	2478	10	2468		102862	4159249	1696306
地方合计	Subtotal of Local Governments	9662	5740	3110	812	154296	14530268	5301111
中央企业试点	The Central Enterprises Pilot	16			16	7079	251639	81975

continued

(person)

中级 Medium	高级 Senior	技师 Technicians	高级技师 Senior Technicians	本年获取证书人数 Number of the Candidates Got the Certificates	初级 Primary	中级 Medium	高级 Senior	技师 Technicians	高级技师 Senior Technicians
5234031	1634315	438111	88368	10556864	4636816	4414218	1158564	276470	70796
69786	31350	7549	1517	127038	51760	46506	22649	5010	1113
6531792	2722092	453762	98975	13929377	5899097	5544598	2097432	316663	71587
951227	766652	129482	34416	2285392	801645	770516	626959	72822	13450
5495732	1918827	314609	62029	11489343	5028937	4718723	1446776	238171	56736
84833	36613	9671	2530	154642	68515	55359	23697	5670	1401
6579593	3098462	428247	98750	14820504	6533022	5464700	2464290	286769	71723
1094106	816296	132899	26005	2578410	1067480	724459	686101	84163	16207
5408072	2246836	288493	70518	12091861	5396177	4689411	1753472	198785	54016
77415	35330	6855	2227	150233	69365	50830	24717	3821	1500
6611139	3476563	503134	175837	15487834	6655352	5604790	2760639	336187	130866
1056340	880430	147893	28547	2702465	1020025	857542	708589	97529	18780
5443861	2551931	347493	145112	12584198	5546362	4672359	2021009	233932	110536
110938	44202	7748	2178	201171	88965	74889	31041	4726	1550
6355360	3514734	577770	185365	15366664	6766044	5372332	2728517	376144	123627
1086891	763465	151090	32713	2750425	1119433	893839	614511	99406	23236
5184217	2705976	418804	151890	12439250	5560531	4422960	2083789	272164	99806
84252	45293	7876	762	176989	86080	55533	30217	4574	585
6745021	3930805	654415	275133	15542766	6094580	5707155	3117737	429024	194270
1092479	839367	185803	71421	2556541	842679	867772	684070	120486	41534
5568441	3027880	455979	200236	12827206	5196077	4788009	2390955	301746	150419
84101	63558	12633	3476	159019	55824	51374	42712	6792	2317
6986241	4006089	659634	209800	15392295	5915465	5831396	3092249	416439	136746
1311412	914647	190191	46693	3132628	1175807	1063277	742734	121679	29131
5581461	3031572	457553	158571	12106988	4690481	4712472	2310892	288376	104767
93368	59870	11890	4536	152679	49177	55647	38623	6384	2848

7-6 各地区职业技能鉴定综合情况(2015年)

单位：人

地　区	Region	职业技能鉴定机构数(个) Numbe of Testing Agencies (unit)	鉴定所数 Testing Agencies	鉴定站数 Testing Stations	工考委和中央企业试点单位数 The Units of Workers Assessing Committees & the Central Enterprises Pilot	考评人员人　数 Number of the Assessors	本年鉴定考核人数 Number of the Candidates	初　级 Primary
全　国	**National**	**12156**	**5750**	**5578**	**828**	**264237**	**18941156**	**7079392**
行业合计	Subtotal of Industrial Administrations	2478	10	2468		102862	4159249	1696306
地方合计	Subtotal of Local Governments	9662	5740	3110	812	154296	14530268	5301111
中央企业试点	The Central Enterprises Pilot	16			16	7079	251639	81975
北　京	Beijing	66	53	2	11	1776	113348	40829
天　津	Tianjin	130	95	24	11	2523	267368	123200
河　北	Hebei	34	34			1491	430843	166737
山　西	Shanxi	166	136	30		8028	364742	88001
内蒙古	Inner Mongolia	217	2	215		4099	228209	78189
辽　宁	Liaoning	117	108	9		929	300724	100557
吉　林	Jilin	11	11			509	140271	44372
黑龙江	Heilongjiang	48	36	12		845	214883	80189
上　海	Shanghai	503	303	200		5369	456950	163846
江　苏	Jiangsu	1900	690	490	720	7452	1234088	328966
浙　江	Zhejiang	199	77	122		2069	947693	344711
安　徽	Anhui	414	1	413		628	683601	279347
福　建	Fujian	356	349	7		5959	511795	119621
江　西	Jiangxi	359	283	76		601	234992	55766
山　东	Shandong	205	5	200		2082	1121332	508489
河　南	Henan	492	324	139	29	12381	592217	229310
湖　北	Hubei	843	843			285	636174	168775
湖　南	Hunan	511	501	8	2	498	525081	176561
广　东	Guangdong	857	422	435		50644	1499490	347705
广　西	Guangxi	86	44	3	39	1628	444099	230496
海　南	Hainan	93	87	6		567	47389	18824
重　庆	Chongqing	65	65			1091	381276	152955
四　川	Sichuan	682	307	375		11645	848493	245596
贵　州	Guizhou	236	236			4102	180309	78904
云　南	Yunnan	241	215	26		14054	621041	243971
西　藏	Tibet	20	6	14		210	12226	9719
陕　西	Shaanxi	218	99	119		7343	431536	170119
甘　肃	Gansu	84	84			737	507513	311374
青　海	Qinghai	57	28	29		102	60248	45289
宁　夏	Ningxia	60	59	1		2355	62949	38000
新　疆	Xinjiang	341	206	135		901	344329	285762
新疆兵团	Xinjiang Production and Construction Crops	51	31	20		1393	85059	24931

STATISTICS OF OCCUPATIONAL SKILL TESTING BY REGION (2015)

(person)

中 级 Medium	高 级 Senior	技 师 Technicians	高级技师 Senior Technicians	本年获取证书人数 Number of the Candidates Got the Certificates	初 级 Primary	中 级 Medium	高 级 Senior	技 师 Technicians	高级技师 Senior Technicians
6986241	**4006089**	**659634**	**209800**	**15392295**	**5915465**	**5831396**	**3092249**	**416439**	**136746**
1311412	914647	190191	46693	3132628	1175807	1063277	742734	121679	29131
5581461	3031572	457553	158571	12106988	4690481	4712472	2310892	288376	104767
93368	59870	11890	4536	152679	49177	55647	38623	6384	2848
37459	27972	4466	2622	102558	37436	33311	25646	3722	2443
90489	35768	11198	6713	244962	114134	84304	31945	8612	5967
132945	92035	20470	18656	385623	157018	118681	79696	16147	14081
165263	100046	9551	1881	310763	76390	143108	83778	6442	1045
77304	53789	12886	6041	183550	66707	64708	39400	8745	3990
113852	55454	27827	3034	243410	83213	93417	44234	20590	1956
45246	36858	11029	2766	109870	30660	36743	30784	9368	2315
55089	66667	11250	1688	198015	75308	52711	59251	9272	1473
161596	100331	26103	5074	288447	116425	108981	52425	8264	2352
576336	306624	20384	1778	1025943	290103	491946	232895	9919	1080
298101	263827	34972	6082	783469	296284	252274	209182	22683	3046
282314	108626	12139	1175	590697	247915	247894	88486	5983	419
216628	134623	33044	7879	379922	101203	177954	88142	9902	2721
127425	39252	10910	1639	218828	55512	122604	32145	7631	936
300692	249215	46617	16319	1000703	481322	268330	201055	37723	12273
179951	163083	16969	2904	518116	210189	166157	128441	11478	1851
191656	194912	41868	38963	566408	162604	177574	167710	31648	26872
224936	97052	18854	7678	415473	153025	181077	66339	10591	4441
752602	347783	38223	13177	1005332	249407	522997	208341	17580	7007
151013	54292	6423	1875	381632	210748	129915	35659	4217	1093
21492	6811	237	25	39162	16050	17554	5359	191	8
180504	38564	6759	2494	320387	135008	152663	27208	3762	1746
459155	129474	11468	2800	766514	228257	418069	111673	6925	1590
81055	19413	696	241	162114	72956	71587	16765	582	224
200018	163200	12090	1762	530568	229327	176152	117136	6975	978
1420	1085	2		10200	8085	1200	913	2	
172407	84846	3239	925	357641	138558	142385	73642	2411	645
176406	18156	1323	254	472162	291150	163323	16362	1115	212
8632	6019	234	74	45160	36035	5357	3520	194	54
19708	4033	1074	134	52937	33182	15728	3163	765	99
41611	12064	3051	1841	316997	263331	37562	11385	2928	1791
38156	19698	2197	77	79425	22939	36206	18212	2009	59

八、劳动关系

LABOUR RELATION

8-1 历年劳动人事争议仲裁情况

单位：件

项　　目	Item	1996	1997	1998	1999	2000	2001
上期未结案件数	Number of Cases Left from Last Year-end	2634	2864	3475	3840	6374	8739
案件受理情况	Cases Accepted						
当期案件受理数	Cases	48121	71524	93649	120191	135206	154621
#集体劳动争议案件数	Number of Collective Labour Disputes	3150	4109	6767	9043	8247	9847
劳动者申诉案件数	Number of Cases Left from Last Year-end	41697	68773	84829	114152	120043	146781
劳动者当事人数(人)	Number of Laborers Involved(person)	189120	221115	358531	473957	422617	467150
#集体劳动争议劳动者当事人数	Number of Laborers Involved in Collective Labour Disputes	92203	132647	251268	319445	259445	286680
争议原因	Disputes Reasons						
劳动报酬	Labour Remuneration						45172
社会保险	Social Insurances						31158
变更劳动合同	Change the Labour Contract		2992	2840	3469	3829	4254
解除、终止劳动合同	Relieve or End the Labour Contract		10337	13069	18108	21149	29038
其　他	Others		8917	9515	8626	12549	
案件处理情况	Cases Settled						
结案数	Number of Cases Settled	46543	70792	92288	121289	130688	150279
处理方式	by Manners of Settlement						
仲裁调解	by Mediation	24223	32793	31483	39550	41877	42933
仲裁裁决	by Arbitrition Lawsuit	12789	15060	25389	34712	54142	77250
其他方式	Others	9531	22939	35155	47027	34669	35096
处理结果	by Result of Settlement						
用人单位胜诉	Lawsuit Won by Units	9452	11488	11937	15674	13699	31544
劳动者胜诉	Lawsuit Won by Laborers	23696	40063	48650	63030	70544	71739
双方部分胜诉及其他	Lawsuit Partly Won by Both Parties and Others	13395	19241	27365	37459	37247	46996
案外调解案件数	Cases Mediated						63939

注：2011年起，解除、终止劳动合同的类型进行合并统计。

a) Since 2011, items of Relieve or End the Labour Contract have been merged during statistics.

LABOUR DISPUTES ACCEPTED AND SETTLED

(piece)

2002	2003	2004	2005	2006	2007	2008	2009	2010	2011	2012	2013	2014	2015
12472	16276	17117	17829	22165	25424	33084	83709	77926	42308	36151	34478	31796	39580
184116	226391	260471	313773	317162	350182	693465	684379	600865	589244	641202	665760	715163	813859
11024	10823	19241	16217	13977	12784	21880	13779	9314	6592	7252	6783	8041	10466
172253	215512	249335	293710	301233	325590	650077	627530	558853	568768	620849	641932	690418	784229
608396	801042	764981	744195	679312	653472	1214328	1016922	815121	779490	882487	888430	997807	1159687
374956	514573	477992	409819	348714	271777	502713	299601	211755	174785	231894	218521	267165	341588
59144	76774	85132	103183	103887	108953	225061	247330	209968	200550	225981	223351	258716	321179
56558	76181	88119	97519	100342	97731				149944	159649	165665	160961	158002
3765	5494	4465	7567	3456	4695								
30940	40017	57021	68873	67868	80261	139702	43876	31915	118684	129108	147977	155870	182396
178744	223503	258678	306027	310780	340030	622719	689714	634041	592823	643292	669062	711044	812461
50925	67765	83400	104308	104435	119436	221284	251463	250131	278873	302552	311806	321598	362814
77340	95774	110708	131745	141465	149013	274543	290971	266506	244942	268530	283341	313175	368409
50479	59954	64550	69974	64880	71581	126892	147280	117404	69008	72210	73915	76271	81238
27017	34272	35679	39401	39251	49211	80462	95470	85028	74189	79187	82519	82541	90785
84432	109556	123268	145352	146028	156955	276793	255119	229448	195680	213453	217551	250284	287544
67295	79475	94041	121274	125501	133864	265464	339125	319565	322954	350652	368992	378219	434132
77342	58451	70840	93561	130321	151902	237283	185598	163997	194338	212937	215595	227447	258114

8-2 各地区劳动争议处理情况(2015年)

单位：件

地区	Region	上期未结案件数 Number of Cases Left from Last Year-end	案件受理情况 Cases Accepted					
			当期案件受理数 Cases	#集体劳动争议案件 Number of Collective Labour Disputes	#劳动者申诉案件 Number of Cases Left from Last Year-end	劳动者当事人数(人) Number of Laborers Involved (person)	#集体劳动争议劳动者当事人数 Number of Laborers Involvedin Collective Labour Disputes	劳动报酬 Labour Remuneration
全　国	**National**	**39580**	**813859**	**10466**	**784229**	**1159687**	**341588**	**321179**
北　京	Beijing	3362	71303	660	70375	71303	13399	44533
天　津	Tianjin	1598	19221	181	18765	23463	3923	9485
河　北	Hebei	1420	16779	218	16129	23333	3637	5279
山　西	Shanxi	597	8173	194	8103	12888	3313	3005
内蒙古	Inner Mongolia	392	11969	111	11670	22416	9200	6200
辽　宁	Liaoning	3568	38912	355	36002	43848	10322	22666
吉　林	Jilin	213	6748	128	6176	12010	3780	2717
黑龙江	Heilongjiang	492	11364	66	11279	13079	1442	3528
上　海	Shanghai	5247	67157	100	64126	70980	3012	27188
江　苏	Jiangsu	1421	64583	952	61514	98453	29561	23024
浙　江	Zhejiang	3949	50665	921	50266	88321	36037	18085
安　徽	Anhui	627	20933	215	20428	33028	8415	7192
福　建	Fujian	1092	21911	745	21630	52218	27896	8727
江　西	Jiangxi	760	9389	88	8783	13351	3318	2830
山　东	Shandong	1331	50717	334	50479	66478	11756	22614
河　南	Henan	1552	23799	209	23055	28711	2904	7926
湖　北	Hubei	1331	27665	94	25657	29982	2061	5997
湖　南	Hunan	932	17761	285	16913	25792	4747	4542
广　东	Guangdong	5646	108503	3403	106107	232149	127016	43626
广　西	Guangxi	493	15977	30	15345	17617	1145	7481
海　南	Hainan	292	4863	42	4812	5064	1034	1384
重　庆	Chongqing	692	40072	98	39122	41136	3021	10255
四　川	Sichuan	753	45591	508	44489	60888	16965	17010
贵　州	Guizhou	598	13863	31	13022	14931	844	2759
云　南	Yunnan	63	13943	243	13558	16137	6245	3427
西　藏	Tibet	22	295	16	291	1571	1157	123
陕　西	Shaanxi	191	10615	15	9716	12060	494	2309
甘　肃	Gansu	134	3054	67	2877	5448	1426	1196
青　海	Qinghai	48	1263	15	1228	1804	236	387
宁　夏	Ningxia	336	4789	71	4609	6638	1603	1405
新　疆	Xinjiang	412	10889	60	6617	13202	1434	3868
新疆兵团	Xinjiang Production and Construction Crops	16	1093	11	1086	1388	245	411

LABOUR DISPUTES ACCEPTED AND SETTLED BY REGION (2015)

(piece)

争议原因 Causes of the Disputes: 社会保险 Social Insurance	争议原因 Causes of the Disputes: #工伤保险 Work Injury Insurance	争议原因 Causes of the Disputes: 解除、终止劳动合同 Relieve or End the Labour Contract	案件处理情况 Cases Settled: 结案数 Number of Cases Settled	案件处理情况 Cases Settled: 处理方式 by Manners of Settlement: 仲裁调解 by Mediation	案件处理情况 Cases Settled: 处理方式 by Manners of Settlement: 仲裁裁决 by Arbitrition Lawsuit	案件处理情况 Cases Settled: 处理方式 by Manners of Settlement: 其他方式 Others	案件处理情况 Cases Settled: 处理结果 by Result of Settlement: 用人单位胜诉 Lawsuit Won by Units	案件处理情况 Cases Settled: 处理结果 by Result of Settlement: 劳动者胜诉 Lawsuit Won by Laborers	案件处理情况 Cases Settled: 处理结果 by Result of Settlement: 双方部分胜诉及其他 Lawsuit Partly Won by Both Parties and Others	案外调解案件数 Cases Mediated
158002	**99895**	**182396**	**812461**	**362814**	**368409**	**81238**	**90785**	**287544**	**434132**	**258114**
2318	848	162	70933	31677	32301	6955	11792	4887	54254	8357
1171	1099	4470	19392	10477	8915		2902	6738	9752	5076
5076	2824	2867	16895	8599	7142	1154	1701	8964	6230	4633
2136	1260	1361	8528	3226	4717	585	551	5590	2387	2219
1504	1062	3066	12019	3983	6140	1896	946	6628	4445	1128
5817	3018	5158	39085	12372	23060	3653	4563	19195	15327	20960
1287	1038	1411	6754	2925	3333	496	595	4311	1848	3742
2379	2362	670	11437	3572	6092	1773	731	5193	5513	1593
4748	3631	24101	66983	19814	31983	15186	16498	13520	36965	5597
14474	12174	17497	64455	36708	19076	8671	6580	23076	34799	28443
15542	11817	9772	51397	31766	13774	5857	3330	17380	30687	4589
8681	3703	2676	20991	9998	9905	1088	850	9735	10406	13774
5628	3637	3695	21615	10528	8731	2356	1255	8857	11503	6937
3109	2005	1920	9728	4522	4460	746	1252	5130	3346	3449
6633	5601	12717	50072	27169	20672	2231	4321	17536	28215	11067
6620	2712	4462	24639	12136	11395	1108	2820	12339	9480	7028
9531	2639	8483	27006	12072	12014	2920	2782	9336	14888	10091
5605	3004	4358	17774	9711	6533	1530	1191	11000	5583	15244
11228	9952	38147	107128	42564	57487	7077	11309	24253	71566	45335
2597	683	3306	15930	4687	10013	1230	1639	8242	6049	3012
168	74	685	5030	869	3112	1049	686	1784	2560	168
11157	8862	10660	39614	19024	14769	5821	4804	12094	22716	13322
10221	6118	10960	45143	20390	21604	3149	2930	22262	19951	24693
5094	3946	2842	14088	6941	6640	507	1033	7360	5695	3930
4145	1501	1548	14000	4353	8032	1615	732	7098	6170	5517
75	38	41	293	129	134	30	13	156	124	746
3612	1068	3380	10605	3879	6043	683	876	4179	5550	830
757	528	445	3115	1210	1594	311	433	1638	1044	1183
378	270	150	1262	521	527	214	117	704	441	15
1735	741	561	4639	2050	2112	477	602	2179	1858	1048
4193	1429	686	10833	4637	5424	772	903	5685	4245	3588
383	251	139	1078	305	675	98	48	495	535	800

8-3 劳动保障监察案件结案情况(2015)
CASES SETTLED BY LABOUR AND SOCIAL SECURITY INSPECTION ORGANIZATION(2015)

单位：件 (piece)

项 目	Item	2015
结案数	**Cases Settled**	**388681**
案件分类	**Cases by Caused Reasons**	
内部劳动保障规章制度	Inner Institutions on Labour and Social Security	3858
订立和解除劳动合同	Signing or Relieve Labour Contract	40079
女职工特殊劳动保护	Special Protection for Female Workers and employees	374
未成年工特殊劳动保护	Special Protection for minor Workers and employees	275
工作时间和休息休假	Working Hours and Vocation	20685
支付工资和最低工资标准	Wage Payment and Minimum Wage Standard	273180
参加社会保险和缴纳社会保险费	Social Insurances	54307
职业介绍	Job Referral	3218
职业技能培训和职业技能考核	Vocational Training and Vocational Qualification	918
其 他	Others	28421
案件处理情况	**Settlement of Cases**	
责令限期改正	Orders to Make Corrections	217016
行政处理决定	Decisions of Administrative Settlement	10895
行政处罚决定	Decisions of Administrative Penalty	12275
警 告	Disciplinary Warning	3711
罚 款	Fine	9191
其他行政处罚	Others	128

8-4 劳动保障监察工作情况(2015)
LABOUR AND SOCIAL SECURITY INSPECTION (2015)

项 目	Item	2015
主动监察	Inspection on Initiative	
检查单位数(万户)	Employing Units Inspected (10 000 households)	192.5
涉及劳动者人数(万人)	Labourers Involved (10 000 persons)	9569.1
投诉结案数(万件)	Complaint Cases Settled (10 000 pieces)	32.4
举报结案数(万件)	Cases Settled through Inspection upon Reporting (10 000 pieces)	3.7
审查用人单位报送的书面材料涉及用人单位数(万户)	Employing Units inspected through Examining Documents reported (10 000 households)	219.6
补签劳动合同(万人)	Number of Labour Contracts Signed for Inspection (10 000 persons)	307.1
追发劳动者工资等待遇	Repay Wages and other Benefits	
涉及劳动者人数(万人)	Labourers Involved (10 000 persons)	481.4
金额(亿元)	Amount of Money (100 million yuan)	421.2
督促缴纳社会保险费	Levy of Social Insurance Fees for Inspection	
单位数(万户)	Employing Units Involved (10 000 households)	4.6
金额(亿元)	Amount of Money (100 million yuan)	21.3
督促社会保险登记单位数(万户)	Registeration of Social Insurance for Inspection Employing Units Involved (10 000 households)	3.9
取缔非法职业中介机构(户)	Number of Illegal Occupational Intermediary Agencies(household)	2807
清退风险抵押金金额(万元)	Amount of Money in Pledge Repaid to Employees (10 000 Yuan)	1466.9
审查用人单位规章数(万件)	Number of Regulations of Employing Units Inspected (10 000 pieces)	114.1
纠正用人单位违法规章数(万件)	Number of Regulations of Employing Units Corrected (10 000 pieces)	25.6
向社会公布重大违法行为数(件)	Discolsed Serious Violations of Laws or Rules (piece)	985

九、社会保障

SOCIAL SECURITY

9-1 历年全国社会保险基金收入
REVENUE OF SOCIAL INSURANCE FUNDS

年份 Year	合计 Total	基本养老保险 Basic Pension Insurance	失业保险 Unemployment Insurance	城镇基本医疗保险 Urban Basic Medical Insurance	工伤保险 Work Injury Insurance	生育保险 Maternity Insurance
绝对数(亿元) Revenue (100 million yuan)						
1989	153.6	146.7	6.8			
1990	186.8	178.8	7.2			
1991	225.0	215.7	9.3			
1992	377.4	365.8	11.7			
1993	526.1	503.5	17.9	1.4	2.4	0.8
1994	742.0	707.4	25.4	3.2	4.6	1.5
1995	1006.0	950.1	35.3	9.7	8.1	2.9
1996	1252.4	1171.8	45.2	19.0	10.9	5.5
1997	1458.2	1337.9	46.9	52.3	13.6	7.4
1998	1623.1	1459.0	68.4	60.6	21.2	9.8
1999	2211.8	1965.1	125.2	89.9	20.9	10.7
2000	2644.9	2278.5	160.4	170.0	24.8	11.2
2001	3101.9	2489.0	187.3	383.6	28.3	13.7
2002	4048.7	3171.5	215.6	607.8	32.0	21.8
2003	4882.9	3680.0	249.5	890.0	37.6	25.8
2004	5780.3	4258.4	290.8	1140.5	58.3	32.1
2005	6975.2	5093.3	340.3	1405.3	92.5	43.8
2006	8643.2	6309.8	402.4	1747.1	121.8	62.1
2007	10812.3	7834.2	471.7	2257.2	165.6	83.6
2008	13696.1	9740.2	585.1	3040.4	216.7	113.7
2009	16115.6	11490.8	580.4	3671.9	240.1	132.4
2010	19276.1	13872.9	649.8	4308.9	284.9	159.6
2011	25153.3	18004.8	923.1	5539.2	466.4	219.8
2012	30738.8	21830.2	1138.9	6938.7	526.7	304.2
2013	35252.9	24732.6	1288.9	8248.3	614.8	368.4
2014	39827.7	27619.9	1379.8	9687.2	694.8	446.1
2015	46012.1	32195.5	1367.8	11192.9	754.2	501.7
比上年增长(%) Increase rate						
1990	21.6	21.9	5.9			
1991	20.5	20.6	29.2			
1992	67.7	69.6	25.8			
1993	39.4	37.7	53.0			
1994	41.0	40.5	41.9	119.9	90.4	73.8
1995	35.6	34.3	38.9	206.3	77.5	99.4
1996	24.5	23.3	28.2	96.6	34.7	87.8
1997	16.4	14.2	3.7	175.1	24.6	34.9
1998	11.3	9.0	45.7	15.9	55.9	31.1
1999	36.3	34.7	83.1	48.3	-1.3	10.1
2000	19.6	15.9	28.1	89.2	18.7	3.8
2001	17.3	9.2	16.8	125.7	14.2	23.1
2002	30.5	27.4	15.1	58.4	13.2	58.9
2003	20.6	16.0	15.7	46.4	17.4	18.3
2004	18.4	15.7	16.6	28.1	55.1	24.4
2005	20.7	19.6	17.0	23.2	58.7	36.4
2006	23.9	23.9	18.2	24.3	31.7	41.8
2007	25.1	24.2	17.2	29.2	36.0	34.6
2008	26.7	24.3	24.0	34.7	30.9	36.0
2009	17.7	18.0	-0.8	20.8	10.8	16.4
2010	19.6	20.7	12.0	17.3	18.7	20.5
2011	30.5	29.8	42.1	28.6	63.7	37.8
2012	22.2	21.2	23.4	25.3	12.9	38.4
2013	14.7	13.3	13.2	18.9	16.7	21.1
2014	13.0	11.7	7.1	17.4	13.0	21.1
2015	15.5	16.6	-0.9	15.5	8.6	12.5

注：2010年及以后基本养老保险基金中包括城镇职工基本养老保险和城乡居民基本养老保险。

a) Data of the basic pension insurance for 2010 and following years include the basic pension insurances for urban workers and for urban and rural residents.

9-2 历年全国社会保险基金支出
EXPENSES OF SOCIAL INSURANCE FUNDS

年 份 Year	合 计 Total	基本养老保险 Basic Pension Insurance	失业保险 Unemployment Insurance	城镇基本医疗保险 Basic Medical Insurance	工伤保险 Work Injury Insurance	生育保险 Maternity Insurance
绝对数(亿元) Expenses (100 million yuan)						
1989	120.9	118.8	2.0			
1990	151.9	149.3	2.5			
1991	176.1	173.1	3.0			
1992	327.1	321.9	5.1			
1993	482.2	470.6	9.3	1.3	0.4	0.5
1994	680.0	661.1	14.2	2.9	0.9	0.8
1995	877.1	847.6	18.9	7.3	1.8	1.6
1996	1082.4	1031.9	27.3	16.2	3.7	3.3
1997	1339.2	1251.3	36.3	40.5	6.1	4.9
1998	1636.9	1511.6	51.9	53.3	9.0	6.8
1999	2108.1	1924.9	91.6	69.1	15.4	7.1
2000	2385.6	2115.5	123.4	124.5	13.8	8.3
2001	2748.0	2321.3	156.6	244.1	16.5	9.6
2002	3471.5	2842.9	186.6	409.4	19.9	12.8
2003	4016.4	3122.1	199.8	653.9	27.1	13.5
2004	4627.4	3502.1	211.3	862.2	33.3	18.8
2005	5400.8	4040.3	206.9	1078.7	47.5	27.4
2006	6477.4	4896.7	198.0	1276.7	68.5	37.5
2007	7887.9	5964.9	217.7	1561.8	87.9	55.6
2008	9925.1	7389.6	253.5	2083.6	126.9	71.5
2009	12302.6	8894.4	366.8	2797.4	155.7	88.3
2010	15018.9	10755.3	423.3	3538.1	192.4	109.9
2011	18652.9	13363.2	432.8	4431.4	286.4	139.2
2012	23331.3	16711.5	450.6	5543.6	406.3	219.3
2013	27916.3	19818.7	531.6	6801.0	482.1	282.8
2014	33002.7	23325.8	614.7	8133.6	560.5	368.1
2015	38988.1	27929.4	736.4	9312.1	598.7	411.5
比上年增长(%) Increase rate						
1990	25.6	25.7	27.0			
1991	15.9	15.9	18.1			
1992	85.7	86.0	70.0			
1993	47.4	46.2	82.4			
1994	41.0	40.5	52.7	118.3	127.4	60.5
1995	29.0	28.2	32.9	150.2	92.4	95.3
1996	23.4	21.7	44.7	122.9	104.1	108.2
1997	23.7	21.3	33.1	149.5	64.5	49.4
1998	22.2	20.8	42.9	31.6	48.6	39.5
1999	28.8	27.3	76.6	29.6	70.5	4.1
2000	13.2	9.9	34.7	80.3	-10.5	17.1
2001	15.2	9.7	26.8	96.0	19.5	14.9
2002	26.3	22.5	19.2	67.7	20.6	33.3
2003	15.7	9.8	7.1	59.7	36.2	5.6
2004	15.2	12.2	5.8	31.9	22.9	39.3
2005	16.7	15.4	-2.1	25.1	42.6	45.7
2006	19.9	21.2	-4.3	18.4	44.2	36.9
2007	21.8	21.8	9.9	22.3	28.3	48.3
2008	25.8	23.9	16.4	33.4	44.4	28.6
2009	24.0	20.4	44.7	34.3	22.7	23.5
2010	22.1	20.9	15.4	26.5	23.6	24.4
2011	24.2	24.2	2.2	25.2	48.8	26.7
2012	25.1	25.1	4.1	25.1	41.9	57.6
2013	19.7	18.6	18.0	22.7	18.7	28.9
2014	18.2	17.7	15.6	19.6	16.3	30.2
2015	18.1	19.7	19.8	14.5	6.8	11.8

9-3 历年全国社会保险基金累计结余
BALANCE OF SOCIAL INSURANCE FUNDS

年 份 Year	合 计 Total	基本养老保险 Basic Pension Insurance	失业保险 Unemployment Insurance	城镇基本医疗保险 Basic Medical Insurance	工伤保险 Work Injury Insurance	生育保险 Maternity Insurance
绝对数(亿元) Balance at the Year-end (100 million yuan)						
1989	81.6	68.0	13.6			
1990	117.3	97.9	19.5			
1991	169.7	144.1	25.7			
1992	252.8	220.6	32.1			
1993	303.7	258.6	40.8	0.4	3.1	0.8
1994	365.7	304.8	52.0	0.7	6.8	1.4
1995	516.8	429.8	68.4	3.1	12.7	2.7
1996	696.1	578.6	86.4	6.4	19.7	5.0
1997	831.6	682.8	97.0	16.6	27.7	7.5
1998	791.1	587.8	133.4	20.0	39.5	10.3
1999	1009.8	733.5	159.9	57.6	44.9	13.9
2000	1327.5	947.1	195.9	109.8	57.9	16.8
2001	1622.8	1054.1	226.2	253.0	68.9	20.6
2002	2423.4	1608.0	253.8	450.7	81.1	29.7
2003	3313.8	2206.5	303.5	670.6	91.2	42.0
2004	4493.4	2975.0	385.8	957.9	118.6	55.9
2005	6073.7	4041.0	519.0	1278.1	163.5	72.1
2006	8255.9	5488.9	724.8	1752.4	192.9	96.9
2007	11236.6	7391.4	979.1	2476.9	262.6	126.6
2008	15225.6	9931.0	1310.1	3431.7	384.6	168.2
2009	19006.5	12526.1	1523.6	4275.9	468.8	212.1
2010	23407.5	15787.8	1749.8	5047.1	561.4	261.4
2011	30233.1	20727.8	2240.2	6180.0	742.6	342.5
2012	38106.6	26243.5	2929.0	7644.5	861.9	427.6
2013	45588.1	31274.8	3685.9	9116.5	996.2	514.7
2014	52462.3	35644.5	4451.5	10644.8	1128.8	592.7
2015	59532.5	39937.1	5083.0	12542.8	1285.3	684.4
比上年增长(%) Increase rate						
1990	43.8	44.0	43.1			
1991	44.6	47.2	32.0			
1992	49.0	53.1	24.9			
1993	20.1	17.2	27.1			
1994	20.4	17.9	27.5	63.8	118.1	87.6
1995	41.3	41.0	31.6	335.4	87.3	91.7
1996	34.7	34.6	26.2	107.9	55.8	81.6
1997	19.5	18.0	12.3	157.8	40.1	51.2
1998	-4.9	-13.9	37.6	20.5	42.9	37.1
1999	27.6	24.8	19.8	187.8	13.6	34.9
2000	31.5	29.1	22.6	90.8	28.8	20.6
2001	22.2	11.3	15.5	130.4	19.1	22.7
2002	49.3	52.6	12.2	78.1	17.7	44.5
2003	36.7	37.2	19.6	48.8	12.5	41.3
2004	35.6	34.8	27.1	42.8	30.0	33.1
2005	35.2	35.8	34.5	33.4	37.9	29.0
2006	35.9	35.8	39.7	37.1	18.0	34.4
2007	36.1	34.7	35.1	41.3	36.1	30.7
2008	35.5	34.4	33.8	38.5	46.5	32.9
2009	24.8	26.1	16.3	24.6	21.9	26.1
2010	23.2	26.0	14.8	18.0	19.8	23.2
2011	29.2	31.3	28.0	22.4	32.3	31.0
2012	26.0	26.6	30.7	23.7	16.1	24.8
2013	19.6	19.2	25.8	19.3	15.6	20.4
2014	15.1	14.0	20.8	16.8	13.3	15.1
2015	13.5	12.0	14.2	17.8	13.9	15.5

注：工伤保险累计结余中含储备金。

a) The grand total of work injury insurance at year-end include reserve fund.

9-4 历年全国基本养老保险参保人数情况
PERSONS COVERED BY THE BASIC PENSION INSURANCE AT THE YEAR-END

年 份 Year	合计 Total	城镇职工基本养老保险参保人数 Persons Covered by the Urban Employees Basic Pension Insurance	职工人数 Workers	退休人员人数 Retirees	城乡居民基本养老保险参保人数 Persons Covered by the Basic Pension Insurance for Urban and Rural Residents
绝对数(万人) Absolute figure (10 000 persons)					
1989	5710.3	5710.3	4816.9	893.4	
1990	6166.0	6166.0	5200.7	965.3	
1991	6740.3	6740.3	5653.7	1086.6	
1992	9456.2	9456.2	7774.7	1681.5	
1993	9847.6	9847.6	8008.2	1839.4	
1994	10573.5	10573.5	8494.1	2079.4	
1995	10979.0	10979.0	8737.8	2241.2	
1996	11116.7	11116.7	8758.4	2358.3	
1997	11203.9	11203.9	8670.9	2533.0	
1998	11203.1	11203.1	8475.8	2727.3	
1999	12485.4	12485.4	9501.8	2983.6	
2000	13617.4	13617.4	10447.5	3169.9	
2001	14182.5	14182.5	10801.9	3380.6	
2002	14736.6	14736.6	11128.8	3607.8	
2003	15506.7	15506.7	11646.5	3860.2	
2004	16352.9	16352.9	12250.3	4102.6	
2005	17487.9	17487.9	13120.4	4367.5	
2006	18766.3	18766.3	14130.9	4635.4	
2007	20136.9	20136.9	15183.2	4953.7	
2008	21891.1	21891.1	16587.5	5303.6	
2009	23549.9	23549.9	17743.0	5806.9	
2010	35984.1	25707.3	19402.3	6305.0	10276.8
2011	61573.3	28391.3	21565.0	6826.2	33182.0
2012	78796.3	30426.8	22981.1	7445.7	48369.5
2013	81968.4	32218.4	24177.3	8041.0	49750.1
2014	84231.9	34124.4	25531.0	8593.4	50107.5
2015	85833.4	35361.2	26219.2	9141.9	50472.2
比上年增长(%) Increase over Preceding Year %					
1990	8.0	8.0	8.0	8.0	
1991	9.3	9.3	8.7	12.6	
1992	40.3	40.3	37.5	54.8	
1993	4.1	4.1	3.0	9.4	
1994	7.4	7.4	6.1	13.0	
1995	3.8	3.8	2.9	7.8	
1996	1.3	1.3	0.2	5.2	
1997	0.8	0.8	-1.0	7.4	
1998	0.0	0.0	-2.3	7.7	
1999	11.4	11.4	12.1	9.4	
2000	9.1	9.1	10.0	6.2	
2001	4.2	4.2	3.4	6.6	
2002	3.9	3.9	3.0	6.7	
2003	5.2	5.2	4.7	7.0	
2004	5.5	5.5	5.2	6.3	
2005	6.9	6.9	7.1	6.5	
2006	7.3	7.3	7.7	6.1	
2007	7.3	7.3	7.4	6.9	
2008	8.7	8.7	9.2	7.1	
2009	7.6	7.6	7.0	9.5	
2010	52.8	9.2	9.4	8.6	
2011	71.1	10.4	11.1	8.3	222.9
2012	28.0	7.2	6.6	9.1	45.8
2013	4.0	5.9	5.2	8.0	2.9
2014	2.8	5.9	5.6	6.9	0.7
2015	1.9	3.6	2.7	6.4	0.7

9-5 历年全国基本养老保险基金情况
URBAN BASIC PENSION INSURANCE

年 份 Year	基本养老保险(亿元) Basic Pension Insurance			城镇职工基本养老保险(亿元) Urban Employees Basic Pension Insurance			城乡居民基本养老保险(亿元) Basic Pension Insurance for Urban and Rural Residents		
	基金收入 Revenue	基金支出 Expenses	累计结余 Balance at the Year-end	基金收入 Revenue	基金支出 Expenses	累计结余 Balance at the Year-end	基金收入 Revenue	基金支出 Expenses	累计结余 Balance at the Year-end
1989	146.7	118.8	68.0	146.7	118.8	68.0			
1990	178.8	149.3	97.9	178.8	149.3	97.9			
1991	215.7	173.1	144.1	215.7	173.1	144.1			
1992	365.8	321.9	220.6	365.8	321.9	220.6			
1993	503.5	470.6	258.6	503.5	470.6	258.6			
1994	707.4	661.1	304.8	707.4	661.1	304.8			
1995	950.1	847.6	429.8	950.1	847.6	429.8			
1996	1171.8	1031.9	578.6	1171.8	1031.9	578.6			
1997	1337.9	1251.3	682.8	1337.9	1251.3	682.8			
1998	1459.0	1511.6	587.8	1459.0	1511.6	587.8			
1999	1965.1	1924.9	733.5	1965.1	1924.9	733.5			
2000	2278.5	2115.5	947.1	2278.5	2115.5	947.1			
2001	2489.0	2321.3	1054.1	2489.0	2321.3	1054.1			
2002	3171.5	2842.9	1608.0	3171.5	2842.9	1608.0			
2003	3680.0	3122.1	2206.5	3680.0	3122.1	2206.5			
2004	4258.4	3502.1	2975.0	4258.4	3502.1	2975.0			
2005	5093.3	4040.3	4041.0	5093.3	4040.3	4041.0			
2006	6309.8	4896.7	5488.9	6309.8	4896.7	5488.9			
2007	7834.2	5964.9	7391.4	7834.2	5964.9	7391.4			
2008	9740.2	7389.6	9931.0	9740.2	7389.6	9931.0			
2009	11490.8	8894.4	12526.1	11490.8	8894.4	12526.1			
2010	13872.9	10755.3	15787.8	13419.5	10554.9	15365.3	453.4	200.4	422.5
2011	18004.8	13363.2	20727.8	16894.7	12764.9	19496.6	1110.1	598.3	1231.2
2012	21830.2	16711.5	26243.5	20001.0	15561.8	23941.3	1829.2	1149.7	2302.2
2013	24732.6	19818.7	31274.8	22680.4	18470.4	28269.2	2052.3	1348.3	3005.7
2014	27619.9	23325.8	35644.5	25309.7	21754.7	31800.0	2310.2	1571.2	3844.6
2015	32195.5	27929.4	39937.1	29340.9	25812.7	35344.8	2854.6	2116.7	4592.3

9-6 历年全国机关事业单位城镇职工基本养老保险情况 URBAN BASIC PENSION INSURANCE (INSTITUTION AGENCIES AND ORGANIZATIONS)

年 份 Year	年末参保人数(万人) Persons Covered at the Year-end (10 000 persons)			基金收支情况(亿元) Revenue and Expenses(100 million yuan)		
	合 计 Total	职工 Workers	离退休人员 Retirees	基金收入 Revenue	基金支出 Expenses	累计结余 Balance at the Year-end
1999	762.5	642.6	119.9	93.2	61.8	89.3
2000	1131.0	977.6	153.4	189.8	145.4	186.1
2001	1278.2	1068.9	209.3	253.0	204.4	233.2
2002	1458.0	1199.4	258.6	387.8	340.1	364.5
2003	1625.3	1322.0	303.3	470.6	405.9	441.7
2004	1674.0	1346.4	327.6	529.9	470.9	475.7
2005	1772.1	1409.8	362.3	601.6	545.0	534.3
2006	1909.7	1512.9	396.8	677.2	609.4	619.8
2007	1902.3	1492.6	409.7	823.6	811.3	633.2
2008	1939.7	1504.1	435.6	940.1	882.0	690.0
2009	1983.0	1524.0	459.0	1070.3	1007.8	751.8
2010	2072.9	1579.6	493.3	1201.1	1145.0	818.1
2011	2108.0	1595.0	513.0	1409.9	1339.3	888.5
2012	2154.9	1620.2	534.7	1638.0	1553.3	973.3
2013	2168.9	1612.6	556.2	1831.7	1729.0	1076.9
2014	2170.5	1598.7	579.8	2004.2	1907.4	1173.7
2015	2237.9	1632.5	605.5	2727.7	2671.8	1229.6

9-7 历年全国企业及其他城镇职工基本养老保险情况 URBAN BASIC PENSION INSURANCE(ENTERPRISES AND OTHERS)

年 份 Year	年末参保人数(万人) Persons Covered at the Year-end (10 000 persons)			基金收支情况(亿元) Revenue and Expenses(100 million yuan)		
	合 计 Total	职工 Workers	离退休人员 Retirees	基金收入 Revenue	基金支出 Expenses	累计结余 Balance at the Year-end
1989	5710.3	4816.9	893.4	146.7	118.8	68.0
1990	6166.0	5200.7	965.3	178.8	149.3	97.9
1991	6740.3	5653.7	1086.6	215.7	173.1	144.1
1992	9456.2	7774.7	1681.5	365.8	321.9	220.6
1993	9847.6	8008.2	1839.4	503.5	470.6	258.6
1994	10573.5	8494.1	2079.4	707.4	661.1	304.8
1995	10979.0	8737.8	2241.2	950.1	847.6	429.8
1996	11116.7	8758.4	2358.3	1171.8	1031.9	578.6
1997	11203.9	8670.9	2533.0	1337.9	1251.3	682.8
1998	11203.1	8475.8	2727.3	1459.0	1511.6	587.8
1999	11722.9	8859.2	2863.7	1871.9	1863.1	644.2
2000	12486.4	9469.9	3016.5	2088.3	1970.0	761.0
2001	12904.3	9733.0	3171.3	2235.1	2116.5	818.6
2002	13278.6	9929.4	3349.2	2783.6	2502.8	1243.5
2003	13881.4	10324.5	3556.9	3209.4	2716.2	1764.8
2004	14678.9	10903.9	3775.0	3728.5	3031.2	2499.3
2005	15715.8	11710.6	4005.2	4491.7	3495.3	3506.7
2006	16856.6	12618.0	4238.6	5632.5	4287.3	4869.1
2007	18234.6	13690.6	4544.0	7010.6	5153.6	6758.2
2008	19951.4	15083.4	4868.0	8800.1	6507.6	9241.0
2009	21567.0	16219.0	5348.0	10420.6	7886.6	11774.3
2010	23634.4	17822.7	5811.6	12218.4	9409.9	14547.2
2011	26284.0	19970.0	6314.0	15484.8	11425.7	18608.1
2012	28271.9	21360.9	6910.9	18363.0	14008.5	22968.0
2013	30049.5	22564.7	7484.8	20848.7	16741.5	27192.3
2014	31945.9	23932.3	8013.6	23305.4	19847.2	30626.3
2015	33123.2	24586.8	8536.5	26613.2	23140.9	34115.2

9-8 历年各地区基本养老保险参保人数
CONTRIBUTORS OF BASIC PENSION INSURANCE BY REGION

单位：万人 (10 000 persons)

地区	Region	2001		2002		2003		2004		2005	
		城镇职工基本养老保险 Staff	#离退休人员 Retirees	城镇职工基本养老保险 Staff	#离退休人员 Retirees	城镇职工基本养老保险 Staff	#离退休人员 Retirees	城镇职工基本养老保险 Staff	#离退休人员 Retirees	城镇职工基本养老保险 Staff	#离退休人员 Retirees
全国	**National**	**14182.5**	**3380.6**	**14736.6**	**3607.8**	**15506.7**	**3860.2**	**16352.9**	**4102.6**	**17487.9**	**4367.5**
北京	Beijing	425.9	124.3	436.2	133.2	448.5	141.5	459.7	148.6	520.0	155.2
天津	Tianjin	281.4	85.2	296.0	91.4	283.3	97.6	298.1	102.9	308.3	107.7
河北	Hebei	641.4	145.3	643.5	154.0	665.5	163.6	683.4	172.0	707.9	184.2
山西	Shanxi	365.6	81.8	361.8	85.4	364.4	88.1	376.7	93.3	383.4	98.2
内蒙古	Inner Mongolia	290.6	65.3	292.9	70.8	300.9	72.6	318.8	82.0	338.9	86.1
辽宁	Liaoning	1022.7	288.9	1039.2	302.2	1070.4	315.5	1101.0	333.8	1193.6	360.8
吉林	Jilin	389.1	99.6	397.7	104.9	427.0	115.5	439.0	123.1	455.9	131.0
黑龙江	Heilongjiang	692.5	178.5	689.8	187.4	714.3	196.0	738.1	207.3	768.9	223.2
上海	Shanghai	683.5	239.9	699.8	246.9	715.6	254.6	770.9	265.3	830.0	290.7
江苏	Jiangsu	888.1	212.7	1063.5	252.9	1135.2	271.4	1214.1	288.8	1345.6	307.9
浙江	Zhejiang	610.4	125.1	701.1	132.6	801.2	144.2	888.0	152.4	962.3	160.9
安徽	Anhui	432.7	98.5	432.3	102.8	456.6	113.6	463.9	118.8	471.7	124.8
福建	Fujian	242.0	58.4	285.1	61.6	364.2	79.4	377.5	83.7	409.6	88.9
江西	Jiangxi	328.8	78.2	339.8	82.6	355.9	93.4	371.8	99.9	387.4	105.5
山东	Shandong	1022.6	191.3	1043.0	205.3	1135.9	219.3	1218.7	232.2	1302.4	248.6
河南	Henan	736.6	141.9	757.8	161.5	751.1	171.0	781.1	181.1	814.0	194.2
湖北	Hubei	612.1	137.7	628.8	147.2	732.4	177.9	780.5	195.4	804.0	206.4
湖南	Hunan	603.4	148.0	616.5	157.7	636.2	167.5	691.7	185.4	718.6	195.2
广东	Guangdong	1370.3	187.0	1405.4	193.5	1482.2	203.8	1588.8	220.4	1796.1	231.2
广西	Guangxi	248.9	58.7	257.2	63.5	264.8	66.3	279.3	70.2	288.6	73.3
海南	Hainan	108.2	30.5	111.2	31.9	116.7	33.6	120.0	35.2	120.9	36.5
重庆	Chongqing	270.3	82.3	280.3	87.8	280.0	92.4	283.9	96.8	290.2	100.5
四川	Sichuan	578.9	169.4	589.2	178.1	605.5	187.5	668.0	202.7	793.4	230.7
贵州	Guizhou	159.0	42.4	168.9	44.9	168.0	48.0	174.9	50.0	183.7	51.7
云南	Yunnan	243.1	69.6	252.1	74.1	257.3	77.8	255.3	79.4	258.7	81.9
西藏	Tibet	7.1	2.6	7.0	2.6	7.3	2.8	7.6	3.0	7.7	3.1
陕西	Shaanxi	345.4	83.4	352.0	90.8	362.4	97.4	369.3	102.5	376.1	107.8
甘肃	Gansu	188.4	45.3	188.0	48.1	192.0	51.2	194.5	53.5	197.3	55.1
青海	Qinghai	51.9	14.9	54.2	15.0	56.4	15.9	58.5	16.5	60.0	16.9
宁夏	Ningxia	57.9	13.2	59.0	13.7	60.7	14.3	62.5	15.2	67.5	16.1
新疆	Xinjiang	258.4	77.6	262.1	79.6	269.3	83.0	294.8	87.3	302.1	89.0
中国人民银行	The People's Bank of China	19.8	3.1	19.8	3.3	19.8	3.4	17.1	3.5	17.1	3.7
中国农业发展银行	Agricutural Development Bank of China	5.4	0.2	5.5	0.3	5.6	0.4	5.8	0.4	5.7	0.5

9-8 续表 1 continued

单位：万人 (10 000 persons)

地 区	Region	2006		2007		2008		2009	
		城镇职工基本养老保险 Staff	#离退休人员 Retirees	城镇职工基本养老保险 Staff	#离退休人员 Retirees	城镇职工基本养老保险 Staff	#离退休人员 Retirees	城镇职工基本养老保险 Staff	#离退休人员 Retirees
全 国	**National**	**18766.3**	**4635.4**	**20136.9**	**4953.7**	**21891.1**	**5303.6**	**23549.9**	**5806.9**
北 京	Beijing	603.6	160.9	671.0	171.2	757.2	180.1	826.7	188.2
天 津	Tianjin	328.2	112.7	344.8	119.2	376.5	129.3	401.5	136.5
河 北	Hebei	747.5	196.0	795.6	210.2	862.5	222.7	919.5	238.0
山 西	Shanxi	486.9	112.7	506.7	120.2	539.4	128.0	563.8	136.6
内蒙古	Inner Mongolia	356.6	91.1	370.9	96.6	389.5	102.9	410.8	112.8
辽 宁	Liaoning	1248.8	383.0	1299.7	408.1	1406.2	429.9	1457.4	449.4
吉 林	Jilin	480.2	138.9	501.7	147.8	525.3	155.4	554.3	171.1
黑龙江	Heilongjiang	801.0	236.5	826.8	253.0	857.8	276.0	920.3	333.7
上 海	Shanghai	891.7	314.4	932.4	340.5	967.7	357.8	1001.1	376.0
江 苏	Jiangsu	1469.8	328.1	1602.3	353.3	1751.6	378.6	1883.1	415.4
浙 江	Zhejiang	1052.6	170.9	1167.1	182.3	1386.9	194.8	1527.4	209.6
安 徽	Anhui	495.2	133.8	530.3	144.8	578.4	158.1	628.2	169.5
福 建	Fujian	456.1	93.6	512.8	98.1	557.2	102.6	585.9	108.1
江 西	Jiangxi	415.0	111.6	475.0	118.5	550.3	128.5	581.9	135.9
山 东	Shandong	1368.0	261.7	1457.1	282.2	1565.9	305.0	1661.0	326.0
河 南	Henan	863.8	208.2	912.9	224.7	972.0	239.1	1019.1	254.5
湖 北	Hubei	850.8	220.5	886.8	235.3	932.3	252.0	982.0	273.6
湖 南	Hunan	751.6	209.9	784.0	227.3	829.1	235.3	879.1	246.1
广 东	Guangdong	1972.3	243.5	2226.8	257.2	2444.3	273.0	2716.4	294.2
广 西	Guangxi	302.7	77.1	325.5	82.2	368.1	95.0	411.3	118.0
海 南	Hainan	132.0	38.0	141.7	39.7	156.2	42.0	168.1	43.2
重 庆	Chongqing	317.3	107.9	344.8	112.7	406.1	130.7	492.8	176.5
四 川	Sichuan	842.7	244.9	917.4	269.4	1017.9	306.7	1176.2	393.5
贵 州	Guizhou	193.2	54.1	205.9	56.5	215.9	59.3	235.6	63.5
云 南	Yunnan	267.4	83.8	279.4	87.6	293.7	89.3	306.5	90.2
西 藏	Tibet	7.6	3.1	8.1	3.0	8.5	3.1	9.2	3.1
陕 西	Shaanxi	391.5	111.4	408.1	117.4	433.4	124.4	458.8	131.0
甘 肃	Gansu	201.2	57.7	208.4	60.6	221.0	64.0	230.9	67.5
青 海	Qinghai	62.5	17.4	65.2	18.0	68.3	18.6	71.3	19.3
宁 夏	Ningxia	72.3	16.7	77.0	17.7	82.6	18.8	89.4	20.0
新 疆	Xinjiang	313.3	90.9	327.7	93.7	346.3	97.6	356.9	100.6
中国人民银行	The People's Bank of China	17.2	3.9	17.3	4.1	17.5	4.2	17.5	4.4
中国农业发展银行	Agricutural Development Bank of China	5.6	0.5	5.6	0.6	5.6	0.7	5.6	0.7

9-8 续表 2 continued

单位：万人 (10 000 persons)

地区	Region	2010 合计 Total	2010 #城镇职工基本养老保险 Staff	2010 #离退休人员 Retirees	2010 #城乡居民基本养老保险 Urban and Rural Staff	2011 合计 Total	2011 #城镇职工基本养老保险 Staff	2011 #离退休人员 Retirees	2011 #城乡居民基本养老保险 Urban and Rural Staff
全国	**National**	**35984.1**	**25707.3**	**6305.0**	**10276.8**	**61573.3**	**28391.3**	**6826.2**	**33182.0**
北京	Beijing	1149.8	981.3	195.5	168.5	1262.8	1089.4	201.2	173.4
天津	Tianjin	510.8	431.5	143.6	79.4	543.7	458.7	148.8	85.0
河北	Hebei	1828.7	988.4	259.5	840.3	3417.5	1059.8	285.3	2357.7
山西	Shanxi	840.8	591.0	147.3	249.8	1611.7	623.8	158.9	987.9
内蒙古	Inner Mongolia	599.4	430.7	119.2	168.8	756.0	452.4	136.6	303.6
辽宁	Liaoning	1643.7	1496.9	472.7	146.8	2329.1	1556.6	486.5	772.5
吉林	Jilin	686.2	599.5	206.6	86.7	1027.6	617.5	221.1	410.1
黑龙江	Heilongjiang	1083.5	952.2	363.0	131.2	1261.2	981.0	380.0	280.2
上海	Shanghai	1078.4	1049.5	392.2	28.9	1463.7	1382.7	406.5	81.0
江苏	Jiangsu	2366.5	2033.0	449.1	333.5	4284.6	2223.9	483.1	2060.6
浙江	Zhejiang	1993.0	1702.2	223.6	290.8	2732.3	1919.2	253.4	813.1
安徽	Anhui	1018.9	669.5	177.5	349.3	2907.2	729.3	191.5	2178.0
福建	Fujian	909.4	635.5	113.5	273.9	1484.6	695.1	118.2	789.5
江西	Jiangxi	879.9	607.6	145.5	272.3	2025.9	653.0	168.7	1372.8
山东	Shandong	2692.2	1773.0	345.1	919.2	5514.7	1907.1	373.1	3607.6
河南	Henan	2291.1	1079.3	270.3	1211.8	4474.3	1168.4	287.9	3305.9
湖北	Hubei	1419.8	1039.8	301.6	380.0	2851.1	1113.4	341.7	1737.7
湖南	Hunan	1520.7	938.9	265.4	581.8	3174.7	988.2	277.9	2186.5
广东	Guangdong	3372.8	3215.2	339.6	157.6	4608.1	3800.7	372.6	807.4
广西	Guangxi	669.7	449.3	138.1	220.4	1279.9	483.8	151.5	796.1
海南	Hainan	243.2	180.8	45.4	62.4	409.0	199.9	47.8	209.1
重庆	Chongqing	1391.7	584.4	192.5	807.4	1772.7	647.6	220.1	1125.1
四川	Sichuan	1970.5	1300.9	439.0	669.6	3055.0	1494.2	495.4	1560.7
贵州	Guizhou	481.2	257.3	67.0	223.9	1131.8	282.1	71.3	849.7
云南	Yunnan	786.9	317.4	92.3	469.4	1619.3	342.8	104.2	1276.5
西藏	Tibet	90.4	9.9	3.2	80.5	131.3	11.2	3.2	120.1
陕西	Shaanxi	990.0	550.4	150.3	439.7	1866.1	588.6	155.5	1277.5
甘肃	Gansu	428.0	242.5	71.3	185.5	1044.6	263.0	85.1	781.6
青海	Qinghai	139.5	74.4	20.0	65.1	261.9	81.5	25.2	180.4
宁夏	Ningxia	132.5	107.8	30.5	24.7	296.5	121.4	36.4	175.1
新疆	Xinjiang	751.7	393.8	119.2	357.9	951.1	431.5	131.9	519.6
中国人民银行	The People's Bank of China	17.7	17.7	4.6		17.8	17.8	4.8	
中国农业发展银行	Agricutural Development Bank of China	5.7	5.7	0.8		5.8	5.8	1.0	

9-8 续表 3 continued

单位：万人 (10 000 persons)

地 区	Region	2012 合 计 Total	2012 #城镇职工基本养老保险 Staff	2012 #离退休人员 Retirees	2012 #城乡居民基本养老保险 Urban and Rural Staff	2013 合 计 Total	2013 #城镇职工基本养老保险 Staff	2013 #离退休人员 Retirees	2013 #城乡居民基本养老保险 Urban and Rural Staff
全 国	**National**	**78796.3**	**30426.8**	**7445.7**	**48369.5**	**81968.4**	**32218.4**	**8041.0**	**49750.1**
北 京	Beijing	1383.2	1206.4	210.7	176.8	1491.4	1311.3	220.0	180.1
天 津	Tianjin	579.6	490.3	156.9	89.3	616.2	520.7	168.4	95.5
河 北	Hebei	4460.2	1125.6	312.3	3334.6	4548.8	1194.7	335.1	3354.2
山 西	Shanxi	2130.8	648.7	168.9	1482.1	2206.2	672.4	180.5	1533.7
内蒙古	Inner Mongolia	1228.1	471.9	153.0	756.1	1276.8	496.5	172.7	780.3
辽 宁	Liaoning	2655.4	1609.2	510.4	1046.1	2776.3	1729.5	557.8	1046.9
吉 林	Jilin	1193.5	632.2	234.6	561.3	1298.3	655.2	248.4	643.1
黑龙江	Heilongjiang	1770.9	1013.0	401.6	758.0	1877.9	1062.1	422.2	815.8
上 海	Shanghai	1497.7	1416.9	423.8	80.8	1509.9	1429.9	437.5	80.0
江 苏	Jiangsu	4774.7	2427.5	547.0	2347.2	4966.1	2582.1	594.3	2384.0
浙 江	Zhejiang	3515.6	2183.3	347.8	1332.3	3731.2	2375.4	398.9	1355.8
安 徽	Anhui	4134.3	783.8	205.4	3350.6	4120.0	811.3	219.1	3308.7
福 建	Fujian	2202.5	756.5	125.5	1446.1	2280.0	812.8	133.2	1467.2
江 西	Jiangxi	2444.9	707.4	189.1	1737.5	2526.6	754.2	207.0	1772.5
山 东	Shandong	6464.4	2063.2	416.3	4401.2	6772.4	2259.6	459.2	4512.8
河 南	Henan	5990.3	1270.6	306.0	4719.7	6147.0	1350.0	325.6	4797.0
湖 北	Hubei	3437.6	1171.4	367.3	2266.2	3455.6	1219.4	395.9	2236.3
湖 南	Hunan	4168.3	1048.0	300.4	3120.3	4407.8	1091.7	329.5	3316.0
广 东	Guangdong	6289.3	4034.1	390.2	2255.2	6529.9	4183.0	421.3	2346.8
广 西	Guangxi	2085.0	512.7	163.6	1572.3	2202.4	538.4	172.6	1664.0
海 南	Hainan	483.7	214.2	52.5	269.5	503.6	231.5	57.1	272.1
重 庆	Chongqing	1847.8	716.9	247.0	1130.9	1896.0	773.1	275.4	1122.9
四 川	Sichuan	4443.8	1615.4	541.7	2828.4	4721.8	1720.3	596.2	3001.6
贵 州	Guizhou	1570.1	309.4	77.7	1260.7	1824.5	337.3	82.6	1487.2
云 南	Yunnan	2467.6	364.5	110.7	2103.2	2537.0	384.3	115.7	2152.7
西 藏	Tibet	147.4	13.3	3.5	134.0	154.5	14.0	3.5	140.4
陕 西	Shaanxi	2349.0	643.5	177.1	1705.5	2389.9	685.0	191.9	1704.9
甘 肃	Gansu	1454.0	277.4	93.7	1176.6	1526.9	288.4	99.9	1238.5
青 海	Qinghai	292.1	86.0	26.2	206.1	306.4	90.3	27.6	216.1
宁 夏	Ningxia	311.5	131.2	39.9	180.3	323.3	143.8	41.9	179.5
新 疆	Xinjiang	999.4	458.8	139.0	540.6	1019.9	476.3	143.8	543.6
中国人民银行	The People's Bank of China	17.9	17.9	5.0		18.0	18.0	5.2	
中国农业发展银行	Agricutural Development Bank of China	5.9	5.9	1.0		6.0	6.0	1.1	

9-8 续表 4 continued

单位：万人 (10 000 persons)

地 区	Region	2014 合 计 Total	2014 #城镇职工基本养老保险 Staff	2014 #离退休人员 Retirees	2014 #城乡居民基本养老保险 Urban and Rural Staff	2015 合 计 Total	2015 #城镇职工基本养老保险 Staff	2015 #离退休人员 Retirees	2015 #城乡居民基本养老保险 Urban and Rural Staff
全 国	**National**	**84231.9**	**34124.4**	**8593.4**	**50107.5**	**85833.4**	**35361.2**	**9141.9**	**50472.2**
北 京	Beijing	1578.9	1392.6	228.9	186.3	1611.9	1424.2	236.7	187.6
天 津	Tianjin	651.5	545.4	175.3	106.1	686.3	565.2	180.9	121.1
河 北	Hebei	4666.3	1262.0	353.6	3404.4	4760.8	1320.5	368.5	3440.3
山 西	Shanxi	2229.4	692.0	190.9	1537.4	2254.5	714.3	201.4	1540.3
内 蒙 古	Inner Mongolia	1286.9	524.9	192.7	761.9	1313.0	579.0	208.1	734.1
辽 宁	Liaoning	2801.2	1769.2	601.9	1032.0	2814.8	1780.2	640.5	1034.7
吉 林	Jilin	1331.5	676.7	261.1	654.8	1356.3	693.6	273.7	662.7
黑 龙 江	Heilongjiang	1911.9	1090.1	443.4	821.8	1945.8	1118.0	471.1	827.8
上 海	Shanghai	1535.7	1457.4	452.4	78.3	1573.3	1493.8	465.4	79.5
江 苏	Jiangsu	5039.8	2691.9	637.6	2347.9	5118.9	2779.9	681.1	2339.0
浙 江	Zhejiang	3890.1	2548.0	468.8	1342.1	3790.2	2504.3	570.3	1285.9
安 徽	Anhui	4166.4	829.2	232.3	3337.2	4254.1	857.5	246.7	3396.6
福 建	Fujian	2321.3	848.3	140.2	1473.0	2364.1	883.7	147.1	1480.4
江 西	Jiangxi	2582.0	783.9	221.1	1798.1	2653.0	823.1	235.2	1829.9
山 东	Shandong	6910.1	2370.2	511.5	4539.9	7011.8	2477.5	554.4	4534.3
河 南	Henan	6275.4	1431.6	342.3	4843.8	6363.9	1508.7	359.8	4855.2
湖 北	Hubei	3496.8	1266.2	419.2	2230.5	3530.5	1315.5	440.6	2215.0
湖 南	Hunan	4417.2	1118.9	349.0	3298.3	4440.2	1160.1	369.0	3280.1
广 东	Guangdong	7217.1	4809.5	445.9	2407.7	7586.2	5086.5	473.3	2499.7
广 西	Guangxi	2271.5	557.6	180.3	1713.9	2318.1	576.6	186.9	1741.5
海 南	Hainan	517.1	242.3	59.9	274.8	530.9	249.8	62.0	281.1
重 庆	Chongqing	1938.0	825.5	293.3	1112.5	1960.4	849.3	304.9	1111.1
四 川	Sichuan	4853.6	1839.7	648.1	3013.9	4959.4	1939.0	688.9	3020.4
贵 州	Guizhou	1948.1	361.5	87.1	1586.6	2041.1	392.1	94.8	1649.0
云 南	Yunnan	2558.4	397.9	118.7	2160.5	2666.2	412.9	121.8	2253.3
西 藏	Tibet	156.1	15.2	3.7	140.9	173.9	16.2	3.8	157.7
陕 西	Shaanxi	2427.3	716.5	200.3	1710.8	2466.2	751.7	207.5	1714.5
甘 肃	Gansu	1539.0	298.8	105.0	1240.1	1542.9	306.2	109.2	1236.7
青 海	Qinghai	319.2	94.6	28.8	224.6	333.5	100.1	30.1	233.5
宁 夏	Ningxia	333.6	151.4	44.2	182.1	340.6	157.5	46.4	183.1
新 疆	Xinjiang	1036.0	490.8	149.1	545.2	1045.6	499.4	154.8	546.1
中国人民银行	The People's Bank of China	18.0	18.0	5.5		18.1	18.1	5.8	
中国农业发展银行	Agricutural Development Bank of China	6.5	6.5	1.3		6.7	6.7	1.4	

9-9 各地区城镇职工基本养老保险情况(2015年)
URBAN BASIC PENSION INSURANCE BY REGION(2015)

单位：万人，亿元 (10 000 persons，100 million yuan)

地 区	Region	参保职工年末人数 Active Contributors at the Year-end	#企业(含其他) Enterprises (others)	参保离退休人员年末人数 Retirees at the Year-end	基金收支情况 Revenue and Expenses 基金收入 Revenue	基金支出 Expenses	累计结余 Balance at the Year-end
全 国	**National**	**26219.2**	**24586.8**	**9141.9**	**29340.9**	**25812.7**	**35344.8**
北 京	Beijing	1187.5	1187.5	236.7	1601.2	965.5	2796.6
天 津	Tianjin	384.2	378.5	180.9	594.3	559.5	396.4
河 北	Hebei	952.0	812.1	368.5	1073.9	1137.0	755.8
山 西	Shanxi	512.9	426.3	201.4	688.6	657.0	1264.4
内蒙古	Inner Mongolia	370.8	330.3	208.1	567.6	565.0	474.2
辽 宁	Liaoning	1139.7	1079.3	640.5	1630.2	1743.2	1170.8
吉 林	Jilin	420.0	420.0	273.7	569.2	609.9	383.1
黑龙江	Heilongjiang	646.9	593.0	471.1	1030.7	1223.2	130.9
上 海	Shanghai	1028.4	966.4	465.4	2226.1	2035.2	1451.0
江 苏	Jiangsu	2098.8	2013.5	681.1	2153.9	1844.7	3163.7
浙 江	Zhejiang	1934.0	1857.4	570.3	1958.5	1583.7	3070.4
安 徽	Anhui	610.9	600.1	246.7	765.9	605.5	1042.4
福 建	Fujian	736.6	684.6	147.1	519.9	434.0	576.2
江 西	Jiangxi	587.9	568.3	235.2	605.6	537.1	498.9
山 东	Shandong	1923.1	1681.4	554.4	2105.6	1845.2	2233.4
河 南	Henan	1149.0	1043.0	359.8	1027.1	961.0	997.5
湖 北	Hubei	874.9	830.7	440.6	1132.4	1103.6	850.4
湖 南	Hunan	791.1	634.5	369.0	910.1	849.4	939.3
广 东	Guangdong	4613.3	4459.4	473.3	2563.6	1475.5	6532.8
广 西	Guangxi	389.8	389.8	186.9	479.1	470.9	456.5
海 南	Hainan	187.9	156.2	62.0	168.0	157.5	114.2
重 庆	Chongqing	544.4	535.0	304.9	758.1	664.6	755.4
四 川	Sichuan	1250.1	1146.9	688.9	1680.6	1527.6	2166.4
贵 州	Guizhou	297.3	288.3	94.8	315.4	242.2	480.4
云 南	Yunnan	291.1	283.4	121.8	406.5	329.0	650.5
西 藏	Tibet	12.4	8.9	3.8	28.2	18.8	49.8
陕 西	Shaanxi	544.2	499.8	207.5	604.9	613.0	453.3
甘 肃	Gansu	197.0	196.6	109.2	312.2	307.6	365.8
青 海	Qinghai	69.9	69.9	30.1	103.3	111.2	76.4
宁 夏	Ningxia	111.1	111.1	46.4	143.9	137.1	172.2
新 疆	Xinjiang	344.7	334.3	154.8	607.0	490.4	861.4
中国人民银行	The People's Bank of China	12.3		5.8			
中国农业发展银行	Agricutural Development Bank of China	5.3		1.4	9.2	7.9	14.3

9-10 各地区城乡居民基本养老保险情况（2015年）
STATISTICS ON BASIC PENSION INSURANCE FOR URBAN AND RURAL RESIDENTS BY REGION (2015)

地 区	Region	参保人数（万人） Contributors at Year-end (10 000 persons)	#实际领取待遇人数 Number of Participants Who Have Reached the Prescribed Age of Benifit Entilement	基金收支情况(亿元) Revenue and Expenses(100 million yuan) 基金收入 Revenue	基金支出 Expenses	累计结余 Balance at Year-end
全 国	**National Total**	**50472.2**	**14800.3**	**2854.6**	**2116.7**	**4592.3**
北 京	Beijing	187.6	39.5	37.3	26.5	127.5
天 津	Tianjin	121.1	74.9	46.5	26.9	147.3
河 北	Hebei	3440.3	927.3	140.3	98.5	211.2
山 西	Shanxi	1540.3	371.0	67.9	44.8	122.6
内蒙古	Inner Mongolia	734.1	204.9	41.4	36.8	67.3
辽 宁	Liaoning	1034.7	374.3	63.1	56.3	57.3
吉 林	Jilin	662.7	218.0	29.6	25.0	40.1
黑龙江	Heilongjiang	827.8	258.1	30.8	27.0	54.2
上 海	Shanghai	79.5	48.7	48.1	48.4	74.0
江 苏	Jiangsu	2339.0	1023.0	274.8	213.5	441.2
浙 江	Zhejiang	1285.9	550.8	148.3	143.3	144.3
安 徽	Anhui	3396.6	895.1	139.6	95.7	220.6
福 建	Fujian	1480.4	404.1	73.8	53.6	102.8
江 西	Jiangxi	1829.9	441.3	69.3	49.3	109.7
山 东	Shandong	4534.3	1401.1	289.6	189.8	568.2
河 南	Henan	4855.2	1305.2	204.7	154.0	293.9
湖 北	Hubei	2215.0	653.9	103.6	73.4	165.7
湖 南	Hunan	3280.1	899.6	136.4	95.9	184.1
广 东	Guangdong	2499.7	776.3	206.7	146.9	357.3
广 西	Guangxi	1741.5	538.1	87.6	66.4	88.9
海 南	Hainan	281.1	69.3	21.8	13.2	34.9
重 庆	Chongqing	1111.1	366.7	53.8	52.4	94.1
四 川	Sichuan	3020.4	1095.0	192.0	144.1	303.0
贵 州	Guizhou	1649.0	433.0	62.2	46.1	75.8
云 南	Yunnan	2253.3	480.7	83.5	51.1	157.1
西 藏	Tibet	157.7	24.5	6.5	4.1	11.5
陕 西	Shaanxi	1714.5	441.4	91.7	65.3	148.5
甘 肃	Gansu	1236.7	300.1	54.3	36.7	95.9
青 海	Qinghai	233.5	43.3	12.8	7.6	21.6
宁 夏	Ningxia	183.1	37.5	10.0	6.9	19.3
新 疆	Xinjiang	546.1	103.9	26.7	17.1	52.2

注：2009年启动新型农村社会养老保险试点，2011年启动城镇居民社会养老保险试点，2012年底实现两项制度的全覆盖，2014年两项制度合并实施，建立统一的城乡居民基本养老保险制度。

a) Since August 2012, basic pension insurance for unban and rural residents consist of new rural old-age insurance and urban residents basic pension insurance.

9-11 历年各地区养老金社会化发放人数
NUMBER OF PENSIONERS PAID BY THE SOCIALIZED AGENCIES BY REGION

单位：万人 (10 000 persons)

地 区	Region	2012	2013	2014	2015
全 国	**National**	**6865.5**	**7201.0**	**8093.2**	**8383.9**
北 京	Beijing	**210.7**	**212.6**	**228.9**	**236.7**
天 津	Tianjin	152.6	15.8	171.2	176.2
河 北	Hebei	268.8	286.8	313.7	317.3
山 西	Shanxi	167.5	159.5	174.2	171.8
内蒙古	Inner Mongolia	148.9	168.7	188.9	200.0
辽 宁	Liaoning	478.4	524.6	572.1	604.6
吉 林	Jilin	234.6	242.9	260.5	273.7
黑龙江	Heilongjiang	378.1	397.7	423.5	445.5
上 海	Shanghai	376.6	388.1	407.7	415.4
江 苏	Jiangsu	512.0	557.0	607.0	610.0
浙 江	Zhejiang	321.5	328.9	444.1	541.0
安 徽	Anhui	201.2	204.8	228.8	238.0
福 建	Fujian	97.1	102.7	119.9	105.0
江 西	Jiangxi	184.6	202.4	216.9	228.5
山 东	Shandong	332.7	363.9	435.7	457.0
河 南	Henan	277.3	295.8	316.3	294.9
湖 北	Hubei	351.4	373.7	404.2	420.5
湖 南	Hunan	243.6	259.9	296.0	304.9
广 东	Guangdong	333.5	383.4	430.4	457.5
广 西	Guangxi	162.4	170.2	180.2	186.5
海 南	Hainan	44.2	47.7	52.8	50.7
重 庆	Chongqing	244.1	270.3	290.0	302.3
四 川	Sichuan	500.3	561.8	614.9	614.6
贵 州	Guizhou	77.0	81.3	86.4	94.1
云 南	Yunnan	106.7	112.6	114.1	113.8
西 藏	Tibet	3.4	3.4	3.6	3.8
陕 西	Shaanxi	160.6	174.7	185.3	189.0
甘 肃	Gansu	92.5	100.0	104.9	109.2
青 海	Qinghai	26.2	27.6	28.8	30.1
宁 夏	Ningxia	40.3	40.7	43.8	46.4
新 疆	Xinjiang	81.3	84.9	88.9	85.3
新疆兵团	Xinjiang Production and Construction Crops	55.7	56.4	58.5	59.6

注：社会化发放人数是指企业、企业化管理的事业单位及其他参保人员中的离退休人员。

a) Number of pensioners paid by the socialized agencies refers to retirees of enterprises, institutions managed as enterprises and other contributors.

9-12 历年全国城镇基本医疗保险基本情况
PERSONS COVERED BY THE BASIC MEDICAL INSURANCE AT THE YEAR-END

年 份 Year	合计 Total	职工基本医疗保险参保人数 Persons Covered by the Basic Medical Insurance of Employment	职工人数 Workers	退休人员人数 Retirees	城镇居民基本医疗保险参保人数 Persons Covered by the Basic Medical Insurance of Non-employment
绝对数(万人) Absolute figure (10 000 persons)					
1993	290.1	290.1	267.6	22.5	
1994	400.3	400.3	374.6	25.7	
1995	745.9	745.9	702.6	43.3	
1996	855.7	855.7	791.2	64.5	
1997	1762.0	1762.0	1588.9	173.1	
1998	1878.7	1878.7	1509.7	369.0	
1999	2065.3	2065.3	1509.4	555.9	
2000	3786.9	3786.9	2862.8	924.2	
2001	7285.9	7285.9	5470.7	1815.2	
2002	9401.2	9401.2	6925.8	2475.4	
2003	10901.7	10901.7	7974.9	2926.8	
2004	12403.6	12403.6	9044.4	3359.2	
2005	13782.9	13782.9	10021.7	3761.2	
2006	15731.8	15731.8	11580.3	4151.5	
2007	22311.4	18020.3	13420.3	4600.0	4291.1
2008	31821.6	19995.6	14987.7	5007.9	11826.0
2009	40147.0	21937.4	16410.5	5526.9	18209.6
2010	43262.9	23734.7	17791.2	5943.5	19528.3
2011	47343.2	25227.1	18948.5	6278.6	22116.1
2012	53641.3	26485.6	19861.3	6624.2	27155.7
2013	57072.6	27443.1	20501.3	6941.8	29629.4
2014	59746.9	28296.0	21041.3	7254.8	31450.9
2015	66581.6	28893.1	21362.0	7531.2	37688.5
比上年增长(%) Increase over Preceding Year %					
1994	38.0	38.0	40.0	14.3	
1995	86.3	86.3	87.6	68.0	
1996	14.7	14.7	12.6	49.0	
1997	105.9	105.9	100.8	168.5	
1998	6.6	6.6	-5.0	113.2	
1999	9.9	9.9	0.0	50.7	
2000	83.4	83.4	89.7	66.2	
2001	92.4	92.4	91.1	96.4	
2002	29.0	29.0	26.6	36.4	
2003	16.0	16.0	15.1	18.2	
2004	13.8	13.8	13.4	14.8	
2005	11.1	11.1	10.8	12.0	
2006	14.1	14.1	15.6	10.4	
2007	41.8	14.5	15.9	10.8	
2008	42.6	11.0	11.7	8.9	175.6
2009	26.2	9.7	9.5	10.4	54.0
2010	7.8	8.2	8.4	7.5	7.2
2011	9.4	6.3	6.5	5.6	13.3
2012	13.3	5.0	4.8	5.5	22.8
2013	6.4	3.6	3.2	4.8	9.1
2014	4.7	3.1	2.6	4.5	6.1
2015	11.4	2.1	1.5	3.8	19.8

9-13 历年各地区城镇基本医疗保险参保人数
BASIC MEDICAL INSURANCE BY REGION

单位：万人 (10 000 persons)

地区	Region	2001		2002		2003		2004	
		职工基本医疗保险 Staff	#退休人员 Retirees	职工基本医疗保险 Staff	#退休人员 Retirees	职工基本医疗保险 Staff	#退休人员 Retirees	职工基本医疗保险 Staff	#退休人员 Retirees
全　国	**National**	**7285.9**	**1815.2**	**9401.2**	**2475.4**	**10901.7**	**2926.8**	**12403.6**	**3359.2**
北　京	Beijing	240.7	89.4	321.1	113.2	436.1	134.7	483.9	141.7
天　津	Tianjin	139.6	46.8	250.2	103.8	254.7	108.5	263.0	104.8
河　北	Hebei	282.5	61.5	330.4	73.0	383.2	84.7	472.5	108.9
山　西	Shanxi	157.3	34.4	216.7	49.5	245.5	51.3	295.5	63.9
内蒙古	Inner Mongolia	196.9	45.5	221.7	54.2	252.3	66.1	274.2	78.1
辽　宁	Liaoning	313.6	90.4	619.0	188.7	697.7	217.2	783.7	247.3
吉　林	Jilin	124.2	27.8	176.9	39.8	230.8	55.3	270.0	67.5
黑龙江	Heilongjiang	308.3	89.2	392.8	108.2	435.2	122.1	544.1	151.7
上　海	Shanghai	680.5	238.9	694.8	245.9	709.6	250.6	714.1	260.9
江　苏	Jiangsu	456.0	113.5	690.9	183.2	815.0	227.6	976.7	261.6
浙　江	Zhejiang	352.7	100.0	423.4	117.0	510.3	139.5	569.2	150.3
安　徽	Anhui	232.8	53.6	273.4	65.6	318.2	79.8	362.2	97.7
福　建	Fujian	171.0	38.3	230.0	54.7	247.8	61.8	285.9	69.5
江　西	Jiangxi	71.6	12.2	106.6	22.7	188.2	45.7	250.4	65.8
山　东	Shandong	490.2	86.0	625.6	119.5	691.1	138.0	771.9	153.5
河　南	Henan	460.3	94.8	537.4	115.2	567.9	126.9	590.0	136.8
湖　北	Hubei	255.4	54.5	338.1	80.6	416.6	110.1	466.8	132.5
湖　南	Hunan	351.6	83.7	398.1	108.3	423.5	116.1	477.0	133.9
广　东	Guangdong	544.8	84.4	717.7	118.8	877.0	146.4	1034.2	168.9
广　西	Guangxi	150.1	33.4	201.8	54.1	235.0	66.1	272.2	77.8
海　南	Hainan	40.9	8.5	52.6	11.5	63.1	15.4	78.6	22.3
重　庆	Chongqing	36.8	9.7	58.7	18.0	121.8	41.7	206.3	76.2
四　川	Sichuan	437.6	128.3	480.6	150.1	531.2	173.8	587.6	196.5
贵　州	Guizhou	31.1	6.9	94.6	26.6	134.1	38.2	152.6	44.0
云　南	Yunnan	185.7	45.6	238.4	65.0	281.5	81.4	302.3	89.6
西　藏	Tibet					6.0	1.8	7.1	2.8
陕　西	Shaanxi	231.4	49.4	261.8	65.1	301.0	77.4	325.6	86.8
甘　肃	Gansu	109.9	23.6	124.1	26.0	146.0	32.8	165.8	40.6
青　海	Qinghai	38.3	12.6	51.1	16.3	56.4	17.8	60.2	19.5
宁　夏	Ningxia	17.2	4.0	36.8	10.1	48.1	12.7	55.6	14.6
新　疆	Xinjiang	177.0	48.1	235.7	70.6	276.7	85.3	304.4	93.2

9-13 续表 1 continued

单位：万人 (10 000 persons)

地 区	Region	2005 职工基本医疗保险 Staff	2005 #退休人员 Retirees	2006 职工基本医疗保险 Staff	2006 #退休人员 Retirees	2007 合 计 Total	2007 #职工基本医疗保险 Staff	2007 #退休人员 Retirees	2007 #城镇居民基本医疗保险 Urban Staff
全 国	**National**	**13782.9**	**3761.2**	**15731.9**	**4151.5**	**22311.4**	**18020.3**	**4600.0**	**4291.1**
北 京	Beijing	574.8	155.1	679.5	163.9	929.4	783.0	172.9	146.4
天 津	Tianjin	299.1	118.3	344.2	126.0	403.8	382.5	133.2	21.3
河 北	Hebei	562.1	139.6	615.9	158.6	746.3	686.3	183.9	60.0
山 西	Shanxi	324.9	73.0	353.8	82.2	460.6	405.7	98.3	54.9
内蒙古	Inner Mongolia	292.0	86.0	316.2	93.1	451.6	352.7	103.8	98.9
辽 宁	Liaoning	864.2	280.0	959.3	307.4	1200.2	1087.8	346.5	112.4
吉 林	Jilin	283.0	73.9	376.3	101.2	767.2	427.8	118.2	339.4
黑龙江	Heilongjiang	602.9	170.4	708.2	192.9	826.7	752.2	202.3	74.5
上 海	Shanghai	728.6	275.9	1023.3	291.0	1096.8	1096.8	306.4	
江 苏	Jiangsu	1124.1	303.0	1274.3	338.5	2136.6	1435.8	365.4	700.8
浙 江	Zhejiang	639.6	163.1	730.6	172.9	946.2	855.0	185.5	91.2
安 徽	Anhui	387.1	112.7	441.2	124.7	953.3	486.2	137.1	467.1
福 建	Fujian	333.0	77.2	370.1	85.2	477.4	406.1	91.0	71.3
江 西	Jiangxi	276.7	75.0	313.3	86.5	784.7	403.4	121.6	381.3
山 东	Shandong	861.5	176.7	996.1	199.9	1292.3	1115.9	227.8	176.4
河 南	Henan	641.5	154.1	704.1	173.3	897.7	781.0	197.4	116.8
湖 北	Hubei	502.0	147.2	565.3	166.6	870.5	644.5	196.3	226.0
湖 南	Hunan	503.4	146.6	560.5	162.4	724.5	620.6	181.9	103.9
广 东	Guangdong	1235.3	180.3	1421.1	197.9	2281.6	2022.2	218.0	259.4
广 西	Guangxi	285.9	82.3	302.0	88.7	361.4	339.3	99.2	22.1
海 南	Hainan	87.2	24.5	91.0	25.6	155.3	107.5	29.9	47.9
重 庆	Chongqing	237.7	91.9	257.5	97.4	327.5	284.7	104.7	42.8
四 川	Sichuan	647.0	220.2	734.5	247.8	1020.0	815.0	270.6	205.0
贵 州	Guizhou	180.5	51.5	199.2	57.8	293.8	228.2	66.1	65.6
云 南	Yunnan	320.7	95.5	331.5	98.8	400.3	345.8	101.8	54.5
西 藏	Tibet	15.2	4.8	16.5	5.0	19.2	19.2	5.8	
陕 西	Shaanxi	348.8	101.3	377.1	111.4	459.3	410.1	123.2	49.3
甘 肃	Gansu	176.6	46.2	195.8	51.7	449.5	221.5	61.6	228.0
青 海	Qinghai	62.0	20.4	64.5	22.0	95.8	70.1	23.0	25.7
宁 夏	Ningxia	64.5	17.2	73.1	19.9	114.0	78.3	21.4	35.7
新 疆	Xinjiang	321.1	97.5	335.8	101.2	367.9	355.1	105.1	12.7

9-13 续表 2 continued

单位：万人 (10 000 persons)

地 区	Region	2008 合 计 Total	2008 #职工基本医疗保险 Staff	2008 #退休人员 Retirees	2008 #城镇居民基本医疗保险 Urban Staff	2009 合 计 Total	2009 #职工基本医疗保险 Staff	2009 #退休人员 Retirees	2009 #城镇居民基本医疗保险 Urban Staff
全 国	**National**	**31821.7**	**19995.6**	**5007.9**	**11826.1**	**40147.0**	**21937.4**	**5526.9**	**18209.6**
北 京	Beijing	1017.1	871.0	182.4	146.1	1083.9	938.4	191.8	145.5
天 津	Tianjin	484.5	399.1	141.8	85.4	605.3	444.1	150.6	161.2
河 北	Hebei	1083.1	738.5	199.5	344.5	1421.1	802.1	219.7	619.0
山 西	Shanxi	593.9	441.8	108.8	152.1	879.0	534.6	128.5	344.5
内蒙古	Inner Mongolia	612.5	373.7	108.6	238.8	805.3	410.4	117.8	394.9
辽 宁	Liaoning	1507.5	1209.3	386.5	298.1	1895.6	1347.0	444.5	548.6
吉 林	Jilin	937.4	450.9	131.8	486.5	1242.8	486.4	147.4	756.4
黑龙江	Heilongjiang	1056.3	788.3	216.0	268.1	1544.3	851.3	256.5	693.0
上 海	Shanghai	1355.2	1171.7	320.9	183.5	1583.8	1329.6	372.5	254.2
江 苏	Jiangsu	2837.6	1604.3	390.3	1233.3	3031.0	1701.1	418.6	1329.9
浙 江	Zhejiang	1322.6	1053.9	198.3	268.7	1784.4	1173.7	211.8	610.7
安 徽	Anhui	1323.8	528.8	148.1	795.0	1435.8	570.2	160.4	865.6
福 建	Fujian	796.5	435.7	101.4	360.7	1137.2	503.7	114.7	633.5
江 西	Jiangxi	1207.1	503.2	149.4	704.0	1300.4	515.1	151.6	785.3
山 东	Shandong	1847.0	1266.2	256.2	580.8	2540.2	1428.6	287.8	1111.6
河 南	Henan	1549.4	840.9	220.8	708.6	1970.1	920.1	243.7	1050.0
湖 北	Hubei	1435.7	714.9	210.9	720.8	1811.7	820.4	236.2	991.3
湖 南	Hunan	1321.6	682.0	206.5	639.6	1831.9	746.4	225.6	1085.5
广 东	Guangdong	3551.8	2370.7	240.3	1181.1	4568.5	2556.4	259.4	2012.1
广 西	Guangxi	568.2	361.4	103.8	206.8	850.0	388.8	110.6	461.2
海 南	Hainan	249.7	121.8	34.0	127.9	283.8	152.7	41.5	131.0
重 庆	Chongqing	550.6	326.2	115.1	224.4	769.5	362.5	120.8	407.0
四 川	Sichuan	1413.8	893.5	296.7	520.4	1912.7	958.5	317.3	954.2
贵 州	Guizhou	404.3	257.4	73.0	146.9	567.0	279.5	85.1	287.5
云 南	Yunnan	618.2	356.8	103.6	261.4	762.5	397.4	118.3	365.0
西 藏	Tibet	32.4	20.1	5.3	12.3	36.0	22.6	6.4	13.5
陕 西	Shaanxi	717.3	432.7	132.8	284.6	890.0	463.3	145.2	426.8
甘 肃	Gansu	522.2	248.9	68.8	273.2	557.4	272.2	77.7	285.2
青 海	Qinghai	93.6	72.1	24.5	21.5	104.8	75.7	24.6	29.1
宁 夏	Ningxia	158.7	83.2	22.7	75.4	186.0	87.0	23.8	99.0
新 疆	Xinjiang	652.1	376.6	109.0	275.5	755.0	397.5	114.7	357.4

9-13 续表 3 continued

单位：万人 (10 000 persons)

地区	Region	2010 合计 Total	2010 #职工基本医疗保险 Staff	2010 #退休人员 Retirees	2010 #城镇居民基本医疗保险 Urban Staff	2011 合计 Total	2011 #职工基本医疗保险 Staff	2011 #退休人员 Retirees	2011 #城镇居民基本医疗保险 Urban Staff
全国	**National**	**43262.9**	**23734.7**	**5943.5**	**19528.3**	**47343.2**	**25227.1**	**6278.6**	**22116.1**
北京	Beijing	1207.3	1063.7	215.1	143.7	1347.8	1188.0	232.8	159.8
天津	Tianjin	960.9	470.0	157.5	490.9	972.8	474.5	162.5	498.3
河北	Hebei	1518.1	848.0	238.0	670.0	1562.2	875.5	248.2	686.6
山西	Shanxi	923.5	562.0	140.0	361.5	1005.1	595.8	150.8	409.3
内蒙古	Inner Mongolia	886.4	433.5	124.7	452.8	907.3	438.0	124.3	469.3
辽宁	Liaoning	2056.2	1408.7	464.1	647.5	2120.1	1499.4	494.1	620.7
吉林	Jilin	1333.8	550.1	179.9	783.7	1350.6	557.2	188.2	793.4
黑龙江	Heilongjiang	1560.8	873.7	278.4	687.1	1578.0	881.0	293.6	697.0
上海	Shanghai	1665.2	1405.9	388.8	259.2	1591.8	1342.1	404.1	249.7
江苏	Jiangsu	3249.4	1848.3	443.2	1401.2	3500.5	2012.4	470.9	1488.1
浙江	Zhejiang	1963.8	1344.4	226.8	619.4	2244.1	1514.4	243.3	729.7
安徽	Anhui	1529.3	598.5	169.3	930.9	1612.9	659.3	181.9	953.6
福建	Fujian	1200.6	546.6	120.7	654.0	1217.2	579.3	126.2	637.8
江西	Jiangxi	1326.4	532.1	166.5	794.3	1329.7	535.9	170.9	793.8
山东	Shandong	2770.6	1541.3	316.7	1229.3	2947.8	1637.1	337.5	1310.7
河南	Henan	2043.7	957.4	258.7	1086.4	2122.3	1016.4	272.2	1105.8
湖北	Hubei	1860.0	847.8	239.8	1012.3	1932.5	902.8	254.6	1029.7
湖南	Hunan	1894.5	777.4	236.9	1117.2	1941.2	789.5	242.9	1151.7
广东	Guangdong	5043.2	3000.0	314.5	2043.2	6767.1	3234.3	340.5	3532.8
广西	Guangxi	935.2	413.5	123.0	521.7	981.3	437.2	128.8	544.1
海南	Hainan	323.3	166.9	43.2	156.4	352.4	186.2	45.3	166.1
重庆	Chongqing	830.8	406.2	125.6	424.6	1324.8	458.5	133.1	866.3
四川	Sichuan	2063.1	1051.9	348.3	1011.2	2248.4	1169.1	366.0	1079.3
贵州	Guizhou	602.5	293.5	88.2	309.0	629.0	314.1	93.3	314.9
云南	Yunnan	820.5	414.8	121.4	405.7	865.8	443.4	126.6	422.4
西藏	Tibet	38.6	23.5	6.6	15.1	43.7	24.9	6.6	18.7
陕西	Shaanxi	947.2	474.2	151.2	473.1	1090.4	540.3	172.8	550.2
甘肃	Gansu	588.8	290.2	85.9	298.6	590.8	291.1	88.2	299.8
青海	Qinghai	140.3	78.7	25.2	61.6	151.6	82.4	25.9	69.2
宁夏	Ningxia	188.3	94.1	26.4	94.2	188.8	100.2	27.1	88.5
新疆	Xinjiang	790.5	417.7	119.0	372.7	825.2	446.6	125.2	378.5

9-13 续表 4 continued

单位：万人 (10 000 persons)

地区	Region	2012 合计 Total	2012 #职工基本医疗保险 Staff	2012 #退休人员 Retirees	2012 #城镇居民基本医疗保险 Urban Staff	2013 合计 Total	2013 #职工基本医疗保险 Staff	2013 #退休人员 Retirees	2013 #城镇居民基本医疗保险 Urban Staff
全　国	**National**	**53641.3**	**26485.6**	**6624.2**	**27155.7**	**57072.6**	**27443.1**	**6941.8**	**29629.4**
北　京	Beijing	1431.6	1279.7	239.1	151.9	1514.9	1354.8	249.8	160.1
天　津	Tianjin	981.3	479.1	168.9	502.2	1001.5	493.1	177.3	508.4
河　北	Hebei	1644.4	906.8	261.5	737.6	1674.5	926.3	275.6	748.2
山　西	Shanxi	1055.9	621.1	157.2	434.9	1086.3	646.5	166.9	439.7
内蒙古	Inner Mongolia	967.7	455.1	132.4	512.6	986.2	464.5	134.5	521.7
辽　宁	Liaoning	2251.9	1587.0	524.8	664.9	2333.3	1624.8	546.9	708.5
吉　林	Jilin	1370.0	569.5	194.0	800.5	1378.6	574.9	197.5	803.7
黑龙江	Heilongjiang	1580.3	867.8	309.6	712.5	1580.4	868.1	311.6	712.3
上　海	Shanghai	1638.6	1376.0	421.5	262.6	1650.5	1394.1	438.4	256.4
江　苏	Jiangsu	3608.8	2155.5	508.9	1453.4	3427.6	2274.7	543.6	1152.9
浙　江	Zhejiang	2806.8	1671.0	277.1	1135.8	4121.1	1791.1	299.5	2330.0
安　徽	Anhui	1660.0	685.2	191.5	974.8	1660.8	716.0	203.3	944.9
福　建	Fujian	1262.9	666.3	130.2	596.6	1283.8	703.0	136.4	580.8
江　西	Jiangxi	1438.6	546.8	180.4	891.8	1476.6	569.9	189.8	906.7
山　东	Shandong	3101.2	1734.1	365.6	1367.1	3647.9	1809.7	391.7	1838.2
河　南	Henan	2222.2	1082.2	293.2	1140.0	2297.2	1140.2	313.4	1157.0
湖　北	Hubei	1960.3	921.2	264.7	1039.1	1960.6	922.8	280.7	1037.8
湖　南	Hunan	2341.9	797.6	248.8	1544.3	2316.2	799.3	257.5	1516.9
广　东	Guangdong	8421.8	3373.4	362.8	5048.4	9179.8	3473.0	383.8	5706.8
广　西	Guangxi	1011.5	456.3	133.6	555.3	1031.0	466.6	137.8	564.4
海　南	Hainan	378.5	205.2	47.5	173.2	406.5	220.0	50.6	186.6
重　庆	Chongqing	3219.1	496.5	147.9	2722.6	3234.8	539.5	158.9	2695.3
四　川	Sichuan	2383.8	1240.9	381.8	1142.9	2486.0	1282.0	394.5	1204.0
贵　州	Guizhou	648.3	329.3	96.3	319.0	672.1	344.7	98.1	327.4
云　南	Yunnan	882.4	452.2	129.5	430.2	1118.8	458.0	133.3	660.8
西　藏	Tibet	50.1	27.6	7.1	22.6	54.8	30.6	7.2	24.3
陕　西	Shaanxi	1118.8	547.5	175.8	571.3	1244.3	571.7	181.7	672.5
甘　肃	Gansu	616.5	293.0	87.7	323.6	622.8	297.1	90.2	325.7
青　海	Qinghai	172.3	86.1	26.7	86.2	181.3	89.7	27.6	91.6
宁　夏	Ningxia	561.8	106.6	28.5	455.2	565.5	108.6	29.5	456.9
新　疆	Xinjiang	851.9	469.1	129.6	382.9	877.1	488.0	134.3	389.1

9-13 续表 5 continued

单位：万人 (10 000 persons)

地 区	Region	2014 合计 Total	2014 #职工基本医疗保险 Staff	2014 #退休人员 Retirees	2014 #城镇居民基本医疗保险 Urban Staff	2015 合计 Total	2015 #职工基本医疗保险 Staff	2015 #退休人员 Retirees	2015 #城镇居民基本医疗保险 Urban Staff
全 国	**National**	**59746.9**	**28296.0**	**7254.8**	**31450.9**	**66581.6**	**28893.1**	**7531.2**	**37688.5**
北 京	Beijing	1604.3	1431.3	260.1	173.0	1656.6	1475.7	269.5	181.0
天 津	Tianjin	1023.6	509.6	183.6	514.0	1054.1	522.0	190.4	532.1
河 北	Hebei	1697.5	944.5	286.3	753.1	1663.7	957.0	300.3	706.7
山 西	Shanxi	1101.2	657.3	175.5	443.9	1113.8	650.5	179.4	463.3
内蒙古	Inner Mongolia	998.1	470.7	138.6	527.4	1008.1	477.4	141.4	530.6
辽 宁	Liaoning	2387.2	1649.2	576.7	738.0	2396.2	1651.4	597.7	744.8
吉 林	Jilin	1380.0	575.6	197.5	804.4	1380.6	575.9	199.7	804.7
黑龙江	Heilongjiang	1586.4	873.9	324.3	712.5	1594.8	873.7	330.1	721.1
上 海	Shanghai	1678.5	1420.8	453.2	257.7	1719.2	1446.4	465.8	272.9
江 苏	Jiangsu	3797.5	2361.8	577.0	1435.7	4014.3	2429.0	610.8	1585.3
浙 江	Zhejiang	4847.6	1900.0	324.1	2947.5	4964.1	1992.7	353.7	2971.4
安 徽	Anhui	1756.4	739.9	211.9	1016.5	1737.6	763.3	221.1	974.3
福 建	Fujian	1293.0	737.3	143.0	555.7	1301.2	759.4	146.8	541.9
江 西	Jiangxi	1494.2	579.2	197.7	915.0	1530.4	585.0	201.3	945.5
山 东	Shandong	3988.0	1860.2	411.4	2127.8	9235.8	1904.4	439.9	7331.4
河 南	Henan	2340.0	1182.4	327.2	1157.6	2344.9	1200.7	336.6	1144.2
湖 北	Hubei	1968.0	933.3	286.9	1034.7	1972.1	949.4	296.3	1022.7
湖 南	Hunan	2300.7	807.9	261.8	1492.8	2662.3	818.8	267.1	1843.6
广 东	Guangdong	9804.2	3647.1	420.9	6157.1	10136.0	3711.8	439.7	6424.2
广 西	Guangxi	1067.3	482.6	143.8	584.7	1077.6	505.5	148.8	572.1
海 南	Hainan	386.8	191.7	53.7	195.2	389.8	196.3	55.6	193.4
重 庆	Chongqing	3256.8	575.8	167.0	2681.1	3266.3	588.5	174.0	2677.8
四 川	Sichuan	2576.5	1329.4	407.5	1247.1	2650.7	1378.6	418.8	1272.1
贵 州	Guizhou	687.1	354.8	99.9	332.4	955.5	372.7	105.2	582.7
云 南	Yunnan	1135.9	462.6	138.6	673.3	1140.8	468.3	140.7	672.5
西 藏	Tibet	58.9	33.0	7.8	25.9	61.8	34.3	8.1	27.5
陕 西	Shaanxi	1246.2	574.2	184.4	671.9	1247.3	580.3	187.4	667.0
甘 肃	Gansu	630.6	302.6	96.2	328.1	635.0	307.9	99.8	327.0
青 海	Qinghai	190.4	93.3	29.1	97.1	195.2	95.6	30.4	99.6
宁 夏	Ningxia	578.6	116.1	31.0	462.5	584.8	114.8	32.2	470.0
新 疆	Xinjiang	885.1	498.0	138.2	387.1	891.0	505.9	142.6	385.2

9-14 各地区城镇基本医疗保险基本情况(2015年)
BASIC MEDICAL INSURANCE BY REGION(2015)

地 区	Region	年末参保人数(万人) Persons Covered at the Year-end (10 000 persons)	基金收支情况(亿元) Revenue and Expenses(100 million yuan)		
			基金收入 Revenue	基金支出 Expenses	累计结余 Balance at the Year-end
全 国	**National**	**66581.6**	**11192.9**	**9312.1**	**12542.8**
北 京	Beijing	1656.6	811.3	733.9	319.5
天 津	Tianjin	1054.1	278.0	233.3	143.6
河 北	Hebei	1663.7	337.4	261.8	490.2
山 西	Shanxi	1113.8	199.6	171.2	268.2
内蒙古	Inner Mongolia	1008.1	179.1	148.4	195.6
辽 宁	Liaoning	2396.2	414.9	394.2	395.9
吉 林	Jilin	1380.6	162.0	141.8	218.4
黑龙江	Heilongjiang	1594.8	266.6	243.6	320.9
上 海	Shanghai	1719.2	757.1	528.5	1111.4
江 苏	Jiangsu	4014.3	875.8	751.5	1039.4
浙 江	Zhejiang	4964.1	942.6	745.9	1118.7
安 徽	Anhui	1737.6	238.8	205.8	278.1
福 建	Fujian	1301.2	266.0	204.8	426.8
江 西	Jiangxi	1530.4	167.7	127.2	223.6
山 东	Shandong	9235.8	942.6	820.2	752.4
河 南	Henan	2344.9	317.1	268.6	400.5
湖 北	Hubei	1972.1	316.5	272.8	297.0
湖 南	Hunan	2662.3	314.3	258.9	318.3
广 东	Guangdong	10136.0	1204.5	931.5	1831.6
广 西	Guangxi	1077.6	171.3	142.3	239.1
海 南	Hainan	389.8	58.3	47.5	74.9
重 庆	Chongqing	3266.3	332.7	301.9	260.6
四 川	Sichuan	2650.7	587.4	490.7	671.4
贵 州	Guizhou	955.5	135.8	114.2	117.2
云 南	Yunnan	1140.8	214.1	188.6	220.6
西 藏	Tibet	61.8	21.4	17.1	34.4
陕 西	Shaanxi	1247.3	219.7	179.6	271.7
甘 肃	Gansu	635.0	105.5	92.8	96.8
青 海	Qinghai	195.2	52.7	45.3	62.1
宁 夏	Ningxia	584.8	68.2	61.4	67.0
新 疆	Xinjiang	891.0	234.0	186.8	276.7

9-15 各地区职工基本医疗保险基本情况(2015年)
BASIC MEDICAL INSURANCE OF EMPLOYMENT BY REGION(2015)

地区	Region	年末参保人数(万人) Persons Covered at the Year-end (10 000 persons)			基金收支情况(亿元) Revenue and Expenses (100 million yuan)				
		合计 Total	职工 Workers	退休人员 Retirees	基金收入 Revenue	基金支出 Expenses	累计结余 Balance at the Year-end	统筹基金 Mutual Assistance Fund	个人账户 Personal Accounts
全国	**National**	**28893.1**	**21362.0**	**7531.2**	**9083.5**	**7531.5**	**10997.1**	**6568.3**	**4428.8**
北京	Beijing	1475.7	1206.1	269.5	786.3	719.4	294.0	293.0	0.9
天津	Tianjin	522.0	331.6	190.4	235.2	203.9	111.6	18.0	93.6
河北	Hebei	957.0	656.8	300.3	304.7	237.0	441.2	271.3	169.9
山西	Shanxi	650.5	471.1	179.4	178.5	154.0	243.5	98.8	144.7
内蒙古	Inner Mongolia	477.4	336.1	141.4	154.1	129.2	169.3	104.1	65.2
辽宁	Liaoning	1651.4	1053.7	597.7	383.6	369.6	358.2	203.8	154.4
吉林	Jilin	575.9	376.2	199.7	135.5	117.1	179.2	122.0	57.2
黑龙江	Heilongjiang	873.7	543.6	330.1	229.8	213.0	273.5	154.5	119.1
上海	Shanghai	1446.4	980.5	465.8	733.1	501.9	1107.3	569.7	537.7
江苏	Jiangsu	2429.0	1818.2	610.8	781.9	665.7	979.6	538.3	441.3
浙江	Zhejiang	1992.7	1639.0	353.7	687.0	503.5	1059.6	745.6	314.0
安徽	Anhui	763.3	542.2	221.1	193.7	168.8	226.1	135.3	90.8
福建	Fujian	759.4	612.6	146.8	243.5	183.8	411.9	184.4	227.5
江西	Jiangxi	585.0	383.7	201.3	126.7	100.7	155.2	95.2	60.0
山东	Shandong	1904.4	1464.5	439.9	563.2	507.1	582.0	458.0	123.9
河南	Henan	1200.7	864.1	336.6	268.0	227.5	337.8	161.9	175.9
湖北	Hubei	949.4	653.1	296.3	265.8	236.4	222.1	81.6	140.4
湖南	Hunan	818.8	551.7	267.1	230.7	187.0	255.5	104.4	151.2
广东	Guangdong	3711.8	3272.2	439.7	859.3	653.3	1542.9	1127.8	415.2
广西	Guangxi	505.5	356.7	148.8	147.9	127.2	195.8	89.9	105.9
海南	Hainan	196.3	140.7	55.6	48.9	39.8	63.3	57.5	5.7
重庆	Chongqing	588.5	414.5	174.0	204.1	185.4	187.4	70.3	117.1
四川	Sichuan	1378.6	959.8	418.8	434.8	356.1	583.2	365.0	218.2
贵州	Guizhou	372.7	267.5	105.2	112.0	97.2	88.0	29.1	58.8
云南	Yunnan	468.3	327.6	140.7	179.2	156.8	204.3	90.9	113.4
西藏	Tibet	34.3	26.2	8.1	20.3	14.3	36.0	25.0	11.0
陕西	Shaanxi	580.3	392.9	187.4	184.2	149.6	238.6	128.9	109.8
甘肃	Gansu	307.9	208.1	99.8	91.0	80.6	82.1	49.5	32.6
青海	Qinghai	95.6	65.1	30.4	46.7	38.9	61.6	21.8	39.8
宁夏	Ningxia	114.8	82.6	32.2	40.4	35.6	50.5	34.6	15.9
新疆	Xinjiang	505.9	363.3	142.6	213.6	171.1	255.8	138.1	117.7

9-16 各地区城镇居民基本医疗保险基本情况(2015年)
BASIC MEDICAL INSURANCE OF NONEMPLOYMENT BY REGION(2015)

地 区	Region	年末参保居民人数(万人) Non-employment Covered at the Year-end (10 000 persons)	基金收支情况(亿元) Revenue and Expenses(100 million yuan)		
			基金收入 Revenue	基金支出 Expenses	累计结余 Balance at the Year-end
全 国	**National**	**37688.5**	**2109.4**	**1780.6**	**1545.7**
北 京	Beijing	181.0	25.0	14.6	25.5
天 津	Tianjin	532.1	42.8	29.4	32.0
河 北	Hebei	706.7	32.8	24.8	48.9
山 西	Shanxi	463.3	21.1	17.1	24.7
内蒙古	Inner Mongolia	530.6	24.9	19.3	26.3
辽 宁	Liaoning	744.8	31.2	24.6	37.7
吉 林	Jilin	804.7	26.5	24.7	39.2
黑龙江	Heilongjiang	721.1	36.8	30.6	47.4
上 海	Shanghai	272.9	24.0	26.6	4.1
江 苏	Jiangsu	1585.3	93.8	85.8	59.8
浙 江	Zhejiang	2971.4	255.5	242.4	59.1
安 徽	Anhui	974.3	45.1	37.1	52.0
福 建	Fujian	541.9	22.5	21.0	14.9
江 西	Jiangxi	945.5	41.1	26.5	68.4
山 东	Shandong	7331.4	379.4	313.1	170.5
河 南	Henan	1144.2	49.1	41.1	62.7
湖 北	Hubei	1022.7	50.7	36.4	74.9
湖 南	Hunan	1843.6	83.6	71.9	62.8
广 东	Guangdong	6424.2	345.1	278.1	288.7
广 西	Guangxi	572.1	23.4	15.1	43.4
海 南	Hainan	193.4	9.4	7.7	11.7
重 庆	Chongqing	2677.8	128.6	116.5	73.2
四 川	Sichuan	1272.1	152.6	134.6	88.2
贵 州	Guizhou	582.7	23.8	17.1	29.3
云 南	Yunnan	672.5	34.8	31.8	16.2
西 藏	Tibet	27.5	1.2	2.8	-1.6
陕 西	Shaanxi	667.0	35.5	30.0	33.1
甘 肃	Gansu	327.0	14.5	12.1	14.7
青 海	Qinghai	99.6	6.1	6.4	0.6
宁 夏	Ningxia	470.0	27.8	25.8	16.5
新 疆	Xinjiang	385.2	20.5	15.7	20.8

9-17 历年全国失业保险基本情况
UNEMPLOYMENT INSURANCE

年 份 Year	年末参保人数 (万人) Contributors at the Year-end (10 000 persons)	年末领取失业保险金人数 (万人) Beneficiaries of Unemplo-ment Insurance Funds(10 000 persons)	全年发放失业保险金 (万元) Unemployed Relief (10 000 yuan)
绝对数 Absolute figure			
1992	7443		8959
1993	7924		27847
1994	7968		50755
1995	8238		79199
1996	8333		133394
1997	7961		179319
1998	7928		203907
1999	9852	109	318722
2000	10408	190	561984
2001	10355	312	832563
2002	10182	440	1167736
2003	10373	415	1334448
2004	10584	419	1374983
2005	10648	362	1366801
2006	11187	327	1253873
2007	11645	286	1294405
2008	12400	261	1395349
2009	12715	235	1457592
2010	13376	209	1404485
2011	14317	197	1598544
2012	15225	204	1812934
2013	16417	197	2032389
2014	17043	207	2332794
2015	17326	227	2698012
比上年增长(%) Increase over Preceding Year %			
1993	6.5		210.8
1994	0.6		82.3
1995	3.4		56.0
1996	1.2		68.4
1997	-4.5		34.4
1998	-0.4		13.7
1999	24.3		56.3
2000	5.6	74.3	76.3
2001	-0.6	64.2	48.1
2002	-1.7	41.0	40.3
2003	1.9	-5.7	14.3
2004	2.0	1.0	3.0
2005	0.6	-13.5	-0.6
2006	5.0	-9.9	-8.3
2007	4.1	-12.4	3.2
2008	6.5	-8.7	7.8
2009	2.5	-10.0	4.5
2010	5.2	-11.0	-3.6
2011	7.0	-5.8	13.8
2012	6.3	3.6	13.4
2013	7.8	-3.4	12.1
2014	3.8	5.1	14.8
2015	1.7	9.5	15.7

9-18 历年各地区失业保险参保人数
UNEMPLOYMENT INSURANCE BY REGION

单位：万人 (10 000 persons)

地 区	Region	2001		2002		2003		2004	
		年末参保人数 Contributors at the Year-end	年末领取失业保险金人数 Beneficiaries at the Year-end	年末参保人数 Contributors at the Year-end	年末领取失业保险金人数 Beneficiaries at the Year-end	年末参保人数 Contributors at the Year-end	年末领取失业保险金人数 Beneficiaries at the Year-end	年末参保人数 Contributors at the Year-end	年末领取失业保险金人数 Beneficiaries at the Year-end
全 国	**National**	**10355**	**312**	**10182**	**440**	**10373**	**415**	**10584**	**419**
北 京	Beijing	287.2	5.5	299.6	4.8	306.6	5.2	308.2	3.8
天 津	Tianjin	214.3	10.8	196.3	12.4	193.5	9.4	195.1	5.1
河 北	Hebei	513.2	7.3	488.6	7.2	484.2	8.3	479.0	11.0
山 西	Shanxi	286.0	5.9	278.9	4.5	284.1	5.7	286.5	5.4
内蒙古	Inner Mongolia	217.7	5.4	219.7	7.1	221.6	5.7	222.3	5.8
辽 宁	Liaoning	656.7	20.3	591.2	82.2	622.2	67.0	616.2	81.7
吉 林	Jilin	283.8	13.2	284.0	15.6	292.9	16.2	282.2	12.2
黑龙江	Heilongjiang	532.6	12.5	466.0	19.6	479.0	12.6	475.8	9.7
上 海	Shanghai	430.7	13.1	436.0	14.4	441.1	14.0	487.8	15.9
江 苏	Jiangsu	766.5	39.5	735.6	49.7	761.6	48.9	797.1	43.6
浙 江	Zhejiang	391.1	33.0	390.0	27.5	396.8	17.4	428.4	11.3
安 徽	Anhui	375.2	11.5	378.8	17.5	380.8	23.4	371.1	26.4
福 建	Fujian	239.6	9.6	249.5	11.1	266.4	10.0	266.4	9.5
江 西	Jiangxi	235.9	2.1	226.7	3.9	215.5	5.9	226.6	7.2
山 东	Shandong	700.2	20.5	701.2	30.1	719.1	30.1	747.5	30.6
河 南	Henan	676.1	10.0	670.4	16.8	680.0	18.7	681.6	22.3
湖 北	Hubei	420.8	26.1	416.1	25.1	390.1	18.7	391.3	17.0
湖 南	Hunan	352.0	4.4	326.6	7.9	347.5	10.5	380.5	9.8
广 东	Guangdong	819.5	21.2	890.2	26.2	954.1	25.9	1005.8	23.4
广 西	Guangxi	217.7	5.0	215.5	7.6	219.1	8.9	226.4	9.8
海 南	Hainan	56.1	0.7	60.2	1.7	57.7	1.8	57.9	2.1
重 庆	Chongqing	210.0	7.7	205.3	9.1	199.5	8.1	193.4	9.2
四 川	Sichuan	412.2	11.9	402.9	14.0	400.0	12.6	398.6	12.6
贵 州	Guizhou	136.4	1.2	132.2	1.6	128.0	1.3	129.9	1.2
云 南	Yunnan	190.7	3.6	183.2	4.6	183.0	6.6	173.2	10.5
西 藏	Tibet	6.3		7.1		7.1		6.7	
陕 西	Shaanxi	304.9	3.5	315.7	7.3	323.3	8.2	325.5	7.2
甘 肃	Gansu	162.7	1.1	161.0	2.7	162.1	3.8	161.0	4.3
青 海	Qinghai	35.7	1.4	32.2	1.0	33.2	1.3	33.1	1.2
宁 夏	Ningxia	34.7	0.7	35.7	0.8	36.3	1.0	36.4	1.2
新 疆	Xinjiang	188.2	3.9	185.2	5.7	186.5	7.4	192.4	7.7

9-18 续表 1 continued

单位：万人 (10 000 persons)

地 区	Region	2005 年末参保人数 Contributors at the Year-end	2005 年末领取失业保险金人数 Beneficiaries at the Year-end	2006 年末参保人数 Contributors at the Year-end	2006 年末领取失业保险金人数 Beneficiaries at the Year-end	2007 年末参保人数 Contributors at the Year-end	2007 年末领取失业保险金人数 Beneficiaries at the Year-end
全 国	**National**	**10648**	**362**	**11187**	**327**	**11645**	**286**
北 京	Beijing	357.5	3.5	482.2	3.1	535.3	3.0
天 津	Tianjin	197.5	3.8	216.7	3.6	221.5	3.3
河 北	Hebei	461.2	13.3	470.8	13.4	473.3	11.6
山 西	Shanxi	288.5	4.8	296.0	5.2	299.0	6.0
内蒙古	Inner Mongolia	222.2	4.9	223.5	5.0	223.7	4.7
辽 宁	Liaoning	607.7	46.5	614.1	25.9	622.1	19.6
吉 林	Jilin	199.4	7.5	224.4	10.2	228.7	13.9
黑龙江	Heilongjiang	459.6	10.3	457.5	17.8	464.1	15.3
上 海	Shanghai	466.1	17.8	476.4	18.5	491.5	14.9
江 苏	Jiangsu	838.3	30.2	901.1	22.7	968.5	21.2
浙 江	Zhejiang	444.7	7.2	504.4	6.5	584.7	6.3
安 徽	Anhui	360.3	24.3	362.6	17.9	364.5	14.1
福 建	Fujian	266.6	8.6	293.1	6.8	318.2	5.7
江 西	Jiangxi	230.7	6.0	241.0	4.9	251.5	5.3
山 东	Shandong	771.1	32.2	789.7	30.3	814.9	27.8
河 南	Henan	681.9	29.2	682.8	28.0	682.9	21.6
湖 北	Hubei	391.5	14.8	395.5	12.0	405.7	8.9
湖 南	Hunan	382.7	11.3	386.3	10.2	389.0	8.6
广 东	Guangdong	1099.1	20.4	1208.2	16.7	1295.5	14.3
广 西	Guangxi	219.9	9.4	222.3	8.1	223.8	7.2
海 南	Hainan	56.7	2.0	59.1	2.3	66.2	2.5
重 庆	Chongqing	188.2	6.4	193.0	4.8	196.7	4.1
四 川	Sichuan	380.5	15.6	400.0	16.3	418.2	11.3
贵 州	Guizhou	129.3	1.3	131.1	1.5	134.5	1.4
云 南	Yunnan	180.3	9.1	183.0	6.4	185.8	4.3
西 藏	Tibet	6.7		7.5		7.2	0.0
陕 西	Shaanxi	326.7	8.6	326.5	14.1	327.2	13.6
甘 肃	Gansu	160.0	5.4	160.5	7.5	161.8	7.1
青 海	Qinghai	33.2	1.1	34.0	1.0	34.7	2.1
宁 夏	Ningxia	37.2	1.2	38.3	1.2	40.1	1.5
新 疆	Xinjiang	202.4	5.6	205.4	4.8	213.6	4.7

9-18 续表 2 continued

单位：万人 (10 000 persons)

地 区	Region	2008 年末参保人数 Contributors at the Year-end	2008 年末领取失业保险金人数 Beneficiaries at the Year-end	2009 年末参保人数 Contributors at the Year-end	2009 年末领取失业保险金人数 Beneficiaries at the Year-end	2010 年末参保人数 Contributors at the Year-end	2010 年末领取失业保险金人数 Beneficiaries at the Year-end
全 国	**National**	**12400**	**261**	**12715**	**235**	**13376**	**209**
北 京	Beijing	614.3	2.6	675.7	1.8	774.2	1.6
天 津	Tianjin	232.5	3.2	239.2	3.1	246.1	3.5
河 北	Hebei	481.7	9.8	484.4	10.4	493.4	9.0
山 西	Shanxi	312.2	7.3	293.3	6.1	305.7	4.6
内蒙古	Inner Mongolia	225.5	3.1	229.7	2.5	230.9	2.1
辽 宁	Liaoning	622.7	15.7	625.3	13.4	626.9	11.4
吉 林	Jilin	233.7	16.5	241.4	14.3	245.1	7.8
黑龙江	Heilongjiang	467.6	10.3	471.3	9.3	472.9	8.8
上 海	Shanghai	511.8	14.0	523.5	14.6	556.2	11.6
江 苏	Jiangsu	1052.2	21.5	1079.1	19.7	1153.8	19.7
浙 江	Zhejiang	731.1	6.3	784.5	5.5	875.0	5.8
安 徽	Anhui	373.1	12.8	377.8	10.5	384.0	7.8
福 建	Fujian	338.7	4.6	348.1	3.6	374.2	3.2
江 西	Jiangxi	266.3	3.4	275.5	3.4	265.3	8.2
山 东	Shandong	864.1	24.9	899.5	23.0	931.2	20.7
河 南	Henan	683.4	18.4	690.2	16.7	696.7	14.7
湖 北	Hubei	422.9	7.4	440.3	7.0	469.7	6.4
湖 南	Hunan	390.1	8.3	392.0	8.3	399.5	6.9
广 东	Guangdong	1471.9	13.7	1470.7	12.8	1627.3	10.6
广 西	Guangxi	234.6	8.0	237.0	7.6	238.4	6.2
海 南	Hainan	84.7	3.3	97.5	2.8	112.5	1.6
重 庆	Chongqing	210.1	4.4	215.9	4.7	237.4	3.7
四 川	Sichuan	436.9	12.2	463.5	10.0	464.7	9.1
贵 州	Guizhou	141.4	1.3	144.6	1.1	152.5	1.2
云 南	Yunnan	191.9	3.7	198.7	3.5	209.6	3.2
西 藏	Tibet	7.8	0.0	8.8	0.0	9.3	0.0
陕 西	Shaanxi	329.3	9.1	331.0	9.3	331.6	7.5
甘 肃	Gansu	162.6	5.6	164.1	3.7	164.2	2.4
青 海	Qinghai	35.4	2.3	36.0	1.0	36.6	0.4
宁 夏	Ningxia	44.4	1.4	44.9	1.1	47.6	1.0
新 疆	Xinjiang	224.8	6.1	231.8	4.9	242.9	8.3

9-18 续表 3 continued

单位：万人 (10 000 persons)

地 区	Region	2011 年末参保人 数 Contributors at the Year-end	2011 年末领取失业保险金人数 Beneficiaries at the Year-end	2012 年末参保人 数 Contributors at the Year-end	2012 年末领取失业保险金人数 Beneficiaries at the Year-end	2013 年末参保人 数 Contributors at the Year-end	2013 年末领取失业保险金人数 Beneficiaries at the Year-end
全 国	**National**	**14317**	**197**	**15225**	**204**	**16417**	**197**
北 京	Beijing	881.0	2.0	1006.7	2.3	1025.1	2.4
天 津	Tianjin	258.8	2.8	268.7	2.0	278.7	2.0
河 北	Hebei	498.7	8.4	501.7	7.9	505.0	7.1
山 西	Shanxi	309.4	4.3	391.0	3.8	400.7	3.1
内蒙古	Inner Mongolia	232.5	2.5	232.8	2.5	233.4	2.3
辽 宁	Liaoning	632.3	9.7	660.7	7.4	663.2	7.6
吉 林	Jilin	247.2	5.1	251.5	4.6	258.8	6.0
黑龙江	Heilongjiang	474.5	7.1	476.2	7.7	477.4	7.1
上 海	Shanghai	604.2	11.2	617.4	10.9	625.7	9.9
江 苏	Jiangsu	1238.2	29.9	1332.2	32.7	1389.3	29.9
浙 江	Zhejiang	980.6	7.4	1065.6	7.0	1144.3	7.8
安 徽	Anhui	397.7	6.7	402.2	6.1	409.0	6.1
福 建	Fujian	430.9	3.6	459.1	4.6	496.7	4.2
江 西	Jiangxi	263.5	5.4	272.2	3.3	271.1	1.5
山 东	Shandong	964.9	19.8	1009.8	19.1	1089.6	17.8
河 南	Henan	701.2	13.3	724.2	11.4	741.3	10.5
湖 北	Hubei	498.2	5.1	508.6	4.8	511.3	5.2
湖 南	Hunan	415.6	7.0	449.9	6.0	461.7	6.1
广 东	Guangdong	1875.4	10.5	2008.7	9.8	2702.2	8.8
广 西	Guangxi	240.8	5.2	243.4	5.5	253.4	5.6
海 南	Hainan	126.0	1.8	139.5	1.8	150.8	2.1
重 庆	Chongqing	268.6	2.9	323.5	2.8	389.7	3.4
四 川	Sichuan	536.8	8.1	585.5	24.5	613.5	24.1
贵 州	Guizhou	160.5	1.1	173.5	1.0	185.2	1.3
云 南	Yunnan	216.8	3.3	224.7	3.8	232.5	4.5
西 藏	Tibet	9.6	0.0	10.6		11.0	0.0
陕 西	Shaanxi	332.2	4.5	339.1	3.5	339.7	3.2
甘 肃	Gansu	163.8	1.5	163.6	1.2	163.1	1.0
青 海	Qinghai	37.3	0.6	37.9	0.7	38.5	0.5
宁 夏	Ningxia	60.0	1.2	70.5	1.1	71.3	1.1
新 疆	Xinjiang	260.2	5.0	273.7	4.2	283.9	4.8

9-18 续表 4 continued

单位：万人 (10 000 persons)

地 区	Region	2014		2015	
		年末参保人数 Contributors at the Year-end	年末领取失业保险金人数 Beneficiaries at the Year-end	年末参保人数 Contributors at the Year-end	年末领取失业保险金人数 Beneficiaries at the Year-end
全 国	**National**	**17043**	**207**	**17326**	**227**
北 京	Beijing	1057.1	3.0	1082.3	3.4
天 津	Tianjin	287.6	2.6	295.3	7.1
河 北	Hebei	508.7	7.1	511.0	8.0
山 西	Shanxi	407.7	3.0	411.3	3.1
内蒙古	Inner Mongolia	236.3	2.4	242.1	2.9
辽 宁	Liaoning	664.3	8.5	665.3	9.7
吉 林	Jilin	258.7	2.2	261.2	2.2
黑龙江	Heilongjiang	478.4	4.8	312.8	3.7
上 海	Shanghai	634.1	9.8	641.8	9.5
江 苏	Jiangsu	1442.7	32.1	1490.9	34.2
浙 江	Zhejiang	1210.3	8.2	1260.2	9.0
安 徽	Anhui	422.0	6.5	436.6	7.7
福 建	Fujian	524.1	4.5	546.3	5.0
江 西	Jiangxi	271.8	1.3	281.5	1.4
山 东	Shandong	1154.3	19.9	1203.8	21.6
河 南	Henan	773.3	10.2	783.3	8.3
湖 北	Hubei	519.0	5.6	528.4	6.0
湖 南	Hunan	509.5	6.9	521.2	6.7
广 东	Guangdong	2840.2	10.9	2930.1	13.9
广 西	Guangxi	259.0	6.1	273.2	6.2
海 南	Hainan	157.5	2.0	164.8	2.0
重 庆	Chongqing	439.1	2.8	439.5	3.5
四 川	Sichuan	635.8	29.8	661.0	33.2
贵 州	Guizhou	191.9	1.5	205.3	1.7
云 南	Yunnan	236.9	5.3	243.3	5.9
西 藏	Tibet	12.5	0.0	11.4	0.0
陕 西	Shaanxi	344.3	2.9	347.7	3.0
甘 肃	Gansu	162.4	1.0	162.8	1.0
青 海	Qinghai	39.3	0.4	40.1	0.4
宁 夏	Ningxia	73.5	1.3	76.6	1.3
新 疆	Xinjiang	290.2	4.7	294.9	4.9

9-19 各地区失业保险基金基本情况(2015年)
UNEMPLOYMENT INSURANCE BY REGION(2015)

地 区	Region	参保人数 (万人) Employees Insured (10 000 persons)	基金收入 (亿元) Revenue (100 million yuan)	基金支出 (亿元) Expenses (100 million yuan)	累计结余 (亿元) Balance at the Year-end (100 million yuan)
全 国	**National**	**17326**	**1367.8**	**736.4**	**5083.0**
北 京	Beijing	1082.3	81.7	42.8	202.6
天 津	Tianjin	295.3	30.1	31.6	103.3
河 北	Hebei	511.0	42.9	27.9	169.1
山 西	Shanxi	411.3	30.6	13.8	150.0
内蒙古	Inner Mongolia	242.1	26.2	9.8	108.5
辽 宁	Liaoning	665.3	49.2	18.2	258.4
吉 林	Jilin	261.2	27.1	7.9	105.6
黑龙江	Heilongjiang	312.8	29.8	16.7	158.8
上 海	Shanghai	641.8	98.7	85.6	170.1
江 苏	Jiangsu	1490.9	130.1	76.1	437.3
浙 江	Zhejiang	1260.2	98.1	61.4	379.9
安 徽	Anhui	436.6	36.7	22.9	106.2
福 建	Fujian	546.3	34.5	11.1	151.5
江 西	Jiangxi	281.5	13.6	4.2	64.5
山 东	Shandong	1203.8	71.6	57.3	275.3
河 南	Henan	783.3	43.7	18.6	159.0
湖 北	Hubei	528.4	40.5	13.7	166.2
湖 南	Hunan	521.2	29.0	12.7	115.2
广 东	Guangdong	2930.1	155.2	36.3	634.6
广 西	Guangxi	273.2	28.9	12.8	126.5
海 南	Hainan	164.8	6.5	4.0	32.5
重 庆	Chongqing	439.5	28.1	14.9	108.0
四 川	Sichuan	661.0	102.7	59.5	321.8
贵 州	Guizhou	205.3	17.7	8.5	74.6
云 南	Yunnan	243.3	23.9	13.6	118.6
西 藏	Tibet	11.4	2.6	0.1	13.9
陕 西	Shaanxi	347.7	25.8	10.5	145.4
甘 肃	Gansu	162.8	15.6	5.0	72.1
青 海	Qinghai	40.1	6.1	4.0	27.2
宁 夏	Ningxia	76.6	9.4	5.1	31.5
新 疆	Xinjiang	294.9	31.3	29.8	94.8

9-20 历年全国工伤保险基本情况
WORK INJURY INSURANCE

年 份 Year	年末参保人数(万人) Contributors at the Year-end (10 000 persons)	全年享受工伤保险待遇人数(万人) Beneficiaries at the Year-end (10 000 persons)	基金收支情况(亿元) Revenue and Expenses(100 million yuan)		
			基金收入 Revenue	基金支出 Expenses	累计结余 Balance at the Year-end
绝对数 Absolute figure					
1993	1103.5		2.4	0.4	3.1
1994	1822.1		4.6	0.9	6.8
1995	2614.8		8.1	1.8	12.7
1996	3102.6		10.9	3.7	19.7
1997	3507.8		13.6	6.1	27.7
1998	3781.3		21.2	9.0	39.5
1999	3912.3		20.9	15.4	44.9
2000	4350.3		24.8	13.8	57.9
2001	4345.3	18.7	28.3	16.5	68.9
2002	4405.6	26.5	32.0	19.9	81.1
2003	4574.8	32.9	37.6	27.1	91.2
2004	6845.2	51.9	58.3	33.3	118.6
2005	8477.8	65.1	92.5	47.5	163.5
2006	10268.5	77.8	121.8	68.5	192.9
2007	12173.4	96.0	165.6	87.9	262.6
2008	13787.2	117.8	216.7	126.9	384.6
2009	14895.5	129.6	240.1	155.7	468.8
2010	16160.7	147.5	284.9	192.4	561.4
2011	17695.9	163.0	466.4	286.4	742.6
2012	19010.1	190.5	526.7	406.3	861.9
2013	19917.2	195.2	614.8	482.1	996.2
2014	20639.2	198.2	694.8	560.5	1128.8
2015	21432.5	201.9	754.2	598.7	1285.3
比上年增长(%) Increase over Preceding Year %					
1994	65.1		90.4	127.4	118.1
1995	43.5		77.5	92.4	87.3
1996	18.7		34.7	104.1	55.8
1997	13.1		24.6	64.5	40.1
1998	7.8		55.9	48.6	42.9
1999	3.5		-1.3	70.5	13.6
2000	11.2		18.7	-10.5	28.8
2001	-0.1	-0.6	14.2	19.5	19.1
2002	1.4	41.7	13.2	20.6	17.7
2003	3.8	24.2	17.4	36.2	12.5
2004	49.6	57.8	55.1	22.9	30.0
2005	23.9	25.4	58.7	42.6	37.9
2006	21.1	19.5	31.7	44.2	18.0
2007	18.6	23.4	36.0	28.3	36.1
2008	13.3	22.7	30.9	44.4	27.6
2009	8.0	10.0	10.8	22.7	21.9
2010	8.5	13.8	18.7	23.6	19.8
2011	9.5	10.6	63.7	48.8	32.3
2012	7.4	16.9	12.9	41.9	16.1
2013	4.8	2.4	16.7	18.7	15.6
2014	3.6	1.5	13.0	16.3	13.3
2015	3.8	1.9	8.6	6.8	13.9

9-21 历年各地区工伤保险基本情况
WORK INJURY INSURANCE BY REGION

单位：万人 (10 000 persons)

地 区	Region	2001		2002		2003	
		年末参保人数 Contributors at the Year-end	享受工伤保险待遇人数 Beneficiaries of Work Injury Insurance	年末参保人数 Contributors at the Year-end	享受工伤保险待遇人数 Beneficiaries of Work Injury Insurance	年末参保人数 Contributors at the Year-end	享受工伤保险待遇人数 Beneficiaries of Work Injury Insurance
全 国	**National**	**4345**	**19**	**4406**	**27**	**4575**	**33**
北 京	Beijing	204.7	0.1	221.1	**0.7**	242.9	1.2
天 津	Tianjin						
河 北	Hebei	163.1	0.8	146.7	0.4	145.7	0.4
山 西	Shanxi	71.8		46.3	0.1	48.4	
内蒙古	Inner Mongolia	26.7	0.5	23.8	0.2	31.8	0.3
辽 宁	Liaoning	390.6	5.0	390.5	6.0	345.8	7.3
吉 林	Jilin	30.7	1.1	36.6	1.5	37.1	1.2
黑龙江	Heilongjiang	104.4	0.1	119.0	0.9	130.9	1.1
上 海	Shanghai						
江 苏	Jiangsu	473.9	0.7	480.0	1.3	503.0	1.7
浙 江	Zhejiang	219.7	0.6	226.0	1.0	287.7	1.4
安 徽	Anhui	73.4	0.2	69.8	0.3	68.0	0.4
福 建	Fujian	159.0	0.2	170.7	0.3	172.3	0.6
江 西	Jiangxi	137.8	0.2	129.3	0.2	129.7	0.3
山 东	Shandong	285.5	0.6	277.7	1.1	281.8	1.5
河 南	Henan	196.0	0.5	218.8	0.7	210.6	0.5
湖 北	Hubei	182.3	1.3	183.2	1.7	189.2	1.4
湖 南	Hunan					8.6	
广 东	Guangdong	990.1	5.2	1049.9	8.0	1120.0	9.7
广 西	Guangxi	124.1	0.1	117.3	0.2	120.3	0.3
海 南	Hainan	69.5		68.9	0.1	68.2	0.1
重 庆	Chongqing	25.0	0.1	29.7	0.1	26.5	0.2
四 川	Sichuan	179.3	0.5	167.4	0.6	161.4	1.2
贵 州	Guizhou	1.7		1.3		1.3	
云 南	Yunnan	97.3	0.6	89.0	0.9	84.1	1.2
西 藏	Tibet						
陕 西	Shaanxi	24.5	0.1	25.6		35.1	0.1
甘 肃	Gansu	9.5		8.7		8.0	
青 海	Qinghai	7.1		6.6		6.6	
宁 夏	Ningxia	11.4		16.0		15.2	0.1
新 疆	Xinjiang	86.3	0.1	86.0	0.1	94.6	0.5

9-21 续表 continued 1

单位：万人 (10 000 persons)

地　区	Region	2004		2005		2006	
		年末参保人　数 Contributors at the Year-end	享受工伤保险待遇人数 Beneficiaries of Work Injury Insurance	年末参保人　数 Contributors at the Year-end	享受工伤保险待遇人数 Beneficiaries of Work Injury Insurance	年末参保人　数 Contributors at the Year-end	享受工伤保险待遇人数 Beneficiaries of Work Injury Insurance
全　国	**National**	**6845**	**52**	**8478**	**65**	**10268**	**78**
北　京	Beijing	258.9	2.5	303.9	3.0	465.3	1.5
天　津	Tianjin	147.2	0.1	162.9	0.9	209.7	1.7
河　北	Hebei	273.9	0.9	361.4	1.3	402.4	2.4
山　西	Shanxi	104.0	0.1	151.4	0.5	201.4	3.3
内蒙古	Inner Mongolia	85.0	0.5	110.2	0.7	131.6	0.8
辽　宁	Liaoning	404.2	8.2	474.6	9.1	510.0	8.5
吉　林	Jilin	114.3	3.1	136.7	2.2	174.7	3.0
黑龙江	Heilongjiang	202.7	4.3	257.5	3.8	303.0	3.9
上　海	Shanghai	488.3	0.1	523.7	0.5	817.7	0.7
江　苏	Jiangsu	577.2	2.7	680.2	3.7	812.7	5.6
浙　江	Zhejiang	360.4	2.7	453.1	4.8	603.9	7.4
安　徽	Anhui	102.0	0.5	148.2	1.7	200.2	2.0
福　建	Fujian	205.4	0.8	239.1	1.3	261.0	1.5
江　西	Jiangxi	134.7	0.4	153.6	0.8	207.9	1.5
山　东	Shandong	476.7	4.7	578.7	5.7	647.3	5.8
河　南	Henan	324.7	1.1	404.0	1.5	421.0	1.7
湖　北	Hubei	187.2	1.8	230.3	1.1	275.5	1.5
湖　南	Hunan	203.3	0.3	228.2	0.7	280.1	2.0
广　东	Guangdong	1215.1	11.3	1605.1	12.9	1868.2	13.5
广　西	Guangxi	133.5	0.7	144.4	0.8	161.1	0.8
海　南	Hainan	64.5	0.1	68.9	0.1	71.5	0.2
重　庆	Chongqing	122.6	0.4	154.1	1.2	165.4	1.8
四　川	Sichuan	195.6	1.6	270.5	2.0	304.9	2.3
贵　州	Guizhou	1.2		65.8	0.1	90.5	0.6
云　南	Yunnan	150.9	1.1	166.9	1.2	173.8	1.1
西　藏	Tibet			1.9		2.3	
陕　西	Shaanxi	115.1	0.7	149.2	1.8	210.3	0.7
甘　肃	Gansu	42.0	0.1	70.1	0.4	86.3	0.3
青　海	Qinghai	15.7	0.1	20.5	0.3	23.1	0.4
宁　夏	Ningxia	19.1	0.3	23.5	0.3	24.2	0.3
新　疆	Xinjiang	119.5	0.7	139.1	0.9	161.3	1.2

9-21 续表 continued 2

单位：万人 (10 000 persons)

地 区	Region	2007 年末参保人数 Contributors at the Year-end	2007 享受工伤保险待遇人数 Beneficiaries of Work Injury Insurance	2008 年末参保人数 Contributors at the Year-end	2008 享受工伤保险待遇人数 Beneficiaries of Work Injury Insurance	2009 年末参保人数 Contributors at the Year-end	2009 享受工伤保险待遇人数 Beneficiaries of Work Injury Insurance
全 国	**National**	**12173**	**96**	**13787**	**118**	**14896**	**130**
北 京	Beijing	609.2	1.6	666.5	1.8	747.1	4.1
天 津	Tianjin	257.2	2.3	274.9	2.7	292.2	3.1
河 北	Hebei	481.3	6.0	520.8	5.3	559.3	6.0
山 西	Shanxi	229.1	3.9	261.0	4.6	280.7	4.3
内蒙古	Inner Mongolia	163.6	1.3	185.4	1.4	199.1	1.6
辽 宁	Liaoning	572.3	9.1	659.6	8.5	695.8	9.0
吉 林	Jilin	206.8	2.6	234.9	4.1	272.2	3.0
黑龙江	Heilongjiang	351.7	4.9	390.9	4.5	401.8	5.6
上 海	Shanghai	884.4	0.9	950.4	1.2	934.0	1.3
江 苏	Jiangsu	921.0	6.6	1056.6	8.4	1118.1	9.3
浙 江	Zhejiang	1002.9	11.2	1261.8	16.9	1331.1	18.0
安 徽	Anhui	248.7	2.2	292.9	2.9	320.6	3.9
福 建	Fujian	294.8	1.9	346.1	2.2	379.3	2.3
江 西	Jiangxi	251.3	1.7	313.6	2.0	340.2	1.9
山 东	Shandong	745.0	7.0	865.0	8.8	1064.6	9.2
河 南	Henan	448.3	2.6	500.2	3.1	521.0	3.2
湖 北	Hubei	327.5	2.0	360.9	2.4	410.7	2.7
湖 南	Hunan	342.4	2.6	403.5	3.9	472.1	5.3
广 东	Guangdong	2113.9	13.8	2302.3	15.2	2435.5	15.0
广 西	Guangxi	182.4	0.9	204.9	1.1	221.7	1.2
海 南	Hainan	78.4	0.2	86.1	0.2	90.1	0.3
重 庆	Chongqing	181.1	1.6	208.2	4.2	226.5	4.7
四 川	Sichuan	397.3	3.2	464.6	4.6	515.8	6.1
贵 州	Guizhou	110.5	0.9	129.0	1.1	143.3	1.4
云 南	Yunnan	188.5	1.6	202.5	2.3	215.1	2.4
西 藏	Tibet	3.7		5.9		8.3	
陕 西	Shaanxi	232.0	1.0	247.6	1.4	264.9	1.4
甘 肃	Gansu	98.2	0.4	108.9	0.8	119.7	0.8
青 海	Qinghai	25.3	0.4	29.9	0.5	40.1	0.5
宁 夏	Ningxia	30.5	0.1	37.5	0.2	42.4	0.2
新 疆	Xinjiang	194.1	1.4	214.5	1.6	232.3	1.9

9-21 续表 continued 3

单位：万人 (10 000 persons)

地 区	Region	2010		2011		2012	
		年末参保人数 Contributors at the Year-end	享受工伤保险待遇人数 Beneficiaries of Work Injury Insurance	年末参保人数 Contributors at the Year-end	享受工伤保险待遇人数 Beneficiaries of Work Injury Insurance	年末参保人数 Contributors at the Year-end	享受工伤保险待遇人数 Beneficiaries of Work Injury Insurance
全 国	**National**	**16161**	**147**	**17696**	**163**	**19010**	**191**
北 京	Beijing	823.8	4.4	862.4	4.7	897.2	4.8
天 津	Tianjin	304.5	4.1	320.4	3.8	330.1	3.4
河 北	Hebei	594.4	7.5	640.4	8.6	694.8	9.1
山 西	Shanxi	292.4	4.9	337.6	5.5	529.6	8.4
内蒙古	Inner Mongolia	207.5	1.8	225.3	3.2	248.9	2.5
辽 宁	Liaoning	730.0	10.0	779.1	11.3	819.1	14.0
吉 林	Jilin	300.5	3.7	331.6	3.3	359.4	4.2
黑龙江	Heilongjiang	415.1	6.2	450.0	8.2	470.6	6.8
上 海	Shanghai	961.0	1.7	939.5	2.5	898.9	6.1
江 苏	Jiangsu	1205.5	9.8	1327.0	10.7	1420.7	12.3
浙 江	Zhejiang	1475.1	20.2	1610.8	22.2	1731.7	23.8
安 徽	Anhui	351.1	4.4	422.0	5.6	457.9	8.8
福 建	Fujian	417.7	2.4	496.9	2.8	540.9	3.4
江 西	Jiangxi	371.7	2.7	387.9	3.0	410.9	5.5
山 东	Shandong	1211.2	10.2	1276.1	10.8	1339.6	11.9
河 南	Henan	551.7	3.0	655.5	3.5	720.6	4.8
湖 北	Hubei	444.0	3.1	481.0	4.5	522.6	4.0
湖 南	Hunan	516.0	7.4	635.5	7.0	693.8	7.8
广 东	Guangdong	2657.8	14.7	2847.8	15.4	2962.8	16.7
广 西	Guangxi	235.7	1.4	272.5	1.5	312.4	1.8
海 南	Hainan	95.8	0.3	104.0	0.3	119.5	0.4
重 庆	Chongqing	266.0	5.6	337.1	6.2	374.9	8.0
四 川	Sichuan	583.8	6.0	650.8	6.5	689.4	8.0
贵 州	Guizhou	162.2	1.9	194.0	2.2	238.2	2.7
云 南	Yunnan	227.4	4.6	243.4	3.6	295.3	4.0
西 藏	Tibet	8.8		11.8		14.2	0.1
陕 西	Shaanxi	278.6	1.6	326.8	1.9	350.4	2.2
甘 肃	Gansu	130.1	1.1	150.2	1.4	158.5	1.8
青 海	Qinghai	43.2	0.5	45.6	0.5	49.2	0.6
宁 夏	Ningxia	48.9	0.3	58.3	0.3	63.9	0.4
新 疆	Xinjiang	249.3	2.0	274.6	2.0	294.1	2.4

9-21 续表 continued 4

单位：万人 (10 000 persons)

地区	Region	2013		2014		2015	
		年末参保人数 Contributors at the Year-end	享受工伤保险待遇人数 Beneficiaries of Work Injury Insurance	年末参保人数 Contributors at the Year-end	享受工伤保险待遇人数 Beneficiaries of Work Injury Insurance	年末参保人数 Contributors at the Year-end	享受工伤保险待遇人数 Beneficiaries of Work Injury Insurance
全国	**National**	**19917**	**195**	**20639**	**198**	**21432**	**202**
北京	Beijing	920.3	4.8	961.0	5.0	1020.1	4.7
天津	Tianjin	335.1	3.3	345.2	3.3	385.6	3.4
河北	Hebei	737.0	10.5	778.7	10.4	809.7	9.6
山西	Shanxi	550.0	9.7	563.1	11.1	573.1	10.1
内蒙古	Inner Mongolia	277.4	2.2	289.9	2.3	297.1	2.4
辽宁	Liaoning	856.7	13.2	903.1	13.2	918.6	13.8
吉林	Jilin	392.1	5.3	415.6	4.6	435.6	11.3
黑龙江	Heilongjiang	493.1	7.2	505.5	6.3	512.0	6.5
上海	Shanghai	904.1	6.6	920.5	6.9	932.9	7.0
江苏	Jiangsu	1487.3	13.6	1540.1	14.3	1594.1	14.7
浙江	Zhejiang	1826.1	22.6	1899.4	22.6	1930.1	20.4
安徽	Anhui	473.2	8.1	508.3	8.3	528.9	8.3
福建	Fujian	607.5	3.5	627.3	3.9	691.0	3.9
江西	Jiangxi	431.5	4.5	461.2	4.7	500.6	4.6
山东	Shandong	1371.9	11.2	1421.5	11.8	1473.5	11.1
河南	Henan	773.1	4.6	805.7	4.6	856.7	5.0
湖北	Hubei	556.9	5.7	576.7	4.9	640.1	4.9
湖南	Hunan	731.2	8.3	747.9	8.7	778.0	9.3
广东	Guangdong	3057.3	16.7	3092.6	17.1	3122.7	16.8
广西	Guangxi	325.6	1.9	338.2	1.8	360.5	1.9
海南	Hainan	123.4	0.3	126.1	0.3	131.5	0.3
重庆	Chongqing	406.8	8.0	426.1	8.1	428.5	7.5
四川	Sichuan	690.1	8.3	709.7	8.6	753.2	7.9
贵州	Guizhou	260.4	2.3	275.4	2.3	290.2	2.8
云南	Yunnan	334.3	4.4	341.7	4.0	368.1	4.3
西藏	Tibet	14.8		24.3	0.1	26.9	0.1
陕西	Shaanxi	378.1	3.0	404.0	2.9	427.3	3.0
甘肃	Gansu	167.7	1.8	175.1	2.2	182.6	2.3
青海	Qinghai	52.3	0.6	54.7	0.6	58.0	0.5
宁夏	Ningxia	72.7	0.5	82.2	0.5	80.8	0.6
新疆	Xinjiang	309.5	2.5	318.2	2.8	324.4	2.9

9-22 各地区工伤保险基本情况(2015年)

单位：人、亿元

地 区	Region	参保人数(万人) Contributors at the Year-end (10 000 persons)	享受伤残待遇人数 Beneficiaries of Work Injury Insurance	#享受职业病待遇人数 Beneficiaries of Occupational Diseases	一至四级 Level 1 to Level 4 Disability	#职业病 Occupational Diseases	五至六级 Level 5 to Level 6 Disability
全 国	**National**	**21432**	**1713514**	**109032**	**212650**	**54195**	**92716**
北 京	Beijing	1020	39406	7679	7762	4360	2556
天 津	Tianjin	386	31615	7708	7956	4207	3445
河 北	Hebei	810	75848	2189	8719	1225	4229
山 西	Shanxi	573	75529	6275	23570	2550	1041
内蒙古	Inner Mongolia	297	20960	1514	3131	407	2869
辽 宁	Liaoning	919	120289	10225	20873	6418	16153
吉 林	Jilin	436	109367	1431	19062	762	15560
黑龙江	Heilongjiang	512	53124	3680	11830	2396	10281
上 海	Shanghai	933	65240	1293	4043	833	1017
江 苏	Jiangsu	1594	129206	4795	10445	2471	2816
浙 江	Zhejiang	1930	195628	360	2970	122	1744
安 徽	Anhui	529	71780	2579	4999	1249	2769
福 建	Fujian	691	34349	5528	2041	447	365
江 西	Jiangxi	501	39465	9952	7945	4694	4030
山 东	Shandong	1474	81988	6606	11702	3004	4004
河 南	Henan	857	35280	4846	5954	1423	1263
湖 北	Hubei	640	44895	688	3159	482	3274
湖 南	Hunan	778	79921	3802	4888	1481	1791
广 东	Guangdong	3123	146461	581	3802	205	1508
广 西	Guangxi	360	14806	1613	2838	140	768
海 南	Hainan	131	2663	2	197	1	60
重 庆	Chongqing	428	63107	9265	8538	5188	1007
四 川	Sichuan	753	63942	8458	11302	4528	3818
贵 州	Guizhou	290	23195	1114	2502	468	1217
云 南	Yunnan	368	31526	656	4220	631	594
西 藏	Tibet	27	455		21		3
陕 西	Shaanxi	427	17693	287	2984	198	461
甘 肃	Gansu	183	14929	2893	6556	2449	1510
青 海	Qinghai	58	2672	149	752	122	102
宁 夏	Ningxia	81	4846	350	886	272	264
新 疆	Xinjiang	254	18836	2435	5028	1409	1990
新疆兵团	Xinjiang Production and Construction Crops	71	4493	79	1975	53	207

注：工伤保险累计结余中含储备金。

a) Balance of work injury insurance includes reserves.

WORK INJURY INSURANCE BY REGION (2015)

(person, 100 million yuan)

#职业病 Occupational Diseases	七至十级 Level 7 to Level 10 Disability	#职业病 Occupational Diseases	其 他 Others	#职业病 Occupational Diseases	基金收入 Revenue	基金支出 Expenses	累计结余 Balance at the Year-end
15152	**658152**	**17868**	**749996**	**21817**	**754.2**	**598.7**	**1285.3**
1884	16231	1313	12857	122	32.9	26.5	42.2
2128	9717	1343	10497	30	11.3	10.6	16.5
398	23551	447	39349	119	37.8	34.1	23.9
88	8370	256	42548	3381	32.9	27.7	55.9
458	6235	230	8725	419	13.9	8.6	36.3
2066	52324	1298	30939	443	27.8	30.1	32.1
383	68610	267	6135	19	18.6	10.4	27.1
1013	22481	161	8532	110	22.3	21.3	32.5
151	51337	305	8843	4	36.3	31.2	57.2
572	58048	672	57897	1080	79.1	61.1	87.6
18	69148	12	121766	208	56.8	43.1	78.7
513	21059	131	42953	686	21.6	16.2	37.5
47	9472	185	22471	4849	19.4	13.0	54.1
1803	6807	527	20683	2928	18.5	10.8	33.0
757	26228	1399	40054	1446	51.0	38.4	73.1
38	8953	1618	19110	1767	22.9	20.7	50.1
12	7470	157	30992	37	17.7	13.3	31.7
99	20739	292	52503	1930	34.0	28.0	49.8
26	77237	196	63914	154	68.9	44.7	241.3
68	3467	1255	7733	150	9.3	4.7	29.4
	279		2127	1	2.8	1.4	10.5
309	25154	2551	28408	1217	17.6	19.8	4.0
960	27461	2379	21361	591	30.6	23.3	55.4
114	12055	507	7421	25	14.2	11.5	19.5
2	6372	20	20340	3	13.5	12.1	23.0
	178		253		1.4	0.6	3.0
35	4371	53	9877	1	11.9	11.8	30.6
325	3303	69	3560	50	7.8	6.4	12.0
16	699	11	1119		3.4	2.3	6.3
20	2176	58	1520		4.0	3.4	9.3
848	7120	153	4698	25	10.7	9.1	17.5
1	1500	3	811	22	3.2	2.3	4.3

9-23 各地区工伤认定情况(2015年)

单位：人

地区	Region	当期认定(视同)工伤人数 合计 Total	认定工伤件数 小计 Sub-total	在工作时间和工作场所内因工作原因受到事故伤害 Injured by the Work Accident at the Workplace During the Work Time	工作时间前后在工作场所内从事与工作有关的预备性或者收尾性工作受到事故伤害 Injured by the Accident Related to the Preparation or Ending of Work at the Workplace During the Work Time	在工作时间和工作场所内因履行工作职责受到暴力等意外伤害 Injured by Non-work Accident such as Violence in Fulfilling Work-related Responsibilities at the Workplace During the Work Time	患职业病 Suffering from the Occupational Disease
全国	**National**	**1075906**	**1067377**	**905240**	**9859**	**11062**	**20835**
北京	Beijing	22713	22375	15965	330	350	1691
天津	Tianjin	19297	19162	15885	293	197	830
河北	Hebei	44099	43681	38028	350	335	551
山西	Shanxi	17916	17554	14789	118	93	1193
内蒙古	Inner Mongolia	8663	8484	6613	62	104	385
辽宁	Liaoning	33461	32987	29457	209	326	268
吉林	Jilin	10695	10508	9291	103	113	244
黑龙江	Heilongjiang	12719	12450	10890	212	132	521
上海	Shanghai	53928	53610	42131	983	438	105
江苏	Jiangsu	114067	113610	94167	774	651	534
浙江	Zhejiang	162382	161999	147358	703	450	312
安徽	Anhui	31230	31020	25090	466	283	438
福建	Fujian	30868	30703	26892	242	225	235
江西	Jiangxi	18709	18503	15528	205	168	137
山东	Shandong	69576	69011	53079	1266	988	1871
河南	Henan	23085	22573	17584	245	230	697
湖北	Hubei	23660	23455	19583	319	370	440
湖南	Hunan	43690	43383	38547	133	479	885
广东	Guangdong	158907	158045	142024	917	1438	704
广西	Guangxi	10584	10423	8367	129	304	98
海南	Hainan	2723	2690	2208	16	96	8
重庆	Chongqing	48644	48464	41332	288	518	3652
四川	Sichuan	40002	39713	30924	535	1166	2320
贵州	Guizhou	18680	18548	15139	278	325	1454
云南	Yunnan	16221	15930	12957	148	320	374
西藏	Tibet	519	490	405	3	1	1
陕西	Shaanxi	13934	13678	11160	236	220	442
甘肃	Gansu	5126	5035	4283	50	37	146
青海	Qinghai	2690	2658	2427	10	21	27
宁夏	Ningxia	4904	4839	3922	65	64	103
新疆	Xinjiang	10007	9634	7395	146	604	131
新疆兵团	Xinjiang Production and Construction Crops	2207	2162	1820	25	16	38

WORK INJURY CERTIFICATION BY REGION (2015)

(person)

Cases Certified(Cases Considered) as Suffering Work Injury							不予认定工伤人数 Cases Not be Certified or Considered as Suffering Work Injury	当期不予受理申请人数 Work Injury Certification Applications Not Accepted
Cases Certified as Suffering Work Injury			视同工伤件数 Cases Considered as Suffering Work Injury					
因工外出期间由于工作原因受到伤害或者发生事故下落不明 Injured by Work-related Accident or Missing Due to Accident When Outside the Workplace Due to Work-related Reasons	在上下班途中受到机动车事故伤害 Injured by Automobile Accident on the Road to Work from Home and Back Home from Work	其他应当认定为工伤的情形 Other Circumstances That Shall be Certified as Suffering Work Injury as Stipulated by Laws and Regulations	小计 Sub-total	在工作时间和工作岗位突发疾病死亡或者在48小时之内经抢救无效死亡 Died Immediately or Within 48 Hours after Unsuccessful Salvage Due to Illness Outburst at the Workplace During the	在抢险救灾等维护国家利益、公共利益活动中受到伤害 Injured in Rescue Activities for Protecting the Common Good of the State and the Public in Case of Emergencies or Natural	因战、因公负伤致残到用人单位后旧伤复发 Recrudescing of Previous Injury as a Result of War or Public Activities on the Employee Who Hold an Honorable Disabled Veteran Certificate		
41531	**78080**	**770**	**8529**	**8192**	**185**	**152**	**14761**	**5894**
1892	2128	19	338	328	2	8	161	49
673	1274	10	135	129	1	5	107	55
1437	2972	8	418	411	2	5	690	63
450	911		362	354	1	7	197	57
701	609	10	179	173	3	3	175	81
939	1666	122	474	464	3	7	212	139
246	468	43	187	184	2	1	74	33
293	388	14	269	265	3	1	61	107
2940	7012	1	318	310	4	4	493	164
3215	14264	5	457	444	2	11	1457	392
3528	9605	43	383	359	21	3	579	688
1261	3477	5	210	206	3	1	328	118
1097	2012		165	160	3	2	284	145
766	1698	1	206	206			407	183
3543	8185	79	565	512	41	12	639	374
1128	2686	3	512	462	12	38	198	73
973	1748	22	205	204		1	480	147
1391	1920	28	307	301		6	841	145
6442	6520		862	847	14	1	3632	1654
605	919	1	161	160		1	320	50
119	219	24	33	26	3	4	63	14
1249	1398	27	180	175	1	4	859	321
2145	2572	51	289	277	10	2	973	395
854	478	20	132	119	5	8	313	115
1336	675	120	291	267	15	9	422	63
53	27		29	29			15	3
782	727	111	256	246	6	4	95	56
231	288		91	90		1	66	56
107	66		32	32			51	24
235	450		65	64	1		131	27
782	575	1	373	343	27	3	423	100
118	143	2	45	45			15	3

9-24 各地区因工死亡人员工伤认定情况(2015年)

单位：人

地 区	Region	当期认定(视同)工伤人数					
		合 计	认定工伤件数				
			小 计	在工作时间和工作场所内因工作原因受到事故伤害	工作时间前后在工作场所内从事与工作有关的预备性或者收尾性工作受到事故伤害	在工作时间和工作场所内因履行工作职责受到暴力等意外伤害	患职业病
		Total	Sub-total	Injured by the Work Accident at the Workplace During the Work Time;	Injured by the Accident Related to the Preparation or Ending of Work at the Workplace During the Work Time	Injured by Non-work Accident such as Violence in Fulfilling Work-related Responsibilities at the Workplace During the Work Time	Suffering from the Occupational Disease
全 国	**National**	**22060**	**13992**	**7459**	**212**	**167**	**43**
北 京	Beijing	605	276	118	1	4	3
天 津	Tianjin	382	258	166	4	1	
河 北	Hebei	1292	881	453	6	4	
山 西	Shanxi	805	451	238	1	3	
内蒙古	Inner Mongolia	451	276	133	3	1	2
辽 宁	Liaoning	960	496	265	4	9	1
吉 林	Jilin	308	123	86	2		1
黑龙江	Heilongjiang	465	206	144	1	6	
上 海	Shanghai	803	492	222	5	4	2
江 苏	Jiangsu	1616	1172	553	3	4	3
浙 江	Zhejiang	1443	1081	583	7	6	3
安 徽	Anhui	626	418	194	1	6	
福 建	Fujian	306	235	119	6	3	
江 西	Jiangxi	634	428	280	105		
山 东	Shandong	1828	1316	531	13	30	2
河 南	Henan	1045	581	245	3	14	1
湖 北	Hubei	615	411	220	2	3	
湖 南	Hunan	1114	811	605	3	3	2
广 东	Guangdong	2001	1150	555	4	22	12
广 西	Guangxi	357	197	91		4	
海 南	Hainan	56	38	26	1		
重 庆	Chongqing	557	382	273	9	2	1
四 川	Sichuan	936	658	366	5	8	1
贵 州	Guizhou	452	333	226	9	6	7
云 南	Yunnan	625	353	223	1	8	
西 藏	Tibet	62	33	19			
陕 西	Shaanxi	514	268	159	4	3	
甘 肃	Gansu	234	144	94	1		
青 海	Qinghai	129	97	76	1	1	
宁 夏	Ningxia	166	101	41		1	1
新 疆	Xinjiang	539	235	116	4	8	1
新疆兵团	Xinjiang Production and Construction Crops	134	91	39	3	3	

WORK INJURY CERTIFICATION INVOLVING DEATHS BY REGION

(person)

Cases Certified(Cases Considered) as Suffering Work Injury							不予认定工伤人数 Cases Not be Certified or Considered as Suffering Work Injury	当期不予受理申请人数 Work Injury Certification Applications Not Accepted
Cases Certified as Suffering Work Injury			视同工伤件数 Cases Considered as Suffering Work Injury					
因工外出期间由于工作原因受到伤害或者发生事故下落不明 Injured by Work-related Accident or Missing Due to Accident When Outside the Workplace Due to Work-related Reasons	在上下班途中受到机动车事故伤害 Injured by Automobile Accident on the Road to Work from Home and Back Home from Work	其他应当认定为工伤的情形 Other Circumstances That Shall be Certified as Suffering Work Injury as Stipulated by Laws and Regulations	小计 Sub-total	在工作时间和工作岗位突发疾病死亡或者在48小时之内经抢救无效死亡 Died Immediately or Within 48 Hours after Unsuccessful Salvage Due to Illness Outburst at the Workplace During the	在抢险救灾等维护国家利益、公共利益活动中受到伤害 Injured in Rescue Activities for Protecting the Common Good of the State and the Public in Case of Emergencies or Natural	因战、因公负伤致残到用人单位后旧伤复发 Recrudescing of Previous Injury as a Result of War or Public Activities on the Employee Who Hold an Honorable Disabled Veteran Certificate		
1626	**4446**	**39**	**8068**	**8031**	**35**	**2**	**1964**	**248**
56	94		329	327	2		44	4
19	68		124	123	1		15	7
109	308	1	411	411			81	22
35	174		354	354			43	8
51	86		175	173	2		41	1
44	171	2	464	464			59	12
7	27		185	184	1		11	
18	36	1	259	258	1		20	2
71	188		311	310	1		51	
100	509		444	444			111	9
114	368		362	359	3		52	7
45	172		208	206	2		42	4
21	86		71	70	1		32	2
	42	1	206	206			50	6
189	546	5	512	512			123	16
69	233	16	464	462	2		69	3
52	133	1	204	204			68	2
40	156	2	303	301		2	134	12
163	394		851	847	4		392	86
41	61		160	160			56	3
2	9		18	18			3	
30	66	1	175	175			68	15
86	190	2	278	277	1		92	16
38	41	6	119	119			42	2
79	42		272	271	1		144	1
11	3		29	29				
30	71	1	246	246			12	
19	30		90	90			15	2
11	8		32	32			9	3
20	38		65	64	1		8	
45	61		304	292	12		51	3
11	35		43	43			26	

9-25 各地区劳动能力鉴定情况(2015)
WORK CAPACITY ASSESSMENT BY REGION

单位：人 (person)

地区 Region	申请鉴定人数 Work Capacity Assessment Applicants						评定伤残等级人数 Persons Assessed as Certain Level of Work-related Disable				存在生活自理障碍人数 Persons Assessed as Living-related Disable
	小计 Sub-total	初次申请 First Applications	再次申请 Second Applications	#改变结论 Concusions Changed	复查申请 Reassessment Applications	#改变结论 Concusions Changed	小计 Sub-total	一至四级 Level 1 to Level 4	五至六级 Level 5 to Level 6	七至十级 Level 7 to Level 10	
全国 National	**637031**	**609931**	**16680**	**4541**	**10420**	**2504**	**541722**	**19238**	**19174**	**503310**	**7617**
北京 Beijing	14597	13909	94	10	594	462	12073	768	1137	10168	149
天津 Tianjin	8748	8200	223	99	325	81	8089	178	537	7374	94
河北 Hebei	23321	22661	424	143	236	141	18138	602	656	16880	308
山西 Shanxi	13763	13289	320	106	154	92	12959	1551	984	10424	488
内蒙古 Inner Mongolia	6217	5808	225	68	184	124	5320	300	374	4646	164
辽宁 Liaoning	21270	20288	502	98	480	222	18691	767	879	17045	422
吉林 Jilin	8423	6802	254	74	1367	278	6899	269	383	6247	146
黑龙江 Heilongjiang	10664	9801	529	98	334	90	9099	425	566	8108	265
上海 Shanghai	49414	43979	1305	325	4130		39701	255	483	38963	11
江苏 Jiangsu	79417	78108	934	70	375	95	69674	686	1284	67704	442
浙江 Zhejiang	80265	77753	2459	662	53	28	73302	652	1418	71232	326
安徽 Anhui	16740	15948	676	211	116	43	15142	651	596	13895	184
福建 Fujian	14724	14034	658	211	32	11	11561	666	502	10393	145
江西 Jiangxi	9574	9069	455	138	50	14	8413	233	259	7921	122
山东 Shandong	35225	34375	639	153	211	103	29754	1819	1589	26346	447
河南 Henan	16276	15187	924	232	165	53	11806	528	606	10672	1516
湖北 Hubei	12320	11521	663	185	136	54	10834	626	611	9597	182
湖南 Hunan	25774	25031	653	168	90	17	22249	639	532	21078	277
广东 Guangdong	72485	71152	1161	219	172	79	60353	781	1359	58213	289
广西 Guangxi	4791	4643	143	43	5	3	3700	148	155	3397	62
海南 Hainan	793	748	42	3	3	1	496	98	65	333	54
重庆 Chongqing	27152	25645	1133	317	374	163	23990	1362	571	22057	289
四川 Sichuan	31562	30206	1025	356	331	94	23083	1497	976	20610	432
贵州 Guizhou	15406	14883	379	253	144	45	13894	551	550	12793	179
云南 Yunnan	9772	9588	155	39	29	18	7681	917	756	6008	167
西藏 Tibet	473	464	9	3			317	36	25	256	10
陕西 Shaanxi	8514	8268	80	16	166	105	8066	799	473	6794	169
甘肃 Gansu	3478	3359	83	34	36	18	3087	215	222	2650	79
青海 Qinghai	1617	1577	31	16	9	7	1589	78	86	1425	29
宁夏 Ningxia	4947	4805	88	33	54	36	4129	908	239	2982	64
新疆 Xinjiang	7464	7060	362	138	42	17	6004	189	221	5594	86
新疆兵团 Xinjiang Production and Construction Crops	1845	1770	52	20	23	10	1629	44	80	1505	20

9-26 历年全国生育保险基本情况
MATERNITY INSURANCE

年 份 Year	年末参保人数 (万人) Contributors at the Year-end (10 000 persons)	基金收支情况(亿元) Revenue and Expenses(100 million yuan)		
		基金收入 Revenue	基金支出 Expenses	累计结余 Balance at the Year-end
绝对数 Absolute figure				
1993	557.2	0.8	0.5	0.8
1994	915.9	1.5	0.8	1.4
1995	1500.2	2.9	1.6	2.7
1996	2015.6	5.5	3.3	5.0
1997	2485.9	7.4	4.9	7.5
1998	2776.7	9.8	6.8	10.3
1999	2929.8	10.7	7.1	13.9
2000	3001.6	11.2	8.3	16.8
2001	3455.1	13.7	9.6	20.6
2002	3488.2	21.8	12.8	29.7
2003	3655.4	25.8	13.5	42.0
2004	4383.8	32.1	18.8	55.9
2005	5408.5	43.8	27.4	72.1
2006	6458.9	62.1	37.5	96.9
2007	7775.3	83.6	55.6	126.6
2008	9254.1	113.7	71.5	168.2
2009	10875.7	132.4	88.3	212.1
2010	12335.9	159.6	109.9	261.4
2011	13892.0	219.8	139.2	342.5
2012	15428.7	304.2	219.3	427.6
2013	16392.0	368.4	282.8	514.7
2014	17038.7	446.1	368.1	592.7
2015	17771.0	501.7	411.5	684.4
比上年增长(%) Increase over Preceding Year %				
1994	64.4	73.8	60.5	87.6
1995	63.8	99.4	95.3	91.7
1996	34.4	87.8	108.2	81.6
1997	23.3	34.9	49.4	51.2
1998	11.7	31.1	39.5	37.1
1999	5.5	10.1	4.1	34.9
2000	2.5	3.8	17.1	20.6
2001	15.1	23.1	14.9	22.7
2002	1.0	58.9	33.3	44.5
2003	4.8	18.3	5.6	41.3
2004	19.9	24.4	39.3	33.1
2005	23.4	36.4	45.7	29.0
2006	19.4	41.8	36.9	34.4
2007	20.4	34.6	48.3	30.7
2008	19.0	36.0	28.6	32.9
2009	17.5	16.4	23.5	26.1
2010	13.4	20.5	24.4	23.2
2011	12.6	37.8	26.7	31.0
2012	11.1	38.4	57.6	24.8
2013	6.2	21.1	28.9	20.4
2014	3.9	21.1	30.2	15.1
2015	4.3	12.5	11.8	15.5

9-27 历年各地区生育保险基本情况
MATERNITY INSURANCE BY REGION

单位：万人，万人次 (10 000 persons)

地区	Region	2001 年末参保人数 Contributors at the Year-end	2001 享受待遇人次 Beneficiaries of Maternity Insurance	2002 年末参保人数 Contributors at the Year-end	2002 享受待遇人次 Beneficiaries of Maternity Insurance	2003 年末参保人数 Contributors at the Year-end	2003 享受待遇人次 Beneficiaries of Maternity Insurance	2004 年末参保人数 Contributors at the Year-end	2004 享受待遇人次 Beneficiaries of Maternity Insurance
全国	**National**	**3455**	**24**	**3488**	**28**	**3655**	**36**	**4384**	**46**
北京	Beijing								
天津	Tianjin								
河北	Hebei	131.5	0.8	95.4	0.7	94.1	0.4	114.1	0.4
山西	Shanxi	108.0	0.3	84.3	0.3	84.3	0.2	93.2	0.2
内蒙古	Inner Mongolia	27.9	0.3	23.4	0.1	40.3	0.2	66.7	0.4
辽宁	Liaoning	227.8	1.2	216.1	1.2	199.1	1.5	215.9	2.1
吉林	Jilin	24.0	0.1	32.7	0.1	34.0	0.1	35.1	0.2
黑龙江	Heilongjiang	68.2	0.2	153.2	1.2	167.5	2.7	187.3	3.5
上海	Shanghai	443.7	0.1	452.9	3.7	461.1	4.1	505.6	4.9
江苏	Jiangsu	483.5	4.6	486.1	4.1	504.1	7.2	552.7	9.2
浙江	Zhejiang	187.6	1.7	193.7	1.9	215.0	2.1	239.8	3.0
安徽	Anhui	23.4	0.1	23.6	0.2	23.9	0.2	37.6	0.2
福建	Fujian	118.2	0.9	123.7	1.0	139.4	1.4	146.5	1.7
江西	Jiangxi	120.2	0.8	109.4	0.7	108.7	0.6	107.6	0.5
山东	Shandong	331.8	3.4	322.8	3.8	336.5	4.1	390.8	4.7
河南	Henan	196.4	1.1	205.9	1.1	199.2	1.1	201.2	1.5
湖北	Hubei	182.1	1.1	182.7	0.8	182.1	0.6	179.9	0.6
湖南	Hunan	3.7		3.4		3.3		212.9	0.5
广东	Guangdong	250.1	2.4	258.7	2.5	330.8	3.0	376.7	3.6
广西	Guangxi	113.5	1.2	106.8	1.1	111.1	1.2	134.8	1.6
海南	Hainan	10.8	0.1	23.2	0.2	28.4	0.2	31.7	0.4
重庆	Chongqing	23.6	0.2	19.9	0.1	16.5	0.1	12.9	
四川	Sichuan	178.1	1.6	166.4	1.2	165.1	1.3	187.4	1.4
贵州	Guizhou	1.1		0.9		0.9		2.3	
云南	Yunnan	96.1	1.2	86.9	1.0	82.8	1.4	142.3	2.3
西藏	Tibet								
陕西	Shaanxi	4.6	0.1	5.4	0.1	14.6	0.1	36.2	0.2
甘肃	Gansu	5.0		5.1		6.8		31.0	0.1
青海	Qinghai	6.6	0.1	4.3		5.2	0.1	5.8	0.1
宁夏	Ningxia	8.7	0.1	15.0	0.2	15.1	0.2	18.4	0.2
新疆	Xinjiang	78.9	1.0	86.4	1.0	85.7	2.0	117.4	2.5

9-27 续表 1 continued

单位：万人，万人次 (10 000 persons)

地 区	Region	2005 年末参保人数 Contributors at the Year-end	2005 享受待遇人次 Beneficiaries of Maternity Insurance	2006 年末参保人数 Contributors at the Year-end	2006 享受待遇人次 Beneficiaries of Maternity Insurance	2007 年末参保人数 Contributors at the Year-end	2007 享受待遇人次 Beneficiaries of Maternity Insurance
全 国	**National**	**5408**	**62**	**6459**	**108**	**7775**	**113**
北 京	Beijing	226.1	1.1	263.3	6.7	290.6	9.8
天 津	Tianjin	157.4	0.6	180.1	7.7	194.0	3.9
河 北	Hebei	215.9	0.8	264.2	1.7	338.5	2.5
山 西	Shanxi	95.6	0.3	98.1	0.4	104.4	0.3
内蒙古	Inner Mongolia	105.8	1.5	122.1	2.1	139.1	1.7
辽 宁	Liaoning	220.1	2.7	378.7	4.9	423.0	13.2
吉 林	Jilin	35.3	0.8	117.7	0.6	173.6	1.6
黑龙江	Heilongjiang	156.6	2.9	172.7	3.1	216.8	3.1
上 海	Shanghai	539.3	5.8	555.1	16.8	592.0	7.3
江 苏	Jiangsu	630.9	11.2	711.5	12.8	794.1	14.5
浙 江	Zhejiang	284.9	3.7	382.7	6.9	505.0	6.1
安 徽	Anhui	53.5	0.5	78.6	1.0	175.6	1.9
福 建	Fujian	161.8	2.1	173.5	2.0	250.4	2.7
江 西	Jiangxi	117.8	0.8	123.2	1.1	137.8	0.8
山 东	Shandong	461.2	5.5	488.8	10.0	563.3	8.2
河 南	Henan	228.4	1.5	238.4	2.0	279.1	2.2
湖 北	Hubei	175.9	0.6	194.5	0.8	224.6	1.1
湖 南	Hunan	250.2	3.2	308.5	5.2	369.3	5.6
广 东	Guangdong	419.4	4.2	464.8	4.8	659.1	6.6
广 西	Guangxi	141.4	1.9	145.2	1.9	163.5	2.3
海 南	Hainan	34.9	0.5	40.6	0.7	66.7	0.8
重 庆	Chongqing			96.8	0.6	116.9	2.2
四 川	Sichuan	212.5	1.4	274.1	1.9	323.3	3.6
贵 州	Guizhou	52.1		72.1	0.7	89.1	1.2
云 南	Yunnan	156.1	2.5	159.5	2.6	165.1	2.2
西 藏	Tibet					9.4	
陕 西	Shaanxi	43.1	0.8	86.3	0.5	120.9	0.9
甘 肃	Gansu	40.0	0.3	47.0	0.4	53.3	0.7
青 海	Qinghai	6.5	0.1	7.2	0.2	6.2	0.2
宁 夏	Ningxia	21.6	0.2	18.1	0.4	19.2	0.4
新 疆	Xinjiang	164.1	4.7	195.6	7.5	211.6	5.6

9-27 续表 2 continued

单位：万人，万人次 (10 000 persons)

地 区	Region	2008 年末参保人数 Contributors at the Year-end	2008 享受待遇人次 Beneficiaries of Maternity Insurance	2009 年末参保人数 Contributors at the Year-end	2009 享受待遇人次 Beneficiaries of Maternity Insurance	2010 年末参保人数 Contributors at the Year-end	2010 享受待遇人次 Beneficiaries of Maternity Insurance
全 国	**National**	**9254**	**140**	**10876**	**174**	**12336**	**211**
北 京	Beijing	324.1	11.8	346.8	12.8	372.2	12.6
天 津	Tianjin	196.5	4.7	204.6	4.8	212.0	5.6
河 北	Hebei	408.5	5.2	489.9	6.7	561.5	5.2
山 西	Shanxi	148.3	0.7	185.8	0.9	211.6	1.7
内蒙古	Inner Mongolia	154.6	1.6	182.9	2.0	233.9	2.2
辽 宁	Liaoning	460.2	11.7	531.2	13.5	593.0	13.5
吉 林	Jilin	227.9	2.5	289.9	4.6	310.5	5.6
黑龙江	Heilongjiang	241.9	3.2	270.0	3.3	290.1	3.4
上 海	Shanghai	609.9	7.1	625.1	6.5	657.3	7.7
江 苏	Jiangsu	907.2	19.5	962.5	23.3	1086.4	24.4
浙 江	Zhejiang	690.0	8.1	750.7	10.4	863.7	12.4
安 徽	Anhui	231.0	3.5	303.6	4.6	346.9	5.0
福 建	Fujian	273.9	3.2	317.8	4.5	374.4	4.9
江 西	Jiangxi	156.6	0.6	163.0	0.7	170.0	1.0
山 东	Shandong	638.0	10.3	703.0	14.4	774.1	18.0
河 南	Henan	313.4	2.8	379.8	4.0	412.9	5.3
湖 北	Hubei	278.0	2.9	357.1	6.5	381.8	11.0
湖 南	Hunan	431.5	6.2	502.4	9.0	527.1	12.1
广 东	Guangdong	1011.2	9.7	1586.3	12.5	2038.5	24.3
广 西	Guangxi	176.5	3.0	199.0	3.2	218.5	3.6
海 南	Hainan	79.8	1.1	85.0	1.2	92.6	1.5
重 庆	Chongqing	141.6	2.6	155.5	3.7	175.7	4.9
四 川	Sichuan	373.0	4.4	426.4	5.8	484.2	5.9
贵 州	Guizhou	135.9	1.8	152.5	1.9	164.3	2.3
云 南	Yunnan	168.4	2.6	181.1	2.8	210.2	4.0
西 藏	Tibet	12.4	0.1	14.2	0.2	14.8	0.3
陕 西	Shaanxi	147.6	1.6	164.4	2.1	180.1	2.4
甘 肃	Gansu	59.1	0.6	71.2	0.7	82.0	1.0
青 海	Qinghai	6.3	0.1	6.3	0.1	6.4	0.1
宁 夏	Ningxia	25.1	0.4	30.7	0.5	39.8	0.6
新 疆	Xinjiang	225.4	6.4	236.8	6.6	249.4	8.4

9-27 续表 3 continued

单位：万人，万人次 (10 000 persons)

地 区	Region	2011		2012		2013	
		年末参保人数 Contributors at the Year-end	享受待遇人次 Beneficiaries of Maternity Insurance	年末参保人数 Contributors at the Year-end	享受待遇人次 Beneficiaries of Maternity Insurance	年末参保人数 Contributors at the Year-end	享受待遇人次 Beneficiaries of Maternity Insurance
全 国	**National**	**13892**	**265**	**15429**	**353**	**16392**	**522**
北 京	Beijing	395.3	14.9	844.7	27.9	883.2	41.1
天 津	Tianjin	234.6	6.6	242.7	8.0	249.1	24.8
河 北	Hebei	593.1	5.5	634.8	9.7	667.6	15.7
山 西	Shanxi	253.7	2.1	407.6	3.1	445.6	5.2
内蒙古	Inner Mongolia	263.3	4.8	274.8	4.3	285.0	6.5
辽 宁	Liaoning	664.7	15.1	713.9	19.4	752.3	25.9
吉 林	Jilin	335.9	6.7	350.4	9.4	365.9	11.2
黑龙江	Heilongjiang	350.1	3.6	353.1	4.2	355.1	6.9
上 海	Shanghai	703.1	8.8	711.5	11.7	713.9	22.0
江 苏	Jiangsu	1199.2	44.2	1276.2	55.5	1355.6	78.7
浙 江	Zhejiang	979.8	14.9	1084.8	19.4	1173.2	39.9
安 徽	Anhui	400.1	6.3	430.1	9.0	458.5	10.6
福 建	Fujian	451.9	5.7	484.3	8.2	539.6	12.1
江 西	Jiangxi	200.1	0.8	204.2	2.0	217.8	2.5
山 东	Shandong	857.8	19.7	919.0	19.9	974.4	47.1
河 南	Henan	460.7	6.3	520.3	12.0	569.6	13.6
湖 北	Hubei	420.9	13.6	452.9	18.8	465.3	18.5
湖 南	Hunan	538.8	15.3	546.0	14.8	536.0	14.8
广 东	Guangdong	2339.7	32.6	2484.9	40.1	2711.6	45.0
广 西	Guangxi	243.8	3.9	254.7	5.1	270.2	7.7
海 南	Hainan	100.7	2.2	116.0	3.2	120.2	4.0
重 庆	Chongqing	216.6	5.4	253.5	8.2	280.4	10.2
四 川	Sichuan	601.7	6.8	654.4	12.5	689.1	18.0
贵 州	Guizhou	198.1	2.6	221.6	3.1	238.7	4.4
云 南	Yunnan	216.5	3.5	239.2	4.6	270.9	11.2
西 藏	Tibet	16.1	0.3	18.2	0.4	20.7	0.5
陕 西	Shaanxi	211.6	2.8	223.7	3.1	240.3	4.3
甘 肃	Gansu	110.1	1.7	129.5	2.5	135.1	3.2
青 海	Qinghai	6.7	0.2	33.8	0.3	42.8	1.7
宁 夏	Ningxia	59.3	1.0	66.4	1.9	68.4	3.7
新 疆	Xinjiang	268.1	7.0	281.6	10.3	296.1	11.1

9-27 续表 4 continued

单位：万人，万人次 (10 000 persons)

地 区	Region	2014 年末参保人数 Contributors at the Year-end	2014 享受待遇人次 Beneficiaries of Maternity Insurance	2015 年末参保人数 Contributors at the Year-end	2015 享受待遇人次 Beneficiaries of Maternity Insurance
全 国	**National**	**17039**	**613**	**17771**	**642**
北 京	Beijing	915.6	53.2	941.6	52.8
天 津	Tianjin	260.7	22.2	269.7	19.4
河 北	Hebei	684.0	22.5	713.0	18.5
山 西	Shanxi	454.2	7.4	456.5	8.0
内蒙古	Inner Mongolia	293.7	8.0	302.6	7.8
辽 宁	Liaoning	783.9	28.5	789.3	29.6
吉 林	Jilin	367.0	14.0	367.5	14.0
黑龙江	Heilongjiang	356.1	7.8	357.1	6.4
上 海	Shanghai	717.5	24.0	735.4	22.9
江 苏	Jiangsu	1374.6	93.6	1471.7	95.3
浙 江	Zhejiang	1248.9	46.1	1285.2	51.0
安 徽	Anhui	482.8	13.6	499.3	15.9
福 建	Fujian	556.7	12.8	598.3	14.0
江 西	Jiangxi	241.1	3.3	251.3	4.7
山 东	Shandong	1046.5	56.2	1111.3	48.1
河 南	Henan	590.2	15.7	609.5	16.5
湖 北	Hubei	480.6	19.9	500.2	22.3
湖 南	Hunan	537.6	17.0	544.0	20.5
广 东	Guangdong	2801.3	50.8	3081.8	67.0
广 西	Guangxi	280.2	8.6	307.9	9.6
海 南	Hainan	122.0	3.8	127.1	4.7
重 庆	Chongqing	347.5	12.5	354.3	18.3
四 川	Sichuan	730.4	21.7	670.3	24.8
贵 州	Guizhou	248.8	6.4	263.6	7.5
云 南	Yunnan	279.3	13.2	289.8	12.0
西 藏	Tibet	22.8	0.5	23.8	0.7
陕 西	Shaanxi	250.8	5.3	265.3	6.4
甘 肃	Gansu	143.7	3.9	154.1	3.5
青 海	Qinghai	45.8	3.4	48.0	5.0
宁 夏	Ningxia	71.3	4.9	73.7	2.6
新 疆	Xinjiang	303.0	12.7	307.9	12.4

9-28 各地区生育保险基本情况(2015年)
MATERNITY INSURANCE BY REGION(2015)

单位：万人次、亿元 (10 000 persons, 100 million yuan)

地　区	Region	享受待遇人次 Beneficiaries of Maternity Insurance	基金收入 Revenue	基金支出 Expenses	累计结余 Balance at the Year-end
全　国	**National**	**642**	**501.7**	**411.5**	**684.4**
北　京	Beijing	52.8	51.0	52.7	32.8
天　津	Tianjin	19.4	11.1	10.4	20.0
河　北	Hebei	18.5	14.5	10.0	24.2
山　西	Shanxi	8.0	8.6	6.2	19.6
内蒙古	Inner Mongolia	7.8	8.0	5.2	14.1
辽　宁	Liaoning	29.6	18.9	18.5	14.3
吉　林	Jilin	14.0	6.5	4.8	12.2
黑龙江	Heilongjiang	6.4	7.1	4.5	15.5
上　海	Shanghai	22.9	48.7	38.2	17.2
江　苏	Jiangsu	95.3	34.8	43.0	66.8
浙　江	Zhejiang	51.0	38.7	29.8	40.3
安　徽	Anhui	15.9	10.8	8.9	14.9
福　建	Fujian	14.0	16.5	13.8	25.4
江　西	Jiangxi	4.7	5.0	2.7	10.2
山　东	Shandong	48.1	36.0	30.1	43.8
河　南	Henan	16.5	15.6	12.2	29.3
湖　北	Hubei	22.3	11.7	8.0	23.9
湖　南	Hunan	20.5	11.8	8.7	23.8
广　东	Guangdong	67.0	71.1	39.6	105.3
广　西	Guangxi	9.6	9.0	5.5	17.6
海　南	Hainan	4.7	2.5	2.0	5.2
重　庆	Chongqing	18.3	7.6	10.0	7.3
四　川	Sichuan	24.8	17.5	16.7	25.6
贵　州	Guizhou	7.5	4.6	3.4	8.6
云　南	Yunnan	12.0	9.2	8.7	13.0
西　藏	Tibet	0.7	0.8	0.7	1.3
陕　西	Shaanxi	6.4	5.1	3.7	15.2
甘　肃	Gansu	3.5	4.3	2.7	8.3
青　海	Qinghai	5.0	2.3	1.0	4.3
宁　夏	Ningxia	2.6	2.3	1.7	2.9
新　疆	Xinjiang	12.4	10.0	8.2	21.6

十、工会工作

TRADE UNION WORKS

10-1 各地区基层工会组织数(2015年)

单位：个

地区	Region	总计 Total	国有企业 State-owned	集体企业 Urban Collective-owned	股份合作企业 Coopera-tive	联营企业 Joint-owned	有限责任公司 Limited Liability Corporations
全国	**National**	**2805518**	**79137**	**68496**	**38076**	**7468**	**186055**
北京	Beijing	30380	1448	1607	516	23	8409
天津	Tianjin	18948	852	433	263	12	1343
河北	Hebei	127605	3731	3589	1004	405	3582
山西	Shanxi	59276	3460	3005	450	85	3151
内蒙古	Inner Mongolia	70926	2003	825	634	115	6783
辽宁	Liaoning	90042	2489	1625	740	104	5240
吉林	Jilin	27425	1490	379	258	37	1584
黑龙江	Heilongjiang	66044	5654	2272	590	131	2966
上海	Shanghai	51639	1876	2019	1024	109	3732
江苏	Jiangsu	162725	2542	3469	3131	587	10720
浙江	Zhejiang	151330	2041	1439	6527	423	16343
安徽	Anhui	123883	3124	5850	1742	259	8420
福建	Fujian	113819	3742	1665	1181	482	3949
江西	Jiangxi	82386	3421	1795	1914	330	3606
山东	Shandong	197497	4703	5926	2267	266	12051
河南	Henan	214372	5039	6247	2329	592	9483
湖北	Hubei	130117	2701	4447	1891	663	6562
湖南	Hunan	136104	3821	4477	2593	509	5801
广东	Guangdong	258767	5784	5764	1967	336	15162
广西	Guangxi	92348	3369	2024	574	735	4490
海南	Hainan	19196	908	604	220	82	6846
重庆	Chongqing	58590	862	1111	877	238	4803
四川	Sichuan	161677	2792	1569	1323	234	13009
贵州	Guizhou	65609	2125	830	1504	219	4591
云南	Yunnan	92548	1405	837	531	68	6274
西藏	Tibet	5385	269	112	39	12	160
陕西	Shaanxi	104764	3551	3626	1144	304	11783
甘肃	Gansu	36626	1168	424	383	50	1518
青海	Qinghai	15412	484	119	112	15	526
宁夏	Ningxia	12638	346	76	56	3	520
新疆	Xinjiang	27440	1937	331	292	40	2648

NUMBER OF GRASSROOTS TRADE UNION BY REGION (2015)

(unit)

股份有限公司 Share-holding Corporations Ltd.	私营企业 Private	其他内资企业 Other Enterprises of Domestic Funded	个体经营户 Individuals	港澳台商投资企业 Funded by Entrepreneurs from HongKong, Macao & Taiwan	外商投资企业 Foreign Funded	事业单位 Institutions	机关 Agencies and Organizations	其他 Others
68321	**1498402**	**10581**	**117297**	**31629**	**45465**	**315733**	**187000**	**151858**
1391	6289	57	1014	258	629	4467	1717	2555
410	8994	144	148	238	921	2948	1175	1067
2102	67272	2729	3984	216	643	13198	10234	14916
1638	24037	58	2810	90	215	11755	5679	2843
1209	42051	38	2001	36	164	8174	5815	1078
1899	48635	181	4565	365	1820	11227	5205	5947
956	12947	25	370	34	159	6296	2255	635
1695	32390	41	2818	124	375	8397	5422	3169
1473	25928	478	296	1887	4566	5592	1333	1326
4734	96284	375	2654	4028	8028	13167	6157	6849
5587	88108	368	1633	2177	3241	13348	6991	3104
3089	68642	128	7915	173	371	12451	6487	5232
2511	75425	1223	1098	2672	3084	8516	5429	2842
1456	43080	130	2888	298	1021	12323	7334	2790
6184	113210	599	11847	804	6165	17060	9323	7092
3932	125702	307	16617	174	295	22962	10920	9773
2627	74336	555	3883	308	638	16067	6984	8455
2919	71996	768	9120	153	263	15475	10879	7330
3446	159192	1432	9931	16372	9820	18913	9265	1383
2663	53428	192	3074	309	573	10507	6825	3585
689	3812	23	628	93	180	2244	1422	1445
1635	31389	66	6071	93	244	6842	3804	555
4333	59543	353	9531	392	845	23709	17913	26131
3172	23617	134	1159	36	60	9592	6674	11896
2580	59032	43	1372	123	255	8471	9030	2527
45	843	1	731		1	499	2122	551
2106	46317	90	5227	86	703	13376	6904	9547
638	15619	16	1012	35	73	7572	5744	2374
175	5936	6	1401	8	13	2332	2050	2235
198	6411	4	572	11	38	1824	1209	1370
829	7937	17	927	36	62	6429	4699	1256

10-2 各地区工会会员人数(2015年)

单位：人

地区	Region	总计 Total	内资企业 Enterprises of Domestic Funded 国有企业 State-owned	集体企业 Urban Collective-owned	股份合作企业 Coopera-tive	联营企业 Joint-owned	国有独资公司 State Funded Corporations	其他有限责任公司 Other Limited Liability Corporations
全国	**National**	**295460406**	**25433971**	**8053741**	**6131642**	**1116541**	**3392656**	**16809565**
北京	Beijing	4471107	646157	121767	64999	1259	154828	729630
天津	Tianjin	3937479	384949	80585	99372	661	102099	351897
河北	Hebei	14215413	1130910	334362	177189	88526	95159	511840
山西	Shanxi	7764602	1675413	274226	156787	17171	169603	346054
内蒙古	Inner Mongolia	5872024	796551	97287	111731	45020	31558	448922
辽宁	Liaoning	9703638	1360432	338233	113638	18615	145704	442927
吉林	Jilin	3369507	494514	46858	70009	7606	108176	137463
黑龙江	Heilongjiang	7544082	2285944	233524	99362	13490	55757	270287
上海	Shanghai	8567158	495810	508881	111565	13514	277891	455661
江苏	Jiangsu	22653249	1415493	557996	659832	90119	171872	1312414
浙江	Zhejiang	20278293	473931	225601	933349	69170	151149	2061621
安徽	Anhui	9047175	800621	570837	231611	25849	66710	586945
福建	Fujian	8536532	529985	99807	125302	57567	78142	228593
江西	Jiangxi	7885926	766835	154592	389269	65082	80682	274537
山东	Shandong	23479865	1514937	877029	603954	35047	241366	1680681
河南	Henan	17809015	1484300	782315	435412	58883	177986	727825
湖北	Hubei	13012699	834085	689213	238264	102024	162637	702142
湖南	Hunan	11478805	862405	493181	313303	74284	106600	424339
广东	Guangdong	29027572	1152562	577106	401723	79053	225687	1367859
广西	Guangxi	6896856	763119	162364	91772	104755	120490	405108
海南	Hainan	2479396	153351	34308	31922	6073	41307	283603
重庆	Chongqing	7677900	268731	119473	93906	30874	112765	528934
四川	Sichuan	20317839	1016725	163957	219344	20887	141622	1023761
贵州	Guizhou	6177994	568503	56347	52164	13472	84030	163096
云南	Yunnan	5215245	530811	53130	45594	4230	100305	295943
西藏	Tibet	290953	20086	9155	2952	735	1899	7445
陕西	Shaanxi	7687827	1139992	273995	107471	52066	85345	610689
甘肃	Gansu	3633497	483266	60616	74395	15461	32652	127101
青海	Qinghai	1174229	179058	8898	12501	1351	10555	29467
宁夏	Ningxia	1289760	116005	4926	10262	43	10321	38899
新疆	Xinjiang	3964769	1088490	43172	52688	3654	47759	233882

TRADE UNION MEMBERS IN GRASSROOTS TRADE UNION BY REGION (2015)

(person)

内资企业 Enterprises of Domestic Funded				个体经营户 Individuals	港澳台商投资企业 Funded by Entrepreneurs from HongKong Macao&Taiwan	外商投资企业 Foreign Funded	事业单位 Institutions	机关 Agencies and Organization	其他 Others
国有控股公司 State-holding	其他股份有限公司 Other Share-holding Corporations Ltd.	私营企业 Private	其他企业 Others						
7876983	**7493791**	**109513945**	**1508399**	**11676041**	**8310864**	**9836199**	**33761639**	**16678019**	**27566410**
281077	166423	363955	3742	72340	62760	236228	671955	338708	255279
257359	38246	1304909	102791	69374	89210	378532	340395	146281	190819
273051	258785	5935708	317333	359021	89774	144415	1609080	842703	2047557
339271	178093	2218956	14733	372740	98685	40970	1129185	456285	276430
125431	192778	2648044	4313	92571	7770	36148	687937	402308	143655
346446	205809	3035750	16307	275066	62213	404187	1296414	549020	1092877
275637	136353	980085	3833	58896	10644	35994	643035	252569	107835
240402	157779	2002237	6870	284452	48698	74329	814715	439583	516653
573226	143527	3168060	141730	45914	499467	1027850	661667	153795	288600
334649	708609	9708108	43188	422710	925359	1729700	1732145	665264	2175791
314868	918957	10468439	77459	228841	553671	775126	1597014	492934	936163
305703	235546	3269938	21322	314980	41954	100881	1154233	467501	852544
169865	271560	4263849	112129	123748	573932	460636	716837	348763	375817
65399	126591	3813332	9649	138163	101701	193422	918220	594297	194155
592400	1047295	9291938	104164	1428902	175852	911672	2248998	996056	1729574
343246	374942	6495911	31070	1109309	380119	63728	2816603	1253026	1274340
482622	240867	5048280	106953	387660	92126	144861	1596144	526549	1658272
175162	249397	4953182	97503	483347	39841	54154	1475023	995993	681091
522727	561682	12652229	228701	872724	4152781	2536655	2584213	853025	258845
183629	165465	2575229	8861	161416	51747	79939	1080128	483665	459169
106117	45731	214349	1241	35177	9350	28533	238401	523713	726220
226820	134652	2835115	9290	2084747	27125	52680	646304	410345	96139
355186	407844	4920963	24443	1377773	153293	138369	2618426	1629958	6105288
187509	55967	1253824	3733	86491	15327	13506	730934	469376	2423715
238072	115114	1651824	2569	89906	14082	39049	918453	717780	398383
1213	2236	30902	88	18719		28	37804	105923	51768
251500	182425	2054496	10001	344020	15894	99062	1067469	418338	975064
141952	41862	1062508	1623	94276	5560	11720	692351	431056	357098
19607	12364	274968	242	51962	1513	1980	143618	93239	332906
24585	35750	394337	106	47688	1258	10087	198705	85555	311233
122252	81142	622520	2412	143108	9158	11758	695233	534411	273130

10-3 各地区基层单位建立职工代表大会制度情况(2015年)
EMPLOYEE CONGRESS SYSTEM IN GRASSROOTS TRADE UNION BY REGION (2015)

地区	Region	建立职工(代表)大会制度的企事业单位(个) Number of Establishments with Employee Congress (unit)	本年度召开过职工(代表)大会的企事业单位(个) Number of Establishments with Congress Held (unit)	职工代表大会的职工代表(人) Congress Members (person)	#女职工代表 Female	实行厂务公开的企事业单位(个) Number of Establishments with Publishing Management Affairs (unit)
全国	**National**	**5058907**	**3904927**	**23173066**	**6763072**	**4930900**
北京	Beijing	66663	57940	280117	94847	61753
天津	Tianjin	89811	89149	397075	131946	90036
河北	Hebei	170165	106198	906946	224205	150166
山西	Shanxi	150711	142024	753578	159099	150382
内蒙古	Inner Mongolia	77829	49060	541379	112950	76167
辽宁	Liaoning	155802	124355	857227	200702	150117
吉林	Jilin	62044	30916	334463	84332	59301
黑龙江	Heilongjiang	96997	76922	483451	130865	91306
上海	Shanghai	235874	203140	641312	228053	243168
江苏	Jiangsu	342848	297387	2487548	720195	322433
浙江	Zhejiang	444566	306495	2037449	699373	439100
安徽	Anhui	130383	88612	646806	195717	128505
福建	Fujian	216312	149507	746515	255966	206895
江西	Jiangxi	110053	73261	737545	150534	109701
山东	Shandong	443003	373970	1998867	541603	442397
河南	Henan	226539	171890	1261791	487454	223755
湖北	Hubei	187425	144680	859276	277585	170909
湖南	Hunan	160163	114425	878483	196558	157097
广东	Guangdong	585529	389706	1962389	655346	573842
广西	Guangxi	129398	119196	730884	230290	129038
海南	Hainan	23270	16020	77000	27146	23270
重庆	Chongqing	208195	200106	562475	126074	203875
四川	Sichuan	300710	269662	1033292	289922	285077
贵州	Guizhou	75617	56271	289498	73736	78082
云南	Yunnan	102542	67604	357784	102474	97062
西藏	Tibet	447	427	3357	973	272
陕西	Shaanxi	141495	92004	587928	150931	141041
甘肃	Gansu	57737	42903	293350	75504	58062
青海	Qinghai	18614	13852	68525	20009	18409
宁夏	Ningxia	15949	15184	94001	32584	15459
新疆	Xinjiang	31923	21811	253866	82599	33983
国家机关	Government Agencies	239	197	8082	3110	187
中直机关	CCCPC Agencies	54	53	807	390	53

注：中直机关指中央直属机关(以下各表同)。

a) CCCPC Agencies are Agencies of Central Committee of the Communist Party of Chine (The same as in the following tables).

10-4 各地区基层以上工会职业培训机构情况(2015年)
VOCATIONAL TRAINING ORGANIZATIONS ABOVE GRASSROOTS TRADE UNION BY REGION (2015)

地区	Region	工会开办的职业培训机构(个) Number of Vocational Training (Organizations)	本年度工会职业培训机构培训人次(人次) Trained Persons (person-time)	#农民工 Migrant Workers	#下岗失业人员人次数 Laid-off and Unemployment Persons	#经培训实现再就业人次数 Reemployees
全　国	**National**	**1820**	**1397416**	**656180**	**392558**	**206700**
北　京	Beijing	4	18097	2271	200	86
天　津	Tianjin	24	72663	16775	4888	2191
河　北	Hebei	106	57457	30439	16736	9502
山　西	Shanxi	51	19535	10880	6206	2529
内蒙古	Inner Mongolia	34	19268	6172	8113	4846
辽　宁	Liaoning	172	61644	17715	33153	16747
吉　林	Jilin	32	6899	2174	3543	1719
黑龙江	Heilongjiang	82	27266	6092	14995	6393
上　海	Shanghai	7	17788	6224	734	181
江　苏	Jiangsu	59	125317	47451	24878	14869
浙　江	Zhejiang	93	137286	82403	21533	9896
安　徽	Anhui	24	21625	9633	5241	2021
福　建	Fujian	33	25494	15754	13453	10830
江　西	Jiangxi	34	15055	7573	4854	2526
山　东	Shandong	128	119876	57438	52472	36426
河　南	Henan	331	118132	71684	40080	20913
湖　北	Hubei	58	41651	17810	18922	8481
湖　南	Hunan	58	24685	15880	9530	3906
广　东	Guangdong	39	73558	19161	7571	4432
广　西	Guangxi	96	48385	27766	10887	6386
海　南	Hainan	4	4389	3305	389	96
重　庆	Chongqing	30	41981	24547	12905	8038
四　川	Sichuan	84	129039	72409	36641	16466
贵　州	Guizhou	45	48911	26351	10570	4071
云　南	Yunnan	21	45247	21020	7191	1735
西　藏	Tibet		658	585	16	
陕　西	Shaanxi	77	33771	16797	12546	6841
甘　肃	Gansu	57	24801	13727	9101	3258
青　海	Qinghai	8	1058	585	320	55
宁　夏	Ningxia	21	2485	1612	940	545
新　疆	Xinjiang	8	13395	3947	3950	715

10-5 各地区基层工会开展合理化建议和劳动竞赛活动情况(2015年)

CONDITION OF CARRYING OUT RATIONALIZED PROPOSALS AND LABOR EMULATION IN GRASSROOTS TRADE UNION BY REGION (2015)

地区	Region	本年度职工提出合理化建议件数(件) Rationalized Proposals Put Forward by the Staff and Workers This Year (case)	本年度已实施的合理化建议件数(件) Rationalized Proposals Practiced This Year (case)	本年度开展了劳动竞赛的基层工会(个) Grassroots Trade union Participating in Labor Emulation This Year (unit)	本年度参加劳动竞赛的职工(人次) Person/Time of Staff and Workers Participating in Labor Emulation (person-time)
全国	**National**	**10856053**	**6324892**	**870927**	**92855562**
北京	Beijing	336203	204565	4450	1590993
天津	Tianjin	713569	409438	16134	4461382
河北	Hebei	699947	331163	42184	4364954
山西	Shanxi	415086	229223	18446	2584200
内蒙古	Inner Mongolia	140865	95663	37785	3436934
辽宁	Liaoning	426268	282198	18105	2048140
吉林	Jilin	290322	214720	11791	1260384
黑龙江	Heilongjiang	150323	50487	11581	1263927
上海	Shanghai	1438387	1141327	12654	3026343
江苏	Jiangsu	824905	470629	52718	5377305
浙江	Zhejiang	465553	228499	63481	6846918
安徽	Anhui	338733	170656	55451	3233627
福建	Fujian	207748	119633	27428	2235066
江西	Jiangxi	279909	96752	21810	3264149
山东	Shandong	1138260	536804	81551	8823226
河南	Henan	293190	177736	24222	2824430
湖北	Hubei	440898	227259	33620	3626709
湖南	Hunan	482261	295783	99872	5962733
广东	Guangdong	398152	216118	46985	5437552
广西	Guangxi	97956	58683	19543	1936906
海南	Hainan	18675	13451	5695	537117
重庆	Chongqing	363933	231415	24690	3035465
四川	Sichuan	366529	202043	73241	7550205
贵州	Guizhou	74683	44080	15940	1562226
云南	Yunnan	73964	47357	15205	1453076
西藏	Tibet	234	126	111	10751
陕西	Shaanxi	144124	83116	13125	1420744
甘肃	Gansu	129777	88093	8206	929444
青海	Qinghai	10024	5522	3429	251246
宁夏	Ningxia	53063	25694	6543	504293
新疆	Xinjiang	40860	25949	4874	1982433
国家机关	Government Agencies	1619	692	57	12684
中直机关	CCCPC Agencies	33	18		

10-6 各地区基层工会参与调节劳动争议工作情况(2015年)
CONDITION OF GRASSROOTS TRADE UNION PATICIPATING IN MEDIATION LABOR DISPUTE BY REGION (2015)

地区	Region	建立劳动争议调解委员会的基层工会(个) Units with Labor Dispute Mediation Committee (unit)	劳动争议调解委员会委员(人) Member of Labor Dispute Mediation Committee (person)	本年度劳动争议调解委员会受理劳动争议件数(件) Cases Accepted by Labor Dispute Mediation Committee This Year (case)	#集体劳动争议 Collective Labor Dispute	本年度劳动争议调解委员会调解成功劳动争议件数(件) Cases Successfully Madiated by Labor Dispute Mediation Committee This Year (case)	#集体劳动争议 Collective Labor Dispute
全国	**National**	**1046972**	**2818388**	**210687**	**47531**	**116201**	**29228**
北京	Beijing	9931	31258	1989	175	1347	145
天津	Tianjin	14851	62973	21236	2397	19202	2203
河北	Hebei	71244	176933	8106	1439	4826	734
山西	Shanxi	24607	78998	2626	246	1024	132
内蒙古	Inner Mongolia	35785	86804	4661	1912	2546	1873
辽宁	Liaoning	32915	88295	5588	872	2636	526
吉林	Jilin	8604	20342	993	104	395	49
黑龙江	Heilongjiang	14478	34513	2565	1166	1634	1143
上海	Shanghai	26259	84486	3119	50	1021	34
江苏	Jiangsu	102907	294048	19344	3669	10490	1257
浙江	Zhejiang	95688	256558	16075	1908	11302	1294
安徽	Anhui	23347	64517	3380	301	1220	153
福建	Fujian	29010	73932	2965	456	1985	392
江西	Jiangxi	65402	112245	9630	1082	1994	607
山东	Shandong	84966	254312	13599	2577	6743	1442
河南	Henan	18929	61312	5235	743	1971	599
湖北	Hubei	26719	83741	5223	371	2657	298
湖南	Hunan	13777	38621	14247	11789	2912	2455
广东	Guangdong	87843	195978	22602	5939	13607	5781
广西	Guangxi	32865	83067	4455	124	487	53
海南	Hainan	3062	14665	601	32	162	20
重庆	Chongqing	13309	47440	4381	689	2562	366
四川	Sichuan	101945	267860	21929	7388	13930	5941
贵州	Guizhou	13502	38823	1845	347	1077	325
云南	Yunnan	13934	41012	1306	182	618	127
西藏	Tibet	93	455	30	6	17	5
陕西	Shaanxi	51424	137924	6167	1060	3886	902
甘肃	Gansu	11079	31579	4100	259	2137	174
青海	Qinghai	3374	7766	269	25	142	14
宁夏	Ningxia	6218	18999	939	66	661	51
新疆	Xinjiang	8823	28417	1477	157	1010	133
国家机关	Government Agencies	81	509	5			
中直机关	CCCPC Agencies	1	6				

10-7 各地区基层以上工会职业介绍机构情况(2015年) JOB EXCHANGES ABOVE GRASSROOTS TRADE UNION BY REGION (2015)

地 区	Region	工会开办职业介绍机构(个) Number of job Exchanges (unit)	#获得政府有关部门资质认定的机构 Qualificated by Labor and Security Bureau	本年度工会职业介绍机构成功介绍人次数(人次) Placed Jobseekers (person-time)	#农民工 Migrant Workers	#下岗失业人员人次数 Laid-off and Unemployed Persons
全 国	**National**	**1904**	**864**	**1279643**	**533740**	**358907**
北 京	Beijing	5	2	1903	800	718
天 津	Tianjin	24	2	14235	10031	3259
河 北	Hebei	390	218	63057	25892	17556
山 西	Shanxi	87	18	18989	10987	3838
内蒙古	Inner Mongolia	29	8	19950	8579	8280
辽 宁	Liaoning	95	49	76837	22660	33956
吉 林	Jilin	31	12	13355	4304	7575
黑龙江	Heilongjiang	63	42	19897	5067	10981
上 海	Shanghai	6	4	4295	1288	835
江 苏	Jiangsu	59	39	62693	35940	25726
浙 江	Zhejiang	34	18	33836	17560	14177
安 徽	Anhui	21	11	39227	19463	16155
福 建	Fujian	23	6	34931	23545	6126
江 西	Jiangxi	25	11	10859	4962	3136
山 东	Shandong	88	35	84715	40451	25640
河 南	Henan	79	45	309583	76998	35844
湖 北	Hubei	56	27	59009	32676	22125
湖 南	Hunan	64	43	66801	35826	20260
广 东	Guangdong	388	128	25207	6027	4562
广 西	Guangxi	41	11	17263	6792	5860
海 南	Hainan	1	1	1523	463	889
重 庆	Chongqing	29	14	39713	25496	12722
四 川	Sichuan	67	36	88234	50193	34270
贵 州	Guizhou	59	14	40734	17576	16113
云 南	Yunnan	20	16	22714	16532	5778
西 藏	Tibet			104	64	18
陕 西	Shaanxi	46	21	79247	14668	15787
甘 肃	Gansu	32	23	15996	10158	2325
青 海	Qinghai	3	2	758	524	341
宁 夏	Ningxia	33	5	8082	4781	2148
新 疆	Xinjiang	6	3	5896	3437	1907

十一、香港资料

MAIN INDICATORS OF HONG KONG

11-1 劳动人口及失业状况
LABOUR FORCE AND UNEMPLOYMENT

项　　目	Item	2009	2010	2011	2012	2013	2014	2015
劳动人口数目（万人）	Labour Force (10 000 persons)	366.0	363.1	370.3	378.5	385.9	387.6	391.0
男	Male	194.4	193.1	194.3	197.2	199.2	198.8	199.5
女	Female	171.6	170.0	176.0	181.3	186.6	188.8	191.4
劳动人口参与率(%)	Labour Force Participation Rate (%)	60.8	59.6	60.1	60.5	61.2	61.1	61.2
就业人口（万人）	Employed Persons (10 000 persons)	346.8	347.4	357.6	366.1	372.8	374.9	378.1
失业人口（万人）	Unemployed Persons (10 000 persons)	19.3	15.7	12.7	12.4	13.1	12.7	12.9
失业率(%)	Unemployment Rate (%)	5.3	4.3	3.4	3.3	3.4	3.3	3.3

注：数字是根据每年1月至12月进行的"综合住户统计调查"结果，以及由政府统计处与跨部门人口分布推算小组共同编制按区议会分区划分年中人口估计数字而编制。

统计数字在编制过程中涉及应用人口数字。2007年至2010年的年度数字已就2011年人口普查的结果而作出了修订。

2011年人口普查的结果提供了一个基准，用作修订自2006年中期人口统计以来编制的人口数字。

a) Figures are compiled based on data collected in the General Household Survey from January to December of the year concerned as well as the mid-year population estimates by District Council district compiled jointly by the Census and Statistics Department and an inter-departmental Working Group on Population Distribution Projections.

Statistics involve the use of the population figures in the compilation process. Annual figures of 2007-2010 have been revised to take into account the results of the 2011 Population Census which provided a benchmark for revising the population figures compiled since the 2006 Population By-census.

11-2 按行业划分的就业人数
EMPLOYED PERSONS BY INDUSTRY

单位：万人 (10 000 persons)

行业 (按香港标准行业分类1.1版分类)	Industry (based on HSIC Version 1.1)	2005	2006	2007
制造业	Manufacturing	22.4	21.7	20.0
建筑业	Construction	26.4	26.9	27.5
批发、零售、进出口贸易、饮食及酒店业	Wholesale, Retail and Import/Export Trades, Restaurants and Hotels	109.4	110.5	114.2
运输、仓库及通讯业	Transport, Storage and Communications	35.7	36.9	37.2
金融、保险、地产及商用服务业	Financing, Insurance, Real Estate and Business Services	50.3	52.6	54.6
社区、社会及个人服务业	Community, Social and Personal Services	87.0	89.2	92.0
其它	Others	2.4	2.3	2.2
总计	**Total**	**333.7**	**340.1**	**347.7**

行业 (按香港标准行业分类2.0版分类)	Industry (based on HSIC Version 2.0)	2008	2009	2010	2011	2012	2013	2014	2015
制造	Manufacturing	16.6	15.0	13.3	13.3	13.4	12.6	13.0	11.4
建筑	Construction	26.5	26.2	26.5	27.7	29.1	30.9	30.7	31.7
进出口贸易及批发	Import/Export Trade and Wholesale	58.9	56.2	54.7	53.9	56.4	51.5	50.2	48.2
零售、住宿①及膳食服务	Retail, Accommodation① and Food Services	55.2	54.5	55.8	57.8	59.1	61.2	63.4	62.5
运输、仓库、邮政及速递服务、资讯及通讯	Transportation, Storage, Postal and Courier Services, Information and Communications	43.4	42.3	42.2	43.4	43.4	44.5	44.6	45.3
金融、保险、地产、专业及商用服务	Financing, Insurance, Real Estate, Professional and Business Services	63.9	63.7	64.1	67.6	68.7	72.0	73.4	75.1
公共行政、社会及个人服务	Public Administration, Social and Personal Services	84.3	86.7	88.5	91.5	93.5	97.8	97.3	101.5
其它	Others	2.2	2.1	2.3	2.4	2.4	2.3	2.2	2.5
总计	**Total**	**350.9**	**346.8**	**347.4**	**357.6**	**366.1**	**372.8**	**374.9**	**378.1**

注：数字是根据每年1月至12月进行的"综合住户统计调查"结果，以及由政府统计处与跨部门人口分布推算小组共同编制按区议会分区划分年中人口估计数字而编制。
统计数字在编制过程中涉及应用人口数字。2007年至2010年的年度数字已就2011年人口普查的结果而作出了修订。
2011年人口普查的结果提供了一个基准，用作修订自2006年中期人口统计以来编制的人口数字。
由2009年开始，数字是按"香港标准行业分类2.0版"编制，其数列已向前估计至2008年。
①住宿服务包括酒店、宾馆、旅舍及其他提供短期住宿服务的机构单位。

a) Figures are compiled based on data collected in the General Household Survey from January to December of the year concerned as well as the mid-year population estimates by District Council district compiled jointly by the Census and Statistics Department and an inter-departmental Working Group on Population Distribution Projections.
Statistics involve the use of the population figures in the compilation process. Annual figures of 2007-2010 have been revised to take into account the results of the 2011 Population Census which provided a benchmark for revising the population figures compiled since the 2006 Population By-census.
Starting from 2009, figures are compiled based on the Hong Kong Standard Industrial Classification Version 2.0 and the series has been backcasted to 2008.
①Accommodation services cover hotels, guesthouses, boarding houses and other establishments providing short term accommodation.

11-3 按每月就业收入划分的就业人数
EMPLOYED PERSONS BY MONTHLY EMPLOYMENT EARNINGS

单位：万人，另有注明除外 (10 000 persons, unless otherwise specified)

每月就业收入（港元）	Monthly Employment Earnings (HKD)	2011	2012	2013	2014	2015
< 3000	< 3000	10.1	9.9	11.3	11.4	10.8
3000 - 3999	3000 - 3999	28.2	29.1	28.4	17.6	7.3
4000 - 4999	4000 - 4999	6.8	6.9	8.8	19.4	30.1
5000 - 5999	5000 - 5999	8.5	6.2	6.3	5.7	6.0
6000 - 6999	6000 - 6999	16.5	11.3	9.0	6.9	6.4
7000 - 7999	7000 - 7999	22.2	17.8	14.2	11.6	8.7
8000 - 8999	8000 - 8999	28.9	28.6	22.1	18.1	14.7
9000 - 9999	9000 - 9999	21.3	25.7	24.4	22.3	18.9
10000 - 11999	10000 - 11999	38.2	38.3	40.5	39.2	37.4
12000 - 13999	12000 - 13999	33.0	35.2	36.7	38.9	39.4
14000 - 15999	14000 - 15999	26.0	29.6	31.2	34.0	34.9
16000 - 17999	16000 - 17999	9.8	12.3	15.0	16.0	17.1
18000 - 19999	18000 - 19999	10.1	9.6	11.9	13.6	14.3
20000 - 24999	20000 - 24999	30.1	31.6	33.0	33.9	36.9
25000 - 29999	25000 - 29999	14.7	15.4	16.9	18.0	20.0
30000 - 34999	30000 - 34999	17.1	17.0	16.8	17.9	19.5
35000 - 39999	35000 - 39999	6.4	8.0	8.6	9.4	10.3
40000 - 44999	40000 - 44999	6.0	7.5	8.4	8.4	9.0
45000 - 49999	45000 - 49999	3.8	3.7	4.8	5.7	6.4
50000 - 59999	50000 - 59999	6.8	8.9	9.1	9.8	10.0
60000 - 79999	60000 - 79999	5.8	5.6	7.2	7.7	9.1
80000 - 99999	80000 - 99999	2.6	3.0	3.3	3.4	4.0
≧ 100000	≧ 100000	4.8	5.2	5.1	6.0	7.0
总　计	Total	357.6	366.1	372.8	374.9	378.1
每月就业收入中位数	**Median Monthly Earnings**	**11300**	**12000**	**13000**	**13400**	**14500**

注：数字是根据每年1月至12月进行的“综合住户统计调查”结果，以及由政府统计处与跨部门人口分布推算小组共同编制按区议会分区划分年中人口估计数字而编制。

a) Figures are compiled based on data collected in the General Household Survey from January to December of the year concerned as well as the mid-year population estimates by District Council district compiled jointly by the Census and Statistics Department and an inter-departmental Working Group on Population Distribution Projections.

11-4 按行业划分督导级(不包括经理级与专业雇员)及以下雇员的工资指数

WAGE INDICES FOR EMPLOYEES UP TO SUPERVISORY LEVEL (MANAGERIAL AND PROFESSIONAL EMPLOYEES ARE NOT INCLUDED) BY INDUSTRY

(1992年9月=100) (September 1992=100)

行业主类	Industry Section	2011	2012	2013	2014	2015
名义工资指数	**Nominal Wage Index**					
制造	Manufacturing	170.0	172.8	180.9	191.1	199.1
进出口贸易、批发及零售	Import/Export, Wholesale and Retail Trades	188.1	195.1	198.8	204.7	210.5
运输	Transportation	161.8	166.4	173.2	181.7	189.1
住宿及餐饮服务活动①	Accommodation and Food Service Activities①	150.6	163.2	169.4	176.8	186.2
金融及保险活动	Financial and Insurance Activities	190.3	201.8	207.5	215.4	222.8
地产租赁及保养管理	Real Estate Leasing and Maintenance Management	186.6	199.8	219.2	223.6	231.7
专业及商业服务	Professional and Business Services	185.8	192.7	208.3	221.3	236.8
个人服务	Personal Services	222.0	240.7	253.8	271.9	287.8
所有选定行业②	All Selected Industries②	178.3	187.5	195.2	203.3	211.9
实际工资指数③	**Real Wage Index③**					
制造	Manufacturing	112.4	109.6	110.0	108.8	110.5
进出口贸易、批发及零售	Import/Export, Wholesale and Retail Trades	124.3	123.7	120.9	116.6	116.9
运输	Transportation	106.9	105.5	105.3	103.5	105.0
住宿及餐饮服务活动①	Accommodation and Food Service Activities①	99.6	103.5	103.0	100.7	103.4
金融及保险活动	Financial and Insurance Activities	125.8	128.0	126.2	122.7	123.7
地产租赁及保养管理	Real Estate Leasing and Maintenance Management	123.3	126.7	133.3	127.3	128.7
专业及商业服务	Professional and Business Services	122.8	122.2	126.7	126.0	131.5
个人服务	Personal Services	146.7	152.6	154.4	154.8	159.8
所有选定行业②	All Selected Industries②	117.9	118.9	118.7	115.8	117.7

注：指有关年度12月份的数字。
①住宿服务包括酒店、宾馆、旅舍及其他提供短期住宿服务的机构单位。
②指“劳工收入统计调查”内工资统计调查所涵盖的所有行业，包括并没有列出其统计数字的电力及燃气供应业、污水处理及废弃物管理业与出版活动业。
③实际工资指数是以名义工资指数扣除以2009/10年为基期的甲类消费价格指数而计算出来。

a) Figures refer to December of the year.
①Accommodation services cover hotels, guesthouses, boarding houses and other establishments providing short term accommodation.
②Figures refer to all industries covered by the wage enquiry of the Labour Earnings Survey, including the electricity and gas supply industry, sewerage and waste management activities industry and publishing activities industry, the statistics of which are not separately shown.
③The Real Wage Indices are derived by deflating the Nominal Wage Indices by the 2009/10-based Consumer Price Index (A).

11-5 消费价格指数（2014年10月-2015年9月=100）
CONSUMER PRICE INDICES (Oct. 2014 - Sep. 2015=100)

项　　目	Item	权　数 Weight	2011	2012	2013	2014	2015
综合消费价格指数	**Composite Consumer Price Index**						
总指数	**All Items**	**100.00**	**86.1**	**89.6**	**93.5**	**97.7**	**100.6**
食品	Food	27.29	84.5	89.4	93.3	97.2	101.0
外出用膳	Meals Bought away from Home	(17.74)	84.2	88.7	92.6	96.9	101.0
食品(不包括外出用膳)	Food(Excluding Meals Bought away from Home)	(9.55)	84.9	90.4	94.3	97.7	100.9
住屋①	Housing①	34.29	79.9	84.4	90.1	96.0	101.0
私人房屋租金	Private Housing Rent	(29.92)	80.3	85.7	91.1	96.6	101.1
公营房屋租金	Public Housing Rent	(1.94)	70.7	65.7	76.2	90.2	100.0
电力、燃气及水	Electricity, Gas and Water	2.67	81.6	74.9	80.0	92.0	99.7
烟酒	Alcoholic Drinks and Tobacco	0.54	88.9	91.5	92.9	98.9	100.2
衣履	Clothing and Footwear	3.21	95.9	98.9	100.5	101.4	99.6
耐用物品	Durable Goods	4.65	114.5	112.9	108.1	104.4	98.5
杂项物品	Miscellaneous Goods	3.56	92.8	94.9	97.0	99.3	100.1
交通	Transport	7.98	93.2	96.0	98.3	100.3	99.9
杂项服务②	Miscellaneous Services②	15.81	90.3	92.8	96.3	99.2	100.3
教育服务	Educational Services	(3.91)	87.8	90.3	93.6	97.3	100.9
资讯及通讯服务	Information and Communications Services	(2.33)	100.2	97.4	97.4	100.0	99.5
医疗服务	Medical Services	(2.60)	89.0	91.7	94.6	97.5	101.0

注：2014年10月起的消费价格指数是根据2014/15年住户开支统计调查所得的开支权数编制。较早的指数则是根据旧的开支权数而经过按比例换算与新基期的指数拼接。

①除“私人房屋租金”及“公营房屋租金”外，“住屋”类别还包括“管理费及其他住屋杂费”和“保养住所材料”。而丙类消费价格指数中的“住屋”类别并不包括“公营房屋租金”。

②“杂项服务”类别包括“教育服务”、“资讯及通讯服务”、“医疗服务”及其他杂项服务。

Notes: The CPIs from October 2014 onwards are compiled based on expenditure weights obtained from the 2014/15 Household Expenditure Survey. The CPIs for earlier periods are compiled based on old weights and have been re-scaled to the new base period for linking with the new index series.

①Apart from "Private Housing Rent" and "Public Housing Rent", the "Housing" section also includes "Management Fees and Other Housing Charges" and "Materials for House Maintenance". For CPI(C), the "Housing" section does not include "Public Housing Rent".

②"Miscellaneous Services" section includes "Educational Services", "Information and Communications Services", "Medical Services" and other miscellaneous services.

十二、澳门资料

MAIN INDICATORS OF MACAO

12-1 经济活动人口及失业状况
LABOUR FORCE AND UNEMPLOYMENT

项　　目	Item	2009	2010	2011	2012	2013	2014	2015
劳动人口（万人）	Labour Force (10 000 persons)	32.3	32.4	33.6	35.0	36.8	39.5	40.4
男	Male	16.6	16.5	17.1	18.1	18.9	20.7	21.3
女	Female	15.7	15.9	16.5	16.9	17.9	18.7	19.1
就业人口（万人）	Employed Population (10 000 persons)	31.2	31.5	32.8	34.3	36.1	38.8	39.7
失业人口（万人）	Unemployed Population (10 000 persons)	1.1	0.9	0.9	0.7	0.7	0.7	0.7
失业率（%）	Unemployment Rate (%)	3.5	2.8	2.6	2.0	1.8	1.7	1.8

12-2 按行业划分的就业人口
EMPLOYED POPULATION BY INDUSTRY

单位：万人　　　　(10 000

行　　业	Industry	2009	2010	2011	2012	2013	2014	2015
总数	**Total**	**31.19**	**31.48**	**32.76**	**34.32**	**36.10**	**38.81**	**39.65**
制造业	Manufacturing	1.64	1.52	1.28	1.03	0.90	0.74	0.69
水电及气体生产供应业	Electricity, Gas & Water Supply	0.09	0.09	0.13	0.15	0.15	0.11	0.12
建筑业	Construction	3.18	2.71	2.82	3.23	3.53	5.25	5.48
批发及零售业	Wholesale & Retail Trades	4.08	4.14	4.34	4.23	4.47	4.52	4.50
酒店及饮食业	Hotels, Restaurants & Similar Activities	4.32	4.28	4.61	5.30	5.43	5.48	5.50
运输、仓储及通信业	Transport, Storage & Communications	1.62	1.82	1.60	1.60	1.59	1.92	1.75
金融业	Financial Intermediation	0.73	0.73	0.81	0.82	0.93	1.07	1.08
不动产及工商服务业	Real Estate & Business Activities	2.53	2.75	2.80	2.43	2.76	3.04	2.98
公共行政及社保事务	Public Administration & Social Security	1.97	2.14	2.30	2.51	2.57	2.55	2.94
教育	Education	1.18	1.15	1.23	1.31	1.43	1.48	1.66
医疗卫生及社会福利	Health & Social Welfare	0.75	0.81	0.85	0.86	0.91	1.01	1.13
文娱博彩及其他服务业	Recreational, Cultural, Gaming & Other Services	7.37	7.54	8.20	8.95	9.34	9.40	9.42
家务工作	Domestic Work	1.60	1.74	1.68	1.80	2.03	2.19	2.36
其他及不详	Others and Unknown	0.12	0.07	0.10	0.09	0.06	0.07	0.05

12-3 按行业划分的月工作收入中位数
MEDIAN MONTHLY EMPLOYMENT EARNINGS BY INDUSTRY

单位：澳门元 (MOP)

行　　业	Occupation	2011	2012	2013	2014	2015
总数	**Total**	**10000**	**11300**	**12000**	**13300**	**15000**
制造业	Manufacturing	6500	7500	8500	9000	10300
水电及气体生产供应业	Electricity, Gas & Water Supply	17500	16000	18000	21000	26000
建筑业	Construction	10100	11700	12000	13000	13000
批发及零售业	Wholesale & Retail Trade	8000	9000	10000	10000	12000
酒店及饮食业	Hotels, Restaurants & Similar Activities	7500	8300	8800	10000	10000
运输、仓储及通信业	Transport, Storage & Communications	10000	11000	12300	13000	14000
金融业	Financial Intermediation	12000	14000	16000	17000	18000
不动产及工商服务业	Real Estate & Business Activities	7000	8000	9000	9500	9500
公共行政及社保事务	Public Administration & Social Security	20700	25000	27200	30000	34800
教育	Education	15000	16000	19000	20000	22000
医疗卫生及社会福利	Health & Social Welfare	12000	15000	18200	16000	20000
文娱博彩及其他服务业	Recreational, Cultural, Gaming & Other Services	13000	14500	15300	17000	18000
家务工作	Domestic Work	3000	3100	3400	3500	3800

12-4 消费物价指数
CONSUMER PRICE INDEX

2013年10月至2014年9月=100 (10/2013-09/2014=100)

项　　目	Items	权数 Weight	2011	2012	2013	2014	2015
综合消费价格指数	**Composite Consumer Price Index**						
总指数	**Global Index**	**100.00**	**85.17**	**90.37**	**95.35**	**101.11**	**105.72**
食品及非酒精饮料	Food and Non-alcoholic Beverages	**28.97**	**82.39**	**89.41**	**95.34**	**101.16**	**106.09**
烟酒	Alcoholic Beverages and Tobacco	0.92	70.83	92.29	97.43	100.56	117.99
服装、鞋	Clothing and Footwear	6.46	93.66	96.71	98.67	100.55	100.47
住房及燃料	Housing and Fuels	26.70	77.60	82.85	91.09	101.95	110.17
家居设备及用品	Household Goods and Furnishings	3.29	85.16	91.00	96.00	100.53	105.56
医疗	Health	3.06	85.69	90.67	96.55	101.03	106.75
交通	Transport	10.96	94.34	96.82	98.76	100.75	101.58
通讯	Communications	2.53	106.88	102.42	100.07	99.76	99.50
康乐及文化	Recreation and Culture	4.79	90.31	92.61	96.81	100.98	102.21
教育	Education	2.91	97.40	97.63	96.26	98.51	103.33
其他商品及服务	Miscellaneous Goods and Services	9.41	90.15	95.38	97.34	100.72	103.13

十三、台湾资料

MAIN INDICATORS OF TAIWAN

13-1 劳动力和就业状况
LABOUR FORCE AND EMPLOYMENT

项　　目	Item	2009	2010	2011	2012	2013	2014	2015
劳动力人口（万人）	Labour Force (10 000 persons)	1091.7	1107.0	1120.0	1134.1	1144.5	1153.5	1163.8
男	Male	618.0	624.2	630.4	636.9	640.2	644.1	649.7
女	Female	473.7	482.8	489.6	497.2	504.3	509.4	514.1
就业人数（万人）	Employment (10 000 persons)	1027.9	1049.3	1070.9	1086.0	1096.7	1107.9	1119.8
男	Male	577.6	588.0	600.6	608.3	611.6	616.6	623.4
女	Female	450.2	461.3	470.2	477.7	485.1	491.3	496.4
就业者行业构成（%）	Distribution of Employment by Industry (%)	100.0	100.0	100.0	100.0	100.0	100.0	100.0
农、林、渔、牧业	Agriculture, Forestry, Fishery and Animal Husbandry	5.3	5.2	5.1	5.0	5.0	5.0	5.0
工业	Industry	35.8	35.9	36.3	36.2	36.2	36.2	36.0
矿业及土石采取业	Mining and Quarrying	0.05	0.04	0.04	0.04	0.04	0.04	0.0
制造业	Manufacturing	27.1	27.3	27.5	27.4	27.2	27.1	27.0
电力及燃气供应业	Electricity, Gas	0.3	0.3	0.3	0.3	0.3	0.3	0.3
用水供应及污染整治业	Water Supply and Pollution Management	0.7	0.7	0.7	0.8	0.8	0.7	0.7
建筑业	Construction	7.7	7.6	7.8	7.8	7.9	8.0	8.0
服务业	Services	58.9	58.8	58.6	58.8	58.9	58.8	59.0
批发及零售业	Wholesale and Retail Trades	16.9	16.6	16.5	16.6	16.6	16.5	16.4
运输及仓储业	Transport, Storage, Communications	3.9	3.9	3.8	3.8	3.9	3.9	3.9
金融及保险业	Finance, Insurance	4.0	4.1	4.0	3.9	3.8	3.8	3.8
咨讯及通讯传播	Information and Communication	2.0	2.0	2.0	2.1	2.1	2.2	2.2
住宿及餐饮业	Hotels and Restaurants	6.7	6.9	6.8	6.9	7.1	7.2	7.3
教育服务业	Education	6.0	5.9	5.9	5.8	5.8	5.8	5.8
公共行政	Public Administration	3.7	3.7	3.6	3.5	3.5	3.4	3.3
失业人数（万人）	Unemployment (10 000 persons)	63.9	57.7	49.1	48.1	47.8	45.7	44.0
失业率（%）	Unemployment Rate (%)	5.9	5.2	4.4	4.2	4.2	4.0	3.8

13-2 居民消费价格分类指数
CONSUMER PRICE INDICES

2011年=100 (2011=100)

年 份 Year	总指数 General Index	食品 Food	服装 Clothing	居住 Housing	交通&通讯 Transportation &Communications	医药保健 Medicines and Medical Care	教育娱乐 Education and Entertainment	杂项 Miscellaneous
2007	95.2	89.9	95.4	97.5	97.7	94.9	100.0	91.7
2008	98.5	97.6	96.3	99.0	99.9	97.0	101.3	93.3
2009	97.7	97.2	95.6	98.7	95.9	97.6	99.5	95.8
2010	98.6	97.8	97.2	99.2	98.6	98.2	99.5	98.6
2011	100.0	100.0	100.0	100.0	100.0	100.0	100.0	100.0
2012	101.9	104.2	102.5	101.1	100.4	100.9	100.7	102.3
2013	102.7	105.5	102.3	102.1	100.9	102.1	101.0	102.7
2014	103.9	109.4	103.6	102.9	99.7	102.7	100.9	104.3
2015	103.7	112.8	103.1	101.8	93.9	102.9	100.9	104.5

附录一、国外有关资料

MAIN INDICATORS OF OTHER COUNTRIES

附录1-1 全部就业人数
A1-1 EMPLOYMENT

单位：千人 (1000 persons)

国 别	Country	2009	2010	2011	2012	2013	2014	2015
阿根廷	Argentina	10337.9	10531.9	10765.7	10843.6	10942.8	11047.2	
澳大利亚	Australia	10805.6	11022.2	11215.0	11347.2	11465.3	11562.8	11746.5
加拿大	Canada	16727.6	16964.3	17221.0	17438.0	17691.1	17802.2	17946.6
埃 及	Egypt	22975.4	23828.9	23345.8	23595.7	23973.6	23985.8	24778.0
法 国	France	25633.6	25690.4	25751.3	25749.0	25749.4	25769.4	26382.3
德 国	Germany	38471.1	38737.8	38787.2	39126.5	39531.4	39879.1	40211.1
匈牙利	Hungary	3747.7	3732.4	3759.0	3827.2	3892.8	4100.8	4210.5
印度尼西亚	Indonesia	104870.7	108207.8	109670.4	110808.2	112761.1	116400.0	114819.0
意大利	Italy	22698.7	22526.9	22598.2	22566.0	22190.5	22278.9	22464.8
日 本	Japan	62820.0	62570.0	62890.0	62700.0	63110.0	63510.0	63760.0
韩 国	Korea, Republic of	23505.6	23828.8	24244.2	24680.7	25066.4	25599.4	25936.3
马来西亚	Malaysia	10897.3	11776.8	12284.4	12723.2	13210.0	13532.1	14068.0
墨西哥	Mexico	43678.1	45600.0	46891.6	49003.4	49275.1	47372.7	50611.3
荷 兰	Netherlands	8596.1	8370.2	8368.7	8424.2	8364.8	8318.1	8318.7
新西兰	New Zealand	2164.4	2180.3	2215.4	2216.1	2262.3	2305.3	2356.9
挪 威	Norway	2499.5	2500.8	2535.5	2585.4	2601.6	2626.6	2641.0
菲律宾	Philippines	35062.0	36035.0	37192.0	37600.0	37917.0	38093.5	38489.5
葡萄牙	Portugal	4968.6	4898.4	4740.1	4546.9	4429.4	4499.5	4549.0
罗马尼亚	Romania	9243.5	8712.8	8528.2	8605.1	8549.1	8613.7	8535.4
俄罗斯	Russian Federation	69284.9	69803.6	70856.6	71545.4	71391.5	71539.0	72324.0
瑞 典	Sweden	4499.3	4523.7	4625.9	4657.1	4704.5	4772.1	4836.8
泰 国	Thailand	37706.3	38037.3	39317.2	39578.3	39112.4	38421.0	38016.0
英 国	United Kingdom	29058.7	29125.0	29282.1	29596.2	29952.5	30641.8	31105.1
美 国	United States	139877.0	139064.0	139869.0	142469.0	143929.0	146305.0	148834.0

注：1)资料来源:国际劳工组织劳动统计数据库(下同)。
a)Date resources:ILO Labour Statistics Database (same as below).

附录1-2　按三次产业分就业人员构成
A1-2 EMPLOYMENT BY TYPE OF INDUSTRY

单位：%　　(%)

国　别	Country	第一产业 2005	第一产业 2014	第二产业 2005	第二产业 2014	第三产业 2005	第三产业 2014
孟加拉国	Bangladesh	48.1		14.5		37.4	
柬埔寨	Cambodia		51.0		18.6		30.4
印　度	India	55.8	49.7②	19.0	21.5②	25.2	28.7②
印度尼西亚	Indonesia	44	34.3	18.7	21.0	37.2	44.8
伊　朗	Iran	24.7	17.9	30.3	33.8	44.8	48.3
以色列	Israel	2	1.1	21.4	17.6	75.7	79.7
日　本	Japan	4.4	3.7②	27.9	25.8②	66.4	69.1②
哈萨克斯坦	Kazakhstan	32.4	24.2②	18.0	19.8②	49.6	56.0②
韩　国	Korea, Rep.	7.9	6.1②	26.8	24.4②	65.2	69.5②
马来西亚	Malaysia	14.6	12.2	29.7	27.4	55.6	60.3
蒙　古	Mongolia	39.9	35.0①	16.8	18.2①	43.3	46.8①
巴基斯坦	Pakistan	43	43.5	20.3	22.5	36.6	34.0
菲律宾	Philippines	36	30.4	15.6	15.9	48.5	53.6
新加坡	Singapore	1.1		21.7	28.3	77.3	70.6
斯里兰卡	Sri Lanka	30.7	30.4	25.6	25.5	38.4	43.4
泰　国	Thailand	42.6	41.9②	20.2	20.3②	37.1	37.5②
越　南	Viet Nam		46.8		21.2		32.0
埃　及	Egypt	30.9	28.0②	21.5	24.1②	47.5	47.9②
南　非	South Africa	7.5	4.6	25.6	23.5	66.6	71.9
加拿大	Canada	2.7	2.1	22.0	19.8	75.3	78.2
墨西哥	Mexico	14.9	13.4②	25.5	23.6②	59.0	62.4②
美　国	United States	1.6		20.6		77.8	
阿根廷	Argentina	1.1	0.5	23.5	24.0	75.1	74.7
巴　西	Brazil	20.5	14.5②	21.4	22.9	57.9	76.6
委内瑞拉	Venezuela	9.7	7.4②	20.8	21.3②	68.7	71.1②
捷　克	Czech Rep.	4	2.7	39.5	38.3	56.5	58.9
法　国	France	3.6	2.8	23.7	20.5	72.3	75.8
德　国	Germany	2.4	1.3	29.8	28.3	67.8	70.4
意大利	Italy	4.2	3.5	30.8	27.1	65.0	69.5
荷　兰	Netherlands	3.2	2.0	19.6	15.1	72.4	75.3
波　兰	Poland	17.4	11.2	29.2	30.8	53.4	57.9
俄罗斯	Russia	10.2	6.7	29.8	27.5	60.0	65.8
西班牙	Spain	5.3	4.2	29.7	19.5	65.0	76.3
土耳其	Turkey	29.5	19.7	24.8	28.4	45.8	51.9
乌克兰	Ukraine	19.4	14.8	24.2	26.1	56.4	59.1
英　国	United Kingdom	1.3	1.1	22.2	18.9	76.3	79.1
澳大利亚	Australia	3.6	2.6②	21.3	20.8②	75.1	69.5②
新西兰	New Zealand	7.1	6.4②	22.0	20.2②	70.7	73.0②

1)资料来源：世界银行数据库。
2)①2012年数据。②2013年数据。
a)Source: World Bank Database.
b)①Data refer to 2012.②Data refer to 2013.

附录1-3 失业人数
A1-3 UNEMPLOYMENT

单位：千人 (1000 persons)

国别	Country	2009	2010	2011	2012	2013	2014	2015
阿根廷	Argentina	1033.4	880.3	832.7	843.4	836.3	865.8	
澳大利亚	Australia	636.2	606.0	600.3	624.9	687.0	746.9	757.7
加拿大	Canada	1522.8	1486.3	1398.5	1371.6	1346.7	1322.3	1331.4
埃及	Egypt	2378.0	2350.8	3183.3	3424.7	3648.9	3636.5	3651.0
法国	France	2573.1	2626.8	2599.1	2806.6	2815.6	2819.1	3053.7
德国	Germany	3228.2	2945.5	2398.8	2224.4	2181.8	2089.7	1949.6
匈牙利	Hungary	417.8	469.4	466.0	473.2	441.0	343.3	307.8
印度尼西亚	Indonesia	8962.6	8319.8	7700.1	7245.0	7410.9	7244.9	7560.8
意大利	Italy	1906.6	2055.7	2061.3	2691.0	3068.7	3236.0	3033.3
日本	Japan	3360.0	3340.0	3020.0	2850.0	2650.0	2360.0	2220.0
韩国	Korea, Republic of	888.7	919.6	854.7	819.9	806.9	936.5	976.3
马来西亚	Malaysia	418.0	395.8	391.4	396.3	424.6	399.5	450.3
墨西哥	Mexico	2521.3	2572.3	2590.5	2473.8	2598.7	2622.6	2293.8
荷兰	Netherlands	303.7	389.9	434.3	515.8	647.0	659.7	613.8
新西兰	New Zealand	141.4	152.2	154.6	164.5	149.4	140.8	144.2
挪威	Norway	80.0	91.3	84.2	83.3	92.2	94.8	118.5
菲律宾	Philippines	2831.0	2859.0	2813.0	2826.0	2905.0	2728.0	2585.5
葡萄牙	Portugal	517.4	591.2	688.2	835.7	855.2	726.0	646.5
罗马尼亚	Romania	680.7	651.7	659.4	627.2	653.0	628.7	623.9
俄罗斯	Russian Federation	6372.8	5636.3	4922.4	4130.7	4137.4	3889.4	4263.9
瑞典	Sweden	410.0	426.2	391.6	403.6	412.0	412.4	388.3
泰国	Thailand	572.3	402.2	262.4	230.8	305.6	326.6	70.7
英国	United Kingdom	2368.8	2459.4	2559.2	2533.5	2437.6	1996.4	1746.6
美国	United States	14265.0	14825.0	13747.0	12506.0	11460.0	9617.0	8296.0

附录1-4 失业率
A1-4 UNEMPLOYMENT RATE

单位：% (%)

国别	Country	2009	2010	2011	2012	2013	2014	2015
阿根廷	Argentina	9.1	7.7	7.2	7.2	7.1	7.3	
澳大利亚	Australia	5.6	5.2	5.1	5.2	5.7	6.1	6.1
加拿大	Canada	8.3	8.1	7.5	7.3	7.1	6.9	6.9
埃及	Egypt	9.4	9.0	12.0	12.7	13.2	12.9	
法国	France	9.1	9.3	9.2	9.8	9.9	9.9	10.4
德国	Germany	7.7	7.1	5.8	5.4	5.2	5.0	6
匈牙利	Hungary	10.0	11.2	11.0	11.0	10.2	7.7	
印度尼西亚	Indonesia	7.9	7.1	6.6	6.1	6.2	5.9	
意大利	Italy	7.7	8.4	8.4	10.7	12.1	12.7	11.9
日本	Japan	5.1	5.1	4.6	4.3	4.0	3.6	3.4
韩国	Korea, Republic of	3.6	3.7	3.4	3.2	3.2	3.5	3.6
马来西亚	Malaysia	3.7	3.3	3.1	3.0	3.1	2.9	3.1
墨西哥	Mexico	5.5	5.3	5.2	4.8	5.0	4.8	4.3
荷兰	Netherlands	3.4	4.5	4.4	5.3	6.7	6.8	6.9
新西兰	New Zealand	6.1	6.5	6.5	6.9	6.2	5.7	5.8
挪威	Norway	3.1	3.5	3.2	3.1	3.4	3.5	
菲律宾	Philippines	7.5	7.3	7.0	7.0	7.1	6.8	
葡萄牙	Portugal	9.4	10.8	12.7	15.5	16.2	13.9	
罗马尼亚	Romania	6.9	7.0	7.2	6.8	7.1	6.8	
俄罗斯	Russian Federation	8.4	7.5	6.5	5.5	5.5	5.2	5.6
瑞典	Sweden	8.4	8.6	7.8	8.0	8.1	8.0	
泰国	Thailand	1.5	1.0	0.7	0.6	0.8	0.8	0.9
英国	United Kingdom	7.5	7.8	8.0	7.9	7.5	6.1	5.4
美国	United States	9.2	9.6	9.0	8.1	7.4	6.2	5.3

附录1-5　消费价格指数
A1-5 CONSUMER PRICE INDICES

资料来源：国际货币基金组织数据库。
Source: IFS Database.
(2010年=100)　　(2010=100)

国家或地区	Country or Area	2005	2011	2012	2013	2014	2015
中　国①	China①	86.6	105.4	108.1	111.0	113.2	114.9
中国香港	Hong Kong,China	89.5	105.3	109.5	114.3	119.4	123.0
中国澳门	Macao,China	79.7	105.8	112.3	118.5	125.6	131.3
孟加拉国	Bangladesh	69.2	110.7	117.6	126.4	135.3	143.7
文　莱	Brunei Darussalam	95.5	102.0	102.5	102.9	102.7	
柬埔寨	Cambodia	67.8	105.5	108.6	111.8	116.1	117.5
印　度	India	65.8	108.9	119.0	132.0	140.4	147.7
印度尼西亚	Indonesia	68.7	105.4	109.9	116.9	124.4	132.3
伊　朗	Iran	48.6	120.6	153.6	214.0	250.8	285.2
以色列	Israel	87.8	103.5	105.2	106.8	107.3	106.7
日　本	Japan	100.4	99.7	99.7	100.0	102.8	103.6
韩　国	Korea, Rep.	86.1	104.0	106.3	107.7	109.0	109.8
老　挝	Laos	78.5	107.6	112.2	119.3	124.2	125.8
马来西亚	Malaysia	87.7	103.2	104.9	107.1	110.5	112.8
蒙　古	Mongolia	59.6	109.5	125.9	136.7	154.5	163.5
缅　甸	Myanmar	44.5	105.0	106.6	112.5	118.6	131.4
巴基斯坦	Pakistan	55.3	111.9	122.8	132.2	141.7	145.3
菲律宾	Philippines	78.7	104.7	108.0	111.2	115.8	117.4
新加坡	Singapore	88.0	105.3	110.0	112.6	113.8	113.2
斯里兰卡	Sri Lanka	58.3	106.7	114.8	122.7	126.7	127.9
泰　国	Thailand	86.6	103.8	106.9	109.3	111.4	110.3
埃　及	Egypt	57.8	110.1	117.9	129.0	142.1	156.8
尼日利亚	Nigeria	62.0	110.8	124.4	134.9	145.8	158.9
南　非	South Africa	71.6	105.0	110.9	117.0	124.4	130.1
加拿大	Canada	91.9	102.9	104.5	105.5	107.5	108.7
墨西哥	Mexico	80.5	103.4	107.7	111.8	116.3	119.4
美　国	United States	89.6	103.2	105.3	106.8	108.6	108.7
巴　西	Brazil	79.6	106.6	112.4	119.4	126.9	138.4
捷　克	Czech Rep.	87.0	101.9	105.3	106.8	107.2	107.5
法　国	France	92.8	102.1	104.1	105.0	105.6	105.6
德　国	Germany	92.5	102.1	104.1	105.7	106.7	106.9
意大利	Italy	91.0	102.7	105.9	107.2	107.4	107.5
荷　兰	Netherlands	92.6	102.3	104.9	107.5	108.5	109.2
波　兰	Poland	86.8	104.3	108.0	109.1	109.2	108.1
俄罗斯	Russia	61.4	108.4	113.9	121.6	131.2	151.5
西班牙	Spain	89.0	103.2	105.7	107.2	107.1	106.5
土耳其	Turkey	65.9	106.5	115.9	124.6	135.7	146.1
乌克兰	Ukraine	51.2	108.0	108.6	108.3	121.5	180.6
英　国	United Kingdom	87.4	104.5	107.4	110.2	111.8	111.8
澳大利亚	Australia	86.4	103.3	105.1	107.7	110.4	112.0
新西兰	New Zealand	87.0	104.4	105.4	106.7	107.7	108.1

注：①根据《中国统计年鉴》数据计算得出。
Note: ①Calculating with data from China Statiatical Yearbook.

附录二、主要统计指标解释

EXPLANATORY NOTES ON MAIN STATISTICAL INDICATORS

主要统计指标解释

就业人员 指在一定年龄以上，有劳动能力，为取得劳动报酬或经营收入而从事一定社会劳动的人员。具体指年满16周岁，为取得报酬或经营利润，在调查周内从事了1小时（含1小时）以上的劳动或由于学习、休假等原因在调查周内暂时处于未工作状态，但有工作单位或场所的人口。包括：（1）职工；（2）再就业的离退休人员；（3）私营业主；（4）个体户主；（5）私营企业和个体就业人员；（6）乡镇企业就业人员；（7）农村就业人员；（8）其他就业人员（包括现役军人）。

单位就业人员 指在各级国家机关、政党机关、社会团体及企业、事业单位中工作，取得工资或其他形式劳动报酬的全部人员。包括：在岗职工、再就业的离退休人员、民办教师以及在各单位中工作的外方人员和港澳台方人员、兼职人员、借用的外单位人员和第二职业者。不包括离开本单位仍保留劳动关系的职工。

在岗职工 指在本单位工作并由单位支付工资的人员，以及有工作岗位，但由于学习、病伤产假等原因暂未工作仍由单位支付工资的人员。

其他就业人员 各单位其他就业人员是指劳动统计制度规定不作职工统计，但实际参加各单位生产或工作并取得劳动报酬的人员。包括：再就业的离退休人员、民办教师以及在各单位中工作的外方人员和港、澳、台方人员。但不包括在各单位中工作并领取劳动报酬的在校学生。单位其他就业人员与在岗职工之和为该单位全部单位就业人员。

年末人数 指年末最后一天的实有人数。

国有单位 指资产归国家所有的经济组织。包括按《中华人民共和国企业法人登记管理条例》规定登记注册的非公司制的经济组织，以及中央、地方各级国家机关、事业单位和社会团体。

集体单位 指生产资料归集体所有，并按《中华人民共和国企业法人登记管理条例》规定登记注册的经济组织。

其他单位 包括股份合作单位、联营单位、有限责任公司、股份有限公司、港澳台商投资单位以及外商投资单位等其他登记注册类型单位。

使用的农村劳动力 指户粮关系在农村的职工。

第一产业 指农业（包括林、牧、渔业等）。

第二产业 指采矿业、制造业、电力、热力、燃气及水生产和供应业、建筑业。

第三产业 指上述第一、第二产业以外的其他行业。

企业 指从事商品生产、流通、经营和服务性经济活动，以营利为目的并在工商行政管理部门登记的独立核算单位。包括：农业企业，工业企业，建筑企业，交通运输和邮电通讯企业，商业企业，公共饮食企业，物资供销和仓储企业，房地产企业、居民服务企业和市内公共交通企业、文化企业，金融、保险企业（不包括中国人民银行总行），其他企业。

事业 指从事为生产和生活服务以及提高人民科学、文化水平和素质服务的独立核算单位。包括：农、林、牧、渔、水利事业，地质普查和勘探事业，勘察、建筑设计事业，交通运输事业，房地产管理、公用事业和咨询服务事业，卫生、体育和社会福利事业，教育、文化艺术和广播电影电视事业，科学研究和综合技术服务事业，其他事业。

机关 指具有代表国家权力和行使国家行政、检察、审判职能，组织协调社会、政治、经济、科技等活动的独立核算单位。包括：国家机关，政党机关和社会团体。

城镇单位就业人员工资总额 指各单位在一定时期内直接支付给本单位全部就业人员的劳动报酬总

额。包括职工工资总额和其他就业人员工资总额。

工资总额 指各单位在一定时期内直接支付给本单位全部就业人员的劳动报酬总额。工资总额的计算应以直接支付给就业人员的全部劳动报酬为根据。各单位支付给就业人员的劳动报酬以及其他根据有关规定支付的工资，不论是计入成本的还是不计入成本的，不论是以货币形式支付的还是以实物形式支付的，均应列入工资总额的计算范围。工资总额包括计时工资、计件工资、奖金、津贴和补贴、加班加点工资、特殊情况下支付的工资。

其他就业人员工资总额 指各单位在一定时期内直接支付给本单位其他就业人员的全部劳动报酬。

平均工资 指企业、事业、机关等单位的就业人员在一定时期内平均每人所得的货币工资额。

计算公式为：

$$\text{平均工资}=\frac{\text{报告期实际支付的全部就业人员工资总额}}{\text{报告期全部就业人员平均人数}}$$

平均实际工资 指扣除物价变动因素后的就业人员平均工资。计算公式为：

$$\text{平均实际工资}=\frac{\text{报告期就业人员平均工资}}{\text{报告期城市居民消费价格指数}}$$

城镇失业人员 指城镇常住人口中一定年龄以上，有劳动能力，在调查期间无工作，当前有就业可能并以某种方式寻找工作的人员。在城镇劳动力调查中对城镇 1 6 岁及以上，具有劳动能力并同时符合以下各项条件的人员列为失业人员：

（1）在调查周内未从事为取得劳动报酬或经营利润的劳动，也没有处于就业定义中的暂时未工作状态；

（2）在某一特定期间内采取了某种方式寻找工作；

（3）当前如有工作机会可以在一个特定期间内应聘就业或从事自营职业。

城镇登记失业人员 是指有非农业户口，在劳动年龄(16 周岁至退休年龄)内，有劳动能力，无业而要求就业，并在当地就业服务机构进行求职登记的人员。不包括：(1)正在就读的学生和等待就学的人员；(2)已经达到国家规定的退休年龄或虽未达到国家规定的退休年龄但已经办理了退休(含离休)、退职手续的人员；(3)其他不符合失业定义的人员。

城镇失业率 指城镇失业人数同城镇就业人数、城镇失业人数之和的比。计算公式为：

$$\text{城镇失业率}=\frac{\text{城镇失业人数}}{\text{城镇就业人数}+\text{城镇失业人数}}\times 100\%$$

城镇登记失业率 城镇登记失业人员与城镇单位就业人员（扣除使用的农村劳动力、聘用的离退休人员、港澳台及外方人员）、城镇单位中的不在岗职工、城镇私营业主、个体户主、城镇私营企业和个体就业人员、城镇登记失业人员之和的比。计算公式为：

$$\text{城镇登记失业率}=\frac{\text{城镇登记失业人数}}{\begin{array}{l}\text{(城镇单位就业人员}-\text{使用的农村劳动力}-\text{聘用的离退休}\\ \text{人员}-\text{聘用的港澳台及外方人员)}+\text{不在岗职工}+\text{城镇}\\ \text{私营业主}+\text{城镇个体户主}+\text{城镇私营企业及个体就业人}\\ \text{员}+\text{城镇登记失业人数}\end{array}}\times 100\%$$

城镇职工基本养老保险

1.（参保）职工人数 指报告期末按照国家法律、法规和有关政策规定参加基本养老保险并在社保经办机构已建立缴费记录档案的职工人数，包括中断缴费但未终止养老保险关系的职工人数，不包括只登记未建立缴费记录档案的人数。

2.（参保）离退休人员人数 指报告期末参加基本养老保险的离休、退休和退职人员的人数。

3. 基金收入 指根据国家有关规定，由纳入基本养老保险范围的缴费单位和个人按国家规定的缴费基数和缴费比例缴纳的养老保险基金，以及通过其他方式取得的形成基金来源的收入。包括单位和职工个人缴纳的基本养老保险费、基本养老保险基金利息收入、上级补助收入、下级上解收入、转移收入、财政补贴和其他收入。

4 基金支出 指按照国家政策规定的开支范围和开支标准从养老保险基金中支付给参加基本养老保险的个人的养老金、丧葬抚恤补助，以及由于保险关系转移、上下级之间调剂资金等原因而发生的支出。包括离休金、退休金、退职金、各种补贴、医疗费、死亡丧葬补助费、抚恤救济费、社会保险经办机构管理费、补助下级支出、上解上级支出、转移支出、其他支出等。

5. 基金累计结余 指截止报告期末基本养老保险基金收支相抵后的累计余额。

基本医疗保险

1. 参保人数 指报告期末按国家有关规定参加相应基本医疗保险的人数。

2. 基金收入 指由用人单位和个人按照国家规定的缴费基数、缴费比例或缴费标准缴纳的基本医疗保险基金，财政补助资金以及通过其他方式取得的形成基金来源的款项，包括：单位缴纳收入、个人缴纳收入、财政补助收入（含医疗救助补助个人收入）、财政补贴收入、利息收入和其他收入。

3. 基金支出 指按照国家政策规定的开支范围和开支标准，从基本医疗保险基金中支付给参保人员的医疗保险待遇支出，以及其他支出。包括住院医疗费用支出、门急诊医疗费用支出、个人账户基金支出、其他支出。

4. 基金累计结余 指截止报告期末基本医疗保险基金累计结余金额。

失业保险

1. 参保人数 指报告期末按照国家法律、法规和有关政策规定参加了失业保险的城镇企业、事业单位的职工及地方政府规定参加失业保险的其他人员的人数。

2. 基金收入 指报告期内筹集的失业保险基金的总额，包括失业保险费收入、利息收入、财政补贴收入、其他收入、转移收入、上级补助收入、下级上解收入。

3. 基金支出 指报告期内为保障失业人员基本生活、促进其再就业等支出的基金总额，包括失业保险金支出、医疗补助金支出、丧葬补助金和抚恤金支出、职业培训和职业介绍补贴支出、农民合同制工人一次性生活补助支出、其他支出、转移支出、上级补助支出、下级上解支出。

4. 基金累计结余 指截止报告期末失业保险基金收支相抵后的累计余额。

工伤保险

1. 参加保险人数 指报告期末依据国家有关规定参加工伤保险的职工人数和有雇工的个体工商户的雇工数。

2. 享受保险待遇人数 指年初至报告期末因工伤或职业病而享受工伤保险待遇的人数。为享受工伤医疗待遇中未评定等级的人数、享受伤残待遇人数以及享受因工死亡待遇人数之和。

3. 基金收入 指根据国家有关规定，由参加工伤保险的单位按国家规定的缴费基数和缴费比例缴纳的工伤保险基金，以及通过其他形式取得的形成基金来源的款项。包括：单位缴纳的社会统筹基金收入、财政补贴收入、利息收入、其他收入。

4. 基金支出 指按照国家政策规定的开支范围和开支标准从工伤保险基金中支付给参加工伤保险的人员及供养直系亲属工伤保险待遇支出及其他支出。包括工伤医疗费、伤残补助金、工亡补助金、护理费、丧葬补助费、工伤预防费用、职业康复费用和其他支出。

5. 基金累计结余 指截止报告期末工伤保险基金累计结余金额。

生育保险

1. 参保人数 指报告期末依据有关规定参加生育保险的人数。

2. 基金收入 指根据国家有关规定，由参加生育保险的单位按照国家规定的缴费基数和缴费比例缴纳的生育保险基金，以及通过其他方式取得的形成基金来源的款项，包括：单位缴纳的基金收入、利息收入和其他收入。

3. 基金支出 指按照国家政策规定的开支范围和开支标准，从生育保险基金中支付给参加生育保险的职工，因妊娠、分娩和计划生育手术而享受的待遇及其他支出。包括：生育津贴、医疗费用支出及其他支出。

4. 基金累计结余 指截止报告期末生育保险基金累计结余金额。

Explanatory Notes on Main Statistical Indicators

Employment refers to total number of persons engaged in social economic activities that generate income, including:

(1) Total formal employees

(2) Reemployed retirees

(3) Employers in urban private enterprises

(4) Urban individual laborers

(5) Employment in urban private enterprises and individual households

(6) Employment in township and village enterprises

(7) Rural laborers

(8) Other social laborers（Servicemen included）

Staff and Workers refers to those who work in (and receive income there from) units with state ownership, urban collective ownership, joint ownership, share holding stock ownership, limited liability corporations, foreign and Hong Kong, Macao, and Taiwan Chinese fund or other ownership and their affiliated units.

On-post Staff and Workers refer to those who are practically working in a certain urban unit, including those who are temporarily absent because of study, disease, vocation or other reasons.

Year-end Number refers to those who are employed on the last day of the year.

State-owned Units refers to various enterprises, institutions, and government administrative organizations at various levels, social organizations, etc., with state ownership of production means.

Collective-owned Units refers to various enterprises and institution with collective ownership of production means, including various rural economic organizations engaging in agriculture, forestry, animal husbandry and fishery, enterprises and institutions run by townships and villages; collective enterprises and institutions run by cities, counties, towns, and neighborhood committees.

Other Ownership Units involve joint ownership, share holding stock ownership, limited liability corporations, foreign and Hong Kong, Macao, and Taiwan Chinese fund or other ownership.

Employment in Urban Private Enterprises and Individual units refers to those who have their population records in urban area and take part in productions or operations in urban private enterprises or individual units, and get earnings from the units, including helpers, apprentices and employees.

Primary Industry refers to farming, forestry, animal husbandry and fishery.

Secondary Industry refers to mining manufacturing, electricity, production and supply of electriciy, heat, gas and water and construction.

Tertiary Industry refers to the sectors except primary industry and secondary industry.

Enterprises refer to those units engaged in economic activities such as production, circulation, operation or service, etc.

Institutions refer to those units engaged in service activities for production and daily life, such as transportation, real estate, public affairs, health care, sports, education, social welfare, communication, science research, etc.

Organizations refer to those units engaged in organizing and coordinating activities on society, politics, economics and science, such as government and Party agencies, communities, social and personal services, etc.

Total wages refer to total remuneration payment to all employment in various units in urban area (excluded urban private sectors and individuals) during a certain period of time, including staff and workers and other employment (i.e., reemployed retirees or those who are from Hong Kong, Macao, Taiwan or other countries).

Total Wage Bill of employees refers to total remuneration payment to all employees in various units in urban area (excluded urban private sectors and individuals) during a certain period of time. The calculation of total wage bill is based on the total remuneration payment. Therefore, wages and salaries and other payments to employees should be included at all and regardless of its resource, category, both in kind or cash.

Average Wage of employees refers to the average wage level in money terms per employee during a certain period of time, it is calculated as follows:

$$\text{Average Wage of Employees} = \frac{\text{Total Wage Bill of employees Average Wage of in Reference Period}}{\text{Average Number employees in Reference Period}}$$

Average Real Wage of employees refers to the average wage of employees after deducting consumer price index, which is calculated as follows:

$$\text{Average Real Wage of Employees} = \frac{\text{Average Wage of Employees in Reference Period}}{\text{Urban Consumer Price Index in Reference Period}}$$

Urban Unemployment refers to those urban inhabitants who (1) aged 16 or above, (2)be able to but not work, (3)meanwhile looking for a job, and (4)available for work within two weeks.

Urban Registered Unemployment refers to those who (1) with nonagricultural residence cards, (2) within a certain working age scope (16 to retired age), (3)be able to but not work, (4)want to work and have registered in the local labor exchanges for looking for jobs.

Urban Unemployment Rate refers to the ratio of unemployment in urban area to total employment and unemployment in urban area, which is calculated as follows:

$$\text{Urban Unemployment Rate} = \frac{\text{Urban Unemployment}}{\text{Urban Employment} + \text{Urban Unemployment}} \times 100\%$$

Urban Registered Unemployment Rate refers to the ratio of urban registered unemployment to the sum of employment in urban units (excluded those who have agricultural residence cards, reemployed retirees, and those who are from Hong Kong, Macao, Taiwan or other countries) and not-on-post staff and workers and employment in urban private sectors and individuals and urban registered unemployment. It is calculated as follows:

$$\text{Urban Registered Unemployment Rate} = \frac{\text{urban registered unemployment}}{\begin{array}{l}\text{(employment in urban units - those who have agricultural}\\ \text{residence cards - reemployed retirees - those who are from}\\ \text{Hong Kong, Macal, Taiwan or other countries} + \text{not - on - post}\\ \text{staff and workers} + \text{employment in urban private sectors and}\\ \text{individuals} + \text{urban registered unemployment.}\end{array}} \times 100\%$$

Basic Pension Insurance

1. Number of staff and workers covered refer to staff and workers participating in the basic pension insurance programme according to national laws, regulations and related policies at the end of the reference period, who have already had payment records in social security management agencies, including those who have interrupt payment without terminating the insurance programme. Those who have registered in the programme but with no payment records are not included.

2. Number of retirees participating in the basic pension insurance programme refer to the number of retirees participating in basic pension insurance programmes by the end of the reference period.

3. Revenue of the basic pension insurance programme refers to payments made by employers and individuals participating in the pension insurance programme in accordance with the basis and proportion stipulated in State regulations, and income from other sources that become source of pension insurance fund, including the premium paid by employers and staff and workers, interest income, subsidies from higher level agencies, income as transfer from subordinate agencies, transferred income, government financial subsidies and other income.

4. Expenditure of basic pension insurance programme refer to payment made on pensions and funeral subsidies to those retired and resigned people covered in pension insurance programmes according to related national policies on scope and standard of expenditure. Also included are expenditure which arises due to shift of the insurance relationship or adjustment of funds among agencies. More specifically, included are pensions for resigned people, pensions for retired people, pension for people quitting jobs, various subsidies, medical fees, funeral subsidies, compensation payments, management fees for social security agencies, expenses on subsidies to lower subordinates, expenses as transfer to agencies at higher level, transferred expenditure and other expenditure.

5. Balance of basic pension insurance programme refers to the balance of basic pension insurance funds at the end of the reference period after deducting expenses from revenue.

Basic Medical Care Insurance

1. Number of people participating in the insurance programme refers to people participating in the basic medical care insurance programme according to related regulations as at the end of reference period.

2. Revenue of the insurance programme refers to payments made by employers and individuals participating in the medical care insurance programme in accordance with the basis and proportion stipulated in State regulations, and income from other sources that become source of medical insurance fund, including income paid by units, individual paid income, financial assistance's income (including individual income from medicaid), financial subsidies' income, interest income and other income.

3. Expenditure of the insurance programme refers to payment made to people covered in basic medical care insurance programme within the scope and standards of expenditure according to related national policies, and medical care payment and other expenses, including medical expenses of hospital inpatients, medical expenses for outpatients and emergency patients, payment from individual accounts and other expenditure.

4. Balance of the basic medical care insurance programme refers to the balance of medical care insurance funds at the end of the reference period.

Unemployment Insurance

1. Number of people covered refers to staff and workers in urban enterprises or institutions who have participated in the unemployment insurance programme according to relevant policies and regulations, and other people who have participated according to local government regulations, as at the end of reference period.

2. Revenue of the unemployment insurance programme refers to the total unemployment insurance funds raised in the reference period, including unemployment insurance premium, interest income, financial subsidies, other income, transferred income, subsidies from higher level agencies and income as transfer from subordinate agencies..

3. Expenditure of the unemployment insurance programme refers to total expenses during the reference period to guarantee the basic livelihood of unemployed people, and to encourage their re-employment. Included are unemployment relief, medical fees, funeral subsidies, compensation payments, training expenses, management fees for unemployment insurance agencies, subsidies to lower level agencies, expenses as transfer to higher level agencies, transferred expenditure and other expenditure.

4. Balance of the unemployment insurance programme refers to the balance of revenue of the programme after deducting expenses at the end of the reference period.

Work Injury Insurance

1. Number of people covered refers to staff and workers who have participated in the work injury insurance programme and number of employees in private business according to relevant national regulations at the end of the reference period.

2. Number of beneficiaries refers to number of people benefited from work injury insurance, as a result of work injury or occupational disease. It is the sum of beneficiaries from the work injury medical treatment withut rating, disabilities and deaths at work places.

3. Revenue of the work injury insurance programme refers to payments made by employers participating in the work injury insurance programme in accordance with the basis and proportion stipulated in State regulations, and income from other sources that become source of work injury insurance fund, including income of social comprehensive funds paid by employers, government financial subsidies, interest income and other income.

4. Expenditure of the work injury insurance programme refers to payments made from work injury insurance funds to those who participated in the work injury insurance programme and their direct dependents within the scope and standards of expenditure according to related national policies, and other expenditure, including medical fees for work injury, injury and disability subsidies, death subsidies, nursing fees, funeral subsidies, injury prevention fees, occupational rehabilitation fees and other expenditure.

5. Balance of the work injury insurance programme refers to the balance of the work injury funds at the end of the reference period.

Maternity Insurance

1. Number of people covered refers to people who have participated in the maternity insurance programme according to relevant regulation at the end of the reporting period.

2. Revenue of maternity insurance refers to payments made by employers participating in the maternity insurance programme in accordance with the basis and proportion stipulated in State regulations, and income from other sources that become source of maternity insurance fund, including income of funds paid by employers, interest income and other income.

3. Expenditure of the maternity insurance programme refers to payments made from maternity insurance funds to staff and workers who participate in the maternity insurance programme within the scope and standards of expenditure in accordance with related national policies, expenses paid for pregnancy, child delivery or surgeries related to family planning, and other expenditure, including allowance for child bearing, medical fees and other expenditure.

4. Balance of the maternity programme refers to the balance of the maternity insurance funds at the end of reference period.